Direitos
Fundamentais

Série IDP/Saraiva
Conselho Científico

Presidente: Gilmar Ferreira Mendes
Secretário-Geral: Jairo Gilberto Schäfer
Coordenador-Geral: João Paulo Bachur
Coordenador Executivo: Atalá Correia

Alberto Oehling de Los Reyes
António Francisco de Sousa
Arnoldo Wald
Carlos Blanco de Morais
Elival da Silva Ramos
Everardo Maciel
Fábio Lima Quintas
Felix Fischer
Fernando Rezende
Francisco Balaguer Callejón
Francisco Fernández Segado
Ingo Wolfgang Sarlet
Jorge Miranda
José Levi Mello do Amaral Júnior
José Roberto Afonso
Katrin Möltgen
Laura Schertel Mendes
Lenio Luiz Streck
Ludger Schrapper
Maria Alicia Lima Peralta
Michael Bertrams
Miguel Carbonell Sánchez
Paulo Gustavo Gonet Branco
Pier Domenico Logroscino
Rainer Frey
Rodrigo de Bittencourt Mudrovitsch
Rui Stoco
Ruy Rosado de Aguiar (*in memoriam*)
Sérgio Antônio Ferreira Victor
Sergio Bermudes
Sérgio Prado
Walter Costa Porto

Thorsten Kingreen
Professor Doutor da Universidade de Regensburg, na Alemanha

Ralf Poscher
Professor Doutor da Albert-Ludwigs-Universität Freiburg, na Alemanha

Direitos Fundamentais

Tradução:

António Francisco de Sousa
Professor da Faculdade de Direito da Universidade do Porto, em Portugal

António Franco
Professor jubilado da Faculdade de Letras da Universidade do Porto, em Portugal

3ª edição*
2025

* N. E.: Correspondente à 35ª edição alemã, revista e atualizada, da obra fundada por Bodo Pieroth e Bernhard Schlink. Nesta 3ª edição traduzida para o português, alguns termos foram mantidos em português luso.

- Os autores deste livro e a editora empenharam seus melhores esforços para assegurar que as informações e os procedimentos apresentados no texto estejam em acordo com os padrões aceitos à época da publicação, *e todos os dados foram atualizados pelos autores até a data de fechamento da obra.* Entretanto, tendo em conta a evolução das ciências, as atualizações legislativas, as mudanças regulamentares governamentais e o constante fluxo de novas informações sobre os temas que constam do livro, recomendamos enfaticamente que os leitores consultem sempre outras fontes fidedignas, de modo a se certificarem de que as informações contidas no texto estão corretas e de que não houve alterações nas recomendações ou na legislação regulamentadora.

- Data do fechamento do livro: 20/12/2024

- Os autores e a editora se empenharam para citar adequadamente e dar o devido crédito a todos os detentores de direitos autorais de qualquer material utilizado neste livro, dispondo-se a possíveis acertos posteriores caso, inadvertida e involuntariamente, a identificação de algum deles tenha sido omitida.

- Traduzido de:
  KINGREEN/POSCHER – GRUNDRECHTE STAATSRECHT II, 35th edition
  Copyright ©2019 C.F. Müller GmbH
  Todos os direitos reservados.
  ISBN: 978-3-8114-4825-4

- Direitos exclusivos para a língua portuguesa
  Copyright da edição brasileira ©2025 by
  Saraiva Jur, um selo da SRV Editora Ltda.
  Uma editora integrante do GEN | Grupo Editorial Nacional
  Travessa do Ouvidor, 11
  Rio de Janeiro – RJ – 20040-040

- Atendimento ao cliente: https://www.editoradodireito.com.br/contato

- Reservados todos os direitos. É proibida a duplicação ou reprodução deste volume, no todo ou em parte, em quaisquer formas ou por quaisquer meios (eletrônico, mecânico, gravação, fotocópia, distribuição pela Internet ou outros), sem permissão, por escrito, da **SRV Editora Ltda**.

- Capa: Lais Soriano
  Diagramação: Fernanda Matajs

- **DADOS INTERNACIONAIS DE CATALOGAÇÃO NA PUBLICAÇÃO (CIP)**
  VAGNER RODOLFO DA SILVA – CRB-8/9410

  K54s   Kingreen, Thorsten
  Série IDP – Direitos Fundamentais / Thorsten Kingreen, Ralf Poscher ; traduzido por António Francisco de Sousa, António Franco. – 3. ed. – São Paulo: Saraiva Jur, 2025.

  720 p. – (Série IDP – Linha Direito Comparado)

  Tradução de: Grundrechte: Staatsrecht II
  ISBN: 978-65-5362-939-4 (impresso)

  1. Direito. 2. Direitos Humanos. 3. Direitos Fundamentais. I. Poscher, Ralf. II. Sousa, António Francisco de. III. Franco, António. IV. Título. V. Série.

	CDD 342
2025-139	CDU 342

  Índices para catálogo sistemático:
  1. Direito Constitucional   342
  2. Direito Constitucional   342

ABREVIATURAS*

AK	*Kommentar zum Grundgesetz für die Bundesrepublik Deutschland (Reihe Alternativkommentare)*, 3 v. (folhas soltas), atualização: agosto de 2002
BAG	*Bundesarbeitsgericht* (Tribunal Federal do Trabalho)
BK	*Kommentar zum Bonner Grundgesetz (Bonner Kommentar)*, 25 v. (folhas soltas), atualização: maio de 2019
Classen, StR II	C.-D. Classen, *Staatsrecht II. Grundrechte*, 2018
Degenhart, StR I	C. Degenhart, *Staatsrecht I. Staatsorganisationsrecht*, 35ª ed. 2019
DR	H. Dreier (ed.), *Grundgesetz. Kommentar*, v. I, 3ª ed. 2013, v. II, 3ª ed. 2015, v. III, 3ª ed. 2018
E	*Amtliche Sammlung der Entscheidungen des Bundesverfassungsgerichts*
EH	V. Epping/C. Hillgruber (ed.), *Beck'scher Online-Kommentar Grundgesetz. Kommentar*, 40ª ed, atualização: 15.2.2019
Epping, GrundR	*Grundrechte*, 8ª ed. 2019
FH	K.H. Friauf/W. Höfling (ed.), *Berliner Kommentar zum Grundgesetz*, 5 volumes (folhas soltas), atualização: janeiro de 2019
Hdb. GR	D. Merten/H.-J. Papier (ed.), *Handbuch der Grundrechte in Deutschland und Europa*, 2004-2018, 12 v.
Hdb. StR	J. Isensee/P. Kirchhof (ed.), *Handbuch des Staatsrechts der Bundesrepublik Deutschland*, 3ª ed. 2003-2015, 12 v. e um volume de índice geral

---

* N. T.: Nos demais casos são utilizadas as abreviaturas convencionais; no caso de leis federais, em conformidade com os cabeçalhos das coletâneas correntes de leis "Schönfelder" e "Sartorius"; no caso de leis de um Estado federado (Land), em conformidade com os cabeçalhos das respetivas coletâneas de leis (por exemplo "v. Hippel/Rehborn"), com a abreviatura anteposta do Land (p. ex. "nw" [= Nordrhein-Westfalen]).

Hesse, VerfR	K. Hesse, *Grundzüge des Verfassungsrechts der Bundesrepublik Deutschland*, 20ª ed. 1999
Hufen, StR II	F. Hufen, *Staatsrecht II, Grundrechte*, 7ª ed. 2018
JK	*Juristische Ausbildung Karteikarten* (mês/ano)
JP	H. D. Jarass/B. Pieroth, *Grundgesetz für die Bundesrepublik Deutschland. Kommentar*, 15ª ed. 2018
Kloepfer, VerfR	M. Kloepfer, *Verfassungsrecht*, 2 volumes, 2010-2011
Manssen, StR II	G. Manssen, *Staatsrecht II. Grundrechte*, 16ª ed. 2019
Maurer/Waldhoff, Allg. VwR	H. Maurer/C. Waldhoff, *Allgemeines Verwaltungsrecht*, 19ª ed. 2017
Maurer, StR	H. Maurer, *Staatsrecht I*, 6ª ed. 2010
MD	T. Maunz/G. Dürig (fundação), *Grundgesetz. Kommentar*, 7 v. (folhas soltas), atualização: novembro de 2018
Michael/Morlok, GR	L. Michael/M. Morlok, *Grundrechte*, 6ª ed. 2017
MKS	H. v. Mangoldt/F. Klein/C. Starck (fundação/ed.), *Das Bonner Grundgesetz. Kommentar*, 3 v., 7ª ed. 2018
MüK	I. v. Münch/P. Kunig (ed.), *Grundgesetz-Kommentar*, 2 v., 6ª ed. 2012
N. E.	Nota do Editor
n. m.	número de margem
N. T.	Nota dos Tradutores
SA	M. Sachs (ed.), *Grundgesetz. Kommentar*, 8ª ed. 2018
Sachs, VerfR II	M. Sachs, *Verfassungsrecht II, Grundrechte*, 3ª ed. 2017
Schlaich/Korioth, BVerfG	K. Schlaich/S. Korioth, *Das Bundesverfassungsgericht. Stellung, Verfahren, Entscheidungen*, 11ª ed. 2018
Stern, StR	K. Stern, *Das Staatsrecht der Bundesrepublik Deutschland*, 5 volumes, 1./2. ed. 1980-2011
StudK	C. Gröpl/K. Windthorst/C. von Coelln, *Grundgesetz. Studienkommentar*, 3ª ed. 2017
UC	D.C. Umbach/T. Clemens (ed.), *Grundgesetz. Mitarbeiterkommentar und Handbuch*, 2 volumes, 2002
Volkmann, StR II	U. Volkmann, *Staatsrecht II. Grundrechte*, 2ª ed. 2011

SUMÁRIO

Abreviaturas	V
Prefácio	XXI
Do prefácio à 29ª edição alemã (2013)	XXIII
Do prefácio à edição japonesa (2018)	XXV
Apresentação à 3ª edição em português	XXIX
Nota dos tradutores	XXXV

§ 1. Introdução	1
I. Sobre a forma de operar com este livro	1
II. Direitos fundamentais e interpretação	2
III. Para a resolução de casos de direitos fundamentais	6

PRIMEIRA PARTE
DOUTRINAS GERAIS DOS DIREITOS FUNDAMENTAIS 11

§ 2. História e desenvolvimento dos direitos fundamentais	13
I. Introdução	13
II. Direitos fundamentais na América do Norte e na França	14
III. Os direitos fundamentais no constitucionalismo alemão do século XIX	16
IV. Os direitos fundamentais na Constituição Imperial de Weimar	20
V. Evolução dos direitos fundamentais após 1949	23
1. Alterações constitucionais formais	24
2. Aperfeiçoamento gradual dos direitos fundamentais	25

VI. Regulações supraestatais dos direitos fundamentais 29

§ 3. O sistema de vários níveis de proteção dos direitos fundamentais 32

I. Direito Internacional Público Universal de base consuetudinária 34

II. Tratados universais de direitos humanos 36

III. Garantias regionais dos direitos humanos: A Convenção Europeia dos Direitos Humanos (CEDH) 42

IV. Garantias supranacionais 45

    1. As liberdades fundamentais europeias 46

    2. Os direitos fundamentais da União 48

    3. Garantias equiparadas aos direitos fundamentais no direito secundário 52

V. Direitos fundamentais das Constituições dos Estados federados 54

    1. Âmbito de aplicação da Diretiva 56

    2. Discriminações em virtude da religião 57

    3. Resultado 58

§ 4. Teoria dos direitos fundamentais e funções dos direitos fundamentais 61

I. Teoria dos direitos fundamentais e dogmática dos direitos fundamentais 61

II. Funções dos direitos fundamentais 67

    1. As funções clássicas dos direitos fundamentais 68

        a) *Status negativus* 69

        b) *Status positivus* 69

        c) *Status activus* 70

        d) Garantias institucionais 71

    2. Tipificações atuais 72

        a) Génese: funções objetivas dos direitos fundamentais 72

            aa) Os direitos fundamentais como normas de competência negativa 72

            bb) Direitos fundamentais como decisões de valor objetivo 73

        b) As funções dos direitos fundamentais em concreto 76

            aa) Função de defesa 78

                (1) Direito de defesa como mera obrigação de omissão 79

(2) Aspetos acessórios de proteção dos direitos de defesa	79
(3) Constelações triangulares	82
bb) Função de proteção	86
(1) Obrigações de proteção autênticas	86
(2) Obrigações de proteção não autênticas	88
cc) Função de conformação	96
dd) Funções de prestação	101
(1) Direitos de participação	102
(2) Direitos de prestação originários	102

§ 5. Legitimação e vinculação jurídico-fundamental 106

I. Legitimação jurídico-fundamental 107

1. Direitos do ser humano e direitos dos cidadãos alemães 107

2. Legitimação jurídico-fundamental antes do nascimento e depois da morte 112

3. Pleno gozo dos direitos fundamentais 114

4. Renúncia aos direitos fundamentais 116

5. Legitimação jurídico-fundamental de grupos de pessoas e de organizações 120

II. Vinculação aos direitos fundamentais 130

1. Tipo de vinculação 130

2. Destinatários públicos da vinculação aos direitos fundamentais 131

3. Destinatários privados da vinculação aos direitos fundamentais (efeito para terceiros) 133

4. Aspetos internacionais e supranacionais da vinculação aos direitos fundamentais 137

5. Obrigações fundamentais? 141

§ 6. Garantias e limitações aos direitos fundamentais 143

I. Âmbito de proteção e garantia 143

II. Ingerência, limite e conceitos afins 146

1. Ingerência, limite, limitação ou restrição, afetação, redução, delimitação 147

2. Conformação e concretização 148

3. Regulação 151

4. Intocabilidade 151

5. Violação	152
III. Âmbito de proteção e ingerência	152
1. Determinação do âmbito de proteção	154
2. Definição de ingerência	156
IV. A justificação jurídico-constitucional das ingerências	160
1. Tipologia das reservas de lei	160
2. Da reserva de lei à reserva de parlamento	161
3. Da reserva de lei à reserva de lei proporcional	165
4. Limites de limites	167
V. Colisões e concursos	184
1. Colisões	184
2. Concursos	189
Anexo: esquemas organizacionais	192

SEGUNDA PARTE
OS DIFERENTES DIREITOS FUNDAMENTAIS — 199

§ 7. Proteção da dignidade da pessoa humana (art. 1º, n. 1) — 201

I. Panorama geral	201
II. Âmbito de proteção	202
III. Ingerências	206
IV. Justificação jurídico-constitucional	210

§ 8. Livre desenvolvimento da personalidade (art. 2º, n. 1) — 213

I. Panorama geral	213
II. Âmbitos de proteção	214
1. Liberdade de atuação em geral	214
2. Direito de personalidade em geral	217
III. Ingerências	224
IV. Justificação jurídico-constitucional	226
1. Ordem constitucional	226
2. Direitos de outrem	227
3. Lei dos bons costumes	228

§ 9. Direito à vida e à inviolabilidade do corpo humano (art. 2º, n. 2, frase 1) — 230

I. Panorama geral	231

II. Direitos de defesa do art. 2ª, n. 2, frase 1 — 231
1. Âmbitos de proteção — 231
2. Ingerências — 232
3. Justificação jurídico-constitucional — 234
III. Obrigação de proteção e direito à proteção do art. 2ª, n. 2, frase 1 — 237
1. Fundamento — 237
2. Cumprimento — 238

§ 10. Liberdade da pessoa humana (art. 2º, n. 2, Frase 2 e art. 104º) — 242
I. Panorama geral — 242
II. Âmbito de proteção — 243
III. Ingerências — 244
IV. Justificação jurídico-constitucional — 246
1. Reserva de lei do art. 104ª — 246
2. Limites de limites — 248

§ 11. O princípio da igualdade (art. 3º, art. 6º, n. 1 E 5, art. 33., n. 1 a 3, art. 38º, n. 1, frase 1) — 251
I. Panorama geral — 252
II. Tratamento desigual — 255
1. Tratamento desigual jurídico-constitucionalmente relevante — 255
2. Tratamento igual do essencialmente diferente? — 257
III. Justificação jurídico-constitucional — 259
1. Exigências gerais — 259
2. As exigências especiais do art. 3ª, n. 2 e 3 — 266
3. As exigências especiais do art. 6ª — 276
4. As exigências especiais nos direitos políticos — 278
5. As exigências especiais no âmbito dos direitos e deveres cívicos — 284
IV. Consequências de uma violação da igualdade — 289
1. Violação da igualdade pelas leis, pelos regulamentos jurídicos e pelos regulamentos autónomos — 289
a) Generalidades — 289
b) Benefício não concedido em condições de desigualdade — 291
c) Ónus imposto de forma desigual — 292

d) Resumo	293

2. Violação da igualdade pela Administração e pela jurisprudência — 294
    a) Generalidades — 294
    b) Violação da igualdade pela Administração — 294
    c) Violação da igualdade pela jurisprudência — 296

Anexo: esquema organizacional — 300

§ 12. Liberdade de religião, de ideologia e de consciência (art. 4º, art. 12a, n. 2, Art. 140º, em ligação com o art. 136º, n. 1, 3 E 4, art. 137º, n. 2, 3 E 7 da Constituição imperial de Weimar) — 302

I. Panorama geral — 302
  1. A letra do texto — 302
  2. Âmbito de proteção uniforme? — 303

II. Âmbitos de proteção — 305
  1. Liberdade de religião e liberdade de ideologia — 295
    a) Liberdade individual de religião e liberdade individual de ideologia — 305
    b) Liberdade coletiva de religião e de ideologia — 310
  2. Liberdade de consciência — 315
    a) Conceito — 315
    b) Alcance do âmbito de proteção — 315
    c) Objeção ao serviço militar por razões de consciência, nos termos do art. 4ª, n. 3 — 316

III. Ingerências — 317

IV. Justificação jurídico-constitucional — 320
  1. Art. 136ª, n. 1, e n. 3, frase 2; art. 137ª, n. 3, frase 1, da Constituição Imperial de Weimar, em ligação com o art. 140ª — 320
  2. Art. 12a, n. 2 — 322
  3. Direito constitucional colidente — 322

§ 13. Liberdade de opinião, de informação, de imprensa, de radiodifusão e liberdade cinematográfica (art. 5º, n. 1 e 2) — 327

I. Panorama geral — 328

II. Âmbitos de proteção — 329
  1. Liberdade de opinião (art. 5ª, n. 1, frase 1, segmento 1) — 329
    a) Conceito — 329

b) Manifestação e difusão de opinião pela palavra, pela escrita e pela imagem 332

c) Liberdade de opinião negativa 334

2. Liberdade de informação (art. 5ª, n. 1, frase 1, segmento 2) 335

3. Liberdade de imprensa (art. 5ª, n. 1, frase 2, segmento 1) 337

   a) Conceito 337

   b) Âmbito de garantia 337

   c) Relação com os direitos fundamentais do art. 5ª, n. 1, frase 1 340

4. Liberdade de radiodifusão (art. 5ª, n. 1, frase 2, segmento 2) 342

   a) Conceito 342

   b) Âmbito de garantia 342

5. Liberdade cinematográfica (art. 5ª, n. 1, frase, 2, segmento 3) 346

III. Ingerências 347

1. Liberdade de opinião, de imprensa, de radiodifusão e liberdade cinematográfica 347

2. Liberdade de informação 348

IV. Justificação jurídico-constitucional 349

1. Limites 349

2. Proibição de censura (art. 5ª, n. 1, frase 3) 360

§ 14. Liberdade artística e liberdade científica (art. 5º, n. 3) 364

I. Panorama geral 364

II. Âmbitos de proteção 365

1. Liberdade artística 365

   a) Conceito 365

   b) Alcance da garantia 367

2. Liberdade científica 371

   a) Conceito 371

   b) Alcance da garantia 372

III. Ingerências 375

IV. Justificação jurídico-constitucional 376

§ 15. Proteção do casamento e da família (art. 6º) 379

I. Panorama geral 380

II. Direitos de defesa	381
1. Âmbitos de proteção	381
2. Ingerências	389
3. Justificação jurídico-constitucional	392
III. Proibições de discriminação, direitos de proteção e de participação	398

§ 16. Direitos fundamentais escolares e liberdade de escola privada (art. 7º, n. 2 a 5) — 402

I. Panorama geral	402
II. Direitos fundamentais escolares (art. 7ª, n. 2 e 3)	403
1. Âmbitos de proteção	403
a) Art. 7ª, n. 3, frases 1 e 2	403
b) Art. 7ª, n. 3, frase 3	405
c) Art. 7ª, n. 2	405
2. Ingerências e justificação jurídico-constitucional	406
III. Liberdade de escola privada (art. 7ª, n. 4 e 5)	406
1. Âmbito de proteção	406
2. Ingerências e justificação jurídico-constitucional	410

§ 17. Liberdade de reunião (art. 8º) — 412

I. Panorama geral	413
II. Âmbito de proteção	413
1. Conceito de reunião	413
2. Caráter pacífico e sem armas	417
3. Reuniões em espaços fechados e ao ar livre	419
4. Alcance da garantia	420
III. Ingerências	422
IV. Justificação jurídico-constitucional	423
1. Limites	423
2. Proibição de obrigação de comunicação e proibição de obrigação de autorização	426

§ 18. Liberdade de associação em geral e liberdade de associação de trabalhadores ou de empregadores (art. 9º) — 428

I. Panorama geral	429
II. Âmbitos de proteção	430

1. Liberdade de associação em geral	430
a) Conceito	430
b) O art. 9º, n. 1, como direito fundamental individual	432
c) O art. 9º, n. 1, como direito à liberdade coletiva	434
2. Liberdade de associação de trabalhadores ou de empregadores	435
III. Ingerências	438
1. Ingerências na liberdade de associação em geral	438
2. Ingerências na liberdade de associação de trabalhadores ou de empregadores	439
IV. Justificação jurídico-constitucional	440
1. Liberdade de associação em geral	440
a) Art. 9º, n. 2	440
b) Direito constitucional colidente	443
c) Limite de limites	444
2. Liberdade de associação de trabalhadores ou de empregadores	444

§ 19. Sigilo da correspondência, do correio e das telecomunicações (art. 10º) 449

I. Panorama geral	450
II. Âmbitos de proteção	451
1. Sigilo da correspondência	451
2. Sigilo do correio	452
3. Sigilo das telecomunicações	453
III. Ingerências	456
IV. Justificação jurídico-constitucional	458
1. Reserva de lei do art. 10º, n. 2, frase 1	458
2. Alargamento da reserva de lei, nos termos do art. 10º, n. 2, frase 2	460

§ 20. Liberdade de entrada e de circulação (art. 11º) 462

I. Panorama geral	463
II. Âmbito de proteção	464
1. Fixação de residência e de domicílio	464
2. Deslocação para fins de mudança de local	466
3. Entrada no país e imigração, saída do país e emigração	466

4. Transporte dos haveres pessoais	467
5. Liberdade de circulação negativa	468
III. Ingerências	468
IV. Justificação jurídico-constitucional	470
1. Reserva de lei do art. 11ª, n. 2	470
2. Outras justificações de ingerência	470

§ 21. Liberdade de profissão (art. 12º) — 471

I. Panorama geral	472
1. A letra do texto	472
2. Âmbito unitário de proteção	473
II. O direito de defesa do art. 12ª, n. 1	474
1. Âmbito de proteção	474
2. Ingerências	482
3. Justificação jurídico-constitucional	489
III. Direitos de proteção e de participação do art. 12ª, n. 1	497
IV. Isenção de obrigatoriedade de trabalho e de trabalho obrigatório (art. 12ª, n. 2 e 3)	499
1. Âmbito de proteção	499
2. Ingerências e justificação jurídico-constitucional	500

§ 22. Inviolabilidade do domicílio (art. 13º) — 503

I. Panorama geral	504
II. Âmbito de proteção	504
III. Ingerências	507
1. Buscas domiciliárias	507
2. Escutas secretas	508
3. Outras ingerências	509
IV. Justificação jurídico-constitucional	510
1. Buscas domiciliárias	510
2. Escutas secretas	511
3. Outras ingerências	512
4. Outras justificações de ingerência	514

§ 23. Garantia de propriedade (arts. 14º e 15º) — 516

I. Panorama geral	516
II. Âmbito de proteção	519
1. Conceito de propriedade	519
2. Alcance da proteção da propriedade	524
3. Direito sucessório	526
III. Ingerências	527
IV. Justificação jurídico-constitucional	528
1. Delimitações	528
2. Expropriação	535
3. Normas de conteúdo e de limites	539
V. A garantia de instituto como limite de limites	546
VI. Socialização	547
Anexo: esquema organizacional	550

§ 24. Proteção contra a retirada da nacionalidade e contra a extradição e direito de asilo (arts. 16º e 16º-a) — 552

I. Panorama geral	553
II. Proteção contra a retirada da nacionalidade (art. 16ª, n. 1)	555
1. Âmbito de proteção	555
2. Ingerências	555
3. Justificação jurídico-constitucional	557
III. Proibição de extradição (art. 16ª, n. 2)	558
1. Âmbito de proteção	558
2. Ingerência	558
3. Justificação jurídico-constitucional	560
IV. Direito de asilo (art. 16a)	560
1. Âmbito de proteção	560
2. Ingerências	569
3. Justificação jurídico-constitucional	570

§ 25. Direito de petição (art. 17º) — 576

I. Panorama geral	576
II. Âmbito de proteção	577
1. Conceito de petição	577
2. Destinatários da petição	578

3. Pressupostos materiais de admissibilidade	578
4. Garantias	579
III. Ingerências e justificação jurídico-constitucional	581

§ 26. Garantia de proteção jurídica (art. 19º, n. 4) — 582

I. Panorama geral	583
II. Âmbito de proteção	584
1. Poder público	584
2. Violação da lei	587
3. Abertura da via de recurso jurisdicional	590
III. Ingerências	595
IV. Justificação jurídico-constitucional	596

§ 27. Direito de opor resistência (art. 20º, n. 4) — 598

§ 28. Tomada em consideração dos princípios tradicionais do funcionalismo público de carreira (art. 33º, n. 5) — 601

I. Panorama geral	602
II. Âmbito de proteção	602
III. Ingerências e justificação jurídico-constitucional	605

§ 29. Direito eleitoral (art. 38º) — 606

I. Panorama geral	607
II. O direito ao sufrágio direto, livre e secreto	607
1. Âmbito de proteção	608
2. Ingerências	612
3. Justificação jurídico-constitucional	614

§ 30. Direito ao juiz legal (art. 101º, n. 1, frase 2) — 616

I. Panorama geral	617
II. Âmbito de proteção	618
1. Competência legal do juiz	618
2. Independência e imparcialidade do juiz	619
III. Ingerências	620
1. Privação pelo poder legislativo	620
2. Privação pelo poder executivo	621
3. Privação pelo poder judicial	622

IV. Justificação jurídico-constitucional 624

§ 31. Direito à audição jurídica (art. 103º, n. 1) 626

I. Panorama geral 627

II. Âmbito de proteção 627

   1. Audição jurídica 627

   2. Perante o tribunal 629

III. Ingerências 630

IV. Justificação jurídico-constitucional 630

§ 32. Nulla poena sine lege (art. 103º, n. 2) 631

I. Panorama geral 632

II. Âmbito de proteção 632

   1. Conceito de punibilidade 632

   2. Princípio da atuação 634

   3. Princípio da legalidade 634

   4. Princípio da determinação 635

   5. Proibição de efeito retroativo 637

III. Ingerências 637

IV. Justificação jurídico-constitucional 638

§ 33. Ne bis in idem (art. 103º, n. 3) 639

I. Panorama geral 640

II. Âmbito de proteção 641

   1. O mesmo crime 641

   2. As leis penais gerais 642

   3. Caráter único da perseguição penal 644

III. Ingerências e justificação jurídico-constitucional 645

TERCEIRA PARTE
RECURSO CONSTITUCIONAL 647

§ 34. Generalidades sobre o recurso constitucional 649

§ 35. Admissibilidade do recurso constitucional 651

I. Recorrente 651

1. Capacidade para interpor recurso	651
2. Capacidade processual	652
II. Objeto do recurso	653
III. Legitimidade para interpor recurso	654
1. Possibilidade de uma violação de direito fundamental	654
2. Desvantagem para si próprio	657
3. Desvantagem atual	659
4. Desvantagem direta	660
IV. Necessidade de proteção jurídica	662
1. Esgotamento das vias de recurso	662
2. Subsidiariedade	664
3. Interrupções do prazo de esgotamento da via de recurso e quebra da subsidiariedade	664
V. Impedimento de recurso do efeito de caso julgado material	666
VI. Conformidade do recurso	667
1. Forma	667
2. Prazo	667
3. Revogação	668
§ 36. Fundamentação do recurso constitucional	669
I. Critério	669
II. Limitação do âmbito de controlo à violação de direito constitucional específico	671
1. O problema	671
2. A solução	672
Índice remissivo	681

PREFÁCIO

Desde a primeira publicação deste manual, em 1985, os direitos fundamentais da Lei Fundamental foram marcados e continuaram a desenvolver-se, em muitas áreas e sob muitos aspetos, graças à jurisprudência, à ciência jurídica e à política. Aproveitámos o 70º aniversário da Lei Fundamental, em 23.5.2019, para descrever, de maneira um pouco mais pormenorizada, estes desenvolvimentos no § 2 do manual. As transformações, ainda não previsíveis em 1949, tais como a pluralização da sociedade, a rápida digitilização, bem como a progressiva internacionalização e europeização, constituem um desafio para a interpretação dos direitos fundamentais; na sua superação revela-se útil, para a atualização do direito constitucional, a grande responsabilidade e importância de uma justiça constitucional metodologicamente consciente e igualmente aberta face a tais transformações.

Estamos agradecidos às colaboradoras e aos colaboradores das nossas cátedras pelo seu empenhado apoio: em Regensburg, Petra Bettinger, Maria Deutinger, Zachariasz Hussendörfer, Xaver Koneberg, Julia Liebl, Mareike Metzger, Marje Mülder, Anna Rambach e Julia Weitensteiner, assim como, em Freiburg, Max Poschmann, Marc Bovermann, Severin Burkart, Lucas Igla, Anna Kurth, Julius Ott, Caroline Schaeffer, Antonia Strecke e Freya Wolfers.

Temos muito gosto em receber comentários e críticas da parte das nossas leitoras e leitores.

Regensburg/Freiburg, julho de 2019.

Thorsten Kingreen
Ralf Poscher

DO PREFÁCIO À 29ª EDIÇÃO ALEMÃ (2013)

O manual de Bodo Pieroth e Bernhard Schlink foi publicado pela primeira vez em 1985. Nas quase três décadas passadas acompanhou muitas gerações de estudantes. A obra facilita o acesso aos direitos fundamentais, graças à sua estruturação dogmática efetuada aqui pela primeira vez do seu princípio ao fim. O manual entende-se não apenas como livro de estudo, mas também como guia para acompanhar a reflexão crítica e para o aperfeiçoamento autónomo das ideias. Com este desiderato, ele marcou também, eficazmente, a ciência jurídica e a jurisprudência sobre os direitos fundamentais.

Agradecemos muito cordialmente aos nossos professores universitários Bodo Pieroth e Bernhard Schlink por nos terem confiado a responsabilidade por um manual que nos revelou, já como estudantes, os direitos fundamentais e que desde então nos tem acompanhado no nosso percurso académico. Esta 29ª edição é pela primeira vez da nossa responsabilidade. Ela toma em consideração a jurisprudência e a bibliografia surgidas de novo até junho de 2013.

Dirigimos os nossos muitos agradecimentos às colaboradoras e colaboradores das nossas cadeiras pelo apoio empenhado e temos muito gosto nas observações e críticas da parte das nossas leitoras e leitores.

Regensburg/Freiburg, junho de 2013

Thorsten Kingreen
Ralf Poscher

DO PREFÁCIO À EDIÇÃO JAPONESA (2018)

Apesar de todas as diferenças que as Constituições livres, democráticas e de Estado de direito apresentam a propósito da organização do Estado, elas são aparentadas umas com as outras na garantia dos direitos fundamentais. Elas protegem a liberdade e a igualdade das pessoas e dos cidadãos, umas vezes mais, outras vezes menos amplamente, mas todas elas as protegem; elas permitem ao Estado ingerências na liberdade e igualdade, mediante condições umas vezes mais estreitas, outras mais amplas, mas todas as permitem; para o controlo dessas condições, elas têm padrões ora mais rígidos ora mais flexíveis, mas todas elas proíbem ingerências que não satisfaçam os padrões. Esse parentesco deve-se ao intercâmbio em que se encontram as ciências dos direitos fundamentais entre a Alemanha e o Japão e em todo o mundo. Nós concebemos e redigimos a primeira edição do nosso manual nos anos de 1980. Nessa altura, as disposições sobre direitos fundamentais não eram tratadas nos manuais de direito estadual e de direito constitucional de maneira diferente das do direito orgânico; utilizando a jurisprudência do Tribunal Constitucional Federal, elas eram explicadas frase a frase, conceito a conceito. Apesar disso, a estrutura, que é comum a todos os direitos fundamentais, não se tornava claramente evidente. O nosso objetivo foi ter em conta a estrutura comum através de uma intervenção dogmática uniforme. Todos os direitos fundamentais têm um âmbito de proteção, todos os direitos fundamentais podem estar sujeitos a ingerência, e em todas as ingerências se põe a questão da justificação. A intervenção dogmática uniforme conduziu-nos, por um lado, às doutrinas gerais sobre direitos fundamentais da primeira parte do manual; essa intervenção continua, na segunda parte, na estrutura uniforme do tratamento dos diversos direitos fundamentais.

As doutrinas gerais dos direitos fundamentais, assim como as doutrinas dos diversos direitos fundamentais, foram por nós desenvolvidas ao ocuparmo-nos da jurisprudência do Tribunal Constitucional Federal – como a ciência jurídica alemã desenvolve tradicionalmente a dogmática em ligação com a jurisprudência. É certo que com a quantidade e a importância da jurisprudência do Tribunal Constitucional Federal a ciência dos direitos fundamentais assumiu muitos aspetos do caráter de uma ciência de *case law*, em cuja tradição se encontra a ciência jurídica americana. Mas nós nunca nos limitámos à reprodução e explicação dos *cases*. Classificámo-los dogmaticamente e, quando necessário, reconstruímo-los dogmaticamente. A decisão de nos atermos à elaboração e à apresentação dogmática dos direitos fundamentais parece-nos imprescindível. Só com um trabalho dogmático e metodologicamente disciplinado com os direitos fundamentais é que a ciência dos, e a jurisprudência sobre os, direitos fundamentais conseguem afirmar a sua autonomia face a tentações e monopolizações políticas; só com um processamento dogmático é que os direitos fundamentais ficam realmente inteligíveis e capazes de ser aprendidos pelas e pelos estudantes; é justamente com a sua dogmática jurídico-fundamental que a ciência jurídica alemã dá o seu contributo para o intercâmbio universal das ciências dos direitos fundamentais. O interesse que o nosso manual encontra no Japão, no Brasil e em Portugal aplica-se também precisamente à sua intervenção nos direitos fundamentais e ao tratamento de casos jurídico-fundamentais decorrente da intervenção, nos três passos da determinação do âmbito de proteção, determinação da ingerência e justificação da ingerência, um esquema de controlo adotado entretanto também pela jurisprudência do Tribunal Constitucional Federal.

O nosso manual pretende ser um livro de estudo e apresentar às e aos estudantes a matéria de maneira clara, compreensível e descomplicada, de tal modo que a sua ocupação com os direitos fundamentais se torne numa tarefa atrativa, embora exigente. No direito do Estado e no direito constitucional, a doutrina deve, além disso, acentuar o valor da liberdade, do Estado de direito e da democracia, reforçar a importância das regras e das instituições do Estado constitucional livre, democrático e de direito, e robustecer o esforço sem o qual o Estado constitucional não prospera.

Entretanto, confiámos o nosso manual aos nossos alunos Thorsten Kingreen e Ralf Poscher. Sabemos que com eles o livro está em boas mãos. A dogmática e o método, a liberdade, o Estado de direito e a democracia são para eles tão importantes como para nós, e eles encaram os mais recentes desenvolvimentos da dogmática jurídico--fundamental, como a europeização e a internacionalização da proteção dos direitos fundamentais, com o mesmo enfoque sistemático e exigência que para nós foi sempre importante. O nosso manual dará, também como manual deles, o seu contributo para o intercâmbio entre a ciência alemã e a japonesa dos direitos fundamentais.

Berlin/Münster, julho de 2018.

Bodo Pieroth
Bernhard Schlink

APRESENTAÇÃO À 3ª EDIÇÃO EM PORTUGUÊS

O livro *Direitos fundamentais* chega a sua terceira edição em língua portuguesa, trazendo agora estampados na capa os nomes dos Professores Thorsten Kingreen e Ralf Poscher, que ficaram responsáveis pela continuidade da obra após seus autores originários, Bodo Pieroth e Bernhard Schlink, decidirem que era chegada a hora de passar o projeto a gerações mais novas.

Assumir a atualização de um escrito doutrinário de tamanha relevância é, por certo, um grande desafio. Daí por que acertada a escolha de Poscher e Kingreen: este foi orientando de Bodo Pieroth, ao passo que Poscher é um dos mais destacados ex-alunos de Bernhard Schlink. O manuscrito repousa, portanto, nas mãos de bons discípulos desses dois gigantes do direito constitucional.

Neste momento de transição, penso ser pertinente – inclusive por reverência aos escritores originais – voltar atenção às origens desta que se tornou uma das principais leituras sobre direitos fundamentais.

A cumplicidade acadêmica construída entre Pieroth e Schlink, que inclui a percepção da importância de seguir uma metodologia clara de ensino, moldou a excelência de suas produções. O resultado dessa parceria não apenas serviu de base doutrinária a milhares de estudantes e de profissionais do direito, mas guiou, inclusive, a formatação de decisões do Tribunal Constitucional Federal alemão, assim como influenciou a estrutura de outros livros didáticos da Alemanha.

No início da década de 1970, Bernhard Schlink cursava o seminário "O poder constituinte do povo" ("Die verfassungsgebende Gewalt des Volkes"), ministrado pelo Prof. Friedrich Müller, do qual Bodo Pieroth era assistente.

Foi nesse período, entre aulas na Faculdade de Direito da Universidade de Heidelberg, que se aproximaram e passaram a debater sobre os mais variados temas de direito constitucional*. Pieroth narra que Schlink e ele compartilhavam da mesma simpatia por projetos propostos pela então coligação social-liberal e costumavam se reunir para discutir – e criticar – decisões do Tribunal Constitucional Federal alemão que viessem a declarar a inconstitucionalidade de tais propostas. Ponderações sobre a preservação de normas constitucionais, em questões politicamente sensíveis, e sobre a necessidade de proteção de direitos fundamentais levaram a uma série de ensaios conjuntos.

Em pouco tempo ficou claro que ambos tinham a mesma visão sobre a complexidade da doutrina jurídica de então, que, bastante distanciada da realidade prática, não oferecia aos estudantes o devido auxílio técnico para a resolução de conflitos. Além disso, os direitos fundamentais costumavam ser abordados apenas em poucas páginas de tratados sobre organização do Estado. Não havia, até então, um verdadeiro manual específico sobre o tema.

Foi nesse período que Schlink recebeu convite para elaboração de um livro sobre direitos fundamentais, que faria parte da coleção "Schwerpunkte-Reihe", da editora C.F. Müller. Até então, os exemplares que integravam essa série eram basicamente voltados ao direito civil, de forma que o Prof. Hans-Jürgen Papier, ligado à coordenação, percebeu que era chegada a hora de dar mais espaço ao direito público. Ele acabara de conhecer Schlink, à época assistente do Prof. Ernst-Wolfgang Böckenförde, e acabou por convidá-lo para fazer parte do projeto. Schlink propôs a coautoria a Pieroth, que a aceitou imediatamente.

---

* Para elaboração desta apresentação foi utilizado, como referência, artigo escrito por Bodo Pieroth em homenagem a Bernhard Schlink (PIEROTH, Bodo. Bernhard Schlink als Verfasser juristischer Lehrbücher. Insiderinformationen eines Ko-Autor. In: NOLTE, Jakob; POSCHER, Ralf; WOLTER, Henner (org.). *Die Verfassung als Aufgabe von Wissenschaft, Praxis und Öffentlichkeit*. Freundesgabe für Bernhard Schlink zum 70. Geburtstag. Heidelberg: C.F. Müller, 2014).

O contrato com a editora foi firmado em 1983, mas apenas em 1985 foi publicada a primeira edição da obra. A aparente demora para elaboração do manuscrito é facilmente justificada pela forma de trabalho estabelecida por Pieroth e Schlink. Eles adotaram o que descrevem como "princípio de dois cérebros" (*Zwei-Hirne-Prinzip*), partindo da ideia de que tudo que fosse escrito seria lido e retrabalhado pelo outro, a ponto de não mais ser possível distinguir qual parte foi elaborada por qual coautor. Todo conteúdo do livro representava o pensamento de ambos, salvo raríssimas exceções.

Na reta final da escrita, Pieroth e Schlink refugiaram-se em um hotel na Provença, na França. Com cada um em quarto próprio, a proximidade favorecia o contato para discussão de pontos mais delicados e para aceleração da escrita. Como narra Pieroth, questões mais complexas eram deixadas para serem discutidas em caminhadas, na mesma oportunidade em que podiam aproveitar as belas paisagens da região.

Apesar dos longos passeios, em algumas temáticas não conseguiram chegar a um consenso, como em relação à possibilidade ou não de reintrodução da pena de morte por meio de reforma da Lei Fundamental. Schlink entendia ser possível, Pieroth defendia o contrário, de modo que o item que trata dessa matéria no livro apresenta claramente as duas posições sobre a questão.

A dogmática sempre foi uma preocupação dos autores. A fundamentação das decisões do *Bundesverfassungsgericht* não costumava ser muito compreensível e, consequentemente, acessível ao aprendizado. A partir dessa percepção, desenvolveram metodologia para explicar a doutrina e os casos práticos de forma consistente. "Ensinar exige dogmática, e a dogmática também tem a função de tornar o direito ensinável e aprendível" – essa foi a síntese feita por Pieroth, ao especificar que a dogmática é uma das principais paixões de Schlink.

O diferencial marcante da obra *Direitos fundamentais* é apresentar, desde sua primeira edição, uma estrutura que, posteriormente, seria inclusive repetida em decisões do Tribunal Constitucional Federal alemão e pela maioria da doutrina subsequente. No caso, o *controle em três fases* (*Drei-Schritt-Prüfung*), que sistematiza a análise dos direitos fundamentais de liberdade, indicando que, para se averiguar possível violação, deve ser constatado que: (1) o âmbito de proteção tenha sido afetado por (2) uma ingerência do Estado que (3) não pode ser justificada jurídico-constitucionalmente. Ou, ainda, o *controle em duas fases*, para os direitos fundamentais de igualdade, como explicado pelos autores na Introdução deste manual.

Ao longo dos anos, Pieroth e Schlink seguiram o mesmo método utilizado na elaboração do manual e se encontravam, pelo menos por um final de semana, em um hotel ou na casa de um deles, para discutir atualizações de edições futuras. Seguiram assim até Schlink indicar exaustão com o trabalho excessivo e a dificuldade em dar a devida atenção à área acadêmica.

Além dos textos jurídicos, Bernhard Schlink é reconhecido como um dos principais escritores contemporâneos da Alemanha. Tem especial destaque na ficção, com ensaios que abordam temas relacionados, por exemplo, à culpa alemã no período pós-Segunda Guerra, como na mundialmente famosa obra *O leitor*.

Pieroth, por outro lado, queria continuar com a coautoria de *Direitos fundamentais* por mais um tempo. Como não tinha sentido prosseguir sem o colega, conseguiu convencê-lo a permanecer na parceria por mais alguns anos, até que ele, Pieroth, enfim se aposentasse de sua cátedra. Estava tão determinado que chegou a prometer ficar responsável pela maior parte da atualização, proposta que acabou sendo aceita. Por conta própria, Schlink solicitou aos editores que reduzissem sua cota de participação nas vendas, para surpresa de Pieroth – que passou a admirá-lo ainda mais, segundo ele.

Por fim, a última edição pela qual Pieroth e Schlink foram completamente responsáveis foi a 28ª, publicada no ano de 2012. Em 2013, Thorsten Kingreen e Ralf Poscher assumiram; porém, as primeiras três edições com esses juristas ainda contaram com a participação dos autores originais, e apenas na 32ª edição o livro passou a ser conduzido unicamente pelos novos doutrinadores.

Como mencionei na apresentação que fiz para a edição passada, este é, com certeza, um dos mais relevantes trabalhos já produzidos no moderno direito germânico, fornecendo subsídios preciosos para aqueles que desejam aprofundar conhecimentos em área extremamente sensível no ambiente acadêmico internacional. O que só aumenta o mérito do hercúleo e refinado trabalho de tradução levado a efeito pelos Professores António Francisco de Sousa e António Franco, que brindam o leitor com uma impecável aproximação de horizontes hermenêuticos.

Direitos fundamentais se afigura, sem dúvidas, como verdadeiro clássico. A nova fase, conduzida por Thorsten Kingreen e Ralf Poscher, mostra que o legado de Bernhard Schlink e Bodo Pieroth permanece vivo, agora com energia renovada para seguir sendo referência doutrinária essencial sobre o tema.

Brasília-DF, junho de 2024.

Gilmar Ferreira Mendes

NOTA DOS TRADUTORES

A obra que agora se apresenta ao público de expressão portuguesa é certamente a de maior divulgação na Alemanha, nos últimos anos, sobre a problemática dos direitos fundamentais. Trata-se de um tema da maior relevância para qualquer ordem jurídica dos nossos dias, em qualquer latitude ou longitude. A excelente sistematização e abordagem dogmática conseguidas pelos autores, que numa perspetiva crítica abordam com grande acutilância e minúcia os fundamentos jurídico-constitucionais e a principal jurisprudência do Tribunal Constitucional Federal, tendo sempre presentes as principais posições doutrinárias, asseguram a esta obra uma elevada qualidade, que tem sido geralmente reconhecida dentro e fora da Alemanha, como bem o demonstram as 35 edições que a obra já teve até ao presente. Por estas razões, estamos convictos de que a presente obra despertará a atenção da comunidade científica brasileira e de expressão portuguesa e constituirá uma importante base de reflexão sobre a forma como são interpretados e respeitados os direitos fundamentais nas respetivas ordens jurídicas.

Na verdade, o moderno Estado de direito não se contenta com meras declarações solenes de intenção na Constituição, no sentido do reconhecimento dos direitos e liberdades fundamentais. Ele faz importantes exigências no domínio da concretização e do respeito quotidiano, sendo que especialmente aqui são sempre importantes os contributos do direito comparado, particularmente daquelas ordens jurídicas onde a reflexão doutrinária e a aplicação prática já atingiram maiores níveis de aperfeiçoamento.

Os tradutores pautaram eticamente o seu trabalho pelo mais elevado grau de lealdade relativamente aos autores e ao texto de partida, o que significa simultaneamente que o orientaram também pela vinculação e pelo máximo respeito para com os destinatários do texto de chegada. Sempre que consideraram que em determinados pontos do original eram referidos conceitos e aspetos específicos da sociocultura alemã, decidiram explicitá-los mediante o recurso a "notas do tradutor" (N. T., introduzidas sequencialmente como notas de rodapé), na convicção de que desse modo se deixam os leitores na posse da (eventualmente) necessária informação. Por outro lado, pareceu, no entanto, recomendável manter na versão portuguesa os títulos originais das obras referidas no texto de partida.

Porto, dezembro de 2021.

António Francisco de Sousa
António Franco

§1. INTRODUÇÃO

I. Sobre a forma de operar com este livro

1. A presente exposição ensina os direitos fundamentais na extensão e profundidade em que eles constituem objeto do "primeiro exame de Estado para juristas". Trata de todos os temas das doutrinas gerais dos direitos fundamentais (primeira parte), importantes para a resolução de casos concretos no curso universitário e também na prática; de todos os diferentes direitos fundamentais (segunda parte) e, juntamente com o recurso constitucional, do respetivo direito processual (terceira parte). Orienta-se pela jurisprudência do Tribunal Constitucional Federal, mas transmite o instrumental metodológico e dogmático que permite resolver autonomamente outros casos que não os já decididos.

2. Na maior parte das vezes, os direitos fundamentais são lecionados no início do curso de direito; por isso, a presente exposição também se dirige *aos que iniciam o curso de direito* e têm a preocupação de uma especial inteligibilidade. No entanto, a matéria dos direitos fundamentais é complexa e a sua abordagem assenta em muitos pressupostos. Os direitos fundamentais da Lei Fundamental funcionam em estreita interligação com os direitos fundamentais da União Europeia e da Convenção Europeia dos Direitos Humanos, que tradicionalmente só vêm a ser tratados nas lições sobre direito europeu; vêm ainda juntar-se, cada vez mais, obrigações jurídico-fundamentais do direito internacional público. Além disso, eles penetram no direito ordinário e muitas vezes só podem ser plenamente compreendidos em conjugação com este.

3. As indicações bibliográficas no final dos diferentes parágrafos encontram-se deliberadamente reduzidas ao mínimo. Limitam-se aos ensaios científicos e aos livros fundamentais, aos atuais e aos especialmente adequados ao curso de direito; quando dizem respeito a livros, estes são identificados no parágrafo precedente apenas pelo autor, isto é, sem título. Indicações bibliográficas completas encontram-se nos grandes comentários à Lei Fundamental, nos manuais de direito estatal e de direito constitucional e nos manuais de direitos fundamentais. Estas obras, bem como os atuais manuais de direito estatal encontram-se reunidas na bibliografia citada em abreviatura e já não são, por isso, citadas expressamente nas indicações bibliográficas. Os acórdãos do Tribunal Constitucional Federal e do Tribunal Administrativo Federal são indicados sempre que possível, conforme a coletânea oficial. A identificação efetua-se com o volume, página inicial do acórdão e página da localização; em relação ao Tribunal Constitucional Federal, a partir do volume 132, com volume, página inicial e número de margem.

II. DIREITOS FUNDAMENTAIS E INTERPRETAÇÃO

4. As normas jurídicas podem exigir um esforço muito diferenciado na operação de interpretação. De um lado, encontram-se as normas que, de forma inequívoca, estabelecem prazos, regulam a forma e o procedimento; do outro, encontram-se cláusulas gerais e conceitos jurídicos indeterminados, que só paulatinamente, com o auxílio da ciência do direito e da jurisprudência (direito judicial), se podem tornar aplicáveis. É certo que os direitos fundamentais contêm algumas normas sobre a forma e o procedimento, por exemplo, o art. 104º; no entanto, estas normas são predominantemente formuladas de forma muito concisa e genérica (por exemplo: "a arte e a ciência... são livres"; "é garantida a propriedade") e produzem o efeito de *cláusula geral*. Por isso, o direito judiciário e a dogmática dos direitos fundamentais, que o prepara e desenvolve, têm uma grande importância. Mais do que noutras áreas jurídicas, o trabalho com importantes acórdãos orientadores, particularmente do Tribunal Constitucional Federal, mas também cada vez mais do Tribunal de Justiça da União Europeia (TJUE) e do Tribunal

Europeu dos Direitos do Homem (TEDH), faz parte dos estudos dos direitos fundamentais. Os mais importantes acórdãos atuais são disponibilizados na revista de formação profissional *Jura* em estilo de parecer. Remete-se para estas descrições sumárias usando a abreviatura *JK*.

5. Como parte da Constituição, os direitos fundamentais ocupam uma *posição hierárquica superior* em face da lei ordinária (*Gesetzesrecht*) e ao direito da Administração (regulamentos jurídicos, regulamentos autónomos), juntamente com todos os atos concretos do poder Executivo e Judicial. Isto significa que todo o direito infraconstitucional, incluindo os atos concretos nele baseados, se tem de pautar pela Constituição. Sempre que não seja compatível com uma norma constitucional, especialmente com uma norma de direitos fundamentais, é inconstitucional e, por via de regra, nulo. No entanto, há uma dificuldade adicional no facto de o conteúdo dos próprios direitos fundamentais poder estar marcado pelo direito infraconstitucional; nesta medida, fala-se de direitos fundamentais marcados pelo direito ou pelas normas.

6. Exemplos:
O legislador está vinculado à garantia jurídico-constitucional da propriedade (art. 14, n. 1, frase 1) da Lei Fundamental (art. 1º, n. 3). Mas o que seja propriedade é uma questão que tem de ser primeiramente definida pelo legislador, sendo que o art. 14º, n. 1, frase 2, também autoriza o legislador a definir o conteúdo de propriedade. – Mas então como poderá o legislador ficar ainda vinculado à Constituição? – Se para o cidadão está aberta a via de recurso contra as violações de normas por parte do poder público (art. 19º, n. 4), isto pressupõe a instituição de tribunais, o que por sua vez só pode suceder por ação do legislador.

7. Acresce que os direitos fundamentais apresentam, dos pontos de vista histórico e atual, uma especial *proximidade à política*. Os direitos fundamentais tiveram de ser politicamente conquistados, e a sua interpretação e aplicação cai continuamente na discussão política. As grandes discussões em torno do censo da população, da interrupção voluntária da gravidez, da presença de crucifixos nas escolas públicas, da reforma do ensino superior e do ensino secundário, do direito de manifestação, da cogestão, do direito de asilo, da operação de escutas telefónicas secretas ou a busca *on-line* ilustram este facto de uma maneira clara. Isto até conduz, por vezes, ao entendimento errado de que a interpretação da Constituição e especialmente a dos direitos fundamentais nada mais é que política, e de que o Tribunal Constitucional Federal não produz qualquer Jurisprudência na verdadeira aceção da palavra. Mas, a par da origem democrática do poder, a maior conquista do Estado constitucional dos tempos modernos consiste em ter subordinado ao direito o exercício do poder. Na relação do particular com o Estado aplicam-se, por via dos direitos fundamentais, os padrões do direito.

8. Esta sujeição a padrões pressupõe que a interpretação do direito siga *regras metodológicas* fixas, sobre as quais há consenso geral. Mas agora discute-se muito acerca precisamente do problema dos métodos no direito constitucional, tal como no direito em geral. Só de forma incipiente podemos constatar um consenso sobre que regras devem orientar metodologicamente a interpretação[1]. Isto confere aos chamados pontos de vista exegéticos clássicos a sua importância perene: ao ponto de vista exegético gramatical (letra da regulação), ao sistemático (circunstâncias da regulação), ao genético (génese da regulação), ao histórico (regulações anteriores) e ao teleológico (fim da regulação). Confere também ao Tribunal Constitucional Federal uma considerável liberdade na interpretação e no aperfeiçoamento do direito constitucional. O Tribunal Constitucional Federal opera com casos concretos e desenvolve a sua interpretação dos direitos fundamentais a partir de casos concretos. Por isso, também para o estudante é válida a ideia de que não podem ser canonizadas as declarações do Tribunal Constitucional Federal se retiradas do seu circunstancialismo concreto, e de que as fundamentações e as conclusões das decisões carecem sempre de um controlo metodológico, antes de serem tomadas como base, por vezes apenas mediante modificação e correção, para a solução de um problema.

---

1 Cf. Alexy, *Theorie der juristischen Argumentation*, 3ª ed., 1996; Engisch, *Einführung in das juristische Denken*, 11ª ed., 2010; Larenz/Canaris, *Methodenlehre der Rechtswissenschaft*, 5ª ed., 2008; F. Müller/R. Christensen, *Juristische Methodik*, v. I, 10ª ed., 2009; Schlink, *Staat*, 1980, 73; Schmalz, *Methodenlehre für das juristische Studium*, 4ª ed., 1998: J. Vogel, *Juristische Methodik*, 1998.

8a. É de um caso especial de interpretação sistemática que trata o preceito da **interpretação conforme aos direitos fundamentais**. Por via deste preceito, os direitos fundamentais influem na interpretação e aplicação da legislação ordinária através da jurisprudência e da Administração. O esforço metodologicamente correto para se chegar à interpretação de uma disposição da legislação ordinária permite muitas vezes diferentes interpretações, e, no caso de cláusulas gerais e de conceitos jurídicos indeterminados, a jurisprudência e a Administração têm uma margem de interpretação especialmente ampla. Neste caso, a vinculação aos direitos fundamentais (art. 1º, n. 3) exige que a decisão a favor de uma ou de outra interpretação seja orientada pelos direitos fundamentais. Ela tem de fazer valer os direitos fundamentais, e interpretar a legislação ordinária protegendo os direitos fundamentais, acautelando e promovendo a liberdade.

8b. Exemplos:

É interdita a alguém a distribuição de panfletos num local público, por essa pessoa não dispor da necessária autorização. Esta interpretação das normas jurídicas relativas à via pública colide com o art. 5º, n. 1, pois também é possível uma interpretação que permite a distribuição de panfletos em local público isenta de autorização, por entender a circulação – à qual o local público serve – não só como circulação no sentido de deslocação, mas também como circulação da comunicação, seguindo a orientação do art. 5º, n. 1 (cf. Tribunal Constitucional Federal, *NVwZ* 1992, 53; Enders, *VerwArch* 1992, 527; Dietz, *AöR* 2008, 556; sobre a venda de jornais em locais públicos, cf. Tribunal Constitucional Federal, *NVwZ* 2007, 1306). – A realidade da comunidade doméstica no direito social poderia ser contestada para os filhos e para os progenitores que vivam separados deles. À luz do art. 6º, n. 1 e 2, deve-se aceitá-lo, se o progenitor que vive separadamente tem uma convivência normalmente mais longa com o seu filho e se o filho tem também um lar em casa dele (*E* 127, 263/286 e s.). Do mesmo modo, na aplicação das regras processuais de execução jurídica, os tribunais competentes para a execução têm de tomar em consideração os perigos para a vida e para a saúde do devedor, que podem resultar do despejo do seu local de habitação (*BVerfGE* 52,210/220 e s.; *NJW* 2013, 290/290 e s.).

8c. Esta interpretação conforme aos direitos fundamentais é um caso particular da chamada interpretação conforme à Constituição, segundo a qual, de entre as várias interpretações possíveis, merece preferência aquela que melhor corresponder à Constituição. A ambas se aplica a ideia de que a interpretação não pode determinar fundamentalmente de novo o conteúdo normativo da disposição. Se os requisitos jurídico-fundamentais exigirem uma determinação fundamentalmente nova da disposição, esta tem de ser rejeitada como sendo contrária à Constituição, "ficando reservado ao legislador a decisão sobre se quer substituir a regulação contrária à Constituição por outra conforme à Constituição"[2].

III. Para a resolução de casos de direitos fundamentais

9. O núcleo de um caso de direito fundamental consiste, na maior parte das vezes, na questão de saber se uma determinada medida estatal, contra a qual um particular se pretende defender, é compatível com um direito fundamental ou se viola um direito fundamental. Esta questão nuclear pode ser dividida em *duas questões parciais*: há ingerência no direito fundamental por parte da medida estatal? Em caso negativo, não há violação; em caso afirmativo, tem de se continuar a perguntar: esta ingerência é justificada jurídico-constitucionalmente? Em caso afirmativo, também não há violação; em caso negativo, há uma violação. Muitas vezes é conveniente subdividir a primeira pergunta, por um lado, segundo o âmbito de proteção e, por outro lado, segundo a ingerência no âmbito de proteção. Daí resulta o controlo *em três fases* (*Drei-Schritt-Prüfung*), de reconhecimento geral[3], que é dilucidado ainda mais pormenorizadamente no § 6 e que na Segunda Parte é tomado como base para a exposição sistemática de todos os direitos fundamentais de liberdade. Só há uma violação do direito fundamental quando: (1) o âmbito de proteção tenha sido afetado por (2) uma ingerência do Estado que (3) não pode ser justificada jurídico-constitucionalmente.

---

2   E 8,71/79; 54,277/299 e s.; Lüdemann, JuS 2004, 27.

3   Volkmann, JZ 2005, 261.

10. Esta questão nuclear pode sofrer duas modificações. Por um lado, no caso de *direitos fundamentais de igualdade*, não se trata de uma ingerência no âmbito de proteção, mas da questão de saber se é ou não justificado um tratamento discriminatório por parte do Estado[4]. Aqui ficamos, pois, pelo controlo em duas fases: (1) verifica-se um tratamento discriminatório? Em caso negativo, não há violação; em caso afirmativo, temos de continuar a perguntar: (2) está este tratamento discriminatório justificado jurídico-constitucionalmente? Em caso afirmativo, volta a não haver violação; em caso negativo, é violado o princípio da igualdade na sua formulação genérica (art. 3º, n. 1) ou numa das suas manifestações específicas (art. 3º, n. 2 e 3, art. 6º, n. 5, art. 33º, n. 1 a 3, art. 38º, n. 1, frase 1).

11. A segunda modificação pode surgir quando o particular não pretende, ou em todo o caso não apenas pretende, prevenir uma ingerência num direito fundamental de liberdade ou de igualdade, mas também conseguir que o Estado *adote* uma determinada conduta. Alguns direitos fundamentais estão expressamente formulados como direitos de proteção, por exemplo, o art. 6º, n. 4, com o direito da mãe à proteção e à assistência da comunidade, e o art. 103º, n. 1, com o direito a audição jurídica. Outros direitos fundamentais são correspondentemente interpretados (cf. n. m. 133 e s.). Aqui o controlo exige novamente três fases, em que se questiona (1) se uma conduta para a qual se pretende proteção cai no âmbito de proteção, (2) se existe uma obrigação do Estado de proteção da conduta e (3) se esta obrigação de proteção não é satisfeita pelo Estado.

12. A questão nuclear do controlo jurídico-fundamental torna-se complexa sobretudo mercê da *hierarquia das normas*. No caso de uma lei, o controlo jurídico-fundamental pode aplicar-se diretamente e perguntar se a lei é ou não compatível com um direito fundamental. Pelo contrário, tratando-se de regulamentos jurídicos e de regulamentos autónomos baseados nas leis, ou tratando-se de atos concretos do poder executivo e do poder judicial baseados nas leis e em regulamen-

---

4 Manssen, StR II, n. m. 35 e s.

tos jurídicos ou em regulamentos autónomos, é concebível um controlo dos direitos fundamentais em todos os níveis da hierarquia das normas, por conseguinte relativamente à lei enquanto tal, ao regulamento jurídico ou ao regulamento autónomo baseados na lei, enquanto tais, e ao ato administrativo enquanto tal baseado numa ou em várias normas jurídicas. No entanto, frequentemente, o controlo jurídico-fundamental poderá concentrar-se na fase que contém, pela natureza das coisas, a ingerência no direito fundamental.

13. **Exemplo:** Numa lei de formação de juristas (*Juristenausbildungsgesetz*) é introduzida *ex novo* uma norma, segundo a qual os estudantes com antecedentes penais ficam excluídos do primeiro exame jurídico de Estado (*Erste juristische Staatsprüfung*) (cf. BayVerfGH, *BayGVBl.* 1973, 151). Em consequência disso, um estudante com antecedente penal não é admitido à prova por decisão do *Departamento de Exames de Justiça* (*Justizprüfungsamt*). Embora aqui a ingerência no direito fundamental resida, em primeiro lugar, na decisão do referido "departamento", esta apenas aplica a lei, que pela natureza das coisas já contém, ela própria, a ingerência no direito fundamental. Com base no art. 12º, n. 1, (liberdade de profissão e de formação) só a lei precisa de ser fiscalizada. Diferente seria se fosse concedida à Administração uma margem de atuação, por exemplo por meio de se dizer na norma que os estudantes com antecedentes penais podem ser excluídos do *Primeiro Exame Jurídico de Estado*. Neste caso, verifica-se na respetiva medida do *Departamento de Exames de Justiça* uma ingerência jurídico-fundamental autónoma em relação à lei, devendo-se controlar a compatibilidade do ato administrativo com o art. 12º, n. 1, da Lei Fundamental, a par da constitucionalidade da lei.

14. A hierarquia das normas leva a complicações ainda por um segundo motivo: quando a propósito de uma lei se questiona a sua *legalidade*, isto pode significar apenas a sua constitucionalidade. O caso é diferente em relação aos regulamentos jurídicos, aos regulamentos autónomos e aos atos concretos dos poderes executivo e judicial. Neste caso, terá de ser controlada, em primeiro lugar, a correta aplicação da norma jurídica de grau hierárquico inferior. Se da norma de grau hierárquico inferior já resulta a ilegalidade do ato administrativo ou do regulamento jurídico, já não é necessário – a menos que se peça isso – verificar a constitucionalidade da norma de grau hierárquico superior. Essa só interessa quando a medida em questão estiver coberta pelo direito de grau hierárquico inferior.

15. Exemplo: Questiona-se a legalidade da atuação de um agente policial que penetra no corredor de habitações arrendadas para controlar se é observado um regulamento policial que determina o dever de manter iluminação, sob pena de uma sanção pecuniária. Neste caso, temos de controlar, em primeiro lugar, o fundamento de autorização (da conduta do agente) no direito policial e de ordenação. Só quando se verifique um tal fundamento de modo a legitimar a atuação do agente policial é que se suscitará a questão de saber se este fundamento de autorização é, por seu lado, constitucional ou infringe a inviolabilidade do domicílio (art. 13º).

16. Por fim, o controlo de direitos fundamentais é muitas vezes alargado por via de um *questionário processual*, pelo qual, a par de se questionar a legalidade material ou a constitucionalidade, se questiona a legitimidade de uma ou várias vias de recurso. Os questionários materiais e processuais são reunidos, quando a tarefa consiste em emitir parecer acerca das perspetivas de sucesso de uma via de recurso, no presente contexto sobretudo de um recurso constitucional. Por via de regra, o ponto essencial dos trabalhos práticos e dos exames incide na legalidade e na constitucionalidade materiais.

17. Bibliografia: A "técnica de trabalho no direito público" é tratada por Butzer/Epping, 3ª ed., 2006; informação sobre a "técnica de trabalho jurídico e de trabalhos científicos", encontra-se em Möllers, 9ª ed. 2018; para uma introdução ao método de resolução de casos práticos, cf. Schwerdtfeger/Schwerdtfeger, Öffentliches Recht in der Fallbearbeitung, 15ª ed. 2018, p. 315 e s. De entre os volumes sobre resolução de casos práticos é de destacar Degenhart, *Klausurenkurs im Staatsrecht*, I, 5ª ed. 2019, *Klausurenkurs im Staatsrecht II*, 8ª ed. 2018, e Hartmann (ed.), *Hausarbeit im Staatsrecht*, 4ª ed. 2019, uma vez que se encontram de harmonia com este manual.

Casos e soluções sobre os direitos fundamentais estão ainda contidos em Brauner/Stollmann/Weiß, *Fälle und Lösungen zum Staatsrecht*,

7ª ed. 2003; Brinktrine/Sarcevic, *Fallsammlung zum Staatsrecht,* 2ª ed. 2009; Höfling, *Fälle zu den Grundrechten,* 3ª ed. 2019; Haug, *Fallbearbeitung im Staats- und Verwaltungsrecht,* 9ª ed. 2018; Heimann/Kirchhof/ Waldhoff, *Verfassungsrecht und Verfassungsprozessrecht,* 2ª ed. 2010; Kilian/Eiselstein, *Grundfälle im Staatsrecht,* 5ª ed. 2011; Schmalz, *Verfassungsrecht,* 3ª ed. 2003; Schoch, *Übungen im Öffentlichen Recht I,* 2000; Volkmann, *Staatsrecht II. Grundrechte,* 2ª ed. 2011. Muitos casos com soluções-padrão são publicados pelas revistas dirigidas à formação de estudantes *JuS, Jura* e *JA,* e pelos "jornais da administração" (*Verwaltungsblätter*) dos Estados federados.

PRIMEIRA PARTE
DOUTRINAS GERAIS DOS DIREITOS FUNDAMENTAIS

§ 2. HISTÓRIA E DESENVOLVIMENTO DOS DIREITOS FUNDAMENTAIS

I. Introdução

18. O direito é direito *conformado pela história* e não se pode compreender sem a sua história. As regulações jurídicas podem ter um fôlego mais prolongado que as ordens políticas em que surgem, quando assentem em circunstâncias sociais e económicas constantes ou quando dão resposta a questões fundamentais humanas invariáveis. Mas essas mesmas regulações também podem extinguir-se com as ordens políticas. Os direitos fundamentais são, enquanto parte do direito público e do direito constitucional, direito político e estão sujeitos à mudança das ordens políticas. Mas os direitos fundamentais são também, simultaneamente, uma resposta à questão fundamental invariável da relação entre a liberdade individual e a ordem política.

19. A formação gradual dos direitos fundamentais está relacionada com o *Estado constitucional civil dos tempos modernos*, que encontrou as suas primeiras configurações por ação da Revolução Americana e da Revolução Francesa. Mas estes desenvolvimentos do direito não tiveram qualquer influência imediata sobre o pensamento de direito público na Alemanha. Também no ano de 1848, os tempos ainda não estavam aqui maduros para uma instituição duradoura de um Estado constitucional fundado nos direitos fundamentais. Um tal Estado só foi instituído pela Revolução alemã de 1918, tendo, depois do retrocesso ocorrido entre 1933 e 1945, conseguido estabilidade com a criação da Lei Fundamental da República Federal da Alemanha.

II. Direitos fundamentais na América do Norte e na França

20. A primeira positivação global e com força constitucional dos direitos fundamentais no sentido moderno foi o *Bill of Rights* (Declaração de Direitos) da Virgínia (1776). No seu art. 1º diz-se que todos os homens são "por natureza igualmente livres e independentes e possuem certos direitos que lhes são imanentes e dos quais, quando entram para o Estado de uma sociedade, não podem privar ou despojar a sua descendência por via de qualquer contrato, ou seja, o gozo da vida e da liberdade, juntamente com os meios para a aquisição de posse e propriedade e para a aspiração e a obtenção da felicidade e da segurança". Os arts. 8º a 11º contêm normas de direito procedimental para a proteção do arguido no processo penal; o art. 12º proclama a liberdade de imprensa como um "dos grandes baluartes da liberdade"; o art. 16º determina que todas as pessoas têm, em condições de igualdade, o direito ao livre exercício da religião, em conformidade com os mandamentos da sua consciência.

21. Este *Bill of Rights* da Virgínia serviu de modelo imediato a uma série de outras *declarações de direitos*, a maior parte das vezes mais pormenorizadas, de outros Estados da América do Norte. Enquanto ainda vigorava a par da Constituição da Virgínia, já a Declaração de Direitos da Pensilvânia (1776), que continha um capítulo intitulado "*Frame of Government*", era condensada na "*Constitution of the Commonwealth of Pennsylvania*". Esta foi, assim, a primeira Constituição no sentido dos tempos modernos, sendo constituída por uma parte sobre direitos fundamentais e por uma parte orgânica. Os direitos fundamentais que mais importantes se tornaram para o ulterior desenvolvimento dos direitos constitucionais nos Estados Unidos foram, logo depois, os direitos fundamentais constantes dos primeiros dez *Amendments* da Constituição Federal (1791), que também foram designados por "*Federal Bill of Rights*". Depois da guerra civil (1861-1865), eles foram complementados pelos chamados *Reconstruction Amendments*, que abolem a escravatura e estabelecem, pela primeira vez, a garantia da igualdade de direitos.

22. Relacionado com a constitucionalização dos direitos individuais está o desenvolvimento, pela primeira vez, do *primado da Constituição*, que pode ter como consequência a inconstitucionalidade das leis. Aí se refletiram as experiências que se tinham feito nas colónias com a pátria-mãe Inglaterra: é que também um parlamento pode praticar injustiça. O *Bill of Rights* significa, visto desta maneira, não só uma limitação do governo, mas também uma limitação da maioria simples do povo soberano. Esta vinculação do legislador à Constituição foi, além disso, assegurada pelo direito de controlo jurisdicional, reclamado primeiro pelos tribunais dos Estados e, em 1803, no acórdão *Marbury* contra *Madison*, pelo *Supreme Court*[1].

23. A *Déclaration des Droits de l'Homme et du Citoyen*, de 1789, é o marco mais importante da história dos direitos fundamentais. O conceito de "*droits fondamentaux*", surgido por volta de 1770, por conseguinte dos direitos fundamentais, sendo embora um conceito universal, cobre também e, desde logo, as reivindicações políticas da burguesia emergente como força social e como poder económico. O seu potencial, o seu antagonismo contra o despotismo régio e o seu entusiasmo pelo exemplo que a revolução norte-americana tinha dado prepararam o terreno para a Revolução Francesa e para o seu início, a Declaração dos Direitos do Homem.

24. O seu art. 1º estipula, numa primeira frase, que os homens nascem e permanecem *livres e iguais em direitos*. O art. 2º proclama a manutenção dos direitos humanos naturais e inalienáveis como fim de toda a sociedade política; estes direitos são a liberdade, a propriedade, a segurança e a resistência à opressão. Nos termos dos art. 4º e 5º, a liberdade consiste em poder fazer tudo o que não lese terceiros; os limites, que apenas podem consistir em também assegurar aos restantes membros da sociedade o gozo destes direitos, só podem ser fixados pela lei. O art. 10º proclama a liberdade de religião e de consciência no quadro da ordem pública estabelecida pela lei. O art. 11º garante a liberdade de expressão de pensamento e de opinião como "um dos mais preciosos direitos do Homem", sendo que aqui se faz uma reserva de responsabilidade pelo abuso desta liberdade nos casos fixados pela lei. O art. 16º proclama: "Qualquer sociedade em que nem a garantia dos direitos esteja assegura-

---

1 U. S. 137 (1803), vgl Kingreen, *Hdb. StR*3 XII, § 263 n. m. 11 e s.

da, nem a separação de poderes esteja consagrada, não possui uma Constituição". Nos termos do último art. 17º, a propriedade, como direito sagrado e inviolável que é, só pode ser afetada em caso de necessidade pública prevista na lei e na condição de prévia e justa indemnização. **25.** Esta Declaração tornou-se parte integrante da *Constituição de 1791*. Ela garantia outros "direitos naturais e civis": liberdade de circulação, direito de reunião e de petição, assim como liberdade de opinião e de culto, numa forma mais precisa que a prevista nos arts. 10º e 11º da Declaração dos Direitos Humanos. Ainda mais circunstanciada foi a declaração de direitos anteposta à *Constituição* (jacobina) *de 1793*. Nela se continham também direitos sociais: livre escolha de profissão e de trabalho, direito ao trabalho ou à assistência em caso de incapacidade para o trabalho, direito à instrução. No entanto, a Constituição de 1793 nunca entrou em vigor. A *Constituição de 1795*, juntamente com a sua declaração de direitos, permite reconhecer um novo estádio. Após a supressão da antiga ordem corporativa e de privilégios, coube aos direitos do Homem a nova função de legitimar a ordem civil a partir de agora estabelecida. Em conformidade com isso, já não foram proclamados direitos do Homem naturais e inalienáveis; pelo contrário, falava-se de direitos dentro da sociedade. O princípio segundo o qual os homens nascem livres e com os mesmos direitos foi substituído pela igualdade formal perante a lei. Foram reforçadas as garantias de Estado de direito do procedimento judicial; juntaram-se-lhes os deveres perante a sociedade. Para o ulterior desenvolvimento europeu continental dos direitos fundamentais tornaram-se depois especialmente importantes sobretudo a *Constituição francesa de 1815* (*Charte Constitutionnelle*) e a *Constituição belga de 1831*, com as suas listas de direitos fundamentais.

III. Os direitos fundamentais no constitucionalismo alemão do século XIX

26. Na Alemanha, só em 1848 se conseguiu chegar ao nível de desenvolvimento, até agora descrito, dos direitos fundamentais no mundo ocidental. Os direitos fundamentais do povo alemão, aprovados na *Assembleia da Igreja de São Paulo*, fundavam-se na ideia de soberania do povo e situavam-se na referida tradição do pensamento constitucional democrático. Porém, dadas as circunstâncias políticas, só durante pouco tempo conseguiram produzir efeitos. A reivindicação da liberdade política de 1848 apenas se manifestou plenamente na Revolução de 1918; por isso, importantes traços genéticos de ligação conduzem diretamente de 1848 aos direitos fundamentais da Constituição Imperial de Weimar.

27. As demais garantias dos direitos fundamentais na Alemanha do século XIX são de outra índole. As *Constituições dos Estados alemães meridionais* contiveram, durante o primeiro quartel do século XIX, garantias de direitos cívicos – não se falava em parte alguma de direitos fundamentais. A Constituição bávara de 1818 foi a primeira a garantir, no título IV, sob a epígrafe "Dos Direitos e Deveres Gerais", a segurança da pessoa e a propriedade (§ 8) e, além disso, o igual acesso a funções públicas (§ 5), liberdade de consciência (§ 9) e a liberdade de imprensa e de comércio livreiro (§ 11). Esta última, no entanto, apenas nos termos das disposições de um édito especial promulgado sobre a matéria. As Constituições de Baden (1818) e de Württemberg (1819) continham disposições semelhantes.

28. Deste modo, não estavam garantidos quaisquer direitos fundamentais anteriores ao Estado, mas tão-só direitos dos súbditos. Neste domínio continuavam a fazer-se sentir tradições alemãs mais antigas, segundo as quais só se concebia a liberdade enquanto liberdade garantida pelo Estado. Os direitos referidos estavam integrados na *monarquia constitucional*. As Constituições eram impostas pelos monarcas ou acordadas com os órgãos representativos (das classes sociais). O poder do Estado não se encontrava legitimado pelo povo, mas pelo monarca, por graça de Deus. A influência exercida pelas assembleias dos estados sociais sobre a legislação e sobre a cobrança de impostos surgia apenas *lado a lado* com os poderes do monarca, que se mantinham.

29. Apesar disso, a monarquia adaptou-se às *necessidades económicas da burguesia*. Também na Alemanha se tratou, nesta época, da dissolução dos códigos de vida (*Lebensordnungen*) das classes em prol da igualdade jurídica e da emancipação; tratou-se da substituição do direito subjugado às classes por um direito civil geral que realizasse a igualdade de direitos e a liberdade de empresa (*Erwerbsfreiheit*). Porém, este processo não foi, na Alemanha, obra de uma revolução, mas o resultado de reformas monárquicas. A ciência jurídica teve nisso uma certa participação, ao acabar, por exemplo, com os "direitos adquiridos" pela sua transferência para a propriedade civil[2].

30. Não obstante, o *efeito jurídico dos direitos fundamentais* foi muito limitado. O direito que se lhes contrapunha não ficou de modo algum sem efeito. A ordem jurídica teve primeiro de se lhes adaptar, e os direitos fundamentais tiveram primeiro de se concretizar através de (novas) leis. Em face da legislação, os direitos fundamentais não tinham qualquer efeito jurídico vinculativo. Assim, o princípio da igualdade apenas significava igualdade perante a lei; dessa maneira, os privilégios legais da nobreza mantiveram-se, tal como as discriminações legais dos judeus. Em face da Administração, os direitos fundamentais garantiam apenas a sua conformidade à lei. No entanto, no processo político não ficaram sem função: coube-lhes uma função de "direção e orientação"[3]. Neles estava consignado o programa de uma evolução da ordem jurídica e social.

31. A reação que se seguiu depois do fracasso da Revolução de 1848 e da supressão dos direitos fundamentais da Assembleia da Igreja de São Paulo impediu a evolução dos direitos fundamentais. É certo que, nomeadamente na *Carta Constitucional Prussiana de 1850*, que vigorou até 1918, estava contida, no título II ("Dos Direitos dos Prussianos"), uma extensa lista de direitos. Esta lista tinha, inclusive, adotado algumas disposições pioneiras dos direitos fundamentais de 1848, como a liberdade científica e de ensino (art. 20º); e também se encontram direitos políticos de liberdade, como a liberdade de opinião, a liberdade de imprensa, a liberdade de associação e de reunião. Mas o art. 3º, introdutório deste título, rezava: "A Constituição e a lei determinam as condições sob as quais se adquire, se exerce e se perde a qualidade de prussiano e os direitos cívicos". Deste modo, as diferentes garantias de liberdade foram declaradas, na sua maioria, como abertas a uma mais detalhada determina-

---

2 Lübbe-Wolff, *Sav. ZRG germ. Abt.* 1986, 104.

3 Wahl, *Staat* 1979, 321/333.

ção legal ou aperfeiçoamento. No entanto, as leis eram feitas pelo rei, pela primeira câmara da Dieta prussiana (*Herrenhaus*) e por uma câmara de deputados, constituída com base no "direito de voto das três classes".

Globalmente, o *período da reação*, que se seguiu a 1850, é caraterizado pelo facto de a liberdade política ter sido reprimida e, inversamente, por ter sido fomentada a liberdade económica.

32. A *Constituição Federal da Alemanha do Norte ou Constituição Imperial da Alemanha do Norte de 1867/1871* prescindiu completamente de uma lista de direitos fundamentais; só a liberdade de estabelecimento e de indústria foram por ela garantidas (art. 3º). Algumas garantias clássicas de liberdade foram, por força das circunstâncias, postas em prática por normas legais do império; assim, a *legislação judicial imperial* dos anos de 1970 reconheceu a proibição de efeito retroativo, a independência dos tribunais, a garantia da via judicial ordinária, o direito ao juiz da lei (*gesetzlicher Richter*), a inviolabilidade do domicílio e a liberdade da pessoa humana. Ficaram de fora outras garantias clássicas como a igualdade perante a lei, a garantia de propriedade, o direito à autodeterminação das sociedades religiosas e a liberdade científica; e a legislação relativa à luta entre a Igreja e o Estado (*Kulturkampf*) e a legislação contra a social-
-democracia[4] não ficaram limitadas por direitos de liberdade.

33. Esta importância limitada dos direitos fundamentais explica-se pela subsistência do *sistema político do constitucionalismo*. O conflito constitucional prussiano (1861-1866) provara que, em caso de dúvida, a Coroa manteria a supremacia sobre a representação popular. Na Alemanha da segunda metade do século XIX, não havia qualquer espaço para a soberania popular, nem sequer para uma ampla liberdade política assegurada pela Constituição mesmo contra a Coroa. Sobretudo por razões nacionais, uma grande parte da burguesia entendeu-se com o Estado monárquico.

34. Depois de a abolição dos direitos feudais das classes, por volta de meados do século, ter de algum modo chegado ao fim com

---

4 N. T.: Trata-se do *Gesetz gegen die gemeingefährlichen Bestrebungen der Sozialdemokratie*, que ficou conhecido como *"Sozialistengesetz"*. Essa lei entrou em vigor em 21 de outubro de 1878.

êxito, o que estava agora em primeiro plano era a consolidação da *ordem liberal económica e social.* Tratava-se sobretudo da defesa contra ingerências da Administração monárquica na sociedade económica e comercial burguesa. É certo que já era concebível a proteção dos direitos fundamentais contra o legislador, mas essa não era uma questão urgente enquanto a própria burguesia estivesse representada na feitura das leis. Tratava-se de reservar essas ingerências para o legislador e, assim, de as retirar da Administração. Não à ingerência na liberdade e na propriedade sem autorização da lei – foi sob este lema dos direitos fundamentais que a *reserva da lei* se tornou na conquista jurídica da burguesia, no conflito que mantinha com a Coroa e com a sua Administração.

35. Na *doutrina tardo-constitucional do direito público*, a liberdade foi, assim, entendida como negação do Estado, como esfera livre de Estado, certamente que não no sentido de direitos de liberdade pré-estatais, mas no sentido de um espaço livre garantido pelo Estado. Os direitos fundamentais não eram aqui um princípio constitutivo, mas antes um princípio orgânico do Estado.

IV. Os direitos fundamentais na Constituição Imperial de Weimar

36. Depois da derrota do *Reich* alemão na Primeira Guerra Mundial e da Revolução de 1918, a *Constituição Imperial de Weimar* de 1919 constituiu a Primeira República Alemã. A sua Segunda Parte tinha por título "Direitos e deveres fundamentais dos alemães" e compreendia os arts. 109º a 165º. Retomava os direitos fundamentais do povo alemão de 1848 e abordava simultaneamente os novos problemas sociais. Os seus direitos e deveres fundamentais anunciavam o programa de uma *república democrática de Estado de direito e de Estado social.*

37. Dos cinco capítulos (A pessoa em concreto; A vida coletiva; A religião e sociedades religiosas; A formação escolar e a escola; A vida económica), os primeiros dois continham predominantemente os *direitos de liberdade* clássico-liberais burgueses: princípio da igualdade, liberdade de circulação, liberdade de emigração, liberdade da pessoa, inviolabilidade de domicílio, sigilo de correspondência, liberdade de opinião, de reunião, de associação, direito de petição. No terceiro capítulo, junta-va-se à liberdade de credo e à liberdade de consciência uma regulação das relações entre o Estado e a Igreja que, embora por um lado quebrasse claramente com as tradições ("não há uma igreja do Estado", art. 137º § 1), também se revestia, por outro, de certas marcas de compromisso (sociedades religiosas como corporações de direito público, poder tributário da igreja, prestações efetuadas pelo Estado às sociedades religiosas). No quarto e ainda mais no quinto capítulo, manifestava-se, depois de correspondentes disposições dispersas contidas nos capítulos anteriores, uma nova *dimensão social e económica* dos direitos fundamentais. Aqui o Estado, na qualidade de conformador, era levado a assumir obrigações; ele devia desenvolver a sociedade civil de modo que permitisse também à classe trabalhadora participar adequadamente no progresso social e desfrutar da liberdade. Exemplos disso são a garantia de segurança social e o subsídio de desemprego, as disposições sobre a gratuitidade das escolas, mesmo das escolas que ofereciam formação para além da escolaridade obrigatória geral, e a regulação da vinculação da propriedade.

38. No seu conjunto, isto era uma notável *tentativa de atualização permanente* da lista dos direitos fundamentais. Os direitos fundamentais não deviam servir só para a defesa do *"status quo"* no interesse da burguesia, mas deviam, simultaneamente, abolir as desigualdades e as relações de supremacia originadas pelo desenvolvimento desenfreado dessa burguesia em detrimento da classe trabalhadora. Com este duplo objetivo, a Constituição Imperial de Weimar revela-se como tentativa de um "compromisso de classes"[5] que, todavia, a jurisprudência e a doutrina dos direitos fundamentais não aprofundaram: as normas jurídico-fundamentais, que tinham por conteúdo as posições individuais de liberdade, vieram a assumir um vigor reforçado por via do direito de controlo jurisdicional cada vez mais reconhecido[6], enquanto os direitos económicos e sociais foram "minimizados" predominantemente como simples princípios programáticos. É certo que isto era em parte

---

5   Anschütz, *Drei Leitgedanken der Weimarer Reichsverfassung*, 1923, p. 26.
6   Cf. Gusy, *Richterliches Prüfungsrecht*, 1985.

sugerido pelo texto constitucional; pelo facto de os direitos liberais de liberdade terem uma longa tradição e uma dogmática consolidada, estavam formulados de maneira mais precisa e puderam ser aplicados mais facilmente do que as novas disposições, que, por lhes faltarem esses pressupostos, produziam, antes, um efeito declarativo. Mas, para além disso, não se fizeram esforços maiores, nem por parte da jurisprudência nem por parte da doutrina jurídica, para se transporem adequadamente estas disposições constitucionais. Por fim, o *corpus iuris* infraconstitucional revelou-se predominantemente resistente a alterações.

39. A Constituição Imperial de Weimar foi de facto abolida pela tomada do poder nacional-socialista no ano de 1933. O *restabelecimento* do Estado e do direito constitucional *depois de 1945* na República Federal (da Alemanha) foi influenciado por estas experiências. Enquanto, relativamente a questões do direito orgânico do Estado, Weimar dava, de variadas formas, um exemplo negativo, as Constituições dos Estados Federados, surgidas imediatamente após o final da guerra, voltaram a incorporar generalizadamente os direitos fundamentais da Constituição Imperial de Weimar. Também os projetos de uma lista de direitos fundamentais emanados da Assembleia Constituinte (*Verfassungskonvent*) de *Herrenchiemsee* (1948) e do Conselho Parlamentar (1949)[7] continuaram e atualizaram as garantias jurídico-fundamentais de Weimar, mas renunciaram aos direitos fundamentais sociais tidos como não exequíveis. O projeto de *Herrenchiemsee* continha, além disso – ao incluir, neste aspeto, as experiências negativas de Weimar –, uma proposta para a imposição de direitos fundamentais sob a forma de recurso constitucio-

---

7 N. T.: O Conselho Parlamentar (*"Parlamentarischer Rat"*) foi um organismo que se constituiu em 1º de setembro, em Bona, depois de uma *"Assembleia Constituinte"* (*"Verfassungskonvent"*) se ter reunido em Herrenchiemsee, de 10 a 25 de agosto de 1948, e elaborado um projeto de Constituição. Os seus 65 deputados, eleitos pelas assembleias dos Estados federados, elegeram para presidente do Conselho Parlamentar Konrad Adenauer, tendo terminado os trabalhos de elaboração de uma Constituição – o *Grundgesetz für die Bundesrepublik Deutschland* (Lei Fundamental para a República Federal da Alemanha) – em 8 de maio de 1949, quatro anos após a rendição incondicional do IIIº *Reich*. Restituía-se, assim, à parte ocidental da Alemanha, como Estado e como membro de pleno direito, um lugar na comunidade internacional. A Lei Fundamental entrou em vigor em 25 de maio de 1949.

nal, que, todavia, haveria de ser adotada só em 1951, primeiro na legislação ordinária e, em 1969, na Lei Fundamental (art. 93º, al. 1, n. 4a, n. m. 1285 e s.).

V. Evolução dos direitos fundamentais após 1949

40. A evolução histórica comprova os direitos fundamentais como *direitos (humanos) anteriores ao Estado e com categoria constitucional*. Com eles foram positivadas ideias essenciais da tradição jusnatural (direito natural positivado[8]). Nos direitos fundamentais, é anterior ao Estado a estrutura justificativa com eles correlacionada (n. m. 9 e s., 253 e s.). Em face do Estado, a sua aplicação *não tem de ser justificada*; pelo contrário, é o Estado que é obrigado a justificar a limitação dos direitos fundamentais[9]. A evolução na Alemanha reconheceu perfeitamente este princípio, desde as Constituições estaduais do início do século XIX (n. m. 27); mas foi só de maneira hesitante que ampliou simplesmente o âmbito em que o poder do Estado obedecia ao requisito de justificação. Enquanto na América do Norte a legislação se aferia, já desde cedo, pelos direitos fundamentais (n. m. 22), a Alemanha submeteu-lhes unicamente, durante muito tempo, a Administração (reserva de lei; cf. n. m. 34). Só o art. 1º, n. 2 e 3 é que faz dos direitos fundamentais o fundamento e o critério para o exercício de todo o poder do Estado[10]. A sua **categoria constitucional** confirma esta sujeição a padrões também para a legislação ordinária, e o art. 79º da Lei Fundamental reforça-a na sua existência. Com um cunho determinante conferido pela jurisprudência do Tribunal Constitucional Federal, os direitos fundamentais influenciam a legislação e a jurisprudência, a teoria e a prática em todas as áreas do direito, diferentemente do que sucedia sob a vigência da Constituição Imperial de Weimar, também na área do direito privado. Eles contribuíram de maneira decisiva para o espírito liberal do Estado e da sociedade da República Federal

---

8   Dreier, *DR*. Vorb, n. m. 69.

9   Pieroth, *Hdb. GR II*, § 25, n. m. 68 e s.

10   Cf. Isensee, *Hdb. GR II*, § 26, n. m. 103.

da Alemanha. Com eles prende-se, por um lado, a ideia de estabilidade, mas, por outro lado, também a expetativa de acolher transformações sociais. Na história dos direitos fundamentais da Lei Fundamental, esta relação de tensão entre estabilidade e flexibilidade só raramente foi solucionada através de revisões constitucionais formais, mas a maior parte das vezes através do aperfeiçoamento interpretativo e evolutivo dos direitos fundamentais[11].

1. Alterações constitucionais formais

41. Das numerosas revisões constitucionais, só poucas disseram respeito aos direitos fundamentais. A revisão relativa ao rearmamento, de 1956, e a chamada Constituição de exceção, de 1968, introduziram limitações aos direitos fundamentais no serviço militar e no serviço cívico, e também para tornarem possíveis determinadas atividades de defesa da Constituição e atividades relacionadas com o serviço de comunicações (art. 10º, n. 2, frase 2, da Lei Fundamental). Mas ao contrário, a liberdade de constituir associações está garantida também no caso de estado de necessidade (art. 9º, n. 3, frase 3), tendo sido criado um direito de resistência (art. 20º, n. 4). Em 1993, o direito de asilo para perseguidos políticos foi consideravelmente restringido pela introdução do art. 16a em lugar do ilimitado art. 16º, n. 2, frase 2. Em 1998, foi alterado o direito fundamental à habitação (art. 13º), para tornar possível a chamada "grande operação de escutas telefónicas" (por parte dos serviços de informações e segurança) para fins de perseguição penal. Em 2000, a interdição da extradição foi colocada sob uma reserva qualificada de lei para promover a cooperação judicial na Europa e no direito internacional público penal.

42. A unificação alemã não alterou essencialmente o caráter da lista dos direitos fundamentais. A *introdução de direitos fundamentais sociais* proposta no Projeto de Constituição da Mesa Redonda de 1990 não foi retomada no Tratado da União, que previa emendas à Constituição "em especial" (art. 5º do Tratado da União) para a parte do direito

---

11 Volkmann, JZ 2018, 265/266 e s., 269.

de organização do Estado da Lei Fundamental. Mesmo assim, a comissão constitucional conjunta, constituída com base no Tratado da União, retomou iniciativas extraparlamentares para a atualização dos direitos de igualdade: em 1994, foi introduzida na Lei Fundamental um mandato para a imposição da igualdade de direitos de mulheres e homens (art. 3º, n. 2, frase 2), assim como uma interdição do tratamento lesivo de pessoas portadoras de deficiência (art. 3º, n. 3, frase 2).

2. Aperfeiçoamento gradual dos direitos fundamentais

43. Muito mais que as poucas revisões da Lei Fundamental, foi o aperfeiçoamento do direito baseado no caso a caso e, por isso, gradual (n. m. 8) por ação do Tribunal Constitucional Federal que marcou a evolução dos direitos fundamentais. O Tribunal Constitucional Federal declara o seu apoio a uma interpretação dinâmica dos direitos fundamentais orientada pela letra do texto, a qual se esforça por fazer realçar a ideia condutora de cada uma das garantias nas situações sociais em constante mudança[12]. Deste modo, o Tribunal Constitucional Federal demarca-se de abordagens interpretativas originalísticas[13], que para a interpretação se baseiam de maneira decisiva na vontade do legislador constituinte histórico[14]. Esta abordagem metodológica básica – recurso a um teor literal muitas vezes pouco probatório, em conjugação com uma génese a maior parte das vezes improdutiva e parcialmente relegada para segundo plano – foi a base para **pioneiras decisões de princípio na fase da fundação**, as quais não se podem fundamentar nem com a letra do texto nem com a génese dos direitos fundamentais. Já nos anos de 1950 o Tribunal Constitucional Federal tinha ampliado o "livre desenvolvimento da personalidade" (art. 2º, n. 1) para uma liberdade geral de ação, que concede ao indivíduo, para além de um vasto entendimento

---

12   E 1, 299 Ls. 2.

13   Desde E 1, 299 Ls. 2.

14   Sobre o assunto, Jestaedt, *Grundrechtsentfaltung im Gesetz*, 1999, p. 332 e s.; sobre as diferentes formas do originalismo no debate doutrinário nos Estados Unidos da América, cf. Solum, 91, *Notre Dame*, L. Rev. 1 (2015).

do limite da ordem constitucional, um direito jurídico-fundamental também à observância das disposições do direito de organização do Estado contidas na Lei Fundamental[15]. Um contributo essencial para a constitucionalização da ordem jurídica no seu todo foi a consequência do entendimento dos direitos fundamentais como normas de princípio também para a interpretação da legislação ordinária, pelo que também se tornaram relevantes nas relações entre particulares[16]. Além disso, o Tribunal Constitucional Federal também estendeu ao legislador[17] a vinculação ao art. 3º, n. 1, mesmo contra a letra do texto ("igualdade perante a lei"), e deduziu do art. 12º, n. 1, frase 2, uma reserva de lei que inclui também a escolha de profissão, embora se refira, de acordo com a letra, apenas ao "exercício da profissão"[18]. Por fim, o princípio da proporcionalidade, enquanto critério importantíssimo para todas as ingerências nos direitos fundamentais, não resulta do texto da Lei Fundamental, mas é uma criação interpretativa do Tribunal Constitucional Federal[19].

44. Desde os anos de 1980 e mais acentuadamente desde os anos de 2000, a interpretação dos direitos fundamentais da Lei Fundamental vê-se confrontada com o desafio de encarar as **transformações da realidade social**. Por um lado, os direitos fundamentais só podem produzir a sua função de "polo de equilíbrio"[20] no processo político, se forem interpretados de maneira especificamente dogmática[21] e se a sua interpretação não seguir simplesmente a volatilidade de um espírito da época. Por outro lado, a sua interpretação tem de assimilar as transfor-

---

15 E 6, 32/38 e s.; sobre o assunto, n. m. 435.

16 E 7, 198/204 e s.; ver o n. m. 113.

17 E 1, 14/52; sobre o assunto, n. m. 515.

18 E 7, 377/401; sobre o assunto, n. m. 933.

19 E 7, 377/405 e s.; sobre o assunto, n. m. 975.

20 N. T.: o "polo de equilíbrio" ("der ruhende Pol") é uma expressão de Schiller, do texto "Sparziergang", no sentido de alguém que irradia calma e que não perde a orientação (e que exerce uma influência tranquilizante). Para efeito de tradução, neste sentido jurídico, suscita-se a questão de saber qual será a melhor opção: "polo de equilíbrio", "fonte de orientação", "polo de orientação"?

21 Sobre o caráter especificamente jurídico do aperfeiçoamento do direito mesmo no caso de indeterminação, cf. Poscher, in: Giltrow/Stein, "The Pracmatic Turn in Law", 2017, p. 307 e s.

mações reais que ainda não eram previsíveis em 1949; caso contrário, os direitos fundamentais degenerariam em "direito morto", que já não tem muito a ver com a realidade social. São, no essencial, três os fenómenos que vão desafiando a interpretação dos direitos fundamentais: a **pluralização**, a **digitalização** e a **europeização**. O Tribunal Constitucional Federal encara-os ao limitar a Lei Fundamental não às suas diversas normas, mas ao deduzir dela princípios e ideias orientadoras jurídico-dogmaticamente estabilizados, que vão para além do texto[22] e que continua cuidadosamente a atualizar com vista às transformações da realidade social.

45. Este método torna-se particularmente claro ao tratarmos da **pluralização** da sociedade[23]. Embora o Tribunal Constitucional Federal se atenha à conceção tradicional, segundo a qual o matrimónio, no sentido do art. 6º, é uma união formalizada entre mulher e homem, posicionando-se, assim, contra a arbitrariedade de uma (pretensa) mudança da Constituição, ele vê ao mesmo tempo que também há relações humanas não matrimoniais que cumprem as funções tal como elas dantes (e nomeadamente no seio do Conselho Parlamentar) eram imaginadas exclusivamente para o matrimónio. Também em comunidades extramatrimoniais há uma responsabilidade mútua nos casos de necessidade e de vicissitudes da vida, e mesmo parceiros do mesmo sexo sentem a necessidade de formalização da sua relação (n. m. 752) e podem ser pais de filhos (n. m. 553, 754). – De igual modo, o Tribunal Constitucional Federal considera a enumeração das caraterísticas pessoais constantes do art. 3º, n. 3, como definitivas, mas deixa a descoberto a ideia condutora comum das caraterísticas enumeradas, que reproduzem as experiências discriminatórias parcialmente históricas e que para o indivíduo não são, ou apenas limitadamente são, influenciáveis. Isto permite ao Tribunal Constitucional Federal sujeitar também a um mais rigoroso critério de controle desvantagens por causa de outras caraterísticas não disponíveis, como a orientação sexual, a nacionalidade e a idade (n. m. 538).

---

22   Já E 2, 380 Ls. 4; posteriormente, por exemplo E 141, 1, n. m. 78.

23   Voßkuhle, JuS 2019, 417/418 e s.

46. Além disso, o Tribunal Constitucional Federal encarou, antes de tempo, a digitalização, que em 1949 nem sequer dava sinais de ser previsível, e as novas formas de comunicação e ameaças que a acompanham. No acórdão sobre o censo da população, transferiu, já em 1983, do mundo analógico para o digital, a ideia condutora do direito geral de personalidade (art. 2º, n. 1 em ligação com o art. 1º, n. 1) de ser o próprio a decidir sobre a divulgação dos factos pessoais da sua vida, e concretizou ainda mais o art. 2º, n. 1, em ligação com o art. 1º, n. 1, num direito à autodeterminação informacional (n. m. 449). No âmbito do progresso ulterior do desenvolvimento digital, o Tribunal Constitucional Federal acrescentou, mais tarde, ainda, um direito fundamental à garantia da confidencialidade e integridade dos sistemas informáticos, direito que dá uma imagem distinta da importância sistémica das novas tecnologias de informação para a proteção da personalidade (n. m. 450). – É evidente que o art. 5º, n. 1, protege, além disso, também a comunicação na *internet* (n. m. 656) sem que o Tribunal Constitucional Federal tivesse até agora ido ao ponto de reunir num direito fundamental superior dos *media* a distinção histórico-tecnologicamente fundada entre liberdade de imprensa e liberdade de radiodifusão (n. m. 675). Pelo contrário, reduziu, entretanto, os tradicionais conceitos do art. 10º, n. 1 (sigilo da correspondência, sigilo postal e sigilo das telecomunicações) num sigilo das telecomunicações (n. m. 885), novamente tomando como base a ideia condutora superior do direito fundamental de levar em conta a propensão para o risco por parte do processo de comunicação.

47. Por último, o Tribunal Constitucional Federal compreendeu a crescente infiltração de influências nos direitos fundamentais da Lei Fundamental devido à **europeização** e internacionalização da proteção dos direitos fundamentais. Enquanto os pactos internacionais sobre os direitos humanos, em especial a CEDH e a jurisprudência do TEDH publicada sobre a matéria, influenciam cada vez mais, mas unicamente de maneira pontual, a interpretação dos direitos fundamentais da Lei Fundamental (n. m. 48 e s., 53 e s.), os direitos fundamentais da União Europeia têm efeitos estruturais sobre a proteção dos direitos fundamentais da Lei Fundamental por causa da primazia do direito da União. Embora os direitos fundamentais previstos no art. 1º, n. 3, vinculem todos os poderes do Estado (alemão), e embora esta vinculação esteja sujeita ao controlo jurisdicional ilimitado por via de um recurso constitucional, o Tribunal Constitucional Federal aceitou, já antes da inserção do art. 23º, n. 1, frase 1, na Lei Fundamental, que os atos de autoridade alemães que assentam no direito da União Europeia não são, por princípio, controlados pelo critério dos direitos fundamentais da Lei Fundamental nem através do Tribunal Constitucional Federal, enquanto estiver garantida uma equivalente proteção jurídico-fundamental a nível do direito da União (n. m. 246 e s., 1294). Isto deve ser, por sua vez, visto sobre o pano de fundo de uma ideia condutora, que vai para além das diversas normas da Lei Fundamental: como os direitos fundamentais se destinam a refrear o poder de autoridade que, na Alemanha, se aplica diretamente, tem de haver também uma proteção jurídico-fundamental contra o poder de autoridade europeu que, em virtude da primazia do direito da União Europeia, aplica-se diretamente na Alemanha (n. m. 76 e s.).

VI. Regulações supraestatais dos direitos fundamentais

48. O impulso para a criação dos direitos fundamentais supraestatais partiu das Nações Unidas. A Assembleia geral das Nações Unidas havia identificado "o não reconhecimento e o desprezo pelos direitos humanos" como uma das causas do terror nacional-socialista, tanto para o interior como para o exterior, proclamando, por isso, em 10.12.1948, a Declaração Universal dos Direitos do Homem, das Nações Unidas; a ela juntaram-se, em 1966, os dois Pactos dos direitos humanos (Pacto Sobre os Direitos Civis e Políticos, Pacto Sobre os Direitos Económicos, Sociais e Culturais). Em relação à proteção dos direitos fundamentais na Europa, havia, no entanto, sobretudo, de se revelar como de grande efeito a Convenção Europeia para a Proteção dos Direitos do Homem e das Liberdades Fundamentais (CEDH), elaborada pelo Conselho da Europa e que entrou em vigor em 1953. Esta Convenção contém uma lista de direitos e liberdades (fundamentais) e institui, simultaneamente, com o Tribunal Europeu dos Direitos Humanos (TEDH), com sede em Estrasburgo, um órgão para a imposição de direito internacional público destes direitos fundamentais vinculativos para todos os Estados contratantes.

49. A *União Europeia*, fundada em 1957 como Comunidade Económica Europeia, e visando inicialmente, em primeiro lugar, a cooperação económica, não continha inicialmente, nas suas bases contratuais, o direito primário, uma lista escrita de direitos fundamentais. Ao seu direito, inclusive os regulamentos e as diretivas aprovadas pelos seus órgãos, o direito secundário, veio, todavia, a ser atribuída uma vinculação em face dos cidadãos dos Estados-Membros e, deste modo, um poder de autoridade comparável ao poder estatal. Daí resultou a necessidade de uma limitação comparável e justificação deste poder da União. O Tribunal de Justiça das Comunidades Europeias (TJCE), com sede no Luxemburgo, desenvolveu direitos fundamentais comunitários supraestatais (n. m. 76 e s.) através do aperfeiçoamento do direito a partir das tradições constitucionais comuns dos Estados-Membros, assim como a partir das convenções de direito internacional público sobre a proteção dos direitos humanos, em especial a partir da Convenção Europeia para a Proteção dos Direitos Humanos e das Liberdades Fundamentais (CEDH). A proteção dos direitos fundamentais a nível supraestatal assim garantida atingiu, no decurso dos tempos, uma dimensão que, no essencial, deve ser considerada igual ao *standard* jurídico-fundamental da Lei Fundamental (cf. n. m. 246 e s.), por maioria de razão depois de a UE – União Europeia – ter ficado obrigada, com o Tratado de Maastricht, por via do art. 6º do TUE (versão antiga), a respeitar a Convenção Europeia dos Direitos Humanos e as tradições constitucionais comuns dos Estados-Membros. Desde a entrada em vigor do Tratado de Lisboa, em 1º de dezembro de 2009, a *Carta de Direitos Fundamentais da União Europeia* (CDFUE) faz parte do direito primário da União. Esta Carta não contém apenas uma lista autónoma de direitos fundamentais; nos termos do art. 52º, n. 3, frase 1, da Carta *de Direitos Fundamentais da União Europeia*, a Convenção Europeia de Direitos Humanos (CEDH) é, além disso, declarada como *standard* mínimo, aquém do qual os órgãos da União não podem ficar na aplicação da Carta *de Direitos Fundamentais da União Europeia*.

50. Bibliografia:

G. Birtsch (ed.), *Grund- und Freiheitsrechte im Wandel von Gesellschaft und Geschichte*, 1981; idem (ed.), *Grund- und Freiheitsrechte von der ständischen zur spätbürgerlichen Gesellschaft*, 1987; B.-O. Bryde, *Verfassungsentwicklung – Stabilität und Dynamik im Verfassungsrecht der Bundesrepublik Deutschland*, 1982; C. Gusy, "Die Grundrechte in der Weimarer Republik", *Zeitschrift für neuere Rechtsgeschichte*, 1993, 163; J. Hilker, *Grundrechte im deutschen Frühkonstitutionalismus*, 2005; H. Hofmann, "Zur Herkunft der Menschenrechtserklärungen", *JuS* 1988, 841; idem., "Die Grundrechte 1789-1949-1989", *NJW* 1989, 3177; F. Hufen, "Entstehung und Entwicklung der Grundrechte", *NJW* 1999, 1504; J.-D. Kühne, "Die französische Menschen- und Bürgerrechtserklärung im Rechtsvergleich mit den Vereinigten Staaten und Deutschland", *JöR* 1990, 1; idem., "Zum Ringen um unmittelbare Grundrechtsgeltung in der Weimarer Nationalversammlung", *FS Wendt*, 2015, S. 237; G. Oestreich, *Geschichte der Menschenrechte und Grundfreiheiten im Umriss*, 2ª ed. 1978; B. Pieroth, *Die Grundrechte des Grundgesetzes in der Verfassungstradition, Hdb. GR II*, § 25; U. Steiner, "70 Jahre Grundgesetz für die Bundesrepublik Deutschland", *Jura* 2019, 441; K. Stern, *Idee der Menschenrechte und Positivität der Grundrechte, Hdb. StR³* IX, § 184; R. Suppé, *Die Grund- und Menschenrechte in der deutschen Staatslehre des 19. Jahrhunderts*, 2004; U. Volkmann, "Verfassungsänderung und Verfassungswandel", *JZ* 2018, 265; A. Voßkuhle, "Der Wandel der Verfassung und seine Grenzen", *JuS* 2019, 417; R. Wahl, *Der Vorrang der Verfassung, Staat*, 1981, 485[24]; C. Walter, "Geschichte und Entwicklung der Europäischen Grundrechte und Grundfreiheiten", in: D. Ehlers (ed.), *Europäische Grundrechte und Grundfreiheiten*, 4ª ed. 2014, § 1; C. E. Wolgast, *Geschichte der Menschen- und Bürgerrechte*, 2009; M. Wrase, *Zwischen Norm und sozialer Wirklichkeit*, 2016.

---

24 N. T.: Este artigo encontra-se publicado em versão portuguesa, sob o título "O primado da Constituição", *Revista da Ordem dos Advogados – ROA*, Lisboa, n. 28, p. 191 e s., 1985, e na *Revista da Administração Pública – RAP*, Rio de Janeiro (tradução de António Francisco de Sousa), 1986.

§ 3. O SISTEMA DE VÁRIOS NÍVEIS DE PROTEÇÃO DOS DIREITOS FUNDAMENTAIS

51. Caso 1: O diferendo em torno do direito de guarda (segundo E 111, 307). "G" é pai de uma criança nascida fora do casamento. Sem informar "G" do nascimento da criança, a mãe entregou a criança para adoção e confiou-a aos cuidados de pais adotivos[25]. Quando "G" soube do caso, requereu para si a transmissão do poder paternal. O tribunal de comarca (AG) deferiu o pedido, sendo, porém, a sua decisão anulada pelo Tribunal Estadual Superior (OLG). Contra essa decisão, "G" interpôs recurso, nos termos do art. 34º da Convenção Europeia dos Direitos Humanos (CEDH) junto do Tribunal Europeu dos Direitos do Homem. O Tribunal Europeu dos Direitos do Homem declarou na sua sentença a existência de uma violação do art. 8º da CEDH pela decisão sobre o direito de guarda do Tribunal Estadual Superior. Como decorre do art. 8º da CEDH, aos Estados contratantes cabe – segundo o TEDH – a obrigação de se empenharem no sentido da reunião de um progenitor natural com o seu filho, devendo ser proporcionada a "G", pelo menos, a convivência com o seu filho. Em consequência disso, o tribunal de comarca transferiu para "G" o poder paternal exclusivo e decretou uma ordem provisória que permitiu a "G" a convivência com o filho até ao encerramento definitivo do processo sobre o direito de guarda. Este regime de convivência foi anulado pelo Tribunal Estadual Superior, contra o que "G" interpôs recurso constitucional junto do Tribunal Constitucional Federal. Com sucesso? N. m. 84.

52. Caso 2: O lenço de cabeça no local de trabalho (segundo o TCE, EU:C:2017:203 – *Achbita* = JK 7/2017). "G" é uma empresa sediada na Bélgica que fornece, entre outros, serviços de receção a clientes dos setores público e privado. Em 2003, a senhora *Achbita* ("A"), que é de religião muçulmana, entrou ao serviço

---

25 N. T.: Aos "pais adotivos" do "português luso" correspondem, no português do Brasil, sugestivamente, os "pais de criação".

de "G" como rececionista, com um contrato de trabalho sem termo. Na empresa "G" aplicava-se nessa altura uma regra, não escrita, segundo a qual os trabalhadores não eram autorizados a usar qualquer sinal visível das suas convicções políticas, filosóficas ou religiosas. Em abril de 2006, "A" anunciou aos seus superiores hierárquicos que tencionava usar de futuro um lenço de cabeça, por motivos religiosos, durante as horas de trabalho. A direção respondeu a "A" que o uso de um lenço de cabeça não era tolerado, dado que o uso visível de sinais políticos, filosóficos ou religiosos era contrário à neutralidade pretendida por "G". Como "A" não desistiu da sua intenção de usar um lenço de cabeça no local de trabalho, ela foi despedida. Ela vê no despedimento uma violação do art. 2º II da Diretiva 2000/78/CE. Com razão? (**n. m. 85**).

Caso 3: O direito fundamental estadual à greve (segundo o StGH Hessen, *NZA* 2017, 727 = JK 2/2018).

"C" é um sindicato no qual está organizado o pessoal de cabina da aviação civil. Este sindicato negociou, sem sucesso, com a associação patronal a celebração de novos acordos coletivos de trabalho que, entre outras coisas, deviam conter regulamentos de subsídio de transição (subsídio temporário) do pessoal de cabina. Depois de a maioria dos seus membros ter votado, numa primeira votação, a favor de impor as reivindicações com medidas de luta laboral, realizaram-se várias greves.

Pouco tempo mais tarde, a Lufthansa ("L") apresentou ao público um plano para a reorganização da companhia. De acordo com este plano, uma filial estrangeira de "L", já existente, deveria oferecer voos intercontinentais ao nível de baixo custo. "C" criticou este plano, porque a ele está ligada a redução de postos de trabalho, com a sua transição regional para piores condições e com o estabelecimento de uma concorrência interna à companhia, com o objetivo de enfraquecer o sindicato como parceiro social. A seguir, "C" levou a cabo outras greves. O Tribunal Estadual de Trabalho (TET) de Hessen (*NZA* 2015, 1337) declarou ilegais estas greves, porque, a par do seu objetivo abertamente divulgado de celebrar um novo acordo coletivo de trabalho para o subsídio transitório, também interessou a "C" exercer pressão sobre "L" para demover esta dos seus planos de reorganização da companhia. O tribunal considera isto inaceitável, porque a luta laboral teria de ser conduzida por um objetivo regulável por acordo coletivo de trabalho. Por isso, "L" teria um direito de omissão nos termos dos §§ 823, 1004, do Código Civil alemão.

"C" interpõe um recurso jurídico-fundamental contra a decisão do TET de Hessen junto do Tribunal Constitucional de Hessen; em simultâneo, interpõe recurso constitucional junto do Tribunal Constitucional Federal. Será que o recurso jurídico-fundamental (art.º 131º, n. 1, da Constituição de Hessen) tem perspetivas de sucesso? N. m. 86.

53. Já depois da Segunda Guerra Mundial a evolução dos direitos fundamentais internacionais e a dos nacionais estavam estritamente interligadas (n. m. 46-49). A presente exposição é dirigida aos direitos fundamentais da Lei Fundamental. Só eles são critério imediato para o Tribunal Constitucional Federal. Os direitos humanos internacionais e supranacionais, bem como os direitos fundamentais constantes das Constituições dos Estados federados, não são tratados especificamente, mas, juntamente com os direitos fundamentais da Lei Fundamental, constituem um sistema de vários níveis, cujos diferentes estratos de regulação se engrenam e influenciam progressivamente. As garantias jurídico-fundamentais dos respetivos níveis deste sistema partilham um elenco nuclear comum de garantias, mas, na conformação de diferentes aspetos da proteção jurídico-fundamental, podem, em parte, divergir consideravelmente umas das outras e dispõem, cada uma, de outros mecanismos institucionais para a sua imposição. Além disso, os direitos humanos internacionais podem influir de maneira diferente no direito nacional, podendo especialmente ser importantes, também de maneira diferente, para a interpretação e aplicação dos direitos fundamentais da Lei Fundamental.

I. Direito Internacional Público Universal de base consuetudinária

54. As garantias mais fundamentais dos direitos humanos encontram-se, em geral, no direito internacional público de base consuetudinária (o chamado direito internacional público geral ou comum), que vincula Estados da comunidade do direito internacional público, independentemente das suas obrigações internacionais de base convencional. Dos direitos humanos reconhecidos pelo direito internacional público geral ou comum fazem parte garantias especialmente fundamentais como a proibição da escravatura ou da discriminação racial[26]. Mas alguns autores consideram também já conteúdos essenciais de direitos humanos sociais como sendo reconhecidos pelo direito internacional público geral ou comum[27]. Para a imposição dos direitos humanos reconhecidos pelo direito internacional público geral ou comum, o direito internacional público não prevê quaisquer mecanismos especiais. Apenas na medida em que os Estados se tenham submetido ao Tribunal Internacional é que é possível que um Estado intente uma ação contra outro junto do Tribunal Internacional, uma vez que os direitos humanos universalmente reconhecidos pelo direito internacional público geral ou comum são entendidos como direito *erga omnes*, no sentido de que a sua violação por parte de cada Estado pode ser invocada junto do Tribunal Internacional[28]. Nos termos do art. 25º da Lei Fundamental, os direitos humanos em geral reconhecidos pelo direito internacional público geral ou comum são, enquanto "regras gerais de direito internacional público", parte integrante do direito federal e prevalecem sobre as leis federais ordinárias. Como os direitos humanos gerais reconhecidos pelo direito internacional público geral protegem simplesmente um *standard* mínimo, não lhes é atribuída qualquer importância em relação aos direitos fundamentais regulados na Lei Fundamental, os quais garantem uma proteção mais ampla. Mesmo na medida em que contivessem já direitos sociais, eles teriam, quando muito, relevância em casos excecionais extremos, porque se referem apenas a necessidades fundamentais basais, cuja proteção o direito ordinário na Alemanha normalmente ultrapassa em muito.

---

26 Tribunal Internacional, acórdão de 5.2.1970, *Barcelona Traction*, ICJ Rep. 1970, 3, § 34.

27 Sobre o direito à formação, ver, por exemplo, S.C. de la Vega, *Harv. BlackLetter Law J.*, 1994, 37/44 e s.

28 Tribunal de Justiça, acórdão de 5.2.1970, *Barcelona Traction*, ICJ Rep. 1970, 3, § 33 e s.

II. Tratados universais de direitos humanos

55. Encontra-se no direito internacional público convencional universal toda uma série de convenções que dizem respeito à proteção dos direitos humanos. A base conteudal de muitos tratados de direitos humanos é a Declaração Universal dos Direitos do Homem, de 1948 (DUDH). Trata-se de uma resolução da Assembleia Geral das Nações Unidas. De acordo com a opinião preponderante, não se lhe pode, por isso, atribuir qualquer vinculação jurídica, dado que a Assembleia Geral dispõe apenas de uma competência de recomendação, nos termos dos arts. 10º e 13º, n. 1, al. b, da Carta das Nações Unidas[29]. À DUDH estão especialmente ligados os pactos sobre direitos civis e políticos (PIDCP) e sobre direitos económicos, sociais e culturais (PIDESC) que foram ratificados, em 1966, pela Assembleia Geral e que entraram em vigor em 1976. A par destes tratados gerais e universais sobre direitos humanos, encontra-se toda uma série de convenções especiais que dizem respeito a diversos aspetos da proteção dos direitos humanos. Mais antiga é, por exemplo, a convenção internacional sobre a eliminação de toda forma de discriminação racial, a que se juntaram mais tarde as convenções sobre o direito da criança, sobre o direito da mulher e a convenção sobre a tortura. O mais recente complemento ao considerável *corpus* de tratados universais sobre direitos humanos é constituído pela Convenção sobre os Direitos dos Deficientes (CDD), aprovada em 2006 e que entrou em vigor em 2008.

56. De maneira diferente do direito internacional público geral ou comum, que apenas garante *standards* mínimos dos direitos humanos, o PIDCP e o PIDESC, em especial, contêm extensas listas de direitos humanos, não só de direitos clássicos e liberais de liberdade e igualdade, mas também – em parte ambiciosos – direitos humanos sociais e culturais. Com respeito aos direitos fundamentais da Lei Fundamental, é, por

---

29 Kempen/Hillgruber, *Völkerrecht*, 2007, § 50, n. m. 20; Schweisfurth, *Völkerrecht*, 2006, n. m. 172; Warg, "Universeller Menschenrechtsschutz in der Allgemeinen Erklärung und den beiden UN-Pakten", *ZEuS*, 2002, 607/619; em sentido divergente, por exemplo, Humphrey, *in:* Ramcharan, *Thirty Years after the Universal Declaration of Human Rights*, 1979, 21.

um lado, importante que as garantias universais dos contratos internacionais sigam conceções de proteção em parte diferentes. Por outro lado, no que toca aos direitos económicos, sociais e culturais, elas vão, em parte, muito para além dos direitos fundamentais da Lei Fundamental.

57. Exemplos:

A Convenção sobre Discriminação Racial exige que o Estado proceda judicialmente contra a mera manifestação de opiniões racistas, o que é dificilmente compatível com o princípio da neutralidade de opinião das ingerências do Estado, decorrente do art. 5º, n. 2, da Lei Fundamental (n. m. 695). – A comissão das Nações Unidas para os direitos fundamentais deduziu do art. 17º do PIDCP elevadas exigências para o armazenamento, por parte dos serviços secretos, de dados das telecomunicações (n. m. 453). O PIDESC garante, por exemplo no art. 6º do PIDCP, um direito ao trabalho; no art. 11º, um direito a um adequado nível de vida e, no art. 24º, um direito à cultura.

58. Todavia, especialmente a respeito dos direitos humanos sociais e culturais, deve-se fazer a distinção entre diferentes dimensões e tipos de obrigação. É que, por um lado, são atribuídas diferentes dimensões obrigacionais às garantias de direitos humanos. Generalizou-se a distinção entre obrigações de respeito, obrigações de proteção e obrigações de cumprimento (*duties to respect, to protect, to fulfill*). Na dogmática alemã dos direitos fundamentais, correspondem-lhes as dimensões de defesa, de proteção e de prestação dos direitos de liberdade (n. m. 116 e s.). Enquanto as obrigações de respeito exigem que os Estados contratantes não violem eles próprios os direitos humanos, as obrigações de proteção exigem que eles protejam de violações praticadas por terceiros, e as obrigações de cumprimento exigem que os Estados ponham à disposição recursos reguladores, institucionais e materiais para promover a realização de um direito humano[30]. A respeito das obrigações de cumprimento, temos de continuar a distinguir ainda entre *standards* de direitos humanos a realizar imediatamente e a realizar de maneira meramente progressiva. Particularmente os direitos humanos sociais e cul-

---

30 Sobre a sua importância para o legislador, por exemplo, E 132, 134, n. m. 68.

turais contêm muitas vezes obrigações de cumprimento, cujas diretrizes para alcançar objetivos só se podem pôr em prática progressivamente.

59. Exemplo:

Assim, o art. 2º, n. 2, do PIDESC obriga o respetivo Estado contratante a "tomar medidas, esgotando todas as suas possibilidades, para conseguir, *pouco a pouco*, com todos os meios apropriados, sobretudo através de medidas legislativas, a completa realização dos direitos reconhecidos neste Pacto". Se o art. 13º, n. 2, lit. c, do PIDESC obriga, por exemplo, a garantir também o acesso gratuito ao ensino superior, os Estados contratantes não estão obrigados a abolir imediatamente as propinas; eles têm simplesmente de dar passos que visem uma formação universitária gratuita. Os Estados contratantes têm, neste caso, uma margem de manobra para verem quais os passos a dar e como é que os hão-de equilibrar com outros objetivos da Convenção, como por exemplo com um elevado nível de formação. Mesmo a reintrodução de propinas não tem, por isso, de violar o art. 13º, n. 2, lit. c, do PIDESC[31].

60. A nível internacional, muitas convenções de direitos humanos são, por um lado, fiscalizadas e aperfeiçoadas por entidades como o Conselho das Nações Unidas para os Direitos Humanos, em que estão representados os Estados contratantes. Mas, por outro lado, elas também são alicerçadas por comissões de direitos humanos constituídas por peritos e por um sistema de relatórios. Nos termos do PIDCP e do PIDESC, os Estados contratantes têm de informar regularmente a Comissão das Nações Unidas para os Direitos Humanos sobre a evolução dos direitos humanos no seu país. Com base nos relatórios – muitas vezes por meio dos chamados relatórios-sombra de organizações não governamentais – e em demais informações que lhe chegam, a Comissão é capaz de emitir recomendações. Atas adicionais a alguns tratados de direitos humanos preveem, além disso, que pessoas individuais se possam dirigir com recursos às comissões contratantes, e permitem às comissões recomendar, em parte, até medidas provisórias para prevenir violações iminentes dos direitos fundamentais (por exemplo, art. 5º Acordo Adi-

---

31 BVerwGE 134, 1/19 e s.; sobre o asunto também E 134, 1, n. m. 43 e s.

cional – ZP – ao PIDESC). Além disso, as atas adicionais ampliam as competências das comissões, em parte no sentido de elas poderem, caso haja indicações fidedignas sobre violações sistemáticas ou graves dos direitos humanos, levar a cabo um processo de investigação – com a aquiescência do Estado contratante, mesmo no seu território nacional (por exemplo, art. 11º ZP ao PIDESC). Os Estados contratantes são obrigados a tomar em conta as recomendações das comissões, mas estas não são vinculativas para o Estado contratante em termos do direito internacional público[32]. Todavia, a constatação e a recomendação que têm por objeto violações dos direitos humanos por parte de um Estado contratante têm um considerável efeito político (*blaming and shaming*).

61. Na ordem jurídica alemã, os tratados gerais internacionais sobre direitos humanos, diferentemente das normas do direito internacional público geral, não produzem qualquer efeito jurídico direto, mas são, no quadro da sua ratificação através da lei de aprovação, nos termos do art. 59º, n. 2, da Lei Fundamental, com a categoria de lei federal ordinária, transpostos para a ordem jurídica nacional, na medida em que o legislador federal dispõe da competência legislativa. Desde que as obrigações de direitos humanos digam respeito à competência legislativa dos Estados federados – como por exemplo a formação escolar –, a transposição incumbe aos Estados federados. As obrigações de direitos humanos transpostas para a legislação nacional só podem, contudo, ser invocadas perante a Administração e junto dos tribunais, na medida em que são "diretamente aplicáveis". A aplicabilidade direta de uma garantia de direito internacional público pressupõe que ela "é apropriada pela letra, finalidade e conteúdo e que está suficientemente destinada a produzir efeito jurídico como uma disposição nacional, não carecendo, portanto, para isso, de qualquer outra regulação normativa"[33]. O critério da aplicabilidade direta serve para a manutenção da separação de poderes quando da transposição do direito internacional público con-

---

32 Cf. Keller/Ulfstein, in: id, *UN Human Rights Treaty Bodies*, 2012, 1/4; Ulfstein, *ibid.* 73/94 e s., 115.

33 BVerwGE 87, 11/13; cf. também E 29, 348/360.

vencional. Se os poderes que aplicam as leis estivessem obrigados a não aplicar ainda de maneira suficiente determinadas obrigações do direito internacional público, eles decidiriam sobre a transposição politicamente aberta (das normas) do objetivo a atingir do direito internacional público, que cai na competência do legislador. Isto aplica-se especialmente às obrigações de cumprimento sociais e culturais pensadas para a transposição gradual pelo legislador. Só a sua concretização legal pode ser invocada perante a Administração e junto dos tribunais.

62. O art. 24º, n. 2, da Convenção das Nações Unidas sobre Pessoas com Deficiência (CPD) obriga a instituir um sistema escolar inclusivo. Mas do art. 24º, n. 2, desta Convenção não resulta qualquer direito recorrível por parte de alunos portadores de deficiência, por não terem aulas numa escola especial. Só são recorríveis os direitos ao ensino escolar inclusivo que os legisladores do Estado federado admitirem, em cumprimento da obrigação de direito internacional público decorrente do art. 24º, n. 2, da CPD[34].

63. Também na medida em que as obrigações de direitos humanos de direito internacional público convencional universal não são diretamente aplicáveis, elas não deixam, porém, de ser importantes – para além do seu caráter vinculativo de direito internacional público – para a aplicação do direito nacional. Pelo contrário, a Lei Fundamental entende-se como ordem jurídica amiga do direito internacional público, que exige fundamentalmente uma interpretação e aplicação das suas normas conforme ao direito internacional público[35]. Os órgãos aplicadores das leis não devem, é certo, tomar quaisquer decisões políticas constitutivas para a transposição de obrigações de direito internacional público a serem satisfeitas apenas gradualmente. Mas, na medida em que o legislador já tiver tomado decisões constitutivas, os órgãos aplicadores das leis devem, no entanto, interpretar essas decisões – desde que metodologicamente defensável – em harmonia com as obrigações de direito internacional público da Alemanha. Isto aplica-se também aos direitos fundamentais da Lei Fundamental. Assim, o Tribunal

---

34 BVerwG, resolução de 18.1.2010 – 6 B 52. 09, n. m. 8.

35 E 58, 1/34; 59, 63/89.

Constitucional Federal, no que se refere à Convenção sobre os direitos das pessoas portadoras de deficiência, aceitou que a "Convenção das Nações Unidas sobre as Pessoas com Deficiência... pode ser aduzida como meio auxiliar interpretativo para a definição do conteúdo e do alcance dos direitos fundamentais"[36].

64. Para a interpretação dos direitos fundamentais também podem ser invocados *standards* internacionais referentes aos direitos fundamentais que não tenham caráter de obrigação (*soft law*) de direito internacional público convencional. O Tribunal Constitucional Federal considera que os tribunais nacionais estão obrigados a ocuparem-se com estes *standards*, tendo atribuído a estes, no caso concreto, até um efeito indiciário de uma violação dos direitos fundamentais da Lei Fundamental[37]; no entanto, não considera que seja uma obrigação assumi-los.

65. Exemplos:

O Tribunal Constitucional Federal infere do art. 2º, n. 2, frase 1, que o legislador tem de prever, em casos excecionais, um tratamento médico coercivo (n. m. 489). A comissão competente recusa, porém, nos termos do art. 34º da CPD, para os direitos das pessoas portadoras de deficiência qualquer tratamento médico coercivo e criticou, nas suas recomendações, a prática alemã. Diferente da própria CPD (n. m. 62), as recomendações da comissão que interpretam a CPD não são juridicamente vinculativas. Com base no caráter da Lei Fundamental amigo do direito internacional público, o Tribunal Constitucional Federal exige que as autoridades e os tribunais alemães "se ocupem argumentativamente de boa fé" com as recomendações da comissão (*E* 142, 313, n. m. 90 = *JK* 3/2017). Mas não considera as autoridades e os tribunais vinculados a estas recomendações na interpretação do art. 2º, n. 2, frase 1 (posição crítica Uerpmann-Wittzack, *FamRZ* 2016, 1746/1746 e s.). Cf. também n. m. 559, sobre a exclusão do direito de voto de pessoas em regime de acompanhamento e a exclusão de delinquentes internados em virtude de inimputabilidade.

---

36 E 128, 282/306.
37 E 116, 69/90; BVerfG, NJW 2015, 2100/2101.

III. Garantias regionais dos direitos humanos: A Convenção Europeia dos Direitos Humanos (CEDH)

66. A par das convenções universais sobre direitos humanos, encontram-se convenções regionais sobre direitos humanos para a África, a América, para o mundo árabe e para a Europa. Elas apresentam normalmente particularidades de conteúdo e disposições institucionais especiais, destinadas a garantir, ao nível do direito internacional público, a imposição dos direitos humanos. A Convenção Europeia dos Direitos Humanos mais importante também para a interpretação dos direitos fundamentais da Lei Fundamental é a CEDH. Para a sua imposição, é competente, nos termos da 11ª Ata Adicional da CEDH, o Tribunal Europeu dos Direitos Humanos (TEDH), para o qual todo cidadão dos Estados contratantes pode apelar num processo de recurso individual. Os seus acórdãos não só têm um caráter de recomendação, mas são vinculativos, em termos de direito internacional público, para os Estados contratantes, de acordo com o art. 46º, n. 1, da CEDH. Neste caso, o TEDH está limitado não só a uma verificação da violação dos direitos humanos, mas pode, nos termos do art. 41º da CEDH, obrigar os Estados contratantes também a pagamentos de indemnizações. Deste modo, os mecanismos de direito internacional público para a imposição da CEDH vão muito para além do sistema de relatórios e de recomendações das convenções universais de direitos humanos.

67. Na Alemanha, pela Lei de Aprovação, de 7 de agosto de 1952, a CEDH existe como direito nacional com a categoria de **lei federal ordinária**[38]. Como lei federal ordinária que é, a CEDH vincula, nos termos do art. 20º, n. 3, o poder executivo e o poder judicial, de modo diferente dos direitos fundamentais da Lei Fundamental (cf. n. m. 229 e s.), mas não o poder legislativo. A categoria de simples direito ordinário da Convenção Europeia dos Direitos Humanos tornou-se num *problema*. Por um lado, a CEDH não conseguiu impor-se em face do direito federal mais especial e em face do direito federal superve-

---

38 E 111, 307/315, 317; 128, 326/367.

niente. Este facto é, porém, dificilmente compatível com a sua origem nos direitos humanos e com a sua pretensão de primado daí decorrente, a qual de resto se encontra reconhecida em muitas ordens jurídicas europeias. Por outro lado, a CEDH e as decisões do Tribunal Europeu dos Direitos Humanos não são muitas vezes tomadas em consideração na jurisprudência dos tribunais alemães, ou apenas o são de maneira hesitante. Daí suscitar-se a questão de saber como é que a República Federal da Alemanha pode cumprir as suas obrigações de direito internacional público e realizar e garantir no direito interno uma proteção de um direito fundamental da CEDH que, no caso concreto, ultrapasse os direitos fundamentais alemães.

68. Seguindo os princípios gerais do caráter da Lei Fundamental amigo do direito internacional público (n. m. 63), o Tribunal Constitucional Federal, apoiado na proteção de um acervo essencial de direitos humanos internacionais, especialmente garantida pelo art. 1º, n. 2, em ligação com o art. 59º, n. 2, frase 1, sublinha a obrigação jurídico--constitucional de, na aplicação dos direitos fundamentais alemães, recorrer à CEDH como auxiliar interpretativo para a definição do conteúdo e do alcance dos direitos fundamentais e de, para além disso, interpretar o direito ordinário de maneira conforme à CEDH[39]. Com essa posição, o Tribunal Constitucional Federal recorre à CEDH como *critério de controlo* diretamente em face dos poderes judicial e executivo e, indiretamente, também em face do poder legislativo e coloca-a, na hierarquia das normas, acima do direito ordinário. Acresce que o Tribunal Constitucional Federal deduz da lei alemã da transposição a obrigação de, na aplicação do direito, tomar em consideração, mesmo para além do caso decidido em concreto, as decisões do Tribunal Europeu dos Direitos Humanos, às quais cabe, assim, uma "função pelo menos fática de orientação e de direção"[40]. Portanto, às decisões do TEDH pronunciadas a nível do direito internacional público é atribuída uma importância nacional pelo facto de elas concretizarem e aperfeiçoarem o

---

39 E 111, 307/329; 128, 326/367 e s. 148, 296, n. m. 130 e s.

40 E 128, 326/368.

conteúdo da CEDH[41]. Contudo, o Tribunal Constitucional Federal não exige qualquer "paralelização esquemática das afirmações da Lei Fundamental com as da CEDH"[42], mas uma interpretação "orientada para os resultados", que sirva para evitar violações ao direito internacional público[43]. O que se quer dizer com isso é que os âmbitos de aplicação dos direitos fundamentais que, como é sabido, não coincidem com respeito ao texto, podem-se diferenciar (n. m. 1252), se devido a isso não se ficar, todavia, abaixo do nível jurídico-fundamental exigido pela CEDH no caso concreto. No caso de decisões do TEDH sobre ordens jurídicas estrangeiras, tem, no entanto, de se tomar em conta o contexto e verificar se, e em que medida, os conteúdos regulativos são comparáveis[44]. A interpretação dos direitos fundamentais da CEDH por parte do TEDH desempenha, por isso, um papel importante, sobretudo no controlo da proporcionalidade pelo Tribunal Constitucional Federal (n. m. 510, 621, 705, 879). Com referência ao art. 53º da CEDH, o Tribunal Constitucional Federal reserva para si a ideia de que a tomada em consideração da CEDH ou da jurisprudência do TEDH não pode levar a que o *standard* dos direitos fundamentais da Lei Fundamental não seja alcançado; ele vê este perigo sobretudo nas relações jurídico-fundamentais multipolares, em que o "excedente" de liberdade para um titular de direitos fundamentais significa uma "diminuição" para outro[45].

69. A tomada em consideração da CEDH não é apenas uma obrigação jurídico-objetiva do poder público alemão; existe um direito jurídico-subjetivo a ela, direito que é processualmente exequível: "O Tribunal Constitucional Federal considera indispensável que um recorrente, apoiado no direito fundamental aplicável, tenha de poder interpor *recurso constitucional* pelo facto de um órgão do Estado ter menosprezado ou não tomado em consideração uma disposição da Con-

---

41 Michael/Morlok, *GR*, n. m. 116.

42 *E* 128, 326/366; 131, 268/295; 134, 242, n. m. 266 (= JK 5/2014).

43 *E* 128, 326/370.

44 *E* 148, 296, n. m. 173.

45 *E* 137, 273, n. m. 129; mas ver n. m. 705 como exemplo de uma receção pelo Tribunal Constitucional Federal dos critérios de ponderação do TEDH.

venção ou uma decisão do TEDH"[46]. Isso justifica-se pelo facto de a aplicação do direito sem tomar em consideração a CEDH violar a obrigação constitucional de tomar em conta a CEDH na interpretação do direito (constitucional) nacional[47].

IV. Garantias supranacionais

70. Além da CEDH, a segunda fonte jurídica central da proteção europeia dos direitos fundamentais é atualmente a Carta de Direitos Fundamentais da União Europeia (n. m. 49). Os Tratados de criação das então Comunidades Europeias, firmados em 1957, ainda não continham, com exceção do caso especial da igualdade de tratamento de mulheres e homens na vida laboral (art. 119º do Tratado da Comunidade Económica Europeia; hoje art. 157º do Tratado de Funcionamento da União Europeia, n. m. 79), quaisquer direitos fundamentais. Os seis Estados fundadores tinham partido da ideia de que celebravam contratos de direito internacional público que, de acordo com o entendimento de então, autorizavam e vinculavam apenas os Estados-Membros, mas não deviam produzir efeitos jurídicos diretos em face do cidadão. Perigos para a proteção dos direitos fundamentais partiriam, por isso – era essa a ideia naquela altura –, apenas dos Estados-Membros. Mas logo nos primeiros anos após a criação das Comunidades Europeias, o Tribunal de Justiça das Comunidades Europeias (TJCE) decidiu que o direito europeu tem primazia sobre o direito nacional[48], que pode, além disso, autorizar e obrigar diretamente os cidadãos[49]. Contudo, a primazia e aplicabilidade direta do direito comunitário tiveram, em primeiro lugar, sobretudo a função de impulsionar a criação de um mercado interno por via do desenvolvimento das liberdades fundamentais europeias (n. m. 71-75). Todavia, em virtude da primazia e da aplicabilidade direta do direito da União surgiu uma necessidade de proteção dos direitos fundamentais também em face dos atos jurídicos das Comunida-

---

46 BVerfG, NVwZ 2007, 808/811.
47 Cf. E 111,307/328 e s.
48 EuGH, Rs. 6/64, Slg. 1964, 1251/1269 (*Costa ENEL*).
49 EuGH, Rs. 26/62, Slg. 1963, 1/125 (*van Gend & Loos*).

des Europeias. Uma proteção por via dos direitos fundamentais das Constituições dos Estados-Membros não entrou em linha de conta, porque isso teria posto em dúvida a aplicação uniforme do (então) direito comunitário, se os tribunais nacionais tivessem declarado inaplicável o direito europeu num Estado-Membro em virtude de violação dos direitos fundamentais. Daí se explica o desenvolvimento paulatino de uma proteção independente e supranacional dos direitos fundamentais (n. m. 76-78); no seu desenvolvimento até à aprovação da Carta de Direitos Fundamentais, revela-se a transição de uma Comunidade Europeia, originalmente orientada para a integração económica, para a União Europeia como uma associação também política. Expressão da aspiração de integração já não apenas económica, mas também social, da UE é, além disso, o facto de também o direito secundário conter garantias análogas aos direitos fundamentais (n. m. 79-80).

1. As liberdades fundamentais europeias

71. Embora os tratados fundadores europeus não contivessem quaisquer direitos fundamentais, eles incluíam, com a liberdade de circulação de mercadorias e de trabalhadores, a liberdade de estabelecimento e a liberdade de prestação de serviços (atualmente constantes dos arts. 34º, 45º, 49º e 56º do Tratado de Funcionamento da União Europeia), as chamadas liberdades fundamentais; mais tarde, juntaram-se-lhes as liberdades de transação financeira e de movimento de capitais (art. 63º do Tratado de Funcionamento da União Europeia). As liberdades fundamentais não são direitos humanos. Mas elas foram de central importância para a concretização do mercado interno, que, nos termos do art. 26º, n. 2, do Tratado de Funcionamento da União Europeia, abrange um espaço sem fronteiras internas, no qual está garantida a livre circulação de mercadorias, de pessoas, de serviços e de capitais. É que um mercado interno pressupõe que o direito dos seus Estados-Membros seja harmonizado ou pelo menos coordenado.

72. Exemplos:
Se uma empresa francesa quiser comercializar na Alemanha cerveja que não corresponda à norma alemã de pureza, ou o direito dos

alimentos aplicável tem de ser uniformizado em toda a Europa ou a Alemanha tem de reconhecer os controlos de direito dos alimentos feitos na França, tal como se esses controlos tivessem sido feitos na Alemanha. E se um médico formado na Itália quiser estabelecer-se em Espanha, esse facto pressupõe ou um direito uniforme de formação ou pelo menos o reconhecimento por parte da Espanha do certificado de aptidão profissional.

73. Este objetivo de harmonização ou pelo menos de coordenação do direito dos Estados-Membros pode ser alcançado por uma política ativa de conformação, portanto através da fixação de padrões comuns no direito secundário (a chamada integração positiva). Mas, justamente nos anos iniciais da Comunidade Europeia, os procedimentos decisórios foram lentos, porque no Conselho, que nesse tempo ainda era o órgão legislativo principal, eram necessárias decisões por unanimidade. Esta debilidade funcional do poder legislativo favoreceu o avanço da **integração negativa** por ação das liberdades fundamentais[50]. Com isto, pretende-se dizer que todo cidadão pode, com base nas suas liberdades fundamentais, defender-se contra restrições ao intercâmbio dentro da União.

74. Exemplos:

A empresa francesa que não foi autorizada a vender na Alemanha cerveja que contraria a norma alemã de pureza invocou, pelo contrário, com êxito, a liberdade de circulação de mercadorias, porque não se pode perceber por que razão se pode vender em França cerveja que na Alemanha fosse prejudicial à saúde (TJCE, ECLI:EU:C:1987:126 – Comissão/Alemanha). No caso das liberdades de circulação de pessoas, pode ser mais complicado, porque a coordenação de requisitos dirigidos às pessoas (em particular à sua formação) é muitas vezes mais exigente do que no caso de produtos. Se, por exemplo, o médico formado em Itália se quiser estabelecer em Espanha, poderá, é certo, se o direito espanhol o impedir, recorrer à liberdade de estabelecimento (art. 49º do Tratado de Funcionamento da União Europeia); mas esta ingerência

---

50 Scharpf, in: *Jachtenfuchs/Kohler-Koch, Europäische Integration*, 1996, p. 109 e s.

pode ser justificada, se a Espanha alegar garantir uma mais elevada proteção da saúde através de uma formação prática mais vasta. Em tais casos, é, afinal, então necessário o direito secundário (neste caso a RL 2005/35/EG), que estabelece padrões mínimos comuns, que impedem que um Estado-Membro, para efeito de justificação, invoque os padrões ainda mais elevados do seu direito nacional.

75. A jurisprudência do TJCE sobre as liberdades fundamentais foi, em muitos casos, uma primeira inspiração para a adoção do direito secundário. Depois de, por exemplo, o TJCE, ter decidido, desde 1998, num grande número de casos, que os segurados podem, com base nos arts. 34º e 56º do Tratado de Funcionamento da União Europeia, reclamar também noutros Estados-Membros serviços de saúde sem autorização das caixas de previdência[51], foi adotada uma diretiva (Diretiva 2011/24/EU) que codifica esta jurisprudência. Esta juridificação conduz, pouco a pouco, a uma perda de importância das liberdades fundamentais, uma vez que o critério de controlo das restrições já não são as próprias liberdades fundamentais, mas o direito secundário promulgado para a sua concretização[52]. Paralelamente a isso, aumenta a importância dos direitos fundamentais da União para o direito secundário, porque, embora o direito secundário torne realidade o mercado interno, também implica restrições à liberdade – por exemplo através do estabelecimento de padrões mínimos (n. m. 74).

2. Os direitos fundamentais da União

76. Porque o direito secundário, que reclama primazia e aplicação direta, tinha de estar vinculado aos direitos fundamentais, o TJUE reconheceu os direitos fundamentais, a começar em 1969, como "princípios jurídicos gerais da ordem jurídica comunitária"[53] e continuou a desenvolvê-los, numa primeira fase, em termos de direito judiciário, sendo que a fonte essencial de conhecimento jurídico foi sobretudo a

---

51 TJUE, ECLI:EU:C:1998:167, n. m. 35 e s. – Decker; ECLI:EU:C:1998:171, n. m. 34 e s. – Kohll.
52 Kingreen, FS-Jarass, p. 57 e s.
53 TJUE, ECLI:EU:C:1969:57, n. m. 7 – Stauder.

CEDH (n. m. 66 e s.), além dos direitos fundamentais das Constituições dos Estados-Membros. Enquanto critério vinculativo para os atos jurídicos da União, eles suplantam, neste aspeto, com o consentimento de princípio do Tribunal Constitucional Federal (n. m. 247 e s.), também os direitos fundamentais da Lei Fundamental. Como direito supranacional, eles ultrapassam, assim, no seu efeito jurídico, as garantias de direito internacional público dos direitos fundamentais. O motivo determinante para o desenvolvimento da lista europeia de direitos fundamentais aperfeiçoada em termos de direito judiciário consistiu, assim, em salvaguardar a aplicação uniforme do direito da União diretamente aplicável nos Estados-Membros.

77. A Carta de Direitos Fundamentais da União Europeia, proclamada no ano 2000 e desde 2009 em vigor com vinculação jurídica, codificou a lista dos direitos fundamentais elaborada em termos de direito judiciário e aperfeiçoou-a. Ela reuniu diferentes entendimentos de Estado e de direitos fundamentais. Por isso, ela contém, como a Lei Fundamental, direitos clássicos de liberdade e de igualdade, mas, no capítulo "solidariedade", contém também direitos fundamentais sociais, tal como eles correspondem, por exemplo, ao ideal republicano francês de fraternidade. Embora estes direitos possam ser também interpretados num sentido jurídico de prestação, eles não ultrapassam até agora os efeitos jurídico-fundamentais reconhecidos na Alemanha[54]. Nos termos do art. 51º, n. 1, da CDF, os direitos fundamentais da União vinculam sempre os órgãos da União, vinculando pelo contrário, os Estados-Membros apenas no caso de "execução" do direito da União. Por conseguinte, os Estados-Membros ficam em todo o caso vinculados pelos direitos fundamentais da União, quando transpuserem e aplicarem o direito primário e secundário da União (**direito determinado pelo direito da União**)[55]. É que se poria em questão o primado da aplicação e a validade uniforme do direito da União nos Estados-Membros, se os tribunais des-

---

54 Cf. Kingreen, in: Ehlers, *Europäische Grundrechte und Grundfreiheiten*, 4ª ed. 2014, § 22, n. m. 10 e s., 23 e s.

55 E 147, 364, n. m. 46.

tes Estados pudessem declarar como não aplicáveis, em virtude de violação dos direitos fundamentais destes Estados-Membros, as normas jurídicas que executam o direito da União. Nos casos em que o direito da União não fixa para os Estados-Membros normas obrigatórias (**direito não determinado pelo direito da União**), valem os direitos fundamentais dos Estados-Membros (n. m. 249). No entanto, é discutível se há, neste caso, uma vinculação adicional aos direitos fundamentais da União. O TJUE é de opinião que os direitos fundamentais da União também são aplicáveis, se uma diretiva[56] ou as liberdades fundamentais europeias (arts. 34º, 45º, 49º, 56º, 63º do Tratado de Funcionamento da União Europeia)[57] concederem margens de conformação aos Estados--Membros[58]. Ele vai, entretanto, ao ponto de considerar tal direito nacional como "execução do direito da União" (art. 51º da Carta dos Direitos Fundamentais), que ainda nem sequer é tematicamente abrangido pelo ato jurídico europeu, mas que apenas constitui a envolvente geral nacional jurídico-processual, jurídico-executiva e jurídico-sancionatória do ato jurídico europeu[59]. O Tribunal Constitucional Federal alemão contradiz claramente o TJUE com a observação de que nem "toda relação material de uma regulação com o âmbito de aplicação meramente abstrato do direito da União" chega para se poder falar de uma "execução", no sentido do art. 51º, n. 1, da Carta de Direitos Fundamentais[60]. Aí, é verdade que os direitos fundamentais da União tiveram sempre apenas a função de garantir a uniformidade do direito da União (n. m. 76), mas não deviam, por seu lado, ter efeitos uniformizadores na relação com os direitos fundamentais nacionais. Além disso, por via do alargamento dos direitos fundamentais da União, dá-se uma "dupla vincu-

---

56 TJUE, ECLI:EU:C:2006:429, n. m. 110 e s. – Parlamento/Conselho.

57 EuGH, Rs. C-260/89, Slg. 1991, I-2925, n. m. 43 (ERT); Rs. C-368/95, Slg. 1997, 3689, n. m. 24 (Familiapress).

58 Sobre os diferentes pontos de vista, Kahl, *BK*, Art. 1 Abs. 3, n. m. 39 e s.; Kingreen, *in*: Calliess/Ruffert, *EUV/AEUV*, 4ª ed. 2011, art. 51º GRC, n. m. 8 e s.

59 EuGH, 26.2.2013, Rs. C-617/10, n. m. 24 e s. (Fransson); cf. já EuGH, Rs. C-276/01, Slg. 2003, I-3735, n. m. 71 (Steffensen).

60 E 133, 277, n. m. 91.

lação", que, com as relações multipolares dos direitos fundamentais, conduz a uma primazia da solução de conflitos com base no direito da União, centralizando, assim, em larga medida, a proteção jurídico-fundamental[61]. Em relação aos direitos fundamentais da União, deveria, por isso, continuar a valer o entendimento de que eles só vinculam os Estados-Membros se, e na medida em que, isso for necessário para a aplicação uniforme do direito da União.

78. Exemplos:
A Diretiva da União Europeia sobre o Armazenamento de Dados (n. m. 452), entretanto declarada pelo TJUE como sendo contrária aos direitos fundamentais, obrigava os Estados-Membros a garantir que determinados dados das telecomunicações fossem armazenados, para que esses dados ficassem à disposição para fins de investigação, verificação e perseguição de ilícitos penais graves. Esta diretiva deixava, porém, aos Estados-Membros margens de regulação, por exemplo na determinação dos ilícitos penais para cuja perseguição o acervo de dados previamente armazenados podia ser usado, e, por fim, quanto à duração do armazenamento dos dados. Ficava, em princípio, excluído um controlo da lei alemã da transposição pelo critério dos direitos fundamentais da Lei Fundamental, desde que a lei transpusesse as normas obrigatórias da Diretiva. No entanto, o Tribunal Constitucional Federal alemão (*E* 121, 1/15; 125, 260/306) podia verificar a compatibilidade com os direitos fundamentais da Lei Fundamental, na medida em que a lei de transposição aproveitava as margens da Diretiva (definição dos tipos penais aplicáveis, obrigações ampliadas de armazenamento). Na opinião do TJUE, são, além disso, ainda, aplicáveis os direitos fundamentais da União nesta área não determinada pela Diretiva. – Um pescador sueco não cumpre as suas obrigações de comunicar quando da cobrança do imposto sobre o valor acrescentado (IVA). Primeiro, a Administração tributária toma uma decisão administrativa de aplicação de uma coima[62]. Além disso, ele

---

61 Kingreen, *JZ* 2013, 801/802 e s.; Masing, *JZ* 2015, 477/481 e s.; além disso, por exemplo, Frenzel, *Staat* 2014, 1 e s.; Ohler, *NVwZ* 2013, 1433/1437 e s.; Thym, *NVwZ* 2013, 889/891 e s.

62 N. E.: No Brasil, o termo pode ser mais bem entendido como multa.

é acusado num tribunal criminal, que suscita a questão de saber se uma condenação criminal por causa do processo já aberto relativo à coima viola a proibição de dupla condenação (art. 50º da Carta de Direitos Fundamentais). Embora o direito da União contenha também obrigações dos Estados-Membros para garantir a cobrança do IVA e para proceder contra a fraude fiscal, estas obrigações não foram objeto dos processos sancionatórios – porque a Suécia as tinha sem dúvida satisfeito –, mas tratou-se da questão constitucional e jurídico-penal de saber se a proibição da dupla condenação se aplica à relação entre uma pena criminal e uma sanção fiscal (o que para o art. 103º, n. 3, se pode negar, n. m. 1278). Embora deste modo nenhum direito da União diretamente aplicável tenha sido afetado, o TJUE (ECLI:EU:C:2013:105, n. m. 24 e s. – *Fransson*) considerou também o direito penal sueco como "execução do direito da União" (art. 51º, n. 1, da Carta de Direitos Fundamentais), por via das determinações fiscais gerais do direito da União. No entanto, este Tribunal contesta a relação, necessária para a aplicabilidade dos direitos fundamentais da União, entre o direito secundário e o ato jurídico nacional a controlar, quando os dois perseguem objetivos diferentes (TJUE, ECLI:EU:C:2014:2055, n. m. 41 – *Hernández*).

3. Garantias equiparadas aos direitos fundamentais no direito secundário

79. Também o direito secundário contém garantias individuais que retomam tematicamente os direitos fundamentais da Carta de Direitos Fundamentais (CDF). Elas têm uma dupla relação com os direitos fundamentais: por um lado, aperfeiçoam, em termos de conteúdo, os direitos fundamentais da Carta de Direitos Fundamentais; por outro lado, têm um efeito equiparado ao direito nacional, porque compartilham, tal como os direitos fundamentais da CDF, da primazia do direito da União. Ao mesmo tempo, a sua primazia estende-se também aos direitos fundamentais da Lei Fundamental. Os aperfeiçoamentos por parte do direito secundário dos direitos fundamentais da CDF têm, por isso, de ser também tomados em consideração na interpretação dos direitos fundamentais da Lei Fundamental. Um importante ponto essencial de regulação é o direito de proteção de dados (n. m. 451 e s.), em que a União faz uso da sua competência, decorrente do art. 16º, n. 2, do Tratado de Funcionamento da União Europeia, com o Regulamento de Base da Proteção de Dados (VO – EU – 2016/679). Com base no art. 19º, n. 1, do Tratado de Funcionamento da União Europeia, foram, além disso, adotadas várias diretivas sobre o direito antidiscriminação, que o legislador alemão transpôs (n. m. 241), em termos de legislação ordinária, na Lei Geral sobre Igualdade de Tratamento (AGG). Em todos estes atos jurídicos põe-se em relevo a pretensão política de integração da UE, quando retomam não só as desigualdades de tratamento obstaculizadoras do mercado interno em virtude da nacionalidade, mas também outros critérios diferenciadores proibidos (por exemplo, a idade, a orientação sexual e a religião). Consideravelmente mais antiga do que estes atos jurídicos é a proibição de discriminação – que se pode atribuir ao atual art. 157º, n. 3, do Tratado de Funcionamento da União Europeia – por motivo do sexo na vida laboral, constante da Diretiva 2006/54/EG; esta Diretiva, adotada pela primeira vez em 1976, é, por exemplo, critério para as quotas de mulheres nos serviços públicos (n. m. 543). Com todas estas garantias de direito secundário, o direito da União trilha novos caminhos em múltiplos aspetos. Segundo o entendimento tradicional, os direitos fundamentais são parte integrante das Constituições que reclamam a primazia sobre a legislação ordinária (n. m. 5); a este respeito, elas são parte da legislação ordinária e, deste modo, não são direito constitucional em sentido formal. As garantias equiparadas aos direitos fundamentais não tomam, além disso, parte na vinculação dos Estados-Membros (n. m.77), prescrita pelo art. 51º da CDF e limitada à aplicação do direito da União, mas, enquanto direito secundário da União, vinculam estes de maneira ampla. As diretivas sobre o direito antidiscriminação obrigam, além disso, não só os serviços públicos, mas também as pessoas particulares, nomeadamente empregadores: deste modo, e ao contrário da doutrina alemã, estas diretivas aplanaram o caminho para o reconhecimento de um efeito direto para terceiros dos correspondentes direitos fundamentais da União (n. m. 241).

80. Exemplos:

A Diretiva 2000/43/EG sobre a aplicação do princípio da igualdade de tratamento sem distinção da raça ou da origem étnica proíbe a discriminação, em virtude destes critérios, em setores importantes da vida (especialmente admissão de trabalhadores, arrendamento para habitação).

O TJUE rejeitou, por isso, como sendo contrário ao direito, o anúncio de uma empresa de que não empregaria membros de determinada origem étnica, porque os clientes pretensamente os recusariam (TJUE, ECLI:EU:C:2008:397 – *Feryn*). A Diretiva 2000/78/EG sobre a concretização da igualdade de tratamento no emprego e na profissão proíbe os tratamentos discriminatórios por motivos de religião ou de ideologia, ou de uma deficiência, da idade ou da orientação sexual. Esta diretiva está restringida objetivamente à vida laboral, tendo neste aspeto menor alcance do que a Diretiva 2000/43/EG. Especialmente os limites de idade podem violar a proibição de discriminação da idade; mas o art. 6º da Diretiva 2000/78/EG prevê a este respeito, de maneira diferente do da aplicação dos outros critérios, a possibilidade de justificação. Por exemplo, não se podiam justificar, por falta de fundamentação coerente, prazos de despedimento mais curtos para trabalhadores mais jovens do que para trabalhadores mais velhos (TJUE, ECLI:EU:C:2010:21 – *Kücükdeveci*) e limites de idade para médicos contratados (TJUE, ECLI:EU:C:2010:4 – *Petersen*) ou para pilotos (TJUE, ECLI:EU:C:2011:573 – *Prigge*, entre outros). Pelo contrário, são legítimos os limites de idade nos serviços oficiais, para garantir aí uma equilibrada estrutura etária (TJUE, ECLI:EU:C:2011:508 – *Fuchs*). O tratamento discriminatório de uniões de facto em face do casamento pode infringir a proibição de discriminação por causa da orientação sexual (TJUE, ECLI:EU:C:2008:179 – *Maruko*, ver n. m. 553), e a prática das comunidades religiosas de só empregar pessoas que sejam membros destas comunidades pode violar a proibição de discriminação em virtude da religião (TJUE, ECLI:EU:C:2018:257 – *Egenberger*, ver n. m. 621). Sobre a proibição de usar símbolos religiosos ou qualquer cobertura para a cabeça, ver n. m. 51a e 85.

V. Direitos fundamentais das Constituições dos Estados federados

81. Também os direitos fundamentais das Constituições dos Estados federados não são critério para o Tribunal Constitucional Federal; só se aplicam dentro dos respetivos Estados federados. No entanto, por via de interpretação sistemática, pode-se recorrer a eles para a interpretação de um direito fundamental da Lei Fundamental.

82. Exemplos:

O princípio segundo o qual todas as pessoas são iguais perante a lei (cf. art. 3º, n. 1) foi, noutros tempos, entendido no sentido de que o próprio legislador não estava vinculado ao princípio da igualdade. Para o entendimento contrário hoje sustentado, o Tribunal Constitucional Federal baseou-se nas normas de oito Constituições de Estados federados (*E* 2, 237/262).

83. À *relação* dos direitos fundamentais dos Estados federados com os direitos fundamentais da Lei Fundamental aplica-se, nos termos do art. 142º, o princípio segundo o qual as "disposições das Constituições dos Estados federados também permanecem em vigor, contanto que garantam direitos fundamentais em conformidade com os arts. 1º a 18º desta Lei Fundamental". Uma vez que no Estado federal da Lei Fundamental, nos termos do art. 28º, n. 1, se exige homogeneidade e não uniformidade, "conformidade" significa que não pode haver qualquer contradição[63]. Deste modo, permanecem em vigor não só direitos fundamentais dos Estados federados iguais em conteúdo, mas também direitos fundamentais desses Estados que garantem uma mais ampla proteção e mesmo uma menor proteção que os direitos fundamentais constantes da Lei Fundamental. É que, em ambos os casos, os direitos fundamentais do Estado federado não se opõem aos direitos fundamentais consagrados na Lei Fundamental, porque, por um lado, o poder estadual do Estado federado pode ser submetido a vinculações maiores em face do cidadão e porque, por outro lado, uma menor proteção do cidadão pelos direitos fundamentais do Estado federado não exclui a sua mais ampla proteção pelos direitos fundamentais da Lei Fundamental, que também vinculam o poder estatal do Estado federado. Mas a permanência em vigor, nos termos do art. 142º, não impede que o direito federal competente se imponha a um direito fundamental

---

63 E 96, 345/365; posição crítica Merten, *Hdb. GR* VIII, § 232, n. m. 37.

do Estado federado que com ele colida; a justificação para isso encontra-a a doutrina dominante nas normas atributivas de competência, que as considera como *leges speciales* relativamente ao art. 31[264].

84. Esboço de solução do Caso 1 (n. m. 51):

Pela decisão do Tribunal Estadual Superior, "G" foi lesado no seu direito fundamental resultante do art. 6º, em ligação com o art. 20º, n. 3. É que o TES, na sua decisão, não tomou suficientemente em consideração a Convenção Europeia dos Direitos Humanos nem o acórdão do TEDH, embora estivesse obrigado a tomar em consideração o art. 8º da CEDH na interpretação do TEDH e a aplicá-lo ao caso a decidir por si. Por isso, devia ter introduzido na sua própria apreciação jurídica (-constitucional) especialmente os aspetos considerados pelo TEDH no seu acórdão, nomeadamente a verificação da proporcionalidade, e devia ter examinado o art. 6º, evidentemente atingido, quando da sua decisão sobre o direito de convivência de "G" com o seu filho, no sentido de verificar se ele podia ter sido interpretado e aplicado de um modo correspondente à obrigação da RFA, decorrente do art. 8º da CEDH. Por isso, o recurso constitucional interposto por "G" foi bem-sucedido.

85. Esboço de solução do Caso 2 (n. m. 51a):

A proibição expressa por "G" de se usarem no local de trabalho quaisquer símbolos religiosos visíveis poderá violar o art. 2º, n. 2, da Diretiva 2000/78/EG.

1. Âmbito de aplicação da Diretiva

O conceito de religião usado no art. 1º da Diretiva 2000/78/EG deve ser interpretado como no art. 10º da CDF, que por sua vez se deve interpretar segundo o art. 52º, n. 3, da CDF, apoiando-se no art. 9º, n. 1, da CEDH. Este conceito inclui tanto o *"forum internum"*, isto é, o facto de ter convicções, como também o *"forum externum"*, isto é, a manifestação da crença religiosa em público (TJUE, *loc. cit.*, n. m. 27 e s.).

---

64 Cf. Pieroth, JP, art. 31º, n. m. 3.

2. Discriminações em virtude da religião

a) Não se verifica uma **discriminação direta**. É que o regulamento interno de trabalho se refere ao "uso de sinais visíveis de convicções políticas, filosóficas ou religiosas, aplicando-se, assim, sem distinção, a toda manifestação de tais convicções. Por isso, deve-se partir de que, de acordo com esta regra, todos os trabalhadores da empresa são tratados por igual, ao ser-lhes prescrito, de maneira geral e indiferenciada, entre outras coisas, que se vistam de maneira neutra, o que exclui o uso de tais sinais" (TJUE, *loc. cit.*, n. m. 30).

b) Discriminação indireta. Nos termos do art. 2º, n. 2, lit. b), da Diretiva 2000/78/EG, verifica-se uma discriminação indireta, quando disposições, critérios ou procedimentos aparentemente neutros prejudicam de facto, de maneira especial, pessoas com uma determinada religião ou ideologia, a menos que se verifique uma das razões justificativas referidas na diretiva. Enquanto as discriminações diretas só podem ser justificadas nos termos do art. 4º da diretiva 2000/78/EG, o controlo da justificação no caso de discriminações indiretas – não habitual para o controlo alemão de normas de igualdade – é, assim, integrado no conceito de discriminação indireta. A proibição diz respeito, de facto, sobretudo a mulheres muçulmanas, porque não se veem quaisquer outras trabalhadoras para quem o uso de um sinal visível de convicção religiosa represente uma obrigação comparável (neste sentido, talvez também *GA Kokott, Schlussantrag Rs.* C-157/15, n. 57). Pode-se justificar, se for proporcional para se alcançar um objetivo legítimo (art. 2º, n. 2, lit. b) e i), da Diretiva 2000/78/EG):

aa) A "vontade de manifestar uma orientação de neutralidade política, filosófica ou religiosa na relação para com os clientes oficiais ou particulares" é um **objetivo legítimo** (TJUE, *loc. cit.*, n. m. 37 e s., com referência ao acórdão do TEDH, n. 48420/10 (Eweida *et al.*/Reino Unido), também protegido pelo art. 16º da Carta de Direitos Fundamentais.

bb) Mas a proibição só é necessária e adequada se se dirigir aos trabalhadores de "G" que entram em contacto com clientes e se, junto destes trabalhadores, tiver sido tentada, sem êxito, uma mudança de lugar, tolerável para ambas as partes, para áreas sem contacto com clientes (TJUE, n. m. 42 e s.).

3. Resultado

A partir do momento em que tenha sido feita uma tentativa interna frustrada de transferência, o despedimento foi legal.

Observação complementar: O lenço de cabeça divide os tribunais superiores: enquanto o Tribunal Federal de Trabalho (TFT) (*NJW* 2003, 1685) e o *Supreme Court* dos Estados Unidos da América (ac. de 1.6.2015, *EEOC* v. *Abercrombie & Fitch Stores*, Inc. 575 U.S. [2015]) declararam as proibições de uso de lenço de cabeça em empresas geralmente como contrárias aos direitos fundamentais, o TJUE, seguindo o exemplo do referido acórdão do TEDH, admite-as a partir de agora, independentemente de um perigo concreto para a paz das empresas (posição crítica, Steinbach, *Staat* 2017, 621/631 e s.). No serviço escolar público o Tribunal Constitucional Federal permite-as, pelo contrário, apenas no caso de uma ameaça concreta para a paz escolar. Torna-se num *test case* para o complexo europeu dos direitos humanos saber como é que o acórdão do TJUE repercutirá na jurisprudência alemã (sobre a matéria, Klein, *NVwZ* 2017, 920; Schubert, *NJW* 2017, 2582/2587 e s.; Wagner, *EuR* 2018, 724/737 e s.).

86. Esboço de solução para o Caso 3 (n. m. 52):

Nos termos do art. 13º, n. 1, da Constituição de Hessen, o Tribunal Constitucional de Hessen decide, entre outras coisas, sobre recursos relacionados com direitos fundamentais. O recurso de direitos fundamentais é, nos termos do § 43, n. 1, frase 2, do StGHG, inadmissível se, na mesma matéria, for interposto recurso constitucional junto do Tribunal Constitucional Federal. Mas isto não se aplica, se a Constituição de Hessen garantir direitos fundamentais de maior alcance que a Lei Fundamental (§ 43, n. 1, frase 3, do StGHG). Importa, desde logo, para a admissibilidade do recurso constitucional junto do Tribunal Constitucional de Hessen, a questão de saber se o direito fundamental do Estado federado tem maior alcance do que o direito fundamental federal.

1. Os recursos em matéria de direitos fundamentais, como os recursos constitucionais, dirigem-se contra o acórdão do Tribunal Estadual do Trabalho de Hessen. É certo que os critérios de controle não são iguais, uma vez que com o recurso jurídico-fundamental se impugna a violação do direito à greve garantido no art. 29º, n. 4, da Constituição de Hessen, e com o recurso constitucional se impugna a violação do art. 9º, n. 3, da Lei Fundamental, que garante a liberdade de associação. Mas esta liberdade também inclui o direito à greve (n. m. 858 e s.).

2. É, porém, discutível, se o art. 29º, n. 4, da Constituição de Hessen garante uma proteção de maior alcance – comparada com a Lei Fundamental – e se esta proteção de maior alcance poderia, neste caso, mesmo produzir efeitos. Esta questão foi controversa no seio do Tribunal Constitucional:

a) A maioria da Secção do Tribunal deixa em aberto a questão de saber se se pode deduzir do art. 29º, n. 4, da Constituição de Hessen um direito à greve que vá para além do art. 9º, n. 3, da Lei Fundamental. É certo que o art. 29º, n. 4, da Constituição de Hessen permaneceria em vigor, nos termos do art. 142º da Lei Fundamental, mesmo que garantisse um direito jurídico-fundamental de maior alcance do que o art. 9º, n. 3, da Lei Fundamental. Mas isto só se pode aplicar sem restrição se eles forem critério de controle para o direito estadual. No entanto, o art. 142º da Lei Fundamental diz respeito apenas à relação dos direitos fundamentais federais com os dos Estados federados, mas não diz respeito à questão de saber se um direito fundamental estadual pode ser critério de controle para o direito federal. Isto é regulado apenas pela ordem da competência federal ou pelo art. 31º Lei Fundamental (n. m. 83). Por conseguinte, os direitos fundamentais estaduais de maior alcance só entram em conta para o direito federal se o direito federal deixar, neste sentido, uma margem em que o direito fundamental estadual se pode desenvolver (cf. também Kaiser/Lindner, *DVBl*. 2017, 1329/1333). Se não for este o caso, a aplicação do direito federal só pode ser controlada pelo critério do direito constitucional estadual, que é igual em conteúdo aos direitos fundamentais da Lei Fundamental. Trata-se aqui da aplicação de uma pretensão omissória deduzível, em termos de direito federal, dos §§ 823, 1004 do Código Civil, contra ações de greve. Neste caso, temos de tomar em consideração que aqui se trata de um conflito jurídico-fundamental multipolar. No quadro da interpretação destas disposições do direito civil, importa não apenas a comparação entre o art. 29º, n. 4, da Constituição de Hessen e o art. 9º, n. 3, da Lei Fundamental, mas também se tem de incluir o direito fundamental colidente de "L", decorrente do art. 12º, n. 1, da Lei Fundamental. Uma proteção jurídico-fundamental do direito constitucional estadual, decorrente do art. 29º, n. 4, da Constituição de Hessen, que ultrapassasse o nível de proteção da Lei Fundamental, limitaria, por isso, simultaneamente, os direitos fundamentais da liberdade de escolha de profissão e a liberdade de propriedade, para além da medida garantida pelo direito fundamental federal.

b) A minoria da Secção do Tribunal critica o facto de a maioria dessa mesma Secção aceitar um caso de conflito que até nem existe assim, porque não há uma norma jurídica federal que defina explicitamente quando é que ações grevistas são admissíveis e quando o não são. Há, por isso, uma margem de direito estadual, em que os direitos fundamentais estaduais poderão prevalecer (igualmente Kaiser/Lindner, *DVBl.* 2017, 1329/1334 e s.). Mas isso não é relevante. O decisivo é que as relações multipolares dos direitos fundamentais não possam ser julgadas de maneira diferente de Estado federado para Estado federado, e muito menos no caso de ações grevistas que vão para além de um Estado federado. No caso de conflito impõe-se, assim, sempre o direito fundamental federal; isto explica a considerável pouca importância dos direitos fundamentais estaduais.

Resultado: Se seguirmos, por isso, a maioria da Secção do Tribunal, o recurso jurídico-fundamental não pode ser admitido.

Observação complementar: no caso desta "dupla vinculação", trata-se, assim, da mesma problemática que se apresenta, a propósito da interpretação do art. 51º da CDF, na relação entre a proteção jurídico-fundamental europeia e a alemã (ver n. m. 77 e s.).

87. Bibliografia:
Relativa a III e a IV: G. Britz, "Grundrechtsschutz durch das Bundesverfassungsgericht und den Europäischen Gerichtshof", *EuGRZ* 2015, 275; C.-D. Classen, "Schwierigkeiten eines harmonischen Miteinanders von nationalem und europäischem Grundrechtsschutz", *EuR* 2017, 347; B. Daiber, "Der Einfluss der EGMR-Rechtsprechung auf die Rechtsprechung des Bundesverfassungsgerichts", *DÖV* 2018, 957; D. Ehlers (ed.), *Europäische Grundrechte und Grundfreiheiten*, 4ª ed., 2014; C. Franzius, "Grundrechtsschutz in Europa", *ZaöRV* 2015, 383; C. Gra-

benwarter (ed.), *Enzyklopädie Europarecht*, v. 2: *Europäischer Grundrechteschutz*, 2014; M. Honer, "Die Geltung der EU-Grundrechte für die Mitgliedstaaten nach Art. 51 I 1 GRCh", *JuS* 2017, 409; H. D. Jarass, "Die Bedeutung der Unionsgrundrechte unter Privaten", *ZEuP* 2017, 310; W. Kahl/M. Schwind, "Europäische Grundrechte und Grundfreiheiten – Grundbausteine einer Interaktionslehre", *EuR* 2014, 170; T. Kingreen, "Die Unionsgrundrechte", *Jura* 2014, 295; *idem*, "Die Grundrechte des Grundgesetzes im europäischen Grundrechtsföderalismus", *JZ* 2013, 801; *idem*, "Der Abstieg der Grundfreiheiten und der Aufstieg der Unionsgrundrechte", *in*: M. Kment (ed.), *Festschrift für Jarass*, 2015, p. 51; J. Kühling, "Kernelemente einer kohärenten EU-Grundrechtsdogmatik in der Post-Lissabon-Ära", *ZÖR* 2013, 469; M. Ludwigs, "Kooperativer Grundrechtsschutz zwischen EuGH, BVerfG und EGMR", *EuGRZ* 2014, 273; *idem*./P. Sikora, "Grundrechtsschutz im Spannungsfeld von Grundgesetz, EMRK und Grundrechtecharta", *JuS* 2017, 385; J. Masing, "Einheit und Vielfalt des Europäischen Grundrechtsschutzes", *JZ* 2015, 477; D. Thym, "Vereinigt die Grundrechte!", *JZ* 2015, 53; N. Matz-Lück/M. Hong (ed.), *Grundrechte und Grundfreiheiten im Mehrebenensystem – Konkurrenzen und Interferenzen*, 2011; R. Uerpmann-Wittzack, "Die Bedeutung der EMRK für den deutschen und unionalen Grundrechtsschutz", *Jura* 2014, 916 – **Relativa a V.:** R. Kaiser/J. F. Lindner, "Zur Anwendung von Art. 142 und Art. 31 GG bei mehrpoligen Grundrechtsverhältnissen", *DVBl.* 2017, 1329; J. F. Lindner, "Landesgrundrechte", *JuS* 2018, 233; D. Merten/H.-J. Papier (ed.), *Handbuch der Grundrechte in Deutschland und Europa*, vol. VIII (*Landesgrundrechte in Deutschland*), 2017.

§ 4. TEORIA DOS DIREITOS FUNDAMENTAIS E FUNÇÕES DOS DIREITOS FUNDAMENTAIS

I. Teoria dos direitos fundamentais e dogmática dos direitos fundamentais

88. Os direitos fundamentais confrontam os juristas sobretudo na aplicação do direito por parte das autoridades administrativas, tribunais e advogados. Esta perspetiva sobre os direitos fundamentais relacionada com a aplicação é objeto da dogmática dos direitos fundamentais. A dogmática dos direitos fundamentais constitui o objeto principal deste manual. Ela diz respeito à sistematização e aperfeiçoamento das normas jurídico-fundamentais, que estão na base da sua aplicação a casos concretos. A dogmática visa as decisões judiciais e as decisões administrativas de questões de direitos fundamentais e é matéria fundamental dos exames jurídicos. Mas os direitos fundamentais são também parte da nossa cultura jurídica e, por isso, objeto de reflexão histórica (ver atrás n. m. 18 e s.) e teórica. A teoria dos direitos fundamentais orienta-se para a descrição e caraterização dos direitos fundamentais, que, embora possam ter o seu ponto de partida em garantias jurídico-fundamentais de um determinado sistema jurídico, visam conhecimentos mais gerais. A teoria dos direitos fundamentais, enquanto parte da teoria da Constituição, reclama para si descobrir estruturas gerais das garantias dos direitos fundamentais, que são importantes não só para os direitos fundamentais da Lei Fundamental alemã. Diferentemente da dogmática jurídico-fundamental, ela não fornece informação direta sobre como devem ser aplicados os direitos fundamentais de um determinado sistema jurídico. Mesmo assim, os seus conhecimentos sobre o caráter e estruturas das garantias jurídico-fundamentais podem repercutir-se na dogmática dos direitos fundamentais. Em virtude da sua grande abertura de interpretação dos textos, as determinações dos direitos fundamentais estão mesmo, na maior parte das vezes, dependentes de uma investigação orientada pela teoria para as tornar dogmaticamente manejáveis. A teoria dos direitos fundamentais leva, ao mesmo tempo, a interpretação dos direitos fundamentais a questionar as normas jurídico-fundamentais de um determinado sistema jurídico, no sentido de saber se elas apresentam as caraterísticas e estruturas que a teoria dos direitos fundamentais fixou. Assim, a teoria dos direitos fundamentais é capaz de, por exemplo, desenvolver um determinado esquema para a análise de normas jurídico-fundamentais que distingue questões do âmbito de proteção, da ingerência e da justificação da ingerência (n. m. 9 e s.). Saber se tal esquema é útil para a investigação dogmático-jurídico-fundamental de direitos fundamentais concretos de um sistema jurídico concreto, essa é, pelo contrário, uma questão de interpretação do direito positivo. Para os direitos fundamentais que no seu próprio texto estabelecem que neles se pode efetuar uma ingerência "através ou com base numa lei", tal esquema é porventura mais adequado para os direitos fundamentais que, como a garantia da dignidade humana, se encontram formulados como direitos absolutos.

89. Algumas teorias dos direitos fundamentais contemplam a relação entre a expressão dos direitos fundamentais e os diferentes entendimentos da sociedade e do Estado. Para a teoria do Estado do século XIX e do início do século XX, era corrente a ideia de que o particular, o cidadão com posses e com cultura, era, como membro da sociedade civil, autossuficiente e autónomo. A sua liberdade era *liberdade em face do Estado*; a sociedade podia, por si só, cuidar dos seus próprios interesses económicos e culturais e precisava do Estado apenas para a defesa contra perigos externos e internos: nas suas funções de exército, de polícia e de justiça. Os direitos fundamentais eram, segundo esta conceção, apenas direitos de defesa contra o Estado. A ideia de sociedade que estava na base desta conceção não correspondia à realidade já existente no século XIX e no início do século XX, nem era reconhecida universalmente. Caiu definitivamente em descrédito na sociedade contemporânea da guerra e na sociedade do pós-guerra, tanto da Primeira como da Segunda Guerra Mundial. Das duas vezes se mostrou que o *particular* está fundamentalmente dependente de medidas, instituições, distribuições e redistribuições do Estado; que a sua liberdade tem condições sociais e estatais que ele próprio não consegue assegurar. Em vez da ficção do indivíduo autocrático da sociedade burguesa, surgiu a imagem de um indivíduo simultaneamente necessitado e responsável na comunidade social. A ideia de que o Estado de direito, como Estado liberal, podia intervir o mínimo possível na liberdade do particular foi complementada com a ideia de que, como Estado social, teria em primeiro lugar de *criar e assegurar as condições de liberdade*.

90. Foi na Constituição Imperial de Weimar que esta conceção encontrou uma primeira expressão: ela continha não só direitos fundamentais que garantiam a liberdade em face do Estado, mas também numerosas garantias sociais pormenorizadas que deviam obrigar o Estado a assegurar também as condições reais de liberdade. Elas prometiam, no entanto, mais do que podiam cumprir e permaneceram como simples princípios programáticos (cf. n. m. 36 e s.). Por isso, as garantias sociais só foram inscritas na Lei Fundamental de maneira extremamente parcimoniosa; a Lei Fundamental concentra-se na caraterização da República Federal da Alemanha como um *Estado federal social* (art. 20º, n. 1), ou seja, um *Estado de direito social* (art. 28º, n. 1, frase 1). Mas com isto não ficou naturalmente resolvido o problema de, antes de toda defesa contra as ingerências à liberdade, se terem de criar e assegurar primeiro as condições de liberdade.

91. A teoria constitucional que tem o seu ponto de partida na Lei Fundamental ocupou-se do problema de modo diferente. Com Böckenförde, podemos distinguir, nas *modernas teorias dos direitos fundamentais*, uma teoria sistemática de valores, uma teoria institucional, uma teoria democrático-funcional e uma teoria de Estado social, consoante os direitos fundamentais sejam entendidos como proteção de uma liberdade, imaginada antes do Estado, contra as exigências do Estado, como valores orientadores da conformação jurídica e da interpretação para a garantia das condições de liberdade, como exigências às instituições, como proteção das condições do processo democrático ou como garantias da realização da justiça social[65]. Todas estas perspetivas teóricas encontram a sua expressão na jurisprudência do Tribunal Constitucional Federal. Assim, o Tribunal Constitucional Federal entende a liberdade de reunião, por exemplo, num sentido democrático-funcional e restringe o seu âmbito de proteção a reuniões que tenham como objeto questões públicas (ver adiante, n. m. 811). Para a aplicação dos direitos fundamentais no direito privado, o Tribunal Constitucional Federal serviu-se dos direitos fundamentais como ordem de valores, que também deve produzir efeitos sobre o direito privado (ver adiante n. m. 113). No quadro do art. 12º, n. 1, aquele Tribunal até chegou a ponderar, uma vez, sobre se da liberdade de escolha de profissão não se poderá também extrair um direito à instituição de vagas de estudo no ensino superior (ver adiante, n. m. 158).

---

[65] NJW 1974, 1529.

92. Desde a lista organizada por Böckenförde, foram especialmente Suhr e Alexy que apresentaram outras teorias dos direitos fundamentais com abordagens diferentes. Suhr desenvolveu um entendimento dos direitos fundamentais já basicamente social, que parte do entendimento de liberdade como uma liberdade de cooperação social e responsável. Graças aos direitos fundamentais, são protegidos não só os indivíduos contra as ingerências do Estado, mas também as relações humanas. Segundo Suhr, os direitos fundamentais obrigam o Estado a pôr à disposição as condições jurídicas adequadas para o desenvolvimento da natureza social do ser humano[66]. A sua teoria dos direitos fundamentais revela, por isso, uma grande proximidade ao pensamento jurídico-fundamental institucional. Inspirada não em teorias sociais, mas em teorias teórico-jurídicas, é a teoria dos princípios dos direitos fundamentais de Alexy. Para Alexy, as normas ou são regras ou princípios. Enquanto as regras carecem apenas de simples subsunção, os princípios só devem poder ser aplicados por via da ponderação otimizante. Como os direitos fundamentais, em virtude da sua formulação comparável a cláusulas gerais, não permitem ser aplicados através de simples subsunção, eles são, no seu entender, princípios. Por razões teórico-jurídicas, as questões de direitos fundamentais deverão, por isso, ser resolvidas através de ponderação otimizante[67]. Justamente em virtude da sua combinação de teoria jurídica e de dogmática jurídico-fundamental, a teoria dos princípios dos direitos fundamentais encontrou muitos adeptos, sobretudo também no estrangeiro[68]. Ela parece oferecer uma dogmática dos direitos fundamentais sem alternativa e fundada em termos teórico-jurídicos. Mas, na discussão alemã, ela caiu na crítica precisamente também por causa da combinação de argumentos teórico-jurídicos e de argumentos dogmáticos jurídico-fundamentais. Do ponto de vista teórico-jurídico, a teoria dos princípios não con-

---

66 *Entfaltung des Menschen durch die Menschen*, 1976; *Gleiche Freiheit*, 1988.

67 Alexy, *Theorie der Grundrechte*, 1986, p. 71–79; com ligação a Dworkin, *Taking Rights Seriously*, 1977, p. 90.

68 Ver, por exemplo, os artigos *in: Olivera et al.* (ed.), Alexy's Theory of Law, ARSP Suplemento 144 (2015).

seguiu até agora esclarecer um conceito de princípio que não se refira meramente ao caráter abstrato gradualmente diferente e à indeterminação das normas. Mas da formulação dos direitos fundamentais em parte comparável a cláusulas gerais não resulta que eles tenham de ser, por razões teórico-jurídicas, interpretados como preceitos otimizantes. Pelo contrário, os direitos fundamentais podem ser, apesar da sua indeterminação, interpretados juridicamente através dos métodos gerais, e os seus contornos podem ser dogmaticamente traçados. Por isso, a teoria jurídica não estabelece qualquer dogmática determinada dos direitos fundamentais. Ao contrário da teoria dos principios, não é possível deduzir da classificação teórico-jurídica dos direitos humanos como princípios que a garantia de dignidade humana – de maneira diferente do que predominantemente se admite (ver adiante n. m. 430) – esteja fundamentalmente sujeita à ponderação. Do ponto de vista dogmático, chama-se a atenção para os problemas da ideia de otimização na perspetiva da separação de poderes e da teoria democrática[69]. Se os direitos fundamentais não estabelecerem somente um quadro liberal para a política, mas exigirem um cada vez maior grau de liberdade, então já não fica a restar espaço para a conformação política, sendo a política apenas uma questão de interpretação dos direitos fundamentais que cabe em última análise ao Tribunal Constitucional Federal, que pode, quando muito, deixar ao legislador ainda uma margem de apreciação. Para a teoria dos princípios, o legislador não é livre de, dentro de um quadro jurídico-constitucional, determinar politicamente a relação entre liberdade de proteção de menores e liberdade artística[70]. Está, antes, obrigado a estabelecer uma relação tão boa quanto possível entre proteção de menores e liberdade de opinião, relação que fundamentalmente já está fixada previamente pela Constituição. Somente por causa de dificuldades epistémicas em definir com precisão o que é o melhor possível, *é concedida ao legislador uma margem de apreciação* exata desse melhor

---

69   Jestaedt, *Grundrechtsentfaltung*, 1999, p. 239 e s.; Reimer, *Verfassungsprinzipien*, 2001. p. 333; Poscher, *Grundreche als Abwehrrechte*, 2003, p. 82 e s.

70   Cf. E 83, 130/151.

possível[71]. A introdução da margem de apreciação como princípio formal permite então à teoria dos princípios reconstruir, no seu sentido, toda decisão do Tribunal Constitucional Federal.

II. Funções dos direitos fundamentais

93. Uma importante área parcial da teoria dos direitos fundamentais é constituída pela doutrina das funções dos direitos humanos, nas quais se refletem, em parte, também os diferentes entendimentos de direitos fundamentais. Os direitos fundamentais têm objetos temáticos diferentes: no art. 2º, n. 2, a integridade física e a vida; no art. 5º, n. 3, a arte e a ciência; no art. 38º, n. 1, o direito de sufrágio ou, no art. 19º, n. 4, a proteção jurídica. Mas eles não dizem respeito apenas a estes diferentes setores da via, mas também se lhes dirigem de maneira diferente. A vida, a integridade física e a arte são protegidas, em primeiro lugar, ao encarregar-se o Estado de omitir alguma coisa – a saber: ingerências na vida, na integridade física e nas formas de expressão artística. Em relação aos direitos de sufrágio, trata-se, pelo contrário, menos de uma omissão do Estado, mas de facto de ser o Estado a organizar a participação política conforme as normas jurídico-fundamentais, isto é, a promover eleições livres, iguais e diretas. Quanto à garantia de proteção jurídica, não se trata, é certo, de participação política, mas também neste caso o Estado não tem de simplesmente omitir alguma coisa; mas ele tem também de instituir tribunais e vias judiciais, para que o titular de direitos fundamentais possa fazer valer efetivamente os seus direitos fundamentais. Com os direitos fundamentais são assim postas em contacto diferentes normas que obrigam o Estado, por exemplo, a uma omissão ou então a determinadas ações, protegendo assim, de maneira diferente, os objetos da liberdade jurídico-fundamental. Estas diferentes maneiras de alguns direitos fundamentais se dirigirem a temas jurídico-fundamentais por via de conteúdos normativos diferentes são designadas como **funções dos direitos fundamentais**.

---

71 Sobre a margem do legislador como princípio formal, Borowski, *Grundrechte als Prinzipien*, 207, p. 202 e s.

94. As tentativas para sistematizar as diferentes funções dos direitos fundamentais não têm uma função normativa, mas uma função heurística. As doutrinas das funções dos direitos fundamentais não estabelecem o modo de proteção jurídico-fundamental, mas esta proteção define-se apenas de acordo com a respetiva garantia jurídico-fundamental. Nas diferentes sistematizações das funções dos direitos fundamentais, também não se trata, por isso, de saber qual é a correta, mas de saber quão eficientes elas são – a avaliar pelo grau em que conseguem abranger os diferentes modos de proteção dos direitos fundamentais que os diversos direitos fundamentais estabelecem. As várias tentativas de sistematização também não são, por isso, obrigadas a excluírem-se, mas podem completar-se umas às outras, ao enfatizarem aspetos diferentes do modo de proteção dos direitos fundamentais. Isto explica a razão por que também no atual discurso dos direitos fundamentais se sobrepõem ainda diferentes sistematizações. As diferentes tipificações podem-se, por sua vez, ordenar, de preferência, do ponto de vista histórico. As primeiras – clássicas – classificações das funções dos direitos fundamentais surgiram no fim do constitucionalismo, por volta da transição para o século XX, sob a vigência da Constituição de Weimar. As tipificações atuais revelam especialmente também uma proximidade a tentativas correspondentes no âmbito das garantias internacionais dos direitos humanos (n. m. 58, 117, 132, 145, 162).

1. As funções clássicas dos direitos fundamentais

95. No seu "Sistema de direitos públicos subjetivos", Georg Jellinek faz a distinção entre *status negativus, status positivus* e *status activus*[72]. Aplicado aos direitos fundamentais, *status* designa um estado do particular perante o Estado, que se encontra conformado e garantido por diferentes direitos fundamentais. Clássico é também o entendimento de determinados direitos fundamentais como garantias institucionais, desenvolvido mais tarde para os direitos fundamentais da Constituição de Weimar.

---

72 Jellinek, *System der subjektiven öffentlichen Rechte*, 2ª ed., 1919, p. 87, 94 e s.

a) *Status negativus*

96. Este é o estado de *liberdade em face do Estado*, em que o particular pode resolver os seus problemas individuais sem o Estado, regular a sua convivência social sem o Estado e realizar os seus negócios sem o Estado. Este estado é conformado e assegurado por via dos direitos fundamentais, quando e na medida em que eles, como *direitos de defesa*, protegem determinadas liberdades ou bens jurídicos contra as ingerências, restrições, limitações ou violações do Estado. Sob o aspeto da defesa, pode ser exigido que as ingerências, caso tenham ocorrido, sejam eliminadas ou sejam omitidas, se a sua ocorrência estiver iminente[73]. A doutrina jurídica do Estado do século XIX reduziu esta função dos direitos fundamentais à ideia de que estes previnem ingerências na liberdade e propriedade.

b) *Status positivus*

97. Este é o estado em que o particular *não pode ter a sua liberdade sem o Estado*, mas em que depende de medidas do Estado para a criação e conservação da sua existência livre. Este estado encontra-se conformado e assegurado nos direitos fundamentais, quando e na medida em que sejam *direitos de reivindicação, de proteção, de participação, de prestação e de procedimento*. No entanto, a diversidade das designações também indica, de uma maneira não muito segura, diferentes legitimações: quando se fala em direitos de proteção, pode-se querer dizer a proteção através de prestações do Estado, no sentido de um direito de prestação, e a proteção através de e em procedimentos do Estado, no sentido de um direito de procedimento; e há participação na proteção do Estado, nas prestações do Estado e nos procedimentos do Estado. A diferença, materialmente decisiva, consiste em saber, no caso dos direitos do *status positivus*, se eles se referem a medidas já existentes do Estado ou se se dirigem à criação destas, isto é, se estes direitos garantem ao particular um direito à proteção através de e em instituições, prestações e procedimentos já existentes

---

73   Cf. Laubinger, VerwArch, 1989, 261/299.

ou se lhe garantem um direito à proteção através da sua disponibilização. Por vezes, faz-se, respetivamente, a distinção baseada em direitos *derivados*, isto é, derivados dos direitos já existentes, e em direitos *originários*, isto é, direitos que produzem algo que ainda não existe[74].

98. Exemplos:

Só alguns direitos fundamentais garantidos na Lei Fundamental são reconhecíveis, enquanto tais, no texto: o art. 6º, n. 4, exprime o direito da mãe à proteção e à assistência da comunidade, o art. 19º, n. 4, confere o direito à proteção jurídica através de processo judicial e de decisão jurisdicional, reforçado, no art. 101º, n. 1, frase 2, pelo direito ao juiz legal e, no art. 103º, n. 1, pelo direito a audição jurídica. Para Jellinek (*System der subjektiven öffentlichen Rechte*, 2ª ed., 1919, p. 124), "o direito mais significativo, como que resultante do centro do *status positivus*", é o direito à proteção jurídica. A par deste, os direitos de igualdade garantem a participação em condições de igualdade nas medidas estatais; são os clássicos direitos derivados do *status positivus* (cf. adiante, n. m. 155 e s.). No entanto, com isto apenas se diz que o Estado não pode excluir arbitrariamente pessoas individuais ou grupos; a obrigação de promoção tem lugar apenas nos limites do art. 3º, n. 2, frase 2. Além disso, do dever do Estado de conceder proteção à dignidade da pessoa humana (art. 1, n. 1, frase 2) emana um direito à garantia de um mínimo existencial humanamente digno (cf. n. m. 421, 426). Um direito explícito à proteção e assistência garantido às mães está contido no art. 6º, n. 1 (cf. n. m. 781).

c) *Status activus*

99. É o estado em que o particular exerce a sua liberdade no e para o Estado, o ajuda a construir e nele participa[75]. O *status activus* é conformado e assegurado pelos direitos cívicos.

100. Exemplos:

A Lei Fundamental garante direitos cívicos ao particular na qualidade de eleitor e de candidato à eleição e quando do acesso ao serviço público e no seu exercício (art. 33º, n. 1-3 e 5, art. 38º, n. 1, frase 1).

---

74 Cf. Kloepfer, *VerfR II*, § 48, n. m. 22 e s..

75 Cf. Starck, *Hdb. GR II*, § 41, n. m. 1 e s.

Por fim, o direito serve para apresentar petições (art. 17º), o qual inclui também o direito à comunicação da decisão sobre as petições (n. m. 1151a) e a participação no poder do Estado.

101. Quando o particular exerce os seus *direitos cívicos*, verificam-se duas coisas: a liberdade do particular entra ao serviço do Estado; simultaneamente, o Estado torna-se o espaço em que o particular pode exercer a sua liberdade. A liberdade individual e a ordem estatal encontram-se numa relação funcional de reciprocidade.

102. Também aqui o *suporte textual* é mais escasso do que aquilo que às vezes parece adequado ao entendimento moderno dos direitos fundamentais. Dado que o cidadão democrático ajuda a suportar e a conformar o Estado democrático não só no *status activus*, mas também no *status negativus* – com as suas opiniões, como leitor e editor de jornais, como membro de um clube e de um partido, em reuniões e manifestações –, também no caso dos correspondentes direitos fundamentais de *status negativus* se teria necessariamente de tomar em consideração, na *interpretação*, a função democrática objetiva do exercício dos direitos fundamentais.

d) Garantias institucionais

103. Alguns direitos fundamentais garantem não só direitos subjetivos, mas também, objetivamente, instituições. Enquanto *garantias de instituto* (*Institutsgarantien*), na terminologia, geralmente aceite, de C. Schmitt[76], garantem instituições de direito privado e, enquanto *garantias institucionais* (*institutionelle Garantien*), garantem instituições de direito público, retirando-as, assim, do poder dispositivo do legislador. Por vezes, isto deduz-se do art. 1º, n. 3, e do art. 19º, n. 2, recusando-se os conceitos de "garantia de instituto" e de "garantia institucional"[77].

104. Exemplos:

O legislador não pode extinguir o casamento e a família (art. 6º, n. 1), a escola privada (art. 7º, n. 4), a propriedade e o direito sucessório

---

76 Schmitt, *Verfassungsrechtliche Aufsätze*, 2ª ed., 1973, p. 140 e s.; sobre a atualização das garantias institucionais na vigência da Lei Fundamental, ver Mager, *Einrichtungsgarantien*, 2003.

77 Maurer, *StR*, § 6, n. m. 21; Obermeyer, *KritV* 2003, 142/162.

(art. 14º, n. 1), nem o funcionalismo público de carreira (art. 33º, n. 5). No entanto, os referidos artigos também garantem, simultaneamente, os direitos subjetivos de celebração do casamento e de constituição de família, de propriedade e de sucessão hereditária, de criação de escolas privadas, etc.

105. Em alguns artigos, é *controversa* a questão de se saber se, a par de direitos subjetivos, eles garantem também, objetivamente, instituições. Assim, considera-se, por vezes, que no art. 5º, n. 1, está garantido o instituto da liberdade de imprensa[78]. Porém, a liberdade de imprensa constitui um resultado da sociedade e não um instituto de direito privado ou uma instituição de direito público.

2. Tipificações atuais

106. As tipificações atuais das funções dos direitos fundamentais, que em grande parte são suscetíveis de se juntarem também às descrições funcionais tomadas por base na discussão internacional dos direitos fundamentais, retomam, em parte, categorias das doutrinas do *status*, mas também, em parte, lhes são transversais.

a) Génese: funções objetivas dos direitos fundamentais

107. A tipologia desenvolveu-se a partir de impulsos da jurisprudência do Tribunal Constitucional Federal, que teve a sua origem na enfatização das funções objetivas dos direitos fundamentais.

aa) Os direitos fundamentais como normas de competência negativa

108. Por um lado, os direitos fundamentais têm uma função jurídico-objetiva, pelo facto de *limitarem* a margem de atuação e de decisão do Estado. O Estado não pode fazer uso arbitrário das suas competências legislativas, administrativas e jurisdicionais, mas apenas pode fazer o uso que os direitos fundamentais permitirem. Ao imporem-lhe deveres para a observância dos direitos fundamentais no exercício das

---

78 Cf. Degenhart, *BK*, art. 5º, n. 1 e 2, n. m. 40, 71 e s.

suas competências, estes direitos são limite ou negação das competências do Estado e, nessa medida, normas de competência negativa[79].

109. Exemplo:
A Federação (*Bund*) detém a competência exclusiva para os correios e telecomunicações (art. 73º, n. 1, al. 7). Esta competência cessa a partir do momento em que uma limitação do sigilo postal, de correspondência e de telecomunicações seja incompatível com o art. 10º, n. 2.

110. Não obstante, os direitos fundamentais continuam sendo direitos subjetivos do particular. O que *muda* é apenas *a perspetiva*: o que os direitos fundamentais dão ao particular em margem de decisão e de atuação, retiram-no ao Estado e retiram-lho objetivamente, isto é, independentemente de saber se o particular o invoca ou apenas o aproveita.

bb) Direitos fundamentais como decisões de valor objetivo

111. A ideia de função objetiva dos direitos fundamentais foi aproveitada pelo Tribunal Constitucional Federal, mas também ainda noutro sentido, para ampliar a proteção jurídico-fundamental em comparação com entendimentos tradicionais dos direitos fundamentais. Já nos anos de 1950, o Tribunal foi confrontado com grupos de casos que tradicionalmente não foram relacionados com a proteção de direitos fundamentais, mas que reclamavam uma reflexão jurídico-fundamental, precisamente no quadro da ordem do pós-guerra, que se queria demarcar do estado ruinoso da ordem jurídica do período do nacional-socialismo. Os grupos de casos estavam instalados no direito privado, que tradicionalmente não foi associado aos direitos fundamentais dirigidos ao Estado. Não foram só as vozes que se fizeram ouvir na doutrina, mas também um tribunal federal superior, juntamente com o Tribunal Federal do Trabalho, que exigiram neste aspeto que se aplicasse aos titulares de direitos fundamentais a vinculação jurídico-fundamental pelo menos para partes do direito civil (efeito direto para terceiros, n.

---

[79] Hesse, *VerfR*, n. m. 291; Kloepfer, *VerfR* II, § 48 n. m. 37; posição crítica Gärditz, *Hdb. StR IX* § 189, n. m. 23 e s.

m. 237)[80]. Isto pareceu, por sua vez, ter consequências incalculáveis para a autonomia privada, que na doutrina de então foram profusamente recusadas[81]. Deste modo, o Tribunal Constitucional Federal encontrou-se numa situação difícil, que exigia dele, por um lado, a ampliação da proteção jurídico-fundamental, mas que, por outro lado, o confrontava com um perigo para os fundamentos do direito privado. O Tribunal Constitucional Federal encontrou, por fim, uma solução no acórdão Lüth, que recusava uma vinculação direta dos particulares aos direitos fundamentais, mas que, apesar disso, fazia aplicar os direitos fundamentais ao direito privado.

112. Exemplo:

No ano de 1950, Erich Lüth, na qualidade de presidente do clube de imprensa de Hamburgo, apelou ao boicote do filme *A amante imortal* (*Unsterbliche Geliebte*), de Veit Harlan, que durante o III$^{\underline{o}}$ *Reich* tinha rodado o filme antissemita *Jud Süß*. Na sequência disso, a empresa de produção e a empresa de distribuição do filme *Unsterbliche Geliebte* recorreram contra Lüth, com base no § 826 do Código Civil alemão, com vista à não realização do apelo ao boicote.

113. Para, neste grupo de casos, incluir também os direitos fundamentais, o Tribunal Constitucional Federal invocou a ideia de que os direitos fundamentais são não só direitos subjetivos de defesa contra o Estado, mas também decisões de valor, padrões de valor, normas axiomáticas ou princípios objetivos. Com os direitos fundamentais, a Lei Fundamental daria a entender que a vida (compreendendo a integridade física) – *Leib und Leben*) –, a diversidade de opiniões, a arte e a ciência, a atividade profissional e o uso da propriedade, etc. eram preciosos – para além do interesse do particular – para prevenir ingerências nas suas respetivas liberdades. Eram objetivamente preciosos, eram a ordem de valores ou o sistema de valores da comunidade, e o Estado era responsável por eles. Nesta função, os direitos fun-

---

80   BAG, NJW 1957, 1688/1689.

81   Schmidt-Rimpler/Gieseke/Friesenhahn/Knur, AöR 1950-51, p. 165/169 e s.; Apelt, JZ 1953, 353/358; Dürig, *Festschrift Nawiasky*, 1956, p. 157/164.

damentais irradiam, segundo o Tribunal Constitucional Federal, a sua influência a toda a ordem jurídica e, por isso, também ao direito privado[82]. A chamada influência irradiante dos direitos fundamentais exigiria que se interpretasse toda a legislação ordinária "à luz" dos direitos fundamentais. Neste caso, o conteúdo jurídico dos direitos fundamentais opera por via das disposições que dominam diretamente a respetiva área jurídica, particularmente das cláusulas gerais e dos demais conceitos suscetíveis e carecidos de interpretação, que têm de ser interpretados no sentido deste conteúdo jurídico[83]; as cláusulas gerais e os conceitos indeterminados são, por isso, também designados de "pontos de penetração" dos direitos fundamentais no direito civil. A doutrina foi também designada como doutrina do efeito indireto para terceiros, dado que, segundo ela, os direitos fundamentais, na sua função objetiva de decisão de valores proporcionada por uma interpretação do direito privado conforme à Constituição, influem não só na relação entre Estado e cidadão, mas também na relação do cidadão com terceiros. No exemplo atrás referido do apelo de Lüth ao boicote, o Tribunal Constitucional Federal exigiu que se interpretasse o § 826 do Código Civil "dentro do espírito" do art. 5º, n. 1, frase 1, no sentido de que o apelo de Lüth era legal[84].

114. É certo que o efeito indireto para terceiros, a influência irradiante dos direitos fundamentais, é deduzido pelo Tribunal Constitucional Federal da sua importância jurídico-objetiva; mas este juntou-lhe, desde o princípio, simultaneamente, *efeitos jurídico-subjetivos*: se o juiz não considerar a influência do direito constitucional sobre as normas de direito civil, "viola não só o direito constitucional objetivo ao menosprezar o conteúdo da norma jurídico-fundamental (como norma objetiva), mas, através da sua sentença, viola, antes de mais, na sua qualidade de ente do poder público, o direito fundamental, a cuja ob-

---

82 Sobre a importância da função objetiva dos direitos fundamentais para a evolução da dogmática da ponderação, Rusteberg, *Der grundrechtliche Gewährleitungsgehalt*, 2009, p. 32 e s.

83 E 73, 261/269.

84 E 7, 198/205 e s.

servância o cidadão tem direito jurídico-constitucional também pelo poder judicial"[85].

115. Embora a evolução da função objetiva da decisão de valores dos direitos fundamentais tivesse conduzido a uma considerável ampliação da proteção dos direitos humanos, ela teve também um caráter defensivo. Ela serviu sobretudo também para a recusa de uma vinculação direta dos particulares (n. m. 236 e s.) aos direitos fundamentais. Além disso, a imagem da "influência irradiante" dos direitos fundamentais como valores, associada à função objetiva de decisão de valores dos direitos fundamentais, foi poderosa no seu efeito, mas, enquanto descrição metafórica de uma função dos direitos fundamentais, foi pouco nítida do ponto de vista teórico e dogmático, se não mesmo controversa. A nova função dos direitos fundamentais foi chamada objetiva; todavia, os titulares de direitos fundamentais deveriam poder invocá-la. Sobre ela foram desenvolvidas combinações em termos de direitos fundamentais, que anteriormente não tinham sido consideradas sob a perspetiva dos direitos fundamentais. Mas também nestas combinações os direitos fundamentais são simultaneamente, como de costume, direito objetivo e direitos subjetivos (exemplo mais recente n. m. 1162a). Por que razão haveriam os direitos fundamentais de reclamar o seu poder sobre cláusulas gerais do direito civil? Como é que se haveria de definir ou controlar com exatidão a influência irradiante dos direitos fundamentais? Será que os direitos fundamentais exigiriam, na sua influência irradiante, menos ou então outra coisa do que no *status negativus* clássico? Muito especialmente estas divergências e faltas de nitidez da função objetiva dos direitos fundamentais foram o ensejo para a jurisprudência e a doutrina as separarem, num processo de diferenciação, em outras funções de direitos fundamentais.

b) As funções dos direitos fundamentais em concreto

116. Do ponto de vista histórico, os direitos fundamentais na Europa visaram a transformação da ordem feudal tradicional. Eles foca-

---

85 E 7, 198/206 e s.; 89, 214/229 e s.; opinião diferente, H. Klein, *Staat* 1971, 145/172; Merten, *NJW* 1972, 1799.

ram-se no estabelecimento da liberdade e igualdade civil. Além disso, protegeram, em primeiro lugar, a liberdade negativa de não ser restringida pelo Estado. Obrigaram o Estado a uma omissão. No entanto, já a promessa liberal de direitos fundamentais sempre teve em vista a liberdade positiva do efetivo desenvolvimento da pessoa, do efetivo exercício de uma profissão ou da efetiva fruição de uma habitação. A função de defesa dos direitos fundamentais passou, em termos históricos, pura e simplesmente, para primeiro plano, porque o liberalismo do século XIX ainda estava convencido de que a liberdade positiva se concretizaria na sociedade civil independentemente do Estado, se o Estado garantisse aos seus cidadãos meramente liberdade contra ingerências. O mais tardar após a Primeira Guerra Mundial tornou-se, contudo, claro como é que de tantas maneiras a liberdade positiva depende não só da omissão do Estado, mas também das suas prestações. Por consequência, os direitos fundamentais deviam poder obrigar o Estado não só a uma omissão, mas também a uma ação.

117. A diferença fundamental, em termos de teoria da ação, entre ação e omissão iria sugerir que se partisse de duas funções dos direitos fundamentais: de uma defesa e de uma função de prestação. Mas as prestações que o Estado apresenta para a garantia de liberdade efetiva são multiformes: o Estado pode proteger contra interferências de terceiros, só pode criar afinal as condições jurídicas de algumas liberdades por meio do aperfeiçoamento da ordem jurídica ou pode apoiá-las por meio da disponibilização de recursos. Além da função de defesa, as atuais tipologias funcionais dos direitos fundamentais fazem, por isso, a distinção entre função de proteção, função de aperfeiçoamento e função de prestação. Elas são basicamente comparáveis às tipologias de direitos humanos que, além da *"duty to respect"* de direito de defesa, fazem a distinção entre a *"duty to protect"* e a *"duty to fulfill"* (ver atrás, n. m. 58). Esta tipologia funcional substitui, em grande parte, a teoria da função objetiva da decisão de valores dos direitos fundamentais, sem que isso exclua o facto de a função objetiva dos direitos fundamentais, em conjugação com, e para a justificação de, outras funções dos direitos fundamentais, ser ainda mencionada na jurisprudência e na doutrina[86].

aa) Função de defesa

118. A função de defesa dos direitos fundamentais corresponde, no essencial, ao *status negativus* da teoria do *status* de Georg Jellinek. A função de defesa encontra-se no centro dos direitos fundamentais da Lei Fundamental[87], mas também dos direitos fundamentais da União[88] e da CEDH[89]. Também para o Tribunal Constitucional Federal os direitos fundamentais são, "em primeiro lugar, direitos de defesa"[90], advertindo contra a ideia de "separar a função dos direitos fundamentais enquanto princípios objetivos... da sua verdadeira essência e de fazer dela um sistema independente de normas objetivas, em que passe para segundo plano o sentido original e indelével dos direitos fundamentais"[91].

119. Exemplos:

A maior parte dos direitos fundamentais da Lei Fundamental dá-se, por isso, a conhecer já no texto como direito de defesa. Eles protegem contra violações (p. ex. art. 4º, n. 1, art. 10º, n. 1, art. 13º, n. 1) ou formalizam exigências, sem as quais o Estado não pode limitar ou restringir a situação jurídica do particular (art. 5º, n. 2, art. 8º, n. 2, art. 10º, n. 2, art. 11º, n. 2, art. 13º, n. 7, art. 14º, n. 1, frase 2, art. 17a, n. 1) nem efetuar ingerência nela (art. 2º, n. 2, frase 3, art. 13º, n. 7). Mesmo sem falarem de violação, limitação, restrição ou ingerência, eles podem ocupar-se disso; assim, por exemplo, a separação dos filhos relativamente aos pais contra a vontade destes constitui uma ingerência no poder paternal (art. 6º, n. 3).

---

86 Ver, por exemplo, E 121, 317/356 e s.; 133, 59, n. m. 45; 142, 313, n. m. 70.

87 Cf. Poscher, *Grundrechte als Abwehrrechte*, 2003; Isensee, *Hdb. StR³* IX, § 191 n. m. 16 e s.; Schlink, *EuGRZ* 1984, 457.

88 Kingreen, *in*: Calliess/Ruffert (ed.), *EUV/AEUV*, 5ª ed. 2016, art. 51º da CDF, n. m. 20 e s.

89 Ehlers, *in*: Ehlers (ed.), *Europäische Grundrechte und Grundfreiheiten*, 4ª ed. 2014, § 2, n. m. 26.

90 E 7, 198; cf. do Conselho Parlamentar: Zinn, "3. Sitzung des Ausschusses für Grundsatzfragen, 21.9.1948", *in*: *Der Parlamentarische Rat*, v. 5/1, 1993, p. 37: "não têm outra importância senão uma limitação do poder do Estado".

91 E 50, 290/337.

(1) *Direito de defesa como mera obrigação de omissão*

120. Pelo seu conteúdo, os direitos fundamentais, enquanto direitos de defesa, exigem do Estado uma omissão. Numa reflexão de tipo ideal, a função de defesa tem, assim, a vantagem tanto de ser em princípio fácil de definir no seu efeito jurídico como de ser sempre exequível, visto que não exige do Estado quaisquer recursos, mas pura e simplesmente uma omissão. O Estado pode dar cumprimento à liberdade de opinião como direito de defesa, ao abster-se da proibição proposta de uma manifestação de opinião, para o que não tem de arranjar quaisquer meios. A função de defesa dos direitos fundamentais é, por isso, muitas vezes, considerada como a função dos direitos fundamentais que, do ponto de vista estrutural, menos onera o processo de decisão política e, em especial, também o processo de decisão do legislador orçamental.

(2) *Aspetos acessórios de proteção dos direitos de defesa*

121. Tanto a respeito da simplicidade do efeito jurídico como a respeito da neutralidade de custos, as coisas podem, no entanto, tornar--se mais complexas, no pormenor, do que a consideração de tipo ideal sugere. Assim, conjugações específicas de regulação podem levar a que o efeito jurídico da função de defesa dos direitos fundamentais se dirija a uma ação do Estado. Se for estabelecida uma proibição como limitação de um direito fundamental que, após execução de um procedimento administrativo de controlo ou de fiscalização, possa ser revogada através de uma autorização ou dispensa, e se se mostrar no procedimento que a proibição não é justificada no caso concreto, então o lesado tem o direito, decorrente do direito de defesa, a concessão da autorização ou da dispensa.

122. Exemplo:

Em princípio, há liberdade de escolha de profissão (art. 12º, n. 1), que fica submetida a limites, no interesse do público em geral. No procedimento de atribuição da autorização profissional, é feita a verificação de saber se os limites são aplicáveis, por exemplo se o profissional é idóneo. A proibição, que à partida existe, de abrir uma atividade sem autorização profissional, tem a finalidade de garantir a execução do procedimento de atribuição da autorização profissional. Se neste procedimento se revelar que se verificam os pressupostos para a atribuição da autorização profissional, o profissional tem direito à atribuição da licença profissional. Do direito de defesa resulta um direito de prestação para satisfazer a pretensão omissória inicial.

123. Também obrigações de agir do direito de defesa, que resultam de adesões obrigatórias sujeitas a contribuições nos sistemas de segurança social, dizem respeito a uma conjugação particular de regulações. Ao mesmo tempo que o legislador obriga os titulares de direitos fundamentais a pagar a um seguro legal em prestações para um determinado risco de vida, ele limita a possibilidade de os mesmos titulares de acederem a uma previdência privada, uma vez que são limitados os meios dos titulares de direitos fundamentais para a prevenção de riscos. Desta maneira, os titulares de direitos fundamentais só podem normalmente permitir-se um único seguro de doença. Se as prestações do seguro legal forem limitadas, o Tribunal Constitucional Federal tem visto aí uma ingerência na liberdade negativa de associação. Se as limitações disserem respeito a prestações potencialmente existenciais no caso de doenças que apresentem uma ameaça para a vida, então a limitação não se pode normalmente justificar e conduz – tendo em conta a proteção jurídico-fundamental da integridade física – a um direito à correspondente prestação decorrente do direito de defesa dos direitos fundamentais (n. m. 487).

124. Também os direitos de reparação e de compensação contra o Estado fundados nos direitos fundamentais têm as suas bases nos direitos fundamentais, enquanto direitos de defesa, do direito à liberdade e à igualdade. Se as ingerências ilegais, ou a imposição de sacrifícios especiais legais, não forem omitidas ou não puderem ter sido omitidas, os direitos de defesa, preservadores da liberdade e da igualdade, transformam-se de direitos de omissão em direitos de reparação e de compensação[92]. Estes direitos de compensação encontram-se, em parte,

---

92 Cf. Röder, *Die Haftungsfunktion der Grundrechte*, 2002, p. 199 e s.; Sachs, *Hdb. GR II*, § 39, n. m. 38 e s.; posição crítica Haack, *DVBl.* 2010, 1475.

previsto nos próprios direitos fundamentais. Assim, a particularmente intensa ingerência na propriedade pela expropriação só é, nos termos do art. 14º, n. 3, lícita mediante pagamento de uma indemnização (ver adiante, n. m. 1076 e s.). Mas, além disso, no direito de responsabilidade do Estado também são deduzidos da função de defesa dos direitos fundamentais, por exemplo, o direito à reparação de prejuízos causados pela execução de ato ilícito da Administração ou o direito geral de reparação de prejuízos causados por atos ilícitos da Administração, em face das consequências de ingerências ilícitas nos direitos fundamentais. Também nas proibições processual-penais de aproveitamento de prova se pode ver uma compensação de violações aos direitos fundamentais na audição das provas – na medida em que não se tenha em conta a profundidade da violação.

125. **Exemplos:**

Uma busca ilegal conduz a uma proibição de aproveitamento de prova no caso de graves infrações procedimentais (*E* 113, 29/61; 125, 260/339 e s.; 130, 1/31, ac. do Tribunal Administrativo Federal 132, 10/106 e s.; posição crítica, Schwabenbauer, *AöR* 2012, 1/35 e s.). Pelo contrário, a suspeita inicial de uma evasão fiscal pode apoiar-se nos dados ilegalmente conseguidos no estrangeiro (TCF, *NJW* 2011, 2417/2419 e s.).

126. Além disso, dos direitos de defesa, em ligação com o princípio da proporcionalidade, podem decorrer obrigações de agir do Estado em relação à organização e ao procedimento, nos quais se encontram inseridas as ingerências nos direitos fundamentais. Neste sentido, fala-se da **proteção jurídico-fundamental através de organização e procedimento**, que se refere justamente também à função de defesa dos direitos fundamentais, mas que em parte também é entendida como função própria dos direitos fundamentais[93]. O Estado não tem necessariamente de omitir uma ingerência, mas tem de a acompanhar por meio de organização e de procedimentos protetores dos direitos

---

93 Häberle, *Wesensgehaltsgarantie des Art. 19 Abs. 2 GG*, (1962) 1993, p. 373 e s.; Goerlich, *Grundrechte als Verfahrensgarantien*, 1981, p. 57 e s.; Bethge, NJW 1982, p. 1 e s.

fundamentais. Um elemento clássico de proteção da organização e procedimento é a reserva de juiz, que certos direitos fundamentais também preveem explicitamente (ver art. 13º e art. 104º), mas que o Tribunal Constitucional Federal deduziu do princípio da proporcionalidade para outras ingerências especialmente graves nos direitos fundamentais, como a vigilância das telecomunicações[94].

127. Já o facto de os direitos fundamentais, enquanto direitos de defesa, exigirem, em parte, não só omissão, mas também ações, compensações e a instituição de estruturas organizativas e procedimentos, torna claro que eles não podem ser sempre garantidos sem ocasionar custos[95]. Mas acresce, em particular, que eles, como direitos de defesa, também podem ser levados a tomar posição contra medidas de obtenção estatal de recursos por meio de impostos, contribuições e outras taxas. Se, por exemplo, as leis fiscais forem declaradas inconstitucionais como ingerências em posições jurídico-fundamentais, podem ser, devido a isso, retiradas ao Estado, do lado das receitas, somas em parte bastante consideráveis. Também a neutralidade de custos dos direitos fundamentais como direitos de defesa é, por isso, aceite quando muito numa consideração de tipo ideal. O que é acertado é simplesmente que a função de defesa não exige necessariamente o agir do Estado e recursos estatais.

(3) *Constelações triangulares*

128. O que é controverso e que não é claro na jurisprudência do Tribunal Constitucional Federal é a questão de saber até que ponto a função de defesa dos direitos fundamentais resiste nas constelações triangulares, que deram ao Tribunal pretexto para o desenvolvimento do efeito indireto para terceiros. Nessas constelações encontram-se, frente a frente, num triângulo de relações jurídicas, dois titulares de direitos fundamentais, cujos interesses protegidos pelos direitos fundamentais conflituam, e o Estado. Muitas vezes, as medidas estatais ser-

---

94 E 125, 260/337 e s.

95 Sobre a matéria, em pormenor, Wischmeyer, *Die Kosten der Freiheit*, 2015.

vem para regular os correspondentes conflitos de liberdade entre titulares de direitos fundamentais – em parte, admite-se mesmo que as regulações jurídicas se possam entender preponderantemente como decisões de repartição de liberdade[96]. No Estado de direito, o conflito de dois vizinhos por causa de uma emissão poluente não pode ser abandonado à relação de forças dos vizinhos, mas tem de ser regulado. Nestas constelações triangulares, são impostos pelo Estado certos limites a um titular de direitos fundamentais pelo seu comportamento culposo, enquanto o outro titular é obrigado pelo Estado a tolerar o comportamento dentro destes limites. – O músico não pode tocar o seu instrumento em horas noturnas e de descanso, assim como o pode fazer só dentro de determinados limites medidos em decibéis; fora das horas da noite e de descanso e dentro dos limites em decibéis, o vizinho tem, no entanto, de tolerar a música, mesmo que isso o perturbe no seu sono de repouso como trabalhador por turnos. O Estado pode regular os conflitos que estão na base das correspondentes constelações triangulares, tanto com meios de direito público, ao emitir um regulamento sobre a proteção contra o ruído, como com meios de direito privado, ao atribuir a um particular um direito de omissão de direito civil ou a outro particular um direito de tolerância de direito civil.

129. Um ponto de vista aponta no sentido de que, na perspetiva dos direitos fundamentais, as regulações do Estado se podem controlar como ingerências nos direitos jurídico-fundamentais de defesa, tanto a respeito de um como a respeito do outro titular de direitos fundamentais. O músico pode dirigir-se contra a limitação da sua liberdade artística, se considerar demasiado restritivas as normas de proteção contra o ruído; o vizinho pode invocar uma ingerência no seu direito à integridade física, se considerar como demasiado escassas as horas de descanso e demasiado considerável a sua obrigação de tolerar o "ruído". Por conseguinte, podem-se apreciar em termos de direito de defesa todas as constelações triangulares. Neste caso, é indiferente se as limitações e as obrigações de tolerar são reguladas nos termos do direito civil ou do

---

96 Sobre a matéria, Poscher, *Grundrechte als Abwehrrechte*, 2003, p. 101 e s.

direito público. Em virtude do disposto no art. 1º, n. 3, tanto o legislador do direito civil como os tribunais cíveis estão vinculados aos direitos fundamentais na sua decisão de conflitos em constelações triangulares. O verdadeiro sentido do conceito de efeito indireto para terceiros reside no facto de os direitos fundamentais não vincularem diretamente os titulares de direitos fundamentais, mas, por meio da vinculação do Estado aos direitos fundamentais na regulação das relações jurídicas entre os titulares de direitos fundamentais, exercerem influência também no direito privado e na sua interpretação. Isto é válido fundamentalmente também para obrigações contratuais, mas que, para além de disparidades contratuais estruturais (n. m. 143), se encontram justificadas pelo fim de regulação da garantia de autonomia privada[97].

130. Entretanto, é predominantemente recusado um tratamento uniforme da constelação triangular com base no direito de defesa. Enquanto as proibições legais, que impõem limites aos efeitos de um titular de direitos fundamentais sobre os interesses jurídico-fundamentalmente protegidos do outro, são a maior parte das vezes tematizadas em termos de direitos de defesa, encontra resistência especialmente a apreciação das obrigações de tolerar do outro titular de direitos fundamentais, do ponto de vista dos direitos de defesa. As obrigações de tolerar, sustenta-se, não estão reguladas como se fossem ingerências, mas resultam de um conjunto de obrigações jurídicas gerais e não se podem, por isso, distinguir da obrigação geral de obediência jurídica, que não efetua ingerências em direitos fundamentais específicos. Com vista àquele que tem de tolerar um prejuízo provocado por um outro titular de direitos fundamentais, tratar-se-ia, antes, da proteção de um titular de direitos fundamentais em face de um outro que já não se pode obter com a função de defesa, mas só com a função de proteção de direitos fundamentais (ver adiante, n. m. 133 e s.). Também o Tribunal Constitucional Federal tende para esta perspetiva, numa série de acórdãos (ver adiante, n. m. 136). Todavia, a jurisprudência também não é consistente neste aspeto, visto que nela se apreciam também, sempre, obrigações de tolerar do ponto de vista dos direitos de defesa.

---

97 Poscher, *Grundrechte als Abwehrrechte*, 2003, p. 346 e s.

131. Exemplos:

Assim, por exemplo, a obrigação dos promotores privados de radiodifusão de tolerarem reportagens breves de estações de radiodifusão de direito público é considerada, do ponto de vista dos direitos fundamentais, como lesão da liberdade profissional do promotor e controlada com base no princípio da proporcionalidade (*E* 97, 228/261 e s.; cf. também *E* 90, 27/33 sobre a condenação cível do proprietário de um prédio de arrendamento "a tolerar uma instalação de receção (rádio) na sua propriedade").

132. Na proteção internacional de direitos humanos, corresponde à função de direito de defesa dos direitos fundamentais a *"duty to respect"*[98]. A obrigação de respeitar, tal como o direito de defesa, exige dos Estados contratantes, em primeiro lugar e urgentemente, que eles próprios não violem os direitos humanos por via da sua ação, isto é, omitam violações próprias aos direitos humanos. Esta obrigação de respeitar está no primeiro plano, especialmente, dos pactos sobre direitos humanos, que se destinam à proteção dos clássicos direitos civis e políticos. Mas ela pode também aplicar-se aos direitos humanos sociais e culturais. Assim, o direito à educação é considerado direito humano social e cultural. Mas também como direito social ele tem uma dimensão de respeito, que exige, por exemplo, que os Estados contratantes omitam proibições à educação para determinados grupos da população – por exemplo mulheres ou minorias étnicas. Em virtude da univocidade da estatuição, que reside simplesmente na omissão da violação de direitos humanos, as obrigações de respeitar são consideradas, na perspetiva do direito internacional público, como obrigações a cumprir diretamente[99]. Em relação à incorporação na nossa ordem jurídica, as

---

98   Sobre essa tipologia, Steiner/Alston/Goodmann, *International Human Rights in Context*, 3ª ed., 2008, p. 185 e s.; posição crítica, Koch, "Dichotomies, Trichotomies or Waves of Duties", *Human Rights Law Review* 2005, p. 81 (84 e s.); uma tentativa de sistematização das diferentes conceções de tipologização dos direitos humanos em Poscher, *in*: Cremer/Ennuschat/Poscher/Rux/Wißmann (ed.), *Selektion und Gerechtigkeit in der Schule*, 2012, p. 39 e s.

99   E/1991/23, 14 de dezembro de 1990, CESCR, *General Comment. N. 3: The Nature of States Parties, Obligations*, § 5.

obrigações de respeitar são, por isso, também sempre, aplicáveis diretamente, tornando-se, assim, com a ratificação e incorporação dos tratados, direito vinculativo para as autoridades e para os tribunais alemães.

bb) Função de proteção

133. Uma primeira diferenciação de uma função especial dos direitos fundamentais, que resulta da função objetiva da decisão de valores até então desenvolvida primeiro apenas metaforicamente, foi a obrigação de proteção jurídico-fundamental. Alguns direitos fundamentais referem expressamente a obrigação do Estado de proteção dos direitos fundamentais. Assim, o art. 1º, n. 1, obriga não só ao respeito, mas também à proteção da dignidade. O art. 6º coloca, no n. 1, não só o casamento e a família sob a proteção especial da ordem estatal, mas concede, no n. 4, também a toda mãe um direito à proteção e à assistência da comunidade.

(1) *Obrigações de proteção autênticas*

134. No seu primeiro acórdão sobre a regulação da interrupção da gravidez, de 1975, o Tribunal Constitucional Federal aproveita esta ideia e deduz, da função objetiva da decisão de valores, obrigações de proteção do Estado também para aqueles direitos fundamentais que no texto da Lei Fundamental não foram mencionados como tais. Assim, o Tribunal Constitucional Federal conclui, da decisão objetiva de valores dos direitos fundamentais para a proteção da vida, que o Estado não só está obrigado a omitir ele próprio ingerências na vida, mas também a ter uma atitude "protetora e promotora" perante a vida em gestação. Por conseguinte, os direitos fundamentais contêm obrigações de proteção também no caso de elas não serem expressamente mencionadas no texto da Lei Fundamental. Em relação à interrupção voluntária da gravidez, o Tribunal Constitucional Federal concluiu, naquela altura, a partir da obrigação de proteção dos direitos fundamentais, que o Estado teria necessariamente de a submeter a sanção penal[100]. Dois anos mais tarde, os familiares de Hanns Martin Schleyer, presidente da Associação Patronal

---

100 E 39, 1; ver também E 88, 203.

alemã sequestrado pela Fação do Exército Vermelho (RAF), invocaram o direito de proteção jurídico-fundamental para a vida. Eles exigiram a libertação dos terroristas detidos, reclamada pelos sequestradores. Embora o Tribunal tenha confirmado a existência fundamental de uma obrigação de proteção, o Governo Federal alemão admitiu uma ampla margem de decisão sobre como havia de cumprir a obrigação de proteção, uma vez que esta obrigação existia não só perante a vítima do sequestro, mas também perante as potenciais vítimas dos terroristas a libertar[101].

135. Precisamente o acórdão Schleyer torna evidente que no dever de proteção jurídico-fundamental se trata, em primeiro lugar, de preservar os titulares de direitos fundamentais contra violações ilegais de bens jurídico-fundamentalmente protegidos cometidas por terceiros. Esta proteção não pode ser prestada com a função de defesa dos direitos fundamentais dirigida para o Estado, uma vez que o Estado não está envolvido, nem fatual nem normativamente, na afetação, por parte de terceiros que atuam ilegalmente, de interesses protegidos pelos direitos fundamentais. Pelo contrário, o Estado declarou já, como se sabe, a conduta do terceiro como contrária ao direito. O titular de direitos fundamentais afetado pelos atos ilegais também não está, por isso, obrigado a tolerá-los e pode procurar proteção jurídica estatal. Mas se, para além disso, o Estado for obrigado a uma determinada reação à infração da lei – por exemplo, *à* libertação dos reféns, ou a uma sanção jurídico-penal da interrupção da gravidez –, é necessária a aceitação de obrigações de proteção jurídico-fundamentais. O mesmo se aplica à proteção contra golpes de infortúnio e perigos iminentes causados pela natureza ou por Estados estrangeiros[102]. Também neles o Estado não está implicado. Estes reveses não partem dele, nem ele obriga o afetado a suportá-los. Também eles se podem abranger pelos direitos fundamentais apenas através da aceitação de deveres de proteção, que obrigam o Estado à proteção contra golpes de infortúnio, contra fenómenos da natureza e contra Estados estrangeiros. Assim, a exclusão de um

---

101 E 46/160,165.

102 BVerfG, NJW 2018, 2312/2313 e s. (= JK 4/2019).

tratamento coercivo medicamente necessário, ordenado pelo Estado, para pessoas sujeitas a cuidados e que não estão em condições de formarem livremente a sua vontade, deve violar o dever de proteção jurídico-fundamental da integridade física[103]. Da mesma maneira, o Tribunal também se refere ao dever de proteção do Estado para a vida e para a saúde, quando da apreciação jurídico-fundamental de limites de proteção no reembolso de despesas de tratamento por parte do seguro legal de doença[104]. Estes conteúdos jurídico-fundamentais, *não substituíveis por outras funções dos direitos fundamentais e que estão na origem da função de proteção,* devem, por isso, ser designados aqui como obrigações de proteção "autênticas". As obrigações de proteção autênticas referem-se à proteção estatal contra a conduta ilegal de terceiros ou contra fatalidades.

(**2**) *Obrigações de proteção não autênticas*

136. A par destas obrigações de proteção autênticas que estão na sua origem, a função de proteção dos direitos fundamentais é, contudo, muitas vezes relacionada com os conflitos triangulares regulados juridicamente, que motivaram o desenvolvimento do efeito indireto para terceiros. Neles, um titular de direitos fundamentais opõe-se ao direito de um outro para o prejudicar nos seus interesses protegidos pelos direitos fundamentais (ver atrás n. m. 128). Se, nestes casos, *não se tomar em conta a regulação estatal da relação como ingerência nos* direitos fundamentais (ver atrás, n. m. 129), estas constelações só podem entrar no horizonte dos direitos fundamentais através da aceitação de deveres de proteção. Estas obrigações de proteção aqui designadas como "não autênticas" distinguem-se das "autênticas", nas quais não se trata da proteção contra a regulação estatal, mas da proteção contra lesões fatuais provocadas por terceiros. Uma constelação triangular análoga foi aquela a que se dirigiu, pela primeira vez em 1978, o Tribunal Constitucional Federal no acórdão sobre o reator nuclear super-regenerador de Kalkar, com o dever jurídico-fundamental de proteção da saúde e da

---

103 E 142, 313, n. m. 66 e s. (= JK 3/2017).

104 E 115, 25/44 e s.

vida[105]. O Tribunal não perguntou se a obrigação da população vizinha da central nuclear de tolerar os perigos dela provenientes se pode justificar como ingerência do Estado, mas perguntou se o Estado, ao autorizar aquelas instalações, cumpriu, na medida suficiente, a sua obrigação jurídico-fundamental de proteger os moradores vizinhos. Mais tarde, o Tribunal Constitucional Federal aplicou a ideia do mandato de proteção estatal também à apreciação jurídico-fundamental de conflitos de direito civil. Deste modo, no acórdão sobre representantes comerciais, da função objetiva dos direitos fundamentais *é deduzid*a a dever de proteger a parte mais fraca contra obrigações contratuais excessivamente desfavoráveis, em casos de paridade contratual estruturalmente perturbada[106]. Também na doutrina se aproveitaram as obrigações de proteção dos direitos fundamentais especialmente para a reconstrução do chamado efeito para terceiros dos direitos fundamentais no direito privado[107].

137. Saber se uma regulação jurídica dentro de constelações triangulares análogas é tratada com a ajuda do direito de defesa ou da obrigação de proteção jurídico-fundamental não *é* só uma questão de construção dogmático-jurídico-fundamental, mas é também uma questão de critérios dogmático-jurídico-fundamentais. Se a regulação estatal do conflito for tematizada como ingerência num direito de defesa, esta ingerência está sujeita, como todas as ingerências em direitos fundamentais, ao princípio da proporcionalidade, isto é, ela tem, enquanto meio legítimo para um fim legítimo, de se revelar apta, necessária e adequada. Em relação a obrigações de proteção jurídico-fundamentais deve, pelo contrário, aplicar-se a chamada proibição de ficar aquém, que só fica infringida "se o poder público ou não tomou de modo algum

---

105   E 49, 89.

106   E 81, 242/256; cf. também E 89, 214/232 e s. (cauções familiares); E 103, 89/100 (acordo de renúncia a alimentos); NJW 2013, 3086/3087 = JK 2/2014 (proteção da autodeterminação informacional no contrato de seguro); NJW 2018, 2542/2545 (proteção das trabalhadoras e dos trabalhadores estruturalmente subalternos).

107   Canaris, AcP 1984, S. 201/225 e s.; Herdegen, MD, Art. 1º, n. 3, n. m. 64 e s.; Floren, *Grundrechtsdogmatik im Vertragsrecht*, 1999, p. 39; Calliess, JZ 2006, 321 e s.; posição crítica em relação ao direito dos delitos Müller-Franken, *in: FS Bethge*, 2009, 223/245 e s.

medidas de proteção ou se as regulações e as medidas adotadas são completamente inapropriadas ou totalmente insuficientes para atingir o fim de proteção necessário, ou se ficam consideravelmente aquém"[108].

Mesmo que as diferentes medidas não tenham de conduzir a resultados diferentes, dado que a ingerência proporcional pode ser também proporcional precisamente porque deixa ficar uma proteção suficiente, o enquadramento funcional jurídico-fundamental das constelações triangulares pode conduzir, tendencialmente, a desigualdades na atribuição de posições jurídico-fundamentais[109]. Aquele que, em constelações triangulares, consiga invocar um direito de defesa tem uma posição jurídico-fundamental mais forte do que aquele a quem assiste simplesmente uma obrigação de proteção. Isto pode levar a um privilegiar – eventualmente desejado – de uma conduta mais ativa, mas também mais agressiva, que não se detém logo perante os interesses de terceiros protegidos pelos direitos fundamentais. Mas isto também pode conduzir a um aproveitamento jurídico-fundamental das desigualdades sociais tradicionais, se a atribuição de posições jurídico-fundamentais diversamente fortes refletir posições sociais de força. Se a jurisprudência hesitar entre as duas construções (ver atrás, n. m. 130 e s.), ela é obrigada, pelo menos, a não perder de vista estes efeitos.

138. Exemplos:

As proibições contratuais de concorrência do agente comercial socialmente dependente em face do chefe são controladas não como ingerência na sua liberdade profissional, mas como questão das obrigações de proteção de direitos fundamentais (E 81, 124, 242/255). A execução estatal de uma sentença de despejo no caso de perigo de suicídio do inquilino é discutida sob o ponto de vista da obrigação de proteção jurídico-fundamental da integridade física (TCF, *NJW*, 2016, 3090/3091; *NJW* 2019, 2012/2012 e s.). A obrigação do senhorio, como proprietário, de tolerar a montagem de uma antena parabólica por parte do seu

---

108 E 92, 26/46; BVerfG, NVwZ 2010, 702.

109 Posição crítica talvez também Hellgardt, *JZ* 2019, 901/906 e s., que no caso de conflitos de interesses privados considera aplicável a função de aperfeiçoamento (n. m. 147); cf. também Calliess, *JZ* 2006, 321/325.

inquilino é, pelo contrário, tematizada como ingerência no seu direito de defesa (*E* 90, 27/33). Nestas decisões, o *status* jurídico-fundamental parece depender do papel social. Neste caso, a desigualdade social é tendencialmente agravada em termos de direitos fundamentais, se se puserem do lado do socialmente inferior unicamente obrigações de proteção de direitos fundamentais.

139. Independentemente de saber se com a sua função de defesa ou de proteção eles são tomados em conta, a sujeição a padrões dos direitos fundamentais resulta também do art. 1º, n. 3[110], na medida em que as relações triangulares são reguladas pelo direito privado. Às leis de direito civil não se aplica coisa diferente do que a outras leis: nos termos do art. 1º, n. 3, elas têm de ser compatíveis com os direitos fundamentais, e mesmo a jurisprudência dos tribunais cíveis obedece à vinculação aos direitos fundamentais, nos termos do art. 1º, n. 3; ela faz parte do poder público, no sentido do art. 93º, n. 1, al. 4a, de modo que também se podem interpor recursos constitucionais contra decisões judiciais dos tribunais cíveis.

140. Indicação técnica de solução:

No controlo jurídico-fundamental pode-se discutir a controvérsia em torno do exato enquadramento dogmático jurídico-fundamental das constelações triangulares de acordo com a discussão do âmbito de proteção. A este respeito, tem de se decidir, então, se é aceite uma ingerência estatal devido à regulação de uma obrigação de agir ou de tolerar, ou se os direitos fundamentais apenas são aplicáveis com a sua função de proteção. No caso de uma decisão a favor de uma ingerência nos direitos fundamentais, o controlo ulterior segue a estrutura habitual (n. m. 401). No caso de uma decisão a favor da função da obrigação de proteção, deve-se, pelo contrário, verificar se há uma obrigação de proteção e, no caso afirmativo, se ela foi violada (n. m. 403). Ocasionalmente, deve-se então controlar a constitucionalidade da medida de proteção, que muitas vezes afeta os direitos fundamentais do outro ti-

---

110 Neste sentido, já Schwabe, *Die sogenannte Drittwirkung der Grundrechte*, 1971, p. 26; além disso, Michl, *Jura* 2017, 1062.

tular de direitos fundamentais, uma vez que a Lei Fundamental não obriga a medidas de proteção inconstitucionais. De resto, a obrigação de proteção só *é* violada se tiver sido infringida a chamada proibição de ficar aquém (n. m. 348).

141. Pelo que toca *às obrigações de proteção* "não autênticas", trata-se de regulações que o Estado tem, em todo o caso, de adotar, em virtude do seu monopólio de poder. Ele não pode deixar de regular os conflitos radicados nas constelações triangulares e entregá-los à lei do mais forte dos envolvidos. Os direitos fundamentais estabelecem, neste caso, critérios para uma regulação estatal em qualquer caso necessária. Eles estipulam um quadro para diferentes opções de regulação. O legislador pode, através de regulações diferentes, proteger o vizinho contra emissões acústicas, em diferentes horas, em diferentes dias, em função de diferentes fontes de ruído. Mas o legislador não pode deixar por regular o conflito entre o vizinho e o músico.

142. As constelações "autênticas" de obrigações de proteção dizem, pelo contrário, respeito à atuação do Estado, em que já o "se" é uma questão de conformação política. Se o Estado avança com o instrumento do direito penal contra determinadas violações da lei, ou se fornece prestações para atenuar as consequências de golpes de infortúnio, isso não lhe está em regra estabelecido pelo direito constitucional. Por isso, a margem de conformação do Estado, com respeito a constelações "autênticas" de obrigações de proteção, é essencialmente maior do que no caso da regulação de constelações triangulares em qualquer caso necessária. Correspondentemente, na jurisprudência do Tribunal Constitucional Federal recorre-se também *às* obrigações de proteção autênticas, sobretudo como ponto de vista de ponderação para justificar ingerências nos direitos fundamentais[111]. Os direitos fundamentais sofrem, assim, uma mutação para bases de legitimação de limitações da liberdade. Em constelações autênticas de obrigações de proteção, pelo contrário, o Tribunal recusou, quase sem exceção, reconhecer uma vio-

---

111   E 12, 274/319; 115, 320/357 e s.

lação da obrigação de proteção[112]. As exceções mais destacadas são constituídas pelos acórdãos sobre a interrupção voluntária da gravidez, em que o Tribunal considera que o legislador está obrigado à manutenção de uma sanção jurídico-penal[113]. Mas para alguns, precisamente estas decisões mostram que a aceitação dogmática de obrigações de proteção jurídico-fundamentais autênticas encerra o perigo de, com eles, a jurisprudência ter pontualmente influência em decisões que devem ser mais bem confiadas ao processo político[114]. Isto aconselha a uma atitude de reserva na aceitação ou pelo menos nas ingerências de obrigações de proteção "autênticas" e é, eventualmente, uma razão a favor de as aceitar apenas nos casos em que a Lei Fundamental expressamente as prevê. Se a regulação jurídica das constelações for abrangida com a função de defesa, a função de proteção tem então, no fundo, importância apenas para estes direitos fundamentais.

143. Independentemente da função jurídico-fundamental com que as constelações triangulares sejam abrangidas, a *importância* do efeito indireto para terceiros assim realizada pode-se ver também no facto de ela ajudar a preservar a liberdade e a igualdade nas condições da moderna e altamente complexa sociedade industrializada. É que estas pressupõem, de acordo com o seu entendimento histórico (n. m. 26 e s.), um estado de *simetria fatual*, em que cada cidadão tem iguais oportunidades de prosseguir e impor os seus interesses. Esta simetria fatual está muitas vezes eliminada ou ameaçada, não só por ação do poder do Estado, mas também do poder económico e social privado, de consórcios e associações, e de organizações corporativas e organizações de interesses. É certo que o exercício do poder está, em certa medida, assegurado mesmo pelos direitos fundamentais (cf. a liberdade contratual e a liberdade de propriedade) e que, de resto, o legislador democrático está legitimado para conformar também assimetricamente as relações

---

112 E 46, 160/164 e s.; BVerfGK 17, 1; BVerfG, NJW 2015, 150/151; BVerfG, NJW 2015, 3500/3501.

113 E 39, 1; 88, 203; cf. ainda E 142, 313, n. m. 67.

114 Hain, *DVBl.* 1993, 982 e s.; Hermes/Walther, *NJW* 1993, 2337/2339; Hesse, "Die verfassungsgerichtliche Kontrolle der Wahrnehmung grundrechtlicher Schutzpflichten des Gesetzgebers", *in: FS Mahrenholz*, 1994, p. 541/550 e s.; céptico também Stern, *Staatsrecht III/2*, p. 813 e s.

sociais, nos limites da Constituição, enquanto dessa maneira não criar privilégios unilaterais, ou seja, não deixar os cidadãos indefesos e desamparados. Assim, os interesses dos inquilinos e dos senhorios podem ser ponderados de maneira completamente diferente pelo legislador. A jurisprudência está, por princípio, vinculada a isto. Mas se uma parte estiver de facto dependente da outra, se entre as partes houver um desequilíbrio ou se se tratar de prestações socialmente significativas, os direitos fundamentais exigem que o Estado preste atenção à dependência, à falta de equilíbrio ou à relevância social, quando da regulação das relações jurídicas entre as partes. O Estado tem então de assegurar a simetria factual pelo menos na medida em que a autodeterminação não seja transformada numa heterodeterminação[115].

144. Exemplos:

O pequeno semanário de Hamburgo *"Blinkfüer"* imprimiu, mesmo depois da construção do muro de Berlim, em 13.8.1961, programas de radiodifusão da República Democrática Alemã. De seguida, ele foi boicotado pelo grande *Springer-Verlag* (editora Springer) do seguinte modo: o *Springer-Verlag* dirigiu a todos os vendedores de revistas uma circular, na qual ameaçava deixar de os fornecer se continuassem a vender o *Blinkfüer*. As vendas do *Blinkfüer* recuaram consideravelmente. Perante o Supremo Tribunal Federal, o *Blinkfüer* foi vencido no seu pedido de indemnização contra o *Springer-Verlag*. A decisão do Tribunal Constitucional Federal (*E* 25, 256) anulou a decisão do Supremo Tribunal Federal por violação do art. 5º, n. 1, frase 1: o *Springer-Verlag* não tinha o direito de aproveitar desta maneira a sua superioridade económica na concorrência de opiniões; as diferentes opiniões têm de concorrer com as armas das ideias e ter a mesma oportunidade de ação intelectual (*E* 25, 256/264 e s.). – Embora se possa conceder a um clube de futebol a possibilidade de direito privado de aplicar uma interdição de estádio com efeito para todos os outros clubes da primeira divisão e das ligas regionais, ele é obrigado, no entanto, a tomar em consideração

---

115 Cf. E 81, 242/261 e s.; 89, 214/232 e s.; 103, 89/100 e s.; sobre o assunto Hermes, *NJW* 1990, 1764; Hillgruber, *AcP* 1991, 69; ainda Hesse, *VerfR*, n. m. 357; Schlink, *Abwägung im Verfassungsrecht*, 1976, p. 214 e s.

a importância social da assistência a jogos de futebol, tendo, por isso, de ter uma razão objetiva para a proibição, razão que se prende com exigências de direito procedimental (audição, fundamentação, cf. n. m. 239) (*E* 148, 267, n. m. 39 e s., 45 e s. = *JK* 10/2018; posição crítica Hellgardt, *JZ* 2019, 901/908).

145. Na proteção internacional dos direitos humanos, à obrigação de proteção jurídico-fundamental corresponde a "*duty to protect*". Diferentemente da "*duty to respect*", a obrigação de proteção dos direitos humanos, em termos de direito internacional público, não se aplica, em princípio, diretamente, mas visa, em primeiro lugar, que os Estados contratantes criem bases jurídicas para a proteção dos direitos humanos contra lesões causadas por terceiros. Somente para um *standard* mínimo de proteção se admite que essa proteção resulte das convenções de direitos humanos[116]. Assim, o TEDH admitiu, em casos de violência doméstica, uma violação dos arts. 2º e 3º da CEDH, quando os Estados contratantes tiverem protegido as vítimas de violência doméstica apenas com meios manifestamente inadequados ou quando os mecanismos de proteção legalmente previstos não tiverem atingido qualquer eficácia prática[117]. Também para as liberdades fundamentais europeias, o TJUE reconhece uma obrigação de proteção que também deduz da obrigação geral dos Estados-Membros de omitirem todas as medidas que ameacem os objetivos da União (art. 4º, n. 3, do TUE)[118].

146. É necessário distinguir da dimensão de proteção de alguns direitos humanos a "*responsibility to protect*" (R2P) que, no quadro do direito das Nações Unidas, tem em vista, por um lado, complementar o entendimento tradicional de soberania através de uma dimensão humanitária e, por outro lado, limitá-lo. A "*responsibilty to protect*" tem por fim consolidar a ideia de que a soberania está associada não só a direitos, mas também à responsabilidade para com as pessoas que lhe

---

116 CESCR/GenC No. 3, § 10.

117 TEDH, n. 33401/02, Rn 170 (*Opuz/Türkei*); n. 41237/14, n. m. 95-108 (*Talpis/Italien*).

118 TJUE, EU:C:1997:595, n. m.. 32 – *Kommission/Frankreich*; EU:C:2003:333, n. m. 59 – Schmidberger.

estão submetidas. Ela visa, em primeiro lugar, uma responsabilidade pela preservação dos direitos humanos em geral[119]. Na versão em que ela foi reconhecida numa Resolução da Assembleia Geral das Nações Unidas e aprovada por unanimidade, mas não sendo vinculativa em termos de direito internacional público, ela está limitada à proteção contra o genocídio, os crimes de guerra, as limpezas étnicas e os crimes contra a humanidade. A *"responsibilty to protect"* cabe também à comunidade internacional, nos termos desta Resolução, e serve para autorizar o Conselho de Segurança a lançar, como último recurso, também intervenções militares, quando certos Estados não cumprem manifestamente a sua responsabilidade[120]. Deste modo, a *"responsibilty to protect"* visa a modificação talvez mais importante do entendimento de soberania desde a Paz de Vestefália[121].

cc) Função de conformação

147. As liberdades jurídico-fundamentais protegem matérias como a integridade física, a liberdade pessoal de movimentos, a manifestação de opiniões ou a propriedade. Muitas destas matérias existem também independentemente de uma ordem jurídica. Nós desfrutamos de integridade física, independentemente de saber se há uma ordem jurídica, mesmo que dentro de uma ordem jurídica razoável esta integridade esteja essencialmente mais bem protegida do que sem essa ordem. Algumas matérias que os direitos fundamentais colocam sob a sua proteção estão, porém, dependentes de regulações legais, não só para a sua proteção, mas também para a sua existência. Esta perspetiva é expressa de maneira claríssima pela Lei Fundamental, no seu art. 14º, n. 1, frase 2, segundo o qual o legislador "determina o conteúdo e os limites da propriedade". A propriedade é mais do que domínio material efetivo que podemos ter sobre as coisas, mesmo sem ordem jurídica. A propriedade compreende a autorização legal de poder excluir outros do

---

119   *ICISS Report* 2001, art. 2.15.

120   2005 World Summit Outcome, Sixtieth session, items 48 and 121 of the provisional agenda, A/60/L.1. United Nations General Assembly art. 138-140.

121   Slaughter, "Security, Solidarity, and Sovereignty", *The American Journal of International Law*, 2005, 619/627 e s.

uso de uma coisa e de poder dispor legalmente dessa coisa. Aquilo que distingue a propriedade em face da mera posse são precisamente as autorizações legais. Elas pressupõem, no entanto, as correspondentes regulações da lei ordinária. Por isso, o art. 14º, n. 1, frase 2, estipula justamente também que o legislador tem de determinar o conteúdo da propriedade. Não só o direito fundamental à propriedade está marcado pela norma, como apenas pelas normas da lei ordinária ele vem a ser constituído. Só a lei ordinária constitui o objeto que o art. 14º protege. Do mesmo modo constituídas por normas como a propriedade são, por exemplo, a liberdade contratual, que é estabelecida no art. 2º, n. 1, a liberdade matrimonial e a liberdade de associação, dado que não pode haver contratos legalmente vinculativos, nem casamentos, nem pessoas coletivas sem a sua conformação pela lei ordinária. A liberdade de associação sindical ou patronal, por exemplo, é marcada pelas normas. É certo que os trabalhadores também podem fazer greve sem ordem jurídica, mas os sindicatos, enquanto organizações com capacidade legal de exercício, e convenções coletivas de trabalho, para cuja celebração servem, em regra, as lutas laborais, pressupõem as respetivas regulações da lei ordinária. Também marcada pela norma é a garantia de proteção jurisdicional constante do art. 19º, n. 4.

148. O facto de os direitos fundamentais constituídos pela norma ou regulados pela norma suscitarem questões especiais é uma coisa evidente: como é que os direitos fundamentais, que protegem precisamente também contra o legislador, hão-de prestar esta proteção, se é, afinal, o legislador que constitui o objeto da proteção deles? Nem a função de defesa, nem a função de proteção dos direitos fundamentais conseguem dar a isso uma resposta, visto que ambas pressupõem sempre um objeto de proteção, que deve ser protegido contra ingerências do Estado ou contra prejuízos causados por terceiros. No que toca aos objetos constituídos pela norma ou marcados pela norma, têm, mais propriamente, de ser deduzidas dos direitos fundamentais, em primeiro lugar, também diretrizes em relação ao seu aperfeiçoamento pela lei ordinária. Assim, o art. 14º encarrega, antes de mais, o legislador de criar, afinal, um regime de propriedade que torne possível a propriedade de coisas. Assim sendo, podem-se deduzir do art. 14º, por exemplo, as afirmações fundamentais de que esta propriedade deve, por um lado, ser conformada tendo em vista a utilidade privada, mas, por outro lado, tem também de realizar uma obrigação social (art. 14º, n. 2). Como, porém, a Lei Fundamental assumiu uma ordem jurídica diferenciada e integral (art. 123º, n. 1), o "se" da conformação raramente se torna virulento. Com a promulgação da Lei Fundamental, foi ao mesmo tempo posta em vigor uma ordem jurídica que continha um direito de propriedade, um direito contratual, um direito matrimonial, um direito das sociedades e um direito das convenções coletivas de trabalho desenvolvidos. Completamente no sentido da ideia das garantias institucionais (ver atrás, n. m. 135 e s.), a função de conformação dos direitos fundamentais protege, neste aspeto, em primeiro lugar, contra o facto de o legislador suprimir o direito de propriedade, o direito contratual, o direito matrimonial, o direito das sociedades ou o direito das convenções coletivas de trabalho – também isto cenários até agora não relevantes. O que se torna relevante é a função de conformação no que toca ao "se" da proteção, sobretudo se se verificarem novos desenvolvimentos sociais que não estão ainda sob a proteção da ordem jurídica do direito ordinário, mas a propósito dos quais se põe a questão de saber se eles não teriam de ser conformados igualmente no sentido de um direito fundamental.

149. Exemplo:

Assim, no princípio, meras compilações de dados não estavam sob qualquer proteção de *copyright*. Mas, com a digitalização, os bancos de dados tornaram-se num importante bem económico, que é comercializado como outra propriedade intelectual. O legislador levou isto em conta, com os §§ 87a e s. *UrhG*[122]. Com esta lei, ele cumpriu o seu dever de conformação, decorrente do art. 14º, n. 1.

150. O "como" da conformação torna-se relevante, a maior parte das vezes, no caso de alterações de uma conformação tradicional, sendo então predominantemente tratado como ingerência na existên-

---

122   Na perspetiva dos direitos de autor, trata-se de um direito de proteção da produção. Sobre o caráter jurídico-constitucional da propriedade dos direitos de proteção da produção, E 142, 74 Rn 69 (= JK 11/2016).

cia da posição já constituída (n. m. 151 e s.)[123]. Um caso particular de conformação é, neste aspeto, também constituído por aquelas liberdades que foram de certo modo tomadas sob a proteção do Estado. A radiodifusão e a ciência são, por um lado, liberdades naturais – não é necessário qualquer regulação legal para que no fundo se possa transmitir pela rádio ou investigar. Todavia, em virtude das altas exigências institucionais dirigidas ao exercício bem-sucedido das liberdades, o Estado instituiu tanto um sistema de radiodifusão estatal como também de estabelecimentos de ensino superior estatais. As respetivas normas orgânicas não têm qualquer relação direta com o exercício da ciência ou da radiodifusão por parte do titular concreto de direitos fundamentais. A maneira como o senado[124] de uma universidade está constituído e quem é que aí tem que direitos de voto[125], isso é assunto que só de maneira indireta diz respeito à atividade investigativa do investigador concreto. Por isso, nem toda alteração das normas orgânicas pode ser tematizada como ingerência no direito de defesa. Porém, na sua função de conformação, a liberdade de radiodifusão e a liberdade científica exigem que as instituições estejam organizadas de tal modo que, nelas, as liberdades naturais de fazer rádio e de investigar possam também impor-se de maneira eficaz. Mesmo que o legislador tenha grande liberdade de conformação no desenvolvimento das instituições – ele pode, por exemplo, organizar a radiodifusão em moldes de pluralismo externo ou de pluralismo interno (n. m. 681) –, o certo é que dos direitos fundamentais resultam normas para o direito orgânico (n. m. 731, 739)[126].

151. Analisa-se de modo diferente a maneira como se podem apreciar as alterações do direito ordinário que conforma um direito fundamental. Em parte, admite-se que neste aspeto têm de prevalecer critérios completamente diferentes do que no caso do direito de defe-

---

123 Mas ver E 114, 1/33 e s., sobre a conformação da mudança de cocontratante no direito dos seguros, além disso Bumke/Voßkuhle, *Casebook Verfassungsrecht*, 7ª ed., 2015, n. m. 226.

124 N. E.: No Brasil, o termo pode ser mais bem entendido como um órgão colegiado em âmbito universitário.

125 Sobre a matéria, VerfGH BW, NVwZ 2017, 403.

126 Sobre a liberdade científica, por exemplo E 127, 87/116 e s.; 136, 338, n. m. 57.

sa[127]. De acordo com outro ponto de vista, o direito de defesa também se pode aplicar a direitos fundamentais já conformados. Neste sentido, ou a alteração do *status quo* legal é tematizada como ingerência[128], ou da conformação pelo direito ordinário se deduz uma liberdade de tipo ideal – na propriedade, por exemplo, o poder ilimitado de excluir e o poder de dispor –, sendo toda a ulterior regulação de conformação tratada como ingerência[129]. Em todo o caso, na medida em que também os defensores de uma função de conformação exigem a aplicação da reserva de lei e do princípio da proporcionalidade[130], as diferenças residem, a maior parte das vezes, em qualquer caso, na ênfase[131]. Deste modo, os apoiantes de uma dogmática autónoma da função de conformação receiam uma distorção dos critérios de conformação, quando, por exemplo, no caso da ingerência típico-ideal em direitos fundamentais marcados pela norma, se puser em evidência um aspeto de conformação – no caso da propriedade, por exemplo o benefício privado em detrimento da obrigação social[132]. Entretanto, este perigo também se pode prevenir pela tomada em consideração da obrigação social quando da justificação de ingerências.

152. Assim, também na jurisprudência do Tribunal Constitucional Federal não são reconhecíveis diferenças sistemáticas no contro-

---

127 Cornils, *Die Ausgestaltung der Grundrechte*, 2005, p. 633 e s.; Lenz, *Vorbehaltlose Grundrechte*, 2006, 119 e s.

128 Lübbe-Wolff, *Die Grundrechte als Eingriffsabwehrrechte*, 1988, p. 150 e s.; Gellermann, *Grundrechte im einfachgesetzlichem Gewand*, 2000, p. 429 e s., a propósito de posições jurídicas concretas na base da conformação precedente.

129 Poscher, *Grundrechte als Abwehrrechte*, p. 137 e s.

130 Neste sentido, agora também Bumke, *Ausgestaltung von Grundrechten*, 2009, p. 50 e s.; a jurisprudência também aplica o princípio da proporcionalidade a regulações de conformação, sem ir ao fundo do assunto. Ver por exemplo E 77, 275, 284; opinião diferente Gellermann, *Grundrechte im einfachgesetzlichem Gewand*, 2000, p. 336 e s.; Cornils, *Die Ausgestaltung der Grundrechte*, 2005, S. 650 e s.; Lenz, *Vorbehaltlose Grundrechte*, 2006, 141 e s.

131 Diferenças claras evidenciam-se, no entanto, em Lenz, *Vorbehaltlose Grundrechte*, 2006, 119 e s., que atribui a conformação ao direito privado e avalia como ingerências nos direitos fundamentais apenas as medidas de direito público. As medidas de conformação devem obedecer apenas a um controle breve de admissibilidade.

132 Bumke, *Der Grundrechtsvorbehalt*, 1998, S. 188.

le de medidas estatais no âmbito dos direitos fundamentais necessitados de conformação. A maior parte das vezes são tratados como ingerências num direito de defesa. Na medida em que, por exemplo, no quadro do art. 14º, se distingue entre determinações de conteúdo e de limites, numa perspetiva temporal entre os interessados que só no futuro são afetados pela nova regulação e aqueles que já tenham adquirido propriedade na vigência da regulação precursora, trata-se, em primeiro lugar, da questão da proteção da confiança de Estado de direito, que se aplica não apenas a posições jurídico-fundamentais marcadas pela norma (ver n. m. 1051). É certo que o Tribunal Constitucional Federal aduz, nos seus acórdãos sobre advertências estatais, a função de conformação dos direitos fundamentais, para aliviar as exigências da reserva de lei[133] (ver adiante, n. m. 628). Mas esta decisão não só permaneceu singular como contradiz, ela mesma, aqueles pontos de vista defendidos na doutrina que pretendem destacar a função de conformação dos direitos fundamentais do direito de defesa, mas que também para a conformação se atêm à reserva de lei.

153. Na discussão do direito internacional público não se encontra uma função de direitos humanos expressamente designada como conformação (ver atrás, n. m. 58). Como também os Estados contratantes dispõem, normalmente, já de uma ordem jurídica diferenciada, as medidas estatais no âmbito dos direitos humanos, constituídas por normas ou marcadas por normas, são abrangidas pela *"duty to respect"*, que corresponde ao direito de defesa jurídico-fundamental. Na medida em que se trata do dever de instituir e de manter estruturas jurídicas, também entra em conta uma tematização da dimensão de prestação dos direitos humanos como *"duty to protect"* ou *"duty to fulfill"*.

dd) Funções de prestação

154. Já a observação mais atenta da função de defesa dos direitos fundamentais mostrou que com ela se podem conjugar também elementos de prestação. O mesmo se aplica às obrigações de proteção jurídico-fundamental e à função de conformação dos direitos funda-

---

133   E 105, 252/265.

mentais, que podem obrigar o Estado, especialmente, à emissão de regulações e fundamentalmente também a determinadas ações efetivas no caso dos deveres autênticos de proteção. Mas, além destes elementos de prestação de outras funções dos direitos fundamentais, são ainda discutidas também funções autónomas de prestação dos direitos fundamentais.

(1) *Direitos de participação*

155. A proteção dos direitos fundamentais é participação para o particular, sempre que o Estado tenha criado instituições ou sistemas de fomento e de prestação que simplificam, ou que em primeiro lugar tornam possível, o exercício de direitos fundamentais. Em questões de participação aplica-se, sobretudo, o art. 3º: o que o particular pretende é, normalmente, *a atribuição igual de direitos com igualdade de oportunidades e com equidade em função da qualificação.* O direito à participação igual torna-se, assim, muitas vezes em direito procedimental: no caso de haver vários interessados, a concessão de oportunidades iguais e a avaliação e consideração justa de qualificações pode ter lugar num só procedimento; este procedimento tem de ser leal e, no caso de importância bastante, tem de ser regulado por norma jurídica; as posições do particular têm de estar salvaguardadas no procedimento.

156. Exemplos:

O art. 12º, n. 1, exige, para a atribuição de lugares de notário, um procedimento em que de todos os potenciais candidatos seja encontrado aquele que melhor corresponde às exigências impostas; destas exigências também faz parte a obrigação de abrir concurso público para o preenchimento dos lugares vagos (*E* 73, 280/296). – O direito de participação como direito de procedimento na atribuição de lugares para cursos universitários está conformado de forma subtil (cf. n. m. 993).

(2) *Direitos de prestação originários*

157. É necessário fazer a distinção entre os direitos de participação fundados em direitos de igualdade e os direitos de prestação originários, que obrigam o Estado a uma prestação, independentemente de saber se ele já oferece uma prestação. Em virtude da decisão contra a integração na Lei Fundamental de direitos fundamentais sociais, há poucos pontos de partida para se admitirem direitos de prestação diretamente constitucionais. Além do mandato expresso de assistência às mães, constante do art. 6º, n. 4, o Tribunal Constitucional Federal deduziu, particularmente do art. 1º, n. 1, em ligação com o art. 20º, n. 1, um direito a prestações do Estado para a garantia do mínimo vital (ver adiante, n. m. 421, 426).

158. No entanto, o Tribunal Constitucional Federal foi também, de vez em quando, ainda para além disso e ponderou se não poderia haver um direito à participação não só em instituições já existentes, mas também em instituições a criar, isto é, um *direito* originário *à criação de instituições*. No acórdão sobre o *numerus clausus*, questionou "se das decisões jurídico-fundamentais de valor [...] decorre um mandato constitucional objetivo de Estado social para disponibilizar uma capacidade suficiente de formação para os diversos cursos académicos" e "se deste mandato constitucional se pode deduzir, quando se verifiquem pressupostos especiais, um direito individual recorrível do cidadão à criação de lugares no ensino superior"[134]. No entanto, o Tribunal não respondeu a ambas as perguntas no acórdão sobre o *numerus clausus* e no seu segundo acórdão[135] não voltou a suscitar a questão.

159. Exemplos:

Embora o Tribunal Constitucional Federal tenha estabelecido uma obrigação jurídico-objetiva do Estado "de manter e promover uma vida artística em liberdade", não extraiu do art. 5º, n. 3, um direito à promoção da arte (*E* 36, 321/331 e s.; 81, 108/116; Trib. Const. Fed., *NJW* 2005, 2843; criticamente, Geißler, *Staatliche Kunstförderung nach Grundgesetz und Recht der EG*, 1995, p. 46 e s.); de igual modo, também o Tribunal Constitucional Federal não reconhece um direito à obtenção de subvenções para o teatro (*NJW* 1980, 718). A liberdade de imprensa prevista no art. 5º, n. 1, frase 2, segmento 1, obriga jurídico-objetiva-

---

134 E 33, 303/333.

135 E 147, 253.

mente o Estado a prestar informações, mas não estabelece na norma se e sob que pressupostos há, no caso concreto, um direito à informação (*BVerwGE* 70, 310/314).

160. O Tribunal Constitucional Federal também declarou, no acórdão sobre o *numerus clausus*, que um eventual direito originário está em todo o caso "sob *reserva do possível*, no sentido daquilo que o particular pode razoavelmente reclamar da sociedade"[136]. Isto não está isento de críticas, porque a força normativa dos direitos fundamentais é ameaçada por relativizações deste género. Mas também a proteção e a promoção de um direito fundamental podem comprometer a sua força normativa, se ela avaliar como mais ou menos valiosa e digna de promoção a liberdade, que verdadeiramente só encontra o seu limite no exercício ilícito da liberdade.

161. Exemplo: Se o Estado subvencionar a arte com base na sua qualidade e no seu nível, correrá o risco de se arvorar em juiz de arte, embora a liberdade artística não admita um juiz de arte estatal (cf. v. Arnauld, *Hdb. StR* (3) VII, § 167, n. m. 8, 80; OVG Münster, *NWVBl.* 1992, 279/282).

162. Diferentemente da Lei Fundamental, a proteção supranacional e internacional dos direitos humanos em face da garantia de direitos fundamentais sociais é muito menos reservada. Não só a Carta dos Direitos Sociais das Nações Unidas, mas também a Carta dos Direitos Sociais do Conselho da Europa e toda uma série de convenções jurídicas especiais sobre os direitos humanos, como a convenção sobre os direitos das crianças e das pessoas com deficiência, obrigam os Estados contratantes também a prestações sociais. Mesmo a Carta de Direitos Fundamentais da União Europeia contém um capítulo intitulado "solidariedade" (arts. 27º-38º da CDF), cujas garantias também poderiam ser interpretadas no sentido de direito a prestação, mas que até agora não foram assim interpretadas[137]. Na sistematização da proteção inter-

---

136 E 33, 303/333.

137 Iliopoulos-Strangas, *Soziale Grundrechte in Europa nach Lissabon,* 2010; Kingreen, *in:* Ehlers (ed.), *Europäische Grundrechte und Grundfreiheiten,* 4ª ed., 2014, § 22, n. m. 10 e s., 23 e s.

nacional dos direitos humanos, estas obrigações são designadas como *"duty to fulfil"*. Na maior parte das vezes, trata-se de deveres a cumprir progressivamente, que obrigam os Estados contratantes a fazer esforços, no quadro das suas possibilidades, para disponibilizarem prestações sociais. Em virtude da sua necessidade de concretização legal, estes deveres não têm qualquer aplicação direta por parte das autoridades e dos tribunais (ver atrás, n. m. 61 e s.).

163. Bibliografia:

R. Alexy, *Theorie der Grundrechte*, 2ª ed. 1994; E.-W. Böckenförde, "Grundrechtstheorie und Grundrechtsinterpretation", *NJW* 1974, 1529; M. Borowski, *Grundrechte als Prinzipien*, 3ª ed. 2018; C. Bumke, *Der Grundrechtsvorbehalt*, 1998; idem, *Die Ausgestaltung der Grundrechte*, 2009; M. Cornils, *Die Ausgestaltung der Grundrechte*, 2005; W. Cremer, *Freiheitsgrundrechte*, 2003; E. Denninger, "Staatliche Hilfe zur Grundrechtsausübung durch Verfahren, Organisation und Finanzierung", *Hdb. StR*[3] IX, § 193; J. Dietlein, *Die Lehre von den grundrechtlichen Schutzpflichten*, 2ª ed. 2005; H. Dreier, "Subjektiv- und objektiv-rechtliche Grundrechtsgehalte", *Jura* 1994, 505; M. Gellermann, *Grundrechte im einfachgesetzlichem Gewand*, 2000; G. Hager, "Von der Konstitutionalisierung des Zivilrechts zur Zivilisierung der Konstitutionalisierung", *JuS* 2006, 769; A. Hellgardt, "Wer hat Angst vor der unmittelbaren Drittwirkung?", *JZ* 2019, 901; K. Hesse, *Verfassungsrecht und Privatrecht*, 1988; J. Isensee, "Das Grundrecht als Abwehrrecht und als staatliche Schutzpflicht", *Hdb. StR*[3] IX, § 191; H.D. Jarass, "Funktionen und Dimensionen der Grundrechte", *Hdb. GR II*, § 38; W. Krebs, "Rechtliche und reale Freiheit", *Hdb. GR II*, § 31; Lenz, *Vorbehaltlose Grundrechte*, 2006; U. Mager, *Einrichtungsgarantien*, 2003; F. Michl, "Die Bedeutung der Grundrechte im Privatrecht", *Jura* 2017, 1062; C. Möllers, "Wandel der Grundrechtsjudikatur", *NJW* 2005, 1973; D. Murswiek, "Grundrechte als Teilhaberechte, soziale Grundrechte", *Hdb. StR*[3] IX, § 192; J. Pietzcker, "Drittwirkung – Schutzpflicht – Eingriff", *in: FS Dürig*, 1990, p. 345; R. Poscher, *Grundrechte als Abwehrrechte*, 2003; W. Rüfner, "Leistungsrechte", *Hdb. GR II*, § 40; B. Schlink, "Freiheit durch Eingriffsabwehr – Rekonstruktion der klassischen Grundrechtsfunktion", *EuGRZ* 1984, 457; J. Schwabe, *Die sogenannte Drittwirkung der Grundrechte*, 1971.

§ 5. LEGITIMAÇÃO E VINCULAÇÃO JURÍDICO--FUNDAMENTAL

164. Enquanto direitos subjetivos, os direitos fundamentais conferem, em princípio, àquele que através deles é legitimado o poder jurídico de exigir àquele que, por via deles, fica obrigado uma omissão e, possivelmente, também uma ação ou tolerância. Esta descrição geral do modo de produção de efeitos dos direitos fundamentais suscita, em primeiro lugar, as seguintes questões: quem é *legitimado* por eles e quem *fica obrigado* por via deles? Como sinónimos de "legitimação jurídico-fundamental", empregam-se também os conceitos de capacidade jurídico-fundamental e de titularidade jurídico-fundamental. Em vez de "obrigação", a Lei Fundamental fala em "vinculação" (cf. art. 1º, n. 3).

165. Indicação técnica de solução:

As questões da legitimação e da vinculação jurídico-fundamental são questões de direito constitucional material. No âmbito do controlo de um recurso constitucional, elas fazem logicamente parte da fundamentação; a questão da legitimação jurídico-fundamental diz respeito ao âmbito de proteção pessoal, ao contrário do âmbito de proteção objetiva, e a questão da vinculação jurídico-fundamental diz respeito à ingerência. As questões tornam-se, no entanto, já significativas para a admissibilidade de um recurso constitucional: um recurso constitucional só pode ser interposto por uma pessoa que tenha legitimação jurídico-fundamental (cf. n. m. 1291 e s.) e só pode ser interposto contra o ato de uma pessoa vinculada jurídico-fundamentalmente (cf. n. m. 1294 e s.).

166. Os direitos fundamentais são *altamente pessoais*, isto é, não podem ser, nem para defesa própria, nem para defesa em substituição, transmitidos a terceiros[138]. A isso corresponde a exclusão, de princípio, da cessão a terceiro da legitimidade processual no recurso constitucional (cf. n. m. 1306 e s.).

---

138 Cf. E 16, 147/158.

I. Legitimação jurídico-fundamental

1. Direitos do ser humano e direitos dos cidadãos alemães

167. Como *direitos do ser humano em geral* designam-se aqueles direitos fundamentais que não preveem nenhuma restrição de legitimação no aspeto pessoal e que, portanto, cabem a todo ser humano. Estes direitos fundamentais são, por exemplo, do teor: "Todos têm o direito de..." (art. 2º, n. 1 e 2, frase 1, art. 5º, n. 1, frase 1), "Cada pessoa tem o direito de..." (art. 17º; cf. também art. 103º, n. 1), "Todas as pessoas..." (art. 3º, n. 1), "Ninguém pode..." (art. 3º, n. 3, art. 4º, n. 3, frase 1, art. 12º, n. 2, art. 101º, n. 1, frase 2, art. 103º, n. 3). O mesmo se verifica quando é garantida uma liberdade sem limitação relativa à pessoa, como no art. 4º, n. 1 e 2, art. 5º, n. 3, art. 6º n. 1 e 2, art. 10º, n. 1, art. 13º, n. 1, art. 14º, n. 1, frase 1 e art. 104º.

168. Como *direitos dos cidadãos alemães* são designados aqueles direitos fundamentais que apenas são conferidos aos alemães. São o art. 8º, o art. 9º, n. 1, o art. 11º, o art. 12º, n. 1, o art. 16º, o art. 20º, n. 4, e o art. 33º, n. 1 e s. Um direito dos cidadãos alemães é também o direito fundamental de eleição por sufrágio universal, direto, livre, igual e secreto para a Câmara Baixa do Parlamento Federal (*Bundestag*) (art. 38º, n. 1, frase 1). Isto não é expresso textualmente, mas decorre do art. 20º, n. 2: as eleições, como expressão da soberania do povo, são um direito da população da República Federal da Alemanha. No entanto, esta população compreende apenas os alemães, e não os estrangeiros e os apátridas. Por isso, o Tribunal Constitucional Federal declarou inconstitucional o reconhecimento do direito de eleger e de ser eleito a estrangeiros, por força do art. 20º, n. 2, e aplicou este entendimento, em virtude da exigência de homogeneidade prevista no art. 28º, n. 1, frases 1 e 2, também às eleições para outras representações populares[139]. No entanto, em eleições municipais, e em conformidade com o art. 28º, n. 1, frase 3, também os cidadãos dos Estados-Membros da União Europeia têm o direito de eleger e de ser eleitos.

---

139 E 83, 37 e E 83, 60; opinião diferente, Meyer, *Hdb. StR* (3) III, § 46, n. m. 7 e s.

169. O *conceito de cidadão alemão* é definido pelo art. 116º, n. 1. Este artigo reúne os cidadãos alemães, os refugiados e deslocados pertencentes ao povo alemão que, na qualidade dos chamados alemães por *status*, e por razões de falta de clareza dos seus destinos durante a guerra e no pós-guerra, não iriam ser qualificados nem como sendo de nacionalidade alemã, nem como estrangeiros. Também os cidadãos da RDA possuíam a nacionalidade alemã, independentemente da sua nacionalidade alemã-democrática[140]; os alemães por *status* possuem, nos termos do § 6º, n. 1, da Lei da Regulação da Nacionalidade, o direito à naturalização.

170. Porque o art. 1º, n. 3, vincula amplamente o poder público alemão aos direitos fundamentais, um *estrangeiro* também pode no estrangeiro invocar os seus direitos de ser humano, se aí cair no âmbito de aplicação do poder público alemão (cf. n. m. 244 e s.). No entanto, a possibilidade geral de invocar os seus direitos de ser humano não lhe proporciona um direito à entrada e residência no país; só tem esse direito se, no seu caso específico, puder invocar o direito de asilo (cf. n. m. 1133 e s.). Da aplicação dos direitos fundamentais deve ser distinguida a aplicação do direito ordinário para estrangeiros.

171. Exemplos:

Nos termos do art. 11º da Convenção Europeia dos Direitos do Homem, do § 1º, n. 1, da Lei das Reuniões, e do § 1º da Lei das Associações, também os estrangeiros têm liberdade de reunião e de associação. No entanto, estas garantias têm apenas a categoria de lei ordinária. Por isso, os §§ 14º e 15º da Lei das Associações podem prever fundamentos de proibição para associações de estrangeiros e para associações estrangeiras para além dos limites do art. 9º, n. 2, sem que seja violado o art. 9º, n. 1 (Tribunal Constitucional Federal, *DVBl.* 2000, 1515/1516). Do § 47 da Lei de Residência resulta, em termos idênticos, que a liberdade de reunião para estrangeiros pode ser mais restringida do que para cidadãos alemães (cf. Kaltenborn, *DÖV* 2001, 55).

172. A exclusão dos estrangeiros relativamente aos direitos dos cidadãos alemães é muitas vezes *sentida como insatisfatória*, sendo nesta

---

140 Cf. E 36, 1/30 e s.; 77, 137/149.

base rejeitada[141]. Por um lado, remete-se para o art. 1º, n. 1 e 2, e para o art. 19º, n. 2[142]. Como, nessa ótica, todo direito fundamental e todo direito dos cidadãos alemães apresenta um conteúdo de dignidade humana e de direitos humanos, que está protegido pelo art. 1º, n. 1 e 2, e que, enquanto conteúdo essencial, está complementarmente declarado como inviolável pelo art. 19º, n. 2, os direitos dos cidadãos alemães redundariam em todo o caso, no seu conteúdo de dignidade humana, no seu conteúdo de direitos humanos e no seu conteúdo essencial, em proveito dos estrangeiros. Por outro lado, toma-se por fundamento o art. 3º, n. 1[143]. Assim, como direito humano que é, o princípio da igualdade exigiria uma justificação para todo tratamento desigual de cidadãos alemães e de estrangeiros; a justificação de que a desigualdade de tratamento em questão se verificaria num âmbito de proteção material de um direito dos cidadãos alemães e de que, por isso, poderia discriminar os estrangeiros, não seria aceitável do ponto de vista dos direitos humanos.

173. No entanto, em ambos os casos, dos direitos dos cidadãos alemães não resultam, por esta via, quaisquer direitos de todo ser humano. A proteção do art. 1º, n. 1, e do art. 3º, n. 1, pode-se aproximar da, ou coincidir pontualmente com a, proteção de um direito dos cidadãos alemães, mas *fica aquém* da plena proteção deste.

174. Isto também deve ser tomado em conta na proteção dos estrangeiros através do direito de todo ser humano previsto *no art. 2º, n. 1*. O art. 2º, n. 1, é entendido como direito fundamental de substituição, que protege a liberdade em geral e que, portanto, a protege sempre que os direitos especiais à liberdade, com os seus âmbitos de proteção, não são aplicáveis (cf. n. m. 436 e s.). Segundo a opinião dominante, o art. 2º, n. 1, também desenvolve o seu efeito de substituição a favor dos estrangeiros[144]. Também na opinião do Tribunal Constitucional Federal,

---

141 Cf. Sachs, *BayVBl*. 1990, 385.

142 Dürig, *MD*, primeira revisão, art. 1º, II, n. m. 85, art. 2, I, n. m. 66.

143 Ruppel, *Der Grundrechtsschutz der Ausländer im deutschen Verfassungsrecht*, 1968, p. 43 e s.

144 Kloepfer, *VerfG* II, § 49 n. m. 20; Stern, *StR* III/1, p. 1041; opinião diferente, Schwabe, *NJW*, 1974, 1044 e s.

"a limitação do direito fundamental de liberdade de circulação aos alemães e ao território federal (art. 11º da Lei Fundamental)... não exclui que também se aplique o art. 2º, n. 1, da Lei Fundamental à permanência de pessoas na República Federal da Alemanha"[145]. Porém, neste âmbito, o Tribunal Constitucional Federal esclarece que a proteção da liberdade de circulação, de que também goza o estrangeiro, não está sujeita à reserva de lei qualificada do art. 11º, n. 2, mas sim à reserva de lei ordinária do art. 2º, n. 1.

175. Por via do art. 2º, n. 1, os estrangeiros têm o direito jurídico-fundamental a que o poder público respeite também em face deles todas as normas do *direito constitucional objetivo*. Também os estrangeiros podem, pois, com base no art. 2º, n. 1, fazer valer através do recurso constitucional violações ao princípio do Estado de direito e especialmente às suas manifestações (reserva de lei, princípio da proporcionalidade, proteção das expetativas)[146].

176. Exemplo:
Se, através de uma repetição sucessiva, ilimitada e incondicional, da autorização de residência, tiver sido criada uma expetativa a um estrangeiro que solicita a prorrogação da sua autorização de residência, a fixação de um prazo para a autorização de residência não constitui fundamento legal da recusa da prorrogação da autorização (*E* 49, 168/185).

177. Para cidadãos da União (art. 2º Tratado de Funcionamento da União Europeia) vigora uma ampla proteção jurídico-fundamental. Na medida em que o direito da União (especialmente a proibição geral de discriminação prevista no art. 18º do Tratado de Funcionamento da União Europeia e as liberdades fundamentais previstas nos arts. 34º, 45º, 49º, 56º e 63º do TUE) exige uma igualdade de tratamento de todos os cidadãos da UE, todos os direitos dos cidadãos alemães ou têm de ser abertos aos estrangeiros oriundos da UE em virtude do primado da aplicação do direito europeu[147], ou o art. 2º, n. 1, tem de ser enten-

---

145   E 35, 382/399; cf. também E 78, 179/196 e s.; 104, 337/346; BVerfG, NVwZ 2011, 486/488.
146   E 35, 382/400; 78, 179/197; BverfG, NJW 2008, 1369.
147   Ehlers, JZ 1996, 776/781; Wernsmann, Jura 2000, 657.

dido no sentido de que garante aos estrangeiros oriundos da UE uma proteção idêntica à que é assegurada pelos direitos dos cidadãos alemães[148]. Uma igualdade de tratamento na proteção jurídico-fundamental só é, porém, necessária, desde que o direito da União também a exija realmente. Isso não se verifica, na opinião do Tribunal Constitucional Federal, se o âmbito de aplicação do direito da União não estiver aberto, como é o caso na proteção contra a extradição, nos termos do art. 16º, n. 2. É discutível se haverá matérias que, em geral, caiam fora do âmbito de aplicação do direito da União[149]. É provável que seja sempre decisivo saber se o direito concretamente aplicável da União exige materialmente uma igualdade de tratamento. Tanto o art. 18º, n. 1, do Tratado de Funcionamento da União Europeia como as liberdades fundamentais permitem desigualdades de tratamento justificadas; em conformidade com isto, também o direito secundário da União não exige em todos os casos que se equiparem com cidadãos nacionais cidadãos da União provenientes de outros Estados-Membros. A proteção jurídico-fundamental tem, por isso, sempre um alcance pelo menos tão grande como o direito da União o exigir materialmente.

178. Exemplos:

Nos termos do art. 21º, n. 1, do Tratado de Funcionamento da União Europeia, os cidadãos da União têm, também no âmbito do direito da União, um direito à livre circulação, apenas no quadro das limitações e condições previstas nos tratados e no direito secundário; em conformidade com isto, os arts. 6º e s. da Diretiva 2004/38/EG limitam o direito de residência, concedendo-o, após três meses de estadia, a pessoas que não exercem uma profissão apenas se elas dispuserem de meios de subsistência suficientes para si e para os seus familiares (art. 7º, n. 1, lit. b), da Diretiva 2004/38/EG). Por isso, o direito de livre circulação, nos termos do art. 11º, n. 1, e a proteção contra a extradição,

---

148 Tendencialmente a favor Tribunal Constitucional Federal, NJW 2016, 1436/1437 = JK 10/2016. Bauer/Kahl, JZ 1995, 1077/1085; Dreier, DR, nota preliminar, n. m. 116.

149 Kingreen, in: Ehlers, Europäische Grundrechte und Grundfreiheiten, § 13, n. m. 13; por isso, com dúvidas em relação ao art. 16º, n. 2, LG Berlin v. 16.3.2016, 28 O 111/14 (deliberação de submissão ao TJUE), assim como Weiß, Hdb. StR X, § 207, n. m. 17.

prevista no art. 16º, n. 2, não tem de ir mais longe. – O art. 22º do Tratado de Funcionamento da União Europeia exige igualdade de tratamento no direito das eleições municipais, mas não exige capacidade eleitoral a nível dos Estados federados e da Federação; por isso, o direito de sufrágio pode-se restringir aos cidadãos alemães, nos termos do art. 38º, n. 1, frase 1.

2. Legitimação jurídico-fundamental antes do nascimento e depois da morte

179. Na medida em que as pessoas singulares[150] têm direitos por via dos direitos fundamentais, entende-se que isso se aplica aos *vivos*. E entende-se tanto mais quanto é certo que também o direito ordinário faz principiar a capacidade jurídica da pessoa com a consumação do nascimento (cf. § 1º do Código Civil alemão). Em princípio, a capacidade jurídica termina com a morte, a qual é admitida pela ciência médica, e também pelo legislador, a partir do momento em que o cérebro se tornou, irreversivelmente, incapaz de funcionar (cf. § 3º, cap. 2, n. 2, do TPG)[151].

180. Há muitos argumentos a favor de que os direitos fundamentais também só podem legitimar *pessoas vivas*: nem o nascituro, nem o falecido podem exprimir uma opinião (art. 5º, n. 1), não podem reunir-se (art. 8º), fundar uma associação (art. 9º, n. 1), exercer uma profissão (art. 12º, n. 1), etc.

181. Todavia o Tribunal Constitucional Federal reconhece *exceções* em ambas as direções, tendo em consideração o conteúdo material dos diferentes direitos fundamentais: não permite que a obrigação de garantir ao particular proteção contra ofensas à sua dignidade humana termine com a morte, mas recusa uma mais ampla proteção jurídico--fundamental do defunto decorrente do art. 2º, n. 1, e assim uma proteção do seu direito geral de personalidade[152].

---

150 N. E.: No Brasil, o termo pode ser mais bem entendido como pessoas físicas.

151 Anderheiden, *Staat* 2000, 509; opinião diferente, Höfling, *FS-Stern*, 2012, 1403/1412 e s.; Rixen, *Lebensschutz am Lebensende*, 1999, pág 247 e s.

152 E 30, 173/194; BVerfG, NVwZ 2008, 549/550; sobre uma proteção jurídico-fundamental mais ampla *post mortem*, Spilter, *DÖV*, 2014, p. 637 e s.

182. Por vezes, este "perdurar dos efeitos" do art. 1º, n. 1, para além da morte, e que se desvanece com o tempo, é também considerado relevante para a questão da admissibilidade da *recolha de órgãos* de cadáveres[153]. A lei sobre os transplantes de órgãos humanos respondeu a esta questão no sentido de que o transplante de um órgão depende da decisão da própria pessoa ainda em vida ou, na falta dela, da decisão do parente mais próximo. No caso de recusa de autorização, por parte da pessoa ainda em vida, de recolha de órgãos do seu cadáver ser respeitada depois da sua morte, é menos tomada em conta a sua dignidade humana do que a sua liberdade de decisão, nos termos do art. 2º, n. 1, e – desde que a decisão se oriente pelo credo ou pela consciência – nos termos do art. 4º, n. 1 e 2[154].

183. Ao *nascituro* (*embrião, nasciturus*) o Tribunal Constitucional Federal aplicou primeiro o art. 2º, n. 2, frase 1[155] e, posteriormente, também o art. 1º, n. 1[156]. No entanto, o Tribunal Constitucional Federal deixa em aberto a questão de saber "se, como sugerem os conhecimentos da antropologia médica, a vida humana se origina (somente com a nidação ou) já com a união do óvulo com o espermatozoide"[157]. Porém, o tribunal não decidiu "se o próprio nascituro é titular de direitos fundamentais ou se, pelo contrário, em virtude da falta de capacidade jurídica e jurídico-fundamental, é protegido no seu direito à vida 'apenas' pelas normas objetivas da Constituição"[158].

---

153   Cf. Herdegen, *MD*, art. 1, n. 1, n. m. 58.

154   Cf. Kübler, *Verfassungsrechtliche Aspekte der Organentnahme zu Transplantationszwecken*, 1977, p. 42 e s., 66 e s.; Maurer, *DÖV* 1980, 7.

155   E 39, 1/36 e s.; criticamente, Hoerster, *JuS* 1989, 172.

156   E 88, 203/251 e s.; criticamente, Dreier, *DR*, art. 1º I, n. m. 66 e s.; Michael/Morlok, *GR*, n. m. 155, 162.

157   E 88, 203/251; a favor da origem com a união, cf. Herdegen, *MD*, art. 1º, n. 1, n. m. 61 e s.; Schulze-Fielitz, *DR*, art. 2 II, n. m. 29; a favor da origem a partir da nidação, cf. Anderheiden, *KritV* 2001, 353/380; a favor da origem a partir da individuação, que se verifica ainda um pouco mais tarde, cf. Heun, *JZ* 2002, 517/520.

158   E 39, 1/41; a favor de uma titularidade jurídico-fundamental do nascituro, cf. Herdegen, *MD*, art. 1º, n. 1, n. m. 59, 61; Kloepfer, *VerfR* II, § 49 n. m. 6; em sentido oposto, cf. J. Ipsen, *JZ* 2001, 989; Hartleb, *Grundrechtsschutz in der Petrischale*, 2006.

3. Pleno gozo dos direitos fundamentais

184. A Lei Fundamental apenas nos art. 12a, n. 1, e art. 38º, n. 2, prevê *limites de idade* no âmbito dos direitos fundamentais. Na legislação ordinária estão previstos outros limites de idade. Assim, nos termos do § 106º Código Civil alemão, a capacidade negocial limitada começa quando é atingida a idade de 7 anos; depois de completar os 12 anos, o menor não pode ser coagido a abraçar, nos termos do § 5, frase 2, do *RelKErzG*, uma nova confissão religiosa; e, depois de completar os 14 anos, o menor pode decidir por si próprio que confissão religiosa pretende seguir.

185. Como problema do pleno gozo dos direitos fundamentais discute-se se ou quando é que os menores se encontram limitados no exercício de direitos fundamentais. A esse propósito ponderam-se duas possibilidades: ou nos baseamos na capacidade de discernimento e de decisão (maturidade jurídico-fundamental) da pessoa individual (*limite variável de idade*) ou nos limites que o legislador estabeleceu em geral (*limite fixo de idade*). A última hipótese leva a que: a) no caso de direitos fundamentais que se refiram à existência humana (art. 1º; art. 2º, n. 2, frases 1 e 2; art. 104º), se aceite sempre o pleno gozo dos direitos fundamentais; b) no caso de direitos fundamentais cujo exercício se prende com negócios jurídicos de direito privado (art. 12º, n. 1, art. 14º, n. 1), se faça começar o pleno gozo de direitos fundamentais de forma correspondente aos limites de idade para a capacidade negocial do Código Civil alemão; c) no caso dos direitos fundamentais decorrentes do art. 4º, n. 1 e 2, se prenda aos limites de idade estabelecidos no *RelKErzG*; e d), finalmente, no caso dos direitos fundamentais que só se tornam relevantes numa determinada idade (art. 4º, n. 3, art. 6º, n. 1, art. 12a), se faça começar o pleno gozo de direitos fundamentais com o correspondente limite de idade (§ 1º, n. 1 do *WPflG*, § 1303º, n. 1 e 2 do Código Civil alemão).

186. Nesta discussão em torno do pleno gozo dos direitos fundamentais confluem *três problemas materiais distintos*: a relação imediata dos menores com o poder público, o concurso dos direitos fundamentais dos menores com o direito dos pais à educação dos filhos e a defesa dos direitos fundamentais por parte dos menores no âmbito de um recurso jurisdicional.

187. **a)** Na relação de um menor com o **poder público**, por exemplo na escola ou no internato, não há nenhuma base normativa para uma limitação geral e adequada à idade da legitimidade de exercício dos direitos fundamentais[159]. São permitidas ingerências de acordo com os padrões gerais. O facto de a proteção da juventude ser expressamente referida no art. 5º, n. 2, no art. 11º, n. 2, e no art. 13º, n. 7, como uma autorização especial de ingerência revela que os menores têm direito ao exercício dos direitos fundamentais e estão protegidos contra ingerências injustificadas.

188. **b)** Mais importante do que a sua relação com o poder público é, para o menor, a sua relação com os pais. No entanto, o **direito dos pais à educação dos filhos** (art. 6º, n. 2) pode colidir com a crescente autonomia do menor. O art. 6º, n. 2, não constitui uma autorização de ingerência dos pais em face dos direitos fundamentais dos filhos, porque os pais não são titulares de poder público relativamente aos filhos. Mas o legislador adota regulações para os respetivos conflitos e tem também de as adotar em virtude da reserva de lei (cf. n. m. 312 e s.): no § 5 do *RelKErzG*, sobre a mudança de credo religioso por parte de menores, nos §§ 1626 e s. do Código Civil alemão sobre a detenção e o exercício do poder de assistência paternal, etc. Ele tem, neste caso, de respeitar tanto os direitos do menor como o direito dos pais à educação dos filhos.

189. A peculiaridade do direito dos pais à educação dos filhos consiste no facto de se tratar de um direito subjetivo dos pais *no interesse dos filhos*. Por um lado, contém competências decisórias e, por outro lado, está limitado no tempo e no conteúdo: no tempo, até o menor adquirir capacidade para a sua autodeterminação quanto à respetiva questão material; no conteúdo, limitado aos meios úteis para a educação (cf. n. m. 761, 772). Em face disto, não é problemático se o § 5º, frase 1, do *RelKErzG*, concede já ao menor com 14 anos o direito exclusivo de decisão sobre a mudança de confissão religiosa. Relativamente

---

159 Hesse, *VerfR*, n. m. 285; Hohm, *NJW* 1986, 3107; cf. também E 47, 46/74; 75, 201/215.

a todas as outras questões aplica-se, pelo contrário, em princípio, o poder de decisão dos pais decorrente do poder de assistência paternal (§§ 1626 e s. Código Civil alemão), poder de decisão que, no entanto, sobretudo em questões de maior importância como a determinação do local de residência e a escolha de profissão, se encontra limitado pelo facto de as decisões dos pais que põem em risco o bem do filho poderem ser substituídas pelo tribunal de família.

190. Exemplos:

O direito dos pais à educação dos filhos e as referidas regulações da lei ordinária abarcam a proibição, em face de um menor com 13 anos, de este abandonar a igreja (da confissão religiosa) e ingressar num clube de futebol, bem como a proibição de publicar artigos no jornal escolar. Não está com isso justificada uma proibição correspondente do diretor de turma.

191. **c)** Dos problemas jurídico-materiais referidos sob a) e b) temos de distinguir o problema **processual** da reivindicação de direitos fundamentais por parte de menores no âmbito de um procedimento jurisdicional, inclusive do recurso constitucional. Este problema diz respeito ao pressuposto de admissibilidade da capacidade processual (cf. n. m. 1292 e s.). É aqui imprescindível o estabelecimento de certos limites conformes à idade, por razões de uma adequada realização da justiça; também aqui, mais uma vez, uma decisão dos pais que põe em perigo o bem do filho pode ser substituída pelo tribunal de família.

192. Independentemente de tomarmos o conceito de pleno gozo dos direitos fundamentais em termos mais restritos ou mais amplos, ele não pode, de qualquer forma, escamotear a *diferença* entre as três constelações de casos. Em termos de razoabilidade, ele apenas devia ser usado como sinónimo de capacidade processual[160].

4. Renúncia aos direitos fundamentais

193. É questionável se e até que ponto a legitimação para ser titular de direitos fundamentais está à disposição do particular, ou seja,

---

160 No mesmo sentido, Dreier, *DR*, nota preliminar, n. m. 114.

que importância tem o consentimento de um titular de direitos fundamentais para a admissibilidade de uma atuação do Estado no âmbito de proteção dos seus direitos fundamentais. Este problema é discutido sob o conceito de renúncia aos direitos fundamentais.

194. Exemplos:
Alguém permite à polícia a busca do seu domicílio, sem que haja um mandado judicial de busca (cf. art. 13º, n. 2). Um detido preventivamente, sem família, deseja evitar que o seu círculo de conhecidos venha a saber da sua detenção e prescinde do direito de informação previsto no art. 104º, n. 4. Um detido saudável disponibiliza-se para ensaios clínicos no hospital prisional (cf. art. 2º, n. 2, frase 1). Um eleitor preenche o boletim de voto em público, em vez de o fazer em sigilo (cf. art. 38º, n. 1, frase 1).

195. Não é uma questão de renúncia aos direitos fundamentais se uma pessoa que tem direito a eles não fizer *de facto* uso de um direito fundamental, por exemplo, se não participa em nenhuma reunião (art. 8º), se não adere a nenhuma associação (art. 9º) ou não recorre a nenhuma via jurisdicional (art. 19º, n. 4). Diferente é o caso se essa pessoa renuncia de forma juridicamente vinculativa à participação em reuniões, à adesão a uma associação e à via jurisdicional; estes são casos de renúncia aos direitos fundamentais.

196. A caraterização como renúncia aos direitos fundamentais não conduz ainda *a quaisquer consequências jurídicas*, isto é, a renúncia nem sempre torna constitucional a medida estatal e, por outro lado, o consentimento do atingido não é inteiramente irrelevante. Isto revela-se, desde logo, no facto de, nos poucos casos em que o texto da Lei Fundamental dá informação quanto à questão da renúncia aos direitos fundamentais, ser determinada em parte a sua admissibilidade, mas em parte também a sua inadmissibilidade:

– No art. 16º, n. 1, faz-se depender o efeito de proteção deste direito fundamental expressamente da vontade do cidadão; efetivamente, a perda da nacionalidade alemã pode verificar-se, como resulta da frase 2, com a manifestação de vontade do cidadão nacional. No art. 6º, n. 3, e no art. 7º, n. 3, frase 3, encontram-se outros casos deste género.

– No art. 9º, n. 3, frase 2, são declarados ineficazes acordos que obstaculizem o exercício do direito fundamental à liberdade de associação de trabalhadores ou empregadores. Aqueles que estão legitimados pelos art. 9º, n. 3, frase 1, não podem, pois, dispor contratualmente da sua posição jurídico-fundamental ou renunciar a ela.

197. No entanto, na grande maioria dos casos, o texto da Lei Fundamental não fornece nenhum ponto de apoio para a admissibilidade ou inadmissibilidade da renúncia aos direitos fundamentais. Por isso, temos de recorrer à *função dos direitos fundamentais*. O entendimento clássico dos direitos fundamentais acentua a função dos direitos fundamentais como direitos subjetivos à liberdade do cidadão contra o Estado (cf. n. m. 89 e s.) e vê a renúncia a posições jurídico-fundamentais como um ato do exercício da liberdade: renúncia aos direitos fundamentais como forma de exercício dos direitos fundamentais[161]. O mais recente entendimento dos direitos fundamentais parte de uma função objetiva desses direitos (cf. n. m. 107 e s.), da qual o cidadão não pode dispor e à qual não pode renunciar[162].

198. A *jurisprudência do Tribunal Constitucional Federal* argumenta com ambas as funções e conhece tanto a indisponibilidade e a irrenunciabilidade dos direitos fundamentais como a possibilidade de o particular influenciar a ação do Estado através de declarações de concordância ou de consentimento. A função do direito fundamental em concreto é determinante. No entanto, *pressuposto* da admissibilidade de uma renúncia aos direitos fundamentais é sempre que ela seja claramente reconhecível e voluntariamente efetuada, isto é, que não tenha lugar sob coação ou engano[163].

199. Na medida em que um direito fundamental serve para a liberdade de desenvolvimento pessoal, uma presunção é um indício a favor da admissibilidade da renúncia. Pelo contrário, na medida em que um direito fundamental é importante para o processo da formação da

---

161 Cf. Dürig, *AöR* 1956, 117/152; Merten, in: *FS Schmitt Glaeser*, 2003, p. 53/60.

162 Cf. Sturm, in: *FS Geiger*, 1974, p. 173/192 e s.

163 Cf. Stern, *StR III/2*, p. 912 e s.

vontade do Estado, isso indicia a inadmissibilidade da renúncia. Também não se pode renunciar à dignidade humana prevista no art. 1º, n. 1, incluindo o conteúdo de dignidade humana de outros direitos fundamentais (cf. n. m. 410).

200. Exemplos:

No domínio das liberdades de profissão e de propriedade, são em grande medida permitidos contratos entre o cidadão e o poder público (cf. §§ 54 e s. do *VwVfG*) e, nesta ordem de ideias, também a renúncia a determinados efeitos de proteção decorrentes destes direitos fundamentais (cf. *BVerfGE* 30, 65; 42, 331). Também é, em princípio, admissível a renúncia à proteção jurídico-fundamental do domicílio, do sigilo da correspondência e das telecomunicações e de outros dados relativos à pessoa (cf. E 106, 28/44 e s.; criticamente, Hoffmann-Riem, *AöR* 2009, 513/529 e s.). – Em contrapartida, o cidadão não pode renunciar ao seu direito de voto e ao exercício secreto deste (cf. OVG Lüneburg, *DÖV* 1964, 355; OVG Münster, *OVGE* 14, 257).

201. Podem ainda juntar-se *outros pontos de vista* para a apreciação da admissibilidade ou inadmissibilidade de uma renúncia aos direitos fundamentais, nomeadamente a gravidade e a duração da ingerência, o perigo do abuso da possibilidade de renúncia, bem como uma mais ou menos apertada situação de desespero ou de coação do renunciante. Além disso, temos de fazer a distinção entre o caso de uma renúncia jurídico-fundamental livremente revogável e o caso de uma renúncia jurídico-fundamental com efeitos vinculativos para o futuro[164].

202. Exemplos:

A renúncia às vias de recurso e aos meios jurídicos é considerada admissível quando a decisão respetiva está tomada ou é, em qualquer caso, previsível no seu conteúdo concreto (*E* 9, 194/199); pelo contrário, é inadmissível uma renúncia global às vias de recurso contra decisões futuras. – É admissível o pedido voluntário de detenção policial de proteção, tal como a renúncia fundada ao direito de prestação de informação, nos termos do art. 104º, n. 4 (Rüping, *BK,* art. 104º, n. m. 87 e s.;

---

164 Cf. Sachs, *VerwArch* 1985, 398/422 e s.

opinião diferente, Dürig, *MD*, art. 104º, n. m. 43). – Enquanto no tratamento terapêutico se verifica uma renúncia legítima aos direitos fundamentais, o caso do detido saudável que se disponibiliza junto do hospital prisional para ensaios clínicos terá provavelmente de ser apreciado de modo diferente (cf. Pietzcker, *Staat* 1978, 527/550).

203. **Indicação técnica de solução.**

No esquema de controlo dos direitos fundamentais (âmbito de proteção – ingerência – justificação jurídico-constitucional, cf. n. m. 400 e s.), deve ser discutida, em regra, ao fazer-se o controlo da ingerência, a questão de uma renúncia aos direitos fundamentais: uma medida estatal que tenha lugar com o consentimento legítimo do atingido não constitui uma ingerência no direito fundamental.

5. Legitimação jurídico-fundamental de grupos de pessoas e de organizações

204. Titulares de direitos fundamentais são, em primeiro lugar, as pessoas físicas ("qualquer um", "todas as pessoas", "todos os alemães", "os homens e as mulheres", etc.). Elas também permanecem titulares de direitos fundamentais no caso de se constituírem em grupos de pessoas e formarem organizações. Se exercerem os seus direitos fundamentais como grupo e ao mesmo tempo forem afetadas por uma medida do poder público, cada uma pode, individualmente, interpor recurso constitucional. No entanto, suscita-se a questão de saber se também o grupo não terá, ele próprio, legitimidade jurídico-fundamental e se não poderá interpor recurso constitucional. A questão põe-se para cada tipo de grupo de pessoas e de organizações. A resposta é dada pelo art. 19º, n. 3. Ao declarar a *aplicação dos direitos fundamentais também às pessoas coletivas nacionais*, também lhes concede a elas a legitimidade jurídico-fundamental. Como pressuposto, o preceito referido exige que os direitos fundamentais sejam, pela sua natureza, aplicáveis às pessoas coletivas nacionais.

205. **a)** O conceito de **pessoa coletiva** foi desenvolvido pela lei ordinária. Ele designa os grupos de pessoas e as organizações às quais o direito privado, ou também o direito público, concede personalidade e *capacidade jurídicas*, isto é, a capacidade de serem titulares de direitos e de obrigações (pessoas coletivas de direito privado ou de direito público). Compreende também a capacidade de recorrer e de ser recorrido (a capacidade de ser parte ativa e passiva).

206. Exemplos:

Pessoas coletivas de direito privado são, por exemplo, a associação com capacidade jurídica, a sociedade de responsabilidade limitada, a sociedade por ações, a sociedade mútua de seguros, a fundação com capacidade jurídica; pessoas coletivas de direito público são, por exemplo, a Federação (*Bund*), os Estados federados (*Länder*), os municípios, as igrejas, as instituições de radiodifusão de direito público, as universidades estatais, a Fundação *Preußischer Kulturbesitz*.

207. O direito ordinário reconhece, por vezes, a capacidade jurídica de grupos de pessoas e de organizações, não de uma maneira ampla, mas limitada a determinados domínios (do direito) e a determinadas normas jurídicas. Assim, não é fundamentada a plena capacidade jurídica que o direito ordinário confere às pessoas coletivas, mas uma chamada *capacidade jurídica parcial*[165].

208. Exemplos:

O § 54 Código Civil e o § 50, n. 2, do Código de Processo Civil atribuem à associação sem capacidade jurídica determinados direitos e obrigações (organizados como associações sem capacidade jurídica estão, entre outros, os partidos e os sindicatos); a comissão de trabalhadores possui uma capacidade jurídica parcial na área do direito de organização das empresas; o direito público conhece como unidades administrativas com capacidade jurídica parcial, por exemplo, as Faculdades das universidades do Estado.

209. O art. 19º, n. 3, reconhece a legitimação jurídico-fundamental a todos os grupos de pessoas que tenham *capacidade jurídica total ou parcial*[166]. O conceito jurídico-constitucional de pessoa coletiva é, pois, mais amplo do que o conceito jurídico-ordinário. Como o art. 19º,

---

165 Fundamental sobre o assunto, Bachof, AöR 1958, 208.

166 Dreier, *DR*, art. 19 III, n. m. 44 e s.; Jarass, *JP*, art. 19, n. m. 16; Remmert, *MD*, art. 19º, n. 3, n. m. 37 e s.

n. 3, tem a função de ampliar a capacidade jurídica do direito ordinário para a legitimidade jurídico-fundamental, não é aplicável quando um "simples" grupo de pessoas, por exemplo o grupo de comensais ou o quarteto de cordas, não goza de qualquer capacidade jurídica.

210. **b)** A questão de saber se uma pessoa coletiva, no sentido do art. 19º, n. 3, é de **origem nacional** ou estrangeira depende do seu *centro de atividade material*, que é muitas vezes designado como "sede"[167], mas que não tem de coincidir com a sede estatutária da administração geral[168]. As pessoas coletivas com sede num outro Estado-Membro da UE têm de ser equiparadas às pessoas coletivas nacionais[169], através da extensão da aplicação do art. 19º, n. 3 (cf. também n. m. 177). Não interessa a nacionalidade das pessoas associadas. Não são determinantes as convenções de direito internacional sobre o tratamento como nacionais de pessoas coletivas estrangeiras.

211. O Tribunal Constitucional Federal também concedeu às *pessoas coletivas estrangeiras os direitos fundamentais processuais* constantes do art. 101º, n. 1, frase 2, e do art. 103º, n. 1. É que eles contêm "princípios processuais que se aplicam a qualquer procedimento judicial e que, por isso, também têm de reverter a favor de qualquer um"[170].

212. O problema da **aplicabilidade de acordo com a natureza** refere-se, por um lado, ao conteúdo do direito prosseguido, e, por outro lado, ao titular de direitos[171]:

213. **aa)** O direito fundamental a tomar em consideração não pode partir de **qualidades naturais da pessoa humana**, que faltam às pessoas coletivas. Se parte de qualidades de que só dispõem determinadas pessoas coletivas, então também só se pode aplicar, pela sua natureza, a estas pessoas coletivas. Contudo, a jurisprudência do Tribunal Constitucional Federal não é uniforme.

---

167 Cf. E 21, 207/209; BVerfG, NJW 2002, 1485.

168 Dreier, *DR*, art. 19 III, n. m. 79.

169 E 129, 78/94 e s.

170 E 21, 362/373; 64, 1/11; opinião divergente Merten, *Hdb. GR III*, § 56 n. m. 100; cf. Zuck, *EuGRZ* 2008, 680.

171 Schoch, *Jura* 2001, 201/203.

214. Exemplos:

A pessoa coletiva pode exercer uma atividade profissional (art. 12º) e pode ser proprietária (art. 14º). Mas falta-lhe a dignidade humana, não tem vida nem saúde e também não contrai casamentos. Ainda assim, o Tribunal Constitucional Federal (*E* 13, 290/298) argumentou decisivamente com o art. 6º, n. 1, a favor da empresa, para declarar inconstitucional a discriminação fiscal da empresa, causada pela relação de trabalho com o cônjuge de um associado; mas, com razão, trata-se de uma ingerência indireta na liberdade de casamento dos cônjuges. – Em todo o caso, em aspetos concretos, como no direito à apresentação pessoal e especialmente à autodeterminação informacional (cf. n. m. 447 e s.), a pessoa coletiva também tem o direito geral à personalidade (*E* 106,28/42 e s.; Tribunal Constitucional Federal, *NJW* 2005, 883 e s.; mas, de modo diferente, em relação ao direito de não se ter de autoincriminar: *E* 95,220/241 e s.). – A jurisprudência é particularmente incoerente no âmbito do art. 4º, n. 1 e 2: embora neste caso as pessoas coletivas estejam protegidas se a sua finalidade for religiosa ou ideológica (cf. n. m. 618 e s.), as empresas sem esta finalidade não se podem defender, referindo-se ao art. 4º, n. 1 e 2, contra a tributação pelo imposto eclesiástico (*E* 19, 206) e também não se podem defender de terem de prestar os pagamentos de salário em caso de doenças, que são a consequência das interrupções legais da gravidez (TCF, *NJW* 1990, 241); é sempre aplicável apenas o art. 2º, n. 1. Mas permanece inexplicável (Kingreen, *JöR* 2017,1/19 e s.) a razão por que o art. 4º, n. 1 e 2, há-de ser aduzido complementarmente no âmbito do controlo da proporcionalidade de uma ingerência no art. 2º, n. 1, apesar de no fundo lhe faltar aplicabilidade, quando uma sociedade em nome coletivo, detida por talhantes[172] de credo islâmico, se defende (TCF, *NJW* 2002, 1485) contra uma proibição de abater animais por degolação (n. m. 616, 632). Entretanto, o Tribunal Constitucional Federal considera que carece de clarificação a questão de saber se as pessoas coletivas podem recorrer ao art. 4º, n. 1 e 2 (TCF, *NVwZ* 2018, 1635/1636 e s.; em geral, crítico em relação à extensão da aplicabilidade de acordo com a natureza, *Groß*, *KJ* 2019, 76/87 e s.).

---

172 N. E.: No Brasil, o termo pode ser mais bem entendido como açougueiros.

215. bb) A "aplicabilidade de acordo com a natureza", no sentido do art. 19º, n. 3, reporta-se igualmente a determinadas caraterísticas do titular de direitos, que recorre ao direito fundamental. O Tribunal Constitucional Federal "só justifica uma inclusão de pessoas coletivas no âmbito de proteção dos direitos fundamentais, se a sua constituição e atividade forem expressão do livre desenvolvimento das pessoas físicas, especialmente se a 'responsabilidade indireta' das pessoas que estão por detrás das pessoas coletivas permitir que isso pareça razoável e necessário"[173]. Na doutrina, este requisito de um **substrato pessoal** encontra objeções: assim, o art. 19º, n. 3, estabeleceria para as pessoas coletivas uma legitimação jurídico-fundamental autónoma, ultrapassaria com isso precisamente a proteção jurídico-fundamental das pessoas singulares e não poderia ser reconduzido a uma proteção jurídico-fundamental das pessoas singulares que estão por detrás da pessoa coletiva. Decisivo seria, não o substrato pessoal da pessoa coletiva, mas a *"situação de perigo típica dos direitos fundamentais"*, isto é, saber se seria comparável a situação da pessoa coletiva com a situação de uma pessoa física que goza da proteção dos direitos fundamentais contra o Estado que põe em risco a liberdade[174]. O Tribunal Constitucional Federal até retomou o conceito de situação de risco, típica dos direitos fundamentais, mas orientou-o no sentido de, no caso de ausência de substrato pessoal, não se poder, pura e simplesmente, falar de uma situação de ofensa típica dos direitos fundamentais[175]. O aspeto do substrato pessoal não é, todavia, seguido de maneira consequente pelo Tribunal Constitucional Federal[176].

216. Exemplo:

As fundações são patrimónios organizados, dotados de capacidade jurídica, que não permitem reconhecer qualquer substrato pessoal. Não obstante, os acórdãos do Tribunal Constitucional Federal *E* 46, 73/83 e também do Tribunal Administrativo Federal *BVerwGE* 40, 347,

---

173   *E* 21, 362/369; no mesmo sentido, Krebs, *MüK*, art. 19, n. m. 43 e s.; Remmert, *MD*, art. 19º, n. 3, n. m. 30 e s.

174   Dreier, *DR*, Art. 19 III, n. m. 34; Kingreen, *JöR* 65 (2017), 1/27 e s.

175   *E* 45, 63/79; 61, 82/103 e s., 105.

176   Kahl/Hilbert, *BK*, Art. 19 Abs. 3, n. m.165 e s.

reconheceram-lhes legitimação jurídico-fundamental. Eles nem sequer problematizaram a ausência de substrato pessoal, talvez porque já a sua origem histórica ensina que as fundações devem gozar da proteção do art. 19º, n. 3 (*JöR* 1951, 183).

217. Para as **pessoas coletivas de direito público**, o Tribunal Constitucional Federal ateve-se, de uma maneira especialmente enérgica, ao requisito do substrato pessoal. Segundo a sua jurisprudência permanente, os direitos fundamentais não se aplicam, em princípio, a pessoas coletivas de direito público[177]. É que, por detrás destas, não estariam pessoas físicas, mas sempre o Estado. Os diferentes titulares de funções estatais seriam, na perspetiva do particular, apenas formas manifestativas especiais do poder unitário do Estado e não poderiam ser simultaneamente obrigados e legitimados pelos direitos fundamentais (o chamado argumento confusionista: a legitimação e a vinculação jurídico-fundamental não se devem confundir)[178]. As "ingerências e os abusos" na relação dos diferentes titulares de funções estatais seriam sempre apenas "conflitos de competência em sentido mais lato"[179]. No entanto, também não interessará saber se a pessoa coletiva de direito público, atuando no exercício de poderes de autoridade, desempenha funções públicas ou não atua no exercício de poderes de autoridade[180] e se, na Administração do Estado, está mais ou menos autonomizada juridicamente. Mesmo uma pessoa coletiva de direito privado deve prescindir da proteção jurídico-fundamental, quando desempenha funções de previdência social e está sob a alçada de um titular do poder público.

218. Exemplos:

Um município não se pode apoiar no art. 14º, n. 1, frase 1 (*E* 61, 82; 98, 17/47; cf. Schmidt-Aßmann, *NVwZ* 1983, 1; criticamente, Hufen,

---

177 E 21, 362/369 e s.; 68, 193/205 e s.; E 143, 246,, n. m. 187 e s. (=JK 5/2017); do mesmo modo Krebs, *MüK*, art. 19, n. m. 41 e s.; Remmert, *MD*, art. 19º, n. 3, n. m. 45 e s.

178 Criticamente, Becker, *Jura* 2019, 496/508; Merten, *DÖV* 2019, 41; diferenciando, Kahl/Hilbert, *BK*, Art. 19 Abs. 3, n. m. 225 e s.

179 E 21, 362/368 e s.; cf. também E 61, 82/100 e s.

180 E 61, 82/103 e s., 105; criticamente, Becker, *Jura* 2019, 496/506 e s.; Kingreen, *JöR* 65 (2017), 1/24 e s.

StR II, § 38, n. m. 18). Uma sociedade anónima que prossegue funções de assistência social e cujo único acionista (*E* 45, 63/80) ou acionista maioritário (BVerfG, *NVwZ* 2009, 1282; criticamente, Pieroth, *NWVBl* 1992, 85) é uma corporação de direito público também não se pode apoiar em direitos fundamentais (opinião diferente, Lang, *NJW* 2004, 3601); pelo contrário, a sociedade anónima é legitimada pelos direitos fundamentais, quando a entidade de direito público não tiver nenhuma influência dominante sobre a direção da empresa (*E* 115, 205/227 e s.).

219. Tal como acontece relativamente às pessoas coletivas estrangeiras (cf. n. m. 211), o Tribunal Constitucional Federal aplica a proteção dos direitos fundamentais processuais prevista nos *arts. 101º, n. 1, frase 2, e 103º, n. 1*, também às pessoas coletivas de direito público.

220. Exemplos:

As caixas de previdência locais gerais (*E* 39, 302/312), as associações de médicos de caixa (*E* 62, 354/369), as caixas económicas de direito público e serviços de legitimidade passiva em processos de tribunais setoriais (*E* 138, 64, n. m. 56) podem, "em todo o caso, apoiar-se nos direitos equiparados aos direitos fundamentais previstos no art. 101º, n. 1, frase 2, e no art. 103º, n. 1" (*E* 75, 192/200), mas não podem invocar uma proteção proporcionada por direitos fundamentais materiais (art. 3º, n. 1, e art. 20º, n. 3) contra a violação dos limites ao desenvolvimento judicial do direito (TCF, NJW 2019,351/352).

221. Em determinados casos, o Tribunal Constitucional Federal considera que se verifica *o substrato pessoal também nas pessoas coletivas de direito público*. Sempre que "instituições do Estado... defendem direitos fundamentais num domínio em que são independentes do Estado", devem "ser enquadradas diretamente no âmbito vital protegido pelos direitos fundamentais"[181]. Fala-se neste sentido também de pessoas coletivas de direito público como "'administradores materiais' do particular na prossecução dos seus direitos fundamentais"[182]. O Tribunal Constitucional Federal considera, além disso, uma situação especial em

---

181   E 31, 314/322; 39, 302/314.

182   E 61, 82/103.

empresas que são detidas por um Estado estrangeiro. Elas não exercem na Alemanha qualquer poder de autoridade, não estando, por isso, vinculadas aos direitos fundamentais, pelo que o argumento confusionista (n. m. 217) não impede a sua legitimação jurídico-fundamental. Não é compatível, nem com a liberdade de estabelecimento do direito europeu, decorrente do art. 49º em ligação com o art. 54º do Tratado de Funcionamento da União Europeia (n. m. 71), nem com o direito de recurso garantido no art. 13º da CEDH (n. m. 69), que se recuse às empresas, por causa da sua titularidade de direito público, a proteção jurídica através do recurso constitucional[183]. Não são, pelo contrário, legitimados pelos direitos fundamentais representantes de outros Estados, porque a sua condição jurídica se determina pelas regras diplomáticas do direito internacional público[184].

222. Exemplos:

As universidades do Estado e as suas faculdades podem apoiar-se na liberdade científica (*E* 15, 256/262); as instituições de radiodifusão de direito público podem apoiar-se na liberdade de radiodifusão (*E* 59, 231/255; 78, 101/102 e s.) e no sigilo das telecomunicações a ela funcionalmente ligado (*E* 107, 299/310), assim como, para o controlo jurisdicional da observância destes direitos fundamentais, no art. 19º, n. 4 (*E* 107, 299/310 e s.), mas cada uma apenas se pode apoiar na sua respetiva liberdade. As comunidades religiosas são amplamente legitimadas pelos direitos fundamentais, em virtude da sua posição especial entre as corporações de direito público (cf. n. m. 622). – Uma empresa detida a 100% pelo Estado sueco está autorizada a defender-se, com base no art. 14º, n. 1, contra o abandono acelerado da utilização pacífica da energia nuclear (*E* 143, 246, n. m. 191 e s. = *JK* 5/2017).

223. Na **doutrina**[185], à recusa de princípio, por parte do Tribunal Constitucional Federal, da titularidade de direitos fundamentais pe-

---

183   E 143, 246, n. m. 196 e s. (= JK 5/2017).

184   OVG Münter, NVwZ 2017, 648/649.

185   Cf. Broß, *VerwArch* 1986, 65/72 e s.; Stern, *StR III/1*, p. 1149 e s.; opinião diferente, Roellecke, *UC*, art. 19 I-III, n. m. 125 e s.

las pessoas coletivas de direito público, contrapõe-se não só a questionabilidade da exigência do substrato pessoal. Opõe-se-lhe desde logo a letra do art. 19º, n. 3, que não faz a distinção entre pessoas coletivas de direito privado e de direito público. Além disso, da génese resultam pontos de apoio no sentido de que, em princípio, não deveria ser excluída a legitimação jurídico-fundamental de pessoas coletivas de direito público[186]. Também não é convincente o argumento segundo o qual o cidadão estaria perante um "poder estatal unitário" monolítico e os titulares de funções estatais não poderiam ser simultaneamente obrigados e beneficiários de direitos fundamentais. O Tribunal Constitucional Federal, que por um lado reconhece às instituições de radiodifusão proteção jurídico-fundamental em face do Estado, considera-as, por outro lado, e em face dos cidadãos, vinculadas aos direitos fundamentais destes[187].

224. No entanto, no caso de reconhecimento de capacidade jurídico-fundamental das pessoas coletivas de direito público, devemos atentar no seguinte: diferentemente do que sucede com grupos de pessoas de direito civil, que se constituem, têm a sua existência e se extinguem por via de decisões autónomas de indivíduos – nesta medida, a ordem jurídica limita-se a disponibilizar a forma jurídica –, as pessoas coletivas de direito público dependem, na sua existência, de decisões do Estado. Uma corporação, um estabelecimento público (*Anstalt*) ou uma fundação de direito público assentam exclusivamente num ato orgânico do Estado, existem e agem legitimamente apenas num âmbito de funções e de tarefas conferidas pelo Estado, e também podem ser extintos por ato do Estado. Daí decorre que a extensão da legitimação jurídico-fundamental às pessoas coletivas de direito público apenas se pode referir ao âmbito de funções e de tarefas que lhes foram confiadas[188].

225. Nestes limites, a atuação da pessoa coletiva de direito público respetivamente em questão tem de cair realmente no âmbito de proteção do respetivo direito fundamental em causa. Para isso, ela tem

---

186 JöR 1951, 182 e s.

187 E 14, 121/130 e s.

188 Pieroth, *Störung, Streik und Aussperrung an der Hochschule*, 1976, p. 197 e s.

de fazer parte das chamadas *relações jurídicas externas, por oposição às chamadas relações jurídicas internas*[189]: com a sua conduta, a pessoa coletiva tem de poder apresentar-se em face do Estado como sujeito jurídico dotado de autonomia jurídica, não podendo ser inteiramente integrada, através de sujeição a orientação, na organização do Estado. Apenas nessa medida podemos falar também de situações de perigo típicas dos direitos fundamentais; nesta medida, poderíamos mesmo aceitar uma necessidade, entendida em termos amplos, de substrato pessoal, pois com a não sujeição a orientação de uma pessoa coletiva fica livre a vista para as pessoas que estão por detrás dela, para os seus interesses e para as suas condutas.

226. Exemplos:

Uma comunidade estudantil, constituída como pessoa coletiva, que sai do seu âmbito legal de funções por fazer declarações de política geral, mas que, pelo contrário, salvaguarda esse seu âmbito de funções através de manifestações de política universitária, está sujeita, nessas manifestações de política universitária, não à tutela técnica, mas apenas à tutela jurídica e, nesta medida, apresenta-se em face do Estado como ente juridicamente autónomo e, portanto, como ente jurídico-fundamentalmente legitimado (opinião diferente, *BerlVerfGH*, *NVwZ* 2000, 549). Regime idêntico se aplica às tomadas de posição de ordens profissionais e às tomadas de posição dos municípios em assuntos de administração autónoma. Para efeitos de proteção da sua propriedade, o município tem de poder apoiar-se no art. 14º, contra o entendimento sustentado pelo Tribunal Constitucional Federal *in*: *E* 61, 82 (cf. n. m. 218) (também neste sentido, mas limitada à prossecução de funções fora do âmbito dos poderes de autoridade, em parte a jurisprudência; cf. *BVerfGE* 132, 261/264; Englisch, *Die verfassungsrechtliche Gewährleistung kommunalen Eigentums im Geltungskonflikt von Bundes- und Landesverfassung*, 1994, p. 31 e s.).

227. Da questão da legitimação jurídico-fundamental das pessoas coletivas de direito público é preciso distinguir a questão da prote-

---

189 Cf. Maurer/Waldhoff, *Allg. VwR*, § 21, n. m. 26 e s.

ção jurídico-fundamental dos funcionários que aí exercem funções. Para a justificação dos seus atos oficiais, o funcionário não pode apoiar-se nos seus direitos fundamentais. Todavia, na medida em que os funcionários são afetados, enquanto titulares de direitos fundamentais, no âmbito da sua atividade oficial, eles gozam de proteção jurídico-fundamental[190]. No entanto, eles têm de aceitar restrições nos seus direitos fundamentais, que estão associadas à sua posição oficial. Assim, por exemplo os procuradores da república e os advogados têm de tolerar a indicação dos seus nomes num relatório processual, mesmo que devido a isso sejam afetados no seu direito à personalidade. Isto não se aplica, entretanto, a escrivães, na medida em que não há qualquer interesse informativo na indicação do seu nome[191] (ver também, n. m. 548, 640,702).

II. Vinculação aos direitos fundamentais

1. Tipo de vinculação

228. *Como direito diretamente aplicável* que são, os direitos fundamentais vinculam o legislador, o poder executivo e os tribunais (art. 1º, n. 3). Isto representa um afastamento deliberado relativamente à Constituição Imperial de Weimar, na qual os direitos fundamentais vinculavam apenas a Administração, mas não o legislador (cf. n. m. 30 e s.), e em que muitos direitos fundamentais apenas eram considerados princípios programáticos não vinculativos, ficando a sua violação sem sanção jurídica e jurisdicional[192]. Na vigência da Lei Fundamental, nenhum direito fundamental pode ser relativizado ao ponto de se constituir em princípio programático e toda violação jurídico-fundamental pode ser sancionada.

---

190 Cf., para a delimitação entre conduta privada e oficial em manifestações de opinião, E 138,102, n. m. 50 e s., Gröpl/Zembruski, *Jura* 2016, 268.

191 BVerwG, *NJW* 2015, 807/809 e s.

192 Cf. Anschütz, *Die Verfassung des Deutschen Reiches*, 14ª ed., 1933, p. 505 e s.; Thoma, *in*: *Grundrechte und Grundpflichten der Reichsverfassung*, v. I, 1929, p. 1 e s.

2. Destinatários públicos da vinculação aos direitos fundamentais

229. O art. 1º, n. 3, obriga o poder legislativo, o poder executivo e o poder judicial. Estes três poderes também são designados simplesmente como Estado, "autoridade pública" (art. 1º, n. 1, frase 2) ou "poder público" (art. 93º, n. 1, al. 4a). A vinculação aos direitos fundamentais do poder legislativo e do poder judicial não suscita problemas. Ao invés, a vinculação aos direitos fundamentais do poder executivo suscita *problemas de delimitação*, em virtude da diversidade das suas funções, das formas de organização e das formas de atuação.

230. Exemplos:

Se uma escola pública não emitir a um aluno um certificado do 12º ano, não lhe concedendo, assim, o direito de acesso ao ensino superior, interfere no seu direito fundamental à livre escolha da instituição de formação, nos termos do art. 12º, n. 1; haverá também uma ingerência, se a atuação for de uma escola privada, que é um sujeito jurídico de direito privado e apenas está encarregada pelo Estado de passar diplomas? Constituirá uma diferença, para a vinculação da cidade aos direitos fundamentais, o facto de o abastecimento da população com água potável ser assegurado por serviços de água da cidade, na forma jurídica de estabelecimento de direito público destituído de capacidade jurídica, ou por uma sociedade anónima cujas participações são detidas pela cidade? No caso do abastecimento de água por parte de um estabelecimento da cidade, interessará ainda saber se ele aplica taxas com base num regulamento autónomo municipal ou se celebra contratos de direito privado com os utentes? Estará a Administração vinculada aos direitos fundamentais por ocasião da celebração de um contrato, nos termos dos §§ 631 e s. do Código Civil alemão, para a construção de um edifício administrativo com um empresário da construção, embora um mandante privado numa situação idêntica não estivesse sujeito a uma tal vinculação? Estará o ente de poder público que desenvolve uma atividade empresarial própria, que por exemplo explora uma fábrica de cerveja ou que detém participações de uma sociedade anónima, vinculado, por isso mesmo, a direitos fundamentais?

231. **a)** Dado que o art. 1º, n. 3, está formulado de uma maneira incondicional e abrangente, não importa saber **através de quem** o poder executivo prossegue as suas funções. Também enquanto esse poder não prossegue as suas funções por via de órgãos próprios, tem de haver lugar à proteção jurídico-fundamental. Por isso, também os sujeitos de direito privado estão sujeitos à vinculação jurídico-fundamental, na medida em que são *"concessionários"*, isto é, a quem foi confiada a prossecução de funções administrativas em nome próprio, com o auxílio de poderes de autoridade. Neste âmbito, os privados fazem parte da Administração indireta do Estado e, assim, do conceito de "poder executivo", no sentido do art. 1º, n. 3[193].

232. **Exemplos:**

As escolas privadas estão vinculadas aos direitos fundamentais dos alunos, na medida em que exercem o poder de "emitir diplomas com o mesmo efeito que as escolas públicas" (§ 100, n. 4, frase 1, *nwSchG*). O mesmo é válido para outros concessionários, como o guarda de coutadas[194], o inspetor de carnes, o engenheiro responsável pelo controlo de qualidade (incluindo a estabilidade da estrutura), o limpa-chaminés do bairro.

233. **b)** Devido à ampla e incondicional vinculação aos direitos fundamentais, também não interessa saber **em que formas de organização e de atuação** o poder executivo age. No entanto, isto é visto de uma maneira em parte diferenciada no que respeita à Administração que atua sob as formas do direito privado. Neste domínio subsiste a "teoria do fisco" (*Fiskustheorie*), desenvolvida no século XVIII, teoria que concebeu o Estado atuante segundo o direito privado como sujeito de direito privado autónomo a par do monarca[195].

234. Atualmente, uma aplicação do direito privado pela Administração verifica-se em três domínios[196]:

---

193 Cf. Kunig, *MüK*, art. 1º, n. m. 60; opinião diferente, Rupp, *Privateigentum an Staatsfunktionen?*, 1963, p. 24 e s.

194 N. E.: No Brasil, os termos podem ser mais bem entendidos como guarda de caça.

195 Cf. Burmeister, *DÖV* 1975, 695.

196 Cf. Maurer/Waldhoff, *Allg. VwR*, § 3, n. m. 18 e s.

– na prossecução de funções genuinamente administrativas (o chamado *direito privado da Administração*): sobretudo na garantia de prestações de assistência e nas subvenções, a Administração atua opcionalmente segundo o direito público e segundo o direito privado, sendo que a liberdade de escolha se reporta tanto à forma de organização da instituição como também à conformação das relações de prestação ou de utilização;

– *cobertura de necessidades*: o aprovisionamento dos bens materiais necessários à Administração, desde o material de escritório até ao edifício da Administração, é assegurado através de contratos de direito privado; e

– *atividade económica da Administração*: por vezes, um ente de poder público desenvolve uma atividade empresarial própria ou detém, no todo ou em parte, participações em empresas.

235. É entretanto incontestada a vinculação jurídico-fundamental da Administração em todos os três grupos de casos[197]. No entanto, uma empresa de direito privado só está vinculada aos direitos fundamentais se o ente de poder público detiver mais de metade das participações[198]; caso contrário, a vinculação aos direitos fundamentais só pode significar para esse ente de poder público exercer a sua influência jurídica de modo a não serem cometidas quaisquer violações aos direitos fundamentais por parte da empresa de direito privado[199]. Se isso lhe estiver vedado pelo direito ordinário, ele é obrigado a alienar as suas participações[200].

3. Destinatários privados da vinculação aos direitos fundamentais (efeito para terceiros)

236. Se pelo art. 1º, n. 3, *só o poder público* é vinculado aos direitos fundamentais, mas não os sujeitos de direito privado – com exce-

---

197   BVerfG, NJW 2016, 3153/3154 e s. (= JK 1/2017); BVerwG, *SächsVBl.* 2017, 71/71 e s.; BGH, NJW 2015, 2892/2893.

198   E 128, 226/244 e s.; posição crítica Goldhammer, *JuS* 2014, 891/893 e s.

199   Höfling, *SA*, art. 1º, n. m. 104; Herdegen, *MD*, art. 1º, n. 3, n. m. 96.

200   Kersten/Meinel, *JZ* 2007, 1127/1130.

ção do caso em que estes exercem eles próprios pontualmente o poder público como "concessionários" –, então isto significa uma clara afirmação contra um "efeito para terceiros" dos direitos fundamentais. Entendemos por isto a aplicação dos direitos fundamentais, para além da relação clássica bilateral entre o particular e o Estado, também na relação de um para outro particular (como para terceiro).

237. Um chamado *efeito imediato para terceiros*, pelo qual os direitos fundamentais vinculam diretamente um cidadão aos direitos fundamentais na sua conduta em face de outro cidadão, tal como vinculam o Estado, foi exigido no passado pelo BAG (*Bundesarbeitsgericht* – Tribunal Federal do Trabalho da Alemanha); a mudança de significado dos direitos fundamentais, no contexto da evolução do Estado de direito de Estado liberal para Estado social (cf. n. m. 89), é uma prova "a favor do efeito jurídico-privado imediato das normas jurídico-fundamentais, que são indispensáveis para as relações dos sujeitos jurídicos entre si numa comunidade livre e social"[201].

238. Mas a jurisprudência e a doutrina dominante estão contra um efeito imediato para terceiros dos direitos fundamentais da Lei Fundamental. Em compensação, pode-se referir que a *letra* do art. 1º, n. 3, determina apenas os três poderes do Estado. De acordo com a *história da origem*, "os envolvidos consideraram que a sua função era conformar os direitos humanos no sentido dos antigos direitos fundamentais clássicos... Nos direitos fundamentais devia-se, pois, regular a relação dos particulares com o Estado e deviam ser estabelecidos limites ao poder absoluto do Estado"[202]. De facto, a *história* dos direitos fundamentais revelou que eles surgiram como direitos de defesa do particular contra o Estado e que foram conquistados (cf. n. m. 89 e s.). A interpretação *sistemática* prova que só no caso de poucos direitos fundamentais ou direitos equiparados aos direitos fundamentais o efeito se aplica expressamente a privados ou a uma relação de direito privado (cf. art. 9º, n. 3, frase 2, art. 20º, n. 4, art. 38º, n. 1, frase 1, em ligação com o art. 48º, n. 2); isto su-

---

201 *BAGE* 1, 185/193 e s.; cf. *BAGE* 48, 122/138 e s.

202 Anexo ao relatório estenográfico da 9ª sessão do Conselho Parlamentar, de 6 de maio de 1949, p. 6.

gere a conclusão de que não é assim no caso normal, isto é, relativamente a todos os outros direitos fundamentais. Uma vinculação jurídico-fundamental de todos em face de todos inverteria, no seu resultado, também *o sentido e o fim* dos direitos fundamentais: os direitos em face do poder público transformar-se-iam em obrigações em face de todos os concidadãos; o resultado inevitável seria uma ampla limitação da liberdade.

239. Do efeito direto para terceiros deve-se distinguir o efeito indireto para terceiros dos direitos fundamentais em constelações triangulares, nas quais os conflitos de liberdade entre titulares de direitos fundamentais são regulados pelo Estado. A regulação estatal dos conflitos triangulares obedece, nos termos do art. 1º, n. 3 – também na medida em que ela se efetua através do direito privado –, à vinculação jurídico-fundamental, sendo que apenas se analisa de maneira diferente até que ponto esta vinculação é atualizada por via da função de defesa ou da função de proteção dos direitos fundamentais (n. m. 128 e s., 136 e s.). A vinculação jurídico-fundamental na regulação de conflitos triangulares pode aproximar-se de uma vinculação jurídico-fundamental direta dos titulares de direitos fundamentais. Assim, o Tribunal Constitucional Federal estabelece que os particulares, "por via do efeito indireto para terceiros... sem prejuízo dos seus próprios direitos fundamentais... são chamados pelos direitos fundamentais a assumir os seus deveres de maneira semelhante, ou seja, até exatamente ao mesmo ponto que o Estado, especialmente se eles, no verdadeiro sentido, entrarem numa posição obrigacional equivalente ou numa posição de garante, como tradicionalmente o Estado"[203]. Os direitos fundamentais dos utentes de instalações de grande importância social podem, por isso, exigir que aos particulares, antes do exercício do seu direito de utilização do espaço, sejam impostos deveres de ser ouvido e deveres de fundamentação comparáveis a um procedimento administrativo[204] (cf. n. m. 143 e s.). O facto de aos particulares poderem, neste aspeto, ser impostos menos de-

---

203 BVerfG, *NJW* 2015, 2485/2486 (= *JK* 3/2016); posição crítica Michl, *Jura* 2017, 1062.

204 E 148, 267, n. m. 45 e s. (= *JK* 10/2018); cf. também Hellgardt, *JZ* 2019, 901/909: efeito direto para terceiros para operadores privados de infraestruturas "indispensáveis à vida".

veres que ao Estado, assenta menos em diferenças na vinculação jurídico-fundamental do que, pelo contrário, na circunstância de eles, diferentemente do Estado, poderem invocar direitos fundamentais contrários.

240. No direito da União Europeia não se faz, aliás, a distinção entre efeito direto e efeito indireto para terceiros. As **liberdades fundamentais** (n. m. 71 e s.) têm, em todo o caso, de acordo com a jurisprudência permanente do TJUE, efeitos diretos para terceiros para atores socialmente influentes. O que está por detrás disto é que o direito da União é marcado pelo princípio da neutralidade da forma jurídica, isto é, a aplicabilidade das normas não pode depender da forma jurídica, porque, caso contrário, os Estados-Membros poderiam, por meio da escolha da forma jurídica, que lhes está à disposição, subtrair-se à aplicação do direito da União ("nenhuma evasão ao direito da União")[205]. Por consequência, os clubes desportivos nacionais, por exemplo, estão vinculados, no âmbito da legislação de autonomia privada[206], tanto à liberdade de circulação de trabalhadores (art. 45º Tratado de Funcionamento da União Europeia), como à liberdade de estabelecimento (art. 49º do Tratado de Funcionamento da União Europeia) e à liberdade de prestação de serviços (art. 56º do Tratado de Funcionamento da União Europeia), tal como estão vinculados, por exemplo, os sindicatos, no âmbito de medidas coletivas contra as empresas[207]. Determinante neste aspeto é o argumento de que a normação privada corresponde funcionalmente à normação do Estado. A realização das liberdades fundamentais está ameaçada, afirma-se, "se a eliminação das barreiras estatais for novamente anulada nos seus efeitos, pelo facto de as associações ou instituições de direito privado levantarem tais obstáculos em virtude da sua autonomia jurídica"[208].

---

205 Cf., por exemplo, para o direito dos cartéis, TJUE, ECLI:EU:C:1991:161, n. m. 21 – *Höfner e Elser.*

206 TJUE, ECLI:EU:C:1974:140, n. m. 16/19 – *Walrave e Koch*; ECLI:EU:C:1976:115, n. m. 17/18 – *Donà*; ECLI:EU:C:1995:463, n. m. 82 e s. – *Bosman*; ECLI:EU:C:2000:199, n. m. 47 – *Deliège*; ECLI:EU:C:2000:201, n. m. 9 e s. – *Lehtonen e Castors Braine.*

207 TJUE, ECLI:EU:C:2007:772, n. m. 42 e s. – *International Transport Workers, Association.*

208 Nas palavras do TJUE, ECLI:EU:C:1974:140, n. m. 16/19 – *Walrave e Koch.*

241. Também em relação a certos **direitos fundamentais da União**, o TJUE aceita um efeito direto para terceiros, particularmente em relação às proibições de discriminação previstas no art. 21º da CEDH[209]. Isto não é problemático, na medida em que os direitos fundamentais da União correspondam aos direitos com efeito em todo o caso direto para terceiros (n. m. 79 e s.; 537 e s.), mas, além disso, só é sustentável, porque as proibições de discriminação do direito da União, de maneira diferente do que está previsto no art. 3º, n. 3 (n. m. 537 e s.), são considerados direitos de liberdade contrários. As proibições de discriminação do direito secundário foram transpostas nas disposições da Lei Geral sobre a Igualdade de Tratamento (AGG), a qual proíbe discriminar, por exemplo, por causa da raça ou do sexo (§§ 1, 19 do AGG). No âmbito de aplicação desta lei é, então, supérflua também uma aplicação dos direitos fundamentais alemães sobre o efeito indireto para terceiros. Mas tal aplicação permanece importante, na medida em que o AGG não inclui a desigualdade de tratamento[210].

4. Aspetos internacionais e supranacionais da vinculação aos direitos fundamentais

242. a) Quando no art. 1º, n. 3, se fala da vinculação do poder do Estado aos direitos fundamentais, entende-se que nos estamos a referir ao poder público **alemão**. Os atos do poder estatal estrangeiro não estão vinculados aos direitos fundamentais. No entanto, os atos do poder estatal estrangeiro não podem ser transpostos e impostos pelo poder estatal alemão no caso de isso conduzir a uma violação dos direitos fundamentais. Isso não significa para o poder estatal alemão uma obrigação de compensar os atos de poder estrangeiro violadores dos direitos fundamentais face a cidadãos alemães.

243. Exemplos:

As normas jurídicas estrangeiras não podem ser aplicadas pela jurisprudência alemã, nos termos do art. 6º, frase 2, do EGBGB, em

---

209   TJUE, ECLI:EU:C:2018:257, n. m. 76 – *Egenberger* (= JK 10/2018); ECLI:EU:C:2019:43, n. m. 85 – *Achatzi* (= JK 6/2019). Cf. também Kainer, NZA 2018, 894/897 e s.

210   STF, *NJW* 2012, 1725/1726 e s.; cf. também Lehner, NVwZ 2012, 861.

contradição com os direitos fundamentais (cf. Stern, *StR III/1*, p. 1238 e s.). A vinculação ao art. 14º não exigiu do poder estatal alemão a anulação ou a indemnização das expropriações feitas pela potência de ocupação soviética (cf. n. m. 1050).

244. b) A ampla vinculação do poder estatal alemão aos direitos fundamentais também é **territorialmente abrangente**. O poder estatal alemão está vinculado aos direitos fundamentais, independentemente do lugar onde ele é exercido e independentemente de se saber se os seus efeitos se verificam dentro ou fora do país[211]. No entanto, relativamente a factos com forte relação internacional, o Tribunal Constitucional Federal está aberto a "aceitar uma redução do *standard* jurídico-fundamental", se, de outro modo, os direitos fundamentais fossem realizados ainda em menor dimensão[212]. Isto pode ser fundamentado com o facto de haver uma vinculação de direito internacional público a que é atribuída uma categoria constitucional[213].

245. Exemplos:

A embaixada alemã está vinculada, em face de alemães e de estrangeiros, aos direitos dos alemães e aos direitos do ser humano, tal como o Ministério dos Negócios Estrangeiros o está no interior do país. As Forças Armadas federais também estão por princípio vinculadas aos direitos fundamentais nas suas missões no estrangeiro (cf. Werner, *Die Grundrechtsbindung der Bundeswehr bei Auslandseinsätzen*, 2006). No caso de barcos que navegam sob pavilhão alemão, mas com tripulação estrangeira, o legislador pôde reduzir o *standard* dos direitos fundamentais, uma vez que noutro caso os armadores alemães fariam navegar os barcos sob pavilhão estrangeiro e com um *standard* de direitos fundamentais ainda mais fortemente reduzido (*E* 92, 26/42; sobre a reserva jurisdicional no caso de captura de piratas no alto-mar, VG Köln, *JZ* 2012, 366).

---

[211]   E 6, 290/295; cf. também E 57, 9/23; 100, 313/362 e s.; Röben, *Außenverfassungsrecht*, 2007.

[212]   E 92, 26/42.

[213]   Herdegen, *MD*, art. 1º, n. 3, n. m. 74 e s.

246. **c)** Embora estejam por princípio vinculadas aos direitos fundamentais aquelas organizações supranacionais para quem a República Federal da Alemanha, nos termos dos arts. 23º e 24º, transferiu poderes de soberania com efeito sobre o seu território nacional, a Lei Fundamental não exige que a proteção dos direitos fundamentais seja nestes casos garantida precisamente pelo Tribunal Constitucional Federal. Pelo contrário, o Tribunal Constitucional Federal não exerce as suas competências, em virtude da abertura de princípio da Lei Fundamental à cooperação internacional. Isto aplica-se especialmente em relação à União Europeia. Neste caso, há, por um lado, a exigência segundo a qual a União Europeia tem de garantir uma proteção jurídico-fundamental, no essencial comparável (*proteção de nível jurídico-fundamental*, art. 23º, n. 1, frase 1, n. m. 247) e, por outro lado, a obrigação de garantir, também no caso concreto, o *standard* vigente, nos termos do art. 23º, n. 1, frase 3 (*proteção de identidade jurídico-fundamental*, art. 23º, n. 1, frase 3, n. m. 248).

247. Com a exigência de uma proteção jurídico-fundamental no essencial comparável à Lei Fundamental, o art. 23º, n. 1, frase 1, da Lei Fundamental acolhe a jurisprudência do Tribunal Constitucional Federal, que tinha concedido ao então direito comunitário primazia de aplicação mesmo em face dos direitos fundamentais, se a Comunidade garantir uma proteção jurídico-fundamental no essencial igual, "pela conceção, conteúdo e modo de produção de efeitos", ao *standard* dos direitos fundamentais da Lei Fundamental[214]. O Tribunal Constitucional Federal considera, neste aspeto, encontrar-se numa relação de cooperação com o TJUE, que garante a proteção jurídico-fundamental no caso concreto, enquanto o Tribunal Constitucional Federal apenas exige controlar se os *standards* da Lei Fundamental são, em geral, garantidos[215]. Esta proteção de nível jurídico-fundamental refere-se, em geral, a todos os direitos fundamentais da Lei Fundamental, mas só é ativada se a proteção jurídico-fundamental da Lei Fundamental não for atingi-

---

214 E 73, 339/378; ainda mais rigoroso, E 37, 271/280 e s.

215 E 89, 155/175; 123, 267/353 e s.

da não só no caso concreto, mas se do caso concreto se puder inferir um défice jurídico-fundamental geral.

248. Se a identidade de direitos fundamentais, garantida no art. 23º, n. 1, da Lei Fundamental, estiver afetada, identidade que, nos termos do art. 23º, n. 1, frase 3, em ligação com o art. 79º, n. 3, da Lei Fundamental, também não está disponível no processo de integração europeia, não pode valer a primazia de aplicação do direito da União. Neste aspeto, não é necessário que o caso concreto denote um défice jurídico--fundamental. Assim, o Tribunal Constitucional Federal fez depender a extradição de um condenado à revelia, sustentada num mandado de detenção europeu, do requisito de as condições de detenção não violarem a sua dignidade humana prevista no art. 1º, n. 1, da Lei Fundamental[216]. Isto encontra-se numa relação de tensão para com a jurisprudência do TJUE que, embora admita aos Estados-Membros que possam ir para além do nível de proteção da CDF (art. 53º da CDF), exorta-os, no entanto, a observarem a primazia e a aplicação uniforme do direito da União[217].

249. **d)** A vinculação jurídico-fundamental, revogada nos termos do art. 23º, n. 1, frase 1, da Lei Fundamental, aplica-se também ao representante alemão no Conselho quando da participação na prática de atos jurídicos da UE e quando da **transposição** e **execução** de medidas da União, na medida em que o direito da União faz imposições obrigatórias aos Estados-Membros. Se, pelo contrário, o direito da União conceder uma margem de manobra aos órgãos alemães – como por exemplo no caso das diretivas –, a medida alemã não está sob as imposições obrigatórias do direito da União. Neste caso, subsiste, por isso, uma vinculação ilimitada aos direitos fundamentais, em conformidade com os direitos fundamentais decorrentes do art. 1º, n. 3, sendo discutível se neste caso se aplicam, além disso, também os direitos fundamentais da União (n. m. 77 e s.).

---

216 E 147, 364, n. m. 34.

217 TJUE, ECLI:EU:C:2013:107, n. m. 60 – *Melloni*; além disso, BVerfG, *NJW* 2016, 1149/1156; concordante com o Tribunal Constitucional Federal, Nettesheim, *JZ* 2016, 424 e s.; criticamente, em especial devido à falta de pertinência da decisão, Reinbacher/Wendel, *EuGRZ* 2016, 333/336 e s.; Rung, *EWS* 2016, 145/147 e s.; Sauer, *NJW* 2016, 1134/1135 e Schönberger, *JZ* 2016, 422/423 e s.

5. Obrigações fundamentais?

250. Quando nos ocupamos dos direitos fundamentais, também refletimos sobre obrigações fundamentais[218]. A este respeito, o art. 5º, n. 3, frase 2, e o art. 14º, n. 2, oferecem um apoio: poderia considerar-se imposta uma obrigação ao professor, com a cláusula de lealdade à Constituição, e também uma obrigação ao proprietário, com a fórmula do bem-estar público. Mas só por uma atuação do Estado é que estas obrigações são *atualizadas*, produzindo efeitos jurídicos. No caso da obrigação dos pais de assistência e educação dos filhos, nos termos do art. 6º, n. 2, frase 1, o Tribunal Constitucional Federal fala, é certo, de uma obrigação "diretamente" existente em face dos filhos (cf. n. m. 759), mas também esta obrigação se desenvolve nas atualizações do direito ordinário. Não têm fundamento no texto da Constituição as obrigações de pagar imposto, de efetuar serviço militar e de escolaridade obrigatória, por vezes referidas como obrigações fundamentais; embora se possa dizer que a República Federal da Alemanha depende deles, isso carece afinal do legislador, que as introduz e conforma. Depois de este o ter feito, estas obrigações também não estão, como obrigações fundamentais, ao mesmo nível dos direitos fundamentais, mas são ingerências, como todas as outras obrigações impostas por lei.

251. Por vezes, fala-se de uma *obrigação de obediência* que estaria, como obrigação fundamental, na base de todas as obrigações impostos por lei[219]. A ideia de uma obrigação de cumprir obrigações é tão estranha como a de um direito de exercer direitos, a de uma resolução para querer ou a de uma capacidade para poder. Esta duplicação de obrigações por uma obrigação fundamental não traz quaisquer reconhecimentos jurídicos adicionais.

252. Bibliografia:

Relativamente a I.: P.M. Huber, "Natürliche Personen als Grundrechtsträger", *Hdb. GR II*, § 49; W. Rüfner, "Grundrechtsträger",

---

218   Hofmann, *Hdb. StR V*, p. 321; Kloepfer, *VerfR II*, § 53 n. M. 1 e s.; Randelzhofer, *Hdb. GR II*, § 37.

219   Isensee, *DÖV* 1982, 609/612 e s.

Hdb. StR3 IX, § 196. – **Relativamente a I. 1.:** J. Gundel, "Der grundrechtliche Status der Ausländer", *Hdb. StR3 IX*, § 198; A. Siehr, *Die Deutschenrechte des GG*, 2001. – **Relativamente a I. 2.:** W. Brohm, "Humanbiotechnik, Eigentum und Menschenwürde", *JuS* 1998, 197; E. Iliadou, *Forschungsfreiheit und Embryonenschutz*, 1999; I. Klinge, *Todesbegriff, Totenschutz und Verfassung*, 1996. – **Relativamente a I. 3.:** W. Roth, *Die Grundrechte Minderjähriger im Spannungsfeld selbstständiger Grundrechtsausübung, elterlichen Erziehungsrechts und staatlicher Grundrechtsbindung*, 2003; D. C. Umbach, "Grundrechts- und Religionsmündigkeit im Spannungsfeld zwischen Kindes- und Elternrecht", *in: FS Geiger*, 1989, p. 359. – **Relativamente a I. 4.:** P.S. Fischinger, "Der Grundrechtsverzicht", *JuS* 2007, 808; D. Merten, "Grundrechtsverzicht", *Hdb. GR III*, § 73; G. Robbers, "Der Grundrechtsverzicht", *JuS* 1985, 925. – **Relativamente a I. 5.:** U. Becker, "Grundrechtsberechtigung juristischer Personen (Art. 19 Abs. 3 GG)", *Jura* 2019, 496; D. Ehlers, "Grundrechtsbindung und Grundrechtsschutz von Unternehmen im deutschen und europäischen Recht", *DVBl.* 2019, 397; M. Goldhammer, "Grundrechtsberechtigung und -verpflichtung gemischtwirtschaftlicher Unternehmen", *JuS* 2014, 891; T. Groß, "Die expansive Anwendung der Grundrechte zugunsten von Wirtschaftsunternehmen", *KJ* 2019, 76; J. Isensee, "Anwendung der Grundrechte auf juristische Personen", *Hdb. StR3 IX*, § 199; J. Kater, *Grundrechtsbindung und Grundrechtsfähigkeit gemischtwirtschaftlicher Aktiengesellschaften*, 2016; T. Kingreen, "Das Verfassungsrecht der Zwischenschicht. Die juristische Person zwischen grundrechtsgeschützter Freiheit und grundrechtsgebundener Macht", *JöR* 2017, 1; D. Krausnick, "Grundfälle zu Art. 19 III GG", *JuS* 2008, 869, 965; A. Kulick, "Vom Kopf auf die Füße. Die juristische Person des Privatrechts und die wesensmäßige Anwendbarkeit der Grundrechte", *JöR* 2017, 57; J. Rauber, *Zur Grundrechtsberechtigung fremdstaatlich beherrschter juristischer Personen: Art. 19 Abs. 3 GG unter dem Einfluss von EMRK, EU-Grundrechtecharta und allgemeinem Völkerrecht*, 2019; F. Schnapp, "Zur Grundrechtsberechtigung juristischer Personen des öffentlichen Rechts", *Hdb. GR II*, § 52; F. Schoch, "Grundrechtsfähigkeit juristischer Personen", *Jura* 2001, 201; S. Tonikidis, "Die Grundrechtsfähigkeit juristischer Personen nach Art. 19 III GG",

Jura 2012, 517; H. Wißmann, "Grundrechtsbindung im Gewährleistungsstaat. Zur Verortung juristischer Personen des Privatrechts im Öffentlichen Recht", *JöR* 2017, 41. – **Relativamente a II.:** M. Eifert/J. Gerberding, "Verfassungsbeschwerde und Unionsgewalt", *Jura* 2016, 628; K. F. Gärditz, "Die Rechtsbindung des Bundesnachrichtendienstes bei Auslandstätigkeiten", *DV* 2015, 463; H.-D. Horn, "Die Grundrechtsbindung der Verwaltung", *in: FS Stern*, 2012, 353; W. Höfling, "Die Grundrechtsbindung der Staatsgewalt", *JA* 1995, 431; M. Payandeh, "Entterritorialisierung des Öffentlichen Rechts", *DVBl* 2016, 1073; H. C. Röhl, "Verwaltung und Privatrecht-Verwaltungsprivatrecht? ", *VerwArch* 1995, 531; W. Rüfner, "Grundrechtsadressaten", *Hdb. StR3 IX*, § 197; F. Schnapp/M. Kaltenborn, "Grundrechtsbindung nichtstaatlicher Institutionen", *JuS* 2000, 937.

§ 6. GARANTIAS E LIMITAÇÕES AOS DIREITOS FUNDAMENTAIS

I. Âmbito de proteção e garantia

253. Os diferentes direitos fundamentais aplicam-se a *diferentes domínios da vida*. Nos domínios da vida, ora limitados ora amplos, os direitos fundamentais, ao imporem ao Estado o ónus de justificação jurídica das ingerências, protegem o particular contra ingerências do Estado, ora na sua conduta em geral, ora também apenas em modos de conduta determinados.

254. Exemplos:

O art. 4º aplica-se à vida do particular do ponto de vista das suas convicções mais íntimas, religiosas ou outras; o art. 5º aplica-se à comunicação através e sobre informações e opiniões; o art. 6º aplica-se ao casamento e à família; o art. 8º aplica-se à reunião pacífica e sem armas; o art. 9º aplica-se às associações.

255. Este é o domínio da vida protegido pelos direitos fundamentais, o *âmbito de proteção* do direito fundamental. Por vezes, também se lhe chama *âmbito normativo* do direito fundamental, isto é, o domínio que a norma jurídico-fundamental recorta da realidade da vida como objeto de proteção[220]. Quando falamos de *âmbito de regulação*, tem-se em vista não o âmbito de proteção, mas o domínio da vida a que se aplica o direito fundamental e em que só ele vem determinar o âmbito de proteção.

256. Exemplo:

O âmbito de regulação do art. 8º, n. 1, aplica-se a todas as reuniões. Pelo contrário, o seu âmbito de proteção apenas compreende as reuniões pacíficas e sem armas.

257. A conduta no âmbito de proteção de um direito fundamental pode ser designada como *uso do direito fundamental* ou como *exercício do direito fundamental*. Quando aqui se fala em conduta no âmbito de proteção dos direitos fundamentais, pretendemos que isso seja entendido no sentido mais amplo possível. O que se tem em mente não é apenas a atuação (a chamada liberdade positiva), mas também a omissão (a chamada liberdade negativa[221]) e, em certas circunstâncias, o simples estar. O que se tem em mente é a conduta que se situa não apenas no âmbito de proteção dos direitos fundamentais que no seu texto falam de atuações ("exprimir a sua opinião", "informar-se", "reunir-se", etc.), mas também no âmbito de proteção de direitos fundamentais formulados com referência não tanto a atuações, mas antes a coisas ("a arte e a ciência são livres").

258. Exemplos:

O art. 14º, n. 1, garante a propriedade e, deste modo, coloca no seu âmbito de proteção a existência e o gozo das coisas e dos direitos de cada um; o art. 13º declara o domicílio como inviolável e desta maneira define-o como âmbito de proteção em que o particular se encontra e onde, entre outras coisas, também decide quem nele pode entrar; com o direito à vida, o art. 2º, n. 2, frase 1, garante ao particular, juntamente com o direito à vida, não apenas o simples existir, mas o respirar, o alimentar-se e mover-se, sem o que não há vida.

---

220 Hesse, *VerfR*, n. m. 46, 69.

221 Para uma posição crítica, Hellermann, *Die sogenannte negative Seite der Freiheitsrechte*, 1993.

259. A proteção que o direito fundamental oferece ao particular no seu âmbito de proteção produz efeitos, em primeiro lugar, na forma de *direitos subjetivos*. No caso de muitos direitos fundamentais, verifica-se também a proteção de institutos e de instituições (cf. n. m. 103 e s., 147 e s.); e a todos os direitos fundamentais é reconhecido pelo Tribunal Constitucional Federal e pela doutrina dominante, a par do significado jurídico-subjetivo, ainda um *significado jurídico-objetivo* (cf. n. m. 107 e s.). Mas com isso o significado jurídico-subjetivo não fica limitado, mas apenas reforçado, por exemplo ao ampliar-se o direito subjetivo de defesa contra ingerências para um direito de proteção, de participação ou de procedimento.

260. Estes efeitos de proteção são as garantias jurídico-fundamentais. *Do ponto de vista terminológico*, devemos fazer a seguinte distinção: o direito fundamental *tem* o seu âmbito de proteção e garante ou assegura direitos subjetivos *no* âmbito de proteção (direitos de defesa ou direitos de proteção), garantias institucionais (de instituto ou institucionais), uma interpretação conforme aos direitos fundamentais e uma aplicação da lei ordinária, etc. Corrente é também uma terminologia que abreviadamente diz simplesmente que os direitos fundamentais garantem ou asseguram liberdades, prestações, participação, procedimentos, instituições, valores e princípios, etc., e também se fala de conteúdo de garantia dos direitos fundamentais[222]. Decisivo é que o conceito de garantia dos direitos fundamentais, e conceitos afins, esteja relacionado com os *efeitos de proteção* juridicamente conformados dos direitos fundamentais, enquanto o conceito de âmbito de proteção que um direito fundamental tem designa a realidade da vida como objeto de proteção[223].

261. Exemplos:

O art. 12º tem como âmbito de proteção a vida profissional e a formação e, neste âmbito de proteção, garante direitos de defesa e eventualmente também direitos de proteção, de participação ou de

---

222 Böckenförde, *Staat* 2003, 165/174 e s.; Hoffmann-Riem, *Staat* 2004, 203/226 e s.

223 Cf. também Volkmann, *JZ* 2005, 261/265 e s.; Rusteberg, *Der grundrechtliche Gewährleistungsgehalt*, 2009, p. 232 e s.

prestação. O art. 3º não se aplica a um domínio de vida determinado, mas exige pura e simplesmente a igualdade; por isso, no art. 3º não se trata de âmbitos de proteção, mas apenas de garantias. Também em relação à liberdade de atuação geral, consagrada no art. 2º, n. 1, é supérflua uma definição positiva do âmbito de proteção; só de uma maneira negativa se pode delimitar o que está protegido mais especificamente pelos outros direitos fundamentais e que, por isso, já não pode cair na proteção geral da liberdade de atuação em geral.

262. Indicação técnica de solução.

A resolução de casos práticos inicia-se com a definição do respetivo âmbito de proteção. Saber em que direito fundamental o particular se pode basear, quando pretende prevenir ingerências do Estado numa conduta, ou quando também deseja a proteção do Estado (cf. n. m. 133 e s.) para a sua conduta, é uma questão que depende do âmbito de proteção em que cai a sua conduta. Na resolução de casos práticos não é tomado em consideração o controlo conjunto de dois ou mais direitos fundamentais, que por vezes é efetuado pelo Tribunal Constitucional Federal (Hofmann, *Jura* 2008, 667; Spielmann, *JuS* 2004, 371; aprofundando: Breckwoldt, *Grundrechtskombinationen*, 2015; opinião diversa, Michael/Morlok, *GR*, n. m. 58). Depois, a resolução de casos práticos exige a determinação da respetiva garantia jurídico-fundamental: ela englobará o que o particular pretende? Por exemplo, para que alguém possa exigir, com base no art. 12º, n. 1, o apoio do Estado para uma formação profissional complementar, não é suficiente que também a formação profissional complementar caia no âmbito de proteção do art. 12º, n. 1; pelo contrário, o art. 12º, n. 1, tem de garantir, a par dos respetivos direitos de defesa, precisamente os correspondentes direitos de prestação.

II. Ingerência, limite e conceitos afins

263. Um exercício desordenado da liberdade conduziria a *conflitos*: a conflitos com os interesses da generalidade das pessoas e também com o exercício da liberdade de outros titulares de direitos fundamentais. Por isso, há ingerências nos direitos fundamentais e são impostos limites ao exercício dos direitos fundamentais. Deixamos para mais tarde a questão de saber quando é que o Estado pode praticar as ingerências e impor os limites e quando é que o titular de direitos fundamentais se lhes pode opor, por carecerem de justificação jurídico--constitucional (cf. n. m. 304 e s.). Antes disso, é necessário esclarecer os conceitos pertinentes usados na Lei Fundamental, bem como os conceitos não usados na Lei Fundamental, mas que são utilizados pela jurisprudência e pela doutrina. Em parte, significam o mesmo, em parte significam coisa diferente.

1. Ingerência, limite, limitação ou restrição, afetação, redução, delimitação

264. Verifica-se uma ingerência, um limite, uma limitação ou restrição, uma afetação, uma redução ou uma delimitação por parte do Estado, sempre que o particular é por este impedido de ter uma conduta que cai no âmbito de proteção de um direito fundamental. A ingerência pode ocorrer *individualmente* (ato administrativo, sentença judicial) ou *em geral* (lei, regulamento jurídico, regulamento autónomo). É considerada ingerência tanto a limitação efetiva, como a limitação normativa da liberdade jurídico-fundamental. Normativamente, os direitos fundamentais são limitados, não só quando a regulação retira diretamente a posição jurídico-fundamental como, por exemplo, no caso da expropriação (n. m. 1071), mas também quando uma lei autoriza outras autoridades a procederem à limitação efetiva ou normativa dos direitos fundamentais. Nestes casos, a liberdade é normativamente reduzida pelo facto de anteriormente não se encontrar sob reserva de uma decisão da Administração ou dos tribunais.

265. Os *diferentes conceitos* são *sinónimos*. No entanto, por vezes, os conceitos de limite e de delimitação são entendidos num outro sentido, como designação da fronteira que separa a realidade da vida protegida jurídico-fundamentalmente da realidade da vida não protegida jurídico-fundamentalmente, que separa o âmbito de proteção do âmbito de regulação (cf. n. m. 255 e s.) ou de um outro âmbito de proteção colidente (cf. n. m. 376).

2. Conformação e concretização

266. Verifica-se conformação ou concretização de um direito fundamental, sempre que o seu âmbito de proteção permanece intacto, ou seja, não é limitado ou restringido, afetado, reduzido, etc., no sentido da secção anterior. Neste caso, o Estado não pretende de modo nenhum impedir uma conduta que esteja abrangida pelo âmbito de proteção. Pelo contrário, pretende precisamente *abrir* possibilidades de conduta, para que o particular possa fazer uso do direito fundamental. São necessárias tais conformações e concretizações nos chamados *âmbitos de proteção marcados pelo direito ou pelas normas*. Nesses âmbitos, o particular está em condições de fazer uso dos direitos fundamentais, não já pela sua natureza nem pela sua natureza social, mas apenas pela ordem jurídica (n. m. 147 e s.)[224].

267. Exemplos:

Faz parte da natureza do indivíduo viver (art. 2º, n. 2, frase 1) e residir aqui ou ali (art. 11º, n. 1); faz parte da sua natural sociabilidade trocar opiniões (art. 5º, n. 1, frase 1) e reunir-se (art. 8º, n. 1). Pelo contrário, só a ordem jurídica cria o casamento a partir de uma qualquer vida em comum de mulher e homem (art. 6º, n. 1), e a propriedade a partir de quaisquer bens (art. 14º, n. 1). No caso da propriedade e do direito sucessório, o direito fundamental também exprime claramente a necessária marcação jurídica ou normativa através do facto de permitir não ainda uma definição de limites, mas já uma definição de conteúdo (art. 14º, n. 1, frase 2).

268. No entanto, não há apenas âmbitos de proteção, por um lado, com marca jurídica ou normativa e, por outro lado, âmbitos de proteção sem marca jurídica ou normativa. Os direitos fundamentais também podem ter âmbitos de proteção *em parte marcados pelo direito ou pelas normas*.

269. Exemplos:

O art. 9º, n. 1, garante não só o direito de, por qualquer forma, se associar ou de se tornar membro de uma sociedade, mas o direito à

---

224 Degenhart, *Hdb. GR III*, § 61 n. m. 19 e s.

constituição das instituições jurídicas da associação e da sociedade, bem como de outros tipos de associação criados pela ordem jurídica, tais como a sociedade em comandita, a sociedade anónima e a cooperativa. O art. 2º, n. 1, garante, com a liberdade contratual (cf. n. m. 438), a liberdade de configuração juridicamente vinculada, prevista e assegurada pela ordem jurídica (cf. Höfling, *Vertragsfreiheit*, 1991, p. 20 e s.; Pieroth/Hartmann, *WM* 2009, 677).

270. Em relação aos direitos fundamentais com âmbitos de proteção marcados pelo direito, de que fazem parte especialmente os que também asseguram garantias de instituição, surge sempre o *problema* seguinte: por um lado, têm em vista a conformação; por outro, devem ser anteriores ao Estado e obrigá-lo. O facto de o legislador ter de conformar um direito fundamental não pode significar que ele possa dispor do direito fundamental. Tem de se impor, pois, ao legislador um limite, para além do qual ele já não *conforma* o âmbito de proteção, mas interfere nele e lhe impõe limites. Dado que foi a história que constituiu juridicamente a sociabilidade natural do homem, é sobretudo essa história que oferece o critério para o limite procurado[225]. Uma regulação *que quebre com a tradição* e que reduza os exercícios de liberdade proporcionados pelo acervo tradicional de regulações deve ser tratada fundamentalmente como uma ingerência nos direitos fundamentais (n. m. 151).

271. Exemplos:

A reforma do divórcio, que substituiu o princípio da culpa pelo princípio da rutura das relações conjugais, ateve-se à tradição do casamento monogâmico, fundado no comum acordo e em princípio para toda a vida, e deu-lhe apenas uma nova conformação. Constituiria uma ingerência um direito matrimonial que permitisse que todos os casamentos acabassem ao fim de cinco anos e exigisse para a sua continuação uma nova celebração. Do conceito de propriedade faz parte, tradicionalmente, a caraterística de utilidade privada. Se esta for limitada de diversas maneiras, isto ainda é, plenamente, conformação ou, como

---

225 Cf. Kloepfer, *Hdb. GR II*, § 43, n. m. 34; posição crítica em relação à delimitabilidade entre ingerência e conformação, Jasper, *DÖV* 2014, 872,877 e s.

formula o art. 14º, n. 1, frase 2, determinação de conteúdo, porque tem igualmente um suporte tradicional. No entanto, se o proprietário fosse impedido de dispor livremente da sua propriedade e de usufruir livremente dela e se ficasse apenas o direito nu, isso já não seria uma conformação ou determinação de conteúdo, mas uma ingerência.

272. Também quando os âmbitos de proteção não estão marcados pelo direito, não carecendo, assim, de conformação ou de concretização, a ordem jurídica pode naturalmente *facilitar e apoiar o exercício dos direitos fundamentais.*

273. Exemplo:

É sem dúvida possível, muitas vezes, exercer a liberdade de associação sem qualquer intervenção do Estado e sem qualquer simplificação e incentivo por parte da ordem jurídica. Pelo contrário, as manifestações, protegidas nos termos do art. 8º, n. 1, em conjugação com o art. 5º, n. 1, frase 1, estão eventualmente dependentes do facto de a polícia assegurar ruas para o efeito, parar e desviar o trânsito, etc. Por isso, o aviso prévio das manifestações (cf. § 14, n. 1, do *VersG*) é porventura também do próprio interesse dos manifestantes.

274. Atendendo a isso, emprega-se por vezes o conceito de *concretização*; no caso dos âmbitos de proteção marcados pelo direito, fala-se apenas de conformação[226]. Esta diferença objetiva é importante: nos âmbitos de proteção marcados pelo direito, estão sempre e necessariamente fixadas pela ordem jurídica determinadas vias para a conduta, podendo a conduta ser livre apenas nestas vias. Por isso, fixar as vias de conduta, não tem de significar ainda, necessariamente, uma ingerência no âmbito de proteção. Pelo contrário, no caso de âmbitos de proteção não marcados pelo direito, verifica-se uma ingerência na fixação de vias determinadas.

275. Exemplos:

Constituiria uma ingerência no art. 5º, n. 1, frase 1, e não apenas a sua concretização, o ato de canalizar a livre expressão e difusão de opinião por palavras, escritos e imagens em determinados meios (carta

---

226 Hesse, *VerfR*, n. m. 303 e s.

ao diretor, quadro de afixação, *speaker's corner*), com a exclusão de outros. Só poderíamos falar de concretização se o Estado pusesse à disposição quadros de afixação e *"speaker's corners"* complementarmente aos *media* a que o particular acede. Mas para isto não é necessário o conceito especial. No exemplo do n. m. 273, seria errado entender como concretização da liberdade de reunião não só as medidas de segurança da polícia, mas também a obrigação de pré-aviso das manifestações ou mesmo toda a Lei das Reuniões. Ainda que ambas as coisas possam alguma vez redundar em proveito dos manifestantes, no fundo são ingerência e limite por consideração aos interesses do público em geral e aos direitos e direitos fundamentais daqueles que não se manifestam.

3. Regulação

276. O conceito de regulação é empregue pela Lei Fundamental a propósito dos direitos fundamentais e dos direitos equiparados aos direitos fundamentais, especialmente quando o legislador é apenas encarregado de regular "o pormenor" (art. 4º, n. 3, frase 2, art. 12a, n. 2, frase 3, art. 104º, n. 2, frase 4; cf. também art. 38º, n. 3). Com isso, a Lei Fundamental pretende dizer que o legislador, embora possa tornar aplicável a garantia em causa por meio de modalidades, formas e procedimentos, *não pode alterar ou reduzir* o seu conteúdo. Retomando este conceito de regulação de pormenor, poder-se-ia ponderar exigir do legislador uma atuação especialmente prudente também no ponto em que apenas se fala de uma autorização para a *regulação* (art. 12º, n. 1, frase 2). O Tribunal Constitucional Federal fê-lo na sua jurisprudência mais antiga, mas recusou-o na sua jurisprudência mais recente. Reconhece limitações e restrições de toda ordem como sendo regulações do art. 12º, n. 1, frase 2 (cf. n. m. 934).

4. Intocabilidade

277. Tanto a *dignidade da pessoa humana como os conteúdos essenciais* dos direitos fundamentais são declarados intocáveis pela Lei Fundamental (art. 1º, n. 1, frase 1; art. 19º, n. 2). A Lei Fundamental só emprega o conceito de intocabilidade neste sentido de proibição e apenas no caso das garantias jurídico-fundamentais, que também ela retira, de forma reforçada, da disposição do Estado. Não é certamente errado, dos pontos de vista gramatical e dogmático, falar-se também de intocabilidade de outras garantias jurídico-fundamentais de que o Estado pode dispor mediante a correspondente justificação de direito constitucional. Há, no entanto, para isso muitos outros conceitos e, por isso, é recomendável reservar o conceito de intocabilidade para a discussão e aplicação do art. 1º, n. 1, frase 1, e do art. 19º, n. 2.

5. Violação

278. Uma ingerência num direito fundamental pode ser lícita ou ilícita. A violação de um direito fundamental é sempre ilícita; é a *ingerência ilícita* no direito fundamental. A Lei Fundamental determina a inviolabilidade da liberdade da pessoa humana (art. 2º, n. 2, frase 2), da liberdade de crença, de consciência e de confissão (art. 4º, n. 1), do sigilo da correspondência, do correio e das telecomunicações (art. 10º, n. 1) e a inviolabilidade do domicílio (art. 13º, n. 1). No caso de três destes direitos fundamentais, a Lei Fundamental autoriza simultaneamente ingerências e/ou limitações (art. 2º, n. 2, frase 3; art. 10º, n. 2; art. 13º, n. 2-7) e permite com isso reconhecer que só a ingerência que não se possa justificar através desta autorização constitui uma violação. No art. 4º, não é permitida qualquer ingerência ou coisa semelhante; aqui toda a ingerência – salvo o caso de um conflito (cf. n. m. 327 e s.) – constitui uma violação.

279. Indicação técnica de solução:

Frequentemente, a resolução de casos práticos não é terminologicamente correta: é que, em vez de ingerência, fala-se de violação e pergunta-se pela sua justificação jurídico-constitucional. Mas a violação é precisamente a ingerência injustificável do ponto de vista do direito constitucional e, por isso, ilícita. Saber se um direito fundamental foi ou não violado constitui, pois, o resultado do exame.

III. Âmbito de proteção e ingerência

280. Os dois conceitos de âmbito de proteção e de ingerência, com os seus respetivos sinónimos, *relacionam-se entre si*. Quanto mais amplo for o entendimento dos âmbitos de proteção dos direitos fundamentais, tanto mais a atuação do Estado se apresenta como ingerência; quanto mais restrito for o entendimento dos âmbitos de proteção dos direitos fundamentais, menos o Estado entra em conflito com os direitos fundamentais.

281. Exemplo:

A questão de saber se a polícia, que impede um artista de realizar um *happening* no cruzamento de ruas, comete uma ingerência na liberdade artística é não só a questão de se a proibição é uma ingerência, ou se não é uma ingerência, se o fim for atingido amigavelmente, sem coação e através de simples indicação dos perigos que ameaçam. Pelo contrário, está desde logo em causa a questão de saber se o *happening*, a realização do *happening* no cruzamento de ruas ou a realização do *happening* no cruzamento de ruas muito movimentadas cai no âmbito de proteção da liberdade artística. O entendimento restrito de arte e de liberdade artística confere à polícia maior margem de atuação do que o entendimento lato.

282. Dado que o Estado, quando procede a uma ingerência, carece de uma justificação de direito constitucional, isso poderia dar a impressão de que justamente um entendimento liberal de Estado teria de ampliar os âmbitos de proteção (*"in dubio pro libertate"*)[227] e também de tomar em sentido amplo o conceito de ingerência. Não será o Estado tanto mais liberal quanto mais tiver de prestar contas pela sua atuação e quanto mais sujeito estiver a amplas e fortes exigências de justificação jurídico-constitucional? No entanto, neste caso há dois aspetos que ficam por considerar: por um lado, a justificação de direito constitucional por meio dos direitos fundamentais não é a única justificação da atuação do Estado; também há a justificação apoiada no processo político democrático. Por outro lado, uma sobrecarga e uma dilatação excessivas dos direitos fundamentais reclamariam a justificação jurídico-constitucional tão frequentemente e reclamá-la-iam tantas vezes onde ela é evidente que os seus padrões degenerariam em questões de lana-caprina.

---

227 Höfling, *Offene Grundrechtsinterpretation*, 1987.

283. **Exemplo:**

Um conceito amplo de consciência e um conceito amplo de liberdade de consciência poderia trazer toda a atuação conduzida por convicções firmes para o âmbito de proteção do art. 4º, n. 1. Dado que para o art. 4º, n. 1, não estão previstas quaisquer ingerências ou coisas semelhantes, qualquer limite que se imponha àquela pessoa que atua por convicções firmes constituiria, no fundo, uma violação da liberdade de consciência. No entanto, isto não é possível nem permitido que suceda: já a ação de atravessar a rua com o semáforo vermelho pode ser conduzida pela convicção firme de que o próprio indivíduo é capaz de ajuizar quando é que o trânsito o põe e o não põe em perigo. Por isso, teriam de se imaginar para inúmeras situações justificações de ingerência não previstas no art. 4º, n. 1. A justificação decorrente do direito constitucional colidente (cf. n. m. 376 e s.), que, como última possibilidade e justificação a ser aplicada com prudência, foi desenvolvida pela jurisprudência e pela doutrina para as ingerências não previstas, perderia o seu caráter de exceção, e o sistema diferenciado de limites dos direitos fundamentais seria desintegrado.

284. Desta maneira, *nenhuma presunção* constitui argumento a favor do *alargamento* dos âmbitos de proteção. Também nenhuma presunção vem a favor do seu *estreitamento*. Os âmbitos de proteção de cada um dos diferentes direitos fundamentais têm de ser simplesmente determinados de maneira correta com os meios jurídicos normais de interpretação, a partir do seu texto, da sua história, da sua génese e da sua posição sistemática[228]. Também o conceito de ingerência não pode ser determinado a partir de quaisquer presunções, mas sim a partir da função e do conceito de direitos fundamentais.

1. Determinação do âmbito de proteção

285. **a)** A discussão acerca do âmbito não pode induzir a **uma ideia errada de espaço**. Não tem de ser aquele espaço que une uma

---

228 Cf. Hoffmann-Riem, *Staat* 2004, 203/229; Merten, *Hdb. GR III*, § 56 n. m. 80; Volkmann, *JZ* 2005, 261/267.

conduta diferente ao conteúdo do mesmo âmbito de proteção. Pelo contrário, a mesma função, o mesmo papel, o mesmo tema podem constituir o mesmo conteúdo do âmbito de proteção.

286. Exemplos:

É verdade que o conceito de domicílio designa um espaço. Mas o art. 13º não isenta o espaço do domicílio com toda conduta que lá dentro tiver lugar. E não o faz, não só porque prevê expressamente, nos n. 2 a 5 e 7, determinadas ingerências e limitações. Pelo contrário, ele já tem um outro âmbito de proteção; ele protege o domicílio na sua função de oferecer abrigo ao indivíduo e de lhe proporcionar a possibilidade de proteção e de "retirada" para a sua conduta pessoal e eventualmente também negocial. A questão de saber quando esta conduta é legal e quando é ilegal não deve ser aferida pelo art. 13º, mas pelos outros direitos fundamentais; por exemplo, as normas do direito penal e do direito civil que sejam compatíveis com os outros direitos fundamentais aplicam-se tanto dentro como fora do domicílio. Só a questão da ingerência do Estado no domicílio pode ser aferida pelo art. 13º.

287. **b)** O âmbito de proteção de um direito fundamental não pode, muitas vezes, ser determinado numa ótica isolada centrada neste direito fundamental, mas apenas numa **visão sistemática de conjunto** com outros direitos fundamentais e demais disposições constitucionais.

288. Exemplos:

A proximidade dos arts. 4º, n. 1, e 5º, n. 1, revela que por confissão religiosa não devemos entender simplesmente opiniões religiosas (cf. n. m. 374); a proximidade dos direitos fundamentais com o direito de organização do Estado faz com que a declaração do deputado no debate parlamentar federal saia fora do âmbito de proteção previsto no art. 5º, n. 1.

289. É importante a *distinção* entre:

– a extensão que, numa visão sistemática de conjunto com outros direitos fundamentais e demais disposições constitucionais, um âmbito de proteção permite reconhecer; e

– a justificação de uma ingerência num âmbito de proteção pela colisão com outros direitos fundamentais e outros bens constitucionais (cf. n. m. 369 e s.).

Diferentemente da justificação de ingerência por colisão, que ocorre pontualmente, a extensão do âmbito de proteção é, em geral, invariável.

290. **c)** Uma vez que o âmbito de proteção e a ingerência estão relacionados, o âmbito de proteção é, em certos casos, já definido **com vista à ingerência**. Pergunta-se, portanto, contra o que é que protege um direito fundamental.

291. Exemplos:

O art. 8º, n. 1, deixa já expresso no seu texto normativo que a liberdade de reunião deve proteger, entre outras coisas, contra as obrigações de anúncio e de autorização. O âmbito de proteção do art. 1º, n. 1, é habitualmente definido exclusivamente a partir das ingerências na dignidade humana (cf. n. m. 418 e s.).

2. Definição de ingerência

292. O *conceito clássico de ingerência* tem quatro pressupostos. Este conceito exige que uma ingerência:

– seja consequência final e não meramente involuntária de uma atuação do Estado dirigida a outros fins;

– seja consequência imediata e não mera, ainda que intencional, consequência mediata da atuação do Estado;

– seja ato jurídico com efeito jurídico e não com mero efeito material; e

– seja ordenada ou imposta através de ordem e coação[229].

293. O moderno entendimento dos direitos fundamentais recusa o conceito clássico de ingerência por o considerar *demasiado restrito*. Na base do alargamento para o conceito moderno de ingerência está a mesma evolução *do Estado de direito liberal para o Estado de direito social,* que também ampliou os conteúdos jurídico-subjetivos de garantia dos direitos fundamentais e os completou com conteúdos jurídico-objetivos (cf. n. m. 111 e s.): dependente do Estado em cada vez mais situações da vida, o particular em cada vez mais situações da vida experimenta mesmo a atuação do Estado social, não apenas como garante da existência,

---

229   Cf. E 105, 279/300.

mas também como colocando-a em perigo, não apenas como promotora da liberdade, mas também como interferindo nela. Quanto mais pontos de contacto têm o Estado e o particular, tanto mais possibilidades de conflito surgem entre eles. E quanto mais importância ganham os direitos fundamentais também para a organização, para o procedimento, para a participação e para a prestação, tanto mais questões se põem quanto à qualidade da ingerência mesmo dos atos orgânicos, das conformações procedimentais, das regulações de participação e de prestação.

294. O conceito moderno de ingerência, para o qual o Tribunal Constitucional Federal reserva[230], por vezes, o conceito de afetação (cf. n. m. 264), alarga todos os quatro critérios clássicos. Ingerência é qualquer atuação do Estado que *torne total ou parcialmente impossível* ao particular uma conduta ou o gozo de um bem jurídico (cf. n. m. 257) que caia no âmbito de proteção de um direito fundamental, independentemente de se este efeito ocorre como efeito final ou involuntariamente, direta ou indiretamente, jurídica ou materialmente (*de facto*, informalmente), com ou sem ordem e coação[231]. Se, pelo contrário, está em jogo saber se o Estado protegeu suficientemente um bem de proteção jurídico-fundamental (n. m. 133 e s., 487 e s.), é controlada, não uma "ingerência por omissão", mas a existência e eventualmente a violação de um dever de proteção (n. m. 140, 403). No entanto, também há uma ingerência, quando a conduta ou o gozo de um bem jurídico – como por exemplo no caso de tributações dirigidas – é associado a um efeito jurídico ablativo[232].

295. Exemplos:

São ingerências fácticas involuntárias a bala perdida de um agente policial, que atira sobre um suspeito em fuga e que atinge um transeunte alheio à situação, ou o contágio de que a mãe é vítima por ocasião da vacinação obrigatória prescrita ao filho. Verificam-se ingerências fáticas sem ordem e sem coação, quando do controlo de chamadas telefónicas ou no caso de outras ingerências na informação.

---

230 E 105, 279/301.

231 Tribunal Constitucional Federal, NVwZ 2018, 1224/1224 e s. (= JK 4/2019); além disso, Kloepfer, *VerfG* II, § 51, n. m. 31; Peine, *Hdb.GR. III*, § 57, n. m. 29 e s.; Starke, *DVBl*. 2018, 1469/1472 e s.; posição crítica, Sachs, *JuS* 2018, 731/732 e s.

232 E 98, 106/117.

296. Indicação técnica de solução:

O ponto de controle "ingerência" serve, na constelação do direito de defesa, para determinar o ato do poder público (isso corresponde processualmente ao objeto do recurso, n. m. 1294 e s.) que afeta o âmbito de proteção. Como o conceito moderno de ingerência é hoje reconhecido em geral, só temos de aceitar o conceito clássico de ingerência, quando a situação de facto contiver indicações correspondentes (opinião diferente Michael/Morlok, *GR*, n. m. 500).

297. O alargamento tem a sua *problemática subsequente*. Por um lado, no caso de se incluírem todos os efeitos materiais, torna-se problemática a definição do limite para aquém do qual a atuação do Estado apenas dificulta o exercício dos direitos fundamentais, enquanto para além do limite aquela atuação torna este exercício realmente impossível. Por outro lado, no caso de se incluírem efeitos involuntários e indiretos, verificam-se ingerências não só em face dos particulares a quem é dirigida a atuação do Estado (os chamados *destinatários*), mas também face a terceiros, relativamente aos quais a atuação não era eventualmente desejada pelo Estado, nem este dela tão-pouco tinha consciência (os chamados *terceiros atingidos*)[233]. Ambos os problemas podem *coincidir*.

298. A problemática das consequências do alargamento do conceito de ingerência não pode ser resolvida com uma fórmula arrojada. Tanto no caso da distinção entre o impedir ou o simples dificultar o exercício dos direitos fundamentais como no caso da distinção entre afetação relevante e irrelevante de terceiros, se trata da fronteira entre afetação e incómodo. Mas esta fronteira é *difícil* de traçar.

299. Certo é que se verifica uma ingerência, sempre que o Estado proíbe ao particular uma conduta jurídico-fundamentalmente protegida ou a toma como ponto de partida para uma sanção estatal. Também as declarações, indicações e advertências públicas e negativas do Estado, incluindo as observações que as precedem e preparam, são

---

233 Cf. Koch, *Der Grundrechtsschutz des Drittbetroffenen*, 2000, p. 211 e s.

consideradas ingerências, se na sua finalidade e nos seus efeitos substituírem uma medida estatal, que seria de qualificar como ingerência jurídico-fundamental em sentido clássico[234]. Outro tanto é válido para apoios específicos do Estado a atividades privadas correspondentes.

300. Exemplos:

Advertências públicas do Estado e de organismos privados especialmente patrocinados pelo Estado aplicam-se especialmente a produtos e a grupos sectários, que são perigosos ou que são tidos como perigosos, e podem cometer ingerências na liberdade de profissão (*E* 148, 40, n. m. 28 e s. = *JK* 11/2018; cf. n. m. 942), na liberdade religiosa e na liberdade de ideologia (cf. n. m. 628). O mesmo é válido para referências à situação jurídica com efeito equivalente a proibição (OVG Münster, *NVwZ* 2013, 1562/1563 e s.).

301. De resto, devemos partir do princípio de que não se pode ainda falar de uma afetação ou de uma ingerência no caso de meras bagatelas, de incómodos do dia a dia e de suscetibilidades subjetivas[235].

302. Exemplos:

O controlo policial na autoestrada constitui uma ingerência para aquele a quem é dirigido. Mas, para aquele que em virtude desse controlo fica parado no engarrafamento, faz parte dos incómodos diários de trânsito. É pouco importante a suscetibilidade subjetiva do pacifista, que se considera afetado pela campanha publicitária do Exército Federal alemão.

303. Subsiste a questão de saber se o próprio *legislador* pode prefixar, por exemplo com o estabelecimento de valores-limite, o *critério* de quando é ultrapassada a fronteira que vai do incómodo à afetação e quando se verifica uma ingerência. Isto não é compatível com a sua vinculação aos direitos fundamentais (art. 1º, n. 3), uma vez que isso significaria pôr os direitos fundamentais à sua disposição.

---

234 Cf. E 105, 252/273; 105, 279/300 e s.; 113, 63/76 e s.; Gusy, NJW 2000, 977/982 e s.; Murswiek, NVwZ 2003, 1.

235 Kloepfer, VerfR II, § 51, n. m. 36; opinião diferente, Stern, StR III/2, p. 204 e s.

IV. A justificação jurídico-constitucional das ingerências

1. Tipologia das reservas de lei

304. Os diferentes conceitos de ingerência, de limite, de limitação e de restrição, etc. (cf. n. m. 263 e s.) não significam uma diferença material. No entanto, consoante a natureza e o âmbito em que preveem nomeadamente ingerências, os direitos fundamentais podem ser divididos em três tipos diferentes:

– direitos fundamentais com reserva de lei ordinária;

– direitos fundamentais com reserva de lei qualificada; e

– direitos fundamentais sem reserva de lei.

305. **a)** Caem na **reserva de lei ordinária** os direitos fundamentais relativamente aos quais a Lei Fundamental apenas exige, para que se verifiquem ingerências, que estas ocorram por lei ou com base na lei. A reserva de lei ordinária não faz quaisquer exigências especiais à lei de ingerência.

306. **Exemplos:**

No art. $2^{\underline{o}}$, n. 2, diz-se simplesmente, a propósito do direito fundamental à inviolabilidade do corpo humano, que nele "só (pode) haver ingerência com base numa lei"; no art. $10^{\underline{o}}$, n. 2, frase 1, diz-se, a propósito do direito fundamental ao sigilo de correspondência, ao sigilo postal e ao sigilo das telecomunicações, que "só (podem) ser impostas restrições... com base numa lei".

307. **b)** Caem na **reserva de lei qualificada** os direitos fundamentais relativamente aos quais a Lei Fundamental não só exige que as ingerências ocorram por lei ou com base na lei, mas exige, além disso, que a lei parta de determinadas situações, sirva determinados fins ou utilize determinados meios.

308. **Exemplo:**

No art. $11^{\underline{o}}$, n. 2, diz-se que a liberdade de circulação "só (pode) ser restringida por lei ou com base numa lei e só nos casos em que não haja suficientes meios de subsistência e daí possam resultar encargos especiais para a coletividade ou em que isso seja necessário... para a prevenção de um perigo que ameaça".

309. c) No caso de direitos fundamentais **sem reserva de lei**, a Lei Fundamental não prevê quaisquer ingerências por lei ou com base na lei.

310. Exemplo:

O art. 5º, n. 3, frase 1, garante a liberdade artística e científica, de investigação e de ensino, sem admitir possibilidades de ingerência por lei ou com base na lei.

311. É certo que também para os direitos fundamentais sem reserva de lei se aplica a ideia de que o exercício desordenado da liberdade encerra em si o *perigo de conflitos*. Mas a ausência de uma reserva de lei mostra que a Lei Fundamental não quis dar ao legislador a liberdade de apreciar e combater este perigo. No caso de direitos fundamentais com reserva de lei ordinária, esta liberdade é a mais ampla; no caso de direitos fundamentais com reserva de lei qualificada, é menor; e, no caso de direitos fundamentais sem reserva de lei, os poderes do legislador não podem no fundo ir mais longe do que reforçar os limites do alcance dos âmbitos de proteção dos direitos fundamentais (cf. n. m. 384 e s.).

2. Da reserva de lei à reserva de parlamento

312. A reserva de lei exige uma autorização da lei para que possam ocorrer ingerências nos direitos fundamentais por parte da Administração. A sua *função histórica* residia, no século XIX, em proteger a sociedade burguesa contra o executivo monárquico[236]. Mas também depois do desaparecimento da oposição entre o princípio monárquico enquistado na Administração e o princípio democrático que se desenvolveu na legislação, a Administração tem uma vida própria tão forte e possui um peso próprio tão grande que continua a fazer todo sentido vinculá-la à exigência de autorização legal, no caso de ingerências nos direitos fundamentais. A jurisprudência do Tribunal Constitucional Federal ainda *alargou* mesmo esta vinculação para além do seu significado originário.

313. *Originalmente*, a reserva de lei exigia apenas a existência de uma autorização legal, embora não nos termos em que essa autori-

---

236   Cf. Böckenförde, *Gesetz und gesetzgebende Gewalt*, 2ª ed., 1981.

zação se apresentava. Era possível ao legislador regular pormenorizadamente a atuação da Administração que constituísse ingerência nos direitos fundamentais. Mas também era possível ao legislador, no caso de ingerências nos direitos fundamentais, autorizar generosamente a Administração a proceder a regulações próprias. Mesmo neste caso, verificava-se ainda uma autorização legislativa para as ingerências nos direitos fundamentais por parte da Administração e estava salvaguardada a reserva de lei. Mas, no último caso, o legislador já se havia liberto, em larga medida, da sua responsabilidade.

314. Também a Lei Fundamental, nas suas reservas de lei, exige expressamente apenas que se verifique uma autorização da lei. A Lei Fundamental permite ingerências da Administração "com base numa lei", sendo que a lei de que fala nesta e em expressões idênticas é, como em geral na Lei Fundamental, a *lei formal* aprovada pelo Parlamento. No entanto, não está excluído o facto de esta lei formal autorizar a Administração a adotar regulações próprias. Nenhuma ingerência sem autorização da lei – isto significa apenas que nenhuma ingerência pode ter a sua base apenas no direito consuetudinário[237], mas que toda ingerência pode ter o seu fundamento no campo intermédio de um regulamento jurídico ou de regulamento autónomo, contanto que estas chamadas *leis materiais* tenham, por seu lado, a sua base em leis formais. Se uma reserva de lei for qualificada, então a qualificação tem de ser satisfeita através destes campos intermédios das leis materiais autorizadas bem como pela lei formal de autorização. Se, excecionalmente, a Lei Fundamental quiser excluir campos intermédios, então ordena-o expressamente; nos termos do art. 13º, n. 2, ou nos termos do art. 104º, n. 1, frase 1, os órgãos que atuam e as formas a observar no caso de buscas e de limitações da liberdade têm de estar eles próprios regulados na lei formal. Senão, também as reservas de lei previstas na Lei Fundamental deixam, porém, a possibilidade ao legislador de se libertar em larga medida da sua responsabilidade por intermédio de amplas autorizações à Administração.

---

237   Cf. Jarass, *JP*, nota preliminar ao art. 1º, n. m. 42.

315. Manter o legislador na sua responsabilidade é, desde logo, função do *art. 80º*: uma autorização para a emissão de um regulamento jurídico tem de estar determinada na lei quanto ao conteúdo, ao fim e à extensão. Mas o conteúdo, o fim e a extensão podem estar definidos e simultaneamente formulados de uma maneira tão ampla que a verdadeira decisão sobre os pressupostos das ingerências nos direitos fundamentais reside na Administração que foi autorizada[238]. O Tribunal Constitucional Federal impede isto com a sua chamada *teoria da essencialidade*. De acordo com esta teoria, o legislador é obrigado a "tomar..., ele próprio, todas as decisões essenciais em áreas normativas fundamentais, sobretudo na área do exercício dos direitos fundamentais, na medida em que este exercício esteja acessível à regulação do Estado"[239], isto é, o legislador não pode delegar essas decisões essenciais na Administração. A reserva de lei reforça-se, pois, no sentido de uma *reserva de parlamento*: "ela garante que as fronteiras entre o exercício lícito e não lícito dos direitos fundamentais, entre a restrição lícita e ilícita dos direitos fundamentais, não sejam traçadas casuisticamente de acordo com a apreciação arbitrária de quaisquer autoridades administrativas ou tribunais, mas o sejam primariamente – na forma de uma lei geral – pelo legislador"[240].

316. Subsiste a questão de saber o que é essencial no âmbito do exercício dos direitos fundamentais. A questão é dificultada pelo facto de, com a teoria da essencialidade, o Tribunal Constitucional Federal pretender libertar a reserva de lei ou a reserva de parlamento das "fórmulas ultrapassadas (ingerências na liberdade e na propriedade)"[241]. Por um lado, isto significa uma *ampliação*, que segue a mais recente evolução da teoria dos direitos fundamentais (cf. n. m. 107 e s.), exigindo do legislador também regulações para a garantia de proteção, organização, procedimento e participação. Mas, por outro lado, isto também podia ser entendido como *restrição*, se fizéssemos a distinção

---

238 Opinião diferente, Ramsauer, AK, art. 80, n. m. 28 e s.

239 *E* 61, 260/275; 88, 103/116.

240 *E* 133, 112, n. m. 53..

241 *E* 47, 46/79; Lerche, *Hdb. GR III*, § 62 n. m. 26 e s.

entre ingerências essenciais e não essenciais e se exigíssemos do legislador uma regulação apenas para as ingerências essenciais. Este entendimento *deve ser recusado*. A teoria da essencialidade não pode reduzir a proteção dos direitos fundamentais, mas apenas reforçá-la.

317. Nesta conformidade, a *teoria da essencialidade* significa que:

– como tradicionalmente, só podem ocorrer ingerências com base na lei;

– as decisões essenciais sobre os pressupostos, circunstâncias e consequências das ingerências têm de ser tomadas pelo próprio legislador e não podem ser delegadas na Administração; e

– a essencialidade das decisões afere-se pela intensidade com que são afetados os direitos fundamentais.

318. Exemplos:

São especialmente intensas as ingerências que tornam logo impossíveis diversas condutas que caem no âmbito de proteção de um direito fundamental; que impedem uma conduta não só por um curto espaço de tempo, mas por tempo alargado; que tornam o exercício de direitos fundamentais dependente não só de pressupostos subjetivos que o particular pode satisfazer, mas também de pressupostos objetivos não influenciáveis pelo particular (cf. n. m. 346 e s.).

319. Para além disso, a jurisprudência e a doutrina apreciam, com o auxílio da teoria da essencialidade, não só o alcance da reserva de lei, mas também as exigências a fazer à *densidade de regulação da lei*: quanto mais intensa for a forma como são atingidos os direitos fundamentais, tanto mais precisa e diferenciada tem de ser a lei[242]. Deste modo, a essencialidade torna-se ao mesmo tempo em critério da clareza e determinação do Estado de direito (cf. n. m. 365 e s.)[243].

320. Em parte, o Tribunal Constitucional Federal parece usar a teoria da essencialidade também em benefício da relação entre o legislador e a jurisprudência. Também na medida em que os tribunais são competentes para decidir litígios sem a intervenção prévia da Adminis-

---

242   Cf. E 49, 168/181; 59, 104/114; 86, 288/311; Maurer, StR, § 8, n. m. 21 e s.

243   Cf. Jarass, JP, art. 20, n. m. 82.

tração, eles devem poder fazê-lo apenas com base numa lei correspondente à teoria da essencialidade[244]. No entanto, tal ampliação da reserva de lei encontraria grandes dificuldades práticas em setores da ordem jurídica marcados pelo direito jurisdicional, como no direito da luta laboral[245] ou no direito da responsabilidade do Estado. Essa ampliação também não levaria em conta a diferente necessidade de proteção do poder legislativo em face, por um lado, do executivo e, por outro lado, em face do poder judicial. O poder executivo, tal como o legislativo, orientado por programas políticos e dirigido centralmente, pode entrar numa situação de concorrência direta com o parlamento, situação em que não cai a jurisprudência que tem uma organização descentralizada e que opera dogmaticamente[246].

3. Da reserva de lei à reserva de lei proporcional

321. Ao preverem uma atuação administrativa de ingerência nos direitos fundamentais apenas numa base legal, os direitos fundamentais, com as suas reservas de lei, vinculam a Administração. No entanto, nos termos do art. 1º, n. 3, os direitos fundamentais vinculam também a *legislação*. A questão consiste em saber o que significa esta vinculação. Até agora, os direitos fundamentais com as reservas de lei apenas exigiam *que* houvesse uma lei, ou seja, saber quando era suficiente uma qualquer base legal (reserva de lei) e quando era necessária uma base legal que tome as decisões essenciais (reserva de parlamento). Qual a *forma* que a lei deve ter e que conteúdos deve apresentar, quanta liberdade pode retirar ao particular e quanta lhe tem de deixar, são aspetos que a reserva de lei deixa até ao presente ainda em aberto. Mas é precisamente nas *exigências de conteúdo* que se tem de revelar a vinculação do legislador aos direitos fundamentais.

322. A forma como se apresentam as exigências de conteúdo que os direitos fundamentais fazem às leis torna-se clara nas *reservas de*

---

244 E 138, 377, n. m. 35 e s.; em sentido diverso, pelo contrário, E 88, 103/115 e s.

245 E 88, 103/115 e s.

246 Lassahn, *Rechtsprechung und Parlamentsgesetz*, 2017, 139 e s., 263 e s.

lei qualificada. Estas estatuem uma vinculação do legislador, ao imporem ou ao proibirem, no caso de direitos fundamentais em concreto, eventualmente, para situações em concreto, fins determinados e meios determinados.

323. Exemplos:

Para fins de proteção da juventude e da honra, as leis podem, não se tratando de leis gerais, limitar a liberdade de opinião e de imprensa (art. 5º, n. 2); as leis só podem aplicar o recurso da separação da família para fins de evitar a negligência em relação aos filhos (art. 6º, n. 3); a livre circulação pode ser restringida para fins de desoneração da coletividade, quando falte a base de subsistência suficiente e isso sobrecarregue a coletividade (art. 11º, n. 2).

324. Ao mesmo tempo, a vinculação reside também no facto de, por um lado, serem *fins* e, por outro lado, *meios* que se impõem ou que se proíbem. Tratando de fins e de meios, as reservas de lei qualificadas exigem uma relação entre o fim e o meio, ou seja, exigem que a lei seja um meio para atingir o fim perseguido pelo legislador. Desse modo, as reservas de lei permitem reconhecer o que significa a vinculação da legislação aos direitos fundamentais também nos casos em que não há reservas de lei qualificadas. Também aí o legislador prossegue fins e aplica meios para tal. Na falta de imposições ou proibições de fins e de meios determinados, então sempre fica a exigência de uma *relação harmoniosa entre o fim e o meio*. De uma maneira consequente, o Tribunal Constitucional Federal atualiza a vinculação da legislação aos direitos fundamentais, especialmente no controlo das leis quanto à sua *proporcionalidade*. É que proporcionalidade significa para o legislador precisamente o seguinte: as regulações e as autorizações legais que constituem ingerência nos direitos fundamentais têm de ser adequadas e necessárias para alcançar o fim respetivamente prosseguido e, por sua vez, constitucionalmente legítimo.

325. Como *fundamento jurídico-constitucional* do princípio da proporcionalidade é muitas vezes referido o princípio do Estado de direito. Mas, com a vinculação da legislação aos direitos fundamentais, a reserva jurídico-fundamental da lei transformou-se em reserva jurídico-fundamental da lei proporcional[247]. Com a reserva de lei, os direitos fundamentais defenderam e defendem a atuação administrativa de ingerência nos direitos fundamentais sem base legal; com a reserva de lei proporcional, defendem contra leis que desproporcionalmente constituem ingerência nos direitos fundamentais.

4. Limites de limites

326. As reservas de lei permitem ao legislador interferir nos próprios direitos fundamentais ou autorizar a Administração a interferir nos direitos fundamentais. Permitem-lhe, assim, estabelecer *limites* ao exercício dos direitos fundamentais. O **conceito de limites de limites** designa as limitações a que *o legislador está sujeito*, quando estabelece fronteiras ao exercício dos direitos fundamentais.

327. a) Os limites de limites estão contidos nos **próprios direitos fundamentais**. Até mesmo as garantias jurídico-fundamentais, que se apresentam como direitos fundamentais especiais, podem constituir limites de limites. Assim, o art. 104º, n. 1, frase 2, constitui limite de limites ao direito à integridade física (cf. n. m. 478), o art. 5º, n. 1, frase 3, constitui limite de limites aos direitos fundamentais do art. 5º, n. 1, frases 1 e 2 (cf. n. m. 710), o art. 12º, n. 2 e 3, constitui limite de limites à liberdade de ação em geral (cf. n. m. 996) e o art. 16º, n. 2, constitui limite de limites à liberdade de circulação (cf. n. m. 1100). Se estas garantias forem invocadas com o auxílio do recurso constitucional, trata-se, pois, na exata perspetiva dogmática dos direitos fundamentais, da invocação do art. 2º, n. 2, do art. 2º, n. 1 e do art. 11º, em ligação com as garantias referidas. Um limite de limites, que não se apresenta como um direito fundamental especial, está contido na garantia do art. 8º, segundo a qual podem realizar-se reuniões sem aviso prévio ou sem autorização (cf. n. m. 833).

328. Também as qualificações das reservas de lei e as garantias de instituição devem ser caraterizadas, numa *perspetiva dogmática dos direitos fundamentais*, como limites de limites: as primeiras limitam o legislador

---

[247] Cf. Schlink, *EuGRZ* 1984, 457/459 e s.

que pretende interferir no âmbito de proteção respetivo, ao sujeitá-lo a fins determinados ou a meios determinados; as últimas retiram totalmente determinadas instituições do poder de disposição do legislador.

329. **b)** Também a **reserva de parlamento** constitui um limite de limites: limita o legislador que pretende autorizar a Administração a proceder a ingerências, no sentido de não poder delegar as decisões essenciais, mas ter de as tomar ele próprio. Mesmo o *regime de competência legislativa e de procedimento legislativo* da Lei Fundamental pode ser entendido como limitação do legislador que procede a ingerências. No entanto, não é normalmente designado como limite de limites, mas é debatido, antes de mais, sob o lema da constitucionalidade formal (cf. n. m. 400).

330. **c)** O limite de limites mais significativo da jurisprudência do Tribunal Constitucional Federal é o **princípio da proporcionalidade** (proibição do excesso). Em concreto, este princípio exige antes de mais que:

– o *fim* prosseguido pelo Estado possa ser prosseguido enquanto tal;

– o *meio* usado pelo Estado possa ser aplicado como tal;

– o emprego do meio para alcançar o fim seja *adequado*; e que

– o emprego do meio para atingir o fim seja *indispensável* (*necessário*).

331. Isto é válido tanto para a *Administração* de ingerência como para o *legislador* de ingerência, isto é, para o legislador que autoriza a Administração a proceder a ingerências. A diferença consiste em que o legislador é muito mais livre do que a Administração na questão de se saber quais os fins que pode prosseguir e quais os meios que pode empregar. Ao legislador, apenas na Lei Fundamental, especialmente nos direitos fundamentais, são impostos e proibidos fins e meios determinados enquanto tais, restando-lhe uma pluralidade de fins e de meios constitucionalmente legítimos. Para a Administração, esta pluralidade é reduzida; para ela, as leis contêm, adicionalmente, um elevado número de imposições e de proibições de fins e de meios.

332. **Exemplo:**

O art. 5º, n. 2, contém uma reserva de lei qualificada, que obriga o legislador, no caso de ingerências no art. 5º, n. 1, entre outras coisas, ao fim de proteção da juventude. A forma como o legislador pretende prosseguir o fim de proteção da juventude e os meios que para tal pretende empregar estão em larga medida ao seu critério; o meio da censura está-lhe, no entanto, expressamente proibido pelo art. 5º, n. 1, frase 3. Um outro meio que se encontra proibido na própria Lei Fundamental é a pena de morte (art. 102º).

333. Também os critérios da adequação e da necessidade têm *significado diferente* para a legislação e para a Administração Pública. O legislador tem, em face da Administração, uma prerrogativa de avaliação, goza de certo modo de um privilégio de confiança na apreciação, muitas vezes difícil, da inter-relação empírica e complexa entre a situação que é criada pela ingerência e a outra situação na qual o fim está alcançado. É precisamente a esta inter-relação que se reportam os critérios da adequação e da necessidade:

334. aa) Adequação significa que a situação que o Estado cria com a ingerência e a situação em que o fim prosseguido deve ser considerado como estando realizado se encontram numa relação proporcionada por hipóteses comprovadas sobre a realidade. No entanto, o meio não tem necessariamente de alcançar plenamente o fim, mas tem de o facilitar.

335. Exemplo:

Uma limitação de velocidade para fins de impedir ou retardar a morte da floresta só é proporcional do ponto de vista da adequação, quando hipóteses comprovadas estabelecerem uma relação entre a redução das emissões de substâncias nocivas (situação que é criada pela ingerência) e a melhoria da estrutura florestal (situação em que o fim deve ser considerado realizado).

336. bb) Necessidade significa que não há outra situação que o Estado possa igualmente criar sem grande dispêndio, que seja menos onerosa para o cidadão e que se encontre igualmente numa relação, proporcionada por hipóteses comprovadas sobre a realidade, com a situação em que se deve considerar como realizado o fim prosseguido. O fim não pode, por outras palavras, ser alcançável por um meio igualmente eficaz, mas menos oneroso.

337. Exemplo:

Sob o aspeto da necessidade, a limitação de velocidade seria desproporcional, se as reflorestações – que de toda maneira estão à espera de ser realizadas –, caso preferissem determinadas espécies de árvores, criassem uma determinada paisagem florestal e se as hipóteses comprovadas estabelecerem uma relação entre esta paisagem florestal (a outra situação que o Estado pode criar igualmente sem grande dispêndio e que é menos onerosa para o cidadão) e a mesma melhoria da estrutura florestal (situação em que o fim deve ser considerado como realizado).

338. Como sabemos, as circunstâncias da morte da floresta são complexas e é difícil a apreciação das inter-relações empíricas que são decisivas. Aqui, a *prerrogativa de avaliação do legislador* ou margem de previsão do legislador significa que as dúvidas correm a favor do legislador, enquanto a Administração só pode agir, em caso de dúvida, com ónus para o particular, se estiver autorizada por lei à prevenção do perigo a que é sempre inerente um factor de incerteza[248].

339. Os critérios da adequação e da necessidade *não têm o mesmo peso*. Só o que é adequado pode também ser necessário; o que é necessário não pode ser inadequado. Atrás do controlo da necessidade fica, do ponto de vista sistemático, o controlo da adequação: a par do resultado positivo do controlo da necessidade, também o resultado do controlo da adequação só pode ser positivo e, a par do resultado negativo do controlo da necessidade, o resultado positivo do controlo da adequação já não pode salvar a proporcionalidade. Não obstante, o controlo da adequação é estrategicamente importante: ele torna acessíveis as inter-relações empíricas e conduz ao controlo da necessidade.

340. **cc)** A jurisprudência e a doutrina dominante retiram ainda do princípio da proporcionalidade, sob o conceito de **proporcionalidade em sentido restrito**, um último critério e exigem que a ingerência ou a afetação que a ingerência representa para o particular, bem como o fim prosseguido pela ingerência se encontrem numa relação de

---

248 Cf., para mais pormenores, Ossenbühl, in: FS BVerfG, 1. v., 1976, p. 458; mais aprofundadamente, Raabe, *Grundrechte und Erkenntnis*, 1998.

reciprocidade bem pesada e bem ponderada (também chamada proporcionalidade, razoabilidade ou suportabilidade)[249]. Por vezes, os próprios direitos fundamentais estabelecem uma relação entre a ingerência e o fim da ingerência, relação que pode ser entendida como a correspondente pesagem e ponderação. No entanto, várias ingerências, adequadas se consideradas de *per se*, podem ser inadequadas no seu efeito cumulativo ou aditivo[250]. Quanto mais a necessidade de adequação for entendida, não como mero controlo de desproporcionalidade, mas como ponderação de todas as circunstâncias do caso concreto, tanto mais salta à vista também a chamada combinação de direitos fundamentais, em que, para o controlo da adequação, todos os direitos fundamentais afetados combinados uns com os outros, são empregados como *itens* de ponderação[251].

341. Exemplo:

Assim, podemos dizer que o art. 6º, n. 3, confere um peso maior à coesão da família que à educação do filho e um peso menor que a evitar negligenciá-lo, e que o art. 5º, n. 2, atribui à livre expressão de opinião e à reportagem de imprensa menos peso que à proteção da juventude e da honra e mais peso do que, por exemplo, à autorrepresentação do Estado através de publicidade.

342. Mas a jurisprudência e a doutrina dominante não se querem ficar por tais pesagens e ponderações previstas na Lei Fundamental. A jurisprudência e a doutrina exigem a *pesagem e a ponderação autónomas* dos bens e interesses públicos e privados respetivamente em causa. A propósito, fala-se então, por exemplo, de bens coletivos absolutos, dominantes, especialmente importantes e simplesmente importantes, de exercício da liberdade meramente motivado e de exercício da liberdade correto do ponto de vista meramente formal, e do grau hierárquico dos direitos de liberdade e da importância da ordem fundamental democrática e livre.

---

249 Cf. Stern, *StR III/2*, p. 782 e s.

250 E 130, 372/392.

251 Breckwoldt, *Grundrechtskombinationen*, p. 238 e s.

343. Exemplos:

Extraídos do acórdão "Lüth e Farmácias": "O direito à expressão de opinião tem de ser relegado para segundo plano se, por via do exercício da liberdade de opinião, forem violados interesses dignos de proteção de outrem, de grau hierárquico superior" (*E* 7, 198/210). "Uma regulação..., que já faz depender a aceitação do exercício de profissão da verificação de determinados pressupostos e que deste modo afeta a liberdade de escolha de profissão, só estará justificada na medida em que, por essa via, se vise proteger um bem coletivo muito importante que tenha prioridade sobre a liberdade do particular" (*E* 7, 377/406).

344. Uma tal pesagem e ponderação, no seio do Tribunal Constitucional Federal também designada como "*Jonglieren*" ("fazer equilibrismos")[252], *carece de padrões racionais e vinculativos*[253]. Também a invocação da ordem de valores dos direitos fundamentais ou da Lei Fundamental se limita a afirmar um critério, mas não o pode provar. Por isso, o controlo da proporcionalidade em sentido restrito corre sempre o perigo de fazer valer os juízos subjetivos e os pré-juízos daquele que controla, apesar de todos os esforços de racionalidade. Não é justificável o facto de o Tribunal Constitucional Federal, que exerce o controle, colocar os seus juízos subjetivos acima dos do legislador controlado. Pelo contrário, nos casos em que apenas podem ser emitidos juízos meramente subjetivos, aí começa o âmbito e a legitimidade da política. A proporcionalidade em sentido restrito tem um valor posicional totalmente diferente na Administração e na jurisprudência que controla a Administração; o legislador é tão livre de autorizar a Administração, apesar de todos os esforços de racionalidade, a uma pesagem e ponderação, em última análise subjetiva, como a jurisprudência é livre para colocar o seu juízo subjetivo acima do da Administração.

---

252 Hoffmann-Riem, *EuGRZ* 2006, 492/495.

253 Cf. Schlink, *in: FS 50 Jahre BVerfG*, 2001, v. II, p. 445/460 e s.; Groβ, *DÖV* 2006, 856/858 e s.; talvez se possam ainda indicar e formalizar critérios de consistência; cf. uma tentativa por exemplo em Alexy, *in: GS Sonnenschein*, 2003, 771/777 e s.; em relação à ponderação de interesses públicos, por exemplo Kluckert, *JuS* 2015, 116.

345. Para evitar os perigos que encerra o controlo da proporcionalidade em sentido restrito, os problemas de um caso concreto têm de ir sendo resolvidos, na medida do possível, percorrendo os outros pontos de controle. Também no Tribunal Constitucional Federal o controlo da proporcionalidade em sentido restrito desempenha em teoria um grande papel, mas na prática apenas um papel reduzido; na prática, o controlo da proporcionalidade é sobretudo um controlo de necessidade. Se um bem ou interesse público apenas pode ser, na realidade, alcançado pelo elevado preço de uma ingerência nos direitos fundamentais, então pode-se descobrir precisamente aí a prova do seu elevado valor. O controlo da proporcionalidade em sentido restrito tem o significado de um controlo *da conformidade*: se a solução do caso se apresentar absolutamente absurdo, então isso é, antes de mais, motivo para mais uma vez se verificarem à vez todos os outros pontos de controlo e sobretudo para mais uma vez, e de uma maneira especialmente cuidadosa, se proceder ao controlo da necessidade; se aí ficar a impressão de absurdez, pode-se excecionalmente suscitar, para efeito de correção, a questão da proporcionalidade em sentido restrito.

346. Também o critério de necessidade do princípio da proporcionalidade foi conformado de uma maneira mais pormenorizada em algumas *figuras dogmáticas*. Este critério exige que, de várias ingerências igualmente adequadas, seja escolhida a que for de menor dimensão e a que mais protege. Por isso, tanto quanto se possam estabelecer graus de intensidade de ingerência, o princípio da proporcionalidade exige que o legislador só passe para o grau de ingerência mais intensa, se não puder atingir o seu fim no grau de ingerência menos intensa.

347. Assim, podemos fazer a distinção entre limitações do *se* e limitações do *como* do exercício dos direitos fundamentais e, no caso do se, entre limitações *ininfluenciáveis* e *influenciáveis*, e aplicar as correspondentes diferenças de intensidade da ingerência; o Tribunal Constitucional Federal desenvolveu estas diferenças pela primeira vez relativamente ao art. 12º, n. 1 (cf. n. m. 975 e s.). Como sendo de diferente intensidade de ingerência, foi também posta em destaque pelo Tribunal Constitucional Federal, pela primeira vez em relação ao art. 2º, n. 1, a proibição repressiva com reserva de dispensa ou reserva de consentimento de exceção e a proibição preventiva com reserva de autorização[254]. A proibição repressiva visa impedir o mais possível a conduta proibida e só a permitir excecionalmente; a proibição preventiva prossegue simplesmente o objetivo de um controlo em que a conduta, embora seja em princípio admitida, deve ser controlada quanto ao seu aspeto de conduta anormal ilegal.

348. dd) A jurisprudência do Tribunal Constitucional Federal[255] e também a ciência jurídico-constitucional[256] partem, por vezes, da proibição do excesso para a **proibição do ficar aquém**. Tal como o Estado respeita os direitos fundamentais como direitos de defesa ao não interferir neles com excesso, assim respeitará os direitos fundamentais como obrigações de proteção ao não se satisfazer com uma proteção abaixo da medida. Todavia, a aproximação semântica não pode esconder o facto de que se trata de princípios completamente diferentes. A medida abaixo da qual não se deve ficar não pode ser aquilo que não se pode ultrapassar. O direito de defesa tem como medida a ingerência adequada, necessária e também, em sentido restrito, proporcional. Enquanto a ingerência não adequada permanece uma ingerência, precisamente uma ingerência que não é adequada, a medida de proteção não adequada não permanece de modo nenhum uma medida de proteção. Uma medida de proteção não adequada não é, pelo contrário, uma medida de proteção.

349. Também o princípio da necessidade não se pode aplicar a medidas de proteção. Para proteger um direito fundamental ou, mais exatamente, o exercício de um direito fundamental, há sempre uma série de possibilidades (cf. n. m. 155 e s.), em face das quais o Tribunal Constitucional Federal reconhece ao legislador uma considerável liberdade de decisão (cf. n. m. 134 e s.). O dever de proteção exige que o

---

254 E 20, 150.

255 E 88, 203/254.

256 Merten, in: *Gedächtnisschrift Burmeister*, 2005, p. 227/238 e s.; Klein, *JuS* 2006, 960; Calliess, in: *FS Starck*, 2007, p. 201

Estado atue de forma protetora, mas não faz exigências sobre o como; necessário é que tome uma de muitas medidas de proteção, mas não uma medida determinada, não uma medida única. Se alguma vez se verificar de facto a situação, dificilmente concebível, de a proteção poder ser efetuada apenas por meio de uma única medida, a caraterização desta medida de proteção como necessária não tem conteúdo; a medida de proteção necessária é simplesmente a única medida de proteção.

350. Assim, permanece como medida apenas a proporcionalidade no sentido restrito[257]. Apoiando-se na proibição de ficar aquém, o Tribunal Constitucional Federal só exige afinal, a par da eficácia da medida de proteção, isto é, visto que uma medida de proteção ineficaz não é uma medida de proteção, a par da qualidade da medida como medida de proteção, que "se alcance uma proteção adequada, tendo em consideração os bens jurídicos de sentido oposto (proibição de ficar aquém)"[258]. Invocando a proibição de ficar aquém, os juízes e pré-juízos subjetivos dos respetivos controladores voltam no fundo a sobressair.

351. Exemplos:

No segundo acórdão relativo à interrupção voluntária da gravidez, os juízes da maioria são de opinião que a proibição de ficar aquém exige, para a proteção do nascituro, a aplicação do direito penal ou determinadas condições de aconselhamento às grávidas, porque a função de proteção é "elementar" (*E* 88, 203/257 e s., 270 e s.), o que os juízes da minoria discordante não exigem, sem questionarem o carácter elementar da função de proteção (*E* 88, 203/248 e s.). Na controvérsia em torno da questão de saber se o dever de prestar alimentos a um filho pode ser visto legitimamente do ponto de vista jurídico-constitucional como uma desvantagem, a Segunda Secção do Tribunal Constitucional Federal considera este modo de ver como recusado, por via da proibição do ficar aquém (*E* 96, 409/412 e s.), mas já não é este o entendimento da Primeira Secção (*E* 96, 375/399 e s.). No acórdão relativo à Lei Complementar ao Apoio da Gravidez, da Baviera, os juízes da mi-

---

257   Cf. Schlink, in: FS 50 Jahre BVerfG, 2001, v. II, p. 445/462 e s.

258   E 88, 203/254.

noria discordante são de opinião que "se impõe" que a perspetiva dos juízes da maioria viola a proibição de ficar aquém (*E* 98, 265/355 e s.), sendo que isto não é forçoso para os juízes da maioria. À exceção dos problemas emocionais da proteção do nascituro, o Tribunal Constitucional Federal, quer a maioria, quer a minoria, nunca levou em conta a violação da proibição de ficar aquém.

352.　d) O limite dos limites da **garantia do conteúdo essencial** (art. 19º, n. 2) tem de ser determinado de forma separada para cada um dos diferentes direitos fundamentais[259]. Aqui apenas podemos indicar o que perguntar e o que procurar, no caso de o objetivo ser a determinação do conteúdo essencial.

**353.　** Segundo a *teoria* muitas vezes sustentada *do conteúdo essencial relativo*[260], o conteúdo essencial tem de ser determinado em separado não só em relação a cada direito fundamental em concreto, mas até mesmo em relação a cada caso *per se*. Apenas o pesar e o ponderar os bens e interesses públicos e privados envolvidos no caso concreto permitem verificar se o conteúdo essencial foi afetado ou não. Não se verificará uma afetação, se ao direito fundamental "pudermos atribuir o menor peso para a questão a decidir em concreto"[261], e correspondentemente ela tem de se admitir, se ao direito fundamental for atribuído o maior peso para a questão a decidir em concreto. Deste modo, apenas se repete o princípio da proporcionalidade e este repete-se, além disso, no critério, questionável, da proporcionalidade em sentido restrito.

**354.　** Em contrapartida, a *teoria do conteúdo essencial absoluto*[262] entende o conteúdo essencial como uma grandeza fixa, independente do caso concreto e da questão concreta. Só de forma vaga esta teoria é denotada pelos conceitos de núcleo essencial, de núcleo dos direitos fundamentais, de substância fundamental, de conteúdo mínimo, de posição mínima, etc. No entanto, aquilo que exatamente deve ficar in-

---

259　*E* 22, 180/ 219; 109, 133/156; Krebs, *Mük*, art. 19º, n. m. 23.

260　Häberle, p. 234 e s.

261　BVerwGE 47, 330/358.

262　Stern, *StR III/2*, p. 865 e s.

tocado ainda também não teve até agora de ser determinado de uma maneira mais precisa. Efetivamente, só há motivo para fazer perguntas quanto àquilo que não pode de modo nenhum deixar de ser protegido por um direito fundamental, quando as ingerências no direito fundamental se tornarem tão intensas que seja ameaçado o seu próprio desaparecimento. Porém, as ingerências não tiveram de ser de intensidade extrema, enquanto nos tempos de crescimento, de bem-estar e de consenso político não se verificaram os duros conflitos sociais, que só poderiam ter sido regulados através de ingerências duras, e o Estado pôde financiar alternativas para as ingerências nos direitos fundamentais e atenuar as ingerências nos direitos fundamentais através da garantia de prestações e de participações.

355. Por isso, relativamente ao art. 19º, n. 2, também apenas se pode reter da *jurisprudência do Tribunal Constitucional Federal* que da Lei Fundamental tem ainda de sobrar alguma coisa, apesar de todas as ingerências. Para quem tem de sobrar, volta a estar em aberto: o Tribunal Constitucional Federal perguntou "se o art. 19º, n. 2, da Lei Fundamental proíbe a supressão completa de um núcleo do direito fundamental no caso concreto ou se apenas pretende impedir que seja atingido o núcleo essencial do direito fundamental enquanto tal, por exemplo pela supressão prática da garantia radicada na Lei Fundamental e dada à comunidade"[263]. Uma vez, tratava-se do facto de todo particular ainda poder exercer o direito fundamental; outra vez, tratava-se do facto de no fundo ainda, e em geral, se poder exercer o direito fundamental.

356. Exemplo:

O tiro policial que visa causar a morte retira, de forma irreparável, a vida ao atingido. No entanto, como garantia geral, o direito à vida (art. 2º, n. 2, frase 1) não é atingido por esse facto.

357. O art. 19º, n. 2, não dá qualquer resposta a esta questão. É certo que declara que o conteúdo essencial de um direito fundamental não pode ser afetado "em caso algum". Mas isto pode referir-se aos diferentes casos, tanto dos vários direitos fundamentais como dos diferentes indivíduos e situações.

---

263 E 2, 266/285.

358. Exemplos:

O art. 2º, n. 2, frase 3, também prevê ingerências no direito à vida. Como a ingerência no direito à vida significa sempre a sua privação, o conteúdo essencial do art. 2º, n. 2, frase 1, não pode ir no sentido de que a vida não pode ser tirada a nenhum particular. Aqui deve, pois, procurar-se o conteúdo essencial na garantia para a comunidade. – As coisas já se passam de modo diferente no direito à inviolabilidade do corpo humano, no qual, de uma maneira diferente do que ocorre no direito à vida, não só pode haver ou não ingerência, como, havendo-a, esta pode ocorrer em maior ou menor medida. Aqui não há nenhuma razão para procurar o conteúdo essencial na garantia para a comunidade.

359. Na dúvida, o conteúdo essencial deve procurar-se na garantia não para a comunidade, mas *para o particular*. Os direitos fundamentais estão garantidos aos particulares, e se um particular já não pode exercer os seus direitos fundamentais, não lhe aproveita que um outro o possa ainda.

360. Por vezes, afirma-se que o conteúdo essencial de um direito fundamental coincide com o seu *conteúdo de dignidade humana* (cf. n. m. 410). Contra este entendimento aponta desde logo a consideração de que, nesse caso, o 19º, n. 2, ficaria destituído de função; efetivamente, o seu efeito de proteção estaria contido, na sua plenitude, no art. 79º, n. 3. Além disso, nem todos os direitos fundamentais estão em correlação com a dignidade humana. No entanto, quando um direito fundamental tem um conteúdo de dignidade humana, é provável que este conteúdo esteja frequentemente conforme ao conteúdo essencial deste direito fundamental[264].

361. e) O art. 19º, n. 1, frase 1, contém a **proibição da lei restritiva do caso concreto**, ao exigir que uma lei restritiva (de direitos fundamentais) se aplique *em geral* e não apenas ao caso concreto. Isto visa, por um lado, impedir o legislador de invadir o domínio da Administração e agir sob a forma da lei de maneira tão concreta e individual como é o caso da Administração; o art. 19º, n. 1, frase 1, tem,

---

264 Cf. Brenner, *Staat* 1993, 493/499 e s.; Remmert, *MD*, art. 19º, n. 2, n. m. 44.

neste aspeto, ligação com a doutrina da separação de poderes ou da separação de funções[265]. Por outro lado, aquele preceito visa impedir que, no caso de restrições aos direitos fundamentais numa ou noutra direção, se abram exceções e, por essa via, se criem privilégios ou discriminações jurídico-fundamentais.

362. Deste modo, o art. 19º, n. 1, frase 1, *não limita* o legislador que procede a restrições *de modo diferente do que já o limita o art. 3º.* O art. 3º proíbe já privilégios e discriminações. Ainda assim, pela via do art. 19º, n. 1, frase 1, é possível, verificando-se determinados pressupostos, negar *mais facilmente* a uma lei a sua justificação jurídico-constitucional do que no caso do art. 3º. No caso de leis restritivas que:

– individualizam pelo nome um ou mais destinatários; ou

– designam os destinatários, é certo que de uma maneira geral e abstrata, mas que assim referem e também pretendem referir obliquamente (a chamada lei individual camuflada ou encoberta[266]),

não é necessária qualquer reflexão quanto ao art. 3º. No entanto, não viola desde logo o art. 19º, n. 1, frase 1, se os materiais legislativos selecionarem casos concretos como fundamentação da necessidade de uma regulação[267].

363. f) Segundo o **dever de citação**, consagrado no art. 19º, n. 1, frase 2, uma lei só pode ser justificada jurídico-constitucionalmente se *mencionar* o direito fundamental restringido, acompanhado da indicação do artigo. O Tribunal Constitucional Federal controla a obrigação de citar, em parte no quadro da constitucionalidade formal[268], em parte no quadro da constitucionalidade material como limite de limites[269]. Estas instabilidades são compreensíveis, porque, por um lado, se pode tomar em consideração que o dever de citar não faz qualquer exigência ao conteúdo de regulação material da lei; e porque, por outro lado, também

---

265 Stern, *StR III/2*, p. 731; criticamente, Remmert, *MD*, art. 19º, n. 1, n. m. 15.

266 Cf. E 99, 367/400; Kloepfer, *VerfR II*, § 51, n. m. 75; Lege, *Hdb. GR III*, § 66, n. m. 116.

267 E 134, 33, n. m. 131 = JK 1/2014.

268 Como se encontra em E 150, 309, n. m. 60 e s.

269 E 130, 1/39.

não diz respeito, como outros requisitos formais, apenas à forma externa da lei. Para a organização de pareceres, a classificação como limite de limites material tem a vantagem de evitar discussões incidentais acerca do âmbito de proteção e ingerência, no quadro do controle da constitucionalidade de uma lei. O dever de citação destina-se a ter para a legislação uma função de advertência e de reflexão e, para a interpretação e aplicação da lei, uma função de clarificação; a legislação deve ter em consideração o efeito de uma lei sobre os direitos fundamentais, e a interpretação e aplicação da lei deve saber relativamente a que direitos fundamentais só a lei pode autorizar a proceder a ingerências.

364. O Tribunal Constitucional Federal interpreta, em jurisprudência constante, o art. 19º, n. 1, frase 2, de uma maneira restrita, a fim de que a obrigação de fazer referência não "impeça desnecessariamente o legislador no seu trabalho"[270]. A favor de uma *interpretação restritiva* podemos aduzir o caráter restritivo da letra do texto, que só exige que seja feita referência quando "um direito fundamental puder ser restringido por lei ou com base numa lei". No caso de direitos fundamentais que não estão sujeitos a reserva, não se fala em leis restritivas, e no caso do art. 2º, n. 1, do art. 3º, do art. 5º, n. 2, do art. 12º e do art. 14º, n. 1 e 3, frase 2, não se diz pelo menos expressamente que eles "são restringidos por lei ou com base numa lei". O Tribunal Constitucional Federal também prescindiu da observância da obrigação de fazer referência no caso de todos estes direitos fundamentais, relativamente aos quais não há reserva de lei ou em que esta está formulada de modo diferente do previsto no art. 19º, n. 1, frase 2[271]. Além disso, o Tribunal Constitucional Federal não aplica a obrigação de fazer referência, no caso de uma ingerência ser apenas um reflexo da ingerência que é dirigida, visada e intencionada contra um outro destinatário[272]. Fora disso, a obrigação de citar não tem aplicação no caso de leis pré-constitucionais. Além disso, o Tribunal Constitucional Federal não aplicou o art.

---

270   E 35, 185/188.

271   Cf. Dreier, *DR*, art. 19 I, n. m. 21 e s.; criticamente, Axer, *Hdb. GR III*, § 67, n. m. 25 e s.

272   BVerfG, *NJW* 1999, 3399/3400.

19º, n. 1, frase 2, sempre que uma lei prescreve limitações jurídico-fundamentais já em vigor, sem alterações ou com pequenas divergências[273]. Mas ele exige a citação de um direito fundamental também na lei de alteração, quando a alteração conduz a novas restrições do direito fundamental[274], embora a lei alterada já cite o direito fundamental.

365. **g)** Podemos pôr em dúvida se o princípio do Estado de direito ainda impõe, quanto ao domínio da previsão e da estatuição de normas de leis concebidas de forma clara e determinada (**princípio da determinação**), um limite de limites próprio, para além da norma especial do art. 103º, n. 2 (cf. n. m. 1251 e s.). É que uma lei obscura e indeterminada iria abrir mais ingerências do que são precisas para a prossecução do fim legal, indo assim violar o princípio da proporcionalidade. O princípio de Estado de direito da clareza e da determinação coloca, todavia, uma marca própria, na medida em que se baseia na *perspetiva do particular,* isto é, baseia-se naquilo que o particular pode prever e avaliar. Se, para esse fim, a lei for demasiado obscura e demasiado indeterminada, pode já fracassar nisso, sem o controlo da proporcionalidade.

366. Exemplos:

O § 9, n. 1, frase 1, da Lei dos Censos de 1983 permitia aos municípios comparar determinados dados dos documentos dos censos com os registos de inscrição dos cidadãos, usá-los para a sua correção e transmiti-los a outrem. Assim, dados pessoais selecionados puderam ser utilizados não só para fins estatísticos, mas, para além disso, para uma execução administrativa, a que não correspondia qualquer vinculação concreta ao fim (para que foram recolhidos os dados). Isto conduziu à "incompreensibilidade de toda a regulação", bem como "a que o cidadão obrigado a prestar informação já não é capaz de ignorar a amplitude dos efeitos desta determinação" (*E* 65, 1/65). Por isso, também as alterações da vinculação ao fim necessitam de uma base legal com "normas suficientemente claras" (*E* 100, 313/360). – Em relação a um delinquente condenado, o Tribunal pode, em determinados casos, ordenar, como me-

---

273 E 130, 1/139; sobre leis pré-constitucionais, cf. já E 35, 185/189; 61,82/113.

274 E 113, 348/366 e s.; 129, 208/237.

dida de correção e de segurança, vigilância da conduta, a qual pode ser associada a instruções para o comportamento daquele. Uma proibição de publicar quinquenalmente, apoiada nisso, e dirigida à divulgação de ideologia da extrema-direita ou nacional-socialista, foi "indeterminada e já por isso desproporcionada" (BVerfG, *EuGRZ* 2011, 88-89).

367. h) O art. 103º, n. 2, (cf. n. m. 1251 e s.) remete para um limite de limites também na medida em que dele se deduz uma **proibição de efeito retroativo**[275]. A proibição de efeito retroativo do Estado de direito, consignada no art. 20º, n. 3, tem a sua raiz na proteção da legítima expetativa. O indivíduo deve poder, em princípio, confiar em que a situação jurídica que ele tomou por base da sua conduta não é alterada retroativamente. As leis que, de uma maneira não autorizada, alteram retroativamente posições jurídicas protegidas violam também o correspondente direito fundamental. Verifica-se um **efeito retroativo autêntico**, quando uma nova regulação efetua uma ingerência em situações da vida já consolidadas e pretende produzir retroativamente efeitos jurídicos para um momento temporal anterior à sua entrada em vigor. Este efeito retroativo é completamente ilícito. Só são válidas exceções quando não tiver sido possível depositar confiança na situação jurídica, por exemplo porque a alteração de regime já era, sem dúvida, previsível[276] ou no caso de situações jurídicas absolutamente pouco claras. Pelo contrário, a proibição de efeito retroativo não se aplica a onerações de menor importância. Além disso, razões imperiosas do bem comum devem poder justificar um efeito retroativo autêntico[277]. Por outro lado, verifica-se um **efeito retroativo não autêntico**, quando a nova regulação, somente com respeito aos factos, se refere a um assunto da esfera da vida pessoal ainda não esgotado, que tinha sido desencadeado antes da entrada em vigor da lei. Os efeitos retroativos não autênticos não são, em princípio, proibidos ao legislador. Mas a prote-

---

275 Möller/Rührmair, NJW 1999, 908/910 e s. sobre a relação entre direitos fundamentais e a proibição de efeito retroativo.

276 E 127, 31/50; 143, 246, n. m. 302; 148, 217, n. m. 148 e s.

277 E 11, 139/145 e s.; 30, 367/387; 72, 200/249 e s. (jurisprudência uniforme).

ção da expetativa deve ser tomada em consideração no âmbito da proporcionalidade, e, em particular, a frustração da confiança investida e digna de proteção em relação ao fim da regulação tem de se revelar necessária e adequada[278]. A proteção da expetativa ganha especial importância no âmbito da proporcionalidade, quando o efeito retroativo não autêntico se aproxima do autêntico[279]. A proibição de efeito retroativo geral do Estado de direito reporta-se, em primeiro lugar, à legislação. Uma extensão às alterações jurisprudenciais só é, até agora, ponderada na doutrina[280] (sobre o art. 103º, n. 2, ver n. m. 1263).

368. Exemplos:

Uma alteração à lei do imposto sobre os rendimentos, com a qual se introduziu um agravamento da obrigação tributária para um período de tributação anterior à entrada em vigor da lei de alteração, contém um efeito retroativo autêntico, violando, assim, a proibição de efeito retroativo (*E* 72, 200/249 e s.). Se, pelo contrário, através da lei de alteração, se parte simplesmente de uma transferência de domicílio para o estrangeiro ocorrida no passado e se determina uma carga fiscal mais elevada apenas para o futuro, verifica-se nesse caso apenas um efeito retroativo não autêntico, que em princípio é lícito em termos de direito constitucional (*E* 72, 200/241 e s.). Também uma "clarificação" retroativa da situação jurídica por parte do legislador se tem de aferir pela proibição de efeito retroativo, visto que ela exclui alternativas de interpretação e altera, por isso, retroativamente o acervo de normas (*E* 131, 20/37 e s.; Buchheim/Lassahn, *NVwZ* 2014, 562 e s.). No entanto, numa série de casos de direito social, o Tribunal explicou que um acervo de normas pouco claro, mesmo no caso de uma decisão dos tribunais superiores que ainda não se tenha consolidado numa jurisprudência permanente, não oferece qualquer base suficiente de confiança (*E* 126, 369/394 e s.; 131, 20/41 e s.). Em relação ao direito tributário, o Tribunal parece ter agora retirado claramente esta quali-

---

278 E 95, 64/86; 101, 239/263; 122, 374/394 e s. (jurisprudência uniforme).

279 E 132, 302, n. m. 45 e s. – alteração do direito tributário para períodos de avaliação.

280 Grzeszick, *MD, Art. 20 und die allgemeine Rechtsstaatlichkeit*, n. m. 101 e s.

ficação em detrimento do legislador (*E* 135, 1, n. m. 64 e s.). Já não é então protegida a confiança na transparência de uma situação jurídica, mas sim a confiança no acervo de normas como fundamento de uma interpretação favorável do direito (opinião crítica discordante, *E* 135, 1/29 e s.; Lepsius, *JZ* 2014, 488 e s.; opinião diferente, Grupp, *FS Wendt*, 115/121 e s.).

V. Colisões e concursos

1. Colisões

369. Em primeiro lugar, as colisões nada mais são que conflitos entre seres humanos, resultantes de um exercício desregulado da liberdade. O legislador é competente para conter esses conflitos através das reservas de lei. Sempre que nos direitos fundamentais *não sujeitos a reserva* faltam as reservas de lei, falta ao legislador a liberdade para a contenção das colisões. Mas com isto as colisões não desaparecem como perigo que são. Há diferentes abordagens para a solução do problema:

370. a) No caso dos direitos fundamentais não sujeitos a reserva, procurou-se e procura-se, por vezes, resolver o problema das colisões com a **transferência de limites** de um direito fundamental para outro.

371. Exemplos:

O art. 5º, n. 3, estaria sujeito aos limites do art. 5º, n. 2; a tríade de limites do art. 2º, n. 1 ("desde que..."), enquanto direito mais geral e "direito fundamental matricial", aplicar-se-ia também aos direitos especiais, aos "direitos fundamentais derivados" e, assim, também aos direitos fundamentais não sujeitos a reserva (cf., p. ex., Lücke, *DÖV* 2002, 93).

372. No entanto, isto deve ser *recusado*. Não faz de modo algum jus à importância das garantias especiais dos direitos fundamentais e ao significado de especialidade em direito. Também o Tribunal Constitucional Federal sustenta, em jurisprudência uniforme: "deve-se recusar... a opinião de que, nos termos do art. 2º, n. 1, componente 2, da Lei Fundamental, a liberdade artística está limitada pelos direitos de terceiros, pela ordem constitucional e pela lei dos costumes"[281]. Este Tribunal decidiu de forma idêntica relativamente ao art. 4º, n. 1 e 2[282].

373. **b)** Na **interpretação sistemática**, podemos talvez mostrar que o alcance do âmbito de proteção não cobre o exercício colidente e desregulado da liberdade.

374. **Exemplo:**
Permitir que toda a atuação orientada por convicções firmes caia sob a liberdade de consciência, em entendimento lato garantida sem reservas, conduziria o art. 4º, n. 1, a uma série de colisões com outros interesses públicos e privados. No entanto, um olhar sistemático sobre o art. 5º, n. 1, mostra que o entendimento lato não pode estar correto: as convicções firmes são, antes de mais, simplesmente, opiniões, e só uma qualidade suplementar, religiosa ou moral e sentida como obrigatória, é que constitui a consciência (cf. Mager, *MüK*, art. 4º, n. m. 23).

375. O que deste modo não chega a cair no âmbito de proteção de um direito fundamental também não tem de ser impedido, por via de uma ingerência num direito fundamental, de colidir com outros interesses, com outros direitos fundamentais e com bens constitucionais. Na resolução de casos, também tem de ter lugar, e justamente no caso de direitos fundamentais não sujeitos a reserva, a *determinação cuidada do âmbito de proteção* antes da questão da ingerência e da sua justificação jurídico-constitucional.

376. **c)** Segundo uma maneira de ver, a interpretação sistemática deve mesmo fazer com que os âmbitos de proteção dos direitos fundamentais não sujeitos a reserva vão sempre e apenas até ao ponto em que o permita, respetivamente, um equilíbrio – a estabelecer-se no sentido de uma concordância prática[283] – com outros direitos fundamentais colidentes ou com bens constitucionais (**direito constitucional colidente como limitação do âmbito de proteção**).

---

281 E 30, 173/192.

282 E 32, 98/107.

283 Cf. Hesse, *VerfR*, n. m. 72.

377. Exemplo:

Na prestação do serviço militar, alguém descobre que a sua consciência o proíbe de prestar serviço militar com arma. No entanto, com vista ao funcionamento imperturbado do serviço militar, não é atendido o seu direito à objeção de prestar o serviço militar até que esse direito seja objeto de um reconhecimento jurídico eficaz (cf. *E* 28, 243). Este facto é justificado com o argumento de que o âmbito de proteção do art. 4º, n. 3, é limitado pelo bem jurídico-constitucional colidente da capacidade de funcionamento do Exército Federal (Erichsen, *Jura Extra: Studium und Examen*, 2ª ed., 1983, p. 214/234).

378. O exemplo mostra o *primeiro défice* desta abordagem: a configuração especial do direito fundamental é tendencialmente *despojada da sua função*. A denegação do direito de objeção nem sequer é questionada sobre se está coberta pela autorização do legislador para, no caso deste direito fundamental sem reservas, ainda assim regular o pormenor (art. 4º, n. 3, frase 2). A denegação do direito de objeção nem sequer tem de ser questionada, quando a objeção já sai fora do âmbito de proteção. Também tratando-se de qualquer outro direito fundamental, é realmente correto, na perspetiva desta abordagem, questionar, em primeiro lugar, uma lei sobre se ela visa a proteção de outros direitos fundamentais ou de bens constitucionais e se evita ou compensa colisões. Se o fizer, define o âmbito de proteção; só se o não fizer é que a reserva de lei mantém ainda uma função. Podemos mesmo ir mais longe e perguntar de onde resultará que é a lei que carece de definição legislativa do âmbito de proteção e por que não é a Administração que, no caso de se manter fora do âmbito de proteção, não deve poder atuar sem autorização da lei.

379. O *segundo défice* desta abordagem reside na *perda de determinação* do alcance do âmbito de proteção. Uma vez que as colisões são diversificadas e de diferente configuração e que as suas soluções têm de ter em conta as circunstâncias do caso concreto e que também o fazem na jurisprudência do Tribunal Constitucional Federal, o alcance do âmbito de proteção torna-se dependente do caso concreto, se esse alcance for limitado pelo direito constitucional colidente. O alcance do âmbito de proteção já não está determinado de forma geral, mas apenas pode ser determinado *ad hoc* e pontualmente. – Por isso, pelas duas razões apontadas, esta opinião não pode ser convincente[284].

380. **d)** Uma maneira de ver semelhante, que se apoia igualmente na interpretação sistemática e que se pode talvez caraterizar como dominante, entende o direito constitucional colidente (direitos fundamentais e bens constitucionais) como limites (imanentes) e considera jurídico-constitucionalmente justificadas as ingerências nos direitos fundamentais garantidos sem reservas, se elas compensarem as colisões com outros direitos fundamentais ou com bens constitucionais no sentido da concordância prática (direito constitucional colidente como justificação de ingerência).

381. Na resolução de colisões concretas, a presente abordagem vai ao encontro da já apresentada; a sua preferência reside no facto de, pelo direito constitucional colidente, não medir o alcance dos âmbitos de proteção, mas de justificar jurídico-constitucionalmente as ingerências nos âmbitos de proteção. Por isso, esta abordagem garante a *determinação do alcance do âmbito de proteção*.

382. Mas a função das reservas de lei está também aqui *ameaçada*. É que mais uma vez não está aqui suficientemente claro se os limites do direito constitucional colidente podem ser pressupostos apenas no caso dos direitos fundamentais não sujeitos a reserva ou também nos demais direitos fundamentais e se só podem ser redesenhados pelo legislador ou também pela jurisprudência e pela Administração.

383. Se, na *solução de colisões concretas*, não deve ser abandonado o valor especial que a Lei Fundamental confere a um direito fundamental por via da garantia sem reservas, nem o sentido e o sistema das reservas de lei, então devemos observar os seguintes pontos:

384. – Nos pontos em que a Lei Fundamental inclui *reservas de lei*, ela viu os perigos de colisão e criou a possibilidade de ingerência tal como também aceitou a necessidade de ingerência. No caso dos direitos

---

284 Cf. também Lege, *DVBl*. 1999, 569/571.

fundamentais com reservas de lei, não há qualquer pretexto para reflexões sobre o direito constitucional colidente[285].

385. – Nos pontos em que a Lei Fundamental não inclui quaisquer reservas de lei, também não viu quaisquer perigos de colisão. Não criou qualquer possibilidade de ingerência, porque também negou a necessidade de ingerência. Tudo aponta no sentido de que aqui subjaz uma ideia de âmbito de proteção que exclui as colisões. Por isso, a solução de um problema de colisão tem de começar com a questão de saber se a conduta colidente cairá no âmbito de proteção, ou seja, tem de começar com uma determinação precisa do *alcance do âmbito de proteção*. Isto é tanto mais válido quanto é certo que não há *o* problema dos direitos fundamentais sem reserva, mas apenas os diferentes problemas e os problemas a resolver de maneira diversa dos diferentes direitos fundamentais não sujeitos a reserva.

386. – Nos casos em que a Lei Fundamental quis criar possibilidades de ingerência, previu as ingerências por lei ou com base na lei. Se também vierem a ser possíveis ingerências em casos em que a Lei Fundamental não viu a sua necessidade e não criou por isso a sua possibilidade, então com certeza que *não sob pressupostos menos exigentes* do que nos casos em que viu aquela necessidade e criou aquela possibilidade. Não é justificável jurídico-constitucionalmente a ingerência num direito fundamental não sujeito a reserva que não tenha lugar por lei ou com base numa lei.[286]

387. – Porque a Lei Fundamental não prevê ingerências no caso de direitos fundamentais sem reserva, elas têm de continuar em todo o caso a ser *exceções*. Por isso, para a justificação mediante a invocação do direito constitucional colidente não pode, em oposição a tendências ocasionais da jurisprudência do Tribunal Constitucional Federal[287], valer tudo o que a Lei Fundamental refere para o dia a dia da

---

285 Opinião diferente, E 66, 116, 147/157; BVerwGE 87, 37/45 e s.; numa perspetiva crítica, Schoch, *DVBl.* 1991, 667/671 e s.; noutro sentido, Michael/Morlok, *GR*, n. m. 714 e s.

286 Cf. E 107, 104/120; Böckenförde, *Zur Lage der Grundrechtsdogmatik nach 40 Jahren Grundgesetz*, 1989, p. 21.

287 E 53, 30/56; 105, 279/301 e s.; criticamente, Lege, *DVBl.* 1999, 569.

vida constitucional como objeto de competências legislativa e administrativa[288]. O que é designado como competência não é por isso, desde logo, bem constitucional.

2. Concursos

388. **a)** Fala-se da existência de um concurso, quando a conduta **de um titular de direitos fundamentais** é, à primeira impressão, protegida por **vários direitos fundamentais**.

389. Exemplo:

Um redator tem a imprensa como profissão e, por isso, encontra-se, em princípio, sob a proteção tanto do art. 5º, n. 1, como do art. 12º, n. 1. Se este redator for impedido no exercício do seu trabalho, ambos os direitos fundamentais parecem, por isso, à partida, ser pertinentes. Mas muitas vezes pode e tem de se distinguir se o impedimento é específico da imprensa ou da profissão, se, por exemplo, lhe é dificultada uma investigação por causa do seu conteúdo ou por aplicação de uma proibição de conduzir, reconhecida e pretendida pelo juiz na sua função de regulação da profissão.

390. b) Especialmente os **direitos de liberdade e de igualdade** são, à primeira impressão, muitas vezes de igual pertinência. Se ocorrer uma ingerência na liberdade de um titular de direitos fundamentais, este é tratado de modo desigual face a outros titulares de direitos fundamentais, em cuja liberdade não se verificou ingerência. Mas ao titular de direitos fundamentais, em cuja liberdade ocorreu uma ingerência, não interessa a igualdade de tratamento com os outros titulares de direitos fundamentais. A igualdade de tratamento poderia também ser estabelecida, efetuando-se uma ingerência não só na sua liberdade, mas também na liberdade dos outros. O titular de direitos fundamentais não pretende alcançar isto, mas evitar a ingerência na sua liberdade por não estar justificada, e apenas pretende evitá-la como

---

288 Cf. opinião diversa in E 69, 57/58 e s.; Bamberger, *Verfassungswerte als Schranken vorbehaltloser Freiheitsgrundrechte*, 1999, p. 145 e s.; Gärditz, *Hdb. STR* (3) IX, § 189 n. m. 18 e s.; Kloepfer, *VerfR* II, § 51 n. m. 65.

se a ingerência se aplicasse não só a ele, mas também aos outros titulares de direitos fundamentais.

391. Só quando a ingerência na sua liberdade estiver justificada é que lhe pode interessar *unicamente o tratamento igual*, isto é, quando com a mesma justificação com que se procede a uma ingerência na sua liberdade também se pudesse proceder a uma ingerência na liberdade dos outros titulares de direitos fundamentais, mas não se procede. Também aqui a igualdade de tratamento se pode estabelecer, é certo, não apenas poupando-o a ele e aos outros da ingerência, mas também procedendo-se a uma ingerência na liberdade dos outros da mesma maneira que na sua. Mas este risco tem ele de suportar; nada mais lhe resta que a esperança de que a igualdade de tratamento seja estabelecida da maneira que lhe é favorável. Na maior parte das vezes essa esperança é frustrada; a justificação de uma ingerência específica na liberdade é, na maioria das vezes, tão específica que nela está ancorada também a justificação do tratamento desigual em face de outros titulares de direitos fundamentais.

392. Exemplo:

Depois de o Tribunal Constitucional Federal ter justificado, em face do art. 2º, n. 1, a proibição penal de fazer uso de canábis, controlou, com base no art. 3º, n. 1, a admissibilidade do tratamento desigual entre o fazer uso punível de canábis e o fazer uso não punível de bebidas alcoólicas (*E* 90, 145/195 e s.) e considerou estar igualmente justificado o tratamento desigual (cf. também *E* 89, 69/82 e s.).

393. c) Se uma conduta cair no âmbito de proteção de dois direitos de liberdade, entre os quais há uma relação de especialidade, a sua proteção determina-se exclusivamente de acordo com o **direito fundamental especial**. Isto resulta da primazia de que goza, em geral, a norma especial em face da norma geral.

394. Exemplos:

A admissibilidade jurídico-constitucional de uma intervenção contra uma reunião ou contra uma concentração ou de uma entrada forçada numa habitação afere-se pelo art. 8º, pelo art. 9º, n. 1 e 2, bem como pelo art. 13º, mas não pelo art. 2º, n. 1; as relações do Estado com uma associação de trabalhadores ou de empregadores não são apreciadas com base no art. 9º, n. 1, mas apenas com base no art. 9º, n. 3. – Para a relação entre princípios especiais de igualdade e o princípio geral de igualdade, cf. n. m. 598.

395. A *liberdade geral de ação* é desde logo pertinente, quando uma conduta cai no âmbito de regulação, mas não no âmbito de proteção de um direito fundamental (cf. n. m. 255)[289]. Segundo outras opiniões, o art. 2º, n. 1, deve ser posto de lado, se a conduta apenas cair no âmbito de regulação de um direito fundamental especial[290]. Isto não é compatível com o entendimento amplo do art. 2º, n. 1, como direito fundamental da liberdade geral de ação, nem com a jurisprudência do Tribunal Constitucional Federal.

396. Exemplo:

Uma reunião não pacífica cai no âmbito de regulação, mas não no âmbito de proteção do art. 8º, n. 1; ela está protegida pelo art. 2º, n. 1.

397. d) Se uma conduta cair nos âmbitos de proteção de dois direitos de liberdade, entre os quais não se verifica qualquer relação de especialidade (o chamado concurso ideal), a proteção da conduta determina-se em conformidade com **ambos os direitos fundamentais**. Se o efeito de proteção de ambos os direitos fundamentais tiver forças diferentes, a dupla proteção significa que uma ingerência só está justificada se puder ser justificada também pelo direito fundamental que tem a proteção mais forte[291].

398. Exemplo:

A procissão ao ar livre concretiza a liberdade de credo, não sujeita a reserva de lei, e a liberdade de reunião, sujeita a reserva de lei. Se a procissão ao ar livre tomar um caminho que radica numa determinada tradição religiosa, então uma ingerência na liberdade de escolha do caminho a seguir tem de se poder aferir também pelo art. 4º, n. 2, e não apenas pelo art. 8º, n. 2. Se não for assim, a direção seguida e a sua limitação devem ser apreciadas apenas pelo critério estabelecido no art. 8º.

---

289 Lorenz, *BK*, art. 2º, n. 1, n. m. 74.

290 Krebs, *Vorbehalt des Gesetzes und Grundrechte*, 1975, p. 38 e s.

291 Berg, *Hdb. GR III*, § 71, n. m. 47.

399. Bibliografia:

A. v. Arnauld, *Die Freiheitsrechte und ihre Schranken*, 1999; M. Bäumerich, "Entgrenzte Freiheit – das Schutzgut der Grundrechte", *DÖV* 2015, 374; H. Bethge, "Mittelbare Grundrechtsbeeinträchtigungen", *Hdb. GR III*, § 58; M. Breckwoldt, *Grundrechtskombinationen*, 2015; C. Bumke, *Der Grundrechtsvorbehalt*, 1998; C. Drews, *Die Wesensgehaltsgarantie des Art. 19 II GG*, 2005; P. Häberle, *Die Wesensgehaltsgarantie des Art. 19 Abs. 2 GG*, 3ª ed. 1983; H. Hanau, *Der Grundsatz der Verhältnismäßigkeit als Schranke privater Gestaltungsmacht*, 2004; G. Hermes, "Grundrechtsbeschränkungen auf Grund von Gesetzesvorbehalten", *Hdb. GR III*, § 63; C. Hillgruber, "Grundrechtlicher Schutzbereich, Grundrechtsausgestaltung und Grundrechtseingriff", *Hdb. StR3 IX*, § 200; M. Jestaedt/O. Lepsius (ed.), *Verhältnismäßigkeit*, 2015; D. Krausnick, "Grundfälle zu Art. 19 I und II GG", *JuS* 2007, 991, 1088; K.-H. Ladeur/T. Gostomzyk, "Der Gesetzesvorbehalt im Gewährleistungsstaat", *Verwaltung* 2003, 141; P. Lassahn, *Rechtsprechung und Gesetzesvorbehalt*, 2017; J. Lege, "Verbot des Einzelfallgesetzes", *Hdb. GR III*, § 66; O. Lepsius, "Die Rückwirkung von Gesetzen", *Jura* 2018, 577, 695; F. Müller, *Die Positivität der Grundrechte*, 2ª ed. 1990; D. Murswiek, "Grundrechtsdogmatik am Wendepunkt", *Staat* 2006, 473; H.-J. Papier, "Vorbehaltlos gewährleistete Grundrechte", *Hdb. GR III*, § 64; M. Reßing, *Die Grundrechtskonkurrenz*, 2016; N. Schaks, "Die Wesensgehaltsgarantie, Art. 19 II GG", *JuS* 2015, 407; B. Schlink, *Abwägung im Verfassungsrecht*, 1976; J. Schwabe, *Probleme der Grundrechtsdogmatik*, 1977; T. Schwarz, *Die Zitiergebote im Grundgesetz*, 2002; K. Stern, "Die Grundrechte und ihre Schranken", *in: FS 50 Jahre BVerfG*, 2001, vol. II, p. 1; L.P. Störring, *Das Untermaßverbot in der Diskussion*, 2009; M. Winkler, *Kollisionen verfassungsrechtlicher Schutznormen*, 2000.

Anexo: esquemas organizacionais

400. A sistematização apresentada da garantia e da limitação dos direitos fundamentais pode ser reduzida a esquemas organizacionais para fins de *resolução de casos*, especialmente em trabalhos práticos. A sua estrutura orienta-se, em primeiro lugar, pela questão casuística:

nos exercícios práticos de direito constitucional ou se pergunta se uma pessoa foi lesada nos seus direitos fundamentais (= constelação 1) ou se uma lei é constitucional (= constelação 2). Na constelação 1, a questão casuística refere-se ao critério de controle direitos fundamentais; toma-se, assim, por base uma estrutura que parte dos direitos fundamentais como critério (= **esquema organizacional I**). Este esquema I corresponde ao controle da fundamentação no âmbito de um recurso constitucional (n. m. 1334). Na constelação 2, pergunta-se globalmente pela constitucionalidade. Controla-se então a constitucionalidade formal e material da lei (= **esquema organizacional II**); do ponto de vista procedimental, esta questão está, na maior parte das vezes, associada à apreciação de um controle de normas (art. 93º, n. 1, al. 2, art. 100º, n. 1). Dentro da constitucionalidade material devem-se então controlar os direitos fundamentais, mas obviamente sem o controle repetido da constitucionalidade formal no âmbito da justificação jurídico-constitucional. Do ponto de vista do conteúdo, ambos os controles coincidem, portanto; estão estruturados de maneira diferente apenas em virtude das questões casuísticas tomadas por base.

Estes dois esquemas organizacionais referem-se aos direitos de liberdade enquanto direitos de defesa; eles podem ser aproveitados para todos os direitos de liberdade. Se, pelo contrário, se tratar da obrigação de o Estado proteger uma conduta contra perigos, aplica-se o **esquema organizacional III**. Para o caso em que está em jogo a obrigação de o Estado proteger através de participação, tratando-se, assim, normalmente, de um problema de igualdade, aplica-se o **esquema organizacional IV** para o controlo de direitos fundamentais de igualdade (cf. n. m. 597). O **esquema organizacional V** diz respeito à liberdade de propriedade, que pode, é certo, ser controlada, em princípio, como todos os outros direitos de liberdade, mas para a qual são válidas exigências especiais no âmbito da justificação de ingerência (n. m. 1097 e s.).

401. **Esquema organizacional I**

Questão casuística: será um titular de direitos fundamentais lesado nos seus direitos fundamentais?

I. Âmbito de proteção
1. Âmbito de proteção material
– Designação do bem protegido (p. ex. crença, art. 4º, n. 1, 2; opinião, art. 5º, n. 1, frase 1)
– Indicação dos modos de conduta protegidos (p. ex., pensar, exprimir-se e agir de acordo com os conteúdos religiosos, art. 4º, n. 1, 2; exprimir e divulgar a opinião pela palavra, escrita e imagem, art. 5º, n. 1, frase 1).

2. Âmbito de proteção pessoal
Controle da legitimação jurídico-fundamental (n. m. 167-227), desde que os factos deem lugar a isso

II. Ingerência
Definição da ingerência: n. m. 294 (só se for problemática a qualidade de ingerência da medida a controlar).

III. Justificação jurídico-constitucional
1. Autorização de ingerência na Lei Fundamental
a) Reserva de Parlamento
Atenção: controle apenas se for objeto dele, não (também) a própria lei (mas apenas o ato concreto baseado na lei). Se a questão for dirigida apenas à constitucionalidade da lei, só se deve controlar o ponto b).

b) Exigências materiais dirigidas à autorização de ingerência
– Direitos fundamentais com reserva de lei simples (exemplo: art. 2º, n. 2, frase 3): mais nenhumas exigências; por isso, continuar diretamente com 2.

– No caso de direitos fundamentais com reserva de lei qualificada (exemplo: art. 11º, n. 2), os seus pressupostos devem ser controlados. Por natureza, as reservas de lei qualificadas contêm, frequentemente, afirmações sobre fins e meios legítimos ou ilegítimos. Na medida em que uma lei prossiga fins e meios que não estejam referidos nas reservas de lei qualificadas, eles são controlados no quadro da proporcionalidade.

– No caso de direitos fundamentais sem reserva de lei expressa (exemplo: art. 4º, n. 1), só são admissíveis ingerências se elas prosseguirem o objetivo de protegerem outros bens constitucionais colidentes; estes devem ser referidos aqui.

2. Constitucionalidade da lei de autorização da ingerência
a) Constitucionalidade formal
aa) competência legislativa, especialmente arts. 70º a 74º
bb) Procedimento legislativo regular – arts. 76º a 79º, 82º, n. 1.
b) Constitucionalidade material
aa) Princípio da proporcionalidade
(1) Legitimidade de fim e de meios

São legítimos todos os fins não proibidos pelo direito constitucional (proibição de fim, p. ex., art. 26º: guerra ofensiva) e meio (proibição de meio: mau tratamento psicológico ou físico, art. 104º, n. 1, frase 2).

(2) Adequação
(3) Necessidade
(4) Proporcionalidade em sentido estrito
bb) Outros limites de limites

Preceito da determinação, nenhuma lei para o caso concreto (art. 19º, n. 1, frase 1), dever de citar (art. 19º, n. 1, frase 2), garantia de conteúdo essencial (art. 19º, n. 2).

3. Constitucionalidade do ato concreto

Só para medidas do poder judicial/executivo (cf. atrás 1.): aplicação conforme aos direitos fundamentais da lei controlada sob 2., mas apenas controle de violações jurídico-constitucionais específicas, nenhum controle do direito ordinário (n. m. 1340 e s.).

402. **Esquema organizacional II**

Questão casuística: será que a lei é constitucional?

I. Constitucionalidade formal
1. Competência legislativa, especialmente arts. 70º a 74º
2. Procedimento legislativo regular, arts. 76º a 79º; 82º, n. 1

II. Constitucionalidade material

Neste ponto, um especial controle de violações dos direitos fundamentais de acordo com o esquema organizacional I.

Contudo, no quadro da justificação jurídico-constitucional, devem depois ser controladas questões materiais, em especial, portanto, o princípio da proporcionalidade (portanto, não uma vez mais a constitucionalidade formal!).

403. Esquema organizacional III

A questão de saber se existe um direito jurídico-fundamental à proteção por meio de um dos poderes do Estado deve ser controlada nos seguintes passos:

I. Âmbito de proteção

Cairá a conduta, para a qual se solicita proteção, no âmbito de proteção do direito fundamental?

II. Existência de uma obrigação de proteção

Haverá uma obrigação de os poderes do Estado protegerem a conduta perante perigos?

1. Exigirá o direito fundamental a proteção de uma maneira expressa?

2. Estará a liberdade de conduta de facto ameaçada?

3. Será que a ameaça é afastada ou atenuada por via da proteção solicitada?

4. Será de facto e legalmente possível a proteção solicitada do poder do Estado?

III. Violação do dever de proteção

Satisfará o poder do Estado a obrigação de uma maneira diferente da solicitada?

1. Será que o poder estatal intervém para proteger a conduta?

2. Atingirá a proteção do Estado o *standard* jurídico-constitucional mínimo?

404. O capítulo I da Lei Fundamental tem por epígrafe "Os direitos fundamentais". Os direitos fundamentais têm, portanto, a sua localização, em primeiro lugar, nos arts. 1º ao 19º e também o art. 93º, n. 1, al. 4a, se refere aos direitos contidos naqueles artigos, quando fala dos direitos fundamentais. Além disso, há normas nos capítulos II, III e IX que, pela sua estrutura e pela sua história, estão ao mesmo nível dos direitos fundamentais consagrados nos arts. 1º a 19º. Esta equiparação é também expressa pela Lei Fundamental, no seu art. 93º, n. 1, al. 4a: o recurso constitucional pode ser interposto mediante invocação dos direitos contidos também nos arts. 20º, n. 4; 33º, 38º, 101º e 104º: estes direitos são chamados *direitos equiparados a direitos fundamentais*.

405. O facto de o Capítulo I ser a sede própria dos direitos fundamentais não significa que todas as normas do Capítulo I sejam direitos fundamentais. A par dos direitos fundamentais e de normas sobre direitos fundamentais, encontram-se também normas jurídico-orgânicas que *não conferem* aos particulares quaisquer *direitos subjetivos*, por exemplo o art. 7º, n. 1, que regula a fiscalização do sistema escolar pelo Estado. Nestas normas apenas subsiste uma conexão temática com os direitos fundamentais. Também os artigos referidos no art. 93º, n. 1, al. 4a, a par dos direitos fundamentais, contêm não apenas direito análogos aos direitos fundamentais, mas, a par deles, uma vez mais, normas jurídico-orgânicas.

SEGUNDA PARTE
OS DIFERENTES DIREITOS
FUNDAMENTAIS

§7. PROTEÇÃO DA DIGNIDADE DA PESSOA HUMANA (ART. 1º, N. 1)

406. Caso 4: O drama do sequestro.

"A" e "B" sequestram o industrial "I", que é doente do coração. Os sequestradores exigem dos familiares de "I" um elevado resgate. "I" encontra-se em gravíssimo perigo de vida, dado que não pode tomar os seus medicamentos habituais. Mesmo que a exigência dos sequestradores fosse satisfeita, o procedimento de transferência do resgate e da libertação duraria com certeza tanto tempo que a ajuda medicamentosa chegaria demasiado tarde. "B", que, entretanto, foi detido, sabe onde "A" mantém "I" escondido, mas recusa-se a revelá-lo. Para salvar a vida de "I", a polícia decide-se a fazer "B" falar, mediante tortura. Violará a polícia o art. 1º, n. 1? N. m. 432.

I. Panorama geral

407. Tendo presentes os crimes violentos dos nacional-socialistas, o Conselho Parlamentar colocou no *início* da lista de direitos fundamentais a declaração da dignidade da pessoa humana. Atendendo a esta posição e tendo em vista que também uma revisão da Constituição não pode "tocar" no art. 1º (art. 79º, n. 3), o Tribunal Constitucional Federal já muito cedo determinou: "na democracia livre, a dignidade do ser humano é o valor supremo"[1].

408. Em virtude da indeterminação proclamatória, por força da vinculação do poder público aos direitos fundamentais "subsequen-

---

1 E 5, 85/204.

tes", consagrada no art. 1º, n. 3, e porque a sua proteção é em qualquer caso ilacunar, defende-se a opinião de que o art. 1º, n. 1, não constitui ele próprio um direito fundamental[2]. Mas a indeterminação proclamatória encontra-se também em outros direitos fundamentais e, do ponto de vista da sistematização, o art. 1º, n. 1, faz parte *dos direitos fundamentais*, como o demonstram a epígrafe do capítulo I e o art. 142º. O Tribunal Constitucional Federal defende, desde o princípio, a opinião "de que o art. 1º, n. 1, é um direito fundamental e também voltou a esclarecer recentemente que o art. 1º, n. 1, enquanto 'direito fundamental, protege a dignidade de toda pessoa individual'"[3].

409. De modo diferente do que sucede com a maioria dos direitos fundamentais, a estatuição da garantia da dignidade da pessoa humana encontra-se formulada numa frase própria: o art. 1º, n. 1, frase 2, obriga todas as autoridades públicas a *respeitar* e a *proteger* a dignidade da pessoa humana. A obrigação de respeitar garante um direito de defesa; a obrigação de proteger, aqui excecionalmente (cf. n. m. 133 e s.) imposta de modo expresso, garante um direito a prestação[4].

410. Outros direitos fundamentais *aperfeiçoam mais* a proteção da dignidade da pessoa humana. É certo que por isso não caem sob a garantia de irrevogabilidade do art. 79º, n. 3. Mas na medida em que o seu âmbito de proteção, o chamado *conteúdo de dignidade humana*, coincide com o âmbito de proteção do art. 1º, n. 1, a sua irrevogabilidade garante que, ainda mesmo depois da sua alteração ou até revogação, fica a restar alguma coisa – como aspeto do art. 1º, n. 1[5].

II. Âmbito de proteção

411. Determinar o âmbito de proteção da dignidade da pessoa humana suscita *dificuldades* em vários sentidos. Por um lado, o conceito de dignidade da pessoa humana atravessou dois mil e quinhentos anos

---

2   Cf. Enders, *FH*, art. 1, n. m. 60 e s.

3   *E* 61, 126/137.

4   *E* 125, 175/222 e s.

5   Cf. *E* 109, 279/310.

de história das ideias e encontrou aí diferentes interpretações teológicas, filosóficas e sociológicas, que, sendo atuais até ao presente, sugerem também diferentes interpretações jurídicas. Por outro lado, a ideia de que aquilo que na existência do ser humano está particularmente ameaçado e particularmente dependente de não ser violado também está condicionado pela situação política, económica e cultural de uma sociedade e transforma-se com essa situação.

412. Há especialmente três conceções sobre como pode ser determinado o âmbito de proteção da dignidade da pessoa humana. Segundo a chamada *teoria do dote*, o art. 1º, n. 1, protege o que carateriza a pessoa humana como pessoa – o seu ser a imagem viva de Deus, o ser dotado de razão, o seu livre-arbítrio e a sua liberdade de decisão. As raízes cristãs e iluministas desta conceção confluem na filosofia de Kant: "Autonomia é... a razão da dignidade"; o homem, livre e dotado e obrigado a autorregular-se racionalmente, é sujeito e existe como fim em si próprio, não como objeto ou meio para uso de outros – seja para o Estado, seja para outra pessoa[6].

413. A chamada *teoria da prestação* não se contenta com o talento e com a obrigação do uso da razão; atribui dignidade à pessoa humana, com base e em conformidade com a sua capacidade de construção da identidade e autoapresentação. "Só o ser humano pode determinar o que ele é"[7]; neste sentido, o art. 1º, n. 1, garante-lhe proteção em face do Estado. Luhmann, a quem se deve esta teoria, vê o ser humano protegido pelo art. 1º, n. 1, apenas na sua relação com o Estado e não na sua comunicação com os outros seres humanos; a comunicação, livre dentro de amplos limites jurídicos, oferece, juntamente com a oportunidade de êxito, precisamente também o risco do fracasso da construção da identidade e da autoapresentação.

414. Segundo a chamada *teoria do reconhecimento*, a razão da dignidade encontra-se no reconhecimento que as pessoas, enquanto seres livres e iguais, se devem e prestam umas às outras, e graças ao qual se

---

6 Cf. Seelmann, in: Brudermüller/Seelmann, *Menschenwürde*, 2008, p. 67 e s.

7 Cf. Luhmann, *Grundrechte als Institution*, 1965, p. 53 e s.

constituem na comunidade nacional enquanto comunidade de reconhecimento e de solidariedade. Enquanto para a teoria do dote a dignidade se pode já pressupor na pessoa humana ("conceito de substância"), e para a teoria da prestação a dignidade tem de primeiro ser adquirida pela pessoa (conceito de prestação), para a teoria do reconhecimento a dignidade é "conceito de comunicação" e estabelece-se na comunidade[8].

415. Todas as três conceções retomam *aspetos centrais* daquilo que, sob o conceito de dignidade da pessoa humana, merece ser mantido como intocável e que também é respeitado na jurisprudência do Tribunal Constitucional Federal. A primeira conceção ensina a ver a dignidade também daquelas pessoas em que aquilo que as carateriza como pessoas não é acompanhado de suficiente capacidade de vontade, capacidade de ação ou capacidade de prestação. A segunda conceção deixa claro que só o indivíduo pode decidir o que constitui a sua dignidade e que não lhe podem ser impostas quaisquer prestações e demonstrações de dignidade[9]. A terceira conceção sustenta que a dignidade vive do reconhecimento. Já o teor do art. 1º, n. 1, segundo o qual a dignidade não pode ser violada e que no entanto tem de ser respeitada e protegida, pode ser entendido como indicação de que é um direito inviolável, decorrente da dignidade inviolável, que precisa de respeito e de proteção: um direito ao reconhecimento[10].

416. Exemplos:

Também tem dignidade da pessoa humana quem, "em virtude das suas condições físicas ou mentais não pode agir num sentido determinado" (*E* 109, 133/150). – A colaboração voluntária não pode ser proibida às mulheres no *peepshow* e não o pode ser aos anões no "lançamento de anões", por consideração à sua dignidade de pessoa humana (cf. Dreier, *DR*, art. 1 I, n. m. 149). – Se uma pessoa é privada da liberdade ou então se lhe é infligida uma sanção, essa pessoa tem de encontrar reconhecida a sua dignidade humana pelo modo em que isso

---

8   Hofmann, AöR 1993, 353/364; Kloepfer, VerfR II, § 55, n. m. 8 e s.

9   Cf. E 87, 209/228; Podlech, AK, art. 1º, n. 1, n. m. 46.

10   E 109, 133/150.

sucedeu; daí resultam exigências especialmente para o processo penal (cf. n. m. 427).

417. Todas as três conceções coincidem no consenso de que do âmbito de proteção fazem parte *três subdomínios*:

– a subjetividade humana, isto é, especialmente a identidade e integridade física e mental,

– a igualdade jurídica fundamental das pessoas e

– a garantia do mínimo necessário para viver.

418. A obrigação do Estado de respeitar e de proteger a dignidade da pessoa humana produz efeitos diferentes nestes três subdomínios. Os direitos fundamentais à subjetividade e à igualdade são anteriores à avaliação ou à apreciação do Estado. Com efeito, o apuramento do âmbito de proteção é por vezes caraterizado também nestes três subdomínios como dependente da situação e do contexto e *aberto à ponderação*.

419. Exemplos:

Aquele que, como criminoso, ofender a dignidade da vítima terá de se atribuir a si mesmo a tortura por parte da polícia que visa o salvamento da vítima, e não a pode prevenir como ofensa à sua dignidade. O passageiro daquele avião que, capturado por terroristas, é conduzido contra uma central nuclear tem uma perspetiva de vida e um alcance de dignidade de tal modo reduzidos que o derrube do avião não ofende a sua dignidade.

420. Mas a relativização do âmbito de proteção, que é incompatível com a função e com a determinação de todos os direitos fundamentais, é por maioria de razão incompatível com a intocabilidade, com o respeito especial e com a proteção especial da dignidade da pessoa humana. O que em geral se pode apurar como âmbito de proteção da dignidade humana tem também de se manter como âmbito de proteção no caso concreto. O Tribunal Constitucional Federal também diz, não sobre o âmbito de proteção da dignidade humana mas da sua violação, que ela não se pode definir "de modo geral... mas sempre atendendo a um caso concreto"[11].

---

[11] E 30, 1/25.

421. O mínimo necessário para a vida humana exige, pelo contrário, proteção ativa do Estado e diferenciada em função da situação de necessidade individual. Aquele a quem "faltarem os meios materiais necessários por não os poder obter nem pelo exercício da sua profissão, nem por bens próprios, nem por meio de donativos de terceiros"[12], fica dependente dos sistemas de prestação do Estado social. Embora o direito à prestação decorra diretamente do art. 1º, n. 1, o seu âmbito não pode ser deduzido diretamente da Constituição. O Tribunal Constitucional Federal toma isso em consideração, colocando o *direito fundamental à garantia de um mínimo existencial humanamente digno* a par do art. 1º, n. 1, que tem efeitos absolutos, e apoiando-o não só no art. 1º, n. 1, mas também no art. 20º, n. 1, que estabelece a função conformadora do Estado com respeito ao âmbito da prestação[13].

III. Ingerências

422. Para determinar se se verifica uma violação da dignidade da pessoa humana, o Tribunal Constitucional Federal serve-se da chamada *fórmula-objeto*. O ser humano tem dignidade como sujeito; correspondentemente, é contrário à sua dignidade transformá-lo em "simples objeto do Estado"[14].

423. O problema da fórmula-objeto é óbvio: deixa alguns aspetos em aberto. Por isso, no *acórdão sobre as escutas*, o Tribunal Constitucional Federal procura *precisar* a fórmula-objeto e carateriza a ingerência na dignidade da pessoa humana no sentido de que o ser humano "é exposto a um tratamento que, em princípio, põe em dúvida a sua qualidade de sujeito, [ou em que] se verifica um menosprezo arbitrário da dignidade do ser humano. O tratamento [tem, pois, de] ser necessariamente expressão do desprezo pelo valor que cabe ao ser humano em virtude de ser pessoa, tendo, assim, de ser, neste sentido, um 'tratamento desprezível'"[15].

---

12   E 125, 175/222.

13   E 125, 175/222 e s.

14   E 87, 209/228; 109, 133/149 e s.; 115, 118/153.

15   E 30, 1/26; cf. também E 109, 279/312 e s.

424. Mas esta tentativa de precisão não é de muita utilidade: será que a par do ilícito "menosprezo arbitrário da dignidade do ser humano" deve ser permitido um menosprezo não arbitrário da dignidade da pessoa humana? Na opinião de quem é que se deve basear a exigência de que o tratamento terá de ser "expressão do desprezo" pelo valor da pessoa da pessoa humana e por que razão é que isso deve depender da opinião em vez do efeito? Já o próprio voto vencido do acórdão sobre as escutas objetou que o ser humano não pode simplesmente "ser tratado impessoalmente, como um objeto, mesmo que isso não suceda por desprezo pelo valor da pessoa humana, mas 'com boa intenção'"[16]. Recentemente o Tribunal Constitucional Federal entendeu a fórmula-objeto de modo semelhante: "Deste modo, está simplesmente proibido todo tratamento da pessoa pelo poder público que ponha por princípio em dúvida a sua qualidade de sujeito, a sua condição de sujeito jurídico, ao deixar que se sinta a falta do respeito pelo valor que cabe a cada ser humano por consideração a si mesmo, em virtude de ser pessoa"[17].

425. A fórmula-objeto cria pelo menos *clareza* sobre que o fim para o qual a pessoa humana é tratada como objeto ou instrumento não conta; também o melhor ou o supremo fim não torna o tratamento compatível com a dignidade humana. Na questão da dignidade da pessoa humana não se trata, portanto, da relação entre fim e meio, não se trata de ponderação e proporcionalidade, mas da proibição do tratamento como objeto ou instrumento, pura e simplesmente. Tal como não interessam os fins, não interessa a arbitrariedade ou a isenção de arbitrariedade, desprezo ou respeito que orienta o detentor do poder público. Além disso, o Homem é tanto mais respeitado como sujeito e tanto menos tratado como objeto quanto mais o consenso, a participação ou em todo o caso a transparência forem tornados o pressuposto do seu tratamento.

426. As diferentes conceções sobre a dignidade da pessoa humana coincidem, como no consenso sobre os três subdomínios que fa-

---

16   E 30, 1/39 e s.

17   E 115, 118/153; cf. Enders, JöR 2011, 245/251 e s.

zem parte do âmbito de proteção, também no consenso sobre as *ingerências típicas dos subdomínios*[18]: comete-se

– ingerência na identidade e integridade física e psíquica, especialmente por meio de tortura, quebra da vontade por meio de drogas ou da hipnose, ou por meio de manipulação médica, dissimulada ou sob coação, para fins de investigação ou de cultura laboratorial, destruição da intimidade humana,

– ingerência na igualdade jurídica fundamental, especialmente por meio de escravatura, servidão, tráfego de seres humanos e outras discriminações, humilhações e aviltamentos sistemáticos e

– ingerência na garantia do mínimo existencial, pelo facto de se negar a possibilidade de a pessoa satisfazer o mínimo das suas próprias necessidades ou de se recusarem os recursos materiais e culturais necessários.

427. Exemplos:

É discutível se lidar com a vida humana em termos de medicina reprodutiva e de engenharia genética é um problema de proteção da identidade e da integridade prevista no art. 1º, n. 1, ou um problema de proteção da vida, da saúde e da personalidade prevista no art. 2º (cf. Dreier, *DR*, art. 1 I, n. m. 81 e s.; Lorenz, *JZ* 2005, 1121; Middel, *Verfassungsrechtliche Fragen der Präimplantationsdiagnostik und des therapeutischen Klonens*, 2006; sobre a medicina dos transplantes, ver n. m. 135 e n. m. 423); entre as Secções do Tribunal Constitucional Federal é controversa a questão de saber se a responsabilidade do médico pela subsistência de uma criança que nasceu depois de uma esterilização fracassada ou de um aconselhamento genético incorreto é compatível com a dignidade humana da criança ou se é uma "comercialização da existência humana" contrária à dignidade da pessoa humana (*E* 96, 375/400 e s.; 96, 409/412 e s.). – No caso do abate de um chamado avião *Renegade*, o Tribunal Constitucional Federal vê uma ingerência na dignidade da tripulação e dos passageiros, porque a sua morte é usada como meio para a salvação de outros (*E* 115, 118/154; cf. ainda, Merkel, *JZ* 2007,

---

18 Windthorst, *StudK*, art. 1º, n. m. 26 e s.

373; Lindner, *DÖV* 2006, 577). Sobre a libertação de reféns por meio da utilização de gás letal de combate, cf. CEDH, n. 18299/03 e 27311/03, n. m. 198 e s. [*Finogenov/Russia*]) – A utilização do detetor de mentiras foi qualificada pelo Tribunal Constitucional Federal como problema, não da dignidade da pessoa humana, mas do direito geral da personalidade (*NJW* 1982, 375; cf. também *NJW* 1998, 1938). Pelo contrário, no caso das escutas telefónicas (cf. n. m. 1020 e s.), o Tribunal Constitucional Federal considera tratar-se de uma violação não só do direito fundamental à privacidade do domicílio, mas também da dignidade humana, se o domínio essencial da organização da vida privada não for respeitado, deduzindo daí amplas exigências jurídico-processuais a fazer às vigilâncias técnicas para a proteção do domínio essencial da vida (*E* 109, 279/314 e s.). De modo semelhante, o TEDH (NJW 2018, 3763/3766 e s. [*Hentschel e Stark/Deutschland*]) inferiu do art. 3º da CEDH exigências jurídico-processuais particularmente rigorosas destinadas ao esclarecimento de acusações de maus-tratos, quando não tiver sido possível identificar os agentes públicos atuantes por falta de caraterização ou devido ao seu uso de capacete. – Relativamente à jurisdição penal, resulta do art. 1º, n. 1, que os delinquentes não podem tornar-se mero objeto da repressão à criminalidade (*E* 131, 268). Por isso, a dignidade da pessoa humana dos reclusos é violada, se eles não tiverem qualquer oportunidade de alguma vez regressar à liberdade e se a execução da pena não contribuir para a sua reinserção social (*E* 109, 133/150 e s.), se estiverem alojados a dois num compartimento individual com uma superfície de cerca de 8 metros quadrados (TCF, *EuGRZ* 2011, 177/180 e s.) e se a sua cela for constantemente conspurcada com dejetos (*NJW* 1993, 3190 e s.; *EuGRZ* 2010, 531/533). Quanto à proteção da dignidade humana no processo penal, o Tribunal Constitucional Federal exige que o arguido "tenha de ter a possibilidade de influenciar o procedimento, de se pronunciar pessoalmente contra as acusações que contra ele são formuladas, de apresentar as circunstâncias atenuantes, de obter o seu controlo amplo e exaustivo e, se for caso disso, também a sua tomada em consideração" (*E* 63, 332/337 e s.). – Para a proteção do mínimo vital, o indivíduo que não disponha de meios próprios suficientes ou de subsídios de terceiros tem direito "àqueles pressupostos materiais... que são indispensáveis para a sua existência física e para um mínimo de participação na vida social, cultural e política" (E, 125, 175). Também o Estado não pode privar nem tributar o salário obtido pelo indivíduo, que lhe é necessário para a manutenção do mínimo vital (E 82, 60/85; 99, 246/259 e s.; 120, 125/155 e s.). Embora o legislador, diferentemente do que se verifica nos outros subdomínios, tenha uma margem de conformação a preencher em conformidade com o art. 1º, n. 1, em ligação com o art. 20º, n. 1, (n. m. 421), ele tem, todavia, de "calcular todas as despesas necessárias à subsistência, de uma maneira coerente, num procedimento transparente e ajustado ao caso, e de controlar e aperfeiçoar permanentemente este procedimento" (E 125, 175/225; 137, 34/72 e s. sobre o direito geral de garantia fundamental; cf. também E 132, 134, n. m. 68, sobre o direito de prestação aos requerentes de asilo; sobre o princípio da consistência, n. m. 524).

428. Dado que a dignidade da pessoa humana se reporta, na linguagem corrente, "cada vez mais, a factos sociais periféricos"[19], são impugnadas perante o Tribunal Constitucional Federal medidas do Estado, muitas vezes invocando a dignidade humana, que estão muito longe de uma violação da dignidade humana. Por isso, o Tribunal Constitucional Federal rejeitou várias vezes, como *manifestamente infundados*, recursos constitucionais que haviam impugnado uma violação da dignidade humana.

429. Exemplos:

Pagamento de uma coima no procedimento contraordenacional (E 9, 167/171), convocatória para aulas de condução (E 22, 21/28), autópsia no procedimento de averiguações (TCF, *NJW* 1994, 783/784) e obrigação de depósito das urnas no cemitério (E 50, 256/262).

IV. Justificação jurídico-constitucional

430. O art. 1º, n. 1 não está sob reserva de lei. Dado que, em virtude do art. 79º, n. 3, aquele preceito nem sequer pode ser tocado

---

19 Podlech, AK, art. 1º, n. 1, n. m. 12.

numa revisão da Constituição, sendo por isso superior ao demais direito constitucional, fica fora de questão a *colisão* com o demais direito constitucional como justificação da ingerência[20]. É quando muito concebível a justificação de ingerência por colisão com os princípios constitucionais subtraídos à revisão constitucional igualmente pelo art. 79º, n. 3. Todavia, os princípios consignados no art. 20º sobre a forma do poder do Estado ficam excluídos para efeitos de justificação da ingerência, dado que o poder do Estado existe no interesse da dignidade humana e tem de a respeitar e de a proteger[21].

431. Resta a questão de saber se se pode cometer ingerência na dignidade de uma pessoa para proteger a dignidade humana de outra pessoa, especialmente na dignidade humana de alguém que cometeu um ilícito, e para proteger a dignidade humana de alguém que é vítima do ilícito[22]. Embora o Estado esteja obrigado pelo art. 1º, n. 1, tanto ao respeito como à proteção da dignidade humana, o modo como ele cumpre as suas obrigações de proteção não lhe está traçado pela Lei Fundamental, mas deve ser por ele "decidido fundamentalmente por responsabilidade própria"[23]; ele cumpre o seu dever de proteção da dignidade humana já por meio das suas leis e da execução destas, especialmente através da polícia e dos tribunais. O facto de a proteção legal geral poder falhar num ou noutro caso de execução faz parte da natureza de toda a proteção legal geral. O modo como o Estado cumpre o seu dever de respeito está-lhe, pelo contrário, traçado de maneira inequívoca: ele tem de se abster da atuação violadora da dignidade humana. Os direitos de defesa e de proteção não produzem sempre um efeito com a mesma imediatez e com a mesma incondicionalidade e também aqui não o fazem[24]. Dado que, portanto, não se

---

20 E 93, 266/293; 107, 275/284.

21 Cf. E 75, 369/380.

22 Neste sentido, Starck, *MKS*, art. 1, n. m. 47; Wittreck, *DÖV* 2003, 873/879 e s.

23 E 46, 160/164 e s.

24 Cf. Goos, p. 186 e s.

pode justificar qualquer ingerência na dignidade do ser humano, toda ingerência representa ao mesmo tempo uma ofensa à dignidade[25].

432. Esboço de solução para o caso 4 (n. m. 406):

I. Uma parte essencial do âmbito de proteção da dignidade da pessoa humana é a salvaguarda da identidade e da integridade humanas, tanto do ponto de vista físico como psíquico. Por isso, a tortura é proibida a toda a autoridade do Estado e, assim, também à polícia. Como "B" é uma "pessoa detida", esta proibição resulta aqui, simultaneamente, do art. 104º, n. 1, frase 2. – **II.** Por consequência, a polícia cometeu uma ingerência na dignidade humana. – **III.** Uma justificação jurídico-constitucional do procedimento da polícia não se pode fundamentar na proteção de "I". Seria errado admitir aqui uma colisão entre a dignidade humana de "B" e a dignidade humana de "I" e sacrificar a dignidade humana de "B" a favor da dignidade humana de "I", porque aquele cometeu um ilícito e este foi vítima de um ilícito. É certo que, nos termos do art. 1º, n. 1, em ligação com o art. 2º, n. 2, frase 1, o Estado está obrigado à proteção da vida, mas o Estado já cumpriu o seu dever de proteção da dignidade de I contra agressões de B com as suas leis penais, que proíbem a "B" essas agressões e que, através da polícia e dos tribunais, fazem aplicar essas leis penais. Não se pode aplicá-las completamente, dado que não pode estar à disposição do Estado de direito todo e qualquer meio para atingir os seus fins. A obrigação incondicional de não ofender a dignidade de B proíbe por conseguinte também a tortura de modo incondicional (Poscher, *JZ* 2004, 756; cf. TEDH, NJW 2010, 3145 [Gäfgen/Deutschland] sobre o art. 3º da CEDH; opinião diferente, com a consequência da admissibilidade da tortura, cf. Brugger, *Staat* 1996, 67; Starck, *MKS*, art. 1, n. m. 79. Cf. também Hörnle, *in*: Pieper/Brudermüller (eds.), *Grenzen staatlicher Gewalt*, 2012, 71; Lenzen (ed.), *Ist Folter erlaubt?*, 2006).

433. Bibliografia:

M. Baldus, *Kämpfe um die Menschenwürde. Die Debatten seit 1949*, 2016; S. Blömacher, *Die Menschenwürde als Prinzip des deutschen und*

---

25 Kunig, *MüK*, art. 1, n. m. 4; Michael/Morlok, *GR*, n. m. 147; Denninger, *in*: *FS von Brünneck*, 2011, p. 397/409 e s.; Classen, *DÖV* 2009, 689/694 e s.; Linke, *JuS* 2016, 888/891 e s.; opinião diferente, Kloepfer, *in*: *VerfR* II § 55 n. m. 76; Baldus, *AöR* 2011, 529.

europäischen Rechts, 2016; H.G. Dederer, "Die Garantie der Menschenwürde (Art. 1 Abs. 1 GG)", *JöR* 2009, 89; G. Dürig, "Der Grundrechtssatz von der Menschenwürde", *AöR* 1956, 117; C. Enders, *Die Menschenwürde in der Verfassungsordnung*, 1997; C. Goos, *Innere Freiheit. Eine Rekonstruktion des grundgesetzlichen Würdebegriffs*, 2011; P. Häberle, "Die Menschenwürde als Grundlage der staatlichen Gemeinschaft", *Hdb. StR3 II*, § 22; H. Hofmann, "Die versprochene Menschenwürde", *AöR* 1993, 353; F. Hufen, "Die Menschenwürde, Art. 1 I GG", *JuS* 2010, 1; R. Kipke/E. Gündüz, "Philosophische Dimensionen der Menschenwürde – zu den Grundlagen des höchsten Verfassungsgutes", *Jura* 2017, 9; T. Linke, "Die Menschenwürde im Überblick: Konstitutionsprinzip, Grundrecht, Schutzpflicht", *JuS* 2016, 888; M. Nettesheim, "'Leben in Würde': Art. 1 Abs. 1 GG als Grundrecht hinter den Grundrechten", *JZ* 2019, 1; R. Poscher, "Die Würde des Menschen ist unantastbar", *JZ* 2004, 756; B. Schlink, *Aktuelle Fragen des pränatalen Lebensschutzes*, 2002; P. Tiedemann, *Menschenwürde als Rechtsbegriff*, 3ª ed. 2012.

§ 8. LIVRE DESENVOLVIMENTO DA PERSONALIDADE (ART. 2º, N. 1)

434. Caso 5: Passeios a cavalo no bosque (segundo *E* 80, 137).

A Lei de Proteção da Paisagem da Renânia do Norte-Vestefália só permite, em princípio, passeios a cavalo no bosque naqueles caminhos que estão assinalados como caminhos para passeio a cavalo. Será que por esse facto é violado o livre desenvolvimento da personalidade dos que passeiam a cavalo? N. m. **466.**

I. Panorama geral

435. O art. 2º, n. 1, garante o direito ao livre desenvolvimento da personalidade, direito que na mesma frase está sujeito aos três limites ("tríade de limites") dos direitos de outrem, da ordem constitucional e da lei dos bons costumes. O âmbito de proteção deste direito fundamental foi, numa primeira fase, entendido pela chamada teoria do núcleo da personalidade como âmbito vital limitado e determinado e reportado a uma "zona nuclear da dimensão pessoal"[26]. O Tribunal Constitucional Federal segue, desde o acórdão *"Elfes"*[27], uma outra via, na qual é seguido, em larga medida, pela jurisprudência e pela doutrina. Por um lado, aquele Tribunal entende o direito fundamental previsto no art. 2º, n. 1, como liberdade de atuação em geral, no sentido de um direito geral de liberdade[28]; por outro lado, acolhendo o desiderato da teoria do núcleo da dimensão pessoal, entende o direito em apreço como direito de personalidade em geral, que complementarmente apoia no art. 1º, n. 1, – O direito de personalidade em geral, ainda recusado pelo legislador do Código Civil (BGB), estabeleceu-se na jurisprudência como direito supletivo, no sentido do § 823, n. 1, do Código Civil alemão, sob a influência dos direitos fundamentais[29].

II. Âmbitos de proteção

1. Liberdade de atuação em geral

436. Como liberdade de atuação em geral, o art. 2º, n. 1, protege, não um âmbito de vida determinado e delimitado, mas toda a atuação humana e constitui um "direito fundamental que assiste ao cidadão de apenas ser onerado com uma desvantagem com base naquelas normas que são formal e materialmente conformes à Constituição"[30]. É certo que ocasionalmente são exigidas limitações do âmbito de proteção, por exemplo uma "reserva de paz" geral[31]. Mas toda a limitação do âmbito de proteção corre o risco de isentar as restrições estatais de liberdade dos ónus de justificação democrático-processuais (n. m. 312 e s.) e jurídico-fundamentais materiais (n. m. 321 e s.), ónus que

---

26 Peters, *Das Recht auf freie Entfaltung der Persönlichkeit in der höchstrichterlichen Rechtsprechung*, 1963, p. 49; cf. também Hesse, *VerfR*, n. m. 428; opinião divergente, E 80, 137/169.

27 E 6, 32; a esse respeito, na retrospetiva histórica, Lenz, *RW* 2017, 149 e s.

28 E 6,32/36 e s.

29 E 34, 269/280 e s.

30 E 29, 402/408; 103, 29/45.

31 Isensee, *FS Sendler*, 1991, p. 39/56 e s.

precisamente também se têm em intenção com a liberdade geral de ação. Na medida em que de facto se trata apenas da liberdade de assassinar, atear fogo e violar, a discussão afigura-se, pelo contrário, na prática tão irrelevante como ociosa: mesmo se fosse entendida construtivamente pelo âmbito de proteção, a justificação das correspondentes proibições e tipos penais seria tão evidente para uns como a exclusão do âmbito de proteção para outros. Para além destas evidências, as exigências jurídico-fundamentais de justificação têm, no entanto, de produzir efeito. Onde quer que se possa seriamente colocar a questão da justificação jurídico-fundamental das restrições estatais de liberdade, o âmbito de proteção está aberto à liberdade geral de atuação[32]. Isto é válido, independentemente de se a conduta é proibida por leis penais ou se é considerada não pacífica. Onde os direitos fundamentais consideram a falta de paz como limite do âmbito de proteção, assim também o exprimiram (v. art. 8º, n. 1). O amplo âmbito de proteção, em virtude do qual o art. 2º, n. 1, é designado como cláusula geral, tem sobretudo duas consequências:

437. a) O art. 2º, n. 1, constitui um **direito fundamental subsidiário** em face dos direitos fundamentais especiais e passa para segundo plano perante estes, até onde cheguem os seus âmbitos de proteção (subsidiariedade; cf. n. m. 395 e s.). Este direito fundamental só ganha importância se não for aplicável um âmbito de proteção de um direito fundamental especial.

438. Exemplos:

A celebração ou não celebração de contratos de direito privado (*E* 8, 274/328; 95, 267/303; 103, 197/215), desde que não se trate especialmente de contratos relevantes do ponto de vista da propriedade ou da profissão, de contratos de sucessão ou de contratos de casamento, para os quais são aplicáveis os direitos fundamentais respetivos (cf. n. m. 753, 964, assim como Höfling, *Vertragsfreiheit*, 1991, p. 14 e s.); saída de membros obrigatórios de uma ordem profissional quando esta viola as suas competências (*E* 146, 164, n. m. 69 e s. = JK 12/2017; cf. n. m.

---

32 Epping, *GrundR*, R. 558 e s.

848); frequência de um solário (BVerfG, *NJW* 2012, 1062) condução de um automóvel sem cinto de segurança (BVerfG, *NJW* 1987, 180); o consumo de álcool, nicotina e haxixe (*E* 90, 145/171; a organização individual dos tempos livres e de lazer, especialmente acesso livre à natureza (cf. *E* 54, 143/146; 55, 159/165; BayVerfGH, *BayVBl.* 2016, 671/674 e s. = *JK* 12/2016, Burgi, *Erholung in freier Natur*, 1993); a organização de coleções (*E* 20, 150/154). Mesmo a conduta criminosa cai no âmbito de proteção (opinião divergente, Kloepfer, *VerfR* II, § 56, n. m. 10). – Além disso, também a liberdade de omitir alguma coisa, de não cumprir uma obrigação (liberdade negativa), não é muitas vezes protegida por direitos fundamentais especiais, por exemplo, a obrigação de pagamento de taxa portuária (*E* 91, 207/221); a obrigação de uma pessoa coletiva pagar imposto eclesiástico (*E* 19, 206/215); a obrigação de seguro para os cônjuges de agricultores (*E* 109, 96/109); a subordinação de não membros às normas de uma associação privada (*E* 64, 208/214).

439. Indicação técnica de solução:

Nos trabalhos práticos deve, em primeiro lugar, ser tratada a questão de saber se é aplicável o âmbito de proteção de um ou de vários direitos fundamentais especiais. O art. 2º, n. 1, só pode ser controlado se não for aplicável nenhum direito fundamental especial, sendo que a aplicabilidade de um direito fundamental não é anulada pelo facto de esse direito fundamental, embora atingido no seu âmbito de proteção, não ser violado em virtude de ausência ou de justificação de uma ingerência. Estas afirmações dizem respeito ao âmbito de proteção material; sobre o âmbito de proteção pessoal, cf. n. m. 174 e s.

440. b) O art. 2º, n. 1, proporciona um "direito" no sentido do art. 19º, n. 4 e alarga, assim, a **proteção jurídica** em virtude da sua extensão comparável a cláusula geral e, porque faz parte dos direitos fundamentais previstos no art. 93º, n. 1, al. 4a, alarga a possibilidade de apresentar um **recurso constitucional**. O alargamento do âmbito de aplicação tem, pois, como consequência um alargamento da proteção jurídica e do âmbito de aplicação do recurso constitucional. Na medida em que a violação de um direito fundamental especial não pode ser impugnada, pode ainda ser sempre impugnada a violação do art. 2º, n. 1.

2. Direito de personalidade em geral

441. O direito de personalidade em geral foi desenvolvido pelo Tribunal Constitucional Federal a partir do *art. 2º, n. 1, em ligação com o art. 1º, n. 1.* O direito de personalidade em geral radica no art. 2º, n. 1, porque, tal como a liberdade de atuação em geral, não está limitado a determinados domínios de vida, mas torna-se relevante em todos os domínios da vida. O direito de personalidade em geral tem uma ligação com o art. 1º, n. 1, porque diz menos respeito ao particular na sua atuação do que na sua qualidade de sujeito autónomo. A liberdade que a Lei Fundamental protege não é mera liberdade arbitrária, mas autonomia no sentido de capacidade de poder tomar decisões fundadas, tendo como pano de fundo um plano próprio. Este exigente conceito de liberdade pode ser afetado, não apenas pela limitação da nossa liberdade de ação, mas também pela ação exercida sobre a conceção que temos de nós próprios. Só a liberdade de ação em geral e o direito de personalidade em geral juntos protegem a liberdade como autonomia, que constitui a essência da dignidade humana (n. m. 412). As formas do direito de personalidade em geral, que a jurisprudência do Tribunal Constitucional Federal produziu, também não se aplicam a diferentes domínios da vida, mas a diferentes aspetos, que em parte se cruzam, da ideia que temos de nós próprios: autodeterminação, autopreservação e autoapresentação. Particularmente em relação à proteção de dados, o direito de personalidade em geral é cada vez mais marcado também pelas disposições do direito europeu.

442. **a)** Como **direito à autodeterminação**, o direito de personalidade em geral garante ao indivíduo traçar o seu destino à sua própria responsabilidade e determinar ele mesmo a sua identidade.

443. Exemplos:

Do poder dispositivo também faz parte a decisão de uma pessoa gravemente doente e incurável de recusar os tratamentos médicos e outras medidas terapêuticas, se for capaz de formar livremente a sua vontade e de agir em conformidade (E 42, 313, n. m. 4 = *JK* 3/2017; EGMR, *NJW* 2013, 2953/2955 [sobre o art. 8º da CEDH] [Koch/Deutschland]); Hufen, *NJW* 2018, 1524/1525; posição de recusa, Hillgruber,

JZ 2017, 777/778 e s.). Mas também se pergunta se neste caso não se aplica a proteção mais especial da liberdade negativa prevista no art. 2º, n. 2, frase 1, da Lei Fundamental (neste sentido, Kämpfer, *Die Selbstbestimmung Sterbewilliger*, 2005, p. 177 e s.; Michael/Morlok, n. m. 160). – Também está protegida a identidade sexual, mais precisamente daqueles que de maneira permanente não se podem incluir nem no sexo masculino nem no sexo feminino (*E*, 147, 1 = *JK* 3/2018; posição crítica Rixen, *JZ* 2018, 317/318 e s.). O indivíduo tem ainda um direito ao conhecimento da sua própria ascendência (*E*, 79, 255/268 e s.; 90, 263/270 e s.; 96, 56/63; BGHZ 204, 54/66), direito que o legislador pode, porém, restringir para proteger os direitos de terceiros (*E* 141, 186, n. m. 39). Também não lhe pode ser vedado o direito de manter o seu nome (E, 78, 38/49; 109, 256/266 e s.; 115, 1/14) e de determinar a sua orientação sexual (E 47, 46/73; 121, 175/190; 128, 109/124), o respetivo estado civil (E 49, 286/298; cf. também E 60, 123/134) e a própria reprodução (sobre a gravidez E 88,203/254; sobre a esterilização, BGH, *NJW* 1995, 2407/2409; sobre o incesto E 120, 224/238 e s. e TEDH, *NJW* 2013, 215/216 [Stübing/Deutschland]). Um homem não pode ser impedido de chegar ao conhecimento de se uma criança que lhe foi atribuída legalmente também descende de si (*E* 117, 202/225 e s.; mas cf. também *E* 138, 377, n. m. 30, ver n. m. 445). As pessoas têm direito a um "recomeço" (Britz, p. 74): o menor tem um direito à entrada, livre de quaisquer ónus, na maioridade (*E* 72, 155/170 e s.), direito que visa permitir que seja ele a encontrar e a determinar o seu lugar na vida, sem encargos financeiros prévios; o criminoso tem direito não só a uma punição adequada à sua culpa (*E* 95, 96/140; 133, 168, n. m. 57) e o recluso tem direito à reinserção social (TCF, *EuGRZ* 2018, 229/230), assim como à proteção da sua integração social, quando os meios de comunicação, ainda depois do cumprimento da pena, continuam a ocupar-se sem restrições, da sua pessoa e da sua esfera pessoal (E 35, 202/235 e s.; cf. também E 64, 261/276 e s.; Tribunal Constitucional Federal, *EuGRZ* 2007, 738/742).

444. **b)** Como **direito à autopreservação**, o direito de personalidade em geral garante ao indivíduo o poder retirar-se, proteger-se e ficar por sua conta. Os direitos de se retirar e de se proteger, que estão

protegidos pelo direito de personalidade em geral como direito de autopreservação, devem ser entendidos sobretudo do ponto de vista social,
mas também do ponto de vista espacial.

445. Exemplos:

Estão sob proteção as fichas médicas que resultam do contacto
confidencial entre médico e paciente (*E* 32, 373/379; BVerfG, *NJW*
2006, 1116, 1117 e s.), dados genéticos (*E* 103, 21/32 e s.; Tribunal
Constitucional Federal, *EuGRZ* 2001, 249; cf. Halàsz, *Das Recht auf bio-
-materielle Selbstbestimmung*, 2004) e dados sobre o estado de saúde (TCF,
NJW 2013, 3086/3087 = JK 2/2014); além disso, a condição psicológica
e o caráter (*E* 89, 69/82 e s.) e a situação financeira pessoal (cf. Tribunal
Constitucional Federal, *NJW* 2008, 1435). Como direito a resguardar-
-se, está protegido o direito de não comprovar a sua orientação sexual
através de testes psicológicos (sobre o art. 7º da CDF, TJUE, EU:C:
2018:36, n. m. 59 e s. – F = *JK* 9/2018) e o direito de não ter de revelar
relações sexuais com outro parceiro (*E* 138, 377, n. m. 29; mas cf. também *E* 117, 202/225 e s., ver n. m. 443) e ainda o direito ao pudor físico (cf. Tribunal Constitucional Federal, *NJW* 2013, 3291/3292 = *JK*
9/2014), a confidencialidade do diário (E 80, 367/373 e s.), a recusa de
convivência com os seus próprios filhos (*E* 121, 69/90 e s.) e a retirada
para locais isolados, como o cantinho sossegado de um bar com jardim
que escapa aos olhares indiscretos (*E* 101, 361/383 e s.).

446. Em relação aos domínios da retirada e do resguardar-se, o
Tribunal Constitucional Federal desenvolveu uma *teoria das esferas*, que
faz a distinção entre uma esfera íntima, pura e simplesmente fechada
ao poder público[33], e uma esfera privada, na qual pode haver ingerência mediante a observância estrita do princípio da proporcionalidade.
No entanto, o Tribunal Constitucional Federal entendeu a esfera íntima
como área essencial da organização da vida privada, que decorre do art.
1º, n. 1, e que, como conteúdo da dignidade da pessoa humana, é própria de todos os direitos fundamentais de liberdade (cf. n. m. 360, 410

---

33 E 6, 32/41; 38, 312/320.

e 1020)[34]. A área essencial da organização da vida privada goza de proteção absoluta, tal como a garantia de dignidade da pessoa humana, mas não deve abranger as comunicações sobre ilícitos penais, em virtude da relação social que lhes é imanente[35]. As esferas íntima e privada apresentam alguma indeterminação. O âmbito de proteção apresenta-se "aberto a perigos para a personalidade até agora desconhecidos"[36] e deixa, em princípio, ao critério de cada um a questão de saber onde e como ele se retira e se protege e onde encontra ou cria para si próprio a sua esfera privada; no entanto, é especialmente forte a proteção da esfera privada familiar e dos filhos, em virtude do art. 6º, n. 1 e 2, e faltam os pressupostos da proteção da esfera privada, no caso de o indivíduo se encontrar entre muitas pessoas ou no caso de ser ele próprio a tornar pública a sua esfera privada, por exemplo, por razões comerciais[37]. Os titulares de cargos públicos só dispõem deste direito para a sua vida privada e não para o exercício da sua função[38].

447. **c)** Como **direito à autoapresentação**, o direito de personalidade em geral garante ao indivíduo a possibilidade de se defender não só contra apresentações públicas desprestigiantes, falseadoras, deformadoras e indesejadas, mas também de observações secretas e indesejadas da sua pessoa.

448. **Exemplos:**

Apresentação individual do aspeto exterior por meio do vestuário e adornos (TCF, *NJW* 2000, 1399) e de tatuagens (*BVerwGE* 160, 370/372); proteção da honra pessoal (*E* 54, 208/217), com proteção contra declarações que se prestam a ter um efeito prejudicial sobre a imagem do indivíduo em público (*E* 99, 185/193 e s.; 114, 339/346); direito ao nome pessoal (*E* 104, 373/387; 123, 90/102), à imagem (*E* 35, 202/220; 101, 361/380) e palavra (*E* 54, 148/155), com proteção

---

34   *E* 109, 279/310 e s.; 113, 348/391; 119, 1/29 e s.; 124, 43/69 e s.

35   *E* 109, 279/313; 141, 200/, n. m. 199 e s.

36   *E* 95, 220/241.

37   *E* 101, 361/385 e s.; 120, 180/199.

38   *E* 101, 361/383; mas cf. também *BVerwGE* 121, 115/125 e s. e, numa perspetiva crítica, Lege, *Jura* 2005, 616.

do anonimato (Schmahl, *JZ* 2018, 581/583) e contra a interceção ou escuta secreta e gravação (*E* 34, 238/246; 106, 28/39 e s.), contra livre videovigilância de lugares públicos (TCF, *NVwZ* 2007, 688/690), contra manipulações técnicas (TCF, *NJW* 2005, 3271 e s.) e contra o acesso a dados de ligação de caráter pessoal após a conclusão da operação telecomunicativa (*E* 115, 166/187 e s.); direito de resposta (direito ao desmentido) (*E* 63, 131/142 e s.) e de retificação (*E* 97, 125/148 e s.); direito a não ser coagido à autoinculpação no processo penal e em processos idênticos (princípio do *"nemo tenetur"*[39]; *E* 56, 37/41 e s.; 95, 220/241) e, na vida profissional, não ser coagido à revelação de circunstâncias da vida pessoal (*E* 96, 171/181).

449. Uma manifestação importante do direito de personalidade em geral é o direito à proteção de dados pessoais. O Tribunal Constitucional Federal conseguiu, já em 1983, no acórdão dos censos, a partir do art. 2º, n. 1, em ligação com o art. 1º, n. 1, um amplo direito à autodeterminação informacional, que contém o poder do indivíduo de "em princípio, decidir por si próprio quando e dentro de que limites são revelados factos da sua vida pessoal"[40]. Nesta medida, as informações sobre uma pessoa são sensíveis e necessitadas de proteção, independentemente da esfera de que provêm; uma vez que, por via do processamento e das conexões informáticas, um dado que em si é insignificante pode adquirir um novo valor posicional, "não há qualquer dado 'insignificante'"[41]. O direito à autodeterminação informacional, um direito tanto à defesa contra levantamentos e processamentos de dados por parte do Estado, como também ao seu conhecimento[42], não desalojou os direitos especiais; tornou-se no seu direito subsidiário. Ele conduz a uma deslocação antecipada da proteção jurídico-fundamental, ao pro-

---

39 N. T.: O princípio *nemo tenetur se ipsum accusare, que* não está expressamente previsto na Constituição da República Portuguesa nem na maior parte das Constituições europeias, mas que é delas retirado, representa uma garantia importante de defesa do arguido. À luz desse princípio, o arguido tem o direito de não se autoincriminar.

40 E 65, 1/42 e s.; 113, 29/47; 118, 168/183 e s.

41 E 65, 1/45.

42 E 120, 351/360 e s.

teger já contra os perigos abstratos, que resultam de recolhas de dados estatais, com vista ao seu potencial uso impróprio, e contra os efeitos intimidatórios a isso associados[43]. O direito à autodeterminação informacional coloca as relações informacionais do Estado com o cidadão quase inteiramente sob a obrigação de regulação e de justificação e transformou-se, assim, em pretexto de uma legislação abrangente sobre direito de proteção informacional e de proteção de dados, que abarca cada vez mais também a relação dos cidadãos entre si[44].

450. O Tribunal Constitucional Federal não considera protegidos pelo direito à autodeterminação informacional os sistemas informáticos, desde o computador pessoal à *internet*, nos quais se exprimem abundantemente as relações pessoais, os contactos sociais e as atividades exercidas pelos utilizadores; o direito à autodeterminação informacional apenas protege, no entender do Tribunal Constitucional Federal, contra levantamentos concretos de dados, e contra a infiltração clandestina dos sistemas no seu conjunto há a proteção através do *"direito fundamental à garantia da confidencialidade e integridade dos sistemas informáticos"*[45]. Os sistemas informáticos fazem lembrar o domicílio; embora não caiam sob a proteção do art. 13º por serem utilizados em toda parte, têm uma importância semelhante como espaço vital pessoal e carecem de medidas de proteção semelhantes (cf. n. m. 461).

451. O direito da União Europeia, juntamente com o art. 8º da CDF, contém, para além do direito de personalidade (art. 7º da CDF), um direito fundamental à proteção de dados pessoais; juntam-se-lhe as garantias jurídico-fundamentais equiparadas do regulamento-base da proteção de dados Regulamento (União Europeia) 2016/679 (n. m. 79). O art. 7º e o art. 8º da CDF baseiam-se no art. 8º da CEDH[46], o que explica que o TJUE os controle até agora geralmente em con-

---

43 E 150,244, n. m. 38 e s.; Poscher, in: Miller, p. 133 e s.

44 Cf. Hoffmann-Riem, AöR 1998, 513; Gurlit, NJW 2010, 1035; criticamente, Bull, JZ 2017, 797/799 e s.; cf. também Kingreen/Kühling, JZ 2015, 213.

45 E 120, 274/302; 141, 220, n. m. 209 e s.; Volkmann, DVBl. 2008, 590; Heinemann, Grundrechtlicher Schutz informationstechnischer Systeme, 2015.

46 Britz, EuGRZ 2009, 1.

junto e sem uma delimitação entre eles[47]. Ambos os direitos fundamentais têm uma importância considerável no direito da União, em comparação com outros direitos fundamentais.

452. Exemplos:
A publicação na *internet* dos dados de beneficiários de subsídios à agricultura (EuGH, EU:C:2010:662, n. m. 46 e s. – Schecke/Land Hessen) viola os arts. 7º e 8º da CDF da mesma maneira que a obrigação, dirigida aos prestadores de serviços de telecomunicações, de procederem à retenção de dados sem que haja motivos (EuGH, EU:C:2014:238, n. m. 24 e s. – *Digital Rights Ireland/Minister for Communications ua* = *JK* 8/2014; Tele 2 *Sverige AB/Post-och telestyrelsen* u.a., EU:C:2016:970, n. m. 62 e s. = *JK* 5/2017). O TJUE também estende a proteção prevista no art. 8º da CDF, do qual deduz um direito a ser esquecido, aos direitos de eliminar dados (*deletion*) contra operadores de motores de busca (TJUE, EU:C:2014:317, n. m. 6 e s., 97 e s. – *Google Spain* = *JK* 9/2014). O Tribunal admitiu neste caso uma primazia dos direitos de personalidade não só em face do interesse económico, mas também em face do interesse informacional do público em geral. Diferentemente da abordagem fundamental, que aperfeiçoa o direito a novo começo (n. m. 426) para o mundo digital, a postulada primazia do direito de personalidade afasta-se da determinação jurídico-fundamental da relação entre liberdade de personalidade e liberdade de comunicação, a que é alheia a primazia fundamental de uma liberdade (cf. n. m. 697). Do art. 8º da CDF resulta também que a UE só celebra os chamados Tratados *Safe-Harbor* com aqueles Estados que respeitam os *standards* europeus de proteção de dados (TJUE, EU:C:2015:650, n. m. 38 e s. – *Digital Rights Ireland/Schrems*). Em contrapartida, a obrigação de armazenar impressões digitais de documentos de identificação representa uma ingerência justificada nestes direitos fundamentais (TJUE, EU:C:2013:670, n. m. 23 e s. – *Schwarz/Stadt Bochum* = *JK* 3/2014).

453. A Comissão dos Direitos Humanos das Nações Unidas deduz do art. 17º do IpbpR um direito à privacidade, que faz igualmente

---

47 Com fundamentação sistemática, Poscher, *in*: Miller, p. 135; pelo contrário, posição crítica, Kühling/Klar, *Jura* 2011, 771/773.

exigências aos levantamentos de dados pelo Estado. Assim, nas suas observações ao relatório dos EUA sobre direitos humanos no ano de 2013, e com base no art. 17º do IpbpR, exigiu, em relação às recolhas de dados de massas da NSA (*National Security Agency*), entre outras coisas, normas legais precisas, proporcionais e acessíveis ao público, procedimentos efetivos de monitorização e de proteção jurídica, assim como a renúncia à obrigação de terceiros de procederem à retenção de dados[48].

III. Ingerências

454. Em virtude do amplo âmbito de proteção do art. 2º, n. 1, no sentido da liberdade de atuação em geral, e em virtude da decomposição do conceito clássico de ingerência (cf. n. m. 292 e s.), com a consequência de que qualquer afetação constitui uma ingerência, há o problema de se *desenvolver descontroladamente* a possibilidade de interpor um *recurso constitucional*. Este problema não foi até hoje resolvido de uma maneira satisfatória[49].

455. Um esboço de solução *digno de ponderação* consiste em admitir a decomposição do *conceito clássico de ingerência* apenas para os direitos fundamentais especiais e para as garantias individuais previstas no art. 2º, n. 1, mas não para a liberdade de atuação em geral[50]. A favor, podemos alegar que a jurisprudência do Tribunal Constitucional Federal teve aqui por objeto apenas onerações intencionais ou dirigidas. Por conseguinte, uma ingerência na liberdade de atuação em geral seria admissível só quando se verifiquem dois pressupostos:

– tem de se tratar de uma medida jurídica (diferentemente de uma medida material).

– tem de se tratar de uma medida adotada contra o particular atingido (diferentemente de terceiros).

---

48   CCPR/C/SR/3061, 110, Sessão de 26.3.2014, n. 22; sobre o assunto, Fischer-Lescano, JZ 2014, 965/967 e s.

49   Cf. Di Fabio, *MD*, art. 2º, n. 1, n. m. 48 e s.; Cornils, *Hdb. StR3* VII, § 168, n. m. 37 e s.

50   Cf. Pietzcker, in: *FS Bachof*, 1984, p. 131; Höfling, *FH*, art. 2º, n. m. 62; opinião diferente, Kahl, *Staat* 2004, 167/187.

456. Exemplos:

A instituição de admissão de candidatos a asilo num município pode ser sentida como prejudicial pelos seus habitantes, mas como medida fatual não constitui uma ingerência na sua liberdade de atuação em geral. A aprovação de viaturas pode cercear a liberdade de atuação em geral a peões e ciclistas, mas não constitui face a estes uma ingerência no art. 2º, n. 1. A qualidade de ingerência tem de ser apreciada eventualmente de outro modo, quando um vizinho vê o seu terreno afetado pela instituição de receção de candidatos a asilo (art. 14º) ou quando a fixação pelo Estado de valores de emissões poluentes do ar conduz a uma ameaça para a saúde (art. 2 , n. 2, frase 1).

457. Constitui uma ingerência no direito à autodeterminação informacional todo ato referente a factos da vida privada, de levantamento de informação e de dados e seu processamento por parte do Estado, por exemplo quando de um censo populacional. Pelo contrário, não se verifica ingerência quando os dados são primeiro recolhidos sem um fim deliberado e apenas baseados na técnica, mas sendo imediatamente após o levantamento tornados de novo anónimos por via técnica, sem deixarem vestígios e separados sem a possibilidade de se estabelecer uma relação com as pessoas[51]. Isto é válido também para informações provenientes da área fundamental da organização da vida privada, desde que fique salvaguardado que elas não são disponibilizadas para qualquer utilização. Em relação a ingerências que tipicamente podem levar ao levantamento não deliberado de dados da área essencial da vida, o Tribunal Constitucional Federal exige uma regulação legal que, por um lado, já ao nível do levantamento, tome providências para evitar os dados e que, por outro lado, ao nível da análise de dados, preveja um controlo prévio por parte de um serviço independente, que impeça uma análise dos dados da área essencial[52].

458. Exemplos:

Na captação automática das matrículas das viaturas automóveis, a matrícula captada com uma câmara de vídeo é automaticamente ali-

---

51   E 100, 313/366; 115, 320/343; 120, 378/399.

52   E 109, 279/318 e s.; 113, 348/390 e s.; 120, 274/335 e s.; BVerfG, 20.4.2015, n. m. 125 e s.

nhada com os ficheiros de busca da polícia. Aqui verifica-se também uma ingerência, se o resultado da comparação de dados levar a um alvo procurado, sendo esses dados imediatamente apagados (*E* 150, 244, n. m. 51; diferente ainda *E* 120, 378/399). A busca automática de operações de pagamento efetuada pelas empresas gestoras dos cartões de crédito a pedido do Ministério Público, operações que relativamente a um determinado cartão de crédito foram feitas num determinado espaço de tempo, sobre um determinado montante, num determinado banco, só constitui uma ingerência quando um tal procedimento for transmitido ao Ministério Público (TCF, *NJW* 2009, 1405).

IV. Justificação jurídico-constitucional

459. Os limites do art. 2º, n. 1, aplicam-se tanto à liberdade de atuação em geral como ao direito de personalidade em geral[53]. Apenas o limite da ordem constitucional é que é importante.

1. Ordem constitucional

460. A jurisprudência do Tribunal Constitucional Federal entende o conceito de ordem constitucional, desde o acórdão *Elfes*, como o conjunto das normas que estão de acordo, formal e materialmente, com a Constituição[54], isto é, como *reserva de lei ordinária*. Este alargamento do limite é uma consequência do alargamento do âmbito de proteção (cf. n. m. 436 e s.).

461. O ponto fulcral do controlo pelo padrão do art. 2º, n. 1, reside em muitos casos no controlo dos limites de limites, nomeadamente do *princípio da proporcionalidade*. Como consequência da proibição do excesso, o Tribunal Constitucional Federal fixou a seguinte diretiva de ponderação: "quanto mais a ingerência legal tocar em formas de manifestação elementares da liberdade de atuação humana, tanto mais cuidadosamente têm de ser ponderados os fundamentos apresentados para a sua justificação contra o direito fundamental à liber-

---

53 *E* 65, 1/43 e s.; Jarass, *JP*, art. 2º, n. m. 58.
54 *E* 6, 32/38 e s.; 80, 137/153.

dade do cidadão"[55]. Isto é válido tanto para a liberdade de atuação em geral como para o direito de personalidade em geral; as ingerências em domínios especialmente privados da vida carecem de uma ponderação especialmente cuidadosa, tal como as ingerências com que o atingido não conta, a que não se pode furtar ou que não pode salvaguardar[56]. As ingerências no direito à autodeterminação informacional só são permitidas se a lei de autorização previr uma afetação a determinados fins dos dados levantados, assim como obrigações de informação, retificação e apagamento[57], verificando o legislador se, em virtude da evolução da ciência estatística, são possíveis levantamentos (de dados) que acautelem mais os direitos fundamentais[58]. Para o intercâmbio de dados entre os serviços de informações e a polícia, o Tribunal Constitucional Federal deduziu, além disso, do princípio da proporcionalidade um princípio da separação informacional, que só pode ser quebrado em casos excecionais[59]. A infiltração secreta de sistemas técnico-informáticos é uma ingerência particularmente intensa; só pode efetuar-se no caso de haver um perigo concreto ou pelo menos concretizável para um bem jurídico extraordinariamente importante e, como a busca domiciliária (cf. n. m. 1016), só se pode efetuar mediante ordem judicial[60].

2. Direitos de outrem

462. O conceito "direitos de outrem" abarca, com exclusão dos meros interesses, *todos os direitos subjetivos*. Porém, estes já estão contidos na sua plenitude na ordem constitucional.

---

55 E 17, 306/314.

56 Cf., relativamente à análise do ADN, E 103, 21/33; VGH Mannheim, *NJW* 2001, 1082/1085; relativamente à vigilância GPS, E 112, 304/318 e s.; relativamente à apreensão de computadores, E 113, 29/52 e s.; relativamente à busca policial sistemática, E 115, 320/345 e s.

57 E 65, 1/46.

58 E 150, 1, n. m. 226.

59 BVerfG de 24.4.2013, n. m. 123 (*NJW* 2013, 1499).

60 E 120, 274/326, 331; cf. também Voβkuhle, *in: FS Wahl*, 2011, 443.

3. Lei dos bons costumes

463. No passado, o conceito de lei dos bons costumes foi equiparado a conceções morais de tradição histórica[61]. Mas este entendimento é contrário à função de salvaguarda da liberdade prevista no art. 2º, n. 1.

464. Exemplos:

No ano de 1957, o Tribunal Constitucional Federal determinou: "A atividade homossexual viola, de forma inequívoca, a lei dos bons costumes" (*E* 6, 389/434; além disso, Höfling, *JuS* 2017, 617). Este entendimento foi fundamentado com um correspondente "reconhecimento geral", para o qual a sanção da lei penal (§ 175 StGB, antiga versão) fornecia uma "base de apoio". Entretanto, o casamento para uniões de facto homossexuais foi, pelo contrário, aberto em termos de direito ordinário (n. m. 752). – No ano de 1954, o Supremo Tribunal de Karlsruhe considerou que a união de facto violava a lei dos bons costumes (*FamRZ* 1955, 117). Pelo contrário, nos nossos dias consideramos a união de facto como estando protegida pelo art. 2º, n. 1 (cf. n. m. 752).

465. A lei dos bons costumes deve ser entendida corretamente no sentido dos "conceitos jurídicos comprovados e praticáveis" de *"bons costumes" e de "boa-fé"*[62]. Uma vez que estes conceitos de 'bons costumes' e de "boa-fé" estão positivados (cf. §§ 138, 242, 826 Código Civil alemão), não se pode atribuir qualquer importância autónoma ao limite da lei dos bons costumes, a par do limite da ordem constitucional[63].

466. Esboço de solução para o caso 5 (n. m. 434).

I. O ato de passear a cavalo no bosque não está protegido por um direito fundamental especial; só entra em linha de conta a proteção conferida pelo art. 2º, n. 1. Se fizermos depender a proteção do facto de as condutas "possuírem uma elevada relevância para o desenvolvimento da personalidade, comparável ao bem de proteção dos demais direitos

---

61 Cf., por exemplo, Starck, *in: FS Geiger*, 1974, p. 259/276; ainda hoje, Kahl, *in: FS Merten*, 2007, p. 57.

62 Dürig, *MD*, Erstbearbeitung Art. 2 Abs I, n. m. 16.

63 Lorenz, *BK*, art. 2º, n. 1, n. m. 134.

fundamentais" (é neste sentido que vai a opinião divergente do Tribunal Constitucional Federal – *E* 80, 137/165), então passear a cavalo no bosque dificilmente cai no âmbito de proteção do art. 2º, n. 1. Também não cai em nenhuma das concretizações especiais do direito de personalidade em geral desenvolvidas pela jurisprudência e pela doutrina. No entanto, segundo o Tribunal Constitucional Federal, seguido pela jurisprudência e pela doutrina, o ato de passear a cavalo no bosque está protegido pelo art. 2º, n. 1, dado que com o desenvolvimento livre da personalidade está abrangida a liberdade de atuação em geral e com esta "toda forma de atuação humana, independentemente do peso que cabe ao exercício do desenvolvimento da personalidade" (*E* 80, 137/152). – **II.** Pela regulação na lei de proteção da paisagem da Renânia do Norte-Vestefália, aquele que passeia a cavalo é onerado pelo facto de não poder usar todos os caminhos, mas apenas os que estão assinalados como caminhos de passeio a cavalo. – **III.** A oneração está justificada se fizer parte da ordem constitucional, isto é, se estiver em harmonia formal e material com a Constituição. Deve ser controlada uma eventual violação da proibição de excesso. O fim da regulação consiste em evitar os perigos que para os caminhantes que procuram repouso podem surgir do seu encontro com cavalos e do revolvimento do chão provocado pela passagem dos cavalos. A remissão dos que passeiam a cavalo para caminhos especiais é, a este respeito, um meio adequado. Esta remissão também é necessária. É certo que o fim da regulação também poderia ser alcançado através de uma delimitação de caminhos especiais para caminhantes, em vez da delimitação dos caminhos de passeio a cavalo relativamente ao conjunto dos caminhos florestais. Mas este não seria um meio mais suave. Tal como os que passeiam a cavalo, também os caminhantes podem invocar o art. 2º, n. 1; onerar mais fortemente estes últimos, cujo número supera o dos que passeiam a cavalo, não é um meio mais suave. – O Tribunal Constitucional Federal (*E* 80, 137/160 e s.) tematiza e aceita o "justo equilíbrio de interesses, cometido aqui ao legislador", entre caminhantes e cavaleiros, sob o lema da proporcionalidade em sentido restrito.

467. Bibliografia:

M. Albers, "Grundrechtsschutz der Privatheit", *DVBl.* 2010, 1061; G. Britz, *Freie Entfaltung durch Selbstdarstellung*, 2007; H.P. Bull,

Informationelle Selbstbestimmung – Vision oder Illusion?, 2009; G. Buchholtz, "Grundrechte und Datenschutz im Dialog zwischen Karlsruhe und Luxemburg", *DÖV* 2017, 837; I. Dammann, *Der Kernbereich der privaten Lebensgestaltung*, 2011; M. Eifert, "Das Allgemeine Persönlichkeitsrecht des Art. 2 Abs. 1 GG", *Jura* 2015, 1181; W. Kahl, "Grundfälle zu Art. 2 I GG", *JuS* 2008, 499, 595; *idem*/L. Ohlendorf, "Grundfälle zu Art. 2 I iVm Art. 1 I GG", *JuS* 2008, 682; H. Kube, "Persönlichkeitsrecht", *Hdb. StR3 VII*, § 148; J. Kühling/F. Sackmann, "Das Mehrebenensystem der Datenschutzgrundrechte im Lichte der Rechtsprechung von BVerfG und EuGH", *Jura* 2018, 364; J. Lege, "Die allgemeine Handlungsfreiheit gem. Art. 2 I GG", *Jura* 2002, 753; R. Poscher, "Menschenwürde und Kernbereichsschutz", *JZ* 2009, 269; *idem*, "The Right to Data Protection: A No-Right Thesis", *in*: R. A. Miller (ed.), *Privacy and Power*, 2017, p. 129; B. Schlink, "Das Recht der informationellen Selbstbestimmung", *Staat* 1986, 233; F. Schoch, "Das Recht auf informationelle Selbstbestimmung", *Jura* 2008, 352; D. Suhr, *Entfaltung der Menschen durch die Menschen*, 1976.

§ 9. DIREITO À VIDA E À INVIOLABILIDADE DO CORPO HUMANO (ART. 2º, N. 2, FRASE 1)

468. Caso 6: Obrigatoriedade de os estudantes efetuarem radiografia (de acordo com o Supremo Tribunal Administrativo de Mannheim, *DÖV* 1979, 338).

A lei do ensino superior de um Estado federado determina que um estudante pode, entre outras coisas, ver anulada a sua matrícula, se o seu estado de saúde não permitir a realização de um curso superior em conformidade com a ordem. A lei autoriza uma regulação das especificidades da anulação da matrícula num regulamento universitário. Este prevê, numa universidade, que um estudante possa ver anulada a sua matrícula, no caso de não se submeter a exame radiológico uma vez, de quatro em quatro semestres, embora os raios X sejam perigosos e os casos de tuberculose sejam raros. Violará esta norma regulamentar o art. 2º, n. 2, frase 1? N. m. **491**.

I. Panorama geral

469. O direito à vida e à inviolabilidade do corpo humano não tem antecedentes na história constitucional alemã. É uma reação aos crimes cometidos no período nacional-socialista ("a exterminação dos judeus", extermínio da vida "sem valor rácico" ou "de pouco valor", esterilizações sob coação, experiências sob coação em seres humanos vivos, torturas).

470. Por um lado, o direito fundamental à vida e à inviolabilidade do corpo humano é um direito de defesa contra o Estado. Ainda no seu acórdão *E* 1, 97/104 e s., o Tribunal Constitucional Federal "limitou" expressamente o seu efeito "a consagrar *negativamente* um direito à vida e à inviolabilidade do corpo humano, isto é, a excluir especialmente o assassínio organizado pelo Estado e as experiências levadas a cabo sob coação em seres humanos". Desde o seu acórdão *E* 39, 1/41, o Tribunal Constitucional Federal, deduz, pelo contrário, do art. 2º, n. 2, frase 1, também uma obrigação do Estado à proteção da vida. A este respeito, refira-se a relação sistemática com o art. 1º, n. 1: o direito à vida e à inviolabilidade do corpo humano aproxima-se do princípio, consagrado no art. 1º, n. 1, de respeitar e de proteger a identidade e a integridade humanas (cf. n. m. 417 e s.). Por outras palavras, o art. 2º, n. 2, frase 1, tem um conteúdo de dignidade humana especialmente visível, que se exprime também no art. 104º, n. 1, frase 2 (cf. n. m. 432).

II. Direitos de defesa do art. 2º, n. 2, frase 1

1. Âmbitos de proteção

471. **a)** O direito à **vida** é o direito a viver. A vida é existência física. O direito à vida começa já antes do nascimento (cf. n. m. 183) e termina com a morte (cf. n. m. 179). É controversa a questão de saber se este direito fundamental também compreende o direito à morte ou se neste aspeto é aplicável o direito de personalidade em geral (n. m. 443).

472. **b) Inviolabilidade do corpo humano** significa, por um lado, saúde no sentido biofisiológico; por outro lado, também é bem de proteção a saúde no domínio psíquico[64]. Isto decorre não só da relação do art. 2º, n. 2, frase 1, com a dignidade humana, que de igual modo não limita ao domínio físico a salvaguarda da identidade e da integridade (cf. n. m. 417 e s.), mas decorre também da história da origem: dos crimes do período nacional-socialista também faziam parte precisamente o terror psicológico, as torturas psíquicas e correspondentes métodos de interrogatório. Do ponto de vista sistemático, esta experiência histórica de injustiças vale-se do limite de limites consagrado no art. 104º, n. 1, que proíbe justamente também os maus-tratos psíquicos a pessoas detidas. Deste modo, a saúde compreende também a ausência de dor[65]. Pelo contrário, não fazem parte da inviolabilidade do corpo humano o bem-estar social[66] ou a ausência de sentimentos de mal-estar[67]. Também o direito à doença, no sentido da proteção da liberdade negativa, é incluído pelo Tribunal Constitucional Federal no âmbito de proteção do art. 2º, n. 2, frase 1, de modo que o indivíduo também pode recusar um tratamento absolutamente indispensável[68]; mas quanto à proteção no caso de medidas de salvamento contra a vontade do atingido, ver n. m. 443.

2. Ingerências

473. **a)** Ingerências no **direito à vida** são a condenação e a execução da pena de morte, o tiro policial disparado com a intenção de causar a morte e a obrigação de empregar a vida e a saúde nas relações jurídico-públicas de serviço do exército federal, da polícia, dos bombeiros e da proteção civil[69]. Das ingerências no direito à vida fazem parte também a eutanásia, tal como foi praticada no período do nacional-socialismo como assassínio organizado pelo Estado. Desta se tem de dis-

---

64 Criticamente, Kloepfer, *VerfR* II, § 57 n. m. 8.

65 *E* 56, 54/75.

66 Schmidt-Aßmann, *AöR* 1981, 205/210; em aberto, *E* 56, 54/74 e s.

67 Opinião diferente, BVerwG, *NJW* 1995, 2648/2649.

68 *E* 128, 282/304.

69 Cf. Sachs, *BayVBl.* 1983, 460, 489; Baldus, *NJW* 1995, 1134.

tinguir um auxílio à morte, que consista em facilitar a morte sem encurtar a vida, ou que encurte a vida segundo a vontade do paciente (cf. n. m. 471). Uma regulação legal que permitisse ao médico levar em conta, depois do termo da vida, a vontade do paciente incurável e penosamente enfermo teria de estabelecer para esse efeito pressupostos jurídico-materiais e jurídico-processuais estritos, a fim de garantir que a vontade do paciente seja efetivamente satisfeita e que afinal não seja cometida de modo nenhum uma ingerência[70].

474. **b)** Ingerências na **inviolabilidade do corpo humano** não se verificam apenas no caso de serem provocadas ou sentidas dores. As ingerências na inviolabilidade do corpo humano compreendem danos e ameaças para a saúde[71]. O tratamento médico feito com o consentimento do atingido não representa uma ingerência[72]. A reduzida intensidade de uma afetação da inviolabilidade do corpo humano não exclui a ingerência; a questão da intensidade deve ser considerada no quadro da justificação jurídico-constitucional.

475. Exemplos:

Experiências em humanos, castração e esterilização sob coação, e tratamento médico forçado (*E* 128, 282/300 e s.; 129, 269/280 e s.; 133, 112, n. m. 53 e s.; 146, 294 n. m. 26 e s. = *JK* 2/2018), punições corporais e castigos físicos, obrigatoriedade de vacinação (*BVerwGE* 9, 78/79), limitação – aos parentes e às pessoas próximas – da extração de órgãos no caso de dadores vivos (TCF, *NJW* 1999, 3399/3401), bem como ingerências processual-penais, como colheita de sangue (TCF, *NJW* 1996, 771/772), extração de líquido raquidiano (*E* 16, 194/198), pneumoencefalografia (*E* 17, 108/115 e alteração, sob coação, do aspeto do cabelo e da barba (*E* 47, 239/248 e s.). – Pelo contrário, segundo *BVerfGE* 125, 85/88, o regulamento sobre o corte do cabelo representa apenas uma ingerência no art. 2º, n. 1.

---

70   Cf. Höfling, JuS 2000, 111; Lorenz, JZ 2009, 57.

71   E 66, 39/57 e s.; BVerfG, NJW 1998, 295.

72   E 128, 282/301; Di Fabio, MD, art. 2º, n. 2, n. m. 69.

3. Justificação jurídico-constitucional

476. **a)** Os direitos fundamentais à vida e à inviolabilidade do corpo humano estão sob a **reserva de lei** prevista no art. 2º, n. 2, frase 3. Em virtude da intensidade que podem ter as ingerências do Estado no âmbito de proteção do art. 2º, n. 2, frase 1, resulta da doutrina da essencialidade (cf. n. m. 315 e s.) que as ingerências na vida e, em regra, também as ingerências na inviolabilidade do corpo humano, têm de ser reguladas por lei do Parlamento. Apenas as afetações não essenciais da inviolabilidade do corpo humano se podem apoiar em leis materiais.

477. Exemplos:

Ingerências corporais para fins de investigação no processo penal tiveram de ser reguladas por lei do Parlamento (cf. § 81a *StPO*). Os castigos corporais aplicados pelo professor estão associados à dor e devem estar precisamente associados a ela; estes castigos não fazem parte das afetações não essenciais e necessitam de regulação por lei do Parlamento (Kunig, *MüK*, art. 2º, n. m. 83).

478. **b)** As *normas especiais* do art. 104º, n. 1, frase 2, e do art. 102º produzem, em primeiro lugar, efeito como *limites de limites*. Nos termos do *art. 104º, n. 1, frase 2*, as pessoas detidas não podem ser maltratadas quer psicológica, quer fisicamente. Os maus-tratos têm de ser entendidos aqui em sentido amplo[73]; caso contrário, a norma, comparada com o art. 1º, n. 1, não faria qualquer sentido (cf. n. m. 425 e s., 432). Enquanto os maus-tratos que não revelem a gravidade de violações da dignidade humana podem, em princípio, ser justificados como ingerências na inviolabilidade do corpo humano por via da reserva de lei prevista no art. 2º, n. 2, frase 3, eles são pura e simplesmente impossíveis em relação a pessoas detidas.

479. Exemplo:

O emprego do cassetete pela polícia acaba num mau trato físico. Este emprego pode ser admissível como coação direta para a execução

---

[73] Jarass, *JP*, art. 104º, n. m. 7 e s.; Kloepfer, *VerfR II*, § 57 n. M. 70; Kunig, *MüK*, art. 104º, n. m. 14 e s.;

de atos legais da polícia, mas não se pode em caso algum justificar em relação a pessoas detidas.

480. Nos termos do *art. 102º*, a pena de morte foi abolida e está simultaneamente proibida a sua reintrodução pela legislação ordinária. Questionável é saber se o art. 102º pode ser eliminado por revisão da Constituição e se depois a pena de morte pode ser reintroduzida por lei. Argumento a favor é que o art. 102º não foi subtraído, nos termos do art. 79º, n. 3, à revisão constitucional[74]. Argumento contra é que o art. 1º, n. 1, podia ficar tocado e, com isso, violar-se-ia o art. 79º, n. 3. Assim, argumenta-se com o facto de a condenação e a execução da pena de morte fazerem do corpo um simples objeto, de uma maneira que afeta a personalidade[75] e ainda com o facto de não haver uma forma de execução da pena de morte que, como processo, garanta o respeito pela dignidade da pessoa humana e que, por isso, "a execução significaria para os envolvidos neste processo a exigência impudente por parte do Estado de uma conduta indigna"[76]. A isto corresponde o facto de o TEDH ver na pena capital uma violação da proibição de "pena cruel e humilhante" constante do art. 3º da CEDH, embora o art. 2º, n. 1, da CEDH mencione a pena capital expressamente como possível restrição do direito à vida e embora a 6ª Ata Adicional, não ratificada por todos os Estados, tenha por objeto a proibição da pena de morte[77].

481. Saber se o art. 102º proíbe ao poder público alemão a *extradição de um estrangeiro* em virtude da prática de um crime punido com a pena de morte no Estado que solicita a extradição, é uma questão que o Tribunal Constitucional Federal deixou em aberto[78]. Entretanto, é proibida nestes casos a extradição, por força do § 8 da Lei de Assistência Jurídica Internacional em Questões Penais (LAJIQP – IRG).

---

74 Tettinger, *JZ* 1978, 128/131.

75 Gusy, *MKS*, art. 102º, n. m. 33; Degenhart, *SA*, art. 102º, n. m. 7.

76 Podlech, *AK*, art. 1º, n. 1, n. m. 43.

77 TEDH, n. 61498/08, Rn 115-140 (*Al-Saadoon u. Mufdhi/Vereintes Königreich*).

78 E 60, 348/354.

482. Depois, têm de ser respeitados aqui, de uma maneira especialmente cuidadosa, os *limites de limites gerais*, nomeadamente as exigências de justificação impostas pelo princípio da proporcionalidade; é que o direito fundamental à inviolabilidade do corpo humano é especialmente sensível.

483. Exemplo:

O tratamento médico forçado é limitado aos casos de incapacidade de discernimento causada pela doença, em virtude do direito do indivíduo à autodeterminação; as autorizações legais têm de conter regulações procedimentais que assegurem os direitos fundamentais e no caso de doentes mentais, o tratamento só é, além disso, justificado com o fim hospitalar de tornar o atingido capaz de ter alta (*E* 128, 282/304 e s.; *E* 129, 269; 133, 112 n. m. 69 e s.; 146, 294 n. m. 35 e s.).

484. O direito fundamental à inviolabilidade do corpo humano tem um *conteúdo de dignidade humana* especialmente visível, que também é entendido como o seu conteúdo essencial, no sentido do art. 19º, n. 2 (cf. n. m. 360). Até onde seja aplicável o conteúdo essencial da dignidade humana, a vida e a inviolabilidade do corpo humano não podem ser tocadas em caso algum e, por força do art. 79º, n. 3, estão até subtraídas ao poder dispositivo do legislador de revisão da Constituição.

485. Mas com isto, a vida não é simultaneamente o seu próprio conteúdo essencial ou conteúdo de dignidade humana. Embora a *privação da vida* não deixe mais nada da vida, esta privação, enquanto tal, ainda não está em contradição com o art. 19º, n. 2, nem com o art. 1º, n. 1. É que o art. 2º, n. 2, frase 3, também permite precisamente ingerências na vida, e das ingerências na vida faz parte em primeiro lugar a sua privação. Se o art. 19º, n. 2, exige que do direito fundamental tenha sempre de sobrar ainda alguma coisa (cf. n. m. 355), isto não pode, por conseguinte, ser entendido no sentido individual, mas apenas no sentido coletivo e geral.

486. Exemplo:

O tiro da polícia com a intenção de causar a morte só pode ser disparado como meio extremo e último para salvar o refém que corre perigo de vida direto e iminente, e isto também apenas no caso de o sequestrador ter tido a possibilidade de, pela libertação do refém, evitar o tiro de libertação (cf. Lerche, *in*: *FS v.d. Heydte*, 1977, p. 1033). Se estes pressupostos se tiverem verificado, então o próprio tiro é, no entanto, lícito, se a morte for não só aceite como consentida, mas também como pretendida (cf. Schöne/Klaes, *DÖV* 1996, 992; Correll, *AK*, art. 2º, n. 2, n. m. 62); em certos casos, tem de ser precisamente pretendida para que a vida do refém possa ser salva.

III. Obrigação de proteção e direito à proteção do art. 2º, n. 2, frase 1

1. Fundamento

487. Embora o Tribunal Constitucional Federal tenha formulado, em geral, a sua dedução das obrigações de proteção do Estado a partir da função jurídico-objetiva dos direitos fundamentais, tomou como pretexto especialmente os casos em que esteve em causa a proteção contra ameaças aos direitos fundamentais da vida e da inviolabilidade do corpo humano (cf. n. m. 134 e s.). Precisamente no caso do direito à vida, é manifesto aceitar-se um dever de proteção, porque aqui seriam *sempre irreparáveis* as violações dos direitos fundamentais que ameacem desenvolver-se a partir das ameaças aos direitos fundamentais. Isto é diferente no caso de outros direitos fundamentais, e também no caso da inviolabilidade do corpo humano o dever de proteção é mais fraco do que no caso da vida, porque as violações aos direitos fundamentais não têm de ser do mesmo caráter definitivo. – Há que distinguir entre o direito de proteção e um direito à prestação do Estado; o facto de o Estado ter de evitar a violação dos direitos fundamentais já no estádio da ameaça a esses direitos e ter ao mesmo tempo de prevenir ingerências não só por parte do próprio Estado, mas também por parte do particular, é algo diferente da garantia de assistência social e de assistência médica (para a garantia do mínimo existencial, cf. n. m. 421, 426). No entanto, o art. 2º, n. 2, frase 1, visa justificar, no caso de doenças que põem a vida em risco e para as quais não há medidas-padrão médicas, um direito, garantido pelo seguro contra a doença, a prestação também de serviços, cuja utilidade terapêutica é incerta. O direito à prestação é, todavia, aqui sobretudo justificado com a ausência de autonomia do segurado em virtude da obrigatoriedade do seguro[79]; deste modo, trata-se de um aspeto da dimensão da defesa (n. m. 123).

2. Cumprimento

488. A questão de saber se e de que modo pode ser materializada a proteção depende de muitos fatores (cf. n. m. 141 e s., 349). Por isso, o Estado goza de uma *ampla margem de manobra* no cumprimento do dever de proteção[80]. O dever de proteção é violado "se, ou não forem pura e simplesmente tomadas medidas de proteção, ou as regulações e medidas tomadas forem manifestamente inadequadas ou completamente insuficientes para alcançar o objetivo de proteção necessário, ou se ficarem consideravelmente aquém do objetivo de proteção"[81]. Fica fora de questão uma violação da obrigação de proteção, se o Estado ficar impedido, por razões de direito ou de facto, de prestar a proteção que se lhe exige[82]. Isto abre aos tribunais uma considerável margem de manobra no estabelecimento de fronteiras.

489. Exemplos:

O Estado cumpre a sua obrigação de proteção, sobretudo pelo facto de os procedimentos estatais serem organizados de tal maneira que pode ser proporcionada uma conciliação dos bens de proteção em conflito, por exemplo mediante normas de autorização de direito ambiental e económico-administrativo para as instalações industriais que põem em perigo a vida e a inviolabilidade do corpo humano (cf. *E 53*, 30/55 e s.; 56, 54/73 e s.) e através de procedimentos, assim como da garantia de proteção jurídica no caso de atribuição de órgãos para uma transplantação (*NJW* 2017, 545/546 = *JK* 8/2017, ver também n. m. 1172). – Cabe em princípio aos órgãos do Estado, no caso de um se-

---

79   *E* 115, 25/ 45 e s.; criticamente, Huster, *JZ* 2006, 466 e s.; Kingreen, *NJW* 2006, 877 e s.

80   *E* 77, 170/214; 142, 113/136 e s. (= *JK* 3/2017).

81   *E* 142, 113, n. m. 70 (= *JK* 3/2017); cf. também Tribunal Constitucional Federal, *NVwZ* 2016, 841/842.

82   Tribunal Constitucional Federal, *NVwZ* 2018, 1224/1224 e s. (= *JK* 4/2019).

questro que serve para a libertação por chantagem de reclusos, decidir entre o dever de proteção da vida do raptado e a obrigação de proteção da vida de todas as outras pessoas cuja ameaça pelo terrorismo aumentaria, se o Estado cedesse aos sequestradores e se dessa maneira se tornasse previsível para o terrorismo (*E* 46, 160/165). Embora o Estado tenha de proteger o direito fundamental contra o abuso de armas desportivas, não pode proibir o seu uso (TCF, *NVwZ* 2013, 502); ele tem de proteger contra os efeitos do ruído dos aviões, nocivos para a saúde, mas neste caso só tem de tomar em consideração novos conhecimentos científicos quando estes se tiverem imposto na discussão científica (TCF, *NVwZ* 2018, 1555/1558). Mas o Estado deve ficar obrigado, em relação a pessoas dependentes de cuidados e incapazes de compreender, a prever, sob rigorosas condições, um tratamento médico mesmo contra a vontade daquelas, no caso de consideráveis e iminentes prejuízos para a saúde (*E* 142, 113, n. m. 17 = *JK* 3/2017; ver também n. m. 65, 135). A constelação mostra o reverso das obrigações de proteção, que justamente também são aduzidas para a justificação de ingerências (n. m. 135). Segundo o TEDH, n. 46043/14, n. m. 143 e s. (*Lambert/Frankreich*), no caso de procedimentos suficientemente conformados e de proteção jurídica dos familiares, não se verifica, na suspensão do tratamento de um doente irreversivelmente comatoso, qualquer violação da obrigação de proteção do Estado, decorrente do art. 2º da CEDH, mesmo que ela assente apenas na vontade presumida do doente. Sobre o dever de proteção deduzido do art. 2º, da CEDH a respeito da violência doméstica, ver atrás, n. m. 145.

490. A obrigação de proteção pode ter importância no caso da *emissão e* na *aplicação de normas de direito penal.* No seu primeiro acórdão sobre a interrupção da gravidez, o Tribunal Constitucional Federal havia sustentado que o legislador não protegeria de maneira suficiente a vida do nascituro, se deixasse impune a interrupção da gravidez durante os primeiros três meses, tendo exigido, por isso, a emissão de uma regulação com caráter indicativo, em vez de uma chamada regulação que fixa um prazo[83]. Mas depois, num segundo acórdão, não impediu o legislador de, "a favor da proteção da vida do nascituro, progredir para um plano de proteção que, na fase inicial da gravidez, nos casos de dilemas causados por uma gravidez indesejada, ponha o acento tónico no aconselhamento da grávida, para a convencer a levar a gravidez até ao fim, e que ao mesmo tempo renuncie... a uma cominação de uma pena determinada pela indicação de interrupção da gravidez"[84]. Na verdade, a obrigação de proteção não pode impor sanções penais, se estas, como no caso da interrupção voluntária da gravidez, enquanto proteção da vida não se tiverem revelado vantajosas. Da obrigação de proteção resulta também a obrigação de uma aplicação efetiva do direito penal, a qual protege bens jurídicos elementares como a vida e a integridade física, mais precisamente, em especial, quando estão ainda por solucionar ilícitos penais de titulares de cargos públicos ou quando o Estado tem um dever de assistência específico para com a vítima. É certo que a vítima de um ilícito penal não tem qualquer direito jurídico-fundamental à perseguição penal, mas tem direito a que os factos sejam esclarecidos, que o decurso da investigação seja documentado e que uma decisão de arquivamento seja fundamentada[85]. A dimensão de proteção dirige-se contra o Estado, quando o Tribunal Constitucional Federal deduz dela, para casos de violações graves da liberdade pessoal, um direito a indemnização pecuniária mesmo para prejuízos imateriais, que podem residir em especial também no efeito intimidatório da prisão[86].

491. Esboço de solução para o caso 6 (n. m. 468).

I. O âmbito de proteção da inviolabilidade do corpo humano é afetado por um exame radiológico, dado que as radiações podem provocar alterações fisiológicas. – **II.** Consequência jurídica da recusa de exame radiológico é a anulação da matrícula, que, por seu lado, inter-

---

83 *E* 39,1.

84 *E* 88, 203/264; cf. também *E* 98, 265/302 e s.

85 Tribunal Constitucional Federal, *NJW* 2015, 150/150 e s.; cf. ainda TEDH, *NJW* 2001, 1989/1989 e s. (*Grams/Deutschland*).

86 Tribunal Constitucional Federal, *NVwZ* 2017, 1198/1199.

fere no direito fundamental da liberdade de formação (art. 12º, n. 1). Para evitar esta sanção, todo estudante é obrigado a tolerar a afetação da inviolabilidade do corpo humano pelo exame radiológico. Nesta medida, um elemento do âmbito de proteção do art. 2º, n. 2, frase 1, é constituído em ponto de apoio de uma medida de afetação do Estado. Verifica-se uma *ingerência* não só no art. 12º, n. 1, mas também no art. 2º, n. 2, frase 1 (opinião diferente, VGH Mannheim, *DÖV* 1979, 338). – **III.** Uma vez que o exame radiológico não é completamente destituído de perigo e, portanto, também não deixa de ser essencial, tem de ter por base uma *lei do Parlamento*. É certo que a Lei do Ensino Superior exige um estado de saúde que garanta um percurso universitário "conforme à ordem", mas o essencial é o modo como tem de ser provado o estado de saúde e saber se para essa prova pode ser exigida a ingerência que representa o exame radiológico. A este propósito, a Lei do Ensino Superior é omissa e, por isso, não pode ser tomada como base da ingerência. Só no regulamento autónomo a ingerência não encontra a necessária base legal nos termos do art. 2º, n. 2, frase 3 (opinião diferente, cf. v. Olshausen, *DÖV* 1979, 340/341 e s.). – Também no caso de entendimento mais amplo da reserva de lei prevista no art. 2º, n. 2, frase 3, a determinação regulamentar continua a ser problemática do ponto de vista jurídico-constitucional. É que, mesmo que no regulamento autónomo se entreveja uma lei no sentido do art. 2º, n. 2, frase 3, sempre temos de continuar a perguntar se a exigência que faz de um exame radiológico não será *desproporcionada*. A favor deste entendimento apontam a perigosidade dos raios X e a raridade das doenças tuberculosas (em sentido diferente, para o caso dos soldados, *BVerwGE* 83, 191/195).

492. Bibliografia:

M. Anderheiden, "'Leben' im Grundgesetz", *KritV* 2001, 353; I. Augsberg, "Grundfälle zu Art. 2 II 1 GG", *JuS* 2011, 28, 128; H. Dreier, "Grenzen des Tötungsverbotes", *JZ* 2007, 261, 317; G. Hermes, *Das Grundrecht auf Schutz von Leben und Gesundheit*, 1987; M. Kloepfer, "Leben und Würde des Menschen", *in: FS 50 Jahre BVerfG*, 2001, v. II, p. 77; J. F. Lindner, "Die Würde des Menschen und sein Leben", *DÖV* 2006, 577; R. Müller-Terpitz, "Recht auf Leben und körperliche Unversehrtheit", *Hdb. StR3 VII*, § 147; B. Rütsche, *Rechte von Ungeborenen auf Leben und Integrität*, 2009.

§ 10. LIBERDADE DA PESSOA HUMANA
(ART. 2º, N. 2, FRASE 2 E ART. 104º)

493. Caso 7: Detenção de um vagabundo (segundo o acórdão do OVG Münster, *DVBl*. 1979, 733).

Num determinado dia, em que se realizam várias intervenções policiais por causa de manifestações não previamente comunicadas às autoridades competentes, o cidadão "C" permanece prolongadamente em frente do comando da polícia. Ele é detido pelo agente policial "P", porque este admite que "C" está a observar a ação de intervenção da polícia, para ajudar a organizar outras manifestações não previamente comunicadas. "P" considerou que tinha poderes para tal, conferidos pelo § 35, n. 1, al. 2, do *nwPolG*, segundo o qual a polícia pode deter uma pessoa, se tal for indispensável, para evitar a prática iminente ou a continuação de um crime ou de uma contraordenação de relevante significado para a comunidade em geral. "C" assegura a "P" que é apenas um inofensivo vagabundo. Todavia, "P" mantém-no ainda sob detenção durante cinco horas. Terá "P" agido legalmente? N. m. **512**.

I. Panorama geral

494. O art. 2º, n. 2, frase 2 e o art. 104º têm o mesmo âmbito de proteção: a liberdade da pessoa humana. Nesta medida, o art. 104º constitui, assim, no fundo, uma supérflua *duplicação da garantia*. No entanto, o art. 104º ganha um significado autónomo pelo facto de, com a sua reserva de lei qualificada, ser *lex specialis* relativamente à reserva de lei ordinária prevista no art. 2º, n. 2, frase 3. Na medida em que o art. 2º, n. 2, frase 3, diz respeito ao âmbito de proteção da liberdade da pessoa humana, a par dos âmbitos de proteção da vida e da inviolabilidade do corpo humano, é suplantado pelo art. 104º.

495. O facto de o art. 2º, n. 2, frase 2 e o art. 104º terem sido tão separados dentro da Lei Fundamental tem apenas razões da história da sua origem. O art. 104º liga-se ao instituto do *habeas corpus*, primeiramente desenvolvido na história constitucional inglesa[87]. Este diz respeito aos critérios do Estado de direito relativos a detenções e demais limitações de liberdade pelo poder público, que têm de ser garantidos sobretudo pelo juiz. Por isso, o Conselho Parlamentar incluiu-os no capítulo relativo à jurisprudência.

II. Âmbito de proteção

496. Liberdade da pessoa humana significa *liberdade de deslocação física*. Este direito fundamental abrange (do ponto de vista positivo) o direito de se dirigir a qualquer lugar, longínquo ou próximo, e (do ponto de vista negativo) de evitar qualquer lugar. No âmbito de proteção cai o facto de também não se ser obrigado a permanecer no local onde não se pretende ficar. A liberdade da pessoa, tal como os outros direitos de liberdade não marcados normativamente, não está protegida apenas no quadro da ordem jurídica em geral[88].

497. Segundo uma conceção muito difundida, a liberdade da pessoa visa proteger, por razões históricas, apenas contra *afetações físicas* da liberdade de deslocação física. Neste sentido, a proibição de abandonar um determinado lugar, tal como a imposição de comparecer num determinado lugar, só constitui uma ingerência se for acompanhada de coação imediata ou então da sua ameaça[89]. No entanto, para esta restrição da liberdade de deslocação física a uma liberdade contra afetações físicas não são suficientes as razões históricas. A coação imediata ou a sua ameaça não conferem qualquer qualidade especial às proibições de abandonar e às imposições de comparecer em tempos de um monopólio do poder do Estado completamente desenvolvido, mas estão-lhes por detrás, tal como estão por detrás de todas as proibições e imposições do Estado[90].

---

87 Cf. Amelung, *Jura* 2005, 447.

88 Kloepfer, *VerfR II*, § 58 n. m. 4; opinião diferente, *E* 94, 166/198; 96, 10/21.

89 Di Fabio, *MD*, art. 2º, n. 2, n. m. 32; Kunig, *MüK*, art. 2º, n. m. 76; Schulze-Fielitz, *DR*, art. 2º, II, n. m. 104.

90 Cf. Gusy, *MKS*, art. 104º, n. m. 18.

498. Mas, por outro lado, a liberdade de deslocação física também não é a isenção de todo dever de deslocação física. Por isso, no caso da ordem de comparência num determinado lugar, temos de proceder a uma *diferenciação*. A obrigação de, até um determinado momento, fazer qualquer coisa determinada num determinado lugar, deixa ao interessado a liberdade de quando pretende cumprir a obrigação. Ainda não atinge a liberdade da pessoa, porque o seu âmbito de proteção é a liberdade de deslocação física como tal e não a isenção de qualquer dever de atuação que se prenda com movimento físico. No entanto, se a obrigação se referir adicionalmente a um determinado momento temporal, a liberdade da pessoa é afetada na sua manifestação negativa.

III. Ingerências

499. Verificam-se ingerências na liberdade da pessoa quando alguém, por imposições ou proibições, é impedido ou quando é obrigado a dirigir-se a um lugar ou a permanecer num lugar por um determinado momento[91]. As ingerências vão desde a intimação, passando pela detenção por curto espaço de tempo, até à pena de prisão perpétua. A liberdade de deslocação física também é limitada pelo dever de serviço militar e pela escolaridade obrigatória[92]. Das ingerências fazem ainda parte os atos de execução praticados para a imposição, especialmente a coação direta.

500. Exemplos:

O veredito de um tribunal penal sobre a aplicação de uma pena de privação da liberdade deve ser distinguido da detenção do criminoso e da execução da pena numa instituição prisional. Cada uma destas três medidas constitui uma ingerência própria na liberdade da pessoa (cf. também *E* 14, 174/186). Também constitui uma ingerência a revogação da suspensão da execução condicional da pena (TCF, *NJW* 2013, 2414,2415). Pelo contrário, a caução a pagar, no caso da execução con-

---

91 Cf. *E* 105, 239/248.

92 Opinião diferente, Gusy, *MKS*, art. 104º, n. m. 18; Stern, *StR IV/1*, p. 1097 e s.

dicional da pena de privação da liberdade, não é uma ingerência na liberdade da pessoa (TCF, *NJW* 2011, 3508).

501. Como limitação especialmente intensa da liberdade da pessoa, o art. 104º, n. 2 a 4, salienta a *privação da liberdade*. Esta significa a anulação da liberdade de deslocação física "em qualquer direção"[93], o permanecer (por ordem e/ou execução) num local estritamente circunscrito[94], portanto, toda espécie de retenção, detenção, prisão, pena de privação da liberdade e internamento. Não constituem privações de liberdade, mas apenas limitações da liberdade, as medidas limitativas de permanência e as medidas de controlo da conduta, bem como as intimações. Em parte, também a aplicação de uma intimação, a execução da ordem de comparência, não é considerada como privação da liberdade, mas como mera limitação da liberdade[95]. No entanto, a repartição é um espaço estreitamente circunscrito, em que aquele que é obrigado a comparecer é mantido contra a sua vontade. O TEDH considera, por isso, com razão, uma privação da liberdade, no sentido do art. 5º da CEDH, também uma estada apenas por pouco tempo na repartição[96]. Na execução penal ainda surgem necessariamente outras afetações à liberdade para além da privação da liberdade; não estão ainda abrangidas e justificadas com a privação da liberdade, mas são ingerências noutros direitos fundamentais e devem ser expressamente justificadas de modo correspondente[97]. Também no internato ou na prisão há, num confinamento, uma – outra – privação da liberdade[98]. É que, por meio de um confinamento, o corpo é mais uma vez consideravelmente impedido "de uma deslocação física em qualquer direção".

---

93 E 105, 239/248; BVerfG, DVBl. 2011, 623/624.

94 BVerwGE 62, 325/328; BGHZ 82, 261/267; Dürig, MD, art. 104º, n. m. 6.

95 GBVerwE 62, 325/327; 82, 243/245; BGHZ 82, 261/267.

96 TEDH, EuGRZ 2013, 489/494 (*Ostendorf/Deutschland*); NVwZ 2015, 879/879 e s. (*Krupko ua/ Russland*).

97 E 33, 1/9 e s.; 116, 69/80 e s.

98 E 149, 293, n. m. 69 (= JK 5/2019).

IV. Justificação jurídico-constitucional

1. Reserva de lei do art. 104º

502. O art. 104º faz diversas *exigências formais e procedimentais* à admissibilidade de ingerências na liberdade da pessoa, que são ajustadas a diferentes tipos de ingerência e de situações de ingerência. Essas exigências formais e procedimentais estão encadeadas umas nas outras como regulações especiais e de exceção: os n. 2 a 4, que se aplicam à privação da liberdade, são *leges speciales* relativamente ao n. 1, que trata da limitação da liberdade. O n. 2, frases 2 e 3, bem como o n. 3, regulam exceções à regra prevista no n. 2, frase 1, segundo a qual a privação da liberdade carece de uma decisão judicial prévia. Além disso, o n. 2, frase 3, e o n. 3 são, por sua vez, normas especiais relativamente ao n. 2, frase 2; aplicam-se às situações especiais em que alguém foi retido ou detido pela polícia em virtude de suspeita de crime.

503. **a)** A todas as limitações de liberdade aplicam-se, nos termos do art. 104º, n. 1, frase 1, as seguintes regras:

– só podem ter lugar quando sejam observadas as formas que

– têm de estar reguladas na lei formal e, por conseguinte, não podem estar reguladas apenas por regulamento jurídico, por regulamento autónomo ou apenas ser admitidas no direito consuetudinário; não é suficiente a aplicação analógica de uma lei[99].

Já a violação de uma norma de lei formal constitui uma violação da Constituição, uma vez que o art. 104º, n. 1, faz da sua observância uma obrigação constitucional. Com isto, o art. 104º, n. 1, frase 1, ao falar de formas, quer dizer forma, procedimento e competência para limitações de liberdade, no sentido de juridicidade formal. Aos pressupostos das limitações de liberdade aplica-se, segundo a teoria da essencialidade (cf. n. m. 315 e s.), a ideia de que terá de ser o próprio legislador parlamentar a adotar as regulações essenciais.

504. **b)** A exigência *suplementar* da admissibilidade jurídico--constitucional de uma privação de liberdade consiste, em primeiro

---

99 E 29, 183/195 e s.; 109, 133/188.

lugar, no facto de ter de ser *previamente* um juiz a decidir (art. 104º, n. 2, frase 1). Os tribunais têm de garantir, do ponto de vista da organização, que os juízes estejam acessíveis[100]. Excecionalmente, também é admissível, nos termos do art. 104º, n. 2, frases 2 e 3, e n. 3, uma privação da liberdade sem decisão prévia do juiz. Nesse caso, deve, todavia, ser obtida uma decisão judicial no mais curto espaço de tempo (frase 2). Do *"mais curto espaço de tempo"* resulta que só se pode prescindir da decisão judicial prévia se "o fim, legítimo do ponto de vista jurídico-constitucional, prosseguido com a privação da liberdade não puder ser atingido, se a decisão judicial tiver de preceder a detenção"[101]. A decisão judicial não se pode limitar a um controlo da plausibilidade das razões apresentadas pela polícia, mas tem ela própria de controlar e fundamentar a questão de saber se a detenção é indispensável[102] e, para isso, ouvir pessoalmente o detido[103], se necessário com um intérprete[104].

505. O n. 2, frase 3, e o n. 3 estabelecem ainda pressupostos especiais para os casos em que a privação da liberdade pela *polícia* tem lugar sem decisão judicial prévia ou ocorre na sequência de uma detenção provisória por suspeita de uma conduta punível.

506. Outra exigência suplementar da admissibilidade jurídico--constitucional de uma privação da liberdade consiste no *dever de comunicação*, nos termos do n. 4. Esta exigência de comunicação fundamenta um direito subjetivo à comunicação apenas na pessoa do detido e não também junto dos familiares ou pessoas de confiança[105]; o direito é renunciável (cf. n. m. 202).

507. Embora as exigências formais constantes do art. 104º sejam direito imediatamente aplicável, elas têm de ser conformadas por

---

100 E 105, 239/248; cf. também n. m. 1016.

101 E 22, 311/317; BVerfG, NVwZ 2009, 1033.

102 E 83, 24/33.

103 Degenhart, SA, art. 104º, n. m. 22 e s.

104 BVerfG, NVwZ 2007, 1045.

105 Cf. E 16, 119/122; BVerwG, NJW 1985, 339.

leis na perspetiva específica do seu âmbito, por razões de segurança jurídica[106].

508. Exemplo:

As leis estaduais sobre o internamento de doentes mentais regulam os pressupostos e o procedimento do internamento e da retenção compulsivos num centro de tratamento. Estas leis de internamento exigem uma decisão do tribunal de primeira instância e, desse modo, concretizam o art. 104º, n. 2, que fala simplesmente do "juiz". Exigem, além disso, que o tribunal de primeira instância por princípio oiça presencialmente o doente, concretizando assim o art. 104º, n. 1, frase 1. As violações podem ser impugnadas em recurso constitucional (cf. *E* 58, 208/220 e s.; 66, 191/195 e s.).

2. Limites de limites

509. Em relação às limitações de liberdade e em particular às privações de liberdade aplicam-se rigorosas exigências de proporcionalidade. Sobretudo a *pena de prisão perpétua*, como ingerência especialmente intensa que é, carece de um controlo muito rigoroso; o Tribunal Constitucional Federal só a considera justificada se o condenado não só puder ter esperança num indulto não previsto na lei, mas se os pressupostos, mediante os quais pode ser suspensa a execução de uma pena de prisão perpétua, e o procedimento a aplicar neste caso estiverem regulados por lei[107]. No caso de se manter a execução da pena de prisão perpétua em virtude da perigosidade do detido, os pressupostos jurídico-materiais e jurídico-procedimentais para a sua justificação aumentam quanto mais tempo a pena durar[108].

510. Também são aplicáveis elevadas e diferenciadas exigências à *detenção de segurança*, que se destina à proteção contra delinquentes depois de terem cumprido pena de prisão imposta por sentença pe-

---

106 E 149, 293, n. m. 94 e s. (= JK 5/2019).

107 E 45, 187/242 e s.; 72, 105/113; 113, 154/164 e s.; sobre o art. 3º da CEDH, assim também TEDH, NJOZ 2014, 1582/1584 (*Vinter u.a./Vereinigtes Königreich*).

108 E 117, 71/94 e s.; Tribunal Constitucional Federal, NJW 2009, 1941/1942.

nal (§§ 66 e s. do StGB). A princípio, o Tribunal Constitucional Federal não considerou como violação ao art. 2º, n. 2, frase 2, o facto de o legislador alemão ter anulado o prazo máximo de execução de dez anos, que se manteve até 1998, também para delinquentes já condenados nesta data[109]. De acordo com o ponto de vista do TEDH, a privação da liberdade tem, pelo contrário, de ser a consequência da condenação. Por isso, este tribunal confirmou uma violação ao direito de liberdade (art. 5º, n. 1, frase 2, letra a) da CEDH)[110]. Apoiando-se nisso, o Tribunal Constitucional Federal sublinhou a necessidade de um rigoroso controlo de proporcionalidade e confirmou uma violação do art. 2º, n. 2, frase 2, pelas disposições sobre a detenção de segurança[111]. Também se aplicam exigências especiais à execução da detenção de segurança, que se tem de distinguir da execução de pena pelo facto de aquela ser orientada para a liberdade e com uma finalidade terapêutica (o chamado princípio do distanciamento)[112], assim como para o internamento de doentes mentais[113] (n. m. 1252). De resto, de acordo com o TEDH, para a justificação de uma detenção preventiva não basta, contra a letra do art. 5º, n. 1, frase 2, lit. B, Alt. 2, da CEDH, que deva ser forçado o dever de obediência à lei. O atingido tem, pelo contrário, de recusar o cumprimento de uma obrigação concretizada[114]. Na medida em que se trata da obrigação de não cometer qualquer ilícito penal, ela tem de estar suficientemente definida desde logo a respeito de lugar e tempo, assim como de vítimas potenciais[115].

---

109   E 119, 133/187 e s.

110   TEDH, NJW 2010, 2495/2496 e s. (*M./Deutschland*); sobre a violação da proibição jurídico-penal do efeito retroativo, n. m. 1252.

111   E 128, 326/366 e s.

112   E 128, 326/374 e s.; 134, 33, n .m. 84 e s. (= JK 1/2014); cf. Payandeh/Sauer, *Jura* 2012, 289; Volkmann, *JZ* 2011, 835. Sobre a transposição da proibição de distanciamento TEDH, *EuGRZ* 2016, 352/359 ff (*Bergmann/Deutschland*), 364 e s.; Renzikowski, *NJW* 2013, 1638/1639 e s.

113   Tribunal Constitucional Federal, NJW 2013, 3228/3230; TEDH, NJW 2013, 1791/1793 e s. (*Kronfeldner/Deutschland*).

114   TEDH, NVwZ 2012, 1089/1091 (*Schwabe/Deutschland*).

115   TEDH, NVwZ 2014, 43/47 f (*Ostendorf/Deutschland*); sobre o assunto, Tribunal Constitucional Federal, NVwZ 2016, 1079/80.

511. No caso de justificação da *detenção para fins de investigação*, deve atender-se ainda à presunção de inocência imposta pelo Estado de direito[116]. Por um lado, esta presunção de inocência proíbe que se dê ao suspeito um tratamento idêntico ao daquele que já foi condenado (proibição da antecipação da pena)[117] e, por outro lado, proíbe que se proceda com o suspeito, quando para tal não haja uma razão objetiva, de uma maneira diferente da que se procede com um não suspeito. A detenção para fins de investigação está justificada quando: a) não haja meios mais suaves, se as razões da detenção forem o perigo de fuga ou de ocultação de provas; e b) se tratar da prevenção da criminalidade grave, se a razão da detenção residir no perigo de reincidência[118]. Também a detenção, por ordem do juiz, do arguido que não compareceu, sem razão justificativa, ao julgamento (*Hauptverhandlungshaft*), semelhante à detenção para fins de investigação, só é lícita para efeitos de garantia de procedimentos[119]. Por outro lado, o princípio da proporcionalidade exige que o procedimento seja conduzido pelos órgãos de perseguição competentes com a maior celeridade possível[120] e que a detenção para efeitos de investigação não ultrapasse um período de tempo máximo[121].

512. **Esboço de solução do caso 7 (n. m. 439).**

Devemos fazer a distinção entre a legalidade da detenção e a legalidade da ulterior retenção de "C". **I.** O § 35, n. 1, al. 2, do nw PolG, autoriza uma ingerência na liberdade da pessoa. Como lei formal, está coberto pelo art. 104º, n. 1, frase 1. O art. 104º, n. 2, frase 2, permite também uma privação da liberdade não baseada numa ordem judicial. Saber se a aplicação desta norma foi legal no caso presente, é uma questão que tem de ser posta em dúvida, tendo em vista as caraterísticas "iminente" e "de relevante significado para a comunidade", mas tem de

---

116   E 74, 358/370 e s.; 82, 106/144 e s.; 110, 1/23.

117   Cf. Stuckenberg, *Untersuchungen zur Unschuldsvermutung*, 1998, p. 530 e s.

118   Di Fabio, *MD*, art. 2º, n. 2, n. m. 49 e s.; Schulze-Fielitz, *DR*, art. 2º, II, n. m. 109.

119   Hellmann, *NJW* 1997, 2145.

120   E 19, 342/347 e s.; 53, 152/158 e s.; BVerfG, *EuGRZ* 2009, 414/416.

121   Gropp, *JZ* 1991, 804/808 e s.

ficar por decidir por falta de dados concretos mais precisos. – **II.** A lega-lidade da ulterior retenção de "C" aprecia-se pelo § 36, n. 1, frase 1, do nw PolG, que está em concordância com o art. 104º, n. 2, frase 2. Neste caso, não foi tomada uma decisão judicial no mais curto espaço de tem-po. Mas questiona-se se a polícia pode esgotar o prazo previsto no art. 104º, n. 2, frase 3, o que seria o caso se esta norma fosse uma *lex specia-lis* substituta relativamente ao art. 104º, n. 2, frase, 2. No entanto, este prazo representa uma limitação *suplementar* – isto resulta do caráter excecional da privação da liberdade por parte da polícia; o imperativo da obtenção, no mais curto espaço de tempo, da decisão judicial não é afetado por esse facto (*E* 105, 239/249). Por isso, o OVG Münster (*DVBl.* 1979, 733) decidiu que se deve estimar, no caso normal, um período de tempo de duas a três horas para a obtenção de uma decisão judicial e que a retenção por cinco horas de "C" foi ilegal.

513. Bibliografia:

C. Gusy, "Freiheit der Person", *Hdb. GR IV*, § 93; P. Hantel, "Das Grundrecht der Freiheit der Person nach Art. 2 II 2, 104 GG", *JuS* 1990, 865; H.-H. Jescheck/O. Triffterer (ed.), *Ist die lebenslange Freiheitsstrafe ver-fassungsmäßig?*, 1978; V. Neumann, "Freiheitssicherung und Fürsorge im Unterbringungsrecht", *NJW* 1982, 2588; A. Schieder, "Die richterliche Bestätigung polizeilich veranlasster Freiheitsentziehungen", *KritV* 2000, 218; A. Tiemann, "Der Schutzbereich des Art. 2 II 2 GG", *NVwZ* 1987, 10; F. Wittreck, "Freiheit der Person", *Hdb. StR3 VII*, § 151.

§ 11. O PRINCÍPIO DA IGUALDADE (ART. 3º, ART. 6º, N. 1 E 5, ART. 33., N. 1 A 3, ART. 38º, N. 1, FRASE 1)

514. Caso 8. Escalonamento das taxas de jardim de in-fância de acordo com o rendimento familiar (de acordo com o acórdão do Tribunal Constitucional Federal *E* 97, 332).

Uma cidade cobra taxas aos pais das crianças que frequentam um jardim de infância pertencente à cidade. O respetivo regulamento autónomo escalona as taxas consoante o rendimento familiar. "P" são os pais de uma criança a quem a cidade cobra a taxa máxima, que se cifra em mais do dobro da taxa mínima e que, no entanto, ainda não cobre os custos realmente tidos com a criança. Os pais da criança consideram que o escalonamento das taxas constitui uma violação do art. 3º, n. 1. Terão razão? N. m. **595**.

I. Panorama geral

515. A Lei Fundamental contém garantias de igualdade em diversos pontos e com diferentes graus de importância. O art. 3º, n. 1, consagra o princípio geral da igualdade; exige a *igualdade de aplicação do direito* em geral (igualdade perante a lei) e a *igualdade na criação do direito* (igualdade da lei). É certo que o princípio da igualdade na criação do direito não deriva da letra do art. 3º, n. 1, mas da correlação do art. 3º, n. 1, com o art. 1º, n. 3, da vinculação da legislação aos direitos fundamentais. O art. 3º, n. 2, frase 1, e n. 3, frase 1, proíbe que se tomem determinadas circunstâncias como fundamento para proceder a preferências e a secundarizações. Estes preceitos deixam, assim, reconhecer que o art. 3º, n. 1, não exige o tratamento integralmente igual e não proíbe toda e qualquer preferência e secundarização. Se fosse esse o conteúdo do art. 3º, n. 1, então não era necessário o art. 3º, n. 2, frase 1, e n. 3, frase 1. Estes preceitos são necessários, porque o art. 3º, n. 1, proíbe apenas o *tratamento desigual sem fundamento*; o art. 3º, n. 1, exige razões justificativas dos tratamentos desiguais, e o art. 3º, n. 2, frase 1, e o n. 3, frase 1, determina quais as circunstâncias que pura e simplesmente não são de considerar como razões justificativas de tratamentos desiguais. – Também os preceitos adicionais especiais de igualdade e de proibição de discriminação, constantes do art. 6º, n. 1 e 5, do art. 38º, n. 1, frase 1, e do art. 33º, n. 1 a 3, impõem exigências especiais à fundamentação justificativa de tratamentos discriminatórios, ou ao não permitirem, como o art. 3º, n. 2, frase 1, e o n. 3, determinadas razões de justificação ou, como o art. 33º, n. 2, ao permitir apenas determinadas razões justificativas. O art. 3º, n. 2, frase 2, é especial, na medida em que comete ao Estado o estabelecimento e a imposição da igualdade de direitos de mulheres e homens.

516. Embora o art. 14º da CEDH não contenha qualquer norma de igualdade geral, contém uma proibição de discriminação por razões que correspondem em grande parte às do art. 3º, n. 3, frase 1. Embora o art. 14º da CEDH se aplique, segundo a sua letra, apena ao gozo dos direitos e liberdades reconhecidos na CEDH, isso limita apenas de maneira insignificante o âmbito de aplicação da proibição de discriminação, porque o TEDH interpreta de modo muito amplo os âmbitos de proteção dos direitos de liberdade (em pormenor, p. ex., Uerpmann-Wittzack, *in*: Ehlers [ed.], *Europäische Grundrechte und Grundfreiheiten*, 4ª ed. 2014, § 3, n. m. 67 e s.). Uma proibição de discriminação não limitada ao gozo de direitos de liberdade previstos na CEDH está contida no art. 1º, da 12ª Ata Adicional à CEDH. Esta não foi, porém, até agora ratificada por muitos Estados, nem também pela Alemanha (BT-Drucks. 16/6314, 9). – A igualdade é, além disso, um tema central do direito da União Europeia, que se dedica, em primeiro lugar, à igualdade do direito do mercado interno e que a alargou depois aos direitos fundamentais de igualdade em geral, após a transição para a União política em 1992. A proibição de discriminação (art. 18º, n. 1, do Tratado de Funcionamento da União Europeia) e as liberdades fundamentais (arts. 34º, 45º, 49º, 56º e 63º do Tratado de Funcionamento da União Europeia) garantem a igualdade de tratamento de todos os cidadãos da União, fundamental para a realização do mercado interno, independentemente da sua nacionalidade (n. m. 538). Ao mesmo tempo, o direito da União promoveu substancialmente em especial a igualdade de tratamento de mulheres e homens na vida laboral. Já o Tratado da Comunidade Económica Europeia, que entrou em vigor em 1957 (n. m. 48), continha uma correspondente norma sobre igualdade de tratamento, que se destinava a vigorar em todos os Estados-Membros por razões de igualdade de concorrência. Este regime especial, menos baseado no direito individual, mas igualmente fundamentado na função do mercado interno, continua a existir (doravante art. 157º do Tratado de Funcionamento da União Europeia), embora a Carta Europeia de Direitos Fundamentais (CDF), juridicamente vinculativa desde 2009 (n. m. 49, 70), tenha generalizado para além disso a proteção da igualdade e dedique à igualdade um capítulo próprio. A norma de igualdade geral (art. 20º da CDF) é complementada pela norma da não discriminação (art. 21º da CDF), que, além das caraterísticas estipuladas no art. 3º, n. 3, da Lei Fundamental, também refere a orientação sexual e a idade como critérios diferenciadores absolutamente proibidos. Deste modo, o direito da União alarga o horizonte dos direitos de igualdade a critérios que durante muito tempo quase não tiveram importância (sobre a orientação sexual: n. m. 537) ou, como a idade (n. m. 532), tiveram importância apenas no contexto dos direitos de liberdade (n. m. 961, 967). Estas garantias de direito primário são complementadas por garantias de direito secundário, predominantemente baseadas no art. 19º, n. 1, do Tratado de Funcionamento da União Europeia, que desempenhou um papel considerável sobretudo no caso de discriminações na vida laboral (n. m. 79 e s.).

517. A relação da igualdade para com a liberdade é complexa. A *exigência política* do máximo possível de liberdade social entra em *conflito* com a exigência política do máximo possível de igualdade social: a liberdade social é também a liberdade de ação desconsiderada do mais forte, a igualdade social é precisamente a igualdade de oportunidades do mais fraco. Pelo contrário, as *garantias jurídico-fundamentais* de liberdade e de igualdade encontram-se lado a lado, numa relação *não conflituosa*. Deixam, em larga medida, ao critério do legislador a amplitude da margem que pretende deixar aos fortes e a quantidade de proteção que pretende conceder aos fracos, isto é, o modo como ele pretende satisfazer as exigências políticas de sentido oposto. No entanto, as garantias jurídico-fundamentais fixam ao legislador apenas determinados limites para ambos os lados. Comum às imposições de limites por via de garantias de liberdade e de garantias de igualdade é o facto de tanto a redução da liberdade como o tratamento desigual *não* poderem verificar-se *sem fundamento*. Diferente é, no entanto, a *técnica jurídica* das garantias. No caso dos direitos de liberdade, há os diferentes domínios de vida ou a atuação simplesmente como âmbitos de proteção e há as ingerências nos âmbitos de proteção. À constatação de uma ingerência associa-se depois a questão da sua justificação jurídico-constitucional (n. m. 401). Pelo contrário, no caso dos direitos de igualdade não há qualquer âmbito de proteção e, por isso, também não há qualquer ingerência no âmbito de proteção[122]. Neste domínio, o controlo de uma violação dos direitos fundamentais tem lugar em *duas fases*; consiste na verificação de um tratamento desigual e na questão da sua justificação jurídico--constitucional (n. m. 597).

II. Tratamento desigual

1. Tratamento desigual jurídico-constitucionalmente relevante

518. Só é jurídico-constitucionalmente *relevante*, isto é, necessitado de uma justificação jurídico-constitucional, o tratamento desigual do que é "essencialmente igual"[123]. Por um lado, isto significa que o tratamento desigual tem de ter lugar por via do mesmo poder legislativo. Quando os cidadãos de um Estado federado sejam tratados por uma lei estadual de uma maneira diferente dos cidadãos de outro Estado federado que não emitiu uma lei estadual correspondente ou que emitiu uma lei divergente, falta à partida a igualdade essencial; o mesmo é válido na relação entre as leis da Federação e do Estado federado e entre os regulamentos autónomos dos diferentes municípios, universidades, etc.[124]. Por outro lado, vigora o princípio segundo o qual nenhuma pessoa é exatamente como a outra e de que nenhuma situação é exatamente como a outra. Por isso, "igualdade essencial" só pode significar que as pessoas, os grupos de pessoas ou as situações são comparáveis. A comparabilidade necessita, em primeiro lugar, de um *ponto de referência* (*tertium comparationis*)[125].

519. Exemplo:

À pessoa que conduz uma viatura ligeira aplica-se o direito da circulação rodoviária e à pessoa que explora um bar aplica-se o direito da restauração. É certo que aqui grupos diferentes de pessoas são trata-

---

122 Heun, *Hdb. GR II*, § 34, n. m. 40 e s.; opinião diferente, Blome, *JA* 2011, 486; Huster, *FH*, art. 3º, n. m. 79 e s.

123 Jurisprudência constante, por exemplo, E 49, 148/165.

124 Cf. E 33, 224/231; Huster, *FH*, art. 3º, n. m. 47.

125 Como aqui Epping, *GrundR*, n. m. 782 e s.; posição crítica, Mülder/Weitensteiner, *Jura* 2019, 51/54 e s.; Sachs/Jasper, *JuS* 2016, 769/772.

dos juridicamente de modo diverso, mas falta o ponto de referência de uma comparação, que permitiria falar de um tratamento desigual relevante e necessitado de uma justificação jurídico-constitucional. Pelo contrário, a condução de viaturas ligeiras é comparável à condução de viaturas pesadas e de motociclos; também a exploração de bares é comparável à exploração de casas de pasto[126] e de instalações hoteleiras. O ponto de referência está, por um lado, no facto de se conduzirem veículos automóveis e, por outro lado, no facto de se explorarem estabelecimentos de restauração.

520. O ponto de referência é o *conceito supraordenado comum* (*genus proximum*), sob o qual caem as diferentes pessoas, grupos de pessoas ou situações tratadas de maneira juridicamente diferente. Sob esse conceito supraordenado têm de se evidenciar, completa e exaustivamente, as pessoas, os grupos de pessoas ou as situações que apresentam diferenças em virtude de uma marca distintiva (*differentia specifica*). De outra forma, também não se evidenciam o conteúdo, a dimensão e a razão possível do tratamento desigual.

521. Exemplo:

Se o legislador ou a entidade que emite regulamentos privilegia as mães solteiras com a atribuição de lugares para os filhos nos jardins de infância ou se lhes dá um direito a férias suplementares em caso de doença do filho, é reconhecível uma razão para esta preferência, possivelmente em face dos pais que educam em conjunto os filhos, mas não em face dos pais solteiros. Mas isto apenas se revela quando se considera como conceito supraordenado próximo comum o dos pais ou mães solteiros e não nos baseamos no conceito supraordenado de pais. O conceito de pais só é o conceito supraordenado próximo comum quando do os pais ou mães solteiros são tratados de modo diferente dos casais que educam em comum.

522. Indicação técnica de solução:

O sentido do art. 3º é menosprezado se um conceito supraordenado comum, em si objetivo, for negado com referência à diferença dos sexos (ou a um outro critério referido nos n. 2 e 3), por exemplo se os

---

126 N. E.: No Brasil, o termo pode ser mais bem entendido como restaurantes.

internados e as internadas em estabelecimentos penitenciários forem, em virtude da diferença de sexo, condenados, enquanto demasiado diferentes, a cair sob um conceito supraordenado comum. A diferenciação com base em caraterísticas do n. 2 ou n. 3 deve ser discutida no plano da justificação (com as exigências jurídico-constitucionais especiais) e não pode conduzir à negação do conceito supraordenado comum.

523. Portanto, *verifica-se* um tratamento desigual necessitado de justificação jurídico-constitucional, quando:

– uma pessoa, um grupo de pessoas ou uma situação é tratada juridicamente de uma maneira determinada, através de ingerência ou prestação, em participação ou procedimento;

– outra pessoa, grupo de pessoas ou situação é tratada juridicamente de determinada maneira diferente; e quando

– ambas as pessoas, grupos de pessoas ou situações podem ser abrangidos sob um conceito supraordenado comum que exclui outras pessoas, grupos de pessoas ou situações.

524. Tanto o TJUE (n. m. 532) como o Tribunal Constitucional Federal[127] estabelecem uma ligação entre o princípio da coerência, ou seja, da "consistência lógica da legislação" e o princípio da igualdade (mas ver também n. m. 427, no fim). Entretanto, o legislador não é absolutamente impedido de prever ruturas e exceções no sistema de regras. O que é decisivo é apenas saber se elas se podem justificar perante o art. 3º Lei Fundamental. Por isso, ao princípio da consistência lógica é devido quando muito um valor heurístico: ruturas e exceções num sistema de regras podem ser motivo para um controlo de direito de igualdade[128].

2. Tratamento igual do essencialmente diferente?

525. Segundo a jurisprudência constante do Tribunal Constitucional Federal, o princípio da igualdade proíbe não só que se trate "o essencialmente igual de uma maneira arbitrariamente desigual", mas

---

127 Na jurisprudência mais antiga, ainda justiça sistemática, E 17, 122/132; 25, 236/252; da jurisprudência mais recente sobre o direito tributário, E 84, 239/271; 122, 210/235; 135, 126, n. m. 54 e s.

128 Classen, *StR II*, § 17, n. m. 33 e s.; Tappe, *JZ* 2016, 28/31 f; Payandeh, *AöR* 136 (2011), 578/598 e s.; Boysen, *MüK*, Art. 3, n. m. 89; Dieterich, *Systemgerechtigkeit und Kohärenz*, 2013, p. 382 e s.

também que se trate o "essencialmente desigual de uma maneira arbitrariamente igual"[129]. Por conseguinte, a par do tratamento desigual, que necessita de um fundamento jurídico-constitucional, haveria também um tratamento igual, que necessita de um fundamento jurídico-constitucional. Assim, da mesma maneira que se faz com os muitos tratamentos jurídicos desiguais, teríamos também de começar por triar dos muitos tratamentos jurídicos iguais os que são relevantes e necessitados de fundamento jurídico-constitucional. No entanto, ainda está por se saber a maneira como isto teria exatamente de acontecer. Na verdade, os problemas do tratamento igual também podem ser sempre entendidos como problemas de tratamento desigual. Temos é, tão-só, de escolher o adequado grupo de comparação[130].

526. **Exemplos:**

De acordo com a lei do horário de funcionamento dos estabelecimentos comerciais, é aberta uma ampla exceção relativamente aos horários gerais de funcionamento para os estabelecimentos de venda ao público nas estações de caminho de ferro[131], existindo também uma regulação de exceção menos ampla para as farmácias. Às farmácias das estações de caminho de ferro aplica-se esta última exceção nos termos da lei. As farmácias instaladas nas estações de caminho de ferro são, pois, tratadas de modo desigual relativamente aos outros estabelecimentos de venda ao público das estações de caminho de ferro e, inversamente, são tratadas de modo igual relativamente a outras farmácias (cf. *E* 13, 225/228 e s.). – Nos termos da lei de prestação aos candidatos a asilo, os candidatos a asilo beneficiários de prestação têm de consumir o seu rendimento e bens, antes de receberem prestações segundo a lei. Quando a um candidato a asilo também a indemnização por danos morais que recebeu foi considerada como rendimento a consumir, ele sentiu que o essencialmente desigual foi injustamente tratado como igual: a indemnização por danos morais como compensação por uma perda

---

129 *E* 49, 148/165; 98, 365/385.

130 Podlech, p. 53 e s.; Rüfner, *in: FS Kriele*, 1997, p. 271; Kempny, *JZ* 2015, 1086; Sachs/Jasper, *JuS* 2016, 769/775.

131 N. E.: No Brasil, o termo pode ser mais bem entendido como estações ferroviárias.

da alegria de viver é, no seu entender, algo diferente do rendimento e bens que servem para assegurar a existência. O Tribunal Constitucional Federal considerou que ele foi tratado injustamente de modo desigual, ou seja, de maneira diferente dos candidatos a asilo que recebem prestações não segundo a lei de prestação aos candidatos a asilo, mas segundo o Código da Previdência Social, nos termos do qual a indemnização por danos morais não deve ser considerada como rendimento para consumo (cf. *E* 116, 229/236, 238 e s.).

III. Justificação jurídico-constitucional

1. Exigências gerais

527. Para o controle da justificação jurídico-constitucional de tratamentos desiguais aplica-se um "critério de controlo jurídico-constitucional não escalonado, orientado pelo princípio da proporcionalidade, cujo conteúdo e limites não se podem definir de maneira abstrata, mas apenas segundo os diferentes domínios materiais e de regulação respetivamente atingidos"[132]. Deste modo, o Tribunal Constitucional Federal abandonou a anterior distinção, de aspeto categorial, entre um mero controle de evidências, que se limitava ao controle para verificação de se o tratamento era arbitrário[133], e o controle de proporcionalidade, naquele tempo designado como nova fórmula e especialmente dirigido a tratamentos desiguais relativos a pessoas[134], a favor de um controle uniforme de proporcionalidade com uma densidade de controle todavia muito diversa[135]. Mas é mais raro que os elementos parciais do princípio da proporcionalidade sejam tão claramente destacados como no caso dos direitos de liberdade[136]; muitas vezes, o Tribunal Constitucional Federal questiona apenas se o fim e o grau de

---

132 E 129, 49/69; 130, 131/142; posição crítica, Sachs/Jasper, JuS 2016, 769/772 e s.

133 E 17, 122/130.

134 E 55, 72/88.

135 Britz, NJW 2014, 346/347.

136 Jarass, JP, Art. 3, n. m. 27.

tratamento desigual se encontram "numa relação adequada" um para com o outro[137].

528. **a)** Fins legítimos do tratamento desigual são em princípio todos os que não estão expressamente proibidos. Por isso, é proibido em especial todo tratamento desigual que se funde nos critérios referidos no art. 3º, n. 3, frase 1, da Lei Fundamental (n. m. 537 e s.). Mas por vezes são também permitidos apenas determinados critérios, como aptidão, desempenho e qualificações constantes do art. 33º, n. 3, da Lei Fundamental. Embora o Tribunal Constitucional Federal formule ocasionalmente de maneira equívoca a ideia de que um tratamento desigual só é legítimo se entre dois grupos "*houver* diferenças de tal natureza e de tal influência que justifiquem o tratamento desigual"[138], o Estado pode agir de maneira desigual apenas onde já encontrar as diferenças que justificam o tratamento desigual. O Estado regulador e conformador é livre para ser o primeiro a criar diferenças; ele prossegue então os fins a que a doutrina chama fins externos, em contraste com os fins internos de que se trata nas diferenças já encontradas[139].

529. **Exemplos:**

Se um município previr uma redução no preço de entrada para residentes locais e não para frequentadores forasteiros de uma piscina de recreio, então cria as diferenças através destes tratamentos desiguais e define também a sua natureza e importância. Por isso, a justificação não pode residir nesta própria diferença; por essa razão, o domicílio não é uma razão que legitime a preferência. A justificação pode, porém, encontrar-se nos fins que o município prossegue: se, ao privilegiar os residentes locais, prossegue o fim de limitar recursos escassos à sua própria esfera de atividade (art. 28º, n. 2, frase 1), de conceder aos seus munícipes uma compensação por ónus próprios ou recorrer a forasteiros para despesas mais elevadas, ou se os interesses sociais e culturais da comunidade local hão de ser estimulados e a coesão municipal fortale-

---

137   E 102, 68/87; 129, 49/68; sobre o assunto, Classen, *StR II*, § 17, n. m. 31.

138   E 55, 72/88; 105, 73/110; 107, 205/214.

139   Cf. Huster, p. 165 e s.

cida pelo facto de se concederem vantagens especiais aos residentes locais – isso pode ser um fim legítimo, mas apenas se a piscina de recreio pretender apoiar o bem estar cultural ou social dos seus moradores e não tiver em mira a suprarregionalidade para alcançar a necessária plena carga de taxa (TCF, *NJW* 2016, 3153/3155 e s. = *JK* 1/2017). – Também o TJUE vê em sistemas de pagamento que fazem uma diferenciação em função do domicílio uma ingerência ilegítima no art. 18º, n. 1, do Tratado de Funcionamento da União Europeia (TJUE, EU:C:2003:30, n. m. 22 e s. – *Kommission/Italien*) e só permite os chamados privilégios para residentes, no caso de aquisição de terrenos, se prosseguirem o objetivo de criar uma suficiente oferta de residências para pessoas de fracos rendimentos ou para outros grupos desfavorecidos da população local (TJUE, EU:C:2013:288, n. m. 49 e s. – *Libert ua/ Flämische Regierung*).

530. **b)** Se o tratamento desigual prosseguir um fim em princípio legítimo, é necessário controlar se a diferenciação para alcançar o fim é **proporcional**. Para isso, é decisivo saber quão grandes são as margens de apreciação e de conformação que o Tribunal Constitucional Federal concede ao legislador ou eventualmente à Administração e ao juiz. Neste sentido, é sobretudo decisiva a intensidade com que um tratamento desigual afeta os atingidos. A intensidade aumenta tanto mais

– quanto mais o critério do tratamento desigual se assemelhe a um dos critérios proibidos nos termos do art. 3º, n. 3;

– quanto menos o atingido puder influenciar o critério do tratamento desigual; e

– quanto mais o tratamento desigual dificulte o exercício das liberdades protegidas jurídico-fundamentalmente.

531. Com a intensidade aumentam as exigências à proporcionalidade. O tratamento desigual tem de ser adequado e necessário para alcançar precisamente o fim prosseguido, não podendo também ter um alcance maior do que este fim. Neste caso, deve-se sobretudo avaliar se a diferenciação é sustentada por uma razão objetiva que esteja numa relação objetiva com a natureza diferente dos factos tratados de maneira desigual[140]. A intensidade do tratamento desigual influencia, além disso, a tolerância de tipificação, isto é, a diferenciação tem de abranger com maior precisão apenas aqueles casos para os quais o fim contribui[141]. Além disso, o fim prosseguido tem de se encontrar numa relação adequada com a intensidade do tratamento desigual. A maior parte das vezes o Tribunal Constitucional Federal não controla separadamente a adequação, mas discute-a frequentemente já no âmbito do fim legítimo[142].

532. Exemplos:

Com a limitação da adoção sucessiva (= adoção de uma criança já adotada pelo parceiro) a casais, prossegue-se o fim absolutamente legítimo, segundo o qual uma criança não é passada de família para família por meio de adoção. Mas a exclusão de parceiros em união de facto desta adoção sucessiva não é sustentada por este fim, porque não há quaisquer indícios de que parceiros em união de facto registados possam menos consensualmente do que casais exercer os seus poderes paternais para com um filho comum (E 133, 59, n. m. 74 e s.; cf. ainda E 133, 377, n. m. 84 e s.) – Também o TJUE continua a ocupar-se da relação entre fim e motivo da diferenciação, quando, na sua jurisprudência sobre os limites de idade, exige que a regulação de tratamento desigual tenha de ser em si coerente. Por isso, este Tribunal não aceitou o limite de idade de 68 anos para dentistas contratados fundado no argumento da proteção da saúde dos doentes contra a diminuição da capacidade de trabalho, uma vez que este limite de idade não se aplica a dentistas fora do sistema dos dentistas contratados (TJUE, EU:C:2010:4, n. m. 83 – Petersen; Dombert, *Jura* 2015, 938/943).

533. O controle de proporcionalidade desempenha então no princípio da igualdade um papel mais fraco do que nos direitos de liberdade, quando o Estado trata de forma desigual na prossecução de fins de fomento[143], isto é, quando o Estado procede a uma discriminação

---

140 Britz, NJW 2014, 346/350.

141 E 133, 377, n. m. 88; sobre as exigências às tipificações, E 145, 106, n. m. 106 e s.

142 Britz, NJW 2014, 346/350.

143 Cf. E 99, 165/178.

não "negativa", mas "positiva". Regulações e conformações legislativas, sobretudo no direito tributário e no direito social[144], mais ainda do que sem limitações de liberdade, são completamente impossíveis sem tratamentos desiguais. Efetivamente, para apoiar um grupo de pessoas há geralmente uma tal quantidade de possibilidades e, correspondentemente às possibilidades de apoio que o Estado escolher, uma tal quantidade de alternativas, que raras vezes é bem-sucedida a prova de ausência de alternativas mais suaves e mais moderadas. Aqui tem de ser suficiente o facto de não ser manifesta nenhuma alternativa que onere em igual ou em menor medida o Estado, prossiga melhor o fim de fomento e, simultaneamente, trate de modo mais suave e moderado o grupo de pessoas que não é apoiado e é preterido pelo apoio a outro grupo de pessoas. Por isso, e no caso de tratamentos desiguais, o legislador precisa tendencialmente de uma margem, de preferência larga, de conformação e apreciação. Na perspetiva do direito constitucional ou do Tribunal Constitucional Federal, só se pode então "contestar a transgressão dos limites extremos (da margem)" e não nos podemos "apoiar no facto de se o legislador adotou a regulação mais justa e a mais pertinente"[145]. Mas também as regulações de direito tributário têm de ser submetidas a um estrito controle de proporcionalidade, quando, nos limites dos critérios gerais (n. m. 530), originam um tratamento desigual intensivo; em especial, a liberdade do legislador pode "ficar de maneira geral restringida pelo alcance do tratamento desigual provocada pela isenção fiscal e pelo seu efeito sobre a cobrança igualitária deste imposto"[146]. Não se podem justificar distorções graves e sistemáticas da igualdade tributária, nem com referência à insignificância do imposto, nem pela via de se evitarem despesas administrativas; se não for possível cobrar um imposto por razões económicas[147], o Estado pode aumentar as taxas dos impostos ou prescindir delas. Atendendo ao princí-

---

144 E 113, 167/227 e s.

145 Jurisprudência constante, cf. E 64, 158/168 e s.; 66, 84/95.

146 E 138, 136, n. m. 126.

147 E 148, 147, n. m. 141 e s.

pio do Estado social (art. 20º, n. 1), a margem de apreciação é, além disso, menor quando as regulações do direito tributário têm influência sobre a igualdade social de oportunidades[148]. Também quando o Estado prossegue outros fins que não os de fomento, a exigência da necessidade conserva a sua força condutora.

534. Exemplos:

O legislador impõe às empresas de táxis determinadas obrigações e concede-lhes determinados privilégios; com isto, trata-as, também do ponto de vista jurídico-tributário, melhor que as empresas de aluguer de automóveis. O legislador pretende com a sua medida "que com a circulação dos táxis esteja à disposição da comunidade um meio de transporte público para o uso individual com tarifa prefixa e sujeito à obrigatoriedade de contratar". Este fim "também pode ser concretizado... pelo facto de a lei do IRC conceder à indústria dos táxis condições--quadro mais favoráveis do que à empresa de carros de aluguer". O Tribunal Constitucional Federal nada mais diz quanto à adequação e à necessidade e também não o pode dizer; controla e acaba por aceitar apenas a adequação (*E* 85, 238/246). – Pelo contrário, a consideração redutora do rendimento e do património de um cônjuge, que viva separado do formando, no cálculo das necessidades é controlado pormenorizadamente pelo Tribunal Constitucional Federal quanto à adequação e à necessidade; para fins de ter em conta os interesses e as responsabilidades comuns dos cônjuges, não é adequada a consideração redutora da necessidade, e não é necessária para o outro fim de evitar abusos, dado que os casos de abuso podem ser combatidos de outro modo (*E* 91, 389/402). Também os privilégios concedidos à aquisição a título gratuito de património empresarial no direito do imposto sucessório são controlados pormenorizadamente pelo Tribunal Constitucional Federal com vista à sua adequação e necessidade, porque o imposto sucessório permite o equilíbrio de uma concentração de bens pessoais em poucas mãos, que de outro modo se reforça (*E* 138, 136, n. m. 155 e s.; Moes, *JZ* 2017, 858 e s.).

---

148 Opinião divergente, E 138, 136/252; posição crítica, Sachs, NJW 2015, 601/602 e s.

535. As diferenciações apresentadas são válidas em princípio também para medidas da Administração e dos tribunais. A Administração tem de exercer de maneira apropriada as margens de apreciação excecionalmente existentes assim como o seu poder discricionário, e os tribunais têm de interpretar o direito ordinário pelo menos de maneira defensável[149] (n. m. 589 e s.). Em virtude da vinculação à lei, as margens são, todavia, menores em comparação ao legislador; as afetações resultantes de tais decisões podem-se, por isso, muitas vezes atribuir à lei competente e não à decisão da Administração ou do Tribunal que a aplica.

536. Exemplos:

O Tribunal Constitucional Federal **aceitou** tratar-se de uma violação do art. 3º, n. 1, no caso das seguintes regulações: salário diferente de juízes de diferentes jurisdições na mesma instância (*E* 26, 100/110 e s.); recusa de alteração do nome próprio no caso de transsexuais (*E* 88, 87/97 e s.; 116, 243/259 e s.); tratamento igual de promessas de prestação social de diferente valor do mesmo empregador público (*E* 98, 365/384 e s.); exclusão de assessoria no direito fiscal, diferentemente do que noutras áreas do direito (*E* 122, 39/53 e s.); autorização de espaços de fumadores excluídos da proibição de fumar, não para restaurantes, mas apenas para bares (*E* 130, 131/143) e autorização de ajuda para as custas processuais, sem consideração das condições pessoais de quem procura o seu direito (TCF, *NJW* 2011, 2039 e s., a chamada igualdade de proteção jurídica); tratamento desigual de estudantes dos novos Estados federados em comparação com os antigos, relativamente à isenção da amortização do empréstimo ao abrigo da lei federal para a promoção da formação (*E* 129, 49/68 e s.); concessão de privilégio, independentemente das necessidades, a patrimónios de empresas em comparação com patrimónios privados, no imposto sucessório (*E* 138, 136, n. m. 118 e s.). – O Tribunal Constitucional Federal *recusou* tratar-se de uma violação do art. 3º, n. 1, nos seguintes casos: assunção dos custos da inseminação artificial, por parte do seguro de doença legal, no caso de casais casados, mas não no caso de casais não casados (*E* 117,

---

149 E 109, 38/59.

316/325 e s.); regulações de datas de vencimento, orientadas por um dado facto, sendo, por isso, materialmente sustentáveis (*E* 13, 31/38; 87, 1/43 e s.); proteção enfraquecida do despedimento nas pequenas empresas (*E* 97, 169/181 e s.); não aplicação do direito de recusa de ser testemunha, nos termos do § 53, n. 1, do Código de Processo Penal alemão, aos trabalhadores sociais e aos médicos veterinários (*E* 33, 367/382; 38, 312/323 e s.); proteção jurídica enfraquecida contra decisões de adjudicação abaixo de determinados valores-limite (*E* 116, 135/159 e s.).

2. As exigências especiais do art. 3º, n. 2 e 3

537. Aplicam-se exigências de justificação agravadas, quando nos referimos às caraterísticas referidas no art. 3º, n. 2 e 3. A caraterística distintiva "sexo" prevista no art. 3º, n. 3, não tem o mesmo conteúdo que a diferença entre homem e mulher, prevista no art. 3º, n. 2; inclui também outras formas de identidade sexual como a intersexualidade[150], mas não a caraterística da orientação sexual[151] (mas ver n. m. 538). "Ascendência" reporta-se à relação biológica com os antepassados. "Pátria" significa a origem local, dotada de carga emocional, de uma pessoa, por nascimento ou por domicílio[152], e visou originalmente sobretudo um tratamento igual de refugiados e deslocados alemães. "Origem" significa o aspeto social, específico do estrato da origem familiar. A caraterística "raça" é um *constructo* ideológico, que atribui determinadas caraterísticas de personalidade às pessoas, em virtude de caraterísticas exteriores, como a cor da pele ou origem étnica. Estas construções ideológicas não são justificáveis, nem do ponto de vista antropológico, nem do ponto de vista da genética humana. Não há raças humanas, mas sim racismos, que discriminam as pessoas por causa de caraterísticas exteriores ou da sua origem étnica. O art. 3º, n. 3, frase 1, alter. 3, protege contra discriminações que se baseiam em tais racis-

---

150   E 147, 1, n. m. 57 e s. (= JK 3/2018).

151   Tribunal Constitucional Federal, NJW 2008, 209/210.

152   E 102, 41/53.

mos. "Conceções religiosas" são o mesmo que "credo" (cf. n. m. 601). As marcas "língua" e "convicções políticas" são aqui óbvias. "Deficiência" é uma afetação, não apenas temporária, das funções físicas, mentais ou anímicas[153].

538. Mesmo que nenhuma das caraterísticas distintivas do art. 3º, n. 3, esteja reunida, o Tribunal Constitucional Federal agrava as exigências de justificação no âmbito do art. 3º, n. 1, quando as caraterísticas a que a diferenciação legal se refere não estão disponíveis para o indivíduo ou estão apenas de maneira limitada[154]. Isto aplica-se, por exemplo, à idade[155], mas também à nacionalidade[156], que se aproxima das caraterísticas "pátria" e "origem". Em relação aos cidadãos da União Europeia, é, em regra, inadmissível a ligação à nacionalidade, desde logo em virtude das normas do direito da União (n. m. 177, 516). Mas também em termos de direito constitucional as exigências de justificação são elevadas nos casos de tratamentos desiguais de estrangeiros, sobretudo no acesso a prestações sociais[157]. Em especial, o Tribunal Constitucional Federal gostaria, além disso, de proteger contra tratamentos lesivos "membros de grupos estruturalmente ameaçados de discriminação"[158]. Por isso, faz rigorosas exigências de justificação em casos de tratamentos desiguais em virtude da **orientação sexual**; por causa disso fracassam as disposições que tratam de maneira desigual as uniões de facto em comparação com o casamento (n. m. 553). Com isto o Tribunal Constitucional Federal acolhe também a correspondente jurisprudência do TJUE, que não justifica estes tratamentos lesivos, se o legislador nacional previr o casamento e a união de facto como institutos absolutamente comparáveis[159].

---

153 Cf. E 99, 341/356 e s.; Neumann, NVwZ 2003, 897.

154 E 99, 142, 353, n. m. 69; cf. já E 88, 87/97.

155 E 99, 142, 353, n. m. 69

156 E 111, 160/169 e s.; 130, 240/255 e s.

157 E 111, 160/169 e s.; 111, 176/183 e s.; 130, 240/244 e s.

158 E 147, 1, n. m. 59.

159 TJUE, EU:C:2008:179, n. m. 68 e s. – *Maruko*; EU:C:2011:286, n. m. 42 e s. – *Römer*.

539. O art. 3º, n. 2 e 3, estabelece limites rígidos à liberdade discricionária ou liberdade de conformação[160]. No passado, estes limites foram traçados com grande amplitude pela jurisprudência; as proibições de discriminação deviam aplicar-se apenas à preterição ou ao favorecimento expresso e apenas aos intencionais (discriminações diretas)[161]. No entanto, o TJUE sempre interpretou o atual art. 157º do Tratado de Funcionamento da União Europeia (n. m. 516) e o direito secundário que nele se apoia (n. m. 79) no sentido de que também estão abrangidas discriminações indiretas, que estão formuladas de maneira neutra pelo que respeita a caraterísticas, mas que no fim de contas podem atingir preponderantemente membros de um grupo com determinadas caraterísticas[162].

539a. Exemplo:

Representa uma discriminação indireta em virtude do sexo, se candidatos e candidatas ao serviço de polícia tiverem de ter pelo menos 1,70 metro de altura, sem que isso seja imperativamente prescrito pelas exigências do serviço. É que há só poucos homens, mas muitas mulheres com menos de 1,70 metro de altura (sobre a norma de igualdade de tratamento de direito secundário, TJUE EU:C:2017:767, n. m. 31 e s. – *Kalliri = JK* 4/2018, ver também n. m. 544 sobre a legitimação de *diferentes* alturas mínimas de mulheres e homens).

540. Também o Tribunal Constitucional Federal considera entretanto como relevantes as discriminações indiretas[163] e exige que a diferença entre homem e mulher, abordada no art. 3º, n. 2, e as caraterísticas indicadas no art. 3º, n. 3, frase 1, não sirvam de critérios e fundamentos justificativos de tratamentos desiguais[164] e que o tratamento

---

160 Jurisprudência uniforme, cf. por exemplo E 37, 217/244 e s.

161 E 75, 40/70; BVerwGE 75, 86/96.

162 TJUE, EU:C:1986:204, n. m. 29 – *Bilka*; EU:C:1996:33, Rn 28 – *Lewark*; EU:C:1997:452, n. m. 30 – *Gerster*.

163 Sobre a matéria, Richter, *Hdb. GR V*, § 126, n. m. 71 e s.; posição de rejeição, Sachs, *Hdb. StR3 VIII*, § 182, n. m. 91 e s., que nesse aspeto considera o art. 3º, n. 1, aplicável.

164 Cf. E 85, 191/206 e s.; 89, 276/288 e s.; Heun, DR, Art. 3, n. m. 125 e s.

desigual não se possa "atribuir" a elas[165]. No esquema de controle e fundamentação apresentado atrás, isto produz o seguinte efeito:

541. a) Preferir ou preterir de acordo com a diferença entre homem e mulher e segundo as marcas distintivas (art. 3º, n. 2, frase 1), não é um **fim** que possa ser prosseguido pelo poder público. Destes fins, proibidos pelo art. 3º, n. 2 e 3, devem-se distinguir os casos em que o legislador fomenta, no seu conjunto, a vida cultural, religiosa e política e a diversidade linguística e regional, respeitando ao mesmo tempo a neutralidade do Estado.

542. Exemplos:

Pelo contrário, não significam qualquer tratamento privilegiado em virtude de ascendência, língua e pátria aquelas regulações de direito de voto que não aplicam as cláusulas de bloqueio (n. m. 559) às listas apresentadas por partidos de minorias nacionais (em particular dos dinamarqueses que vivem em Schleswig-Holstein). É que o conceito de minoria nacional não se pode reduzir a uma destas marcas caraterísticas (cf. também *E* 5, 77/83; Tribunal Constitucional Federal, *NVwZ* 2005, 205/207); o que interessa ao legislador é promover a diversidade cultural e política.

543. O art. 3º, n. 2, frase 2, declara expressamente admissível[166] o estabelecimento e realização da igualdade de direitos de mulheres e homens[167]. Ele visa também justificar uma legislação antidiscriminação a favor das mulheres com regulações de fixação de quotas que exigem uma determinada percentagem de lugares (no serviço público ou em posições de chefia na economia, como cargos no conselho fiscal[168]) a ocupar por mulheres e que conduzam a uma "reversed discrimination", isto é, à preterição de um candidato masculino mais idóneo a favor de uma candidata feminina menos idónea[169]. O Tribunal Constitucional Fe-

---

165 E 104, 373/393; 121, 241/254 e s.; 126, 29/53.

166 E 92, 91/109; 109, 64/89; 113, 1/15.

167 E 92, 91/109; 109, 64/89; 113, 1/15.

168 Sachs, ZG 2012, 52/61 e s.

169 Jarass, JP, Art. 3, n. m. 118, 129.

deral ainda não se pronunciou até agora acerca de regulações de fixação de quotas, mas é muitas vezes entendido no sentido de que a sua jurisprudência conduzirá a uma autorização das chamadas regulações de fixação de quotas em função das qualificações, que, até à ocupação com mulheres de uma determinada percentagem de lugares e verificando-se igual idoneidade de candidatos masculinos e femininos, exigem a colocação de candidatas[170]. Também o direito da União Europeia autoriza expressamente medidas positivas de incentivo (art. 157º, n. 4, do Tratado de Funcionamento da União Europeia, art. 23º da CDF). No entanto, na opinião do TJUE, são inaceitáveis quotas rígidas que dão automaticamente preferência às mulheres, sem analisar a situação especial de um concorrente masculino[171]. Se elas contiverem uma cláusula individualizada que permita derrogações a convenção coletiva de trabalho, são, pelo contrário, admissíveis[172]; mas também nesse caso se tem de impedir que sejam preferidos candidatos menos qualificados[173]. As medidas positivas de incentivo têm, além disso, de se poder aferir pela precisão dos seus objetivos (n. m. 533): se se visa por exemplo melhorar a compatibilidade entre vida familiar e vida profissional (art. 33º, n. 2, CDF), tem de ser incentivado quem tem filhos a educar e não as mulheres[174]. É certo que o art. 3º, n. 2, frase 2, não se refere apenas ao art. 3º, n. 2, frase 1, mas também a outros princípios de igualdade, mesmo assim não se podem dissimular os critérios especiais de aptidão aí previstos ou princípios, por exemplo no caso de acesso a cargos públicos (art. 33º, n. 2, art. 38º, n. 1, frase 1) e no direito dos partidos (art. 21º, n. 1, frase 2).

544. Exemplos:

O art. 3º, n. 2, frase 2, da Lei Fundamental, obriga o legislador a tomar medidas que garantam que não seja por causa do seu sexo que as mulheres não são colocadas ou que sejam mais mal pagas. Quando,

---

170 Kokott, *NJW* 1995, 1049/1051; Langenfeld, *DVBl.* 2010, 1019/1025; Nußberger, *SA*, Art. 3, n. m. 286 e s.

171 TJUE, EU:C:1995:322, n. m. 22 – *Kalanke*.

172 TJUE, EU:C:1997:533, n. m. 32 e s. – *Marschall*.

173 TJUE, EU:C:2000:367, n. m. 32 e s. – *Marschall*

174 Cf. Kingreen, *in*: Calliess/Ruffert (ed.), EUV/AEUV, 5ª ed. 2016, Art 33 CDF, n. m. 6.

ao mesmo tempo, o legislador impõe ónus aos empregadores, por exemplo a obrigação de pagar subvenções para o subsídio de maternidade, ele tem de criar um mecanismo de compensação entre empresas que empregam muitas mulheres e aquelas que empregam menos mulheres (*E* 109, 64/89 e s.). – Pelo contrário, não é admissível que se prevejam, para a admissão a funções no serviço policial, diferentes alturas mínimas para mulheres e homens (OVG Münster, *DVBl.* 2017, 643/647; cf. *Spitzlei, NVwZ* 2018, 614/616 e s.). O art. 3º, n. 2, frase 2, também não cobre uma regulação do direito de Estado federal segundo a qual se possa incluir no boletim de voto a sobrecarga "homens e mulheres gozam dos mesmos direitos" e a indicação da atual quota por sexos no órgão representativo, assim como o sexo dos candidatos e a quota por sexos nas listas dos candidatos (VerfGH RhPf, *NVwZ* 2014, 1089/1093). Em virtude do art. 38º, n. 1, frase 1, são, por isso, inadmissíveis também regulações obrigatórias de quotas nas listas estaduais dos partidos quando das eleições[175].

545. Nos termos do art. 3º, n. 3, frase 2, é permitido prosseguir o fim de dar preferência a pessoas com deficiência e de impedir a sua marginalização social por meio de prestações de compensação e de possibilidades de desenvolvimento[176]. Esta autorização pode-se consolidar numa obrigação. O legislador pode não só ficar autorizado, mas até obrigado a criar disposições especiais de proteção para pessoas portadoras de deficiência, e os tribunais e a Administração têm de interpretar o direito ordinário à luz do art. 3º, n. 3, frase 2.

546. Exemplos:

É certo que o art. 3º, n. 3, frase 2 da Lei Fundamental não proíbe já por si a transferência de um aluno portador de deficiência para uma escola de ensino especial, mas sim quando é possível uma instrução numa escola de ensino geral com necessidades especiais (E 96, 288/303).

---

175 No mesmo sentido, com outra fundamentação, Morlok/Hobusch, DÖV 2019, 14/19 e s. Sobre a ausência de obrigação de prever listas eleitorais com igual proporção entre sexos, BayVerfGH, NVwZ-RR 2018, 457/461 e s.

176 Cf. E 96, 288/302 f; BVerfG, NJW 2005, 737; Straßmair, *Der besondere Gleichheitssatz aus Art. 3 Abs. 3 Satz 2 GG*, 2002, p. 178 e s.

O TEDH *NZS* 2017, 299/300 f [*Çam/Türkei*]) vai tendencialmente para além disso, quando avalia se a escola (superior) tomou medidas adequadas para tornar possível um estudo (superior) inclusivo (Uerpmann--Wittzack, *NZS* 2017, 301/302). Do art. 3º, n. 3, frase 2, da Lei Fundamental, decorre um direito das pessoas com deficiência a uma alteração das condições dos exames (compensação por desvantagem), mas não um direito à alteração do critério de avaliação do aproveitamento (proteção das notas). Mas o art. 3º, n. 3, frase 2, da Lei Fundamental autoriza uma proteção das notas, servindo neste aspeto como justificação do tratamento desigual em comparação com alunos sem deficiência (*BVerwGE* 152, 330/338). O art. 3º, n. 3, frase 2, da Lei Fundamental, deve ser também tomado em conta, no caso do controle da corresponsabilidade, a favor de um utente da via pública com deficiência (BVerfG, *NJW* 2016, 3013/3013 e s. e 3014/3014 e s. = *JK* 12/2016). Mas este artigo não exige qualquer desvio do princípio da imediação do procedimento oral quando uma parte no processo, que só consegue comunicar a partir de casa por meio de computador, pode exercer eficazmente os seus direitos através de um mandatário (BVerfG, *NZS* 2019, 379/380).

547. **b)** A **aptidão** e a **necessidade** de um tratamento desigual para se conseguir um fim legítimo têm de poder ser fundamentadas, sem que a diferença entre homem e mulher ou as marcas distintivas constantes do art. 3º, n. 3, tenham importância como critérios. Se uma tal fundamentação não for bem-sucedida, o tratamento desigual fracassa no art. 3º; no entanto, se for bem-sucedida, então ela subsiste em face do art. 3º, mesmo quando conduza a um tratamento jurídico diferente de, por um lado, homens e de, por outro lado, mulheres, de pessoas de diferente língua ou origem, de diferente convicção religiosa ou ideológica. "Diferenciações que assentam em outras diferenças da pessoa ou em diferenças de circunstâncias da vida não são tocadas pela proibição de diferenciação"[177].

548. **Exemplos:**

Uma lei do Estado federado da Renânia do Norte-Vestefália concedeu às mulheres com governo de casa próprio o direito a um dia útil

---

177   E 3, 225/241; 57, 335/342 e s.; cf. também E 128, 138/156 e s.

da semana (dia de trabalho doméstico) pago e isento de trabalho. O Tribunal Constitucional Federal, no seu acórdão *E* 52, 369, declarou como sendo incompatível com o art. 3º, n. 2, negar direito igual aos homens em igual situação. A regulação assentaria "apenas na conceção tradicional de que cabe à mulher cuidar do governo da casa" (376). Não se vê uma outra fundamentação que não se baseie na diferenciação entre homem e mulher nos seus papéis tradicionais. O mesmo é válido para a regulação segundo a qual as trabalhadoras não podem trabalhar de noite, diferentemente dos homens trabalhadores (*E* 85, 191/207 e s.); para uma regulação segundo a qual só as meninas têm aulas obrigatórias na disciplina de trabalhos manuais (VGH München, *NJW* 1988, 1405); para uma regulação segundo a qual só os homens são abrangidos pela obrigatoriedade de prestação de serviço como bombeiro (*E* 92, 91/109); e ainda para a regulação segundo a qual as mulheres, na compra de cosméticos, são privilegiadas na execução penal (BVerfG, *NJW* 2009, 661/661 e s.). Pelo contrário, deve ser admissível a norma contida num regulamento interno do exército federal alemão, segundo a qual só os homens, mas não as mulheres, são obrigados a usar cabelo curto. O Tribunal Administrativo Federal, num seu acórdão publicado em *BVerwGE* 149, 1/14 e s. (= *JK* 6/2015), justifica isso com a tradição que se desenvolveu entre os homens no exército e com o facto de esta norma poder afastar as mulheres do serviço no exército federal. Um argumento contra é que o art. 3º, n. 2, da Lei Fundamental, visa precisamente quebrar com estas tradições específicas em razão do sexo. Mas como direito constitucional colidente, o art. 3º, n. 2, frase 2, da Lei Fundamental, visa justificar uma limitação às mulheres do direito de voto para representantes para a igualdade de direitos de mulheres e homens (VerfG MV, *NordÖR* 2017, 533/534 e s.). Na medida em que a tarefa da realização da igualdade é estritamente dirigida à igualdade das mulheres, isto é no fim de contas acertado. O art. 3º, n. 2, frase 2, da Lei Fundamental, pelo contrário, não colide com o art. 3º, n. 3, frase 1, mas cria uma regulação especial para medidas, dirigidas ao grupo das mulheres, destinadas ao estabelecimento da igualdade individual de oportunidades, das quais pelo menos algumas podem necessariamente não ser reclamadas também por homens. – Nos controles de identidade feitos ao abrigo do direito de polícia não baseados em suspeita, a polícia não pode fundar-se na cor da pele (OVG Koblenz, *NJW* 2016, 2820/2827 e s. = *JK* 1/2017). Mas pode tomar como pretexto dos controles a delinquência elevada em determinados grupos-alvo, que se pode corroborar estatisticamente. Na medida em que isto se correlaciona com a cor da pele dos membros dos grupos, o Tribunal Superior de Münster (*NVwZ* 2018, 1497/1499 e s. = *JK* 3/2019; sobre a matéria, Schneider/Olk, *Jura* 2018, 936/942 e s.) considera haver aí um tratamento desigual por causa da raça, mas que seria, no entanto, justificado pelos bens constitucionais colidentes (cf. *E* 114, 357/364) das vítimas das infrações penais.

549. O Tribunal Constitucional Federal justifica regulações diferentes para homens e mulheres também com *"diferenças biológicas objetivas"*, isto é, com o facto de as leis resolverem problemas "que ocorrem, por natureza, ou só nos homens ou só nas mulheres"[178]. Isto tem importância para o tratamento jurídico desigual dos pais e permite privilegiar a mãe em face do pai, na medida em que ela suporta os ónus da gravidez, do parto e da amamentação. Mais convincente do que tomar em consideração as diferenças biológicas objetivas é tomar em consideração o art. 6º, n. 4, e a sua obrigação de proteção da mãe.

550. O art. 3º, n. 2, fala apenas da diferença entre homens e mulheres, e o art. 3º, n. 3, apenas faz referência a determinados traços distintivos. Não se fala da conduta que resulta da diferença ou das marcas distintivas. A admissibilidade de tal *conduta* também não se aprecia pelo art. 3º, mas pelos outros direitos fundamentais em cujos âmbitos de proteção cai a conduta. No entanto, se for admissível uma conduta em conformidade com os outros direitos fundamentais e se ela for a consequência, em certa medida natural, das circunstâncias referidas no art. 3º, n. 2 e 3, então, para a justificação de um tratamento desigual, não se pode recorrer a essa conduta, da mesma maneira que não se pode recorrer a estas próprias circunstâncias. Um tratamento desigual não se pode fundamentar com o discurso, e tão-pouco com a língua; nem com a conduta específica de uma classe social e tão-pouco com a

---

178 E 85, 191/207.

origem; nem com a expressão e com o exercício de uma ideologia política, e tão-pouco com a sua posse.

551. Exemplo:

O acesso igual ao serviço público não pode ser vedado a um candidato apenas com o fundamento de que ele tem não só uma convicção política inimiga da Constituição, mas com o facto de que também a manifesta e a põe em prática. Decisivo é saber se a manifestação e o exercício da ideologia designada como inimiga da Constituição estão cobertos pelos arts. 5º, 8º, 9º e 2º, n. 1, mas especialmente pelo art. 5º, e se estão de forma lícita limitados por uma lei, especialmente por uma lei geral, nos termos do art. 5º, n. 2. Se a manifestação e o exercício da ideologia forem livres, em conformidade com os referidos direitos de liberdade, também não podem ser tomados como fundamento de um tratamento desigual. Por parte do Tribunal Constitucional Federal, o entendimento é outro: "Não é razoável reportar a proibição prevista no art. 3º, n. 3, da Lei Fundamental não só ao simples 'ter' uma convicção política, mas também à manifestação e exercício desta conceção política" (*E* 39, 334/368). Mas com isto o Tribunal Constitucional apenas pretende tornar claro que a proibição do art. 3º, n. 3, não "é impeditiva" para o legislador, que limita licitamente a manifestação e o exercício de convicções políticas em conformidade com os direitos de liberdade (relativamente ao acesso igual ao serviço público, cf. n. m. 568 e s.).

552. c) Finalmente, devemos ter em consideração que, por meio de normas constitucionais especiais, são permitidas **exceções** às exigências previstas nos n. 2 e 3. Assim, o art. 117º, n. 1, permitiu que vigorasse o direito oposto ao art. 3º, n. 2 (sobretudo regulações do Código Civil Federal, como o direito do pai à última decisão sobre a educação dos filhos no caso de falta de acordo dos pais, e o nome do marido como nome do casal e da família) por um período transitório, que, "no entanto, não ultrapassasse o dia 31 de Março, de 1953". Hoje é ainda atual o art. 12a, n. 4, frase 2, segundo o qual só os homens podem ser obrigados ao serviço militar com arma[179].

---

179 BVerfG, *DVBl.* 2002, 772.

3. As exigências especiais do art. 6º

553. O art. 6º, n. 1, não impõe a melhor posição, mas proíbe a pior posição de casados em face de solteiros[180], de pais face a pessoas sem filhos[181] e do casamento e da família face a outras comunidades de vida e comunidades de educação[182]. Por meio da combinação do art. 3º, n. 1, em ligação com o art. 6º, n. 1, o Tribunal Constitucional Federal reforçou sobretudo a família no domínio do direito social e tributário[183]. Pelo contrário, o mesmo Tribunal aceita a concessão de privilégios ao casamento face a outras comunidades de vida, apenas mediante uma razão objetiva correspondente, por exemplo se para o setor de vida concreto interessar precisamente a constituição jurídica do casamento[184]. Mas como as distinções foram frequentemente justificadas apenas pela tradição, as razões objetivas só se encontrarão raramente, se é que esse é o caso. Se elas forem acompanhadas de uma preterição de uniões de facto de indivíduos do mesmo sexo que assumiram uma ligação formal nos termos da lei das uniões de facto, aplicam-se até exigências agravadas de justificação. Até à abertura do casamento a parceiros homossexuais (n. m. 749), a lei das uniões de facto quis abrir o caminho também a homossexuais para uma união de facto legalmente assegurada. As desigualdades de tratamento destas uniões em comparação com o casamento fundam-se na orientação sexual, estando, por conseguinte, sujeitas a exigências agravadas de justificação (n. m. 538). Por isso, o Tribunal Constitucional Federal considerou as preterições das uniões de facto, em comparação com os casamentos, como ingerência no art. 3º, n. 1, normalmente não justificável por meio do art. 6º, n. 1[185]. O facto de as uniões de facto de indivíduos do mesmo

---

180   E 76, 126/128 e s.; 87, 234/259.

181   E 87, 1/37; 103, 242/263 e s.; 112, 268/279.

182   E 67, 186/196; 99, 216/232; 107, 205/215; Seiler, *BK*, art. 6º, n. 1, n. m. 115 e s.; posição crítica, Kingreen, *Jura* 1997, 401/406 e s.

183   Kingreen, *JZ* 2004, 938 e s.

184   E 105, 313/348 e s.; 117, 316/325 e s.; BVerfG, *BeckRS* 2019, 7418, n. m. 61 e s.

185   Mas admitiu a inconstitucionalidade, por exemplo, v. Coelln, *NJW* 2018, 1/6 e s.; Ipsen, *NVwZ* 2017, 1096 e s.

sexo estarem, pelo nome que têm, equiparadas ao casamento em termos de direito ordinário (n. m. 748) é a conclusão lógica[186] desta linha jurisprudencial e torna clara a dinâmica desencadeada pela rejeição de um entendimento exclusivo da "proteção especial" do casamento exigido no art. 6º, n. 1. Mas o Supremo Tribunal Federal considera justificada uma diferenciação entre casamentos de indivíduos de sexos diferentes e de indivíduos do mesmo sexo no caso de presunção de paternidade nos termos do § 1592, n. 1, do Código Civil, porque a parceira homossexual da mãe não pode ser a progenitora física[187]. Também o direito da mãe à proteção e à assistência da comunidade, consagrado no art. 6º, n. 4, contém uma proibição de agravamento da posição das mães em relação às não mães[188].

554. Também o *art. 6º, n. 5*, contém não só um mandato ao legislador, mas também um princípio especial de igualdade. Desde que o Tribunal Constitucional Federal reconheceu a aplicabilidade imediata deste direito fundamental[189], aplica-se ao nascimento de uma criança que seja filha de pais casados ou não entre si o mesmo que é aplicável à qualidade de ser homem ou mulher (art. 3º, n. 2) e às marcas distintivas previstas no art. 3º, n. 3: essa aplicabilidade não se presta como fundamento justificativo de tratamentos desiguais[190]. Entretanto, o legislador eliminou consideravelmente as diferenças quanto à posição jurídica entre filhos de pais casados entre si e não casados entre si; dessa medida faz parte também o facto, como foi exigido pelo Tribunal Constitucional Federal[191], de já não se distinguirem os direitos a alimentos de cônjuges casados e não casados, que servem para a assistência a um filho. Todavia, o Tribunal aprovou a exclusão do direito suces-

---

186 BGH, NJW 2019, 153/154 e s.

187 BGH, NJW 2019, 153/154 e s.

188 E 44, 211/215; cf. Aubel, *Der verfassungsrechtliche Mutterschutz*, 2003; Seiler, BK, art. 6º, n. 4, n. m. 45 e s.

189 E 25, 167/178 e s.

190 Cf. E 74, 33/38 e s.; 85, 80/87 e s.

191 E 118, 45/62 e s.

sório dos filhos ilegítimos nascidos antes de 1 de julho de 1949[192]; é incompreensível que o Tribunal considere estar em concordância com a jurisprudência do TEDH, porque o TEDH considera entretanto, em jurisprudência constante, que são uma violação do art. 14º da CEDH todas as desigualdades de tratamento de direito sucessório de filhos nascidos fora do casamento[193].

4. As exigências especiais nos direitos políticos

555. a) O art. 38º, n. 1, frase 1, prescreve para a eleição dos deputados ao Parlamento Federal Alemão, entre outras coisas, a **universalidade e a igualdade do voto** (para outras imposições do art. 38º, n. 1, frase 1, e para o seu âmbito de aplicação, cf. n. m. 1197 e s.).

556. Universalidade significa igual *capacidade* de todos os cidadãos alemães (cf. n. m. 168) de elegerem e de serem eleitos. A universalidade do voto é, pois, um caso especial da igualdade de sufrágio eleitoral. Esta significa, além disso, para o direito de voto ativo, igual *valor numérico* (*"one man, one vote"*) e igual *valor de resultado* (cada voto tem de merecer igual consideração na conversão dos votos na distribuição dos assentos parlamentares); para o direito de voto passivo, significa *igualdade de oportunidades* de todos os candidatos. Para todos os eleitores e para os candidatos, igualdade de direito de sufrágio significa, além disso, direito a um procedimento de controlo eleitoral[194].

557. Durante muito tempo, o Tribunal Constitucional Federal entendeu o princípio da igualdade de direito de sufrágio, previsto no art. 38º, n. 1, frase 1, como "caso de aplicação do princípio da igualdade em geral"; entretanto, vê nele uma "manifestação, regulada em lei especial, da igualdade dos cidadãos, garantida de uma forma geral pela Lei Fundamental no seu art. 3º, n. 1", em face da qual um recurso ao

---

192 BVerfG, NJW 2013, 2103/2104 e s.

193 TEDH, n. 59752/13 e 66277/13, n. m. 57 e s. (*Wolter e Sarfert/Deutschland*); vgl já TEDH, NJW-RR 2009, 1603/1604 e s. (*Brauer/Deutschland*) e TEDH, NJW-RR 2014, 645/646 e s. (*Fabris/Frankreich*).

194 E 85, 148/158 e s.

art. 3º, n. 1, não é necessário nem sequer possível[195]. A consequência disto é já não se poder recorrer ao Tribunal Constitucional Federal, com base no art. 3º, n. 1, contra violações do princípio da igualdade do direito de sufrágio previsto no art. 28º, n. 1, frase 2, e nas suas manifestações especiais da lei estadual. Sem alterações, o princípio da igualdade do direito eleitoral exige um *tratamento formalmente igual do ponto de vista aritmético* e deixa ao legislador "apenas uma estreita margem de manobra para diferenciações... Estas precisam aqui sempre de um fundamento obrigatório para a sua justificação"[196].

558. Esta margem de manobra estreita do legislador, e naturalmente também da Administração, significa, por sua vez, um *agravamento do ónus de justificação ou de fundamentação.* Este agravamento tem, no esquema de controlo e de justificação atrás referido, o efeito de:

– limitação a poucos fins a prosseguir; e

– critério estrito da aptidão e da necessidade.

559. Exemplos:

A *universalidade* é quebrada pela exigência de se estar domiciliado no território onde ocorrem as eleições (§ 12, n. 1, alínea 2, do BWahlG). Embora no caso de cidadãos alemães residentes no estrangeiro se possa exigir uma certa familiaridade com os problemas políticos da República Federal da Alemanha, a exigência de uma estadia de três meses no país (§ 12, n. 2, frase 1, do BWahlG) numa data qualquer não é adequada para se alcançar este objetivo, porque, por um lado, se abrangem pessoas em quem esta familiaridade já não se pode garantir (por exemplo, pessoas que só estiveram na Alemanha enquanto menores de idade), mas porque, por outro lado, se excluem pessoas, em relação às quais se pode partir dessa familiaridade requerida, mesmo sem a estadia de três meses, como por exemplo trabalhadores fronteiriços (*E* 132, 39, n. m. 35 e s.; Felten, *DÖV*, 2013, 466; Germelmann, *Jura*, 2014, 310). Também a exclusão geral do direito de voto em relação a pessoas necessitadas de acompanhamento em todos os assuntos e em

---

195   E 99, 1/10.

196   E 82, 322/338; 95, 408/418 e s.; 129, 300/320.

relação a delinquentes internados em virtude de inimputabilidade viola o princípio da universalidade do sufrágio; essa exclusão é lícita apenas em relação a pessoas que tipicamente não dispõem da capacidade de participação no processo de comunicação democrático (TCF, *NJW* 2019, 1201/1203 e s. = *JK* 7/2019; sem esta limitação relativamente a uma violação do art. 29º do BRK: Comissão das Nações Unidas para o Direito do Deficientes [*DÖV* 2016, 613], posição concordante, Uerpmann--Wittzack, *DÖV* 2016, 608 e s.), o que obriga os tribunais alemães pelo menos à conveniente tomada em consideração (n. m. 65). – A *igualdade* eleitoral é quebrada pela cláusula de bloqueio dos 5% (p. ex., § 6º, n. 3, do BWahlG). Os votos que foram dados a favor dos partidos que não são considerados nos termos desta cláusula não têm o mesmo valor final que os restantes votos. Este tratamento desigual é justificado com o facto de ele ser absolutamente necessário para a garantia da capacidade de funcionamento do Parlamento, nas condições de escrutínio proporcional que – afirma-se – favorece o surgimento de pequenos partidos (cf. *E* 51, 222/235 e s.; 95, 408/419 e s. numa perspetiva crítica, Meyer, *Hdb. StR3* III, § 46 n. m. 36; fazendo a distinção para as eleições autárquicas, cf. *E* 120, 82/110 e s.; cf. Krajewski, *DÖV* 2008, 345 e, por outro lado, também a introdução de um voto eventual não oferecerá qualquer meio mais suave em virtude das repercussões complexas sobre a clareza, igualdade e imediação do sufrágio – *E* 146, 327, n. m. 76 e s., 80 e s.). Em relação às eleições para o Parlamento Europeu, a cláusula dos 3% será, pelo contrário, inconstitucional (E 129, 300/324 e s.; 135, 259, n. m. 68 e s.), porque o Parlamento Europeu não seria afetado na sua função mesmo sem a cláusula de bloqueio (na medida em que a decisão se funda no menosprezo pela função democrática do Parlamento Europeu, posição crítica, com razão, Geerlings/Hamacher, *DÖV* 2012, 671/677; Grzeszick, *NVwZ* 2014, 537/539 e s.; Schönberger, *JZ* 2012, 80/82 e s.; Wernsmann, *JZ* 2014, 23 e s.). – A ponderação desigual do valor do resultado dos votos expressos, que estaria ligada a um sistema eleitoral maioritário, é considerada em princípio legítima pelo Tribunal Constitucional Federal (*E* 95, 335/349 e s.; 121, 266/296; posição crítica, Morlok, *DR*, art. 38º, n. m. 106), com base na sua premissa de que é deixada à escolha do legislador a decisão entre o sistema eleitoral maioritário e o sistema eleitoral proporcional (art. 38º, n. 3: "os pormenores" cf. Dengenhart, *StR I*, n. m. 74 e s.). O Tribunal Constitucional Federal aceita a cláusula de mandatos fundamentais[197] (*E* 95, 408/420 e s.; numa perspetiva crítica, Roth, *UC*, art. 38, n. m. 72, 98 e s.), mas só aceita a regulação de mandatos diretos adicionais (Überhangmandatsregelung)[198] se ela se mantiver dentro do "plano de uma representação proporcional". Isso já não se verifica no caso de obtenção de mandatos diretos adicionais na proporção de mais de metade do efetivo do grupo parlamentar (*E* 131, 316/365 e s.). Também o legislador está obrigado a desenhar os círculos eleitorais de modo a que se evitem quanto possível os mandatos diretos adicionais (*E* 130, 212/226). É inconstitucional o efeito de um peso negativo dos votos, pelo qual o segundo voto de um eleitor se traduz, na distribuição de votos, em prejuízo do partido mais votado (*E* 121, 266/294 e s.; *E* 131, 316/354 e s., sobre a inconstitucionalidade da chamada conversão dos votos restantes, que devia ter compensado o efeito do peso negativo dos votos).

560. Às exigências especiais são, uma vez mais, admitidas *exceções* por via de normas constitucionais especiais. Deste modo, o art. 38º, n. 2, prevê uma quebra da universalidade do sufrágio, ao permitir que

---

197 N. T.: Esta cláusula, prevista no § 6 VI 1 da Lei Eleitoral Federal, permite a um partido, mesmo que não tenha atingido o mínimo de 5% dos votos expressos no círculo eleitoral, entrar para o Parlamento com a sua quota-parte de votos, no caso de ter conquistado um lugar em pelo menos três círculos eleitorais.

198 N. T.: Um "Überhangmandat" é um mandato direto alcançado por um partido para além dos assentos parlamentares que lhe competem, de acordo com o direito de sufrágio proporcional, isto é, se por exemplo nas eleições para o Parlamento Federal metade dos deputados é eleito por escrutínio maioritário nos círculos eleitorais e se a distribuição dos lugares no Parlamento pelos partidos é efetuada segundo a proporção dos votos obtidos pelas listas, pode suceder que um partido alcance mais lugares por meio dos círculos eleitorais do que aqueles que lhe cabem com base nos votos por lista. A Überhangmandatsregelung é, assim, uma norma em que se refletem as consequências da combinação do escrutínio proporcional com o escrutínio maioritário, quando uma lista de candidatos obtém mais primeiros votos (*Erststimmen* – votos que os eleitores dão a um candidato ao Parlamento no seu círculo eleitoral) do que segundos votos (*Zweitstimmen* – votos que os eleitores dão à lista estadual de um partido nas eleições para o Parlamento). Esse sistema, por favorecer os partidos mais votados, tem sido muito criticado, mas o Tribunal Constitucional Federal já o declarou conforme à Lei Fundamental (art. 38 I 1), não violando, pois, o princípio da igualdade de voto.

o direito de voto se adquire apenas quando se atinge a idade de 18 anos. O princípio da homogeneidade estabelecido no art. 28º, n. 1, frase 2, não impede os Estados federados de autorizar a participação de menores de idade nas eleições municipais e para o parlamento do Estado federado[199]. Outras exceções estão estabelecidas no art. 137º, n. 1, para os funcionários públicos[200].

561. b) O Tribunal Constitucional Federal alargou estas exigências especiais de justificação jurídico-constitucional do direito de voto, como direito da formação da vontade política, também "ao período anterior à formação da opinião política" e falou, em geral, do "princípio da igualdade formal, que domina o exercício dos direitos políticos na democracia livre"[201]. No entanto, o imperativo do tratamento formalmente igual, numa perspetiva aritmética, só se pode aplicar, tratando-se da preparação eleitoral e da formação da opinião política, se as oportunidades, os tempos de antena, os *placards* de cartazes e os privilégios tributários também forem repartidos aritmeticamente. Mesmo nesse caso, o imperativo da igualdade tem de sofrer modificações: o art. 38º, n. 1, frase 1, atribui a cada voto o mesmo peso no ato orgânico-estatal das eleições; pelo contrário, a preparação das eleições e a formação da vontade política têm lugar na sociedade, e aqui os direitos de liberdade permitem que os cidadãos, grupos e partidos políticos possam conseguir uma atenção e crédito com diferente expressão. O Estado retiraria a esta liberdade o seu benefício e aos direitos de liberdade o seu significado, se praticasse um tratamento formalmente igual no sentido da ingerência niveladora.

562. O Tribunal Constitucional Federal tomou isto absolutamente em conta na sua ampla jurisprudência sobre a *igualdade de oportunidades dos partidos políticos*, que continua a ver radicada essencialmente no art. 3º, n. 1[202]. É certo que para tratamentos desiguais o referido

---

199   BVerwGE 162, 244/246 e s. (= JK 3/2019).

200   Cf. E 98, 145/160 e s.

201   E 8, 51/68 e s.; 69, 92/107; 82, 322/337 e s.; 120, 82/104.

202   Cf. E 99, 69/79; 121, 108/121.

Tribunal exige fundamentos especiais "obrigatórios"[203], mas não exige a este respeito uma "igualdade esquemática" formal; satisfaz-se com uma igualdade "escalonada", com uma igualdade "proporcional".

563. Exemplos:

O § 5º, n. 1, do PartG determina que, entre outras coisas, na distribuição dos tempos de antena para a campanha eleitoral por parte das instituições de radiodifusão de direito público, todos os partidos "devam" ser tratados por igual. A distribuição pode, no entanto, "ser escalonada..., consoante a importância dos partidos. Esta mede-se, em especial, também pelos resultados de eleições anteriores para as assembleias representativas". No fundo, esta norma corresponde à jurisprudência do Tribunal Constitucional Federal (*E* 14, 121/134 e s.; opinião diferente, Lipphardt, *Die Gleichheit der politischen Parteien vor der öffentlichen Gewalt*, 1975): um tratamento igual formal retiraria aos partidos a importância que eles próprios conquistaram na sociedade.

564. A ancoragem normativa da igualdade de oportunidades dos partidos políticos no art. 3º, n. 1, feita pela jurisprudência do Tribunal Constitucional Federal tem ainda um fundamento *processual*: as violações do poder público ao art. 21º, que não é ele próprio um direito fundamental ou um direito equiparado a um direito fundamental, podem ser deste modo levadas ao Tribunal Constitucional Federal pelos partidos pela via do procedimento do recurso constitucional. Pelo contrário, se na colaboração na formação da vontade do Estado um partido, no seu papel especial, que não cabe a outros grupos ou associações sociais, entrar em conflito com órgãos constitucionais, o Tribunal Constitucional Federal não o considera (o partido) como uma pessoa qualquer no sentido do art. 93º, n. 1, alínea 4a, mas como um órgão quase constitucional e reconhece-lhes a capacidade de ser parte no procedimento de litígio entre órgãos (art. 93º, n. 1, alínea 1)[204].

---

203   E 82, 322/338; E 111, 382/398; 121, 108/122.

204   E 84, 290/298; 85, 264/284; Maurer, JuS 1992, 296.

5. As exigências especiais no âmbito dos direitos e deveres cívicos

565. a) Comparado com o art. 3º, o **art. 33º, n. 1**, é especial num duplo sentido: não garante a igualdade em geral, mas direitos e deveres *cívicos* iguais; por outro lado, não os garante a todas as pessoas, mas aos *cidadãos alemães*. Neste caso, o conceito de cidadão alemão define-se nos termos do art. 116º; e o conceito de direitos e deveres cívicos entende-se em sentido lato, compreendendo "a relação jurídica global do cidadão com o Estado", indo do direito de voto aos deveres tributário e de prestação de serviços[205]. O art. 12º, n. 2, (cf. n. m. 996 e s.) é especial relativamente ao dever de prestação de serviços. Como exceção relativamente ao art. 33º, n. 1, devemos ter em conta o art. 36º, que por sua vez é mais especial.

566. O art. 33º, n. 1, não substitui o art. 3º, n. 2 e 3, mas complementa-o. Este *complemento* reside no facto de, ao lado das proibições de fundamentação e de justificação constantes do art. 3º, n. 2 e 3, surgir uma outra proibição de fundamentação e de justificação: o facto de um alemão ser natural de um Estado federado não pode ser fundamento para um outro Estado federado o tratar de uma maneira diferente dos seus naturais; o facto de um alemão vir de fora da República Federal da Alemanha não pode ser motivo para o tratar de modo diferente daquele que é originário da República Federal da Alemanha. Porém, com isto não está, uma vez mais, excluído o facto de uma regulação atingir os diferentes alemães de modo diferente (cf. n. m. 517). Em contrapartida, é apreciado de maneira diferente o que deve constituir a qualidade de natural de um Estado federado. Do ponto de vista histórico, a correspondente regulação constante do art. 110º, n. 2, da Constituição da República de Weimar foi baseada na pertença a um Estado federado. Como atualmente já não existe uma pertença formal a um Estado federado, ficou resolvida a disposição, segundo um entendimento estrito[206].

---

205 Badura, *MD*, art. 33º, n. m. 6, 9.

206 Cf. *E* 134, 1, n. m. 54 e s., que afere uma diferenciação das taxas estudantis segundo o domicílio estadual, não pelo art. 33º, n. 1, da Lei Fundamental, mas pelo art. 12º em ligação com o art. 3º, n. 1.

Segundo um entendimento mais lato, tomam-se por base, para a qualidade de natural de um Estado federado, pontos de partida fatuais como o nascimento, o domicílio ou a formação[207].

567. Exemplo:

O facto de se estar domiciliado no Estado federado como pressuposto do direito de voto para o Parlamento do Estado federado (cf., por exemplo, o § 1, alínea 3, do nwWahlG) leva a que aquele que se mudou, pouco tempo antes da eleição, dentro do Estado federado possa votar, enquanto aquele que pouco tempo antes da eleição veio do exterior do Estado federado não possa votar. Ainda que a recusa do direito de voto não atinja, na maior parte das vezes, os naturais do Estado federado e afete os que não são naturais do Estado federado, ela é legítima (opinião diferente, Sachs, *AöR* 1983, 68/89). A fundamentação de apenas o facto de se estar domiciliado vir proporcionar a necessária proximidade aos problemas políticos de um Estado federado e permitir o exercício pleno de sentido dos direitos políticos (cf. n. m. 559), não se orienta pela qualidade de ser natural do Estado federado. Do grupo de comparação que, pouco tempo antes da eleição, veio de fora estabelecer-se no Estado federado também fazem parte, afinal, os naturais dele que anteriormente o tinham abandonado.

568. b) O art. 33º, n. 2, contém, mais uma vez e adicionalmente, proibições de fundamentação e de justificação. Na atribuição de um *cargo público* não nos podemos basear apenas nem nas circunstâncias previstas no art. 3º, n. 2 e 3, nem na questão de se o candidato é natural do Estado federado ou proveniente da República Federal da Alemanha – diferentemente dos cidadãos alemães de fora da República Federal da Alemanha. Na atribuição nada mais pode contar para além da aptidão, da qualificação e da capacidade técnica do candidato (o chamado princípio da escolha dos melhores)[208]. São compatíveis com estes aspetos e também com o direito europeu da não discriminação (n. m.

---

207 Brosius-Gersdorf, *DR*, art. 33º, n. m. 65 e s.; Jarass, *JP*, art. 33º, n. m. 4.

208 Sobre a modificação do princípio, na nomeação de juiz federal pelo art. 95º, n. 2, da Lei Fundamental, *NJW* 2016, 3425/3426 e s.

79) os limites de idade para cargos públicos, na medida em que eles servem para a apreciação tipificante da capacidade de desempenho[209] ou para outros fins que, como o princípio do tempo de vida ou o da pensão de alimentos, possuem eles próprios categoria constitucional por via do art. 33º, n. 5[210]. Apesar disso, estas proibições de fundamentação e de justificação não estão lado a lado, mas interpenetram-se: por seu lado, a aptidão, a qualificação e a capacidade técnica não podem ser fundamentadas com pontos de vista que são desaprovados nos termos do art. 3º, n. 2 e 3, e do art. 33º, n. 1[211], ou que são incompatíveis com a proteção jurídico-fundamental da liberdade[212]. Isto também não é evidente no caso do conceito de capacidade técnica, que se reporta a conhecimentos técnicos, a faculdades técnicas e à garantia técnica, e no caso do conceito de qualificação, que significa talento, conhecimentos gerais e experiência da vida; mas é-o no caso da aptidão, que abarca a pessoa na sua plenitude, com as suas qualidades físicas, psíquicas e de caráter[213]. Neste caso, o elemento da aptidão também tem uma componente prognóstica em relação ao futuro cumprimento de funções. Para este prognóstico podem ser também importantes potenciais conflitos de interesses, que resultam de relações de colaboração entre chefes e colaboradores[214].

569. Exemplo:

O Tribunal Constitucional Federal e a doutrina dominante incluem na aptidão também a fidelidade à Constituição, que não existirá se alguém pertencer a um partido inimigo da Constituição (*E* 39, 334/348 e s.; BVerfG, *NVwZ* 2002, 848). Neste caso, inimizade à Constituição significa algo diverso de inconstitucionalidade: sobre esta última, só o Tribunal Constitucional Federal pode decidir, nos termos do art. 21º, n. 2, frase 2; sobre a primeira, é o ente dotado de autonomia

---

209 Tribunal Constitucional Federal, NVwZ 2013, 1540/1541 e s. = JK 2/2014.

210 *E* 139, 19, n. m. 78 e s.

211 Brosius-Gersdorf, *DR*, art. 33º, n. m. 95.

212 *E* 108, 282/296, 307.

213 *E* 92, 140/151; BVerfG, NVwZ 2009, 389.

214 Tribunal Constitucional Federal, NVwZ 2016, 59/61.

quanto ao pessoal, ou o tribunal que controla a decisão daquele ente que deve poder decidir. Este entendimento de aptidão ou de fidelidade à Constituição é incompatível com o art. 3º, n. 3, que proíbe discriminações por razões de ideologia política: por força da Constituição, a posição política de cada partido goza da mesma liberdade, enquanto o Tribunal Constitucional Federal não tenha decidido nos termos do art. 21º, n. 2, frase 2; só quando o Tribunal Constitucional Federal tiver decidido, se poderão ligar consequências jurídicas negativas à posição política de um partido ou à correspondente convicção política de um cidadão. O Tribunal Constitucional Federal e a doutrina dominante tentam furtar-se a esta consequência, invocando o art. 33º, n. 4 e 5, e a figura dogmática da democracia dos conflitos: desde sempre que a relação de função pública, como relação de fidelidade, exige – sustentam – uma identificação especial do funcionário público com o Estado e com a Constituição; isto aplica-se sobretudo na democracia dos conflitos da Lei Fundamental. Mas o entendimento da relação de função pública como relação de fidelidade oscila na história, e a conflitualidade da democracia está precisamente limitada no art. 21º, n. 2, frase 2, pelo monopólio de decisão do Tribunal Constitucional Federal (cf., para mais pormenores, Pieroth/Schlink, *JuS* 1984, 345; Schlink, *Staat* 1976, 335, com outras indicações). – A posterior jurisprudência do Tribunal Constitucional Federal sobre os despedimentos especiais dos membros do Serviço Público da ex-RDA já não fala de fidelidade à Constituição, mas, de uma maneira mais discreta, de "capacidade e disponibilidade interna para prosseguir funções de serviço segundo os princípios da Constituição, para defender especialmente os direitos de liberdade dos cidadãos e para observar as regras do Estado de direito" (*E* 96, 152/163; sobre este assunto, cf. Will, *NJ* 1997, 513; mas cf. *BVerwGE* 160, 370/371).

570. Mais uma vez se aplica a ideia de que as proibições de fundamentação e de justificação não são violadas pelo facto de ser o homem, em vez da mulher, o alemão residente na RFA, em vez do alemão residente no estrangeiro, o protestante, em vez do católico, a receber o cargo. Decisivo é precisamente o facto de não ser aqui que reside a fundamentação. O Tribunal Constitucional Federal sustenta a opinião de que deveria "ser óbvio" que, por exemplo, a função de direção de uma escola de meninas seja exercida por uma mulher[215]. Mas óbvio é que o não é. Não é por se tratar de uma escola de meninas e por a candidata ser uma mulher que o cargo lhe pode ser atribuído, mas apenas se as funções de direção puderem ser, do ponto de vista pedagógico e disciplinar, especialmente bem cumpridas precisamente por ela. Se um homem cumprir melhor essas funções, merecerá a preferência[216].

571. Segundo a doutrina dominante, desde sempre o princípio do Estado social e actualmente o art. 3º, n. 3, frase 2, exigem *exceções* para portadores de deficiência[217]. Isto parece ser questionável: pode-se concordar com o princípio do Estado social ou com o art. 3º, n. 3, frase 2, e com o art. 33º, n. 2, se os portadores de deficiência forem apoiados de maneira a serem tão qualificados para determinadas funções segundo a aptidão, a qualificação e capacidade técnica como os seus concorrentes não portadores de deficiência[218]. Pelo contrário, o facto de os funcionários que exercem cargos políticos poderem ser a todo momento aposentados interinamente justifica-se pelo facto de no sistema de governo parlamentar as convicções políticas dos funcionários de topo fazerem parte da sua aptidão[219].

572. c) O art. 33º, n. 3, *repete* proibições de fundamentação e de justificação já discutidas e é, por seu turno, em parte, mais uma vez repetido no art. 140º, em ligação com o art. 136º, n. 2, da Constituição Imperial de Weimar. Foi incluído no art. 33º por razões históricas e sistemáticas: a irrelevância das diferenças religiosas e confessionais, especialmente conflituosas do ponto de vista histórico, havia de ser evidenciada, mais uma vez, claramente, no contexto sistemático do posicionamento dos direitos e deveres cívicos, e a proibição do favorecimento confessional e da representatividade confessional no serviço público havia de ser especialmente acentuada. No fundo, o art. 33º,

---

215 *E* 39, 334/368.
216 Neste sentido, também Höfling, *BK*, art. 33º, n. 1 a 3, n. m. 328.
217 Cf. Jarass, *JP*, art. 33º, n. m. 21; Brosius-Gersdorf, *DR*, art. 33º, n. m. 122.
218 Cf. Schmidt-Aßmann, *NJW* 1980, 16.
219 Cf. BVerfG, *NVwZ* 1994, 477; Bracher, *DVBl.* 2001, 19.

n. 3, é supérfluo, a par das outras proibições de fundamentação e de justificação, mas sempre é *mais especial* do que elas. Por isso, casos e problemas pertinentes devem ser controlados em primeiro lugar com a ajuda deste preceito[220].

573. Exemplos:

Com base numa concordata entre a Santa Sé e o Estado Livre da Baviera, este mantém em várias universidades as chamadas cadeiras da concordata: de filosofia, sociologia e pedagogia, "contra cujos titulares não se pode apresentar qualquer reclamação a respeito do seu ponto de vista católico-eclesiástico". No entanto, o bispo diocesano competente tem um poder de consentimento. Para o candidato a um tal cargo público a quem a admissão seja negada por causa de uma reclamação a respeito do seu ponto de vista católico-eclesiástico, o art. 33º, n. 3, é *lex specialis* relativamente ao art. 3º, n. 3, e ao art. 33º, n. 2. Aqui verifica-se um tratamento desigual em virtude da confissão religiosa; não é evidente uma justificação jurídico-constitucional (F. Müller, *DuR* 1976, 175; Korioth, *MD*, art. 140º em ligação com o art. 136º da Constituição Imperial de Weimar, n. m. 70; opinião diferente, Höfling, *BK*, art. 33º, n. 1 a 3, n. m. 416 e s.). – No caso de colocação de um professor numa escola interconfessional, o facto de os alunos pertencerem a uma confissão não pode conduzir a uma tomada em consideração do facto de o candidato pertencer a uma confissão (*BVerwGE* 81, 22/24 e s.).

IV. Consequências de uma violação da igualdade

1. Violação da igualdade pelas leis, pelos regulamentos jurídicos e pelos regulamentos autónomos

a) Generalidades

574. Um tratamento desigual anticonstitucional tem *consequências diferentes* de uma ingerência inconstitucional num direito à liberdade. A ingerência no direito de liberdade tem de ser simplesmente

---

220 Jachmann-Michel/Kaiser, *MKS*, art. 33º, n. m. 24b.

suprimida; o cidadão tem de voltar a entrar no gozo da liberdade em que estava sem a ingerência. Pelo contrário, o tratamento desigual de dois grupos pode ser solucionado de modo diferente: um grupo pode ser tratado como o outro e este pode ser tratado como o primeiro e ambos podem ser tratados de um terceiro modo diferente.

575. Estas diferentes possibilidades de solucionar um tratamento desigual existem tanto no caso de um cidadão se opor a um ónus que o afete de modo desigual face a outros, como no caso de ele pretender um *favorecimento*, que lhe é negado de modo desigual face a outros. Não obstante, pode fazer diferença o facto de se um cidadão se opõe a um ónus ou pretende um favorecimento. Esta diferença assenta na interação entre legislação e jurisprudência.

576. – Se um cidadão se opõe a um ónus que está consignado numa norma jurídica que viola o princípio da igualdade em relação a si ou ao seu grupo, os tribunais podem anular a norma jurídica e assim eliminar o ónus.

577. – Se um cidadão pretender obter um *benefício* que está consignado numa norma jurídica que viola o princípio da igualdade relativamente a um outro grupo, os tribunais não lhe podem proporcionar o benefício através da anulação da norma jurídica. Se a norma jurídica for anulada, o outro grupo não recebe, é certo, o benefício, mas o cidadão também não o recebe. Apenas quando, excecionalmente, uma norma jurídica atribui o benefício a todos os cidadãos e uma outra norma jurídica exclui um grupo de cidadãos do benefício é que se pode proporcionar ao grupo de cidadãos o benefício através da anulação desta outra norma jurídica[221].

578. No sistema de separação de poderes da Lei Fundamental, a jurisprudência pode, em princípio, agir *de forma cassatória*, mas não de forma conformadora em face do legislador. E mesmo nos casos em que ela pode agir de forma cassatória – em regra, no caso de regulações que contêm ónus, mas excecionalmente no caso de regulações de exclusão de favorecimentos – a jurisprudência do Tribunal Constitucional Federal orienta-se pela *reserva*. É que a cassação contém ainda assim um fa-

---

221   E 22, 349/360.

tor conformador: a cassação materializa uma possibilidade de anulação do tratamento desigual, embora também haja outras possibilidades. O Tribunal Constitucional Federal renuncia à sua reserva, quando ele próprio adota uma regulação transitória até à entrada em vigor de uma nova regulação legal, à qual o Tribunal se vê obrigado, se sem ela se verificar uma insegurança jurídica insuportável[222].

b) Benefício não concedido em condições de desigualdade

579. Só com especial reticência é que o Tribunal Constitucional Federal está disponível para *alargar* a outro grupo um *benefício* que uma norma jurídica reserva ao primeiro grupo. A reticência especial corresponde ao fator de conformação especial que é inerente a um tal alargamento: ao alargar o benefício, o Tribunal Constitucional Federal integra uma "lacuna da lei"[223] e cria a conformação no ponto em que legislador precisamente deixou de conformar. O Tribunal Constitucional Federal só se considera legitimado para integrar uma tal lacuna da lei, quando se verifiquem *dois pressupostos*:

580. – Se um *mandato constitucional* ou uma outra norma constitucional exigir um determinado tratamento favorável do cidadão e o legislador tiver privado deste tratamento, de maneira contrária à igualdade, um grupo de cidadãos, o benefício pode ser alargado a este grupo de cidadãos[224]. No entanto, isto já resulta diretamente do mandato constitucional ou da outra norma constitucional.

581. – Se o legislador, como acontece no direito da função pública e no direito social, tiver criado um *sistema de normas* complexo e se pretender ater-se a ele de uma maneira percetível e o sistema de normas só permanecer *consequente e harmónico* quando um benefício se alargar a um grupo que foi ignorado, então este alargamento pode também ser efetuado pelo Tribunal Constitucional Federal[225].

---

222   Cf. E 84, 9/20 e s.

223   E 22, 349/360.

224   E 22, 349/361; Dürig/Scholz, MD, art. 3º, n. I, n. m. 282.

225   E 103, 225/238 e s.; cf. também BVerwGE 101, 113/118 e s.

582. Se estes pressupostos para um alargamento do benefício não se verificarem, o Tribunal Constitucional Federal limita-se a constatar a *inconstitucionalidade* da exclusão do benefício, sem declarar nula a norma[226]. Simultaneamente, exorta o legislador, de maneira explícita ou implícita, a que restabeleça uma situação jurídica conforme à Constituição. Para além disso, impõe em certa medida ao legislador um prazo, dentro do qual a situação jurídica inconstitucional terá de ser reparada[227].

583. Exemplo:

Em relação à Lei do Estado da Renânia do Norte-Vestefália sobre o dia semanal de trabalho doméstico (cf. n. m. 548), o Tribunal Constitucional Federal sustentou que ela seria "incompatível com o art. 3º, n. 2, da Lei Fundamental, na medida em que o dia de trabalho semanal é concedido a trabalhadores do sexo feminino – mas não aos trabalhadores do sexo masculino – que vivam sós e com governo de casa próprio" (*E* 52, 369/370). O acórdão de um tribunal de trabalho baseado na norma inconstitucional é anulado pelo Tribunal Constitucional Federal com remissão para a instância anterior: "Se (o tribunal de trabalho) suspender o seu procedimento, é deixada em aberto ao recorrente a oportunidade de participar num eventual alargamento pelo legislador do direito ao dia de trabalho doméstico" (*ibid.*).

584. A mesma reserva que o Tribunal Constitucional Federal observa no alargamento de um benefício, considera-a como conveniente também no caso da cassação de uma *exclusão de um benefício*. Efetivamente, na sua perspetiva, a mesma vontade do legislador teve num e no outro caso apenas uma expressão técnico-legal diferente; no fundo, verifica-se em ambos os casos a mesma lacuna da lei[228].

c) Ónus imposto de forma desigual

585. Desde o início da sua jurisprudência que o Tribunal Constitucional Federal considera que também uma norma jurídica que one-

---

226 Cf., para mais pormenores sobre essa variante de decisão, Schlaich/Korioth, *BVerfG*, n. m. 394 e s.

227 Cf. E 82, 126/155.

228 E 22, 349/360 e s.

ra de forma desigual só é nula quando "não restam dúvidas de que o legislador teria mantido a demais regulação legal mesmo sem a parte inconstitucional"[229]. Além disso, embora não referido pelo Tribunal Constitucional Federal, o primeiro dos dois pressupostos do alargamento de um benefício é também aqui pertinente: um tratamento desigual pode ser cassado como nulo, se uma norma constitucional proibir precisamente este ónus.

586. Se *não* se verificarem estes pressupostos de cassação, fica também excluída a verificação da inconstitucionalidade, dado que isto equivaleria na prática a uma cassação: de uma maneira ou de outra, o ónus já não poderia ser imposto ao cidadão. No caso do benefício desigual, a solução é diferente: se ele fosse casssado por ser nulo, já nenhum cidadão poderia usufruir dele; se apenas se constatar a sua inconstitucionalidade, no caso de excluir um grupo do benefício, pode-se continuar a conceder o benefício ao outro grupo, pois o resultado de já não ser concedido o benefício também ao outro grupo poderia ser conseguido por simples declaração da nulidade, em vez da constatação da inconstitucionalidade[230]. Assim, o Tribunal Constitucional Federal, sempre que não pode cassar, com fundamento em nulidade, o ónus desigual, declara a nulidade de toda a regulação[231].

d) Resumo

587. Devemos distinguir as seguintes situações e consequências, nas quais ou com as quais o princípio da igualdade protege o cidadão contra uma norma jurídica que o afeta de uma maneira desigual:

– o cidadão fica livre de um ónus que o atinge com violação do princípio da igualdade: é nula ou a regulação parcialmente onerosa, ou a regulação onerosa na sua plenitude;

– o cidadão torna-se participante num benefício que lhe é negado com violação do princípio da igualdade, no caso de tal ser exigido

---

229 E 4, 219/250.

230 Opinião diferente, Heußner, NJW 1982, 257/258; BAGE 37, 352/355; cf. também Schlaich/Korioth, BVerfG, n. m. 417 e s.

231 Cf. E 9, 291/302.

por um princípio constitucional correspondente ou pela sistematização da matéria que é objeto de regulação e da vontade da regulação;

– o cidadão não se torna participante de um benefício que lhe é negado igualmente com violação do princípio da igualdade, mas cujo alargamento não exige nem um princípio constitucional, nem a sistematização da matéria objeto de regulação ou da vontade de regulação. O cidadão apenas pode conseguir a verificação da inconstitucionalidade, a anulação de decisões desfavoráveis e a suspensão de procedimentos que estejam em curso.

2. Violação da igualdade pela Administração e pela jurisprudência

a) Generalidades

588. A Administração e a jurisprudência apenas têm a possibilidade de tratar de modo igual ou desigual quando disponham de uma *margem de atuação*. Quando uma norma jurídica não deixa qualquer margem de atuação, mas prescreve um determinado efeito jurídico ao verificar-se um determinado pressuposto, a Administração e a jurisprudência tratam o cidadão é certo que de modo desigual, se não aplicarem o efeito jurídico sempre que se verifique o pressuposto. No entanto, este tratamento desigual corresponde simplesmente a uma aplicação incorreta da norma jurídica e, como tal, é também desaprovada e corrigida pelos tribunais setoriais[232]. A Administração goza de uma margem de atuação no domínio da *discricionariedade*, e a Administração e a jurisprudência possuem uma margem de atuação na interpretação e aplicação de *conceitos jurídicos indeterminados*.

b) Violação da igualdade pela Administração

589. No âmbito da *discricionariedade* e, em princípio, também das margens de apreciação (cf. n. m. 1173 e s.), a vinculação ao princípio

---

232 N. T.: Em parte, por oposição aos tribunais constitucionais, essa designação emprega-se para os tribunais de todos os outros setores jurisdicionais; são eles que interpretam e aplicam o direito ordinário. Em parte, o termo usa-se para distinguir – em oposição à jurisprudência ordinária – a jurisdição administrativa, social, do trabalho e a jurisdição em matéria fiscal.

da igualdade como autovinculação realiza-se pelo facto de a Administração não se poder desviar, sem fundamento justificativo, em relação:

– a regulamentos internos da Administração, pelos quais pretende ela própria orientar o exercício da sua discricionariedade; e

– à *praxis* administrativa constante, por ela própria adotada no exercício da sua discricionariedade[233].

590. No caso de violação desta autovinculação, o cidadão pode não só afastar ónus, nos termos do art. 3º, n. 1, como também obter benefícios. Aqui, não há lugar à aplicação das objeções que apontam contra o alargamento de um benefício negado por norma jurídica: a liberdade de conformação na execução é menor do que na legislação, e a decisão que não é apenas cassatória mas também *conformadora* tem o seu lugar legítimo na interação da jurisprudência com a Administração.

591. Exemplo:

Uma entidade da assistência social concedeu um subsídio de Natal a beneficiários da assistência social para a festa de Natal. Este subsídio de Natal foi negado aos sem-abrigo, com base no argumento de que eles não poderiam festejar o Natal sem um teto. Mas o Supremo Tribunal Administrativo de Mannheim (*NVwZ* 1983, 427) reconheceu, sem rodeios, o direito a subsídio de Natal também aos sem-abrigo. Segundo este Tribunal, a razão invocada pela entidade da assistência social era discriminatória e também incompatível com o princípio de Estado social.

592. Se os regulamentos internos da Administração ou a *praxis* administrativa estiverem em contradição com a lei e se a Administração, relativamente a um cidadão, passar à *praxis* administrativa conforme com a lei, tal atitude não está em contradição com o princípio da igualdade. Em virtude do primado da lei (art. 20º, n. 3), o cidadão *não* goza de *igualdade na ilegalidade*, não tem um direito à repetição do vício[234]. No entanto, se a mesma oneração que uma lei visa alcançar nas suas regulações materiais falhar nas suas regulações de procedimento

---

233 Sobre a autovinculação, cf. Ossenbühl, *DVBl.* 1981, 857; Pietzcker, *NJW* 1981, 2087.

234 Opinião prevalecente; cf. Huster, *FH*, art. 3º, n. m. 129 e s.; Reimer, *RW* 2017, 1/15 e s., que no entanto reconhece um direito decorrente do art. 3º da Lei Fundamental à anulação de um favorecimento ilegal a terceiros, desde que não o impeçam aspetos de proteção da expetativa.

em geral, então o cidadão pode exigir não ser onerado; a violação da igualdade do procedimento e da regulação do procedimento repercute--se aqui na regulação material[235].

c) Violação da igualdade pela jurisprudência

593. Uma autovinculação pela via da jurisprudência constante, correspondente à autovinculação pela via da *praxis* administrativa constante, só é reconhecida pelo Tribunal Constitucional Federal de *maneira hesitante* e pela doutrina apenas de modo cauteloso. Por um lado, o Tribunal Constitucional Federal declarou que o princípio da igualdade não pode impedir o desenvolvimento e o aperfeiçoamento do direito; por outro lado, considera ser possível que "as diferentes decisões se desviassem tanto do curso do desenvolvimento orgânico da jurisprudência que tivessem de ser designadas como arbitrárias"[236]. Também a doutrina não pretende ver impedido o desenvolvimento e o aperfeiçoamento do direito, mas pretende ao mesmo tempo ver salvaguardada uma autovinculação[237].

594. O Tribunal Constitucional Federal utiliza o princípio da igualdade também para um *controlo da justiça*, com o qual se opõe a uma aplicação incorreta do direito ordinário, considerada por ele como pura e simplesmente insustentável e arbitrária[238]. Isto é dificilmente compatível com a exigência do Tribunal Constitucional Federal de não ser uma instância de super-revisão[239].

594a. O Tribunal Constitucional Federal também deduziu do art. 3º, n. 1, em ligação com o art. 20º, n. 3, um direito equivalente ao direito fundamental a uma igualdade de armas processual. Para além do direito de ser ouvido, nos termos do art. 103º, n. 1, da Lei

---

235 E 84, 239/268 e s., 284; 110, 94/112 e s.

236 E 18, 224/240.

237 Riggert, *Die Selbstbindung der Rechtsprechung durch den allgemeinen Gleichheitssatz* (*Art. 3 I GG*), 1993.

238 E 70, 93/97; 86, 59/62 e s.

239 Do ponto de vista crítico, cf. também Heun, DR, art. 3º, n. m. 62.

Fundamental, o Tribunal Constitucional Federal exige não apenas que os tribunais oiçam[240] realmente as partes de um processo, mas que lhes concedam também o igual exercício dos seus direitos processuais[241]. Deste modo, o Tribunal Constitucional Federal retoma também a jurisprudência do TEDH, que igualmente aduziu esse princípio para deduzir do art. 6º da CEDH o direito de cada uma das partes a "apresentar o seu caso [...] perante o tribunal nas condições que não signifiquem para esta parte qualquer desvantagem substancial em relação à sua parte contrária"[242].

595. Esboço de solução para o caso 8 (n. m. 514).

I. O ente emissor de regulamentos autónomos deveria ter tratado *de modo desigual o essencialmente igual* com o escalonamento das taxas. Os pais que, como "P", pagam mais e os que pagam menos à cidade têm em comum o facto de os seus filhos frequentarem um jardim de infância pertencente à cidade. Recebem da cidade uma prestação igual, que é também de valor igual nas despesas e nos custos: a assistência aos seus filhos. Desta maneira, encontram-se numa situação comparável; por isso, com o escalonamento das taxas o ente emissor de regulamentos autónomos tratou de maneira desigual o que é essencialmente igual. – **II.** Para uma tal atitude, o ente emissor de regulamentos autónomos precisa de uma *justificação jurídico-constitucional*. Este ente não exige uma participação que cubra os custos nas despesas de assistência e, por isso, tratando-se de um apoio, procede a uma discriminação, portanto a uma discriminação "positiva"; isto poderia constituir um tratamento desigual de baixa intensidade, que tem simplesmente de ser não arbitrária. Mas, dado que o rendimento familiar é um critério reportado às pessoas, o tratamento desigual por parte do ente emissor de regulamentos autónomos tem uma intensidade considerável e só está justificado se prosseguir um fim legítimo, se for adequado e necessário para atingir o fim e, além disso, se estiver

---

240   N. E.: No Brasil, o termo pode ser mais bem entendido como ouçam.

241   Tribunal Constitucional Federal, GRUR 2018, 1288/1289 e s., com remissão para E 52, 131/156 e s.

242   TEDH, NJW 1995, 1413 (*Dombo Beheer B.V./Niederlande*).

numa relação adequada com o valor do fim. – 1. O ente emissor de regulamentos autónomos prossegue, reconhecidamente, um chamado "fim interno"; ele baseia-se no rendimento familiar, porque vê no rendimento familiar diferente, no sentido da chamada "nova fórmula", uma diferença de tal natureza e de tal peso que a tem de tomar em consideração por meio de um tratamento desigual. Contra a hipótese de um *fim legítimo* poderia estar o conceito de taxa encontrado pelo direito constitucional, conceito que exige que se imponham taxas, diferentemente de impostos, por motivos de prestações públicas individualmente atribuíveis e que cobrem os seus custos. Mas do conceito de taxa resulta apenas que essas taxas não podem ser fixadas independentemente dos custos efetivos; por força da Constituição, não está pura e simplesmente proibida nem uma cobertura por excesso, nem uma cobertura por defeito. Por isso, no diferente rendimento familiar e na desigualdade de oportunidades que aquele acarreta para as possibilidades de vida e de formação dos filhos, o ente emissor de regulamentos autónomos pôde ver uma diferença que legitima o fim de favorecer as famílias com as piores oportunidades. – 2. A imposição de taxas mais elevadas aos pais com rendimento familiar superior é *adequada* a atingir o fim em vista, porque permite à cidade, com as suas receitas próprias iguais, impor aos pais com rendimento familiar mais baixo taxas mais baixas. A estes pais torna-se mais fácil aceitar a oferta de assistência dos jardins de infância da cidade; aos seus filhos abrem-se mais oportunidades de aquisição de importantes conhecimentos e capacidades elementares. – 3. Uma vez que as oportunidades das famílias com rendimento familiar mais baixo podem ser apoiadas de diferentes maneiras, pergunta-se se, para atingir o fim, também é *necessária* a imposição de taxas mais elevadas aos pais com rendimento familiar mais alto. Com as suas receitas próprias iguais, a cidade só pode aliviar os pais com rendimento familiar mais baixo se onerar os pais com rendimento familiar mais elevado. Tratar de uma maneira mais favorável estes pais que ganham mais, isto é, onerá-los menos, iria onerar os pais que ganham menos e, assim, onerar o fim do apoio. – 4. A *justeza* do tratamento desigual dos pais com rendimento familiar mais elevado revela-se no facto de também as suas taxas mais elevadas não cobrirem os custos realmente efetuados com os seus filhos. Também estes pais são apoiados pela cidade, simplesmente numa dimensão mais modesta. Os "P" não têm razão ao verem no escalonamento das taxas uma violação do art. 3º, n. 1.

596. Bibliografia:

M. Albers, "Gleichheit und Verhältnismäßigkeit", *JuS* 2008, 945; G. Britz, "Der allgemeine Gleichheitssatz in der Rechtsprechung des BverfG", *NJW* 2014, 346; K. Hesse, "Der Gleichheitssatz in der neueren deutschen Verfassungsentwicklung", *AöR* 1984, 174; S. Huster, *Rechte und Ziele*, 1993; M. Mülder/J. Weitensteiner, "Der allgemeine Gleichheitssatz (Art. 3 Abs. 1 GG)", *Jura* 2019, 51; N. Petersen, "Gleichheitssatz und Einzelfallgerechtigkeit", *Staat* 2018, 327; A. Podlech, *Gehalt und Funktionen des allgemeinen verfassungsrechtlichen Gleichheitssatzes*, 1971; M. Sachs/C. Jasper, "Der allgemeine Gleichheitssatz", *JuS* 2016, 769; K.-A. Schwarz, "Grundfälle zu Art. 3 GG", *JuS* 2009, 315, 417; R. Wendt, "Die Weiterentwicklung der 'Neuen Formel' bei der Gleichheitsprüfung des Bundesverfassungsgerichts", *in*: *FS Stern*, 2012, 1553. – Em especial sobre o art. 3º, n. 2: U. Di Fabio, "Die Gleichberechtigung von Mann und Frau", *AöR* 1997, 404; I. Ebsen, "15 Jahre Fördergebot des Art. 3 Abs. 2 S. 2 GG – zur praktischen Bedeutung einer Verfassungsänderung" –, *in*: *FS Jaeger*, 2011, p. 401; S. Huster, "Frauenförderung zwischen individueller Gerechtigkeit und Gruppenparität", *AöR* 1993, 109; S. Kempny/P. Reimer, *Die Gleichheitssätze*, 2012; J. Kokott, "Gleichheitsschutz und Diskriminierungsverbote in der Rspr des BverfG", *in: FS 50 Jahre BVerfG*, 2001, vol. II, p. 127; B. Pieroth, "Die Herstellung der Rechtsgleichheit zwischen Frauen und Männern: Erfolgsgeschichte und Zukunftsaufgabe", *Jura* 2019, 687; M. Sachs, "Quotenregelungen für Frauen im staatlichen und im gesellschaftlichen Bereich", *ZG* 2013, 52; U. Sacksofsky, *Das Grundrecht auf Gleichberechtigung*, 2ª ed. 1996. – Em especial sobre o art. 3º, n. 3: G. Beaucamp, "Das Behindertengrundrecht (Art. 3 Abs. 3 Satz 2 GG) im System der Grundrechtsdogmatik", *DVBl.* 2002, 997; M. Sachs, "Besondere Gleichheitsgarantien", *Hdb. StR3 VIII*, § 182. – Em especial sobre o art. 38º, n. 1, frase 1, ver n. m. 1218.

Anexo: esquema organizacional

597. Esquema organizacional IV: direitos de igualdade

I. Tratamento desigual do essencialmente igual

Formação de grupos comparáveis tratados de maneira desigual:

(1) Pelo menos duas pessoas (dois grupos de pessoas), dos quais um é tratado de maneira diferente do outro.

(2) Formação de um conceito geral comum de acordo com o fim da regulação que trata de maneira desigual.

II. Justificação jurídico-constitucional

Observação preliminar. A aplicação da reserva de parlamento (n. m. 321 e s.) no âmbito do princípio da igualdade em geral é controversa. É em todo o caso defensável que, no caso do princípio de igualdade sem ulterior problematização, se prescinda do seu controle, tanto mais que a maior parte das vezes, além do princípio da igualdade, são ainda aplicáveis direitos de liberdade – que em regra devem ser prioritariamente controlados.

1. Constitucionalidade da lei que trata de maneira desigual

(para o caso de a desigualdade de tratamento ocorrer por via da lei; se não: continuar com 2.)

a) Constitucionalidade formal

aa) Competência legislativa, arts. 70º a 74º.

bb) Procedimentos legislativos no respeito pela ordenação, arts. 76º a 79º; art. 82º, n. 1.

b) Constitucionalidade material

Controle do princípio da proporcionalidade de acordo com a intensidade da desigualdade de tratamento (n. m. 527 e s.).

aa) Fim legítimo

São proibidos:

– Estabelecimento de ligação a critérios de diferenciação proibidos nos termos do art. 3º, n. 3.

– Utilização de critérios de diferenciação diferentes dos permitidos expressamente (art. 33º, n. 2).

bb) Proporcionalidade

As exigências à capacidade de justificação aumentam tanto mais
– quanto mais o critério de diferenciação se assemelhar a um
critério proibido (espec. art. 3º, n. 2 e n. 3, frase 1) ou seja quanto mais
se igualar nos seus efeitos fáticos;
– quanto menos a pessoa atingida puder influenciar o critério; e
– quanto mais o tratamento desigual dificultar o uso dos direitos
de liberdade.

2. Constitucionalidade do ato concreto que trata de maneira desigual no caso de atos de poder executivo/legislativo: neste
caso, só controle como em 1.b) e nenhum controle da compatibilidade
com o direito positivado ordinário (n. m. 1346).

III. Consequências jurídicas de uma violação

De maneira diferente do que sucede nos direitos de liberdade,
em regra nenhuma cassação, mas apenas declaração de incompatibilidade, para deixar ao legislador a escolha da maneira como eliminar a
desigualdade de tratamento (n. m. 574 e s.).

598. O **esquema organizacional IV** pode ser modificado em
conformidade com os esquemas organizacionais dos direitos de liberdade, se a questão concreta se dirigir não à violação de direitos fundamentais (= **Esquema organizacional I**, n. m. 401), mas à constitucionalidade da lei (= **Esquema organizacional II**, n. m. 402). Mas há
particularidades que se aplicam à relação entre os princípios de igualdade em geral e os princípios de igualdade em especial: como estes não
têm um âmbito de proteção, mas impõem exigências de justificação,
um princípio de igualdade em especial, diferentemente do que sucede
na relação entre direitos de liberdade em especial e a liberdade de ação
em geral (cf. n. m. 437 e s.), não suplanta o princípio da igualdade em
geral; mesmo que um princípio de igualdade em especial não se oponha ao tratamento desigual, deve-se sempre controlar o princípio da
igualdade em geral.

599. Exemplo:

Por lei, proíbe-se uma determinada modalidade desportiva feminina, por apresentar uma taxa de acidentes acima da média. A lei não
vai contra o art. 3º, n. 2, porque não assenta na diferença entre homem

e mulher, mas na elevada perigosidade da modalidade desportiva. Temos de continuar a perguntar se não terá sido violado o art. 3º, n. 1. É que são permitidas outras modalidades desportivas que apresentam taxas de acidentes igualmente acima da média.

§ 12. LIBERDADE DE RELIGIÃO, DE IDEOLOGIA E DE CONSCIÊNCIA (ART. 4º, ART. 12A, N. 2, ART. 140º, EM LIGAÇÃO COM O ART. 136º, N. 1, 3 E 4, ART. 137º, N. 2, 3 E 7 DA CONSTITUIÇÃO IMPERIAL DE WEIMAR)

600. **Caso 9: Recusa de pagamento de impostos por razões de consciência? (segundo o BVerfG, *NJW* 1993, 455).**

O pacifista "P" solicita desde há anos, junto da administração fiscal, que o imposto sobre o rendimento das pessoas singulares (IRS)[243] por ele pago não seja aplicado para fins de equipamento militar. Solicita ainda que a autoridade lhe reduza a sua dívida de IRS na percentagem que é respetivamente gasta pelas receitas de IRS destinadas a equipamento militar. Complementarmente, "P" solicita autorização para depositar esta parcela da sua dívida fiscal numa conta bloqueada, até que seja constituído um fundo para a paz. Os requerimentos de "P" são recusados pela administração fiscal, e os recursos jurisdicionais interpostos ficam sem sucesso. "P" interpõe recurso constitucional, sustentando que a sua consciência o proíbe de pagar impostos como contributo direto para fins bélicos. Poderá ele invocar a sua consciência? **N. m. 643.**

I. Panorama geral

1. A letra do texto

601. A uma apreciação objetiva, o art. 4º oferece vários âmbitos de proteção[244]: com a liberdade de credo e de consciência, o n. 1

---

243 N. E.: No Brasil, o termo pode ser mais bem entendido como o imposto de renda de pessoa física (IRPF).

244 Cf. Herzog, *MD*, art. 4º, n. m. 2, 6 e s.

protege o *pensamento*, o chamado *forum internum* das convicções religiosas (credo) e morais (consciência), e com a liberdade da confissão religiosa e ideológica protege a *manifestação* de sentidos e explicações religiosas e não religiosas. O n. 2 e o n. 3 protegem a *atuação* orientada pelo credo e pela consciência, embora não em absoluto, mas em dois âmbitos especialmente dignos de proteção sobre o pano de fundo do nacional-socialismo: depois do conflito entre a Igreja e o Estado, o exercício livre da religião havia de ser garantido; depois da catástrofe moral da guerra, deveria ser garantida a recusa de serviço militar por razões de consciência.

602. Da letra do texto fazem parte também os artigos 136º, 137º, 138º, 139º e 141º da Constituição Imperial de Weimar, que foram constituídos em parte integrante da Lei Fundamental por força do seu art. 140º. Estes *artigos incorporados* tornaram-se "direito constitucional plenamente válido da República Federal da Alemanha e, em face dos outros artigos da Lei Fundamental, não se encontram de modo algum num plano hierárquico inferior"[245].

603. O art. 4º não contém qualquer autorização de ingerência. Só no que respeita ao direito de recusa do serviço militar por razões de consciência está reservada no n. 3, frase 2, uma regulação mais pormenorizada. De resto, o art. 4º é um *direito fundamental sem reservas*. Em contrapartida, os arts. 136º, n. 1 e 3, frase 2, e 137º, n. 3, frase 1, da Constituição Imperial de Weimar, em ligação com o art. 140º, contêm algumas regulações de limites.

2. Âmbito de proteção uniforme?

604. Entre os diversos âmbitos de proteção indicados foram descobertas *lacunas de proteção*. Se da atuação orientada pela convicção a par da recusa do serviço militar por razões de consciência, apenas o exercício da religião está protegido, não será então a religião privilegiada em face de outras consciências e ideologias? Será isto compatível com a equiparação de religião e ideologia prevista nos arts. 4º, n. 1,

---

245 E 19, 206/219.

33º, n. 3, frase 2, e 137º, n. 2 e 7, da Constituição Imperial de Weimar? Não haverá também aqui uma separação daquilo para que impelem a consciência e a ideologia, tal como a religião: o exercício daquilo que é sentido como correto por convicção profunda? Daí se pode explicar o facto de as distinções do texto indicadas não serem levadas com rigor na jurisprudência do Tribunal Constitucional Federal: o art. 4º, n. 1 e 2, são abarcados como âmbito uniforme que protege a liberdade de formar, possuir, manifestar crença e consciência, religião e ideologia e de agir em conformidade. Se simultaneamente a liberdade de religião e a liberdade de ideologia, por um lado, e a liberdade de consciência, por outro, são tratadas como âmbitos de proteção separados, isto não significa uma diferença na respetiva intensidade da proteção garantida. Esta vai, em ambos os casos, do pensamento, passando pela sua manifestação, até à atuação.

605. A uniformização suscita, sem dúvida, *problemas supervenientes*: por um lado, o art. 4º, n. 2, e também a maior parte das garantias especiais dos artigos incorporados da Constituição Imperial de Weimar ficam atrás do art. 4º, n. 1, como supérfluos e, assim, também as regulações de limites dos artigos de Weimar ficam atrás do art. 4º, n. 1, como "sobrepostos"[246] pela falta de reservas deste artigo. Por outro lado, aumentam as possibilidades de conflito pelo alargamento do âmbito de proteção a toda a atuação orientada pela crença, pela consciência, pela religião e pela ideologia. Por essa via aumenta também a necessidade e a dificuldade de justificar violações, nos casos em que afinal o art. 4º não contém autorizações correspondentes expressas. O art. 4º tem de ser colocado sob a reserva do direito constitucional colidente.

606. Não obstante, o entendimento uniforme foi totalmente dominante, enquanto a conduta orientada pela crença e pela consciência salvaguardou o horizonte de conduta, pobre em conflitos e colisões, das grandes e pequenas igrejas cristãs bem conhecidas. No entanto, este entendimento é cada vez mais criticado desde o aparecimento de religiões e seitas, que agem de uma maneira nova, estranha, cheia de coli-

---

246 E 33, 23/31.

sões e conflitos em face da sociedade da República Federal da Alemanha[247]. Saber se o Tribunal Constitucional Federal ainda sustentará este entendimento é uma questão em aberto; na sua jurisprudência até ao presente, este Tribunal só tem tido muito pouco a ver com as novas e estranhas religiões e seitas e com os correspondentes conflitos e colisões. A exposição que se segue parte da jurisprudência do Tribunal Constitucional Federal, mas ao mesmo tempo precisa o âmbito de proteção uniforme no sentido da crítica expressa.

II. Âmbitos de proteção

1. Liberdade de religião e liberdade de ideologia

a) Liberdade individual de religião e liberdade individual de ideologia

607. Na crença exprime-se a interpretação religiosa do sentido, na ideologia exprime-se a interpretação não religiosa do sentido do mundo e do ser humano. Por isso, enquanto a crença se orienta por divindades, escrituras sagradas e fundadores de uma religião, os princípios, escolhidos pelo próprio, como por exemplo o Humanismo e o Iluminismo, são pontos de referência da ideologia[248]. As paródias à religião, às quais falta a seriedade e a convicção de consciência, não estão protegidas[249]. Da conduta protegida faz parte a liberdade de formar, possuir e manifestar uma crença ou uma ideologia e de agir em conformidade.

608. O âmbito de proteção tem de ser determinado mais pormenorizadamente sobretudo para a *atuação*. O teor do art. 4º, n. 2 ("livre exercício da religião") e a evolução histórica da liberdade de credo sugerem uma *limitação* à manifestação tradicional (doméstica e pública) dos conteúdos das crenças através de símbolos e ritos, de orações, ser-

---

247 Cf. Kloepfer, *VerfR II*, § 60, n. m. 11, 92; Muckel, *FH*, art. 4º, n. m. 5 e s.; Mückl, *BK*, art. 4º, n. m. 53 e s.; Schoch, *in: FS Hollerbach*, 2001, p. 149.

248 E 143, 161, n. m. 103 e s. = JK 4/2017.

249 OVG Hamburg, *NJW* 2018, 2282 e s.

viços religiosos, sacramentos, procissões, toque de sinos, chamamento do moádi, etc.[250].

609. O Tribunal Constitucional Federal foi para além disso. Seguiu a *autoconsciência* – com a sua exigência de ir mais longe – das igrejas, das comunidades religiosas e comunidades ideológicas e reconheceu-lhe expressamente um importante significado para a determinação do âmbito de proteção[251]. Com isto, estão protegidas não só as referidas condutas cultuais e usos religiosos, mas também atividades diacónicas e caritativas, "educação religiosa, festejos laicos e ateus, bem como outras manifestações da vida religiosa e ideológica"[252], o gozo do descanso dominical (garantia conexa) do art. 140º em ligação com o art. 139º da Constituição Imperial de Weimar[253] e, por fim, "o direito do particular de orientar a sua conduta global pelas doutrinas do seu credo e agir em conformidade com a sua convicção religiosa íntima"[254].

610. O Tribunal Constitucional Federal abandonou, mais tarde[255], a sua antiga afirmação, segundo a qual a Lei Fundamental protegeria apenas aquele exercício da crença, "que se formou, nos atuais povos civilizados, ao longo da evolução histórica, com base em certas conceções morais fundamentais de consenso geral"[256]. Não interessa a força numérica e a relevância social de uma associação religiosa[257]; a liberdade de credo é assegurada *de modo igual* aos membros das grandes igrejas e aos que pertencem a comunidades eclesiásticas e religiosas mais pequenas. Na liberdade de credo se podem apoiar também os membros de religiões e seitas, que são novas para a nossa área cultural,

---

250 Cf. também Preuß, *AK*, art. 4º, n. 1, 2, n. m. 25 e s.; Waldhoff, Verh. 68. *DJT* 2010, D 73 e s.

251 *E* 24, 236/247 e s.; do ponto de vista crítico, Mückl, *BK*, art. 4º, n. m. 84 e s.

252 *E* 24, 236/246.

253 *E* 125, 39/80; cf. von Lucius, *KritV* 2010, 190/207 e s.

254 *E* 32, 98/106; 93, 1/15; 108, 282/297; em sentido concordante, Borowski, p. 381 e s.; em sentido discordante, Herzog, *MD*, art. 4º, n. m. 103 e s.; Muckel, *FH*, art. 4º, n. m. 5 e s.; Vosgerau, p. 178 e s.

255 *E* 41, 29/50.

256 *E* 12, 1/4.

257 *E* 32, 98/106.

que lhe são alheias ou que até a recusam[258]. Também é protegida pelo art. 4º, n. 1 e 2, a convicção religiosa, de ocorrência esporádica, que se afasta das doutrinas oficiais das igrejas e das comunidades religiosas[259]. Assim, nas ideologias ateístas também faz parte da liberdade ideológica a ostensiva demarcação em relação às convicções e feriados teístas[260].

611. Nesta interpretação, em todos os aspetos extensiva, há o *perigo* de o âmbito de proteção ficar *sem contornos*. O Tribunal Constitucional Federal procura esconjurar este perigo, ao exigir que se teria de "tratar também realmente, pelo conteúdo espiritual e pela aparência externa, de uma religião e comunidade religiosa"[261]. Aquele Tribunal também não permite que seja suficiente que alguém se limite a afirmar a sua atuação como orientada e obrigada pelo credo; a afirmação tem de ser plausível.

612. Exemplos de não plausível orientação de credo da atuação oposta: dever dos membros e colaboradores das universidades de participarem na reflexão dos efeitos sociais do conhecimento científico (*E* 47, 327/385); obrigatoriedade de depósito das urnas nos cemitérios (*E* 50, 256/262); dever de pagamento de impostos, mesmo no caso de utilização dos meios tributários para fins contrários ao credo e à consciência (cf. BVerfG, *NJW* 1993, 455); exemplo de plausível orientação pelo credo: inumação em igreja privada para sacerdotes (TCF, *NVwZ* 2016, 1804/1809).

613. Na jurisprudência do Tribunal Constitucional Federal e na doutrina, isto é precisado e complementado no sentido de que a atuação tem de ser necessária para a missão religiosa ou ideológica e tem de estar em correspondente *relação* material e orgânica com essa

---

258 Cf. E 105,279/293; Diringer, *BayVBl.* 2005, 97; em termos restritivos, Starck, *MKS*, art. 4º, n. m. 60.

259 E 33, 23/28 e s.; numa perspetiva crítica, Augsberg, *Staat* 2009, 239; segundo Classen, *Religionsfreiheit und Staatskirchenrecht in der Grundrechtsordnung*, 2003, p. 54 e s., e Mückl, *BK*, art. 4º, n. m. 92, a convicção religiosa de ocorrência esporádica não está protegida como exercício da liberdade de religião, mas da liberdade de consciência.

260 Tribunal Constitucional Federal, *NJW* 2017, 145/151.

261 E 83, 341/353.

missão[262], de que não é suficiente o facto de a atuação ter lugar apenas na relação externa com a atuação religiosa e ideológica ou só nessa oportunidade[263] e de que uma atuação, que no fundo seja exclusivamente económica ou política, não se transforme em atuação religiosa por meio de dissimulação religiosa[264]. Por vezes, a doutrina vai até ao ponto de excluir a atuação lesiva para terceiros do âmbito de proteção da liberdade de religião e de ideologia[265].

614. Exemplos:

Embora o contacto entre o crente e o padre esteja protegido, não o está toda a ajuda do padre ao crente (BVerfG, *NJW* 2007, 1865); é certo que a publicidade a favor do credo está protegida pelo art. 4º, mas não qualquer meio que seja utilizado em relação com a publicidade, por exemplo, o aproveitamento de uma situação de coação (*E* 12, 1/4 e s.) ou de uma relação de dependência (*BVerwGE* 15, 134/136); é certo que está protegida a adesão a outra comunidade religiosa, mas não toda conduta por ocasião desta adesão (*E* 17, 302/305); é certo que estão protegidos os eventos religiosos, mas não a venda de comidas e de bebidas aos participantes (*E* 19, 129/133), nem a prestação de outros serviços mediante pagamento, que tradicionalmente são também fornecidos independentemente do facto de se ser membro da associação religiosa (*BVerwGE* 105, 313/321).

615. Finalmente, deve também ser precisada, a partir do sentido do art. 4º, a deliberação do Tribunal Constitucional Federal, segundo a qual o particular tem de poder orientar a sua conduta global pelo seu credo. Juntamente com a religião e com a ideologia, com o credo e igualmente também com a consciência de uma pessoa está protegida a sua *identidade*, não devendo a pessoa ser lançada no conflito entre os imperativos do Estado e os imperativos do seu credo e também da sua

---

262 Badura, *Der Schutz von Religion und Weltanschauung durch das Grundgesetz*, 1989, p. 54.

263 Müller, *Die Positivität der Grundrechte*, 2ª ed., 1990, p. 99 e s.

264 *BVerwGE* 90, 112/118; Mückl, *BK*, art. 4º, n. m. 75; Poscher, *Staat* 2000, 49.

265 Merten, *Hdb. GR III*, § 56, n. m. 60; Muckel, *Hdb. GR IV*, § 96, n. m. 80 e s.; Zähle, *AöR* 2009, 434.

consciência, e eventualmente sucumbir nesse conflito. Segundo a mesma deliberação, não está protegida uma atuação religiosa para a qual o crente se sinta motivado mas à qual não se considere vinculado, portanto uma atuação que tanto pode adotar como omitir[266]. Não está aqui ameaçada a identidade da pessoa, que deve ser protegida com a sua religião e ideologia, com o seu credo e com a sua consciência[267].

616. Exemplos:

Não está protegida a bigamia, se uma religião não permitir senão a poligamia, e não está protegido o uso do véu, se uma religião o dispensar. Mas também aqui se aplica a ideia de que a vinculação tem de ser invocada plausivelmente; se isso for bem-sucedido, não compete às autoridades do Estado e dos tribunais pôr em dúvida a vinculação, reportando-se a alternativas intoleráveis; por isso, o abate de animais por degolação não pode ser excluído do âmbito de proteção com o argumento de que ninguém é obrigado ao consumo de carne (*E* 104, 337/350 e s.; *BVerfGE* 127, 183/185 e s.; para o art. 10º da CEDH, TEDH, ECLI:EU:C:2018:335, n. m. 45 – *Liga von Moskeeën*; opinião diferente ainda *BVerwGE* 99, 1/7 e s.; Trute, *Jura* 1996, 462). É, pelo contrário, considerado tolerável passar para meios de transporte alternativos, no caso de um preceito religioso se opor à observância da obrigação de uso do capacete para motociclos (VGH Mannheim, *DÖV* 2017, 966 = *JK* 3/2018).

617. A liberdade de religião e de ideologia estaria garantida de modo incompleto, se também não estivessem garantidas as *negações* do correspondente pensamento, discurso e atuação. Por isso, do âmbito de proteção faz parte, a par da liberdade de credo, de confissão e de atuação, aqui muitas vezes expressamente qualificada como positiva, também a liberdade negativa de não acreditar, de não professar um credo ou uma ideologia, isto é, de guardar silêncio sobre o assunto, de abandonar a igreja ou uma comunidade ideológica[268], de omitir atuações de orienta-

---

266 Neste sentido, porém, Hufen, *StR II*, § 22, n. m. 9, 13.

267 No mesmo sentido, Michael/Morlok, *GR*, n. m. 195; Fischer/Groß, *DÖV* 2003, 932/938 e s.

268 BVerfG, NJW 2008, 2978; Stuhlfauth, *DÖV* 2009, 225.

ção religiosa[269] e de não estar exposto de forma irreversível à influência de um determinado credo, com os seus atos e símbolos[270]. Âmbitos parciais da liberdade negativa de religião e de ideologia estão regulados no art. 7º, n. 2, e n. 3, frase 3, no art. 140º, em ligação com o art. 136º, n. 3, frase 1, e n. 4, e no art. 141º da Constituição Imperial de Weimar.

b) Liberdade coletiva de religião e de ideologia

618. Esta é a liberdade que cabe a uma associação religiosa ou ideológica enquanto tal. Esta liberdade deve distinguir-se da liberdade individual de as pessoas se constituírem em associações religiosas e ideológicas[271] e orienta-se pelo art. 19º, n. 3[272]. Além disso, um aspeto especial da liberdade coletiva está positivado no art. 137º, n. 2, frase 2, da Constituição Imperial de Weimar, em ligação com o art. 140º.

619. Exemplos:

Titulares de direitos fundamentais são, a par das igrejas e das comunidades religiosas e ideológicas, organizadas como corporações de direito público e organizadas em formas de direito privado (*E* 105, 279/293), entre outras também as associações autonomizadas em relação às igrejas, tais como clubes de juventude católica sem capacidade jurídica (*E* 24, 236/247), hospitais confessionais organizados segundo o direito privado (*E* 46, 73/85 e s.; 53, 366/391 e s.) e instituições de educação constituídas como corporações de direito público (*E* 70, 138/162 e s.).

620. Com o *direito de autodeterminação* das sociedades religiosas, nos termos do art. 137º, n. 3, da Constituição Imperial de Weimar, em ligação com o art. 140º, são garantidos os pressupostos institucionais e organizativos da liberdade de religião e de ideologia, entendidos novamente em termos amplos pelo Tribunal Constitucional Federal.

---

269 Cf. E 49, 375/376; 52, 223/238; 65, 1/39.

270 E 93, 1/16; numa perspetiva crítica, J. Ipsen, *in: FS Kriele*, 1997, p. 301.

271 E 105, 279/293 e s.

272 Cf. E 46, 73/83; 53, 366/386; 70, 138/160; v. Campenhausen, *Hdb. StR3 VII*, § 157, n. m. 103; Mückl, *BK*, art. 4º, n. m. 65 e s.

Entre eles figura sobretudo o direito de regular a qualidade de membro, facto que tem particularmente importância para as modalidades de saúde de uma comunidade religiosa[273]. Como resultado da interpretação ampla do art. 4º, n. 1 e 2, feita pelo Tribunal Constitucional Federal, estaria implícito que se acrescentasse também o direito à autodeterminação previsto no art. 137º, n. 3, da Constituição Imperial de Weimar ao âmbito de proteção do art. 4º, n. 1 e 2. Mas o Tribunal Constitucional Federal entende o art. 137º, n. 3, da Constituição Imperial de Weimar como uma "garantia juridicamente autónoma, que acrescenta à liberdade da vida religiosa e de atuação das igrejas e comunidades religiosas a liberdade de determinação sobre a organização, a criação de normas e a administração indispensável à prossecução destas funções"[274]. Mas a invocação da garantia juridicamente autónoma no recurso constitucional tem de ser feita com base no art. 4º, n. 1 e 2, porque o art. 140º não é um direito fundamental nem um direito equiparado aos direitos fundamentais[275].

621. Exemplos:

O direito à autodeterminação tem sobretudo importância no direito do trabalho eclesiástico, onde ele compreende o direito de decidir sobre a admissão de trabalhadores. Mas, por razões do direito da União (art. 4º, n. 2, RL 200/78/EG, ver n. m. 79 e s.), só se pode fazer depender da pertença a uma comunidade religiosa a admissão (ao emprego) para evitar discriminações por causa da religião, se a atividade estiver estritamente ligada à missão de predicação (TEDH, ECLI:EU:C:2018:257, n. m. 60 e s. – Egenberger = *JK* 10/2018). Sob o direito à autodeterminação deve cair também o direito de acordar as condições de trabalho, não através da celebração de convenções coletivas de trabalho, mas em comissões de direito do trabalho e em comissões arbitrais (a chamada terceira via, Tribunal Federal do Traba-

---

273   Cf., mais em pormenor, Korioth, *MD*, art. 140º e art. 137º da WRV, n. m. 17 e s.; Grzeszick, AöR 2004, 168.

274   E 53, 366/401; 72, 278/289; 83, 341/357.

275   E 19, 129/135; 42, 312/322 e s.; 99, 100/119 e s.

lho, NZA 2013, 448/460; Grzeszick, *NZA* 2013, 1377/1379 e s.; ver n. m. 879). Saber se isso é compatível com a jurisprudência do TEDH sobre o art. 11º da CEDH, é uma questão duvidosa, porque a CEDH não contém qualquer garantia autónoma do direito de autodeterminação das comunidades religiosas (Edenharter, *RW* 2015, 167/191 e s.). Além disso, podem ser impostos aos trabalhadores deveres especiais de lealdade, mesmo a respeito da sua conduta de vida (E 70, 138/164 e s.; absolutamente aprovado pelo acórdão do TEDH *NZA* 2012, 199/201 (*Siebenhaar/Deutschland*) e pelo acórdão do TEDH, n. 56030/07, n. m. 137 (*Fernandez Martinez/Spanien*), cujos conteúdos podem ser controlados por tribunais estatais apenas com vista à sua plausibilidade e compatibilidade com o art. 79º, n. 3 – *E* 137, 273, n. m. 112 e s. = *JK* 5/2015; *BVerwGE* 153, 282/290; posição crítica Safoklov, *DÖV* 2017, 99/104 e s.). Em contrapartida, o TJUE, EU:C:2018:696, n. m. 44 e s. – IR/JQ (= *JK* 2/2019) insistiu num controle jurisdicional eficiente das disposições do direito da União, que postulam que as exigências que a Igreja faz ao exercício profissional em vista do seu "ethos" sejam essenciais, legais, justificadas e proporcionais (art. 4º, n. 2, RL 2000/78/EG). Sanções (como, em especial, despedimentos), que se prendem com a infração a estes deveres de lealdade, carecem, além disso, em virtude dos direitos de personalidade colidentes dos trabalhadores, de um apertado controle da proporcionalidade, para o qual são determinantes especialmente as condições de vida do atingido, a gravidade da infração aos deveres (assim como, eventualmente, os seus efeitos públicos) e o estatuto que o atingido tem na instituição eclesiástica (sobre o despedimento em virtude de adultério, TEDH, *NZA* 2011, 277/278 e s. [*Obst/ Deutschland*], por um lado, e *NZA* 2011, 279/282 [*Schüth/Deutschland*], por outro lado; sobre o despedimento ilícito em virtude de homossexualidade, Pallasch, *NZA* 2013, 1176). Além disso, as perspetivas de uma readmissão ao emprego desempenham um papel importante (TEDH, n. 56030/07, n. m. 144 [*Fernandez Martinez/Spanien*]); por isso, os despedimentos são sobretudo problemáticos nos casos em que as comunidades religiosas – como a área social e a assistência à saúde – são um empregador importante e que além disso financiam as suas instituições predominantemente a partir de recursos públicos. Estão ainda protegidos: a) uma jurisdição eclesiástica própria que se encontra a montante da proteção jurídica do Estado e que a limita no seu conteúdo (TCF, *NJW* 2009, 1195; *BVerwGE* 149, 139/149; BGH, *NJW* 2000, 1555/1556; posição crítica H. Weber, *NJW* 2009, 1179); b) a instituição de um curso de estudos teológicos (*BVerwGE* 101, 309/311; sobre a matéria, Morlok/Müller, *JZ* 1997, 549); c) o controle da harmonização do ensino e investigação nas Faculdades de Teologia com as conceções das igrejas em questão (*BVerwGE* 124, 310/315); d) o direito de um município de não ser tratado pelo Estado como parte de uma organização central a que o município não pertence (*E* 123, 148/180); e) também o direito de asilo, de acordo com opiniões expressas na doutrina (Fessler, *NWVBl.* 1999, 449; Görisch, *Kirchenasyl und staatliches Recht*, 2000); f) mas não o sistema de aprovisionamento de um hospital eclesiástico que age "neste caso como qualquer outro operador de mercado nas relações jurídicas e nas trocas comerciais" (TCF, *NJW* 1995, 1606/1607).

622. A liberdade coletiva de religião e de ideologia diz também respeito a comunidades religiosas enquanto corporações de direito público (art. 137º, n. 5, da Constituição Imperial de Weimar, em ligação com o art. 140º). Nos termos do art. 137º, n. 5, frase 1, da CIW, as comunidades religiosas têm este estatuto, desde que o tenham tido até antes da entrada em vigor da CIW (comunidades cristãs e judaicas); este estatuto pode, mediante requerimento, ser concedido pelas autoridades competentes do Estado federado[276] a outras comunidades, nos termos do art. 137º, n. 5, frase 2, desde que ofereçam garantias de lealdade jurídica, além do cumprimento de determinados pressupostos orgânicos. O Tribunal Constitucional Federal exige ainda que as comunidades religiosas que desejem conservar o estatuto de corporação não ameacem, através da "sua conduta futura, os princípios constitucionais fundamentais descritos no art. 79º, n. 3, da Lei Fundamental, nem os direitos fundamentais de terceiros confiados à proteção do Estado, nem também os princípios fundamentais do livre direito de religião e do di-

---

276 E 139, 321, n. m. 96 (= JK 12/2015).

reito de igreja nacional da Lei Fundamental"[277]. A exigência refere-se à conduta da comunidade religiosa e não aos conteúdos da sua crença; essa exigência diz respeito à relação daquelas comunidades para com a ordem estatal e não à sua constituição interna. Uma comunidade religiosa que aspire ao estatuto de corporação não pode, por isso, lutar pela implantação de uma teocracia, mas não tem de estar constituída democraticamente[278]. Também não é exigida uma lealdade especial ao Estado[279]. Em virtude do art. 4º, as comunidades religiosas não são órgãos do poder público, não fazendo, portanto, parte da Administração indireta do Estado[280], mas encontrando-se "como qualquer pessoa perante o Estado"[281]. No entanto, com o *status* são concedidos e justificados[282] privilégios em comparação com comunidades religiosas não reconhecidas como corporações de direito público. Em parte, têm autorização para se servirem das formas de atuação do direito público[283], podendo, por isso, cobrar impostos em vez de quotas de associação (art. 137º, n. 6, CIW, em ligação com o art. 140º), têm autonomia legislativa em vez de autonomia estatutária, têm uma competência judiciária independente[284] em vez de tribunais arbitrais, não são empregadores mas autoridades superiores com direito a ter funcionários[285]. Como neste caso se trata de uma atuação soberana só pela forma, mas não pelo conteúdo, é discutível se neste aspeto é necessária uma vinculação aos direitos fundamentais[286].

---

277 E 102, 370/392.

278 E 102, 370/394.

279 E 102, 370/395.

280 E 66, 1/19 e s.

281 E 42, 312/322.

282 Tribunal Constitucional Federal, NVwZ 2016, 135/136.

283 Schlink, JZ 2013, 209/213.

284 *BVerwGE* 153, 282/286 e s.

285 N. T.: Pessoas coletivas de direito público que têm o direito de possuir funcionários (= *Personalhoheit* – poderes de autoridade sobre os seus funcionários), como a Federação, os Estados federados, os municípios e outras corporações, instituições e fundações de direito público.

286 Mas, neste sentido, E 102, 370/392 e s.; cf. também TCF, NVwZ 2015, 517/519 = JK 10/2015.

2. Liberdade de consciência

a) Conceito

623. A **consciência** é uma atitude moral que ajuda a constituir a identidade pessoal de uma pessoa e lhe prescreve, de uma maneira subjetivamente vinculativa, que, numa situação concreta, pratique como "boas" ou "justas" certas ações ou as omita como "más" ou "injustas". De acordo com este entendimento, não se verifica uma decisão de consciência numa avaliação segundo as categorias "bonito/feio" ou "verdadeiro/falso". Decisão de consciência no sentido do art. 4º, n. 1, como do n. 3, é, por isso, toda decisão séria e moral, isto é, orientada pelas categorias do "bem" e do "mal", que o indivíduo sente intimamente, numa determinada situação, como sendo para si vinculativa e absolutamente compromissiva, de tal maneira que não poderia agir contra ela sem "um sério peso de consciência"[287].

624. Exemplos de decisões erradas de consciência: decisões de não mandar os filhos às aulas do nível obrigatório de orientação[288] (*E* 34, 165/195); não participar no serviço de emergência médica (*BVerwGE* 41, 261/268); na qualidade de advogado, não trazer a toga em tribunal (*E* 28, 21/36).

b) Alcance do âmbito de proteção

625. Tal como foi referido acima, n. m. 604, no que respeita à intensidade da proteção garantida, não se faz na jurisprudência do Tribunal Constitucional Federal qualquer distinção entre liberdade de religião e de ideologia, por um lado, e liberdade de consciência, por outro lado. Também aqui a proteção vai desde o *pensamento*, passando pela sua *manifestação*, até à *atuação*. A favor da não limitação da liberdade de consciência ao foro íntimo (*forum internum*) mas de abarcar

---

287 E 12, 45/55.

288 N. T.: Forma de organização segundo a qual uma escola junta as turmas de alunos dos 5º e 6º anos da *Hauptschule*, da *Realschule* e do *Gymnasium* com o intuito de verificar as suas diferentes capacidades, com vista ao seu encaminhamento nos estudos subsequentes.

também o foro externo, o agir desencadeado pela consciência e por ela determinado (*forum externum*), está o facto de, em regra, uma decisão de consciência só poder no fundo tornar-se num conflito social por via de uma correspondente atuação. O art. 4º tem por função regular este conflito; para as decisões de consciência que não apresentam consequências sociais, o direito fundamental da liberdade de consciência seria praticamente dispensável. Também aqui se aplica a ideia de que a consciência se tem de exprimir através de uma ordem ou proibição, não podendo, portanto, dispensar a atuação em questão; e aplica-se ainda a ideia de que a orientação da atuação segundo a consciência tem de ser plausível. Pelo contrário, não há uma liberdade de consciência coletiva ou corporativa[289].

c) Objeção ao serviço militar por razões de consciência, nos termos do art. 4º, n. 3

626. À interpretação extensiva do art. 4º, n. 1, pelo Tribunal Constitucional Federal corresponderia a não atribuição de qualquer importância autónoma ao art. 4º, n. 3, porque a atuação dirigida pela consciência já está abarcada pelo art. 4º, n. 1. Mas o Tribunal Constitucional Federal não extraiu esta conclusão. Pelo contrário, aquele tribunal considera o art. 4º, n. 3, como uma *lex specialis* em face do n. 1, que regula de forma exaustiva os efeitos da liberdade de consciência no âmbito da obrigação de serviço militar, se esta obrigação existir[290].

627. O serviço militar *com arma* é um serviço no qual o particular ou tem ele próprio de usar armas ou tem de apoiar diretamente o uso de armas por parte de outros. Serviço militar com arma é o serviço com a arma, não só na guerra, mas também em tempo de paz, isto é, formação com a arma. Isto resulta da relação sistemática com o art. 12a, n. 2, visto que o serviço cívico, para cuja introdução o legislador tem aqui autorização visa substituir precisamente o serviço militar em tempo de paz. O serviço cívico não pode ser recusado mediante a invocação

---

289   Cf. BVerfG, NJW 1990, 241.

290   E 19, 135/138; 23, 127/132.

nem do art. 4º, n. 3, nem do art. 4º, n. 1; o chamado objetor de consciência total não goza da proteção da liberdade de consciência[291].

III. Ingerências

628. Recomenda-se que aqui retomemos, mais uma vez, os três domínios do pensamento, do discurso e da ação sugeridos pela letra do texto: já se verifica violação do *pensamento* quando o Estado influencia, endoutrinando, a formação e a existência de convicções religiosas, ideológicas e morais[292]. As ingerências no *discurso* podem afetar, numa obrigação de manter o silêncio, a liberdade positiva, e, na obrigação de revelar, afetar a liberdade negativa. As ingerências na *conduta* começam com advertências feitas pelo Estado ou exigidas pelo Estado contra uma comunidade religiosa ou ideológica; o Tribunal Constitucional Federal pretende, a este propósito, de uma maneira discutível, fazer uma distinção entre informações objetivas que não constituem ingerência e descrições falseadoras, discriminatórias e difamatórias que constituem ingerência[293]. As ingerências na conduta consistem especialmente numa obrigação de agir ou de omitir, que viola uma imposição ou uma proibição de credo, de ideologia ou de consciência do indivíduo ou, eventualmente, de uma comunidade.

629. A ordem jurídica pode evitar ingerências ao abrir *alternativas* no caso de imposições e proibições. Assim, admite o juramento com ou sem declaração solene religiosa, e o Tribunal Constitucional Federal considerou verificar-se uma ingerência no art. 4º[294] na não abertura da alternativa mais ampla de uma asseveração equivalente ao juramento. Também pode ser pedido e exigido àquele a quem as suas convicções impõem ou proíbem uma atuação que abra, *por seu lado, alternativas* e transfira a responsabilidade para outros.

---

291   Cf. BVerfG, NJW 2000, 3269; Franke, AöR 1989, 7/28 e s.; Mückl, BK, art. 4º, n. m. 190; opinião diferente, Kempen, AK, art. 4º, n. 3, n. m. 26; Mager, MüK, art. 4º, n. m. 80.

292   Cf. Mager, MüK, art. 4º, n. m. 18; sobre o exercício de influência através de símbolos, Heckmann, JZ 1996, 880; Filmer, p. 222 e s.

293   E 105, 279/294; BVerfG, NJW 2002, 3459; numa perspetiva crítica, Kloepfer, VerfR II, § 60, n. m. 54.

294   E 33, 23/32 e s.; 79, 69/76 e s.

630. Exemplos:

Um membro de uma comunidade religiosa, que proíbe a utilização de produtos da moderna investigação médica e farmacêutica como coisa diabólica, tem um filho às portas da morte. O médico prescreve um antibiótico e entrega a receita ao pai. É certo que do pai não se pode exigir que, contra a sua convicção, adquira e administre o medicamento ao filho (BVerwG, *DVBl*. 2002, 1645), mas pode-se exigir que manifeste ao médico a sua não disponibilidade para tratar o filho com os medicamentos, de modo que o médico possa assumir a responsabilidade pela transferência do menor para o hospital; e também se pode exigir que no hospital o pai não corte o tubo por meio do qual é ministrado o medicamento ao filho. Por conseguinte, obrigações deste tipo não representam ingerências no art. 4º. – Da estudante de biologia, a quem a consciência proíbe a participação em experiências prescritas com animais ou em exercícios práticos em animais expressamente mortos para o efeito, podemos exigir que indique métodos de ensino ou de aprendizagem por ela considerados equivalentes e que são aplicados noutras instituições e que eventualmente apresentem os resultados equivalentes (BVerfG, *NVwZ* 2000, 909; *BVerwGE* 105, 73/87; numa perspetiva crítica, Caspar, *NVwZ* 1998, 814). – Pode-se exigir a um funcionário dos correios que se dirija aos seus superiores antes que destrua, por razões de religião ou de consciência, remessas postais da organização "Scientology", em vez de as distribuir *(BVerwGE* 113, 361/363).

631. Devemos ter em consideração um certo *efeito recíproco* entre as diversas formas de exercício do pensamento, do discurso e da atuação, bem como do exercício positivo e negativo da liberdade. Aquele que, face a um dever estatal de atuação ou de omissão, se apoiar numa posição contrária de religião ou de consciência, não pode, simultaneamente, invocar o seu direito a não manifestar a sua posição religiosa ou de consciência. Portanto, a Constituição pressupõe "precisamente a revelação da convicção, para o exercício do direito fundamental de recusa"[295].

---

295 E 52, 223/246.

632. Exemplos de ingerências na liberdade individual de religião e de ideologia: escolaridade obrigatória numa escola confessional (*E* 41, 29/48; em sentido contrário a *E* 6, 309/339 e s.); escolaridade obrigatória em salas de aula decoradas com a cruz ou com o crucifixo (*E* 93, 1/16; *BVerwGE* 109, 40/43); sobre a obrigatoriedade de uso da cruz em serviços públicos, Friedrich, *NVwZ* 2018, 1007; proibição de as professoras e educadoras usarem véu, em virtude da sua religião islâmica (n. m. 641); obrigatoriedade de participar em aulas de natação e desporto[296], quando tal seja incompatível com normas islâmicas de vestuário (n. m. 641); proibição de oração na escola (*BVerwGE* 141, 223/226; Rubin, *Jura* 2012, 718; Schäfer, *VerwArch* 2012, 136); deveres jurídico-processuais que estejam em desacordo com as posições religiosas ou de consciência, como a prestação de um juramento (*E* 33, 23/29 e s.) e a negociação sob um crucifixo (*E* 35, 366/375 e s.; obrigatoriedade de imposto eclesiástico, em virtude da qualidade de membro forçado de uma comunidade religiosa (*E* 30, 415/423 e s.; cf. também *E* 44, 37/50 e s.; *BVerwGE* 144, 171/179); proibição da circuncisão (LG Köln, *NJW* 2012, 2128/2129; Zähle, *AöR* 2009, 434, v. n. m. 759); proibição da degolação imposta pela religião para um sacrifício cultual (cf. *BVerwGE* 112, 227/234; sobre a degolação para fins de consumo da carne, cf. n. m. 616); a proibição de espetáculos de dança com motivações ideológicas, nos chamados dias santos (*E* 143, 161, n. m. 96 e s. = *JK* 4/2017; Hübner, *Jura* 2018, 183/187); horários alargados de abertura dos espaços comerciais aos domingos (*BVerwGE* 159, 27/32). – Exemplos de ingerências na *liberdade coletiva de religião e de ideologia*: proibição do anúncio a partir do púlpito de um peditório para fins caritativos (*E* 24, 236/251 e s.); proibição do toque sacro dos sinos da igreja (*BVerwGE* 68, 62/66 e s.; cf. também 90, 163; Haaß, *Jura* 1993, 302); proibição do chamamento do moázi[297] à oração (Sarcevic, *DVBl.* 2000, 519); em especial sobre o *direito à autodeterminação*: realização de uma eleição do conselho de empresa num hospital pertencente à igreja (*E* 46, 73/94 e s.); proteção contra o despedimento para os colaboradores do serviço da igreja (*E* 70, 138/165 e s.).

---

296 N. E.: No Brasil, o termo pode ser mais bem entendido como esporte.

297 N. E.: No Brasil, o termo pode ser mais bem entendido como muezim ou almuadem.

633. Em especial relativamente ao art. 4º, n. 3, tem-se discutido muito a questão de saber se a imposição de um procedimento administrativo para reconhecimento como objetor do serviço militar por razões de consciência não representa uma ingerência neste direito fundamental. Dado que a decisão de consciência se tem de reportar a um determinado conceito de valor moral ou ético, podemos controlar, quanto à plausibilidade, se se trata de um tal conceito (e não de um conceito político, económico ou semelhante)[298].

IV. Justificação jurídico-constitucional

634. O art. 4º não contém uma reserva de lei; também a reserva de regulação do art. 4º, n. 3, frase 2, não legitima quaisquer ingerências na liberdade de consciência do objetor de consciência[299].Todavia, fora do art. 4º, há autorizações especiais de ingerência; mas, para o caso de estas não se aplicarem, fica apenas o recurso ao direito constitucional colidente.

1. Art. 136º, n. 1, e n. 3, frase 2; art. 137º, n. 3, frase 1, da Constituição Imperial de Weimar, em ligação com o art. 140º

635. O art. 136º, n. 1, da Constituição Imperial de Weimar constitui um limite à liberdade de religião, isto é, em consequência do entendimento uniforme do art. 4º, de toda a atuação religiosa e ideológica por ele protegida. Este preceito justifica que sejam reclamadas e impostas as obrigações jurídico-privadas e jurídico-públicas independentemente da religião e da ideologia. Desta forma, o art. 136º, n. 1, da Constituição Imperial de Weimar contém nada menos que uma *reserva de lei ordinária*. O Tribunal Constitucional Federal considera que este facto é incompatível com a ausência de reserva do art. 4º. Este Tribunal considera o art. 136º, n. 1, da Constituição Imperial de Weimar como

---

298   E 69, 1/34; cf. Böckenförde, VVDStRL 28, 1970, 33/70 e s.; posição crítica, Kempen, AK, art. 4º, n. 3, n. m. 18 e s.

299   E 12, 45/53; 69, 1/23; cf. n. m. 276.

estando "sobreposto" pelo art. 4º[300]. Esta interpretação encontra oposição na doutrina[301] e em parte também na jurisprudência[302]. O art. incorporado 136º, n. 1, da Constituição Imperial de Weimar, que "se tornou direito constitucional de validade plena... e, comparativamente aos outros artigos da Lei Fundamental, não de menor grau hierárquico" (cf. n. m. 602), não pode – sustentam – ser sobreposto por um outro artigo da Lei Fundamental. No entanto, a favor da tese da sobreposição está, de forma decisiva, o substrato genético, segundo o qual a liberdade de religião não devia ser submetida às amplas possibilidades de ingerência de uma reserva de lei ordinária[303].

636. Das regulações de limites dos artigos da Constituição Imperial de Weimar, apenas o art. 136º, n. 3, frase 2, conseguiu alcançar importância na jurisprudência do Tribunal Constitucional Federal. Por via deste preceito, são justificadas ingerências na *liberdade negativa de religião e de ideologia*.

637. Exemplos:

O Tribunal Constitucional Federal, no seu acórdão *E* 46, 266/267, considerou ser lícita a questão quanto à pertença a uma confissão no momento da admissão num hospital do Estado, mas sem referir direitos e deveres daí dependentes, atendendo, antes pelo contrário, a uma garantia institucional de assistência religiosa hospitalar, constante do art. 141º da Constituição Imperial de Weimar. O lançamento da pertença de um cidadão a uma religião numa ficha para efeito de cálculo do imposto sobre o salário é, por força do art. 137º, n. 6, da Constituição Imperial de Weimar, lícito no caso de o cidadão estar obrigado a pagar imposto eclesiástico (*E* 49, 375 e s.). O levantamento estatístico da pertença, ou não, a uma comunidade religiosa está expressamente previsto no art. 136º, n. 3, frase 2, da Constituição Imperial de Weimar (cf. *E* 65, 1/38 e s.).

---

300 E 33, 23/31.

301 Muckel, *FH*, Art. 4, n. m. 52; Schoch, *in: FS Hollerbach*, 2001, p. 149/163.

302 BVerwGE 112, 227/231 (3º Senado); mas cf. BVerwGE 147, 362/364 (6º Senado).

303 Borowski, p. 487 e s.; Kloepfer, *VerfR* II, § 60, n. m. 57; Korioth, *MD*, art. 140º em ligação com o art. 136 da WRV, n. m. 54; Maurer, *ZevKR* 2004, 311; Mückl, *BK*, art. 4º, n. m. 162.

638. Um outro limite está contido no art. 137º, n. 3, frase 1, da Constituição Imperial de Weimar, com a "lei válida para todos". No entanto, este limite aplica-se apenas ao âmbito de proteção da *ordenação e administração de assuntos próprios* e foi neste sentido anulado pelo Tribunal Constitucional Federal, por imposição da ponderação de bens com a máxima consideração possível da autoconsciência da comunidade religiosa ou ideológica[304]. As concordatas e os acordos eclesiásticos não podem justificar quaisquer ingerências; na medida em que as igrejas se obrigam neles a um determinado exercício do seu direito de auto-ordenação e autoadministração, isto é lícito[305] como renúncia ao direito fundamental (cf. n. m. 193 e s.).

2. Art. 12a, n. 2

639. O art. 12a, n. 2, frase 1, constitui uma *autorização de ingerência*, da qual atualmente não se faz qualquer uso. Se se fizer uso dela, então está justificado jurídico-constitucionalmente o facto de uma decisão de consciência, que nos termos do art. 4º, n. 3, goza de proteção jurídico-fundamental, se tornar no ponto de partida para uma regulação onerosa de um serviço cívico. O art. 12a, n. 2, frases 2 e 3 são, então, *limites de limites*.

3. Direito constitucional colidente

640. Embora os direitos fundamentais previstos no art. 4º sejam garantidos sem reservas, o seu exercício, sob as condições de pluralidade religiosa e ideológica, conduz a diversos conflitos com outros direitos fundamentais e bens constitucionais. Assim, não é surpreendente que o Tribunal Constitucional Federal, em acórdãos sobre o art. 4º, tenha fundamentado a jurisprudência constante segundo a qual as ingerências em direitos fundamentais não sujeitos a reserva podem ser justificadas, em termos jurídico-constitucionais, por meio de direitos

---

304 E 53, 366/399 e s.; 72, 278/289; 137, 273, n. m. 106 e s.; numa perspetiva crítica, Wieland, *Staat* 1986, 321/328 e s.

305 Cf. Ehlers, SA, art. 140º, n. m. 8; art. 140º, em ligação com o art. 137º da WRV, n. m. 6.

fundamentais colidentes e outros bens constitucionais[306]. As colisões com as quais a jurisprudência teve de se ocupar ocorreram sobretudo na escola. São fundamentais as decisões do Tribunal Constitucional Federal relativas às escolas interconfessionais cristãs que, como o demonstram as regulações das leis dos Estados federados, devem ensinar e educar as crianças na base do credo cristão. O Tribunal Constitucional Federal considera haver aqui uma colisão entre, por um lado, a liberdade de culto negativa, protegida pelo art. 4º, de pais e de filhos de outra religião ou sem religião e, por outro lado, a autoridade escolar do Estado (art. 7º, n. 1), assim como a liberdade de religião positiva de crianças e pais cristãos, colisão que o Tribunal resolveu segundo os princípios da concordância prática por meio de interpretação, conforme à Constituição, das disposições do direito dos Estados federados[307]. Com isso, a liberdade de religião dos alunos e o direito de educação religiosa dos pais são protegidos não só contra a endoutrinação religiosa, mas fazem-se também valer perante aqueles conteúdos de ensino que são contrários aos preceitos religiosos. No compromisso jurídico-constitucional é, no entanto, atribuída uma importância considerável à função de integração da escola obrigatória, compromisso que ordena uma dispensa do ensino apenas em casos excecionais[308].

641. Exemplos:

Os preceitos islâmicos sobre o vestuário não permitem às alunas muçulmanas a participação conjunta com os rapazes nas aulas de natação. Por isso, elas requerem normalmente uma dispensa das aulas de natação. Se a administração escolar recusar esta dispensa das aulas, comete uma ingerência na liberdade de religião das alunas e eventualmente dos seus pais, mas pode, em contrapartida, invocar o art. 7º, n. 1, que autoriza o Estado a fixar o conteúdo do ensino e a determiná-lo por via das suas modalidades externas, como por exemplo a questão da sua execução na forma de coeducação ou de monoeducação. A princípio, o

---

306   E 28, 243/261.

307   E 41, 29/44 e s.; 41, 65/77 e s.; Huster, *Die ethische Neutralität des Staates*, 2002, p. 182 e s.

308   BVerwGE 147, 362/364 e s. (= JK 5/2014); BVerwG, NJW 2014, 804/807 e s.

Tribunal Constitucional Federal (*E* 94, 82/90 e s.) tinha mesmo assim considerado desproporcionada a recusa da dispensa das aulas, porque tinha visto aí o perigo de estigmatização das alunas. Mas mais tarde, o mesmo Tribunal abandonou esta jurisprudência, reportando-se à possibilidade de uso de um biquíni, porque aquele "que insiste em pôr consequentemente em prática as suas convicções religiosas no âmbito das aulas e, neste contexto, exige respeito por parte da escola, [tem], por sua vez, de aceitar, por princípio, que desta maneira se está a colocar num certo papel especial que salta aos olhos dos outros" (*BVerwGE* 147, 362/375 = *JK* 5/2014; ver também Tribunal Constitucional Federal, *NVwZ* 2017, 227/228; TEDH, n. 29086/12, n. m. 56 e s. (*Osmanoglu/Schweiz*); ver Uhle, *NVwZ* 2014, 541/542 e s.); sobre a proibição nas aulas do véu a tapar o rosto, Supremo Tribunal Administrativo de Munique, *BayVBl*. 2014, 233 e s. = *JK* 10/2014); Jäschke/Müller, *DÖV* 2018, 279; Polzin/Doll, *Jura* 2017, 1436). – Sobre os problemas de uma correspondente solução de compromisso no caso da oração escolar cristã, *E* 52, 223/235 e s. (além disso, Böckenförde, *DÖV* 1980, 323) e, no caso da oração muçulmana na escola, *BVerwGE* 141, 223. Sobre a recusa da correspondente solução de compromisso quanto ao crucifixo nas salas de aula, cf. n. m. 632. – É cada vez mais heterogénea a jurisprudência sobre as proibições do véu no serviço público e nas empresas: depois de o Tribunal, no seu acórdão *in E* 108, 282/309 e s., ter entregue ainda à decisão de política escolar do legislador a decisão sobre o uso na escola do véu por parte de professoras muçulmanas, o acórdão *in E* 138,296, n. m. 101 e s. =JK 7/2015, restringiu a sua (do legislador) margem de regulação à prevenção contra perigos para a paz escolar (em relação às educadoras em jardins de infância, também Tribunal Constitucional Federal, *NJW* 2017, 381/383 e s. = *JK* 8/2017). Mas isto pode quando muito ser convincente, desde que a paz escolar não possa ser garantida por meio de medidas contra os perturbadores; não pode em todo o caso bastar apenas uma ameaça "sentida" (Klein, *DÖV* 2015, 464/468). Mesmo assim, a desaprovação por terceiros não pode legitimar ingerências do Estado nos direitos fundamentais (Muckel, *JA* 2015, 476/478; posição crítica também Rusteberg, *JZ* 2015, 637/640 e s.; Volkmann, *Jura* 2015, 1083/1085 e s.). Em contrapartida, a jurisprudência tende a legitimar as proibições do uso do véu na justiça, já no caso de haver um perigo abstrato para a neutralidade e distanciamento da juíza e a sua perceção por aqueles que recorrem à justiça (Supremo Tribunal Administrativo de Kassel, ac. de 23.5.2017, 1 B 1056/17, n. m. 31, além disso, BVerfG, *NJW* 2017, 2333/2336 = *JK* 10/2017; BayVerfGH, ac. de 14.3.2019, 3-VII-18, n. m. 24 e s. = *JK* 8/2019). Também o TJUE aceita proibições de uso do véu em empresas, independentemente de uma ameaça concreta para a paz empresarial (n. m. 51a). Sobre o pano de fundo do âmbito de proteção (n. m. 608 e s.), que compreende tanto a liberdade de religião interna como a externa, isto leva a uma estranha igualdade de tratamento de convicções religiosas, às quais se aplicam simplesmente preceitos de uso de vestuário praticados de maneira muito generosa (p. ex. *E* 88, 17/23 e s.), e a manifestação exterior da mera pertença a uma religião, pertença que é categoricamente proibida (Sinder, *Staat* 2018, 459/470 e s.). Todavia, a imparcialidade da juíza pressupõe que ela pode abstrair da crença no exercício da sua função. Por um lado, o véu, tal como outros símbolos religiosos reconhecidamente usados com a toga, pode pôr em dúvida, aos olhos de terceiros, a capacidade de fazer a separação entre religião e função. Aquele que não se consegue separar dos símbolos exteriores no interesse da função também não merece eventualmente a confiança das pessoas em que necessariamente prescinde da sua convicção íntima. Mas, por outro lado, também podemos considerar suficiente a proteção transmitida pelas normas sobre a recusa de juiz; tanto mais que o símbolo religioso reconhecidamente usado pode mais sensibilizar terceiros para eventuais preconceções críticas do que uma mera convicção religiosa internamente alimentada. Ao tomar uma decisão ter-se-á também de tomar em consideração a discriminação interseccional das mulheres muçulmanas, associada à proibição de uso do véu, discriminação que exclui todo um grupo populacional de uma função também importante para a integração.

642. De maneira diferente do estipulado no art. 4º, a liberdade de religião e de ideologia, prevista no art. 9º, n. 2, da CEDH, é colocada sob uma reserva de lei de grande alcance. De acordo com o TEDH, esta reserva visa também permitir normas que sirvam para a observância de exigências mínimas de convivência na sociedade. Ela legitima assim a proibição de uso de uma burka no espaço público, porque impede a comunicação inter-humana[309]. O direito fundamental, garantido sem reservas, previsto no art. 4º, não conhece tal reserva, e o Tribunal Constitucional Federal não está obrigado pelo direito da Convenção a aceitar tal reserva, pelo menos em virtude da sua interpretação do princípio da prevalência de acordos individuais sobre normas coletivas, prevista no art. 53º da CEDH (ver também n. m. 68). Mas também são jurídico-constitucionalmente legítimas as regulações setorialmente específicas para a cobertura da face, que protegem outros bens constitucionais, como por exemplo no tráfego rodoviário para a proteção da vida e da integridade física de outros utentes das vias de circulação[310].

643. Esboço de solução do caso 9 (n. m. 600):

I. Para a decisão de "P" de não pagar a correspondente percentagem do imposto sobre o rendimento para fins de equipamento militar, teria de ser aplicável o *âmbito de proteção* da liberdade de consciência. Ter-se-ia de tratar de uma decisão séria, orientada pelas categorias do "bem" e do "mal", que "P" experimenta como compromissiva para si próprio. O Tribunal Constitucional Federal aceita uma decisão de consciência, dado que a decisão radica na convicção pacifista de "P", que este procurou repetidas vezes a imposição dessa decisão por meios jurídicos e que está pronto para pôr a parcela correspondente da sua dívida fiscal à disposição de uma aplicação que promova a paz. – **II.** O Tribunal Constitucional Federal não vê, contudo, na obrigação de pagamento de imposto, qualquer *ingerência* na liberdade de consciência. Ele apoia-se na estrita separação jurídico-orgânico-estatal entre lançamento de impostos e decisão sobre despesas jurídico-orçamentais. O cidadão enquanto contribuinte não tem qualquer influência na decisão sobre as despesas e, por isso, também não é responsável por elas; a sua dívida fiscal individual é independente do fim da despesa. Este fim está apenas nas mãos do Parlamento, responsável perante o eleitor. – Esta consideração do Tribunal Constitucional Federal é convincente, embora também se possa pergun-

---

309 TEDH, *NJW* 2014, 2925/2931 (*SAS/Frankreich*); posição crítica divergente, p. 2932.

310 Tribunal Constitucional Federal, *BayVBl.* 2018, 555/556. Sobre o uso de uma burka em Tribunal, Michael/Dunz, *DÖV* 2017, 125.

tar se primeiro exclui a ingerência no âmbito de proteção ou não já a sua pertinência (neste sentido, Starck, *MKS*, art. 4º, n. m. 69).

644. Bibliografia:

T. Barczak, "Die Glaubens- und Gewissensfreiheit des Grundgesetzes", *Jura* 2015, 463; H. Bethge, "Gewissensfreiheit", *Hdb. StR3 VII*, § 158; M. Borowski, *Die Glaubens- und Gewissensfreiheit des Grundgesetzes*, 2006; A. Edenharter, "Das Selbstbestimmungsrecht der Religionsgemeinschaften vor dem Hintergrund europäischer Grundrechtsvereinheitlichung und kultureller Diversifizierung", *RW* 2015, 167; H.M. Heinig/C. Walter (ed.), *Staatskirchenrecht oder Religionsverfassungsrecht?*, 2007; *idem*, (ed.), *Religionsverfassungsrechtliche Spannungsfelder*, 2015; P. Hoffmann, *Die Weltanschauungsfreiheit*, 2012; Holterhus/Aghazadeh, "Die Grundzüge des Religionsverfassungsrechts", *JuS* 2016, 19, 117; S. Korioth, "Freiheit der Kirchen und Religionsgemeinschaften", *Hdb. GR IV*, § 97; S. Magen, *Körperschaftsstatus und Religionsfreiheit*, 2004; S. Muckel, *Religiöse Freiheit und staatliche Letztentscheidung*, 1997; G. Neureither, "Grundfälle zu Art. 4 I, II GG", *JuS* 2006, 1067; 2007, 20; B. Pieroth/C. Görisch, "Was ist eine 'Religionsgemeinschaft'?", *JuS* 2002, 937; R. Poscher, "Vereinsverbote gegen Religionsgemeinschaften?", *KritV* 2002, 298; B. Schlink, "Die Angelegenheiten der Religionsgemeinschaften", *JZ* 2013, 209; A. Steinbach, "Religion und Neutralität im privaten Arbeitsverhältnis", *Staat* 2017, 621; R. Steinberg, "Religiöse Symbole im säkularen Staat", *Staat* 2017, 157; U. Volkmann, "Dimensionen des Kopftuchstreits", *Jura* 2015, 1083; U. Vosgerau, *Freiheit des Glaubens und Systematik des Grundgesetzes*, 2007; A. Voßkuhle, "Religionsfreiheit und Religionskritik – Zur Verrechtlichung religiöser Konflikte", *EuGRZ* 2010, 537.

§ 13. LIBERDADE DE OPINIÃO, DE INFORMAÇÃO, DE IMPRENSA, DE RADIODIFUSÃO E LIBERDADE CINEMATOGRÁFICA (ART. 5º, N. 1 E 2)

645. Caso 10: Uso, em serviço, de símbolo distintivo por parte de um professor do ensino público (segundo o acórdão do Tribunal Administrativo Federal *in*: *BVerwGE* 84, 292).

"Pr" é professor efetivo numa escola pública. Ele usa nas aulas, e de uma maneira visível, um distintivo com a inscrição: "Nuclear? Não obrigado!"; A administração escolar competente proíbe a "Pr" o uso daquele distintivo na área da escola, invocando a norma aplicável da Lei Estadual do Funcionalismo Público, norma que corresponde ao § 53º da Lei dos Funcionários Públicos Federais: "O funcionário público tem a obrigação de manter, em caso de atividade política, aquela moderação e discrição que resultam da sua posição em face da coletividade e da observância dos deveres do seu cargo". Será que a ordem de proibição viola a liberdade de opinião de "Pr"? N. m. **713**.

I. Panorama geral

646. O direito fundamental da liberdade de opinião está no centro da formação do Estado Constitucional dos tempos modernos. Foi com razão que o Tribunal Constitucional Federal o reconheceu[311] com as palavras da Declaração dos Direitos do Homem e do Cidadão, de 1789 (*"un des droits les plus précieux de l'homme"*) e de Cardozo, o célebre professor americano de direito (*"the matrix, the indispensable condition of nearly every other form of freedom"*). A liberdade de opinião protege não só opiniões "que são acolhidas como positivas ou como inócuas ou sem importância, mas também [...] aquelas que ofendem, chocam ou perturbam", consagrando-se assim ao "pluralismo, à tolerância e ao espírito de abertura, sem os quais não é possível uma sociedade democrática"[312].

647. O art. 5º, n. 1, contém, no seu todo, cinco direitos fundamentais: a par da

– liberdade de opinião (frase 1, segmento 1), como direito de manifestar e divulgar livremente a sua opinião pela palavra, pela escrita e pela imagem, ainda;

– liberdade de informação (frase 1, segmento 2), como o direito de se informar sem impedimentos a partir de fontes de acesso geral;

– a liberdade de imprensa (frase 2, segmento 1);

– a liberdade de informação radiofónica (frase 2, segmento 2); e

---

311 E7, 198/208.

312 TEDH, n. 3690/10, n. m. 52 (*A./Deutschland*).

– a liberdade da informação cinematográfica (frase 2, segmento 3).
A concentração de todos estes cinco direitos fundamentais numa liberdade de comunicação unitária ou a concentração dos três últimos direitos fundamentais numa liberdade de meios de comunicação unitária não pode desencadear efeitos normativos para além dos diferentes direitos fundamentais[313].

648. Alguns destes direitos fundamentais não estão formulados na perspetiva do titular de direitos fundamentais ("todos têm o direito..."), mas a partir do âmbito de proteção ("a liberdade de imprensa..."). Não obstante, também eles garantem direitos subjetivos. Relativamente à liberdade de imprensa, o Tribunal Constitucional Federal definiu, corretamente, a relação entre a função jurídico-subjetiva e a função jurídico-objetiva (cf. n. m. 105, 111 e s.) no sentido de ser garantido "primeiro – de forma correspondente à posição sistemática do preceito e do seu entendimento tradicional – um direito fundamental subjetivo" e de o preceito ter "ao mesmo tempo também um lado jurídico-objetivo"[314]. Deste lado jurídico-objetivo aquele tribunal deduz um dever de proteção estatal da imprensa e a admissibilidade de princípio de medidas estatais, neutras do ponto de vista da opinião, de apoio à imprensa[315].

649. A regulação do art. 5º, n. 1, frase 3 ("não haverá censura"), não é um direito fundamental autónomo, mas apenas um limite de limites aplicável aos direitos fundamentais do art. 5º, n. 1. O art. 42º, n. 3, contém mais um limite de limites.

II. Âmbitos de proteção

1. Liberdade de opinião (art. 5º, n. 1, frase 1, segmento 1)

a) Conceito

650. Expressões de opinião são, em primeiro lugar, *juízos de valor*, independentemente do objeto a que se reportam e do conteúdo que

---

313 Degenhart, *BK*, art. 5, n.. 1 e 2, n. m. 20; Jestaedt, *Hdb. GR IV*, § 102, n. m. 27.

314 E 20, 162/175.

315 E 80, 124/133 e s.

apresentam. Podem dizer respeito a assuntos políticos ou não políticos, a assuntos públicos ou privados e podem ser razoáveis ou não razoáveis, com ou sem valor[316]. Podem até ser insultuosos, como se pode deduzir do limite "direito à honra pessoal", constante do art. 5º, n. 2.

651. Exemplos extraídos da jurisprudência são: o apelo a que já não se exibam e não se assista aos filmes do realizador nacional-socialista Veit Harlan (*E* 7, 198/217; cf. n. m. 112); a recolha, na parada do quartel, por parte de um indivíduo que presta serviço militar, de assinaturas contra a construção de uma central nuclear projetada nas proximidades (*E* 44, 197/202 e s.); a carta de um recluso, na qual surgem afirmações insultuosas sobre o diretor do estabelecimento prisional (*E* 33, 1/14 e s.); a rotulação de um advogado como sendo "de extrema-direita" (BVerfG, *NJW* 2012, 3712/3713 e s.); a publicidade no sobrescrito com o símbolo do *Greenpeace* (*BVerwGE* 72, 183/185 e s.); a publicidade comercial, pelo menos quando serve à formação da opinião (*E* 71, 162/175; 102, 347/359 e s.; 107, 275/280; mais desenvolvidamente, Hufen, *StRII*, § 25, n. m. 9; uma perspetiva crítica, Hochhuth, p. 311 e s.).

652. De há muito que se discute se também as *afirmações sobre factos* caem nas manifestações de opinião. As afirmações sobre factos distinguem-se claramente das manifestações de opinião: as afirmações fatuais são verdadeiras ou falsas; as manifestações de opinião não são nem verdadeiras nem falsas. Também o direito penal, no caso de delitos de injúria (§§ 186º e s. StGB), tal como no caso de ilícitos de fraude (§ 263º StGB), liga efeitos jurídicos diferentes a uma declaração, consoante ela é uma expressão de opinião ou uma afirmação fatual; e as leis estaduais de imprensa concedem um direito de resposta apenas quando se verificam afirmações fatuais. Por isso, defende-se, por vezes, que as afirmações fatuais saem fora do âmbito de proteção do art. 5º, n. 1, frase 1[317].

653. Mas a afirmação fatual está, geralmente, ligada (pelo menos de forma implícita) a um juízo de valor daquele que afirma. Desde

---

316 E 61, 1/8; 65, 1/41.

317 Cf. Huster, NJW 1996, 487.

logo, a decisão de fazer uma afirmação fatual, quando, onde e como a fazer, tem uma qualidade valorativa. Em relação à radiodifusão, o Tribunal Constitucional Federal explicou que todos os programas "têm um certo pendor por força da seleção e do formato das emissões, especialmente quando se trata da decisão sobre o que não deve ser emitido, o que não tem de interessar aos ouvintes, o que pode ser desprezado sem prejuízo para a formação da opinião pública, e como a matéria emitida deve ser configurada e enunciada"[318]. Na doutrina, a delimitação entre afirmações fatuais e juízos de valor é em parte considerada geralmente impossível[319].

654. O **Tribunal Constitucional Federal** segue um caminho intermédio ao utilizar um conceito amplo de opinião. Neste sentido, uma manifestação de opinião que é "marcada pelos elementos da tomada de posição, do parecer," cai também no âmbito de proteção do art. 5º, n. 1, frase 1, se "estes elementos, como sucede frequentemente, se ligarem ou combinarem com elementos de uma comunicação ou de uma afirmação fatual"[320]. A ligação e a combinação verificam-se sobretudo pelo facto de as afirmações factuais serem "pressuposto da formação de opiniões"[321]. Só as afirmações fatuais, que não estão ligadas a juízos de valor, nem são relevantes para a formação de opiniões, caem fora do âmbito de proteção do art. 5º, n. 1, frase 1, segmento 1, por exemplo os dados no quadro dos levantamentos estatísticos[322].

655. O Tribunal Constitucional Federal não considera "a afirmação fatual manifesta ou conscientemente falsa como estando abrangida pela proteção do art. 5º, n. 1, frase 1"; é que a "informação falsa não é um bem digno de proteção"[323]. Nesta afirmação é correto o facto

---

318   E 12, 205/260.

319   Grabenwarter, *MD*, art.º 5º, n. 1 e 2, n. m. 58; Schulze-Fielitz, *DR*, art. 5º I, II, n. m. 65.

320   E 61, 1/9; 90, 241/247; BVerfG, *NJW* 2011, 47/48.

321   E 85, 1/15.

322   E 65, 1/41.

323   E 61, 1/8; 85, 1/15; 99, 185/187; Tribunal Constitucional Federal, *NJW* 2018, 2858/2859; *NJW* 2018, 2861; opinião diferente, Jestaedt, *Hdb. GR IV*, § 102, n. m. 36 e s.; Kloepfer, *VerfR II*, § 61, n. m. 9.

de as deturpações conscientes da verdade, que não reproduzem a opinião daquele que a exprime, também não poderem ser protegidas enquanto manifestação de opinião. Além disso, para o âmbito de proteção, isso não pode depender das provas de verdade, isto é, da exatidão objetiva dos factos; a liberdade de opinião é também sempre a *liberdade de errar*[324] – mesmo do que se baseia em despreocupação, desleixo ou indiferença perante a verdade[325], sobre o modo como frequentemente cria as chamadas *"fake news"*. O controle do âmbito de proteção em relação às afirmações fatuais desenvolve-se em duas fases: primeiro, deve-se esclarecer se se trata de uma afirmação fatual ou de uma manifestação de opinião; se se tratar de uma afirmação fatual, fica excluída – 2ª fase – do âmbito de proteção apenas se: ou não se encontrar ligada a qualquer manifestação de opinião ou se for conscientemente falsa. – Também está protegida a pergunta, tanto a pergunta retórica como a pergunta verdadeira[326].

b) Manifestação e difusão de opinião pela palavra, pela escrita e pela imagem

656. Com estas marcas distintivas do âmbito de proteção referimo-nos à forma em que se manifesta uma opinião aos concidadãos. Com as modalidades de manifestação e de difusão pela palavra, pela escrita e pela imagem, trata-se apenas de enumerações a título exemplificativo; por um lado, a manifestação e a divulgação de opinião não podem ser estritamente separadas uma da outra no sentido de marcas fatuais fixas[327]; por outro lado, verificam-se de uma maneira sempre nova. Em princípio, está também protegida a comunicação na internet, se exceder a compilação de informações textuais para um grupo indeterminado de destinatários. Seguindo o exemplo de um debate norte-a-

---

324 Cf. Schmalenbach, *JA* 2005, 749; opinião diferente, *E* 90, 241/249, relativamente à chamada mentira de Auschwitz; cf. Wandres, *Die Strafbarkeit des Auschwitz-Leugnens*, 2000, p. 276 e s.; incluindo a mentira, Steinbach, *JZ* 2017, 653/657 e s.

325 Sobre a diferença em relação à mentira, Frankfurt, *On Bullshit*, 2005, p. 30-34.

326 *E* 85, 23/31 e s.; BVerfG, *NJW* 2003, 661.

327 Wendt, *MüK*, art. 5º, n. m. 17.

mericano, defende-se mesmo a ideia de que os motores de busca devem ficar apreendidos se em virtude de um algoritmo de busca incluírem uma tomada de posição valorativa[328]. Manifestações de opinião na internet caem sob a liberdade radiofónica, se servirem de parte integrante do programa preparatório da formação de opinião (n. m. 675), mas podem cair também sob a liberdade de imprensa se os conteúdos forem centralmente baseados em textos (por exemplo jornais *on-line*)[329]. Juntamente com a manifestação de opinião está também protegida a escolha do lugar e do tempo em que é produzida[330].

657. Deve abrir-se uma exceção apenas nos casos em que uma opinião deve ser *imposta* a outrem. O Tribunal Constitucional Federal tem, repetidas vezes, chamado à atenção para o facto de o sentido e a essência do direito fundamental da liberdade de opinião consistirem em garantir "o combate *inteletual* das opiniões", que deve ser visto como o pressuposto fundamental elementar de uma ordem pública livre e democrática[331]. Correspondentemente, a proteção do art. 5º, n. 1, frase 1, segmento 1, termina no ponto em que se abandona o terreno da discussão inteletual e se empregam meios de pressão em vez de argumentos para a formação de opinião (cf. n. m. 144).

658. Da manifestação e da difusão de uma opinião faz parte não só o facto de aquele que a manifesta e difunde se desfazer dela. Protegido está também o facto de a opinião chegar ao destinatário e poder ser por ele *recebida*. Por isso, o ato de não fazer seguir o correio dos reclusos deve ser apreciado à luz do art. 5º, n. 1 e 2[332]. No entanto, esta proteção apenas tem efeito a favor daquele que manifesta e difunde a sua opinião. Ao destinatário não está garantido o direito à receção por via do art. 5º, n. 1, frase 1, segmento 1, mas tão-só por via da liberdade de informação prevista no art. 5º, n. 1, frase 1, segmento 2, isto é, na medida em que se trata da receção proveniente de fontes de acesso geral.

---

328 Milstein/Lippold, NVwZ 2013, 182/185.
329 Jarass, J/P, art. 5º, n. m. 101; Kube, *Hdb.StR3 IV*, § 91, n. m. 12 e s.
330 E 93, 266/289.
331 E 25, 256/265.
332 E 35, 35/39; BVerfG, NJW 2005, 1341.

c) Liberdade de opinião negativa

659. O art. 5º, n. 1, frase 1, segmento 1, garante, além disso, o direito de não manifestar e de não difundir opiniões[333] e, assim, protege simultaneamente contra o ter de manifestar e difundir opiniões alheias como se fossem próprias. A garantia da liberdade de opinião negativa torna compreensível que o Tribunal Constitucional Federal queira deixar cair fora do conceito de opinião dados estatísticos e afirmações e comunicações fatuais sem qualquer fator de tomada de posição valorativa. É que incluí-los significaria que as numerosas obrigações de informação e de registo, especialmente as de caráter jurídico-económico e jurídico-industrial, constituiriam ingerências na liberdade de opinião negativa.

660. Exemplos:
A liberdade de opinião negativa protege contra a obrigação de participar em mensagens de cumprimentos e em manifestações de fidelidade organizadas pelo Estado. – No caso da obrigação de indicar as caraterísticas do produto ordenada pelo Estado, por exemplo a inscrição "Fumar faz mal à saúde", é reconhecível que essa não é a opinião do fabricante do produto; por isso, uma tal obrigação de reprodução de uma opinião reconhecidamente alheia afeta, é certo, o art. 12º, n. 1, mas não o art. 5º, n. 1, frase 1, segmento 1 (*E* 95, 173/182; cf. Hardach/ Ludwigs, *DÖV* 2007, 288).

661. Por outro lado, a garantia da liberdade de opinião negativa torna necessária uma *delimitação* entre os âmbitos de proteção do art. 5º, n. 1, e do art. 10º, n. 1. É que, tal como da liberdade de opinião positiva faz parte o facto de a opinião chegar ao seu destinatário, também da liberdade de opinião negativa faz parte o facto de a opinião também não ser transmitida àquele a quem o manifestante e difusor a não quiser fazer chegar. No entanto, no caso de comunicações postais, telefónicas e semelhantes, isto é garantido também pelo art. 10º, n. 1: estas comunicações não devem chegar a mais ninguém senão àquele a quem são dirigidas. O art. 10º, n. 1, é, nesta medida, *lex specialis*.

---

333 Cf. E 65, 1/40; numa perspetiva crítica, Jestaedt, *Hdb. GR*, § 102, n. m. 42.

2. Liberdade de informação (art. 5º, n. 1, frase 1, segmento 2)

662. *Fonte* de informação é, por um lado, todo o *suporte* possível de informações e, por outro lado, o próprio *objeto* da informação[334].

663. Exemplos:
Jornal, emissão de rádio e de televisão, ata, carta, informação oral, acidente de viação, catástrofe natural. Os leitores de jornais ou os ouvintes da rádio têm a sua proteção na liberdade de informação e não na liberdade de imprensa e de radiodifusão (BVerfG, *JZ* 1989, 339).

664. Uma fonte de informação é de *acesso geral*, quando "está apta e destinada a proporcionar informações ao público em geral, portanto a um grupo de pessoas não determinável individualmente"[335]. Nesse caso, a aptidão e o estar destinada para a informação ao público têm de ser efetivos ou, como formulou anteriormente o Tribunal Constitucional Federal, técnicos, uma vez que, de outro modo, o Estado poderia decidir, através de regulações ou de medidas jurídicas, sobre a acessibilidade geral de uma fonte de informação e, por via de uma restrição antecipada do conceito de "fontes de acesso geral", iludir os limites do art. 5º, n. 2[336]. Este correto entendimento é quebrado pelo facto de o Tribunal Constitucional Federal reconhecer entretanto que o Estado pode legalmente determinar e limitar o acesso a "uma fonte de informação que se encontra no âmbito de responsabilidade do Estado", sem que isto tenha de ser considerado ingerência em face do art. 5º, n. 2, da Lei Fundamental[337] e transformaria, sem necessidade, a liberdade de informação num direito fundamental marcado pela norma[338]. Neste aspeto, o Tribunal está ainda arreigado a uma noção constitucional de Estado, que entende o Estado e em particular o poder executivo, como oponente à sociedade. Mas, no Estado democrático, também a

---

334 Grabenwarter, *MD*, art. 5º. n. 1, 2, n. m. 996; Wendt, *MüK*, art. 5º, n. m. 22.

335 E 27, 71/83; 90, 27/32; 103, 44/60.

336 E 27, 71/83 e s.

337 E 103, 44/60; ver também Tribunal Constitucional Federal, *NJW* 1986, 1243; BVerwG, *NJW* 2014, 1126/1127; opinião diferente, Dörr, *Hdb. GR IV*, § 103, n. m. 30 e s., 42 e s.

338 E 27, 71/83 e seg.

Administração pública é expressão da auto-organização da sociedade, sendo deste modo de acesso geral aos cidadãos, não só nos seus cargos (art. 33º, n. 2, da Lei Fundamental), mas também nas suas informações[339]. Outro tanto é válido em relação a atas e informações disponíveis nos parlamentos e nos tribunais. Graças às leis sobre a liberdade de informação da Federação e de alguns Estados federados, esta jurisprudência está, com tudo isso, em grande parte, ultrapassada[340]. Só podem ser legalmente reconfiguradas as modalidades de acesso – como nas leis sobre a liberdade de informação (cf. n. m. 685 e s.).

665. **Exemplos:**
Um jornal que é transportado pelo correio para o assinante é uma fonte de acesso geral, porque toda a edição é de acesso geral. O facto de o exemplar concreto transportado pelo correio escapar ao acesso de qualquer pessoa não altera aqui nada (*E* 27, 71/85). Especialmente os meios de comunicação de massa da imprensa, da rádio, da televisão e do cinema, são, em princípio, de acesso geral, mesmo que venham do estrangeiro (*E* 90, 27/32). No moderno Estado constitucional, isto também se aplica às sessões de julgamento dos tribunais (*E* 91, 125/143; opinião diferente, *E* 103, 44/62: apenas no caso de "sessão aberta ao público") e ao registo predial (cf. BVerfG, *EuGRZ* 2000, 484). Pelo contrário, não são fontes de acesso geral a redação de uma editora privada (*E* 66, 116/137).

666. Protegida de uma maneira *positiva* encontra-se a informação proveniente de fontes de informação de acesso geral, isto é, a simples receção passiva tal como a obtenção ativa[341] com os seus necessários pressupostos, por exemplo a instalação de uma antena parabólica[342]. No entanto, o Estado e também as instituições de radiodifusão de direito público não estão obrigados a arranjar e a apresentar ao cidadão informações disponíveis[343]. A par da liberdade positiva, também aqui te-

---

339 Sobre isto, Wirtz/Brink, NVwZ 2015, 1166/1170 e s.; Nolte, NVwZ 2018, 521/525.
340 Cf. Scherzberg, *Die Öffentlichkeit der Verwaltung*, 2000, p. 383.
341 *E* 27, 71/82 e s.
342 *E* 90, 27/36 e s.
343 VGH München, NJW 1992, 929/930; Dörr, *Hdb. GR IV*, § 103, n. m. 75 e s.

mos de reconhecer uma liberdade *negativa*. Esta liberdade consiste na proteção contra a informação inevitavelmente imposta[344].

3. Liberdade de imprensa (art. 5º, n. 1, frase 2, segmento 1)

a) Conceito

667. Imprensa abarca tradicionalmente todos os produtos impressos aptos e destinados à divulgação. Da imprensa fazem parte não só obras impressas de publicação *periódica*, mas também aquelas obras que são de impressão única, publicações não só de acesso geral, mas também publicações internas a grupos. Além disso, as leis de imprensa dos Estados federados qualificam entretanto como obras impressas também os suportes áudio e vídeo. Desta forma, estas leis tomam em linha de conta a transformação técnica e social, que também é importante para o âmbito de proteção da liberdade de imprensa[345].

668. Exemplos:

Jornais e revistas de publicação periódica e também o jornal dos alunos (por oposição ao jornal escolar da responsabilidade da escola pública; cf. Hufen, *StR II*, § 27, n. m. 4) e o jornal de empresa (*E 95*, 28/35); livros, folhas volantes, folhetos, autocolantes e cartazes de impressão única, cassetes áudio e vídeo, CDs e DVDs, assim como o arquivo on-line de um jornal (BVerfG, *NJW* 2012, 755).

b) Âmbito de garantia

669. A liberdade de imprensa protege a criação e a configuração dos produtos da imprensa; desta liberdade de configuração faz parte a decisão sobre os conteúdos assim como sobre a formatação[346]. As opiniões divulgadas nos órgãos de imprensa são, pelo contrário, protegidas pela liberdade de expressão de opinião (art. 5º, n. 1, frase 1, segmento 1) (n. m. 673). O âmbito de proteção material vai – na perspetiva positiva

---

344 Dörr, *Hdb. GR IV*, § 103, n. m. 63 e s.; Kloepfer, *VerfR II*, § 61, n. m. 45.

345 Bullinger, *Hdb. StR3 VII*, § 163, n. m. 2; Schulze-Fielitz, *DR*, art. 5º, I, II, n. m. 90.

346 E 97, 125/144.

– "desde a obtenção da informação até à difusão das notícias e das opiniões"[347]. O âmbito de proteção compreende também atividades auxiliares importantes para a função da imprensa, porém apenas as que são internas à imprensa, isto é, as atividades auxiliares integradas organicamente nas empresas de comunicação social; em relação às atividades auxiliares externas à imprensa, atemo-nos à proteção de outros direitos fundamentais, especialmente do art. 12º, n. 1[348]. A liberdade negativa de imprensa protege contra obrigações de publicação de apelos, advertências e boletins do Estado em produtos de imprensa privados[349].

670. O art. 5º, n. 1, frase 2, também pode fundamentar um direito à informação de aplicação constitucional direta da imprensa em face das autoridades[350]. O TEDH vai ainda mais longe ao atribuir também a organizações não governamentais um direito à informação deduzido do art. 10º da CEDH, organizações que, como a imprensa, assumem uma função pública de controle[351]. O direito à informação por parte da imprensa, em relação às autoridades dos Estados federados, resulta, no entanto, já das leis da imprensa estaduais, que têm de ser interpretadas em consonância com o disposto no art. 5º, n. 1, frase 2[352]. Todavia, as leis da imprensa estaduais, por razões de repartição de competências, não podem regular direitos à informação em face das autoridades federais. Neste aspeto, aplica-se, é certo, a lei da liberdade de informação da Federação (IFG) que não só autoriza a imprensa, mas que, no parecer do Tribunal Administrativo Federal, "não reflete as necessidades funcionais especiais da imprensa" em virtude das suas regulações de acesso e das

---

347 E 20, 162/176.

348 E 77, 346/354; posição crítica, Wendt, *MüK*, art. 5º, n. m. 33.

349 Cf. Kloepfer, *VerfR II*, § 61, n. m. 62.

350 *BVerwGE* 146, 56/63 e s.; 151, 348/350 e s.; deixado em aberto, Tribunal Constitucional Federal, *NVwZ* 2016, 50/51; recusando, Blome, *NVwZ* 2016, 1211/1212 e s.; Cornils, *AfP* 2016, 205 e s.

351 TEDH, n. 37374/05, n. m. 26 e s. (*Társaság a Szabadságjogokért/Ungarn*); n. 48876/08, n. m. 103 (*Animal Defenders/Vereinigtes Königreich*); n. 39534/07, n. m. 33 e s. (*Österreichische Vereinigung/Österreich*).

352 BVerwG, *NVwZ* 2019, 473/474 e s.

disposições de limitação[353]. O direito à informação de aplicação direta da Constituição tem de corresponder aos direitos à informação das leis de imprensa estaduais. Esse direito abrange também o tratamento razoável das informações disponíveis[354]. Tal como também o respeito pelo direito de acesso à informação previsto no art. 5º, n. 1, frase 1, o Estado não deve poder furtar-se a esse direito por via do tipo de administração da informação que se encontra no âmbito da sua responsabilidade[355]. Mas o direito à informação coberto pelo direito de imprensa, de maneira diferente dos direitos à informação previstos no art. 5º, n. 1, frase 1, e das leis sobre a liberdade de informação, não inclui necessariamente o acesso aos documentos dos serviços públicos. Além disso, aquele direito tem de ser sempre ponderado com os interesses legítimos dos serviços públicos e com os direitos de personalidade de particulares atingidos; para a sua concretização, a jurisprudência recorre também às regulações do direito ordinário constantes das leis da liberdade de imprensa e das leis da liberdade de informação dos Estados federados.

671. Exemplos:

O direito à informação pode também referir-se ao nome de titulares de funções públicas, como juízes e procuradores da República (Tribunal Administrativo Federal, *NJW* 2015, 807/808 e s. = *JK* 5/2015), assim como ao conteúdo de contratos celebrados pela Administração pública, quando através deles são afetados segredos comerciais e segredos empresariais de terceiros (*BVerwGE* 146, 56/63 e s.; 151, 348/351 e s., Kingreen/Daum, *Jura* 2019, 319/322 e s.); o direito à informação também se pode impor no caso concreto face a interesses dos serviços secretos (BVerwG, *NVwZ* 2016, 945/946 e s.). Ele também pode afirmar-se perante a administração do Parlamento Federal com vista à utilização de recursos públicos por deputados do Parlamento Federal; no entanto, com vista à proteção do mandato (art. 38º, n. 1, frase 2), tem de haver indícios de que os recursos oficiais tenham sido empregados

---

353 BVerwGE 146, 56/64.

354 TEDH, NVwZ 2016, 211/212 (*Weber/Deutschland*).

355 VG Berlin ac. de 19.6.2014, 2 K 212.13, n. m. 50 e s.

de maneira não rentável (*BVerwGE* 154, 222/228 e s.). Mas o art. 38º, n. 1, frase 2, não impede que o Parlamento Federal alemão dê à imprensa informações sobre a que representantes de interesses os grupos parlamentares concederam salvo-condutos para o Parlamento Federal (OVG Berlin-Brandenburg, *LKV* 2016, 45/46 e s. = *JK* 3/2016). Não há direito à informação por parte da imprensa sobre o controle das leis a promulgar (art. 82º, n. 1) pelo Presidente Federal, porque este controle faz parte da "área essencial da responsabilidade própria do Presidente" (OVG Berlin--Brandenburg, *NVwZ* 2016, 950/952). Da mesma maneira, o Parlamento Federal pode, no quadro da sua autonomia regimental, excluir o direito à informação em questões de imunidade para proteger a sua capacidade de funcionamento (BVerwG, *NVwZ* 2019, 479/480 e s.).

672. *Titulares deste direito fundamental* são todas "as pessoas que trabalham nas empresas e as próprias empresas de comunicação social"[356]. Delas fazem parte, a par do editor, do diretor, do redator e do jornalista, também o contabilista da empresa de comunicação social[357] e o encarregado da secção de anúncios[358]. Do facto de a liberdade de imprensa caber tanto ao editor, como ao redator e ao jornalista podem resultar problemas complexos de efeitos para terceiros: poderá um editor impor a um redator, e este a um jornalista, que não informe sobre determinados acontecimentos ou que apenas o faça de determinada maneira? Estas questões são discutidas sob o lema da liberdade de imprensa interna[359].

c) Relação com os direitos fundamentais do art. 5º, n. 1, frase 1

673. O âmbito de proteção especial da liberdade de imprensa reporta-se ao facto de "se tratar das pessoas que trabalham na comunicação social no exercício da sua função, de um produto da própria im-

---

356 *E* 20, 162/175.

357 *E* 25, 296/304.

358 *E* 64, 108/114 e s.

359 Cf. Liesegang, *JuS* 1975, 215; Starck, *MKS*, art. 5º, n. 1, 2, n. m. 90 e s.

prensa, dos seus pressupostos orgânico-institucionais e condições-quadro, bem como da instituição de uma imprensa livre em geral"[360]. A liberdade de imprensa não é, pois, um caso especial da liberdade de opinião. Por isso, a proteção das manifestações de opinião, mesmo que elas sejam publicadas na imprensa, ocorre por via do art. 5º, n. 1, frase 1, segmento 1[361]. Mas apesar disso é necessário tomar em conta a importância especial da imprensa para a revelação de situações anómalas públicas; esta importância justifica, por exemplo, que também se proteja através do art. 5º, n. 1, frase 1, segmento 1, a publicação de informações obtidas ou conseguidas ilicitamente[362]. A liberdade de imprensa é, pelo contrário, um caso especial da liberdade de informação, visto que abrange a obtenção de informações, não só a partir de fontes de acesso geral, mas também por meio de investigações especiais, observações, entrevistas, etc., e porque ao mesmo tempo exige uma proteção da informação e do informador, isto é, a manutenção do segredo das fontes de informação e a relação de confiança nos informadores privados[363]. Embora não seja um caso especial da liberdade de opinião, a liberdade de imprensa sempre partilha problemas de delimitação com esta liberdade, bem como os seus critérios de solução.

674. Exemplos:

Da mesma maneira que para o conceito de opinião não interessa o conteúdo, também para o conceito de imprensa não importa saber se a publicação tem um determinado nível (*E* 34, 269/283; 101, 361/389 e s.). Tal como acontece com a inclusão de simples afirmações fatuais na proteção do art. 5º, n. 1, frase 1, segmento 1, a inclusão da secção dos anúncios – em que o elemento da tomada de posição valorativa por parte da empresa de comunicação social que publica é relegada quase completamente para segundo plano em relação à reprodução material

---

360   E 85, 1/12 e s.; 113, 63/75; do ponto de vista crítico, Heselhaus, NVwZ 1992, 740.

361   Cf. Tribunal Constitucional Federal, NJW 2003, 1109/1110; opinião crítica, Trute, *Hdb. GR IV*, § 104, n. m. 19.

362   E 66, 116/137 f; BGH, NJW 2018, 2877/2880.

363   E 36, 193/204; 107, 299/329 e s.; 117,224/265 e s.

– na proteção da liberdade de imprensa tornou-se um problema; o Tribunal Constitucional Federal aceitou-a (*E* 21, 271/278 e s.; 64, 108/114), e quando a proteção pelo BGHZ 116, 47/54 é alargada também aos jornais de anúncios que não possuem uma parte redatorial, também os materiais publicitários que apenas estão anexados ao jornal têm de cair sob essa proteção (Hufen, *StR II*, § 27 n. m. 4).

4. Liberdade de radiodifusão (art. 5º, n. 1, frase 2, segmento 2)

a) Conceito

675. Radiodifusão abrange, a par da radiofonia – designada na linguagem corrente apenas como rádio –, também a televisão ("rádio e televisão")[364]. A rádio é toda transmissão, sem fios ou por fios, de conteúdos mentais dirigida a uma pluralidade indeterminada de pessoas, através de ondas eletromagnéticas. Por isso, também a rádio e a televisão por cabo são abrangidas pela liberdade de radiodifusão, mas não a comunicação privada, porque não é dirigida a uma pluralidade indeterminada de pessoas[365]. Esta distinção desvanece-se com a crescente integração de *media*, de redes e de serviços (a chamada "convergência de meios"). É problemática em particular a delimitação em relação à liberdade de imprensa, que está em grande parte organizada segundo princípios de economia privada[366], diferentemente da liberdade de radiodifusão, que é regulada pelo direito público.

b) Âmbito de garantia

676. Tal como a liberdade de imprensa, também a liberdade de radiodifusão vai desde a obtenção da informação até à difusão da notícia e da opinião; estende-se também aos necessários recursos específicos dos *media*, como o emprego de aparelhos de gravação e de transmis-

---

364 *E* 12, 205/226; 31, 314/315.

365 Grabenwarter, *MD*, Art. 5 Abs. 1, 2, n. m. 622 e s.

366 Franzius, *JZ* 2016, 650/652 e s.

são[367]. Em face da formulação estrita de "informação", o Tribunal Constitucional Federal esclareceu expressamente que o seu espetro conteudal não é mais limitado que no caso da liberdade de imprensa e que "a informação e opinião... tanto (podem) ser veiculadas através de um jogo de televisão ou de um programa de música, como por meio de noticiários ou de comentários políticos"[368]. A relação com a liberdade de opinião deve ser definida, como no caso da liberdade de imprensa (cf. n. m. 673).

677. As *instituições de radiodifusão de direito público* são tradicionalmente titulares de direitos fundamentais. É certo que são pessoas coletivas de direito público e que o Tribunal Constitucional Federal recusa, em princípio, a titularidade de direitos fundamentais às pessoas coletivas de direito público; mas o Tribunal Constitucional Federal admite algo de diferente "quando, excecionalmente, a pessoa coletiva de direito público em questão se pode integrar diretamente no domínio de vida protegido pelos direitos fundamentais"[369]. As instituições de radiodifusão podem reivindicar para si o direito fundamental da liberdade de radiodifusão, porque se lhes aplica o princípio da liberdade pública de radiodifusão decorrente do art. 5º, n. 1, frase 2, segmento 2[370]. Daí resulta a particularidade de as instituições de radiodifusão serem simultaneamente titulares de direitos fundamentais e estarem a eles subordinados, como parte integrante que são do poder executivo, no sentido do art. 1º, n. 3. Isto foi reconhecido expressamente pelo Tribunal Constitucional Federal para a atribuição de tempos de antena aos partidos políticos[371]. Um regime correspondente tem de ser aplicado às instituições de meios de comunicação pertencentes aos Estados federados[372].

---

367 E 91, 125/134 e s.; 119, 309/318 e s.

368 E 35, 202/222; no mesmo sentido, Grabenwarter, *MD*, Art. 5 Abs. 1, 2, n. m. 672 e s.; numa perspetiva crítica, Hochhuth, p. 308 e s.

369 E 31, 314/322; cf. n. m. 174 e s.

370 Jurisprudência uniforme; cf. E 83, 238/322.

371 E 7, 99/103 e s.; 14, 121/133.

372 Bumke, *Die öffentliche Aufgabe der Landesmedienanstalten*, 1995, p. 197 e s.; Nolte, *in: Symposion Grimm*, 2000, p. 161; cf. também BayVerfGH, NVwZ 2006, 82; opinião diferente, Bethge, NJW 1995, 557.

678. Também os *privados* que façam rádio são titulares de direitos fundamentais. A liberdade de radiodifusão cabe, sem atender às formas jurídicas de direito público ou de direito privado e à atividade comercial ou não comercial, a qualquer um que faça rádio ou que venha a querer fazê-lo e se candidate à necessária licença de radiodifusão[373]. De resto, a titularidade de direitos fundamentais deve ser definida[374], como no caso da liberdade de imprensa (cf. n. m. 672). Os ouvintes da rádio não são titulares de direitos fundamentais[375].

679. A jurisprudência do Tribunal Constitucional Federal relativa à radiodifusão parte da sua *situação especial* em face da imprensa. Até ao início dos anos de 1980, esta situação especial resultava da escassez das frequências disponíveis e das extraordinariamente elevadas despesas financeiras para a realização de emissões de radiodifusão. Nos tempos mais recentes, esta situação não se deixou de verificar; apenas se alterou pelo facto de os pressupostos técnicos da realização e difusão de programas de radiodifusão se terem aperfeiçoado por via do desenvolvimento de novos meios e de ter surgido um mercado europeu e mesmo transeuropeu de radiodifusão[376]. Tal como dantes, a jurisprudência jurídico-constitucional determina o âmbito de proteção da liberdade de radiodifusão segundo a função da radiodifusão como meio e *forum* de formação da opinião pública. Consequentemente, a liberdade de radiodifusão exige uma conformação legal por meio de regulações materiais, orgânicas e procedimentais que garantam um processo de comunicação livre, isto é, assegurem que a diversidade das opiniões existentes encontre na rádio expressão em extensão e completude; neste sentido, o Tribunal Constitucional Federal entende a liberdade de radiodifusão como direito fundamental regulado pela norma.

---

373 E 95, 220/234; 97, 298/311 e s.
374 Bethge, DÖV 2002, 673/674.
375 BVerfG, NJW 1990, 311.
376 E 73, 118/121 e s.

680. No atual *sistema dual*[377], as instituições de radiodifusão de direito público têm a função de "fornecimento básico" de emissões de rádio aos cidadãos, indispensável à ordem democrática e à vida cultural, porque os seus programas terrestres atingcm a quase totalidade da população e porque estas instituições estão em condições de oferecer programas abrangentes do ponto de vista dos conteúdos[378]; mas é cada vez mais controverso o seu direito a oferecerem na *internet* serviços e programas de maior alcance, que se encontram numa relação de concorrência com empresas de comunicação social não financiadas com dinheiros públicos[379]. É que, na opinião do Tribunal Constitucional Federal, a garantia de fornecimento básico tem de ser também assegurada financeiramente pelo Estado. Assim, a rádio de direito público, em comparação com os partidos políticos (art. 21º, n. 1), encontra-se num campo de tensão entre a autonomia social e a dependência do Estado. Para garantir a necessária distância em relação ao Estado (n. m. 677), uma comissão independente (KEF) fixa as taxas de radiodifusão; os Estados federados só se podem desviar das suas propostas em casos excecionais (separação da legislação geral sobre radiodifusão da fixação da taxa de radiodifusão)[380]. O princípio do distanciamento em relação ao Estado é, além disso, relevante para a composição dos órgãos das instituições de radiodifusão. Nos conselhos fiscais devem-se "reunir pessoas com as perspetivas e os horizontes de experiência mais diversos possível, oriundas de todos os setores da comunidade"[381]; além disso, tem de ser limitada a influência dos atores estatais e próximos do Estado.

681. Relativamente aos *promotores privados*, o Tribunal Constitucional Federal limita-se a deixar, em princípio, ao critério do legislador (do Estado federado) apostar numa pluralidade de opiniões através de muitos promotores (pluralismo externo) ou assegurar a pluralidade

---

377 Cf. Stock, JZ 1997, 583.

378 E 73, 118/158 e s.; 87, 181/198 e s.

379 Sobre a matéria, por exemplo, Korte, AöR 2014, 384/399 e s.

380 E 119, 181/219.

381 E 136, 9, n. m. 34 e s.; sobre a matéria, Starck, JZ 2014, 552.

de opiniões por via de exigências orgânicas e conteudais a fazer aos promotores (pluralismo interno). Embora estas exigências não tenham de ser tão elevadas como para a radiodifusão de direito público, também não têm de ser mais reduzidas[382]. O importante é que se impeça a proximidade do Estado, a influência determinante de um partido ou mesmo o surgimento de um poder de opinião dominante[383] também nos programas locais e regionais[384]. O Tribunal Constitucional Federal exige do legislador (do Estado federado) regulações que:

– impeçam os monopólios da informação;

– garantam um mínimo de equilíbrio de conteúdos, objetividade e respeito mútuo;

– no caso de associação público-privada de promotores, impeçam um esvaziamento da função pública do programa;

– prevejam um controlo limitado do Estado (por meio dos Estados federados); e

– abram igual acesso à realização de emissões privadas de radiodifusão[385].

5. Liberdade cinematográfica (art. 5º, n. 1, frase, 2, segmento 3)

682. Entendemos por filme uma transmissão de conteúdos mentais através de sequências de imagens destinadas à projeção[386]. Ao contrário da rádio, o filme dirige-se ao público no local da sua projeção[387]. De forma correspondente à liberdade de radiodifusão (cf. n. m. 676), a liberdade cinematográfica abrange não só filmes documentários, mas também longas-metragens e todas as outras manifestações fílmicas de opinião[388].

---

382   *E* 83, 238/316.

383   *E* 121, 30/51 e s.

384   BVerfG, NVwZ 2006, 201/203 e s.

385   *E* 83, 238/296 e s.; 97, 228/257 e s.; Schulze-Fielitz, *DR*, art. 5º, I, II, n. m. 253 e s.

386   Grabenwarter, *MD*, art. 5º, n. 1 e 2, n. m. 969.

387   Degenhart, *BK*, art. 5 I, II, n. m. 902; Trute, *Hdb. GR IV*, § 104, n. m. 72.

388   Jarass, *JP*, art. 5º, n. m. 51; Kloepfer, *VerfR* II, § 61, n. m. 116; opinião diferente, Reupert, NVwZ 1994, 1155.

III. Ingerências

1. Liberdade de opinião, de imprensa, de radiodifusão e liberdade cinematográfica

683. Das ingerências fazem parte as proibições de manifestar e divulgar opiniões, as sanções das proibições, obstruções ou impedimentos de facto de manifestação e divulgação de opinião e as afetações dos pressupostos técnicos, orgânicos e institucionais, que as empresas de imprensa e os promotores de radiodifusão criaram para o cumprimento das suas funções, bem como as afetações do funcionamento da imprensa e radiodifusão. Não se verificam ingerências na liberdade de radiodifusão, quando as exigências feitas aos promotores e aos eventos de radiodifusão assegurem a liberdade de radiodifusão; neste sentido, trata-se de conformações do direito fundamental marcado por normas jurídicas (cf. n. m. 266 e s.)[389].

684. Exemplos de ingerências:

Proibição da distribuição, por meio de venda por correspondência, de escritos que põem em perigo a juventude (*E* 30, 336/347); proibição de gravações televisivas dentro da sala de audiências, bem como de informações daí provenientes (*E* 91, 125/135; 119, 309/318 e s.; *NJW* 2017, 798/798 e s.); inclusão de uma revista no relatório dos serviços de "defesa da Constituição" (*E* 113, 63/77 e s.); inquirição de jornalistas, busca nas salas de redação e apreensão ou confisco de material da imprensa, de radiodifusão e de material cinematográfico (*E* 20, 162/185 e s.; 77, 65/77 e s.; 117, 244/265 e s.; BVerfG, *NJW* 2011, 1860, 1846; cf. Schmidt-De Caluwe, *NVwZ* 2007, 640); levantamento de dados sobre as comunicações telefónicas de promotores da imprensa e de radiodifusão (*E* 107, 299/330 e s.); obrigação dos promotores de radiodifusão privados de gravarem as suas emissões para fins de controlo da radiodifusão e de as apresentarem ao Instituto Estadual de Meios de Comunicação Social (*E* 95, 220/235 e s.); obrigação de resposta

---

389 Cf. E 95, 220/235; 97, 228/266 e s.; posição crítica Hartmann, JZ 2016, 18/22 e s.

(TCF, *EuGRZ* 2018, 223/224; *NJW* 2019, 419/420). – Pelo contrário, o direito de prestar informações breves não constitui ingerência, mas uma conformação do direito fundamental marcado pelas normas (*E* 97, 228/267; Bethge, *DÖV* 2002, 673/680).

2 Liberdade de informação

685. Verificam-se ingerências na liberdade de informação quando o acesso à informação é proibido em termos definitivos, ou apenas quando é diferido no tempo[390]. Também representam ingerências o apuramento e o registo pelo Estado da fonte de informação de que se servem os cidadãos. Todas as medidas deste género ainda não constituirão ingerência, se se referirem a todas as fontes de acesso geral, mas já a constituirão, se se aplicarem a uma única fonte de informação. Neste sentido, o art. 5º, n. 1, frase 1, segmento 2, contém o direito à escolha entre várias fontes de informação disponíveis. Não se verifica ingerência na liberdade de informação quando são definidas modalidades de acesso a uma fonte de informação, sem as quais não pode haver decididamente acesso; nesta medida, a liberdade de informação é marcada pela norma[391].

686. Exemplos:

A audiência judicial, que em princípio é pública, é uma fonte de acesso geral, e a exclusão do público, por tempo indeterminado ou temporariamente, constitui uma ingerência. Constitui uma ingerência a recusa a um detido para investigação de captação de emissões de rádio, com o fundamento de que ele tem a liberdade de acesso a jornais (*E* 15, 288/295 e s.), e a retenção de uma brochura dirigida ao recluso sobre direitos na execução da pena (BVerfG, *NJW* 2005, 1341). Não constituem ingerências a fixação de horários de funcionamento e a cobrança de taxas de entrada em arquivos, bibliotecas e museus públicos.

---

390 *E* 27, 88/98 e s.

391 Schoch, *Jura* 2008, 25/29.

IV. Justificação jurídico-constitucional

1. Limites

687. Os mais importantes limites dos direitos fundamentais constantes do art. 5º, n. 1, encontram-se regulados no art. 5º, n. 2. O seu limite mais significativo é o limite das leis gerais. A seu lado encontra-se, no art. 17a, uma reserva de lei, que se aplica ao direito fundamental da liberdade de opinião. Também as autorizações de ingerência dos arts. 9º, n. 2, 18º e 21º, n. 2, podem tornar-se importantes para os direitos fundamentais consagrados no art. 5º, n. 1.

688. a) Os limites do art. 5º, n. 2, são estabelecidos por leis formais, as quais também podem permitir o estabelecimento de limites através de regulamentos jurídicos e de regulamentos autónomos. Todas estas leis têm de ser gerais no sentido do art. 5º, n. 2 (cf. n. m. 314).

689. aa) Uma lei não é automaticamente **geral** se se encontrar formulada de modo geral e abstrato. É que se fosse assim, a exigência de generalidade coincidiria inteiramente com a proibição da lei do caso concreto, prevista no art. 19º, n. 1, frase 1, e, além disso, seria supérflua. Há um consenso no sentido de que o conceito de leis gerais previstas no art. 5º, n. 2, significa uma determinada qualidade de conteúdo[392].

690. Já relativamente ao art. 118º, n. 1, frase 2, da Constituição Imperial de Weimar, em certa medida de igual teor, se defendeu a chamada *teoria dos direitos especiais*, que entreviu a caraterística das leis não gerais, portanto especiais, no facto de elas "proibirem ou limitarem uma atuação que em si é permitida apenas devido à sua orientação imaterial e ao efeito imaterial prejudicial por esta provocado"[393]. A teoria dos direitos especiais foi formulada também no sentido de as leis gerais "não proibirem uma opinião como tal, não se orientarem contra a manifestação da opinião como tal"[394], sendo que por aspeto específico

---

392 Grabenwarter, *MD*, art. 5º, n. I, II, n. m. 982 e s.; Starck/Paulus, *MKS*, art. 5º, n. m. 276 e s.

393 Häntzschel, *in*: Anschütz/Thoma, *Handbuch des Deutschen Staatsrechts II*, 1932, p. 651/659 e s.

394 Anschütz, *VVDStRL* 4, 1928, 74/75.

de uma opinião e da sua manifestação, que é trazido à colação pelo "como tal", se deve entender precisamente a orientação imaterial e o efeito imaterial. Portanto, a teoria dos direitos especiais entendeu as leis especiais como "direito especial contra a liberdade de opinião"[395].

691. Exemplos:

Como exemplo de uma lei especial foi referida, na teoria do direito público de Weimar, uma "lei que proíbe a divulgação de teorias comunistas ou fascistas ou ateias ou antibíblicas" (Anschütz, *Die Verfassung des Deutschen Reichs*, 14ª ed., 1933, art. 118º, nota 3), e, como exemplo de leis gerais, foi referida a maior parte das leis penais e as leis de polícia em geral.

692. Esta teoria dos direitos especiais defende a *liberdade do espírito*; ela confia e exige à sociedade um processo livre de troca e também de conflito de opiniões, desde que não "ocorra uma invasão do território da convicção no território da atuação direta"[396].

693. Mas, já sob a Constituição Imperial de Weimar, a teoria dos direitos especiais foi criticada como formalista, o seu conceito de lei geral foi criticado como formal e exigiu-se um *conceito material* da lei geral. Nesta conformidade, deveriam aplicar-se, como leis gerais, aquelas "que têm a primazia sobre o art. 118º, porque o bem social por elas protegido é mais importante do que a liberdade de opinião"[397]. Neste sentido, deveria ser, por exemplo, o "sobrevalor material do bem jurídico-penal em face do bem jurídico-fundamental a dar primazia ao direito penal"[398]. A verificação de se uma lei é geral é, por conseguinte, o resultado de uma ponderação, e o próprio Smend constatou: "Tais relações de ponderação podem oscilar..."[399].

694. Foi este concurso weimariano entre a teoria dominante dos direitos especiais e a teoria da ponderação que o *Tribunal Constitu-*

---

395 Häntzschel, *loc. cit.*

396 Häntzschel, *loc. cit.*

397 Smend, VVDStRL 4, 1928, 44/51.

398 Smend, *loc. cit.*

399 *Loc. cit.*, p. 53.

cional Federal encontrou quando se teve de ocupar, pela primeira vez, no ac. *Lüth*[400], do conceito de lei geral. Este Tribunal limitou-se a combinar, desde então, ambas as teorias, entendendo, na sua jurisprudência constante, por lei gerais aquelas leis que não se orientam contra determinadas opiniões enquanto tais, nem representam direito especial contra o processo da livre formação da opinião[401], "que, pelo contrário, servem à proteção de um bem jurídico, que pura e simplesmente deve ser protegido sem atender a uma determinada opinião, à proteção de um valor coletivo que tem primazia em face do exercício da liberdade de opinião"[402]. Esta fórmula pretende apenas reforçar o efeito de garante da liberdade da teoria dos direitos especiais através da exigência adicional de, com a lei geral, se poder perseguir não um fim qualquer, mas apenas um fim especialmente valioso. Com isso, o Tribunal Constitucional Federal aproveita os vários aspetos da teoria dos direitos especiais, tanto no quadro do controlo da universalidade como da proporcionalidade da lei.

695. O que o Tribunal Constitucional Federal exige na manutenção da teoria dos direitos especiais é – reduzindo as coisas a um conceito condutor – a *neutralidade de opinião* das leis gerais. Neutralidade de opinião significa que uma lei não pode converter as pessoas a determinados conteúdos de opinião ou não pode dissuadi-las de determinados conteúdos de opinião (proibição de endoutrinação de opinião) e não pode transformar a ausência de valor ou a perniciosidade dos conteúdos de opinião em pressupostos de previsões de ingerências (proibição de discriminação de opinião). Para o Tribunal Constitucional Federal não está deste modo excluído que uma lei se funde num conteúdo de opinião; o que está excluído é, porém, que se funde em pontos de vista concretos no combate de opiniões. De maneira semelhante, o art. 3º, n. 3, frase 1, componente 3, visa proteger o limite da lei geral

---

400   E 7, 198.

401   Cf. E 95, 220/235 e s.

402   E 7, 198/209 e s.

contra a discriminação de determinadas opiniões[403]. A neutralidade de opinião tem também uma influência no controlo da proporcionalidade e exige que a finalidade da ingerência do Estado não pode dirigir-se contra o efeito puramente imaterial de uma manifestação de opinião, dado que isso suprime o princípio da liberdade de opinião[404], que assenta na imaterialidade do combate de opiniões[405] – na pressão sem violência do melhor argumento[406]. O Estado está neste aspeto limitado a uma proteção de ameaças de bens jurídicos na "esfera da exterioridade"[407]. Os bens jurídicos devem, no entanto, poder ser também já ameaçados pelo facto de as manifestações de opinião baixarem os limiares de inibição para terceiros ou intimidar interessados. Com a exigência de neutralidade de opinião das ingerências do Estado, a proteção da liberdade de opinião sob a vigência da Lei Fundamental vai para além da proteção de direito internacional público. Normalmente as convenções de direitos humanos permitem já, como por exemplo o art. 17º da CEDH, a proibição de meras manifestações de opinião cujo conteúdo seja contrário ao espírito das Convenções[408]. Surge uma relação de tensão com aquelas Convenções que – diferentemente da CEDH – não só permitem, mas exigem limitações correspondentes. Assim, por exemplo, o art. 4º, lit. a), da Convenção contra a discriminação de raças exige "que se declare como ação punível segundo a lei toda a divulgação de ideias que se baseiem na superioridade de uma raça ou no ódio racial". De maneira diferente de outros Estados, que prosseguem o conceito de neutralidade de opinião, a Alemanha não definiu qualquer reserva para com disposições correspondentes.

---

403 E 124, 300/326.

404 E 124, 300/332; cf. também Hong, *DVBl.* 2010, 1267; Schlink, *Staat* 1976, 335/353 e s.

405 E 25, 256/264.

406 Habermas, in: Habermas/Luhmann, *Theorie der Gesellschaft oder Sozialtechnologie*, 1971, p. 101/137.

407 E 124, 300/333.

408 TEDH, n. 8406/78 (*Glimmerveen e Hagenbeek/Niederlande*); da jurisprudência mais recente, ver por exemplo TEDH, n. 23131/03 (*Norwood/Vereinigtes Königreich*); cf. também TEDH, n. 1813/07 (*Vejdeland/Schweden*) apoiando-se no art. 10º, n. 2, da CEDH.

696. À complementação pela teoria da ponderação cabe, neste aspeto, a mesma importância que aliás cabe à *proporcionalidade em sentido estrito* (cf. n. m. 340 e s.). O controlo para saber quão valiosa é a prossecução do fim da lei e o exercício da liberdade de opinião e para saber se a relação hierárquica entre o fim da lei e a liberdade de opinião está correta é um controlo de conformidade, que toma em conta o resultado das fases prévias do controlo, controlo de conformidade que, revelando-se insatisfatório, exige primeiro a repetição do controlo das fases de controlo anteriores e que permite apenas como última saída a correção com referência à relação de ponderação[409].

697. O Tribunal Constitucional Federal autonomizou conceptualmente, no art. 5º, n. 2, ainda um outro aspeto da justificação de ingerências, que também é pertinente no caso dos restantes direitos fundamentais. O Tribunal exige "um efeito recíproco no sentido de as 'leis gerais', embora estabelecendo limites ao texto de acordo com o direito fundamental, terem, por seu turno, ... de ser elas próprias ainda restringidas no seu efeito limitador do direito fundamental"[410]. A esta chamada *teoria do efeito recíproco*, também chamada satiricamente teoria do baloiço, cabe aqui o mesmo significado que de resto cabe ao princípio da *interpretação conforme à Constituição*[411]. A teoria do efeito recíproco coloca a interpretação das leis gerais sob "a presunção da admissibilidade do livre discurso"[412].

698. Esta presunção tem importância, não só no chamado *plano da interpretação*, para a interpretação da lei geral, mas também tem importância, no chamado *plano da explicação*, para a interpretação da expressão da opinião de cuja limitação se trata. Esta presunção exige, neste caso, que não se tome uma expressão pública de opinião – que se pode explicar de maneira diferente – como base da apreciação jurídica, nem na perspetiva daquele que a emite nem na daquele que a recebe, mas numa perspetiva objetiva, em princípio na explicação, na qual ela

---

409 Cf. também Starck/Paulus, *MKS*, art. 5º, n. m. 286 e s.

410 *E* 7, 198/208 e s.; cf. também *E* 71, 206/214.

411 Grabenwarter, *MD*, art. 5º, n. 1 e 2, n. m. 139.

412 *E* 54, 129/137; 93, 266/294; opinião diferente, Maurer, *StR*, § 9, n. m. 65.

não entra em conflito com outros bens jurídicos[413]; pelo menos esta variante explicativa livre de conflitos tem de ser necessariamente reconhecida pelo tribunal setorial antes de ser rejeitada com bons fundamentos a favor de uma variante explicativa repleta de conflitos[414]. No entanto, este princípio da interpretação benevolente tem um efeito tanto mais fraco quanto mais os elementos valorativos ficarem numa declaração atrás dos elementos fatuais[415]; o Tribunal Constitucional Federal pretende, o que não é convincente, que este princípio da interpretação benevolente tenha um efeito mais fraco em futuras declarações do que em declarações passadas[416].

699. Indicação técnica de solução:

A teoria do efeito recíproco, enquanto caso especial da interpretação conforme à Constituição deve ser tida em conta no controle, para se ver se o art. 5º, n. 1, é violado por uma lei: de várias interpretações possíveis da lei, só é necessária, e por isso proporcional, aquela que menos limita o livre discurso. Pelo contrário, deve-se tomar em consideração a presunção da admissibilidade do livre discurso no plano da explicação, quando do controle para se ver se o art. 5º, n. 1, é violado por uma medida tomada pelo poder executivo ou pelo poder judicial: das várias explicações possíveis da manifestação de opinião, o poder executivo e o poder judicial têm de tomar por base aquela que não conduz à aplicação da lei; só então é que a sua medida é proporcional.

700. Sob o conceito de lei geral cai sobretudo o grande volume das leis que regulam não só a *atividade* inteletual, mas também a atividade palpável e ativa das pessoas.

701. Exemplos:

Neutras do ponto de vista da opinião são, por exemplo, as cláusulas gerais do direito de ordenação e do direito policial (*BVerwGE* 84, 247/256), a maior parte das disposições do direito penal, do direito pro-

---

413 Cf. E 82, 43/52 e s.

414 E 94, 1/9.

415 E 85, 1/16 e s.

416 E 114, 339/350 e s.; numa perspetiva crítica, também Teubel, *AfP* 2006, 20; Meskouris, *Staat* 2009, 355.

cessual penal e do direito de execução penal (cf. *E* 71, 206/214 e s. e *NJW* 2014, 2777/2778, sobre o § 353d, n. 3, do StGB), as disposições do direito de circulação rodoviária, do direito de construção, do direito industrial, disposições análogas ao direito de reparação dos prejuízos causados por atos ilícitos da administração, nos termos dos §§ 823º e 1004º do Código Civil alemão (BVerfG, *NJW* 1997, 2589). Mas também neutra do ponto de vista da opinião é a lei de consultadoria jurídica, que também limita a emissão de conselhos jurídicos nos *media* (cf. Ricker, *NJW* 1999, 449/452). – O Tribunal Constitucional Federal só agora negou a qualidade de lei geral a uma disposição: à obrigação de licenciamento para a publicação de ofertas de emprego para ocupação de trabalhadores no estrangeiro (*E* 21, 271/280; mas cf. *E* 74, 297/343).

702. No entanto, algumas disposições do *direito penal político* e também do direito da *função pública* proíbem determinadas manifestações e exercícios de opinião com vista à proteção da ordem fundamental livre e democrática. As disposições do direito da função pública, que sujeitam a manifestação e o exercício de opiniões apenas a um imperativo de moderação e de discrição (cf. n. m. 713) e as disposições jurídico-penais, que se referem apenas à maneira difamatória como as opiniões são manifestadas e exercidas (§§ 90 e s. StGB), subsistem em face do art. 5º, n. 2, porque não têm de ser fundamentadas com o valor conteudal ou com o efeito imaterial dos conteúdos de opinião, mas com o *modo* da sua manifestação e exercício, isto é, com a diferença entre forma e conteúdo, que muitas vezes só a custo se pode precisar e que na jurisprudência também é precisada por vezes de uma maneira errada, mas que é uma diferença globalmente clara e cheia de tradição.

703. No entanto, o Tribunal Constitucional Federal pretende de novo abrir uma exceção incompreensível à exigência de universalidade das leis limitadoras da opinião e admitir direito especial para "manifestações de opinião que tenham por objeto uma apreciação positiva do regime nacional-socialista na sua realidade histórica"[417]. Sobre o

---

417 E 124, 300/331; numa perspetiva crítica, Barczak, *StudZR* 2010, 309/314; Enders, *in:* FS Wahl, 2011, p. 283/301; Höfling/Augsberg, *JZ* 2010, 1088; Hong, *DVBl.* 2010, 1267/1271; Jestaedt, *Hdb. GR* IV, § 102, n. m. 68; Lepsius, *Jura* 2010, 527/533; Manssen, *StR II*, n. m. 410; Martini, *JöR* 2011, 279; Rusteberg, *StudZR* 2010, 159/166 e s.

pano de fundo do passado nacional-socialista, estas manifestações de opinião não são, para o Tribunal Constitucional, comparáveis "com outras manifestações de opinião" e podem "provocar no estrangeiro uma perturbação profunda". Abrir-lhes uma exceção não escrita e admitir direito especial é considerado pelo Tribunal Constitucional Federal como necessário, porque "o exige um desejo historicamente central de todas as forças que participaram na criação e no ato de pôr em vigor a Lei Fundamental"[418] – como se estas forças não tivessem podido escrever e não tivessem também escrito expressamente na Lei Fundamental os seus desejos centrais.

704. Exemplo:

Como direito especial, o Tribunal Constitucional Federal (*E* 124, 300) aceita o § 130, n. 4 StGB e a sua interpretação, no sentido de que uma reunião com o tema "Memória a Rudolf He⊠" e sob o lema "a sua honra valia mais para ele que a liberdade" pode ser proibida; a disposição e a sua interpretação corresponderiam, no entender do Tribunal Constitucional Federal, também ao princípio da proporcionalidade. Isto aplica-se também à criminalização da chamada mentira de Auschwitz. Com essa mentira pode-se, é certo, ligar uma manifestação de opinião, mas ela indicia, segundo o parecer do Tribunal Constitucional Federal (NJW 2018, 2858/2860), uma perturbação da paz pública, uma vez que, sob o pano de fundo da história alemã, ela é empregada como um sinal cifrado para agitação. Pelo contrário, o Tribunal comete desproporcionadamente ingerência na liberdade de opinião, quando o § 130º, n. 2, al. 1a e n. 3 e 5, do Código Penal alemão é interpretado de modo que já o mero intercâmbio de escritos entre duas pessoas cai sob a caraterística "divulgar", referida a escritos que instiguem o povo (BVerfG, *NJW* 2012, 1498/1499; ainda BVerfG, *NJW* 2018, 2861).

705. bb) Também no caso do **direito à honra pessoal e à proteção da juventude**, o Legislador e a Administração Pública têm de "vigiar constantemente o direito fundamental restringido e evitar

---

418 E 124, 300/328 e s.

constrangimentos excessivos da liberdade de opinião"[419]. Precisamente em conflitos com o direito à honra pessoal, aplica-se a presunção da admissibilidade do livre discurso; esta admissibilidade tem os seus limites, quando a manifestação de opinião não tem por objeto um tema de importância geral e pública, quando ataca a dignidade humana, quando representa uma ofensa formal, quando é um ataque em vez de defesa, quando assenta em informação obtida ilegalmente ou quando o seu conteúdo fatual é inexato e não foi controlado cuidadosamente[420]. Além disso, a liberdade de opinião passa regularmente para segundo plano perante a chamada crítica injuriosa, que simplesmente visa difamar a pessoa. Mas o Tribunal Constitucional Federal deixou claro que a crítica injuriosa em assuntos públicos pode ser aceite somente em casos excecionais[421], visto que neste aspeto também a crítica pessoal exagerada está a maior parte das vezes relacionada com a coisa. A liberdade de imprensa fica relegada para segundo plano em face do direito à honra pessoal, mais no caso de publicações de imagem do que em publicações de texto[422]. Seguindo o exemplo da crítica que o TEDH[423] havia feito à jurisprudência passada[424], isto aplica-se também a personalidades da vida pública, quando não dão qualquer contributo para a formação da opinião pública[425]. As pessoas que tomam elas próprias parte num debate político público têm, no entanto, de suportar, em prol da liberdade de opinião, maiores restrições dos seus direitos de personalidade do que na esfera privada[426]. Contra a sistematicidade da disposição, também as exigências de universalidade da lei devem aplicar-se, segundo o Tribu-

---

419 E 93, 266/290; cf. também BVerfG, NJW 2008, 1654; 2010, 2193; 2012, 1273.

420 Cf. Lenski, *Personenbezogene Massenkommunikation als verfassungsrechtliches Problem*, 2007, p. 209 e s.; Seyfarth, NJW 1999, 1287.

421 E 93, 266/294.

422 Tribunal Constitucional Federal, NJW 2011, 740; 2012, 756.

423 TEDH, NJW 2004, 2647 (*Caroline von Hannover/Deutschland*).

424 E 101, 361.

425 E 120, 80/200 e s.; aprovado em TEDH, NJW 2012, 1053 (*Caroline von Hannover/Deutschland*).

426 TEDH, NJW 2014, 3501/3502 (*Brosa/Deutschland*) (= JK 5/2015).

nal Constitucional Federal, aos limites da proteção da honra e da juventude. A menção expressa visou simplesmente assegurar que as regulações correspondentes continuassem também a ser permitidas[427]. Isto só se pode talvez manter se, com o abrandamento da proteção do efeito puramente imaterial das opiniões na sua influência sobre o direito social ao respeito e sobre o desenvolvimento tranquilo dos menores de idade, se vir uma ameaça jurídica na "esfera da exterioridade".

706. Exemplos:
A frase "os soldados são assassinos" pode ser entendida não só como um ultraje coletivo (punível) aos soldados do Exército Federal Alemão, mas também pura e simplesmente como manifestação (protegida jurídico-fundamentalmente) contra a condição de militar e contra o ofício da guerra (*E* 93, 266/298; sobre o assunto, cf. Mager, *Jura* 1996, 405). Aquela frase também não tem de ser interpretada no sentido de os soldados serem "criminosos…", que se tornaram culpados por uma matança premeditada, concretizando um dos atributos do assassínio previstos no § 211º do StGB" (BVerfG, *NJW* 1994, 2943). Por conseguinte, também o acrónimo ACAB (*"All cops are bastards"*) pode ser interpretado como crítica à atividade da polícia e não pode, por isso, ser forçosamente sancionado como ofensa punível (TCF, *NJW* 2016, 2643/2643 e s.; posição crítica, Rüthers, *NJW* 2016, 3337) e uma pessoa pode ser rotulada como "maluco", se isso tiver uma certa relação com a realidade e não servir apenas para difamar (TCF, *NJW* 2009, 3016; *NJW* 2014, 764; *NJW* 2016, 2870 = *JK* 12/2016). – Sem dúvida, os meios de comunicação social, em particular, têm uma obrigação fundamental de verificar afirmações fatuais que dizem respeito aos direitos de personalidade de terceiros (TEDH *EuGRZ* 2016, 23/26 [*Kieser u.Tralau-Kleinert/Deutschland*]); as exigências dirigidas ao cuidado aumentam com a intensidade da ofensa à personalidade (TCF, *NJW* 2016, 3360/3362). As disposições do direito civil e do direito penal relativas à proteção da honra, que proíbem declarações falsas, não podem ser interpretadas no sentido de um ónus de alegação – por parte daquele que fez a declaração falsa – tão elevado que

---

427 E 124, 300, 327.

tenham um efeito dissuasor sobre o exercício geral do direito fundamental à liberdade de opinião (*E* 85, 23/34); por exemplo, a invocação de informações não desmentidas da imprensa tem de ser suficiente (*E* 85, 1/21 e s.), enquanto a sua falsidade não estiver substantivamente declarada e provada pelo atingido (*E* 99, 185/199). Mas eventualmente pode-se exigir àquele que faz as declarações que, após a conclusão de pesquisas pormenorizadas, indique claramente que as afirmações divulgadas não estão cobertas pelo resultado de investigações próprias ou que são julgadas de maneira controversa (TCF, *NJW* 2016, 3360/3361). – Se as declarações sobre outras pessoas forem verdadeiras, os seus interesses de personalidade têm de passar para segundo plano e isso tem de suceder especialmente se as declarações forem, além disso, importantes para o desenvolvimento da personalidade daquele que as produziu (*E* 97, 391/401 e s.). Os interesses de personalidade também devem ser avaliados de maneira mais suave, se a pessoa atingida tiver, ela própria, provocado a discussão por meio de declarações em público (TCF, *NVwZ* 2016, 761/762 e s.). No caso de declarações sobre jovens, embora se deva tomar em consideração a sua necessidade especial de proteção (*E* 101, 361/385), não há, no entanto, uma presunção normal de que o interesse de informação do público tenha de ser relegado para segundo plano em face do interesse do anonimato (BVerfG, *NJW* 2012, 1500/1502). – A proteção da juventude só cobre a proibição da emissão de filmes pornográficos na televisão, quando também se impedir de facto que os menores vejam esses filmes (*BVerwGE* 116, 5/23 e s.). – A proteção da personalidade tem uma importância acrescida no processo judicial, ou seja, sobretudo no processo penal, porque aqui os arguidos se têm de apresentar contra a sua vontade ao público (*E* 103, 44/68; *NJW* 2012, 2178). – Apelos ao boicote (n. m. 651) podem em princípio estar protegidos, se não forem empregados instrumentos de poder que visem conferir um peso especial ao boicote através do aproveitamento da dependência social ou económica ou se o apelo ao boicote servir predominantemente interesses económicos do próprio (*BVerfGE* 25, 256/264 e s.; BGH, *NJW* 2016, 1584/1585 e s.).

707. **b)** A reserva de lei do art. 9º, n. 2 (cf. n. m. 864) e a reserva de regulação à declaração de inconstitucionalidade nos termos do art. 21º, n. 2 e 3, justificam proibições de associação e de partido e, deste modo, proibições da manifestação e exercício associativo e partidário contra a ordem fundamental livre e democrática de opiniões dirigidas. Este direito de proibição de associação e de partido (§§ 3 e s. VereinsG, §§ 32 e s. PartG) não é um direito geral e também não tem de o ser em virtude das reservas especiais; por via destas reservas, é tanto direito especial legitimado como as disposições do direito penal que servem para a execução das proibições (§§ 84 e s. StGB). Um procedimento, que vá, para além disso, contra manifestações e exercícios de opinião que se orientem contra a ordem fundamental livre e democrática, é direito especial que não alcança o seu objetivo em face do art. 5º, n. 2.

708. Exemplo:

A penalização da divulgação de "meios de propaganda que pelo seu conteúdo se destinem a prosseguir as aspirações de uma antiga organização nacional-socialista" (§ 86, n. 1, al. 4, StGB) é inconstitucional, a menos que se limite à execução da proibição da NSDAP (Partido Nacional-Socialista dos Trabalhadores Alemães) efetuada pelo direito de ocupação e parta do valor de conteúdo de uma opinião (v. Dewitz, *NS-Gedankengut und Strafrecht*, 2006, p. 240 e s.; Hamdan, *Jura* 2008, 169/171).

709. c) Também para a proteção das forças armadas as leis restritivas não têm de ser gerais. O art. 17a, n. 1, permite, no sentido de uma reserva de lei ordinária[428], restrições legais da liberdade de opinião para os militares.

2. Proibição de censura (art. 5º, n. 1, frase 3)

710. Aos limites de limites gerais, aplicáveis em todas as ingerências nos direitos fundamentais, junta-se, para o art. 5º, n. 1 e 2, com a proibição de censura, um limite de limites especial. De acordo com a sua posição sistemática, este limite de limites especial (proibição de censura) aplica-se, em princípio, a todos os direitos fundamentais do n. 1. Mas, pelo contrário, o Tribunal Constitucional Federal não pretende aplicar esta disposição à liberdade de informação. No seu entender, a proibi-

---

428 Ipsen, BK, art. 17a, n. m. 21 e s.

ção de censura protegeria, "pela natureza das coisas", apenas o produtor de uma obra inteletual, mas não os seus compradores e leitores[429].

711. A censura, no sentido do art. 5º, n. 1, frase 3, é um procedimento preventivo "antes de cuja conclusão uma obra não pode ser publicada"[430]. Da censura fazem parte também ingerências nos direitos fundamentais do n. 1, cujas consequências são materialmente equivalentes a um procedimento preventivo[431]. Apenas está abrangida a chamada *pré-censura ou censura preventiva*[432]. Pelo contrário, medidas de controlo e de repressão *a posteriori* (pós-censura) são admissíveis enquanto se mantiverem no quadro dos limites apresentados do art. 5º, n. 2; por isso, não são censura as regulações da lei sobre a execução da rede informática que obriga os operadores das redes sociais a eliminar imediatamente os conteúdos ilícitos[433].

712. Da classificação dogmática da proibição de censura como limite de limites segue-se que a própria proibição de censura não pode estar sujeita aos limites do art. 5º, n. 2. Por isso, devem ser recusadas as considerações que pretendem manter como lícita, por exemplo, uma censura por via de normas de proteção da juventude e normas de proteção da honra[434].

713. Esboço de solução para o caso 10 (n. m. 645).
I. É pertinente o âmbito de proteção do art. 5º, n. 1, frase 1, segmento 1, uma vez que o uso de um distintivo com a inscrição "Nuclear? Não, obrigado!" representa uma manifestação de opinião. – **II.** O ato de interdição contém a proibição a "Pr" de manifestar a sua opinião de uma determinada maneira, a saber, através do uso do distintivo, na área da escola, e constitui, por isso, uma *ingerência*. – **III.** O ato de inter-

---

429 Cf. E 27, 88/102; 33, 52/65 e s.; Grabenwarter, MD, art. 5º, n. 1 e 2, n. m. 128; opinião diferente, Deumeland, KUR 2001, 121/123.

430 E 87, 209/230.

431 Bethge, SA, art. 5º, n. m. 135b; em termos pouco claros, E 87, 209/232 e s.

432 Jarass, JP, art. 5, n. m. 63; Stern, StR IV/1, p. 1480 e s.; opinião diferente, Hoffmann-Riem, AK, art. 5º, n. m. 93.

433 Posição diferente, por exemplo, Warg, DÖV 2018, 473/479 e s.

434 E 33, 52/72.

dição com base na referida norma está *justificado do ponto de vista jurídico-constitucional*, se esta norma estiver coberta pelos limites do art. 5º, n. 2, e se também a sua aplicação no caso concreto não violar a liberdade de opinião. 1. O § 53 da Lei dos Funcionários Públicos Federais e as normas de direito estadual (do Estado federado) que lhe correspondem teriam de ser *"leis gerais"* no sentido do art. 5º, n. 2. Na discussão entre a doutrina da ponderação e a doutrina dos direitos especiais deve, em princípio, ser dada primazia a esta última. As referidas normas sobre a obrigação de moderação e discrição do funcionário público não prosseguem um fim "missionário" de ingerência; não têm por fim converter o particular a determinados conteúdos de opinião ou a dissuadi-lo de determinados conteúdos de opinião. Também não representam um meio discriminatório de ingerência, dado que não transformam a ausência de valores ou a perniciosidade de conteúdos de opinião em pressupostos de previsão de ingerências. Logo, as normas de obrigação de moderação e discrição do funcionário público têm de se poder fundamentar como sendo aptas e necessárias para a prossecução de um fim legítimo, sem que esta fundamentação se baseie no valor conteudal e no efeito imaterial dos conteúdos de opinião. O objetivo desta norma consiste em garantir a capacidade de funcionamento do funcionalismo público por meio de, por um lado, se evitarem no quadro do funcionamento do serviço público discussões políticas perturbadoras e de, por outro, não se prejudicarem as expetativas do público em geral quanto à neutralidade política do exercício dos cargos. Este é um fim legítimo enquanto princípio tradicional do funcionalismo público de carreira, no sentido do art. 33º, n. 5 (cf. n. m. 1190). É uma questão duvidosa a de saber se a aptidão e a necessidade da obrigação de moderação e de discrição se podem fundamentar, sem que nos baseemos no efeito imaterial; é que, no caso das receadas perturbações do funcionamento dos serviços, não se trata de questões fatuais, mas de questões imateriais, e mesmo as expetativas, existentes ou não, da população são fenómenos imateriais. A justificação só é bem-sucedida, se tomarmos em consideração a diferença entre forma e conteúdo, bem como o facto de o funcionário público poder manifestar qualquer conteúdo de opinião e apenas ter de guardar moderação e discrição na forma de manifestação de opinião.

Não se percebe que esta obrigação fosse completamente inadequada. – 2. A *aplicação* da norma a "Pr" poderia violar o art. 5º, n. 1, frase 1, segmento 1, e, em especial, poderia ser desproporcionada. A realização do fim da obrigação de moderação e discrição depende sobretudo de dois fatores: de se a manifestação de opinião foi exercida dentro ou fora do serviço e qual a função concreta em que o funcionário está investido. As exigências normativas do exercício de funções de um professor efetivo são determinadas, para além das obrigações gerais do direito da função pública, pelas normas jurídicas estaduais (dos Estados federados) sobre a função educativa da escola pública e sobre os direitos fundamentais dos pais e dos alunos. Daí resulta, como conteúdo da obrigação de moderação e discrição dos professores, que eles não podem endoutrinar os alunos, isto é, não os podem influenciar autoritariamente, com parcialidade e sem objetividade. O uso do distintivo referido não representa a discussão objetivo-argumentativa e discursiva de questões políticas e ideológicas controversas indispensáveis na escola pública e, nesta medida, deve ser valorado como violação da obrigação de moderação e discrição própria do direito da função pública (*BVerwGE* 84, 292/296 e s.). A opinião contrária (por exemplo, do VG Berlin, *NJW* 1979, 2629/2630) argumenta que o perigo de exercer uma influência parcial provocada pelo uso de distintivos não é maior do que no caso de outras manifestações de opinião por parte do professor nas aulas; desta forma ignora-se que também outras manifestações de opinião não podem, em qualquer caso, exercer uma influência parcial. O ato de interdição não lesa "Pr" na sua liberdade de opinião.

714. Bibliografia:

H. Bethge, "Die Freiheit des privaten Rundfunks", *DÖV* 2002, 673; M. Bullinger, "Freiheit von Presse, Rundfunk, Film", *Hdb. StR3 VII*, § 163; D. Dörr, "Informationsfreiheit", *Hdb. GR IV*, § 103; M. Eifert, "Die Rundfunkfreiheit", *Jura* 2015, 356; V. Epping/S. Lenz, "Das Grundrecht der Meinungsfreiheit (Art. 5 I 1 GG) ", *Jura* 2007, 881; C. Fiedler, *Die formale Seite der Äußerungsfreiheit*, 1999; B. Geier, "Grundlagen rechtsstaatlicher Demokratie im Bereich der Medien", *Jura* 2004, 182; C. Hillgruber, "Die Meinungsfreiheit als Grundrecht der Demokratie", *JZ* 2016, 495; M. Hochhuth, *Die Meinungsfreiheit im System des Grundge-*

setzes, 2007; W. Hoffmann-Riem, "Regelungsstrukturen für öffentliche Kommunikation im Internet", *AöR* 2012, 509; M. Jestaedt, "Meinungsfreiheit", *Hdb. GR IV*, § 102; A. Koreng, *Zensur im Internet*, 2010; S. Korte, "Die dienende Funktion der Rundfunkfreiheit in Zeiten medialer Konvergenz", *AöR* 2014, 384; M. Nolte/C. J. Tams, "Grundfälle zu Art. 5 I 1 GG", *JuS* 2004, 111, 199, 294; F. Schoch, "Das Grundrecht der Informationsfreiheit", *Jura* 2008, 25; S. Wirtz/S. Brink, "Die verfassungsrechtliche Verankerung der Informationszugangsfreiheit", *NVwZ* 2015, 1166; H. Wolter, "Meinung – Tatsache – Einstufung – Deutung", *Staat* 1997, 426; R. Zimmermann, "Die Meinungsfreiheit in der neueren Rechtsprechung des Bundesverfassungsgerichts", *NJ* 2011, 145.

§ 14. LIBERDADE ARTÍSTICA E LIBERDADE CIENTÍFICA (ART. 5º, N. 3)

715. Caso 11. O grafiteiro (segundo o acórdão do BVerfG, *in*: *NJW* 1984, 1293) "G" exerce uma arte de *graffiti*, que o leva a pintar clandestinamente, nas fachadas de edifícios de escritórios e de edifícios comerciais, figuras bizarras e consideradas pelo observador como sendo absolutamente de grande efeito artístico. Os proprietários dos prédios atingidos consideram que, devido à ação de "G", os seus edifícios sofreram danos. Quando "G" é finalmente detido, é condenado a uma pena de privação da liberdade pela prática de danos materiais. Será que a condenação viola o seu direito fundamental à liberdade artística? N. m. *742*.

I. Panorama geral

716. O art. 5º, n. 3, frase 1, contém dois direitos fundamentais, isto é, a liberdade artística e a liberdade científica, sendo que "científico" é o conceito supraordenado comum a aplicar à investigação e ao ensino[435]. O art. 5º, n. 3, frase 2, determina que a liberdade de ensino não isenta da fidelidade à Constituição; isto representa uma limitação

---

435 E 35, 79/113.

do âmbito de proteção. A liberdade artística e a liberdade científica não estão sujeitas a uma reserva de lei.

717. Relativamente ao art. 5º, n. 3, frase 1, o Tribunal Constitucional Federal constatou que ele contém, "em primeiro lugar, uma norma fundamental objetiva... decisiva no plano dos valores. Simultaneamente, esta norma garante a qualquer pessoa que esteja ativa nesta área um direito de liberdade individual"[436]. Isto não representa um primado da função jurídico-objetiva relativamente à função jurídico-subjetiva dos direitos fundamentais, que não é nem exigido pela letra do texto, nem compatível com a sistematização e com a tradição. Também as liberdades artística e científica são, tal como a liberdade de imprensa, antes de mais, direitos subjetivos[437] (n. m. 648).

II. Âmbitos de proteção

1. Liberdade artística

a) Conceito

718. Foram até ao presente em vão os esforços da jurisprudência e da doutrina para desenvolver uma **definição de arte** universalmente válida. Cada vez mais se impõe o entendimento de que uma tal definição *não é* de modo algum *possível*.

719. Ainda no acórdão *Mephisto*, o *Tribunal Constitucional Federal* tinha partido da definibilidade de arte: "O essencial da atividade artística é a livre conformação criadora, na qual as impressões, experiências e vivências do artista são trazidas para a contemplação direta, por meio de uma determinada linguagem das formas"[438]. No entanto, mais recentemente, o Tribunal Constitucional Federal acentua a "impossibilidade de definir a arte em geral"[439]. Este tribunal utiliza, lado a lado, vários conceitos de arte:

---

436   E 30, 173/188; cf. também E 35, 79/112.
437   Cf. Hufen, *Hdb. GR IV*, § 101, n. m. 36; Löwer, *Hdb. GR IV*, § 99, n. m. 40.
438   E 30, 173/188 e s.
439   E 67, 213/225.

– o conceito de arte, por ele designado como material, do acórdão *Mephisto*;

– um conceito de arte, por ele chamado formal, que vê o "essencial de uma obra de arte" no facto de esta poder ser classificada num determinado tipo de obra (pintura, escultura, poesia, representação teatral, etc.);

– um conceito de arte de certo modo aberto, que vê "a marca distintiva de uma manifestação artística no facto de ser possível, em virtude da variedade da sua mensagem, extrair do que nela está representado, por via de uma interpretação continuada, significados de cada vez maior alcance, de modo que daí resulte uma transmissão de informação praticamente inesgotável e a vários níveis"[440].

720. O "Comboio Anacrónico", a representação teatral de uma poesia de Bertolt Brecht, é subsumido pelo *Tribunal Constitucional Federal* em todos os três conceitos de arte. Quando os diversos conceitos de arte entram em conflito entre si, o Tribunal deixa em aberto qual a definição de arte que pretende seguir. Mesmo assim, no decurso da fundamentação da decisão, o Tribunal baseia-se constantemente na capacidade de interpretação, na necessidade de interpretação e nas múltiplas possibilidades de interpretação do "Comboio Anacrónico", ficando, assim, perto do *conceito aberto de arte*[441]. A preferência por este conceito aberto de arte reside muito especialmente no facto de ele permitir reconhecer também a justificação interna da garantia, sem reservas, da liberdade artística: porque a arte é suscetível de múltiplas interpretações, carece, em larga medida, de uma direção inequívoca da mensagem e do alvo, que a poria em conflito com outros direitos, bens e interesses e que a obrigaria a restrições.

721. Na *doutrina*, cada um dos três conceitos de arte tem os seus representantes[442]. Por outro lado, procede-se na doutrina de acordo com o chamado critério do reconhecimento por terceiros, e a ques-

---

440   E 67, 213/226 e s.

441   E 67, 213/228 e s.; cf. também E 81, 278/291 e s.; v. Arnauld, *Hdb. StR3*, § 167, n. m. 11.

442   Cf. as referências bibliográficas *in*: E 67, 213/226 e s.

tão de saber se um objeto é uma obra de arte fica dependente de uma terceira pessoa competente em questões de arte considerar sustentável tomar o objeto como uma obra de arte[443]. Por fim, a liberdade artística também é entendida como proibição de definição, que impede o Estado de impor ao processo comunicativo "arte" as suas conceções de arte genuína, verdadeira e boa[444]. Em face da diversidade dos conceitos de arte, há também na doutrina um amplo consenso sobre o facto de a garantia da liberdade artística ter de ser entendida de uma maneira aberta e de também poder abranger formas expressivas fora do comum e surpreendentes (*happening*, autocolante satírico, provocação pornográfica, prova de cheiros em que os participantes estão de olhos vendados, *graffito*, etc.).

b) Alcance da garantia

722. O particular não tem de ser reconhecido como artista, não tem de exercer a arte como profissão e não tem de publicar ou expor os seus produtos, nem tem de fazer uma apresentação deles em público. Mas se fizer uma apresentação dos seus produtos em público, é protegido pela liberdade artística (*domínio do efeito*, por oposição ao *domínio da produção*)[445]. Também se encontram protegidos os atos de preparação da produção, por exemplo o exercitar[446]. O Tribunal Constitucional Federal alarga mesmo a proteção da liberdade artística do artista àqueles que exercem uma "função de intermediação indispensável" entre o artista e o público[447]. Pelo contrário, o simples consumo da arte já não se encontra garantido[448].

---

443   Wendt, *MüK*, art. 5º, n. m. 92.

444   Knies, *Schranken der Kunstfreiheit als verfassungsrechtliches Problem*, 1967, p. 214 e s.; Hoffmann, NJW 1985, 237.

445   E 30, 173/189 apoiando-se em Müller, p. 97 e s.

446   V. Arnauld, *Hdb. StR3 VII*, § 167, n. m. 45.

447   E 30, 173/191; Hufen, *Hdb. GR IV*, § 101, n. m. 41 e s.; opinião diferente, Müller, p. 101; Scholz, MD, art. 5º, n. III, n. m. 13.

448   Cf. BVerfG, NJW 1985, 263 e s.; *Starck/Paulus*, MKS, Art. 5 Rn 438; opinião diferente, v. Arnauld, *Hdb. StR3 VII*, § 167, n. m. 49.

723. Exemplos:

A proteção da liberdade artística alarga-se à edição de um romance (*E* 30, 173/191; 119, 1/20 e s.), à publicidade da obra de arte (*E* 77, 240/251; opinião crítica, Hufen, *StR II*, § 33, n. m. 13) e à produção de discos (*E* 36, 321/331), mas já não à realização de interesses comerciais por parte de uma empresa de suportes áudio (BVerfG, *NJW* 2006, 596/597), ou ao serviço de parque de estacionamento, de restauração e de bengaleiro no teatro (opinião diferente, Michael/Morlok, *GR*, n. m. 240).

724. A garantia sem reservas, com os seus problemas de justificação de ingerências, torna necessária uma *determinação* especialmente *cuidadosa do âmbito de proteção*. O Tribunal Constitucional Federal, sem o repetir e aprofundar na sua restante jurisprudência, explicou, tendo em vista um conflito entre liberdade artística e liberdade de propriedade: o "alcance não se aplica, porém, à partida, à utilização arbitrária ou à lesão da propriedade alheia para fins de desenvolvimento artístico (seja no domínio da produção, seja no domínio do efeito da arte)"[449]. Este entendimento tem de se aplicar igualmente no caso de *lesão arbitrária* da integridade física e da vida alheia, da honra e da liberdade alheias. "Também se pode desenvolver arte sem lesar a propriedade alheia" – esta afirmação, em que o "pode" também significa "tem de", vai, nas suas consequências, para além da propriedade. Mesmo que o Tribunal Constitucional Federal tenha rejeitado esta limitação do âmbito de proteção[450], pode-se-lhe atribuir uma importância considerável para a determinação da proteção sem reservas da liberdade artística.

725. Desde que seja empregada somente uma *conduta sempre permitida* para a criação e apresentação de arte, essa conduta não pode, só por isso, ser onerada com ingerências por ser utilizada para a arte. Isto não é de modo algum uma garantia supérflua complementar do

---

449 BVerfG, *NJW* 1984, 1293/1294; no mesmo sentido, BVerwG, *NJW* 1995, 2648/2649; Murswiek, *Staat* 2006, 473/496 e s.; opinião crítica, Kloepfer, *VerfR II*, § 62, n. m. 13; Lenski, *Jura* 2016, 35/37 e s. e Wittreck, *DR*, Art. 5 III (*Kunstfreiheit*), n. m. 73 e s.

450 *E* 142, 74, n. m. 90 = JK 11/2016.

que já é, aliás, permitido. Protege a inconveniência e a provocação específicas que podem estar contidas na arte, com a diversidade da sua mensagem. Efetivamente, em conjugação com o conceito aberto de arte, a liberdade artística significa, no sentido assinalado, que se deve tomar por base da apreciação jurídica, entre várias interpretações possíveis de uma obra de arte, aquela em que a obra de arte *não lesa* direitos alheios[451]. Se nesta interpretação a obra de arte for permitida, então a criação e a apresentação da obra de arte é conduta permitida; as outras interpretações igualmente possíveis, eventualmente inconvenientes e provocatórias, são apenas consequência do exercício especificamente artístico da conduta permitida e gozam da proteção da liberdade artística. Para o caso em que o exercício da liberdade artística ultrapasse a conduta permitida em geral e cometa ingerência nos direitos de terceiros, os direitos de terceiros têm de receber uma proteção eficaz[452]. Embora esta proteção corresponda em princípio à proteção da ordem jurídica geral, pode exigir uma consideração específica de arte[453].

726. Exemplos:

Seriam ilícitas não só a proibição de uma arte como sendo degenerada, a negação da qualidade artística em virtude do seu conteúdo pornográfico (*E* 83, 130/138 e s.), a exigência de uma autorização de utilização especial para a arte na via pública, quando outras formas de relação comunicativa na via pública estão isentas de autorização (VGH Mannheim, *NJW* 1989, 1299; em termos mais estritos, *BVerwGE* 84, 71/73 e s.), exigências de configuração artística de edificações, quando estas estão autorizadas pelo direito da planificação e do licenciamento de obras. Ilícito seria também tomar um texto literário simplesmente como cópia da realidade e ver nas suas figuras negativas retratos ofensivos da personalidade de modelos da vida real; na apreciação artística de textos literários aplica-se uma presunção da sua ficcionalidade (*E* 119, 1/28; *NVwZ* 2008, 549/550). Ilícito seria ainda medir o significado mais

---

451 E 142, 74, n. m. 90 = JK 11/2016.

452 E 67, 213/230; 81, 298/307.

453 E 119, 1/23.

profundo da sátira e da ironia artísticas pela bitola interpretativa de um senso comum pretensamente saudável e aceitar violações da proteção da honra, da personalidade ou mesmo do Estado, quando também há outras interpretações simbólicas e metafóricas. A colagem[454] na qual um homem urina sobre a bandeira da República Federal da Alemanha mostrada por ocasião de um juramento de bandeira, não tem de atacar o Estado e a ordem constitucional, mas pode, como sátira, referir-se simplesmente ao serviço militar e às instituições militares (*E* 81, 278/294); uma adaptação satírica do hino alemão não tem de o votar ao ridículo, mas pode pretender denunciar contradições entre aspirações e a realidade, estando ao mesmo tempo precisamente obrigada aos ideais do hino alemão (*E* 81, 298/306 e s.). É errado distinguir, como faz o Tribunal Constitucional Federal desde o acórdão *E* 75, 369/377 e s., no caso da sátira e da caricatura, entre o núcleo da mensagem e a sua formulação e submeter os dois aspetos a critérios diversos (mesmo o critério para a formulação é considerado como violado pelo LG Hamburg, *ZUM – RD* 2017, 412/415 e s.; opinião crítica, Brauneck, *ZUM* 2016, 710 e s.); o que quer que a arte possa ser, ela é, em todo o caso, unidade de forma e conteúdo (cf. também Nolte, *EuGRZ* 1988, 253; Gärtner, *Was die Satire darf*, 2009). Diferentemente de expressões convencionais, a arte serve precisamente para a expressão numa forma específica que não se pode abstrair de um conteúdo. Orientarmo-nos apenas por um pretenso núcleo expressivo já não permite quaisquer limites para a difamação por via da impressão de conjunto, com razão, determinante. A interpretação do direito ordinário específica para a arte exige que se tome em conta, na perspetiva dos direitos de autor, a utilização, típica do género, de *"samples"* de música, quando estes afetam, na melhor das hipóteses em reduzido grau, os interesses de exploração do autor (*E* 142, 74, n. m. 86; von Weschpfennig, *Jura* 2017, 705).

727. A referida determinação do alcance do âmbito de proteção da liberdade artística por parte do Tribunal Constitucional Federal

---

454 N. T.: "Colagem" entendida como técnica de composição plástica, na qual se colam, uns sobre os outros, materiais de diferentes cores e texturas, sobrepondo-os a outros de criação própria do artista.

aproxima-se de uma determinação mais antiga, que procura definir a conduta especificamente artística por meio da delimitação daquilo que sucede apenas *na altura* da atividade artística e que só mantém com ela uma relação externa[455].

728. Exemplos:

O escultor que furta o mármore e o músico que furta o instrumento fazem isto apenas em conjugação com a sua atividade artística; o pintor que seduz o seu modelo de 13 anos age pura e simplesmente no ensejo da sua criação artística. – Quem organizar um *happening*, destruindo a cancela da passagem de nível e provocando dessa forma um choque entre um comboio[456] e um autocarro[457], não age contudo neste sentido apenas no ensejo ou em conjugação com a sua criação artística. Um tal *happening* só sai fora do âmbito de proteção no entendimento de liberdade artística do Tribunal Constitucional Federal.

2. Liberdade científica

a) Conceito

729. Ciência é toda atividade que "se pode considerar, pelo seu conteúdo e forma, como tentativa séria e sistemática de indagação da verdade"[458]. Esta fórmula pressupõe que:

– o atributo "sério" acentua a ideia de que a ciência pressupõe e cultiva sempre um certo estádio de conhecimentos;

– o atributo "sistemático" é entendido no sentido de pensamento metodologicamente ordenado;

– a indagação da verdade vive essencialmente do facto de os conhecimentos serem deixados ao discurso público[459] e aí serem postos em questão de uma maneira crítica.

---

455 Müller, p. 104 e s.; cf. também Stern, StR IV/2, p. 695.

456 N. E.: No Brasil, o termo pode ser mais bem entendido como trem.

457 N. E.: No Brasil, o termo pode ser mais bem entendido como ônibus.

458 E 35, 79/113; 47, 327/367; 90, 1/12.

459 E 111, 333/354; 122, 89/105 e s.

730. Nesta conformidade, *ciência* é a tentativa séria (assente num certo nível de conhecimentos) da indagação de conhecimentos verdadeiros através de um pensamento metodologicamente ordenado e que procede a reflexões críticas[460]. No entanto, devemos ter em consideração que a indagação da verdade e o seu método e crítica são, eles próprios, por sua vez, objeto da ciência e que se podem alterar. Também o processo da ciência adquire constantemente conteúdos e formas surpreendentes e fora do habitual e, nesta medida, também o conceito de ciência é um conceito aberto. Pelo contrário, não é aberto a respeito da inobservância das regras da honestidade científica, como a falsificação e manipulação de resultados da investigação e a violação da propriedade inteletual. Tal conduta inapropriada, que é capaz de prejudicar a credibilidade da atividade científica, já não cai no âmbito de proteção do direito fundamental[461].

b) Alcance da garantia

731. O art. 5º, n. 3, frase 1, protege o "processo da aquisição e transmissão de conhecimentos científicos"[462]. Este processo pode, mas não tem necessariamente de ter lugar em estabelecimento de ensino superior[463]. Os titulares deste direito fundamental devem ser, para além dos investigadores (no ensino superior), portanto professores e colaboradores científicos, também os estudantes[464], embora numa medida diferente em virtude da especificidade da função e baseando-se no tipo de instituição de ensino superior e no trabalho a realizar nela[465]. Embora pessoas coletivas de direito público, também as *instituições estatais de ensino superior* e as suas *faculdades*, assim como

---

460   Cf. Scholz, *MD*, art. 5º, n. III, n. m. 91; Stern, *StR* IV/2, p. 747.

461   BVerwGE 147, 292/301; Rixen, *NJW* 2014, 1058/1059 e s.

462   *E*, 35/111 e s.

463   Britz, *DR*, Art. 5 III (Wissenschaftsfreiheit), n. m. 22.

464   Fehling, *BK*, Art. 5 III (Wissenschaftsfreiheit), n. m. 121; Glaser, *Staat* 2008, 213/221.

465   Cf. *E* 54, 363/380 e s.; 126, 1/19 e s.

outras instituições estatais de investigação (como, p. ex., os Institutos Max Planck), são nos termos do art. 5º, n. 3, frase 1, titulares de direitos fundamentais (n. m. 221 e s.). Outro tanto se tem de aplicar a *instituições privadas de ensino superior*[466]. Na sua função de conformação, o art. 5º, n. 3, frase 1, exige uma organização das instituições de ensino superior e uma dotação de docentes[467], que permita fazer respeitar a autonomia própria de ciência, não influenciada por motivos que lhe são alheios[468]. Este direito fundamental protege, assim, direitos de (co-) decisão relevantes para a ciência, como por exemplo, a fixação de conteúdos didáticos em regulamentos autónomos[469], mas não estabelece quaisquer direitos de participação especiais no âmbito de procedimentos legislativos relevantes para as instituições de ensino superior[470].

732. *Fora da instituição de ensino superior*, o ensino em escolas de formação geral não está abrangido pelo art. 5º, n. 3, e não o está, mesmo quando tem um cunho científico nas turmas dos últimos anos. Efetivamente, o art. 7º, n. 1, deve ser, neste sentido, entendido como *lex specialis* (cf. n. m. 802); só pode haver liberdade pedagógica com base na garantia de lei ordinária[471]. Pelo contrário, os cientistas das instituições públicas e privadas de investigação, desde os estabelecimentos de investigação setorial, passando pelos laboratórios do gigante da indústria química, até aos institutos ecológicos dos defensores do ambiente, gozam igualmente de proteção jurídico-fundamental[472], tal como o investigador independente individual.

733. Também no caso da liberdade científica, a ausência de reserva da garantia torna necessária a determinação especialmente cuida-

---

466 Jarass, *JP*, Art. 5, n. m. 141.

467 E 111, 333/362.

468 Cf. E 35, 79/114 e s.

469 BVerfG, NVwZ 2015, 1444/1445 (= JK 4/2016).

470 E 139, 148, n. m. 56.

471 Cf. Rux, *Die pädagogische Freiheit des Lehrers*, 2002.

472 Cf. Thieme, *DÖV* 1994, 150; Stern, *StR* IV/2, p. 752.

dosa do âmbito de proteção. É que o art. 5º, n. 3, frase 2, limita o alcance do âmbito de proteção apenas ao domínio parcial do *ensino* e ele próprio tem neste sentido apenas uma importância limitada: visto na perspetiva da sua génese, o art. 5º, n. 3, frase 2, visa apenas impedir uma política que, autoritariamente, desprestigie, difame e ultraje a Constituição, mas também permitir a liberdade de opiniões críticas[473]. De resto, no caso da liberdade científica, trata-se também da questão de saber se uma atividade científica que lese arbitrariamente direitos alheios ainda cai no âmbito de proteção[474]. No entanto, a questão não tem aqui a mesma acutilância que no caso da liberdade artística: a ciência é mais especializada, mais estilizada e mais elevada que a arte, que faz de toda e qualquer coisa o seu conteúdo e objeto. Mas também aqui são concebíveis *afetações arbitrárias* do corpo humano, da vida, da propriedade, da honra e da saúde alheias.

734. Exemplos:

Para o investigador de ciências sociais pode ser produtivo fazer escuta e observação de situações sociais mediante o emprego de um aparelho técnico não autorizado; no caso do médico, podemos pensar em experiências em seres humanos e em manipulações genéticas (cf. Sobota, *in*: *FS Kriele*, 1997, p. 367).

735. Há muitos argumentos a favor de, no caso da liberdade científica, não determinar o alcance do âmbito de proteção de uma maneira diferente do que no caso da liberdade artística. Também o alcance do âmbito de proteção se aplica ao *exercício científico* específico *da conduta permitida*. Mais uma vez, isto não constitui de modo algum uma autorização supérflua complementar do que já foi aliás permitido. É que também a ciência, com a sua pretensão crítica e subordinada à verdade, pode ser de uma inconveniência e provocação que carece de proteção específica.

---

473 Schlink, *Staat* 1976, 335/352 e s.

474 Em sentido afirmativo, Britz, *DR*, Art. 5 III (Wissenschaftsfreiheit), n. m. 28; Fehling, *BK*, Art. 5 Abs. 3 (Wissenschaftsfreiheit), n. m. 147; em sentido negativo, Lorenz, *in*: *FS Lerche*, 1993, p. 267/274 e s.; de modo diferente para casos evidentes, Löwer, *Hdb. GR IV*, § 99, n. m. 15.

III. Ingerências

736. As ingerências na *liberdade artística* podem ter lugar, tal como as ingerências nos direitos fundamentais previstos no art. 5º, n. 1, através de proibições, sanções e medidas materiais (limitativas do âmbito de proteção) (cf. n. m. 683 e s.). As ingerências na liberdade artística podem atingir tanto a criação (domínio da produção) como a apresentação (domínio do efeito) da arte.

737. Exemplos:

A condenação, por razões de ofensa, da representação do candidato a Chanceler Franz Joseph Strauss no "Comboio Anacrónico" (*E* 67, 213/222 e s.); a proibição da venda do romance *Mephisto*, de Klaus Mann, por violar o direito de personalidade de Gustav Gründgens (*E* 30, 173/188 e s.).

738. Também podem ocorrer ingerências na *liberdade científica* sobretudo por meio da avaliação externa da ciência. Uma ingerência grave nos direitos dos docentes e das Faculdades é a obrigação de ter de mandar acreditar cursos (de estudos), dado que se trata de um controle preventivo de conteúdos didáticos[475]. A avaliação e a crítica não são ingerências, desde que elas próprias satisfaçam padrões científicos e sejam parte ou de procedimentos de controlo, de concurso, de procedimentos disciplinares e semelhantes ou do discurso científico[476]; para além disso, são ingerências as avaliações da investigação e do ensino por parte de serviços universitários e do Estado[477]. Disposições legais relativas aos objetivos pedagógicos e às matérias de ensino só são ingerências na liberdade científica quando já não permitirem ao docente científico a liberdade de preparação e de exposição da matéria, de escolha dos métodos e dos meios pedagógicos[478], ou quando o encarreguem da regência de outro curso ou de outra disciplina[479].

---

475   E 141, 143, n. m. 50 e s.; Quapp, DöV 2017, 771/72.

476   Cf. E 96, 205/214; BVerfG, NJW 2000, 3635; BVerwGE 102, 304/311.

477   Schlink, *Evaluierte Freiheit?*, 1999, p. 15 e s.

478   BVerwG, NVwZ-RR 2006, 36; cf. também E 93, 85/97.

479   E 122, 89/107 e s.; 126, 1/27.

739. Também nos *regulamentos jurídico-orgânicos e procedimentais das instituições de ensino superior* podem encontrar-se ingerências. No entanto, a ciência está também dependente de organização. Em consequência disso, o Tribunal Constitucional Federal desenvolveu, a partir da função de conformação do direito fundamental, uma obrigação do legislador de conformar a organização das instituições de ensino superior (n. m. 150). Por meio de regulações jurídico-orgânicas, o legislador tem de tornar a ciência praticável, mas tendo ao mesmo tempo de manter a necessária distância, para conceder à autonomia própria da ciência espaço para se desenvolver[480]. Por isso, para a composição e tomada de decisão dos órgãos das instituições de ensino superior, a liberdade científica exige estruturas que impeçam de antemão as violações da liberdade individual do investigador em concreto[481].

IV. Justificação jurídico-constitucional

740. O art. 5º, n. 3, não está acompanhado de uma reserva de lei. Daí resulta, de acordo com regras gerais, "que os limites da garantia de liberdade artística só devem ser determinados pela própria Constituição"[482], isto é, que as ingerências nos direitos fundamentais previstas no art. 5º, n. 3, podem ser justificadas apenas, mas ainda assim, pelo *direito constitucional colidente*. Neste caso, é necessário um controle específico da arte, que questione até que ponto a obra artística deve ser entendida como representação da realidade e, por conseguinte, até que ponto é apta para ser ofensiva da personalidade[483]. Também o Tribunal Constitucional Federal exige "que se permitam tanto menos ingerências do Estado, quanto mais a atuação controversa se tiver de integrar no núcleo da liberdade artística e quanto mais ela decorrer no domínio

---

480 Britz, *DR*, Art. 5 III (Wissenschaftsfreiheit), n. m. 86 e s.; Fehling, *BK*, Art. 5 III (Wissenschaftsfreiheit), n. m. 186 e s.; Lindner, *Jura* 2018, 240/243 e s.

481 E 35, 79/112 e s., 120 e s.; 111, 333/353 e s.; 127, 97/114 e s.; 136, 338, n. m. 57 e s.; 139, 148, n. m. 68; BVerwGE 135, 286/296 f; 144, 171/178 f; VerfGH BW, *NVwZ* 2017, 403; opinião crítica contra disposições orgânicas rígidas, Stumpf, *DÖV* 2017, 620 e s.

482 E 30, 173, 193.

483 Bülow, p. 160 e s.

da criação" (em oposição ao domínio do efeito)[484]. Uma fórmula semelhante do tipo "quanto mais – tanto mais" aplica-se também à colisão entre liberdade artística e direito de personalidade na literatura, que toma a realidade da vida como modelo; quanto mais o retrato e o original coincidirem e quanto mais pessoalmente o original for retratado, tanto mais se deve proteger o direito de personalidade em face da liberdade artística[485].

741. Exemplos:
É no direito de personalidade em geral (art. 2º, n. 1, em ligação com o art. 1º, n. 1; LG Hamburg, de 10.2.2017, 324O402/16 – *Böhmermann*; opinião crítica sobre o assunto, Klass, *AfP* 2016, 477/486 e s.) e no direito dos pais à educação dos filhos (art. 6º, n. 2, frase 1) que se podem apoiar as limitações de venda, de distribuição e de publicidade de escritos artísticos que manifestamente são aptos a pôr em grave perigo moral as crianças ou os jovens (*E* 83, 130/139 e s.; 91, 223/224 e s.; numa perspetiva crítica, Köhne, *KritV* 2005, 244); a apresentação de um *musical* não pode ser proibida pela invocação de um perigo para a paz pública (Bamberger, *Staat* 2000, 355; em sentido oposto, BVerwG, *NJW* 1999, 304), mas sim pelo direito estadual, que se apoia na proteção dos dias feriados, nos termos do art. 140º, em ligação com o art. 139º da Constituição Imperial de Weimar, nos chamados dias santos (BVerwG, *DVBl.* 1994, 1242/ 1243 e s.), sendo que o Tribunal Constitucional Federal (*E* 143, 161, n. m. 91 e s.) exige exceções, no caso de espetáculos não comerciais protegidos pelos direitos fundamentais, se prevalecerem os interesses jurídico-fundamentais do promotor; limitações à construção de obras de arte no exterior podem ser justificadas com base no mandato constitucional de proteção do ambiente, nos termos do art. 20a (BVerwG, *NJW* 1995, 2648; a este propósito Koenig/Zeiss, *Jura* 1997, 225). – Em virtude do direito à autodeterminação das comunidades religiosas (art. 137º, n. 3, da Constituição Imperial de Weimar, em

---

484   E 77, 240/254.

485   E 119, 1/29 e s.; Wittreck, DR, Art. 5 III (Kunstfreiheit), n. m. 65 e s.; numa perspetiva crítica, Vosgerau, *Staat* 2009, 107.

ligação com o art. 140º), pode-se privar da sua formação de teólogo um professor de teologia que tenha renunciado à fé cristã (*E* 122, 89/114 e s.). As limitações à liberdade científica foram apoiadas (*E* 128, 1/40 e s.) no direito fundamental da inviolabilidade do corpo humano (art. 2º, n. 2, frase 1) e na proteção dos fundamentos naturais da vida (art. 20ºa) pela lei relativa à tecnologia genética. Também para o direito fundamental ao acesso à profissão, garantido no art. 12º, n. 1, da Lei Fundamental, são permitidas limitações para a garantia da qualidade de ensino, atendendo à importância dos diplomas de final de estudos superiores, quando elas, através da conformação legal da organização e do procedimento, garantem critérios adequados à ciência (*E* 141, 143, n. m. 58; sobre a limitação da liberdade científica a favor do art. 12º, n. 1, da Lei Fundamental, cf. também Tribunal Constitucional Federal, *NVwZ* 2015, 1444/1445 = *JK* 4/2016).

742. Esboço de solução do caso 11 (n. m. 715).

I. De acordo tanto com o conceito material e formal de arte como com o conceito aberto de arte e segundo o chamado critério do reconhecimento por terceiros, os *graffiti* poderiam cair no âmbito de proteção da liberdade artística. Mas se este âmbito de proteção for, com a jurisprudência ocasional do Tribunal Constitucional Federal, limitado no seu alcance pelos direitos de outrem e for, assim, relacionado com o exercício especificamente artístico da conduta permitida, o grafiteiro já não atua no âmbito de proteção da liberdade artística. Com isto, a solução já estaria encontrada: está excluída uma violação da liberdade artística. De seguida, esboçamos a maneira como se pode continuar a resolução do nosso caso, tomando por base um entendimento mais amplo do âmbito de proteção. – **II.** A condenação a pena privativa da liberdade é uma punição pela realização dos *graffiti* e, portanto, constitui uma *ingerência* no âmbito de proteção. – **III.** A *justificação jurídico-constitucional* da ingerência no art. 5º, n. 3, garantida sem reservas, só pode ser encontrada no direito constitucional colidente. O "direito fundamental à propriedade (contém), igualmente, uma garantia de liberdade; de acordo com as valorações adotadas na Lei Fundamental, aquele direito não ocupa, em princípio, uma categoria inferior em face da liberdade artística" (BVerfG, *NJW* 1984, 1293/1294). Na colisão entre liberdade artística e liberdade de propriedade, parece justificado preterir a liberdade artística para além da fronteira da punibilidade, em face da liberdade de propriedade. Mantém-se, portanto, a conclusão de que não se verifica uma violação da liberdade artística.

743. Bibliografia:

Relativamente à **liberdade artística**: A. v. Arnauld, "Freiheit der Kunst", *Hdb. StR3 VII*, § 167; F. Hufen, "Kunstfreiheit", *Hdb. GR IV*, § 101; K. S. Bülow, *Persönlichkeitsrechtsverletzungen durch künstlerische Werke*, 2013; H. Kobor, "Grundfälle zu Art. 5 III GG", *JuS* 2006, 593, 695; S. Lenski, "Die Kunstfreiheit des Grundgesetzes", *Jura* 2016, 35; F. Müller, *Freiheit der Kunst als Problem der Grundrechtsdogmatik*, 1969; C.-W. Neubert, "Zwischen Mohammed-Karikaturen, 'Körperwelten' und 'Flüchtlinge Fressen': Zur öffentlichen Zurschaustellung provokanter Werke", *Jura* 2017, 882. – Relativamente à **liberdade científica**: M. Blankenagel, *Wissenschaft zwischen Information und Geheimhaltung*, 2001; H. Dähne, *Forschung zwischen Wissenschaftsfreiheit und Wirtschaftsfreiheit*, 2007; M.-E. Geis, "Autonomie der Universitäten", *Hdb. GR IV*, § 100; F. Hufen, "Wissenschaft zwischen Freiheit und Kontrolle", *NVwZ* 2017, 1265; A. – K. Kaufhold, *Die Lehrfreiheit – ein verlorenes Grundrecht?*, 2006; J. F. Lindner, "Das Grundrecht der Wissenschaftsfreiheit", *Jura* 2018, 240; W. Löwer, "Freiheit wissenschaftlicher Forschung und Lehre", *Hdb. GR IV*, § 99; U. Mager, "Freiheit von Forschung und Lehre", *Hdb. StR3 VII*, § 166; M. Nettesheim, "Grund und Grenzen der Wissenschaftsfreiheit", *DVBl.* 2005, 1072; H. H. Trute, *Die Forschung zwischen grundrechtlicher Freiheit und staatlicher Institutionalisierung*, 1994.

§ 15. PROTEÇÃO DO CASAMENTO E DA FAMÍLIA (ART. 6º)

744. Caso 12. Litígio em torno de uma criança entregue para acolhimento[486].

---

486 N. E.: A família de acolhimento é uma figura próxima da adoção, que existe na Europa.

Uma criança de 2 anos foi entregue aos pais de acolhimento[487], depois de ter sido retirado o direito de fixação de residência aos pais biológicos, em virtude de perigo de negligência da criança, nos termos do § 1666º, n. 3, do Código Civil alemão. Mais tarde, as condições de vida dos pais biológicos melhoraram consideravelmente; eles quiseram chamar a si novamente a criança, que, entretanto, atingira 5 anos de idade. No litígio jurídico entre os pais biológicos e os pais de acolhimento, o tribunal de família ordenou, nos termos do § 1632º, n. 4, do Código Civil alemão, a entrega da criança aos pais biológicos. Os pais de acolhimento não aceitaram esta decisão. Estará o seu recurso constitucional, com base no art. 6º, fundamentado? N. m. **782**

I. Panorama geral

745. O art. 6º diz respeito ao casamento e à família, aos pais e aos filhos, em diferentes perspetivas. O n. 1 garante, em princípio e de uma forma geral, a proteção do casamento e da família pela ordem estatal. Os n. 2 e 3 aplicam-se, como *leges speciales*, à relação entre pais e filhos, na sua função de assistência e de educação (n. 2) e ao fundamento da convivência espacial (n. 3). O n. 4 destaca, entre os pais, a mãe e concede aos encargos especiais com a gravidez, o parto e o período de amamentação um direito especial à proteção e à assistência. O n. 5, que exige a equiparação dos filhos nascidos fora do casamento, coincide com os n. 2 e 3 no objetivo de as condições de desenvolvimento dos filhos não deverem ser prejudicadas por carências da situação familiar.

746. No art. 6º reúnem-se também diferentes funções jurídico--fundamentais (sobre elas, em geral, ver n. m. 93 e s.). O n. 1 e o n. 2, frase 1, contêm *direitos de defesa* e asseguram a liberdade de convivência matrimonial e familiar contra as ingerências do Estado; o n. 2, frase 2, contém uma reserva de lei qualificada, e o n. 3 contém um limite de limites. Os n. 1, 4 e 5 têm, na sua função jurídico-objetiva, um efeito de proibição de discriminação. Mas os n. 1 e 4, conjuntamente com a garantia de proteção do casamento e da família, ou seja, com o direito da

---

487 N. E.: A família de acolhimento é uma figura próxima da adoção, que existe na Europa.

mãe à proteção e assistência, também formulam *direitos de proteção*. Estes direitos exigem, a par da interpretação conforme aos direitos fundamentais (cf. n. m. 260), uma transposição legislativa para cumprimento da proteção e evidenciam-se, assim, como *mandatos dirigidos ao legislador*. Inversamente, o n. 5 exprime um mandato dirigido ao legislador, que, no entanto, é convertido, na jurisprudência do Tribunal Constitucional Federal, num direito imediato ao tratamento igualitário (cf. n. m. 554). Finalmente, o n. 1 contém *garantias institucionais* e, dessa forma, limita, mais uma vez, o poder de conformação do legislador na regulação das relações jurídicas do casamento e da família.

747. Como norma constitucional, o art. 6º visa proporcionar ao Estado critérios vinculativos para lidar com o casamento e com a família, com os pais e com os filhos. Mas, simultaneamente, as relações do casamento, na família e entre os pais e filhos já são sempre relações reguladas juridicamente pelo Estado. Embora o domínio do casamento e da família não preceda de forma indisponível o Estado, mas seja coestabelecido por ele, esse domínio deve estar salvaguardado em face do Estado – aqui reside o problema fundamental da interpretação do art. 6º.

II. Direitos de defesa

1. Âmbitos de proteção

748. **a)** O **casamento** previsto no art. 6º, n. 1, é uma instituição simultaneamente social e jurídica. Como *instituição social*, o casamento é a comunidade que une, de modo abrangente e – certamente não sem exceções, mas em princípio – para toda a vida, um homem e uma mulher, de acordo com a intenção de ambas as partes e de acordo com uma promessa mútua. Já como instituição social, o conceito de casamento contido no art. 6º, n. 1, não abrange, no entanto, casais homossexuais[488], mesmo que o direito ordinário, no § 1353, n. 1, frase 1, do Código Civil alemão, aplique sobre eles o casamento no sentido do direito civil. Em virtude da extensão jurídico-civil do conceito de casa-

---

488 E 105, 313/345 e s.

mento, os conceitos de casamento no direito constitucional e no direito ordinário divergem até uma correspondente revisão da Constituição[489]. É certo que, em princípio, o direito civil pode conformar o casamento (n. m. 760, 147 e s.), mas não pode dispor do conceito jurídico-constitucional de casamento que, de acordo com o seu conceito histórico e genético como garantia institucional, abrange simplesmente a união de uma mulher com um homem (n. m. 777). Mas também nem toda a vida em comum, constituída por tempo indeterminado, de uma mulher com um homem cai sob o conceito de casamento, de acordo com a conceção geral já expressa pelo legislador e confirmada pelo Tribunal Constitucional Federal. Pelo contrário, o casamento é simultaneamente uma *instituição jurídica*; nesta medida, na base da Constituição está "a imagem do casamento jurídico-civil 'laicizado'", que é celebrado na forma juridicamente prevista[490].

749. Este conceito de casamento exprime uma imagem ideal. Questionável é saber como devem ser apreciados os *desvios à imagem ideal*, que se verificam tanto para o lado jurídico, como para o lado social.

750. Exemplos:

Uma cidadã alemã e um cidadão inglês são casados na Alemanha por um padre inglês. Vivem primeiramente na Inglaterra, mais tarde na Alemanha e partem sempre do princípio de que o seu casamento é juridicamente eficaz. Também a vizinhança os considera e trata como casal, e, quando do nascimento do seu filho, o funcionário do registo civil alemão emite os correspondentes documentos. Quando, após a morte do marido, a mulher solicita a pensão de reforma, a instituição seguradora competente recusa-a com base no argumento de que a celebração do casamento é ineficaz segundo o direito alemão. Ora, também um tal casamento chamado "claudicante"[491], isto é, ineficaz segundo o direito ale-

---

489 Opinião divergente, por exemplo, Bäumerich, *DVBl.* 2017, 1457/1461 e s.; Pschorr/ Drechsler, *Jura* 2018, 122/124 e s.; extensão do conceito de casamento, previsto no art. 6º, n. 1, através de alteração da Constituição.

490 E 53, 224/245.

491 N. T.: "Casamento claudicante" (*hinkende Ehe*) *é o casamento entre cidadãos de diferentes Estados, cuja validade é apreciada de forma diferente nos dois Estados envolvidos, devido a diferentes regimes jurídicos, sendo num deles válido e no outro inválido. O verbo latino claudicare*

mão e eficaz segundo o direito estrangeiro, cai no âmbito de proteção do art. 6º, n. 1, mas já não um casamento ineficaz segundo ambos os direitos (*E* 62, 323/329 e s.; *BVerwGE* 123, 18/20). No âmbito de proteção do art. 6º, n. 1, cai também o chamado casamento fictício, o casamento para obtenção do nome ou o casamento para obtenção da residência que, embora celebrado na forma juridicamente prevista, é celebrado sem a intenção de constituir uma comunidade de responsabilidade para toda a vida e apenas para fins de transmissão do nome ou com vista a impedir a expulsão de um estrangeiro. No entanto, o § 1314º, n. 2, al. 5, em ligação com o § 1310º, n. 1, frase 2, segmento 2, do Código Civil alemão determina que o funcionário do registo civil o não pode celebrar e que, caso venha a ser celebrado, pode ser anulado. Também no direito dos estrangeiros se faz uma distinção entre os casamentos vividos de facto e os casamentos meramente fictícios, quando se trate de questões de residência, de reagrupamento familiar ou de expulsão (cf. *E* 76, 1/58 e s.; BVerfG, *DVBl.* 2003, 1260). A poligamia pode compartilhar, tal como o casamento "claudicante", da proteção jurídico-constitucional do casamento e da família (*BVerwGE* 71, 228/231 e s.; Coester-Waltjen, *MüK*, art. 6º, n. m. 8; Robbers, *MKS*, art. 6º, n. m. 42).

751. Parece ser evidente a inclusão no âmbito de proteção tanto do *casamento "claudicante"*, como do *casamento para a obtenção do nome ou casamento fictício*: se o conceito jurídico-constitucional de casamento reproduzisse apenas o conceito de casamento do direito ordinário, o direito constitucional já não estaria supraordenado, mas subordinado, ao direito ordinário; se o conceito de casamento jurídico-constitucional se baseasse nas razões pessoais, estas teriam de ser investigadas e avaliadas e seria afetado o direito fundamental enquanto direito à liberdade. Os desvios permitem pôr em evidência, como ponto de vista decisivo, o facto de os parceiros, para a sua relação mútua, terem procurado e encontrado o *reconhecimento público como casamento*[492].

---

significa "ser desigual, defeituoso, coxear". "Coxear" é também o que quer dizer o termo alemão *hinken*.

492 No mesmo sentido, von Coelln, *SA*, art. 6º, n. m. 10; opinião diferente em relação ao casamento fictício, Kloepfer, *VerfR II*, § 67, n. m. 7.

752. As comunidades de vida não conjugais encontram-se sob a proteção jurídico-constitucional do art. 2º, n. 1[493]. Também em certos casos, estas comunidades, quando se possa esperar nelas auxílio mútuo em situação de necessidade e nas vicissitudes da vida ("comunidades de responsabilidade e de garantia"), podem ser tratadas, do ponto de vista do direito ordinário, de forma idêntica aos casamentos[494]. No caso de casais homossexuais, verificou-se um reconhecimento e uma garantia formal da sua comunidade de vida pelo direito ordinário, por força da Lei sobre as Uniões de Facto (*Lebenspartnerschaftsgesetz*), que, de acordo com a jurisprudência consolidada do Tribunal Constitucional Federal, não colide com o art. 6º, n. 1, porque se dirige a pessoas que não podem contrair casamento entre si. Por conseguinte, não há um imperativo jurídico-constitucional de distância entre o casamento heterossexual e a união de facto, porque o reconhecimento das uniões de facto não prejudica nem afeta o casamento[495]. Depois de o § 1353, n. 1, frase 1, do Código Civil alemão, ter aberto o casamento, em termos de direito ordinário, a casais homossexuais, isto aplica-se analogicamente a casamentos homossexuais. Embora caiam apenas sob o conceito jurídico-civil de casamento, não caem sob o conceito jurídico-constitucional de casamento (n. m. 748). A extensão de direito ordinário do conceito de casamento também não é uma conformação do casamento no sentido jurídico-constitucional, e também não pode, por isso, afetar o conceito jurídico-constitucional de casamento (n. m. 760). Mas, na linha da jurisprudência do Tribunal Constitucional Federal, nada é retirado ao casamento, no sentido jurídico-constitucional, por via da extensão, pelo direito ordinário, do conceito de casamento[496]. Mesmo sem uma ordem de manutenção de distanciamento, o casamento no sentido do art. 6º,

---

493 Cf. E 82, 6/16; 115, 1/24; 128, 109/125; Kingreen, *Die verfassungsrechtliche Stellung der nichtehelichen Lebensgemeinschaft im Spannungsfeld zwischen Freiheits- und Gleichheitsrechten*, 1995, p. 65 e s.

494 E 87, 234/265.

495 E 105, 313/346 e s.; 124, 199/226; Pieroth/Kingreen, *KritV* 2002, 219/239; opinião crítica, Steiner, *Hdb. GR IV*, § 108, n. m. 37 e s.; Stern, *StR IV/1*, p. 486 e s.

496 Pieroth/Kingreen, *KritV* 2002, 219/232 e s.

n. 1, goza, sem limite, da "proteção especial da ordem estatal", em comparação com relações não formalizadas. Então é também lícito, na perspetiva jurídico-constitucional, que o direito ordinário exceda o limite do conceito jurídico-constitucional de casamento[497]. É certo que o legislador não está a isso obrigado, mas o Tribunal Constitucional Federal, já antes da alteração do § 1353, n. 1, frase 1, do Código Civil alemão, fez rigorosas exigências à desigualdade de tratamento das uniões de facto em comparação com o casamento (n. m. 553).

753. O âmbito de proteção do casamento *vai desde* a celebração do casamento com um parceiro escolhido pelo próprio[498], passando pela vida conjugal em comum, até ao divórcio. Os cônjuges são livres na celebração do casamento e na celebração de um contrato matrimonial com idênticos direitos[499], na decisão sobre se pretendem usar ou não um nome de casamento ou nome de família comum e na sua escolha[500], na determinação do espaço de vida em comum[501] e na distribuição das tarefas na comunidade conjugal[502]. O divórcio cai no âmbito de proteção do casamento, visto que significa a recuperação da liberdade de celebrar casamento[503]; a proteção do casamento continua, porém, a produzir efeitos no regime jurídico dos efeitos do divórcio[504]. Finalmente, é protegida também, como liberdade negativa de celebração do casamento, a decisão de não contrair casamento[505].

---

497 Neste sentido, com diferente fundamentação, também Bäcker, AöR 2018, 340/383 e s.; Brosius-Gersdorf, DR, Art. 6, n. m. 81; Classen, StR II, § 14, n. m. 21; Manssen, StR II, n. m. 455; Pschorr/Drechsler, Jura 2018, 122/129; Schaefer, AöR 2018, 394/417 e s.; diferente, por exemplo, von Coelln, SA, Art. 6, n. m. 6.

498 E 31, 58/67; 105, 313/342; BVerfG, NJW 2004, 2008/2010.

499 E 103, 89/101; cf. Steiner, Hdb. GR IV, § 108, n. m. 13 e s.

500 Cf. com uma argumentação no sentido da igualdade de direitos, E 84, 9/21 e s.

501 E 114, 316/335.

502 E 105, 1/11.

503 E 53, 224/245; 55, 134/142.

504 E 53, 257/296; 108, 351/364.

505 Kingreen, Jura 1997, 401/402; Robbers, MKS, art. 6º, n. m. 57; pelo contrário, o acórdão do Tribunal Constitucional Federal, publicado in: E 56, 363/384, baseia-se, quanto a este aspeto, no art. 2º, n. 1; em sentido concordante, Ipsen, Hdb. StR3 VII, § 154, n. m. 59 e s.; Kloepfer, VerfR II, § 67, n. m. 28.

754. **b)** A **família** é o *relacionamento social entre pais e filhos.* Protegida está não só a comunidade de pais casados entre si, mas também de uniões de facto[506] e de comunidade de vida não conjugais com filhos[507]. Também é irrelevante saber se os filhos são gerados homológica ou heterologicamente[508], menores ou maiores de idade[509], saídos de um casamento monogâmico ou poligâmico[510], ou se são filhos adotivos, enteados ou de acolhimento[511]. Os vícios de forma na constituição da paternidade adotiva ou da paternidade de acolhimento não excluem a qualidade da família, desde que se verifique a correspondente coesão social e que para tal tenha sido procurado e encontrado o *reconhecimento público.* A relação natural só por si não é ainda suficiente; o filho e o seu pai, que não é casado com a sua mãe, só caem no conceito de família do art. 6º, n. 1, no caso de a paternidade ter sido reconhecida pelo pai ou confirmada judicialmente (paternidade jurídica), ou no caso de o pai, como pai biológico (paternidade biológica) embora não como pai jurídico, ter, pelo menos durante algum tempo, assumido de facto a responsabilidade pelo filho[512]. Mas o pai biológico não é, mesmo nesse caso, detentor do poder paternal; pode-se-lhe apenas abrir a possibilidade jurídico-procedimental de obter a paternidade jurídica[513]. A mera paternidade jurídica goza da proteção prevista no art. 6º, n º 2, frase 1, da Lei Fundamental, independentemente da constituição de uma relação social-familiar[514].

755. O relacionamento familiar não tem de ser vivido numa comunidade doméstica; mas, se for vivido numa comunidade domésti-

---

506 E 133, 59, n. m. 61; Jestaedt/Reimer, *BK*, art. 6º, n. 2 e 3, n. m. 205.

507 E 112, 50/65.

508 Robbers, *MKS*, art. 6º, n. m. 79.

509 E 57, 170/178; 92, 158/176 e s.

510 *BVerwGE* 71, 228/231 e s.

511 E 68, 176/187; 80, 81/90.

512 E 108, 82/112 e s.

513 E 108, 82/103 e s.

514 E 135, 48, n. m. 90 e s. (= JK 6/2014), aí, sobre a impugnação administrativa devido ao contorno de disposições de direito de residência.

ca ou então numa união familiar íntima verdadeira, então o conceito de família compreende *todos os parentes próximos* que estão desta maneira ligados entre si. O Tribunal Constitucional Federal abandonou entretanto[515] a sua jurisprudência anterior, sempre discutível, que pretendia limitar a proteção do art. 6º, n. 1, da Lei Fundamental, à pequena família em oposição à grande família que inclui nomeadamente também os avós[516]; esta mudança de posição também é coerente tendo em vista a jurisprudência do TEDH que é do mesmo teor[517].

756. O âmbito de proteção da família *vai desde* a constituição da família até todos os domínios de convivência familiar e, por via do direito de repartição de obrigações, mesmo para além deles[518]. Entre outras coisas, o âmbito de proteção da família abarca a livre decisão dos pais sobre quando e quantos filhos pretendem ter. Além disso, estabelece, por exemplo, o direito de parentes próximos poderem ser de preferência tomados em consideração no caso de decisão sobre a escolha de um tutor ou de um tutor sub-rogado[519]. No entanto, o Tribunal Constitucional Federal atribui ao art. 6º, n. 1, efeitos de proteção graduados, consoante se trate de uma comunidade de vida e de assistência ou, no caso de menores, de uma comunidade educativa ou de uma simples comunidade de convívio[520].

757. **c)** A maneira como os pais pretendem cuidar do bem físico (*assistência*) e do desenvolvimento psíquico e inteletual, da instrução e da formação profissional (*educação*) dos filhos encontra-se, no **poder paternal** constante do art. 6º, n. 2, frase 1, autonomizada no sentido de um domínio próprio de proteção, em face do âmbito de proteção da família. É titular do poder paternal quem, em relação ao filho, se encontra numa relação de ascendência fundada na origem ou em atribui-

---

515   E 136, 382, n. m. 21 e s. (= JK 12/2014); Herzmann, *Jura* 2015, 248/250.

516   E 148, 327/339.

517   TEDH, *NJW* 1979, 2449/2452 (*Marckx/Belgien*).

518   E 112, 332/352 e s.

519   E 136, 382, n. m. 24 (= JK 12/2014).

520   E 80, 81/90 e s.

ção por lei ordinária[521], portanto também duas pessoas do mesmo sexo, se estiverem reconhecidas legalmente como progenitores de um filho[522]. O direito fundamental garante que fundamentalmente os pais tomem as decisões essenciais para o crescimento do filho. Eles têm por exemplo a liberdade de decidir como o filho se irá chamar[523], se ele irá ser orientado preponderantemente por um dos pais, por ambos os pais em complemento recíproco ou por uma terceira pessoa[524]. As discussões em torno da organização do ensino público deram azo a uma determinação mais pormenorizada do conteúdo do âmbito de proteção.

758. Exemplos:

Partindo de que aqui existiria uma "função educativa comum" dos pais e da escola (*E* 34, 165/183; 98, 218/244 e s.), o Tribunal Constitucional Federal reconheceu aos pais um direito de escolher entre vários tipos de escola, direito que não é violado enquanto não houver apenas um único tipo de escola com um único curso de formação (*E* 45, 400/416); não está protegida a expetativa de que um determinado curso de formação numa escola também seja oferecido no futuro (TCF, *NVwZ* 2016, 281 e s.). O Tribunal Constitucional Federal mantém-se globalmente reservado no caso da fundamentação jurídico-constitucional dos direitos dos pais de participação na escola: o Tribunal nega aos pais a sua participação na organização de turmas de orientação (depois do ensino básico) destinadas a fomentar as capacidades individuais de cada aluno (*E* 34, 165/181 e s.); na reorganização do ensino secundário complementar (*E* 53, 185/195 e s.); na feitura do programa de ensino nos seus aspetos didáticos e de conteúdo (*E* 45, 400/415 e s.; *E* 47, 46/71 e s.) e na implementação, na escola, da reforma ortográfica (*E* 98, 218/244 e s.); só na introdução de aulas de educação sexual transdisciplinar é que o tribunal deduziu do poder paternal um direito à informação sobre conteúdos e métodos (*E* 47, 46/76). Por vezes, a doutrina exige que se veja ancorado no art. 6º, n. 2, frase 1, o direito dos pais,

---

521   E 108, 82/100, 103.

522   E 133, 59, n. m. 47 e s.

523   E 104, 373/385.

524   E 99, 216/231.

regulado pelo direito dos Estados federados, a serem ouvidos e o direito de intervenção (Coester-Waltjen, *MüK*, art. 6º, n. m. 90); porém, esta exigência não tem qualquer apoio na jurisprudência do Tribunal Constitucional Federal (*E* 59, 360/380 e s.).

759. O poder paternal é simultaneamente **dever paternal**. Nos termos do art. 6º, n. 2, frase 1, os pais são obrigados, perante os filhos, a dar-lhes assistência e educação, vendo o Tribunal Constitucional Federal nesta disposição também um direito fundamental do filho, correspondente ao dever, direito que, para além do seu direito geral de personalidade nos termos do art. 2º, n. 1, em ligação com o art. 1º, n. 1, protege a importante relação familiar do seu desenvolvimento de personalidade, especialmente na convivência com os progenitores que vivem separados[525], e que limita a margem de decisão paternal em decisões sobre assistência e educação, sobretudo no caso de ingerências físicas como a circuncisão[526].

2. Ingerências

760. Porque o casamento e a família são, simultaneamente, instituições sociais e jurídicas, nem toda a regulação do casamento e da família constitui desde logo uma ingerência. Pelo contrário, pode tratar-se de uma das regulações que definem afinal o casamento e a família como instituições jurídicas (cf. n. m. 147 e s.). Das *regulações definitórias* fazem parte, em princípio, as normas do direito do casamento e da família que definem mais pormenorizadamente os institutos constitucionais do casamento e da família; das *regulações de ingerência* podem fazer parte normas que têm um efeito limitativo da liberdade relativa ao acervo de regulações do casamento e da família.

761. Exemplos:

Regulações definitórias são o § 1353º, n. 1, frase 2, do Código Civil alemão, que carateriza o casamento como comunidade de respon-

---

525 E 121, 69/93; Höfling, *Hdb. StR3* VII, § 155, n. m. 32.

526 Hörnle/Huster, *JZ* 2013, 330/332 e s.; Rixen, *NJW* 2013, 257/258 e s.; Windthorst, *StudK*, Art. 6, n. m. 52 e s., Manok, *Die medizinisch nicht indizierte Beschneidung des männlichen Kindes*, 2015, p. 92 e s.

sabilidade, e o § 1357º, n. 1, do Código Civil alemão, segundo o qual cada cônjuge tem o direito de exercer atividades para a adequada satisfação das necessidades vitais da família, também com efeito a favor do outro cônjuge (*E* 81, 1/7). Também as normas do regime jurídico do divórcio definem o casamento como instituição jurídica (*E* 53, 224/245 e s.). Pelo contrário, verificar-se-ia uma ingerência, se um funcionário público que pretende divorciar-se fosse impedido da dissolução do antigo e da celebração do novo casamento por via de uma obstaculização da promoção dos funcionários públicos divorciados. Do mesmo modo, verificar-se-ia uma ingerência no casamento, se um transsexual casado, que se submeteu a operações para mudança de sexo, só obtiver o reconhecimento jurídico do estado civil da sua nova pertença a outro sexo se o seu casamento for previamente dissolvido pelo divórcio (*E* 121, 175/198 e s.). – A proibição das medidas educativas degradantes, referida no § 1631º, n. 2, do Código Civil alemão e o dever de um progenitor de conviver com o seu filho, nos termos do § 1684, n. 1, do Código Civil alemão são apenas definições do que o art. 6º, n. 2, frase 1, pretende dizer com a expressão "assistência e educação" responsáveis. A atribuição pelos tribunais de família do direito de guarda a um dos progenitores constitui, pelo contrário, uma ingerência no direito de guarda do outro progenitor. A escolaridade obrigatória é a ingerência clássica no direito dos pais à educação dos filhos.

762. Mas as regulações *definitórias* do direito ordinário devem ser sempre *aferidas* pelo conceito jurídico-constitucional de casamento e de família; na falta de correspondência, a definição transforma-se numa *ingerência*. Trata-se, então, bem vistas as coisas, de uma definição que, embora tentada, não é uma definição conseguida. O controlo da subsistência de uma definição em face do art. 6º, n. 1, é efetuado pelo Tribunal Constitucional Federal de uma maneira em tudo idêntica ao controlo da subsistência de uma ingerência num direito fundamental em face deste direito fundamental: exige *fundamentos justificativos*.

763. Exemplos:

O Tribunal Constitucional Federal não encontrou razões suficientemente justificativas para a antiga proibição de casamento entre pessoas do mesmo sexo, nem na forma tradicional, nem na função social do casamento, nem nos conhecimentos biogenéticos; por isso, rejeitou a compatibilidade dessa proibição com o art. 6º, n. 1, da Lei Fundamental (*E* 36, 146/161). No caso de uma orientação segundo a tradição e a função, torna-se relevante a evolução da sociedade, a evolução dos papéis e a garantia jurídico-fundamental da igualdade de direitos entre homem e mulher (art. 3º, n. 2) (cf. n. m. 542 e s.). Foi com base nisto que o Tribunal Constitucional Federal fez malograr-se o voto decisivo do marido (*E* 10, 59/66), pôs em questão a obrigação da mulher de condução do governo da casa (*E* 48, 327/338) e declarou dispensável o estabelecimento de um nome de família (*E* 84, 9/19; cf. Sacksofsky, *KritV* 1995, 94). Pelo contrário, o Tribunal Constitucional Federal considerou que havia na evitação de séries de nomes uma razão justificativa para a proibição de um nome duplo para o filho, constituído a partir dos nomes dos pais (*E* 104, 373/390 e s.).

764. A *expulsão de estrangeiros* que estejam casados e/ou tenham filhos na República Federal da Alemanha e a recusa de posterior reagrupamento familiar de cônjuges e familiares estrangeiros não são uma ingerência, pelo facto de tornarem impossível a manutenção da coesão matrimonial ou familiar na República Federal da Alemanha[527]. É que, para os estrangeiros, a permanência enquanto tal na República Federal da Alemanha não é garantida jurídico-fundamentalmente (cf. n. m. 170). Os estrangeiros e os alemães que celebrem casamentos com estrangeiros têm de contar com o facto de a vida conjugal e familiar em comum não se poder sempre concretizar na República Federal da Alemanha[528]. Mas devemos considerar que na expulsão ou na recusa do reagrupamento familiar de cônjuges ou de familiares de maior idade se verifica uma ingerência no direito fundamental ao casamento e à família quando, em virtude de circunstâncias especiais, não seja possível ou não seja suportável concretizar no estrangeiro a comunidade matrimonial ou familiar[529].

---

527   E 76, 1/47; opinião diferente, Zuleeg, DÖV 1988, 587.

528   Cf. Renner, NVwZ 2004, 792/795 e s.

529   Cf. BVerfG, NVwZ 2009, 387; BVerfGE 129, 367/373 e s.

765. Aos *filhos menores de idade* aplica-se o princípio segundo o qual a sua menoridade os obriga, em princípio, a partilhar o destino dos pais; é precisamente esta partilha do destino dos pais que está protegida pelo art. 6º, n. 1. Dado que os filhos menores partilham, em princípio, o destino dos pais, os limites máximos de idade para a vinda posterior dos filhos (cf. § 32 do AufenthG) só podem subsistir nos casos em que a coesão familiar e a dependência dos filhos em relação aos pais estejam em grande parte resolvidas, excecionalmente já abaixo do limiar da maioridade. Nos demais casos, a referida expulsão e a recusa constituem uma ingerência ilícita no art. 6º, n. 1.

3. Justificação jurídico-constitucional

766. **a)** É importante a distinção entre regulações e medidas definitórias e de ingerência, porque o *casamento e a família* são protegidos **sem reservas** no art. 6º, n. 1. Só no caso do *poder paternal* é que o n. 2, frase 2, autoriza implicitamente ingerências, ao fundamentar uma obrigação dos pais de assistência e educação dos filhos e ao constituir a comunidade estatal em guardiã do cumprimento da obrigação[530]. Por razões de Estado de direito, também só por lei ou com base na lei podemos fazer uso desta autorização[531]. As regulações e medidas do Estado têm de, no caso de constituírem ingerências no poder paternal, servir a assistência e a educação dos filhos; por conseguinte, o art. 6º, n. 2, frase 2, constitui uma reserva de lei qualificada.

767. **aa)** O Estado não pode praticar ingerências nos âmbitos de proteção sem reservas do **casamento e da família**, só os podendo conformar por via de *regulações definitórias* do casamento e da família. Se se abandonar o âmbito das regulações definitórias, as regulações ou medidas desfavoráveis ao casamento ou à família podem, quando muito, encontrar a sua legitimação no *direito constitucional colidente*.

---

530 Erichsen, p. 48; Burgi, FH, art. 6º, n. m. 149 e s.; opinião diferente, Klein, *Fremdnützige Freiheitsgrundrechte*, 2003, p. 79 e s., 88 e s.; Ossenbühl, p. 59 e s., 76, 84.

531 E 107, 104/120; Burgi, *Hdb. GR IV*, § 109, n. m. 43.

768. Exemplo:

Um agente da polícia de intervenção que, como todos os polícias de intervenção, estava ao abrigo da cláusula do celibato, viu recusado o pedido de autorização de casamento. O Tribunal Administrativo Federal aceitou, num seu acórdão *BVerwGE* 14, 21/27, a cláusula do celibato, em princípio, como constitucional e só rejeitou a recusa do pedido de autorização de casamento por a considerar desproporcionada e inconstitucional, uma vez que estava iminente o nascimento de um filho, a quem se deveria poupar que nascesse como filho de pais não casados entre si. Porém, não podemos entender por que razão a eficiência da polícia, enquanto bem jurídico-constitucional colidente possivelmente a ser tomado em consideração, há-de exigir do agente da polícia de intervenção mais que o desempenho do seu serviço, quer seja solteiro ou casado (cf. Richter, *AK*, art. 6º, n. m. 19; Robbers, *MKS*, art. 6º, n. m. 52).

769. Mesmo que a *expulsão de um estrangeiro*, que destrói a coesão matrimonial ou familiar, não seja uma ingerência no direito fundamental ao casamento e à família (cf. n. m. 764 e s.), o Tribunal Constitucional Federal sempre a coloca sob o princípio da proporcionalidade. Neste contexto, o Tribunal Constitucional Federal fala do art. 6º, n. 1, como sendo uma norma de princípio decisória de valores, que também aqui, onde não se aplicam o direito de defesa e a garantia institucional previstos no art. 6º, n. 1, exige a tomada em consideração de elos matrimoniais e familiares[532]. Nesse caso, o pressuposto é que se verifique de facto a comunidade de vida conjugal e que esta não seja apenas simulada como casamento fictício[533]; de modo correspondente, também os pais e os filhos têm de estar ligados numa comunidade de vida. A expulsão de estrangeiros que estejam casados, tenham filhos ou pais na República Federal da Alemanha, carece de fundamentos tanto mais ponderosos quanto mais enraizado na República Federal da Alemanha estiver o casamento e/ou a família. Regime idêntico é válido para a

---

532 E 76, 1/41 e s.; BVerfG, NVwZ 2011, 870 e s.

533 Cf. Weichert, NVwZ 1997, 1053.

concessão e para a prorrogação de uma autorização de residência[534], bem como para as naturalizações[535].

770. Exemplos:

Um estrangeiro cujo cônjuge tenha a nacionalidade alemã não pode ser expulso em virtude de delitos de bagatela; e um argumento reforçado contra a expulsão é o facto de haver filhos de nacionalidade alemã (*E* 51, 386/397 e s.). – A adoção não se opõe à expulsão de um estrangeiro que é adotado como adulto por um cidadão de nacionalidade alemã, no caso de esta adoção apenas constituir uma comunidade de convívio; mas já se opõe à expulsão no caso de constituir uma comunidade de vida e de assistência (*E* 80, 81/90 e s.; BVerfG, *BayVBl*. 1996, 144). – A recusa de uma autorização ou de um direito de permanência a um pai estrangeiro de um filho alemão de um casamento já dissolvido pelo divórcio e que não tem direito de guarda do filho é compatível com o art. 6º, n. 1, porque a relação do pai com o filho já não constitui uma comunidade de vida e de educação, mas simples comunidade de convívio (BVerfG, *DVBl*. 1989, 1246; *BVerwGE* 106, 13/19; cf. n. m. 756).

771. Também às decisões negativas, por parte das autoridades de autorização de permanência, quanto ao reagrupamento de cônjuges e familiares estrangeiros devem ser feitas exigências tanto maiores quanto mais enraizado na República Federal da Alemanha estiver o cônjuge ou o familiar para quem o reagrupamento se pretende e quanto mais duramente a decisão negativa afetar a comunidade conjugal e familiar[536]. Constitui também uma diferença o facto de se aquele que já vive na República Federal é alemão ou estrangeiro, dado que aos alemães se aplica a proteção do art. 11º (n. m. 927)[537]. Além disso, é importante saber há quanto tempo já vive o estrangeiro na República Federal, se há filhos de nacionalidade alemã, se os filhos são menores de idade, se os filhos de maior idade ou os pais estão ou não dependentes da ajuda de subsistência prestada na comunidade familiar.

---

534   BVerwGE 71, 228/232 e s.; 105, 35/39 e s.; 133, 72/82.
535   BVerwGE 77, 164/171 e s.; 84, 93/98 e s.
536   E 76, 1/49 e s.
537   E 144, 141/150.

772. bb) Ingerências no **poder paternal** são, por um lado, justificadas nos termos do art. 6º, n. 2, frase 2, (cf. n. m. 766), se servirem ao *bem do filho*. Com a regulação do direito de guarda, regulação segundo a qual os pais são obrigados a tomar em consideração a crescente capacidade de compreensão e de responsabilidade dos filhos, o Estado estabelece o equilíbrio entre o poder paternal e os direitos fundamentais reforçados dos filhos no seu processo de crescimento. Em caso de colisão de interesses entre o filho e os pais, têm, em princípio, prioridade os interesses do filho[538]. A ingerência no poder paternal de um dos progenitores, constituída pela atribuição do direito de guarda ao outro progenitor, pode ser justificada pelo bem do filho. Com razão, foi rejeitada em dois acórdãos pelo Tribunal Constitucional Federal, com fundamento em inconstitucionalidade, a exclusão geral de um direito de guarda comum[539]. No entanto, é constitucional atribuir por princípio à mãe o direito de guarda do filho nascido fora do casamento, quando do seu nascimento; mas o pai não pode ser automaticamente excluído da assunção da guarda pelo facto de a mãe não o consentir[540].

773. As ingerências no poder paternal são, por outro lado, justificadas pelo *direito constitucional colidente*. No poder de autoridade escolar do Estado (art. 7º, n. 1) está baseado um poder educativo do Estado, vinculado aos princípios da tolerância e da neutralidade e isento de endoutrinação[541]; nesse poder de autoridade do Estado assenta também a justificação da ingerência no poder paternal, ingerência que reside na escolaridade obrigatória dos filhos[542], mas não no estabelecimento de uma obrigação geral de frequentar um jardim de infância[543]. No direito penal de menores, o Tribunal Constitucional

---

538   E 61, 358/378; 72, 122/137; 108, 82/102.

539   E 61, 358/375 disse respeito ao direito de guarda comum de divorciados; E 84, 168/181 disse respeito ao direito de guarda comum de pais não casados entre si.

540   E 127, 132/145 e s.; opinião diferente, ainda E 107, 150/169 e s.

541   Cf. BVerfG, NVwZ 1990, 54; BVerwGE 79, 298/301.

542   BVerfG, DVBl. 2003, 999; Hebeler/Schmidt, NVwZ 2005, 1368.

543   Hartman, DVBl 2014, 478/480.

Federal justifica as ingerências no poder paternal a partir de um "princípio constitucional de proteção dos bens jurídicos de direito penal"[544]; isso convence em relação a penas de menores abaixo das penas privativas da liberdade (cf. n. m. 776).

774. **b)** A separação do filho em relação aos seus pais representa a ingerência mais forte no poder paternal e, nos termos do **art. 6º, n. 3**, só é admitida no caso de perigo de negligência; a separação pode ter a sua causa no fracasso dos encarregados de educação ou em outras razões. Perigo de negligência pressupõe um considerável risco atual de danos para o filho[545].

775. O limite de limites do art. 6º, n. 3, tem de ser válido também para a *adoção de um filho* contra a vontade dos pais[546]. A adopção obrigatória não separa o filho pura e simplesmente dos pais não biológicos para o entregar aos pais biológicos. Até à separação, os pais naturais são os únicos pais; por isso, a adoção obrigatória tem de poder ser justificada pelo *risco de negligência*. Na sua aceitação tem de se observar "rigorosamente o princípio da proporcionalidade"[547].

776 A opinião segundo a qual, a par do incumprimento dos deveres que recaem sobre os encarregados de educação e do risco de negligência dos filhos, haveria ainda *outras razões de separação*, por exemplo, a execução de uma pena de privação da liberdade *não é compatível* com o art. 6º, n. 3[548]. Antes de um cidadão atingir a maioridade, o art. 6º, n. 3, proíbe a sua incorporação no serviço militar contra a vontade dos encarregados de educação; e no caso de imposição de uma pena de privação da liberdade, o mesmo preceito exige: o consentimento dos encarregados de educação, o incumprimento por estes dos seus deveres ou, por outras razões, o risco de negligência.

---

544 E 107, 104/119.

545 Tribunal Constitucional Federal, *NJW* 2014, 2936/2936 e s.; 2015, 223/224; Britz, *JZ* 2014, 1069/1071 e s.

546 Coester-Waltjen, *MüK*, art. 6º, n. m. 100; von Coelln, *SA*, art. 6º, n. m. 86; opinião diferente, E 24, 119/139 e s.

547 E 60, 79/89; BVerfG, *NJW* 2006, 1723; 2010, 2333; 2011, 3355 e s.

548 Cf. também Erichsen, p. 56.

777. **c)** A **garantia de instituto** do casamento e da família funciona como limite de limites para regulações definitórias e que constituem ingerências lícitas. Tal como outras garantias de instituto, a garantia do casamento e da família tem um conteúdo de salvaguarda. A forma social e jurídica que *o casamento e a família* alcançaram historicamente como institutos não se livra, é certo, de toda e qualquer alteração por parte do legislador, mas tem de permanecer intacta na sua essência[549]. Por isso, o casamento homossexual só pode ser incluído na proteção do art. 6º, n. 1, por via de uma revisão constitucional (n. m. 749).

778. **Exemplos:**

Fogem ao âmbito de intervenção do Estado: a forma do casamento como casamento monogâmico, a exigência do consentimento quando da celebração do casamento, a duração do casamento em princípio para toda a vida (*E* 31, 58/69; 53, 224/245). Pelo contrário, o direito do casamento pôde evoluir do princípio da culpa[550] para o princípio da rutura (*E* 53, 224/245 e s.; 55, 134/141 e s.) e introduzir a compensação para a pensão de reforma entre cônjuges (*E* 53, 257/299 e s.; 71, 364/384 e s.). Ao alargar a liberdade de escolha do nome de família, ao deixar aos cônjuges a distribuição de tarefas na comunidade conjugal, ao atribuir-lhes poder decisório em igualdade de direitos e ao classificar como equivalentes o trabalho doméstico e o trabalho remunerado (*E* 10, 59/66 e s.; 48, 327/337; 105, 1/11 e s.), o legislador não só seguiu a evolução social, mas também deu obediência ao princípio da igualdade de direitos consagrado no art. 3º, n. 2 (cf. n. m. 539 e s.).

---

549   *E* 105, 313/348; Burgi, *Hdb. GR IV*, § 109, n. m. 31; Ipsen, *Hdb. StR3 VII*, § 154, n. m. 47 e s.

550   N. T.: Até 1977 vigorou no direito alemão do divórcio o princípio da culpa (*"Verschuldensprinzip"*). Neste regime, na decisão de divórcio o juiz averiguava o grau de culpa para o divórcio que tinha cada um dos cônjuges e determinava nessa base os efeitos do divórcio. Desde então, este princípio foi substituído pelo princípio da rutura (*"Zerrüttungsprinzip"*). Assim, ao juiz compete apenas, para declarar o divórcio, verificar se há rutura no casamento, não averiguando de quem e em que medida é a culpa. O princípio da culpa vigora actualmente, na Alemanha, apenas no âmbito do direito penal.

III. Proibições de discriminação, direitos de proteção e de participação

779. O art. 6º contém *proibições de discriminação* nos princípios de igualdade especiais dos n. 1, 4 e 5 (cf. n. m. 553 e s.). Quando se trate de afetações na atribuição de prestações do Estado, estes princípios de igualdade especiais transformam-se em direitos de participação (cf. n. m. 155 e s.).

780. Na sua função jurídico-objetiva, o *art. 6º, n. 1*, contém ainda a imposição não só de proteger o casamento e a família contra afetações causadas por forças sociais mas, para além disso, também de os apoiar através de medidas do Estado[551], por exemplo, através da tomada em consideração, do ponto de vista fiscal, das necessidades de assistência e de educação dos filhos[552]. Da obrigação dos pais (art. 6º, n. 2, frase 1) e da função de guardião do Estado (art. 6º, n. 2, frase 2) resulta uma obrigação de uma atuação em prol do bem dos filhos, à qual o filho tem um direito jurídico-fundamental nos termos do art. 2º, n. 1[553]. Contudo, do art. 6º, n. 1, não resultam quaisquer direitos concretos à participação em determinadas prestações do Estado[554].

781. Regime idêntico é válido para o direito da mãe, e mesmo da mulher grávida, à proteção e assistência da comunidade, decorrente do *art. 6º, n. 4*, bem como para o direito do filho de pais não casados entre si à melhoria das condições para o seu desenvolvimento físico e psíquico e para a sua posição social, decorrente do *art. 6º, n. 5*. Estes direitos carecem, respetivamente, de transposição legislativa, seja no direito civil e no direito do trabalho[555], seja no direito fiscal ou no direito da segurança social, no direito da função pública ou no direito da prestação de serviços públicos[556]. Só excecionalmente estes direitos de

---

551 E 6, 55/76; 87, 1/35; 105, 313/346; BVerwGE 91, 130/133 e s.
552 E 99, 216/233 e s.; sobre esta matéria, cf. Birk/Wernsmann, JZ 2001, 218.
553 E 99, 145/156; 103, 89/107.
554 E 39, 316/326; 87, 1/35 e s.; 110, 412/436, 445.
555 E 84, 133/156.
556 E 82, 60/85; 109, 64/87; 115, 259/270 e s.

proteção e de participação podem exigir também medidas concretas, por exemplo a criação de oportunidades de visita destinadas a cônjuges e a filhos de detidos para investigação[557] ou o adiamento da audiência oral no procedimento penal contra uma grávida[558]. Todavia, as regulações de direito ordinário têm de ser de facto apropriadas para prestar a proteção pretendida. Isto é posto em dúvida, por exemplo, em relação a proibições tradicionais de trabalho, no âmbito da proteção das mães[559].

782. Esboço de solução do caso 12 (n. m. 744).

I. O litígio entre os pais biológicos e os pais de acolhimento é conduzido no procedimento da jurisdição voluntária. Trata-se de um procedimento chamado objetivo, no qual os pais biológicos e os pais de acolhimento não têm a posição de parte, mas apenas têm o direito de apresentar requerimentos e de serem ouvidos. Aqui o Estado não concede direitos privados às partes; ele próprio dá as ordens. Os direitos fundamentais não se aplicam pura e simplesmente em conformidade com a doutrina do efeito indireto para terceiros, mas aplicam-se diretamente. – **II.** A obrigação dos pais de acolhimento de entregar o filho aos pais biológicos poderia constituir uma ingerência no *poder paternal dos pais de acolhimento*. É que "também a família de acolhimento, que é constituída pelo filho e pelos pais de acolhimento, (está) protegida pelo art. 6º, n. 1", e, assim, o art. 6º, n. 2 e 3, em caso de separação do filho em relação aos pais de acolhimento, produz efeitos também a favor destes (*E* 68, 176/187). – Uma ingerência no poder paternal, que poderia residir na separação do filho em relação à família, só está justificada, nos termos do art. 6º, n. 3, no caso de incumprimento dos deveres dos encarregados de educação e no caso de risco de negligência do filho por outras razões. No caso em apreço, os pais de acolhimento não deixaram de cumprir as suas obrigações e o filho não corre qualquer risco de negligência por parte dos pais de acolhimento. – No entanto, no caso presente, está justificada a obrigação dos pais de acolhimento de entrega-

---

557 E 42, 95/101 e s.; BVerfG, NJW 1995, 1478.

558 BVerfG, NJW 2005, 2382 e s.

559 Sinder, JZ 2017, 975/977 e s.

rem o filho aos pais biológicos. A relação do filho com os pais biológicos aponta para um tempo indeterminado, enquanto a relação com os pais de acolhimento aponta para um tempo determinado. Quando um filho é separado dos pais biológicos em virtude de risco de negligência e entregue a pais de acolhimento, não se pretende a permanência por tempo indeterminado em casa dos pais de acolhimento, mas o regresso prudente aos pais biológicos. Se no seio destes já não houver risco de negligência, termina o poder paternal dos pais de acolhimento. – Na obrigação dos pais de acolhimento de entregar o filho aos pais biológicos *não se verifica*, portanto, no caso em apreço, *uma ingerência* no seu poder paternal. A proteção do art. 6º, n. 3, a favor dos pais de acolhimento produz efeitos se o Estado agir a favor de terceiros, mas não se agir a favor dos pais biológicos, em casa dos quais já não há, para o filho, um risco de negligência. A situação é diferente se os pais biológicos reivindicarem o filho das mãos dos pais de acolhimento, apenas para o entregar à proteção de outros pais de acolhimento (*E* 75, 201/220); a situação volta ainda a ser diferente, se a separação relativamente aos pais de acolhimento visar tornar possível a adoção e, para tal, em primeiro lugar, os cuidados de adoção (*E* 79, 51/65). – **III.** No entanto, pode ser difícil de determinar o adequado *momento* para o *terminus* do poder paternal dos pais de acolhimento. O perigo de a ordem judicial fixar erradamente o momento para a entrega do filho aos pais biológicos representa uma ameaça para o poder paternal dos pais biológicos e dos pais de acolhimento. Pelo direito a requerer e de ser ouvido, tanto dos pais biológicos como dos pais de acolhimento (§ 1632º, n. 1 ou 4, do Código Civil alemão, e §§ 160 ou § 161 do FamFG), ambos os direitos fundamentais estão ainda assim assegurados da mesma maneira *do ponto de vista jurídico-procedimental*; em termos jurídico-procedimentais está também assegurado o bem do filho, por meio da sua audição pessoal (§ 159 do FamFG). Dessa maneira, fica, além disso, garantido que os aspetos relevantes estejam subjacentes à ordem judicial. Em caso de dúvida, o art. 6º, n. 2, exige que "o bem do filho constitua sempre o ponto de referência" (*E* 68, 176/188). – **IV.** O acórdão do Tribunal Constitucional Federal *E* 68, 176 segue, neste caso que se apresenta de maneira algo diferente, uma via de solução diversa: em primeiro lugar, o

Tribunal considerou haver colisão entre os poderes paternais dos pais biológicos e dos pais de acolhimento e também não se baseou, com a necessária clareza, no aspeto decisivo da negligência. Depois, o tribunal resolveu a colisão a partir do caráter duradouro do poder paternal dos pais biológicos e do caráter provisório do poder paternal dos pais de acolhimento. Mas, precisamente por isso, não se pode, em última análise, falar de uma colisão de poderes paternais.

783. Bibliografia:

Sobre o **art. 6 Abs. 1**: J. Benedict, "Die Ehe unter dem besonderen Schutz der Verfassung", *JZ* 2013, 477; M. Böhm, "Dynamische Grundrechtsdogmatik von Ehe und Familie?", *VVDStRL* 73 (2013), 211; D. Classen, "Dynamische Grundrechtsdogmatik von Ehe und Familie?", *DVBl.* 2013, 1086; D. Coester-Waltjen, "Art. 6 I GG und der Schutz der Ehe", *Jura* 2008, 108; *idem*, "Art. 6 I GG und der Schutz der Familie", *Jura* 2008, 349; E. B. Franz/T. Günther, "Grundfälle zu Art. 6 GG", *JuS* 2007, 626, 716; M. Germann, "Dynamische Grundrechtsdogmatik von Ehe und Familie?", *VVDStRL* 73 (2013), 257; C. Gröpl/Y. Georg, "Die Begriffe 'Eltern und Familie' in der neueren Rechtsprechung des Bundesverfassungsgerichts aus methodischer und verfassungstheoretischer Sicht", *AöR* 2014, 125; K. Herzmann, "Der Schutz von Ehe und Familie nach Art. 6 I GG", *Jura* 2015, 248; J. Ipsen, "Ehe und Familie", *Hdb. StR3* VII, § 154; T. Kingreen, "Das Grundrecht von Ehe und Familie (Art. 6 I GG)", *Jura* 1997, 401; N. Koschmieder, "Aktuelle verfassungsrechtliche Probleme zum Schutz von Ehe und Familie", *JA* 2014, 566; F.G. Nesselrode, *Das Spannungsverhältnis zwischen Ehe und Familie in Art. 6 des Grundgesetzes*, 2007; S. Rixen, "Das Ende der Ehe? – Neukonturierung der Bereichsdogmatik von Art. 6 Abs. 1 GG: ein Signal des spanischen Verfassungsgerichts", *JZ* 2013, 864; D. Schwab, "Familie und Staat", *FamRZ* 2007, 1; U. Steiner, "Schutz von Ehe und Familie", *Hdb. GR IV*, § 108; F. Wapler, "Familie und Familienschutz im Wandel – zur Entwicklung des Familienbegriffs im öffentlichen Recht", *RW* 2014, 57. – Sobre o **art. 6º, n. 2**: E.-W. Böckenförde, "Elternrecht – Recht des Kindes – Recht des Staates", *in: Essener Gespräche*, 1980, p. 54; G. Britz, "Das Grundrecht des Kindes auf staatliche Gewährleistung elterlicher Pflege und Erziehung – jüngere

Rechtsprechung des Bundesverfassungsgerichts", *JZ* 2014, 1069; M. Burgi, "Elterliches Erziehungsrecht", *Hdb. GR IV*, § 109; H.-U. Erichsen, *Elternrecht – Kindeswohl – Staatsgewalt*, 1985; W. Höfling, "Elternrecht", *Hdb. StR3* VII, § 155; M. Jestaedt, "Staatliche Rollen in der Eltern--Kind-Beziehung", *DVBl.* 1997, 693.

§ 16. DIREITOS FUNDAMENTAIS ESCOLARES E LIBERDADE DE ESCOLA PRIVADA (ART. 7º, N. 2 A 5)

784. Caso 13: Licenciamento de um liceu privado[560]

"P" é um conhecido pedagogo e gostaria de pôr em prática as suas teorias. Fundou uma "associação de apoio ao liceu 'P'", que conseguiu reunir os meios necessários para a fundação e para o funcionamento do liceu privado na cidade "C". O requerimento da associação para obtenção de licenciamento do "liceu 'P'" como escola "de substituição" foi recusado pela autoridade escolar competente com o fundamento de que em "C" haveria já liceus de toda espécie e que, com a redução esperada do número de alunos nos próximos anos, não haveria qualquer necessidade de outro liceu. Será que esta recusa viola o art. 7º, n. 4? N. m. **803**.

I. Panorama geral

785. O art. 7º, n. 1, não contém um direito fundamental, mas sim o mandato de fiscalização estatal do sistema escolar, a qual é detida pelos Estados federados nos termos da regulação de competências da Lei Fundamental. Essa fiscalização compreende, por um lado, a organização, planeamento e direção do sistema escolar, mas, por outro lado, também a assunção de um mantado autónomo de formação e educação do setor escolar. O n. 1 legitima, assim, simultaneamente, também as ingerências nomeadamente no art. 4º (n. m. 641) e no art. 6º,

---

560 N. E.: No Brasil, os termos podem ser mais bem entendidos como escola de ensino médio privada.

n. 2 (n. m. 773). – O art. 7º, n. 2 e 3, contém direitos fundamentais no contexto do ensino da religião, que o art. 7º, n. 3, frase 1, assegura ao mesmo tempo como garantia institucional. Também o art. 7º, n. 4 e 5, são garantias de instituição das escolas privadas e contêm simultaneamente direitos fundamentais. O art. 7º, n. 6, proíbe escolas preparatórias (praticando seleção social) que visam a preparação para escolas de formação complementar, tal como elas eram comuns no início do século XIX[561]. De forma correspondente à competência legislativa predominante dos Estados federados para esta área, os direitos fundamentais – em parte pormenorizados – jurídico-constitucionais dos Estados federados são aqui de especial importância. Em virtude do art. 5º, n. 3, o art. 7º não abarca as instituições de ensino superior.

II. Direitos fundamentais escolares (art. 7º, n. 2 e 3)

1. Âmbitos de proteção

a) Art. 7º, n. 3, frases 1 e 2

786. Trata-se de um *direito fundamental das comunidades religiosas*, e não dos pais e dos alunos[562]. A norma concretiza o art. 4º, n. 1 e 2, mas vai para além dele, uma vez que garante o exercício da religião sob a forma de aulas de religião *dentro* do ensino público (primário e secundário) do Estado e como parte do exercício do poder público. Simultaneamente, quebra a separação de princípio entre o Estado e a Igreja; o art. 7º, n. 3, é *lex specialis* relativamente ao art. 137º, n. 1, da Constituição Imperial de Weimar, em ligação com o art. 140º

787. *Comunidades religiosas* não são apenas aquelas que adquiriram os direitos de uma corporação de direito público (cf. art. 140º, em ligação com o art. 137º, n. 5, da Constituição Imperial de Weimar); basta a obtenção de uma capacidade jurídica de direito civil (cf.

---

561 Wißmann, *BK*, Art. 7, n. m. 273.

562 Brosius-Gersdorf, *DR*, Art. 7, n. m. 89 e s.; Korioth, *NVwZ* 1997, 1041/1045 e s.; opinião diferente, Badura, *MD*, art. 7, n. m. 83; Robbers, *MKS*, art. 7º, n. m. 123.

art. 140º, em ligação com o art. 137º, n. 4, da Constituição Imperial de Weimar). Neste pressuposto, também pode ser ministrado nas escolas públicas, por exemplo, o ensino da religião islâmica[563].

788. O art. 7º, n. 3, frase 2, garante – em ligação com a frase 1 – às comunidades religiosas que o ensino da religião seja previsto e organizado como disciplina ordinária, e isso sob os seguintes pressupostos de facto: a) *"escolas públicas"* é uma expressão que designa a oposição às escolas privadas (sob o conceito de escolas públicas caem todas as escolas que são suportadas pelo Estado); b) *"escolas não confessionais"* é uma expressão que se reporta às escolas laicas e tradicionalmente também às escolas ideológicas; c) uma limitação *territorial* resulta da norma especial do art. 141º, pela qual são atingidos especialmente Berlim, Bremen e os novos Estados Federados[564], e de que Berlim, Brandenburgo e Bremen também fizeram uso com a introdução de uma disciplina ordinária de ética e religião, a par da organização de aulas de religião meramente voluntárias.

789. *Disciplina ordinária* quer dizer que as aulas de religião, sem prejuízo das especificidades decorrentes do art. 7º, n. 2, e n. 3, frase 3, não são aulas optativas, mas obrigatórias, e como tais são avaliadas com notas, entram na média das notas e contam para a passagem de ano[565]. Estão, pois, em princípio, em pé de igualdade com as outras disciplinas. No sistema organizado por classes etárias, as aulas de religião têm de estar representadas todos os anos no elenco das disciplinas; no sistema organizado por anos escolares, as aulas de religião, embora fazendo parte das aulas obrigatórias, podem ser concentradas em determinados anos. Em virtude do seu caráter de disciplina ordinária, a legislação dos Estados federados pode fixar certos números mínimos de alunos para o ensino de religião.

---

563 BVerwGE 123, 49/54 e s.

564 Manssen, StR II, n. m. 495; Thiel, SA, Art. 141, n. m. 7 e s.; Pieroth/Kingreen, GS Jeand, Heur, 1995, 265; Schlink, NJW 1992, 1008; Wißmann, BK, Art. 7, n. m. 177; para a parte leste de Berlim, BVerwGE 110, 327; opinião diferente, Unruh, MKS, Art. 141, n. m. 7 e s.; Germann, EH, Art. 141, n. m. 6.

565 BVerwGE 42, 346/349; opinião diferente, Korioth/Augsberg, ZG 2009, 223/224.

790. A garantia constitucional volta-se à partida apenas para as questões *conteudais* das aulas de religião e não para as questões orgânicas, que são da total responsabilidade do Estado. O Tribunal Constitucional Federal parte do princípio de que as aulas de religião devem ser dadas "em termos de positividade e vinculação confessionais"[566]. Como são as comunidades religiosas que devem determinar o conteúdo das aulas de religião, também é determinante o seu autoentendimento de positividade e de vinculação confessionais. Nestes termos, tanto é possível uma aula de religião que é antes anunciação ou antes informação, como uma aula de religião confessional-cooperativa, biconfessional, ecuménica ou confessionalmente aberta. Também a admissão às aulas de religião de alunos alheios a um credo religioso avalia-se de acordo com os princípios das comunidades religiosas[567].

b) Art. 7º, n. 3, frase 3

791. O direito dos professores de *recusarem* ministrar aulas de religião é uma concretização da sua liberdade de religião e de ideologia e tem sobretudo como consequência o facto de não poderem resultar daí quaisquer desvantagens para o professor. Este direito fundamental tem uma importância autónoma, na medida em que, por esta via, são expressamente excluídas possíveis limitações aos direitos fundamentais dos professores, decorrentes do art. 4º, n. 1 e 2, que poderiam ser fundamentadas com o seu estatuto especial de funcionários públicos[568].

c) Art. 7º, n. 2

792. O direito dos encarregados de educação de decidirem sobre a participação do filho nas aulas de religião constitui uma concretização do direito dos pais à educação dos filhos (art. 6º, n. 2) e da liberdade de religião e de ideologia dos pais (art. 4º, n. 1 e 2). Encarregados

---

566   E 74, 244/252.

567   E 74, 244/253.

568   Badura, MD, art. 7º, n. m. 86.

de educação são aqueles que, segundo o direito da família, têm o direito de guarda do filho, isto é, em regra os *pais* em conjunto. O direito do *filho* de, após ter atingido a chamada maioridade religiosa (cf. n. m. 184), decidir por si próprio sobre a sua participação nas aulas de religião, resulta diretamente do art. 4º, n. 1 e 2[569].

2. Ingerências e justificação jurídico-constitucional

793. O art. 7º, n. 2 e 3, não está sujeito a qualquer reserva de lei. O art. 7º, n. 1, legitima a configuração orgânica das aulas de religião, mas, para além disso, não pode justificar quaisquer ingerências. Pelo contrário, a diversidade de tipos de escola, que resulta do art. 7º, n. 5, deverá justificar o facto de uma escola confessional pública receber predominantemente crianças que assistem às aulas de religião[570]. Em contrapartida, não constitui uma ingerência na liberdade de participação nas aulas de religião a obrigação, imposta ao menor que não participa nas aulas de religião, de participar, em sua substituição, em aulas de ética, neutras do ponto de vista religioso e ideológico e equivalentes às aulas de religião[571].

III. Liberdade de escola privada (art. 7º, n. 4 e 5)

1. Âmbito de proteção

794. O art. 7º, n. 4, frase 1, garante às pessoas individuais e aos grupos de pessoas (art. 19º, n. 3) o *direito fundamental* de instituir escolas privadas. Com isso, fica também garantido o direito de explorar escolas privadas, dado que de outro modo se esvaziaria a garantia. Além disso, o art. 7º, n. 4, frase 1, contém uma garantia de criação da escola privada como instituição, mas da escola privada em concreto[572].

795. O art. 7º, n. 4, frase 1, assegura à escola privada o direito a:

---

569 Cf. Badura, *MD*, art. 7º, n. m. 84; Stern, *StR IV/2*, p. 518 e s.

570 Tribunal Constitucional Federal, NVwZ 2018, 156/157 e s. (= JK 3/2018).

571 BVerfG, NVwZ 2008, 72; BVerwGE 107, 75/80 e s.

572 Cf. E 112, 74/84; Brosius-Gersdorf, *DR*, Art. 7, n. m. 107.

– organização do *funcionamento externo da escola* (organização da escola e das aulas);

– organização do *funcionamento interno* (estabelecimento de programas de ensino, fixação de objetivos didáticos, matérias e métodos de ensino, escolha de materiais didáticos e de materiais escolares);

– *livre escolha de alunos*; e

– *livre escolha de professores*[573].

796. Nos termos do art. 7º, n. 4 e 5, devemos fazer uma distinção entre os conceitos de: a) *escolas de substituição* – escolas privadas que "se destinam a servir de substituição de uma escola existente no Estado federado ou de uma escola oficial em princípio prevista"[574]; e b) *escolas complementares* – as escolas privadas que não apresentam esta caraterística das escolas de substituição. O art. 7º, n. 4, frase 1, aplica-se tanto às escolas de substituição como às escolas complementares; o art. 7º, n. 4, frases 2 a 4, e n. 5 aplicam-se apenas às escolas de substituição.

797. O direito de instituir e de explorar escolas de substituição é um direito fundamental "marcado pela norma" (cf. n. m. 266). É que, como as escolas de substituição se substituem às escolas públicas, têm de revelar "um mínimo de compatibilidade com as estruturas escolares existentes", que são reguladas pelo direito dos Estados federados[575]. Por conseguinte, é lícito que se exija de uma escola de substituição que pelo menos dois terços dos professores da escola de substituição possuam a aptidão de emprego exigida para o magistério, correspondente à sua atividade, exercido em escolas públicas[576]. Como consequência disso, o direito de instituir e de explorar escolas de substituição está sob a reserva de *autorização* referida no n. 4, frase 2, segmento 1, e conformada por lei. Sem esta autorização não se pode fazer uso do direito. No entanto, há um direito à sua emissão ou à sua subsistência no caso de se verificarem e subsistirem os pressupostos (frases 3 e 4) que se seguem:

---

573 Cf. E 27, 195/200 e s.

574 E 27, 195/201 e s.; 90, 128/139; BVerfG, NVwZ 2011, 1384; BVerwGE 112, 263/266 e s.

575 Cf. BVerwGE 104, 1/7; 112, 263/267 e s.; Kümper, VerwArch 2016, 121/125 e s.

576 BVerwG, NVwZ 2016, 182/183.

– a escola de substituição não é inferior às escolas públicas quanto aos seus objetivos didáticos e quanto às suas instalações, nem na formação científica do seu pessoal docente. Ao mesmo tempo deve tomar-se em consideração que a liberdade de escolha dos métodos e formas é parte essencial integrante da liberdade de escola privada, razão por que também uma escola de substituição monoeducativa pode satisfazer os pressupostos[577]. A chamada *Homeschooling* não satisfaz, porém, estes pressupostos, desde logo atendendo à escolaridade obrigatória coberta pelo art. 7º, n. 1[578].

– a escola de substituição não promove uma separação entre os alunos em função da situação económica dos pais[579];

– a escola de substituição assegura suficientemente a posição económica e jurídica dos docentes[580].

Segundo o Tribunal Constitucional Federal, a autorização também só pode ser concedida se se verificarem estes pressupostos[581]. Relativamente às exigências de colocação de professores, isto corresponde à letra do texto (frase 4). Em relação às outras duas exigências, isto é contestado com referência à letra da frase 3 – não se diz "deverá *apenas* ser concedido" –, assim como à história e à génese desta disposição, segundo as quais era permitido ao legislador estadual, e deveria sê-lo outra vez, autorizar escolas de substituição privadas que não satisfazem o estipulado na frase 3[582].

798. No caso da *escola primária privada* [que vai até ao 9º ano], quer dizer, pelo menos no 1º ciclo [do 1º ao 4º ano], estes pressupostos são ainda agravados por força do n. 5. Nos termos da sua primeira condição alternativa, a licença pressupõe o reconhecimento de um "interes-

---

577 BVerwGE, 145, 333/345 e s.

578 Em sentido diferente, Brosius-Gersdorf, *DR*, Art. 7, n. m. 71 e s.; 115; fazendo diferenciação, Wißmann, *BK*, Art. 7, n. m. 95 e s..

579 Opinião crítica em relação à observância deste princípio na prática, Wrase/Helbig, *NVwZ* 2016, 1591.

580 Cf. Müller, p. 127 e s.; Stern, *StR IV/2*, p. 531 e s.

581 *E* 75, 40/64.

582 Sachs, *NWVBl*. 2018, 441 e s.

se pedagógico especial"[583]. Nos termos da segunda condição alternativa, podem-se autorizar, a solicitação dos encarregados de educação e à falta de uma escola pública, escolas confessionais e escolas ideológicas.

799. O direito dos Estados federados, com exceção do Estado da Renânia do Norte-Vestefália (art. 8º, n. 4, frase 2, nw Verf.), impõe, para além da autorização, ainda um *reconhecimento*, como pressuposto de que as escolas de substituição atribuem títulos jurídicos (notas, passagem de ano, acesso ao ensino superior) com efeito jurídico-público, isto é, na sua qualidade de concessionárias[584]. A admissibilidade jurídico-constitucional da imposição de um reconhecimento distinto da autorização foi aceite pelo acórdão do Tribunal Constitucional Federal *E* 27, 195/204, com o argumento de que ao art. 7º, n. 4, frase 2, subjaz um conceito tradicional de escola de substituição que não abarca a atribuição daqueles títulos jurídicos, de que a regulação do sistema dos referidos títulos jurídicos é uma "função natural do Estado" e de que a conceção contrária levaria a "resultados inaceitáveis"[585]. Esta é uma argumentação discutível[586]: para que as escolas privadas possam funcionar no verdadeiro sentido como substitutas das escolas públicas, a atribuição de títulos jurídicos também faz parte, nas condições atuais, dessa ideia de substituição, e um reconhecimento a par da autorização não encontra nenhum suporte no texto normativo do art. 7º, n. 4.

800. De igual modo, as questões de *apoio às escolas privadas* com meios públicos vão para além do texto normativo. A jurisprudência[587] aceita uma obrigação de proteção do Estado e um correspondente direito de garantia de proteção para apoiar as escolas de substituição privadas e para proteger a sua existência a par do ensino público. Esta obrigação de proteção visa desencadear uma obrigação de atuação no momento em que, se assim não fosse, a existência da escola de substi-

---

583 Cf. *E* 88, 40/47 e s.; BVerwG, *DVBl.* 2000, 706.

584 Cf. BVerwGE 68, 185/187 e s.; 112, 263/270 e s.

585 *E* 27, 195/204 e s.

586 Brosius-Gersdorf, *DR*, Art. 7, n. m. 117; cf. ainda Müller, p. 353 e s.

587 *E* 75, 40/62 e s.; 90, 107/114; 112, 74/83 e s.; BVerwGE 79, 154/156 e s.

tuição estaria manifestamente em perigo; presentemente, dever-se-ia partir de uma necessidade geral de auxílio sentida pelas escolas de substituição privadas e admitir uma obrigação jurídico-constitucional de apoio às escolas privadas com meios públicos[588]. Também ao direito a financiamento se aplica a ideia de que o reconhecimento a par da autorização não tem um suporte jurídico-constitucional; por conseguinte, verifica-se uma violação ao art. 7º, n. 4, se alguns Estados federados limitarem o direito a financiamento a reconhecidas escolas de substituição e àquelas que têm uma importância pedagógica especial[589].

2. Ingerências e justificação jurídico-constitucional

801. O art. 7º, n. 4, *não* contém *uma reserva de lei*. Também o art. 7º, n. 4, frase 2, segmento 2 ("estão subordinadas às leis dos Estados federados"), não constitui, pelo seu texto, pela sua sistematização e pela sua origem histórica, uma autorização de ingerência; este preceito pressupõe os poderes de conformação decorrentes do art. 7º, n. 1, n. 4, frases 2 a 4, e n. 5, e só esclarece que também no caso de escolas de substituição é o legislador do Estado federado que faz uso dos poderes de conformação[590].

802. Tal como nas escolas públicas, também nas escolas privadas o art. 7º, n. 1, se aplica como autorização de ingerência constitucional direta. Portanto, os Estados federados têm também, neste aspeto, a *tutela escolar*, que compreende, além de atribuições de organização, também atribuições referentes aos conteúdos (n. m. 762). O mandato estatal de formação e educação aplica-se, por isso, também nas escolas privadas[591]. A tutela escolar não pode, porém, determinar o funcionamento das escolas de substituição privadas, como o das escolas do Estado; mas só pode *exercer um controle* sobre se esse funcionamento satisfaz perma-

---

588   Em sentido concordante, F. Müller, *Die Positivität der Grundrechte*, 2ª ed., 1990, p. 120 e s.; em sentido crítico, Gramlich, *JuS* 1985, 607.

589   Brosius-Gersdorf, *DÖV* 2017, 881/882 e s.

590   Badura, *MD*, art. 7º, n. m. 100.

591   BVerwGE 145, 333/342 e s.

nentemente os pressupostos do art. 7º, n. 4, frases 2 a 4 e o n. 5. Por conseguinte, a inspeção escolar tem poderes para revogar a autorização e adotar todas as medidas que, de acordo com o princípio da proporcionalidade, sejam, no caso concreto, aptas, necessárias e proporcionais em sentido estrito para garantir, no funcionamento de uma escola de substituição, a observância dos pressupostos referidos. Quanto a estes, a inspeção está, no entanto, limitada em relação aos conteúdos.

803. Esboço de solução do caso 13 (n. m. 784).

I. Uma associação pode ser legitimada pelo art. 7º, n. 4. A "escola 'P'" é uma escola de substituição, porque os liceus são escolas públicas previstas em todos os Estados federados. Portanto, do art. 7º, n. 4, frases 2 a 4, resulta um direito à autorização, se para a "escola 'P'" se verificarem os pressupostos de que não é inferior a outros liceus quanto aos seus objetivos didáticos e às suas instalações, bem como quanto à formação científica dos seus docentes e se não promover uma separação entre os alunos em função das condições financeiras dos pais, isto é, não cobrar propinas escolares discriminatórias e ainda se estiver suficientemente assegurada a posição económica e jurídica dos docentes. Estes pressupostos estão preenchidos no caso em apreço. – **II.** Por isso, a recusa de autorização constitui uma ingerência. – **III.** Uma vez que a lista dos pressupostos de autorização é exaustiva, a recusa do requerimento apresentado pela associação só poderia ser fundamentada com outras justificações jurídico-constitucionais de ingerência. No entanto, o art. 7º, n. 4, não está sob qualquer reserva de lei, e a tutela escolar, nos termos do art. 7º, n. 1, está limitada, para as escolas de substituição, ao controlo da verificação dos referidos pressupostos. A necessidade assente na frequência das escolas concorrentes do Estado não é um pressuposto de autorização legítimo da criação ou do funcionamento de uma escola de substituição. Isto é válido inclusivamente no caso da escola primária privada menos protegida nos termos art. 7º, n. 5. A recusa viola, pois, o art. 7º, n. 4.

804. Bibliografia:

M. Jestaedt, "Schule und außerschulische Erziehung", *Hdb. StR3 VII*, § 156; U. Kramer, "Grundfälle zu Art. 7 GG", *JuS* 2009, 1090; W. Loschelder, "Schulische Grundrechte und Privatschulfreiheit", *Hdb.*

GR IV, § 110; B. Pieroth, "Erziehungsauftrag und Erziehungsmaßstab der Schule im freiheitlichen Verfassungsstaat", *DVBl*. 1994, 949; C. Rathke, Öffentliches Schulwesen und religiöse Vielfalt, 2005; M. Thiel, *Der Erziehungsauftrag des Staates in der Schule*, 2000. – **Relativamente ao ponto II:** U. Hildebrandt, *Das Grundrecht auf Religionsunterricht*, 2000; S. Korioth/I. Augsberg, "Ethik- oder Religionsunterricht?", *ZG* 2009, 222; J. Oebbecke, "Reichweite und Voraussetzungen der grundgesetzlichen Garantie des Religionsunterrichts", *DVBl*. 1996, 336; B. Pieroth, "Die verfassungsrechtliche Zulässigkeit einer Öffnung des Religionsunterrichts", *ZevKR* 1993, 189. – **Relativamente ao ponto III:** F. Brosius-Gersdorf, "Privatschulen zwischen Autonomie und staatlicher Aufsicht", *VerwArch* 2012, 389; F. Hufen/J.P. Vogel, *Keine Zukunftsperspektiven für Schulen in freier Trägerschaft?*, 2006; B. Kümper, "Die Akzessorietät der privaten Ersatzschule zwischen Bundesverfassungsrecht und Landesrecht", *VerwArch* 2016, 120; F. Müller, *Das Recht der Freien Schule nach dem Grundgesetz*, 2ª ed. 1982; M. Ogorek, "Der Schutz anerkannter Ersatzschulen durch das Grundrecht der Privatschulfreiheit", *DÖV* 2010, 341. M. Sachs, "Kein grundrechtliches Sonderungsverbot für Ersatzschulen", *NWVBl*. 2018, 441.

§ 17. LIBERDADE DE REUNIÃO (ART. 8º)

805. Caso 14: A dissolução eficaz da reunião (segundo o acórdão do Tribunal Constitucional Federal *in: E* 87, 399).

"P" é participante num bloqueio de manifestantes sentados, em frente ao quartel local. Esta ação, de vários dias, embora não tivesse sido comunicada às autoridades, tinha sido anunciada publicamente. A competente Administração Distrital (*Landratsamt*) emitiu, por essa razão, uma disposição que continha encargos, nos termos do § 15, n. 1, do VersG. Apesar disso, o bloqueio de manifestantes sentados é disperso pela polícia e os acessos ao quartel são desimpedidos. Em virtude da violação do § 29, n. 1, al. 2, e n. 2, do VersG, os serviços administrativos distritais aplicam agora uma coima a "P", que não se afastou imediatamente, não obstante a ordem de dissolução. O tribunal de primeira instância, baseando-se na eficácia da ordem de dissolução, rejeitou o recurso interposto contra a decisão da autoridade e condenou "P" a uma sanção pecuniária. Será que a sua condenação viola o art. 8º? N. m. **834**.

I. Panorama geral

806. O direito fundamental da liberdade de reunião protege uma forma de comunicação com as outras pessoas, isto é, o reunir-se. Tal como os artigos 5º e 9º, este direito fundamental é, por isso, designado como direito fundamental de comunicação; também é chamado direito fundamental de manifestação. A liberdade de reunião protege reuniões públicas e não públicas. Ao conter uma reserva de lei qualificada apenas para as reuniões a céu aberto, protege sem reservas reuniões em espaços fechados. – Desde a reforma do Federalismo I, no ano de 2006, o direito de reunião cai na competência legislativa dos Estados federados. Em relação aos Estados federados que ainda não adotaram uma lei própria sobre o direito de reunião, continua a aplicar-se, nos termos do art. 125a, n. 1, frase 1, a Lei Federal sobre Reuniões (VersG) baseada no art. 74º, n. 1, al. 3.

II. Âmbito de proteção

1. Conceito de reunião

807. Uma reunião é um encontro, num local, de pelo menos duas[592] pessoas[593]. Este encontro tem de apresentar uma *ligação interna*, que se manifesta na prossecução de um fim comum. Por isso, não são reuniões, mas meros ajuntamentos, uma concentração de pessoas quando de um acidente de viação ou o público num concerto de música clássica, em que todos prosseguem o mesmo fim, mas não um fim comum, visto que não precisam uns dos outros para a prossecução desse fim. Na apreciação sobre se um fim é prosseguido em comum ou em

---

592 VGH Mannheim, *VBIBW* 2008, 60; Hartmann, *BK*, Art. 8, n. m. 156; Höfling, *SA*, Art. 8, n. m. 13; Stern, *StR IV/*1, p. 1197 e s.

593 *E*, 69, 315/342 e s.; 104, 92/104.

paralelo, devemos ter em conta o caráter geral de um evento, sendo que, na dúvida, se deve partir do caráter de reunião[594]. Além disso, também os meros ajuntamentos se podem tornar reuniões, se surgir aquela ligação interna que a princípio faltava[595].

808. É discutível se o *fim comum* se tem de encontrar na formação e manifestação comum da opinião. É ainda discutível se esta opinião tem de dizer respeito a assuntos públicos (neste sentido vai o conceito mais estrito de reunião)[596] ou se é suficiente a discussão de quaisquer assuntos. Estas maneiras de ver apoiam-se na função complementar da liberdade de reunião relativamente à liberdade de opinião, sendo que os defensores do conceito mais restrito de reunião chamam suplementarmente a atenção para o facto de, com base na experiência histórica que conduziu à aprovação do art. 8º, sobretudo as reuniões de caráter político estarem expostas às ingerências do Estado.

809. Exemplos:

Segundo todas as opiniões, são incontestavelmente reuniões as organizações de debates ou as manifestações políticas; segundo o conceito mais restrito de reunião, os congressos científicos, as reuniões empresariais ou de sócios saem fora do âmbito de proteção da liberdade de reunião; os encontros puramente sociais só estão abarcados pela proteção do art. 8º, se para uma reunião não se exigir o fim da formação e manifestação comum de opinião.

810. *Não é sustentável* restringir o conceito de reunião à discussão de *assuntos públicos*. Esta restrição não resulta nem da letra do texto, nem da posição sistemática do art. 8º. O facto de, vistas as coisas historicamente, a luta pela liberdade de reunião se ter desencadeado predominantemente por causa de concentrações políticas, não exclui que consideremos outros encontros igualmente dignos de proteção.

811. Mas também a limitação à formação e manifestação de opinião comum não consegue convencer. A proteção, especialmente da

---

594 Cf. E 143, 161, n. m. 112 e s.; BVerwGE 129, 42/47.

595 Kunig, *MüK*, Art. 8, n. m. 14.

596 Cf. v. Mangoldt/Klein, *GG*, 2ª ed., 1957, art. 8º, nota III 2.

reunião para a formação e expressão de opinião, é garantida pelo art. 8º, *em ligação com o art.* 5º[597], de modo que podemos *prescindir* completamente de um determinado conteúdo do *fim da reunião*, a par do fim de ligação interna[598]. Contra a interpretação restritiva do art. 8º vai, além disso, a relação com o livre desenvolvimento da personalidade (art. 2º, n. 1): o direito fundamental da liberdade de reunião visa impedir a ameaça de isolamento do particular e (juntamente com o art. 9º) garantir o desenvolvimento da personalidade sob a forma de grupos[599]. O Tribunal Constitucional Federal pretende ultimamente estreitar o conceito de reunião e limitar o fim à participação na formação de opinião pública[600]. No passado, este tribunal tendeu para o conceito amplo de reunião e, dessa forma, era mais convincente[601]: considerava que estavam "protegidas as reuniões e os desfiles... como expressão de desenvolvimento comunitário, tendo em vista a comunicação. Esta proteção não está limitada aos eventos em que se argumenta e discute, mas abarca formas diversificadas da conduta comum, incluindo as formas de expressão não verbal". Também o art. 11º da CEDH é a favor de um conceito amplo de reunião. Ele protege o coletivo da reunião com a liberdade de reunião, não limitada a fins políticos, o que, do ponto de vista sistemático, é uma razão contra a limitação da liberdade de reunião a manifestações de opinião política[602].

812. Exemplos:

Fazer música em comum constitui, por isso, uma reunião, tal como um encontro de convívio à noite numa associação. No caso da ida

---

597   E 69, 315/344 e s.

598   No mesmo sentido, Sachs, *VerfR* II, p. 359; Schulze-Fielitz, *DR*, art. 8º, n. m. 27.

599   Gusy, *MKS*, art. 8º, n. m. 9.

600   E 104, 92/104; BVerfG, NVwZ 2011, 422; opinião convergente, Classen, *StR* II, § 10, n. m. 61; numa perspetiva crítica, Michael/Morlok, *GR*, n. m. 272; Möllers, NJW 2005, 1973/1974 e s.; Stern, *StR* IV/1, p. 1206 e s.

601   E 69, 315/343; cf. opinião contrária de Hoffmann-Riem, *Hdb. GR* IV, § 106, n. m. 46, nota de rodapé 167.

602   Sobre este ponto de vista, aliás discutível, Marauhn, in: Ehlers (ed.), *Europäische Grundrechte und Grundfreiheiten*, 4ª ed. 2015, § 4, n. m. 61.

a encontros culturais e desportivos, interessa saber se há uma ligação interna com as outras pessoas. Deste modo, há sessões de cinema, concertos e festas desportivas, em que precisamente o encontrar-se com outras pessoas é de especial importância (por exemplo, filmes de culto, concertos de *rock*, *public viewing*). Se, pelo contrário, os participantes não aparecerem como atores, mas se manifestarem como meros consumidores, não formam uma reunião. Do novo ponto de vista do Tribunal Constitucional Federal, todos estes eventos saem fora do conceito de reunião (cf., a propósito da *Love Parade*, BVerfG, *NJW* 2001, 2459; *BVerwGE* 129, 42/45 e s.; sobre a manifestação de patinadores em linha, cf. OVG Münster, *NVwZ* 2001, 1316; sobre *flashmobs*, cf. Neumann, *NVwZ* 2011, 1171/1174; Levin/Schwarz, *DVBl.* 2012, 10).

813. Contra um ponto de vista esporadicamente defendido na doutrina[603], uma reunião no sentido do art. 8º, da Lei Fundamental, pressupõe reunião física dos participantes. É precisamente a presença física dos participantes que justifica que seja especialmente digna de proteção. Por um lado, é justamente a presença física dos participantes na reunião[604] que a torna particularmente ameaçadora, porque ela tem sempre o potencial de se converter em consideráveis ações políticas difíceis de serem dominadas. Por isso, as reuniões foram desde sempre objetos preferidos da repressão estatal. Mas, por outro lado, o responder com o próprio corpo constitui também uma vulnerabilidade especial e imediata que carece da proteção especial contra os atropelos do Estado. Esta situação de risco duplamente especial, que se encontra fundada precisamente na presença física dos participantes, não se verifica em relação a "reuniões" virtuais em salas de *chat* ou nos fóruns da *internet*. Elas não são reuniões no sentido da liberdade de reunião. Por falta de presença física, um orador, cujo discurso seja teletransmitido sobre uma tela de vídeo montada no local da reunião, não pode invocar a liberdade de reunião[605]; no entanto, a integração da videotransmissão

---

603 Pötters/Werkmeister, *Jura* 2013, 5/9.

604 Sobre a importância da presença física, *E* 69, 315/345.

605 Cf. OVG Münster, *NVwZ* 2017, 648/649, que no entanto exclui a proteção jurídico-fundamental do orador, desde logo em virtude da sua função como chefe de Estado.

nos acontecimentos da reunião cai na liberdade de organização (n. m. 824), protegida pelo art. 8º da Lei Fundamental, dos promotores e participantes fisicamente presentes.

2. Caráter pacífico e sem armas

814. O âmbito de proteção objetiva é limitado pelo art. 8º, n. 1, às reuniões pacíficas sem armas. *Armas* são, a par das armas no sentido do § 1 do WaffG (pistola, punhal, anéis de combate), também instrumentos perigosos (tacos de *baseball*, correntes de ferro) se forem transportados com o fim de serem utilizados[606]. Não são armas simples objetos de proteção (máscaras de gás, óculos de proteção); a expressão "armamento passivo", frequentemente utilizada para estes objetos, é enganadora[607].

815. Saber quando uma reunião é *pacífica* é uma questão que é definida de uma maneira indeterminada e inútil, se nos basearmos, como faz o BGH[608], na "perturbação da paz cívica". É certo que outra definição, segundo a qual toda violação do direito conduz à falta de caráter pacífico, estabelece delimitações claras, mas transporta já para o art. 8º, n. 1, a reserva de lei ordinária, que só o art. 8º, n. 2, vem a conter[609]. Uma reserva de lei ordinária é até vista como se estivesse contida no art. 8º, n. 1, quando nem toda violação jurídica, mas sim toda infração ao direito penal, é avaliada como ausência de caráter pacífico. Efetivamente, o legislador tem a liberdade de decidir que condutas sanciona jurídico-penalmente. Por conseguinte, o caráter não pacífico também não pode ser equiparado à violação da lei penal[610].

816. Tradicionalmente, o caráter pacífico é definido, com base nos §§ 5, n. 3, e 13º, n. 1, al. 2, do VersG, da maneira segundo a qual a

---

606 Schulze-Fielitz, DR, art. 8, n. m. 45; além disso ("objetos em si inofensivos") Kloepfer, *VerfR II*, § 63, n. m. 15.

607 Cf. Depenheuer, MD, art. 8º, n. m. 91; Hoffmann-Riem, *Hdb. GR IV*, § 106, n. m. 61.

608 BGH, *DVBl*. 1951, 736.

609 Hoffmann-Riem, *Hdb. GR IV*, § 106, n. m. 56.

610 E 73, 206/248; Höfling, SA, art. 8º, n. m. 30; Kloepfer, *VerfR II*, § 63, n. m. 21.

reunião não "toma um rumo violento ou insurrecional". Também o Tribunal Constitucional Federal constatou a "consonância" entre a exclusão jurídico-fundamental de reuniões não pacíficas e a proibição, pela Lei das Reuniões, de reuniões violentas e insurrecionais[611]. No entanto, a classificação da reunião não pacífica como reunião violenta e insurrecional carece de ser *precisada*.

817. O conceito de *conduta violenta* exigiu desde sempre a intervenção física ativa do autor sobre pessoas ou coisas. Na maioria das vezes, exige-se que a intervenção física seja agressiva e de alguma gravidade[612]. Assim, o conceito de violência é mais restrito do que o atual conceito de uso da força, que se satisfaz com qualquer efeito coativo físico sobre a vítima. O conceito de *"insurrecional"* reporta-se desde há muito tempo, por um lado, à subversão como objetivo da reunião e, por outro, ao meio da resistência violenta ativa contra os agentes de intervenção que agem segundo a lei. Como a questão de saber até que ponto opiniões subversivas podem ser manifestadas e propagadas numa reunião tem hoje de ser respondida em conformidade com o art. 5º, só a caraterística da resistência violenta é relevante no quadro do art. 8º. A resistência violenta exige, tal como a caraterística da violência, a intervenção física ativa, mas satisfaz-se, de uma maneira diferente da caraterística da violência, também com uma intervenção insignificante de pequena agressividade[613].

818. Exemplos:

Em oposição à antiga jurisprudência (cf. *E* 73, 206/257 e s.; *BGHSt* 35, 270) e às tendências da jurisprudência mais recente (*E* 104, 92/101 e s.; BverfG, *NJW* 2011, 3020; BGHSt 41, 231/241), um bloqueio de manifestantes sentados não constitui violência (*E* 92, 1/16 e s.; opinião divergente E 104, 124 e s.; Rusteberg, *NJW* 2011, 2999). Mas o direito fundamental da liberdade de reunião faz em todo o caso grandes exigências à

---

611   E 73, 206/249; em termos mais vagos, E 104, 92/106.

612   Lenckner/Sternberg-Lieben, *in:* Schönke/Schröder, *StGB*, 30ª ed., 2019, § 125, n. m. 5; Heger, *in:* Lackner/Kühl, *StGB*, 29ª ed. 2019, § 125, n. m. 4.

613   Depenheuer, *MD*, Art. 8, n. m. 84

hipótese da rejeitabilidade no sentido do § 240, n. 2, do Código Penal (BVerfG, *NJW* 2011, 3020 e s.). – No caso de arremesso dos chamados objetos moles (por exemplo, tomates ou ovos), devemos fazer uma distinção de acordo com os critérios acima aduzidos; tanto é decisivo saber contra quem o arremesso é dirigido como saber se a concentração tem apenas o caráter de *happening* ou se visa provocar e provoca lesões.

819. A conduta não pacífica de *particulares* deve ser apreciada à parte. Se as violações jurídicas não forem apoiadas pelo grupo na sua globalidade, mas se apenas partirem de indivíduos no seio de uma reunião em geral pacífica, o caráter pacífico da reunião não é, por esse facto, prejudicado no seu todo[614]. No entanto, a reunião torna-se não pacífica quando a direção da reunião ou a maioria dos participantes se solidariza com o comportamento não pacífico de particulares[615].

820. Finalmente, uma reunião também já não é pacífica quando do se verifica uma *ameaça* de evolução violenta e insurrecional, quando, portanto, esta evolução está iminente. No entanto, para tal não constitui um indício suficiente o embuço[616], só por si, de participantes na reunião[617].

821. Exemplos:

Foram considerados como já não estando cobertos pelo art. 8º, n. 1: o apelo a ações ilícitas (VG Köln, *NJW* 1971, 210/211); ações de bloqueio contra a distribuição de jornais (BGH, *NJW* 1972, 1366/1367; *NJW* 1972, 1571/1573); o impedimento de uma reunião por meio de contramanifestações (OVG Saarlouis, *JZ* 1970, 283; cf. também Rühl, *NVwZ* 1988, 577).

3. Reuniões em espaços fechados e ao ar livre

822. A distinção metafórica entre reuniões ao ar livre e reuniões em espaços fechados não é uma distinção arquitetónica, mas uma

---

614 E 69, 315/359 e s.

615 Gusy, MKS, art. 8º, n. m. 24.

616 N. E.: No Brasil, o termo pode ser mais bem entendido como disfarce.

617 Gusy, MKS, art. 8º, n. m. 25; Hoffmann-Riem, *Hdb. GR IV*, § 106, n. m. 59; opinião diferente, Depenheuer, MD, art. 8º, n. m. 86.

distinção social. Ela aplica-se à ameaça e à perigosidade especiais das reuniões que se realizam num espaço em que também há movimentação geral do público. Em virtude do contacto com a movimentação geral do público podem gerar-se tensões e conflitos, que tornam as reuniões especialmente sujeitas a distúrbios e perigosas. Espaços ao ar livre – como ruas e praças públicas – não dispõem, em regra, de delimitações arquitetónicas laterais. Mas também podem ser superfícies em centros comerciais ou aeroportos, se estes estiverem abertos à circulação do público em geral[618]. Para o caso de se encontrarem nas mãos de proprietários privados, isso implica uma limitação dos seus direitos fundamentais, que está em princípio justificada para a realização da liberdade de reunião[619].

823. Esta delimitação espacial não se deve confundir com a delimitação, importante para a aplicação da Lei das Reuniões, entre reuniões *públicas e não públicas*, que se afere apenas pela existência de possibilidade ou não de acesso a qualquer pessoa[620]. Para esta distinção não interessa saber se a reunião está protegida em relação à circulação do público em geral, mas interessa saber se a própria reunião é pública. No caso de reuniões públicas ao ar livre, a publicidade da reunião e a publicidade do público em geral entrechocam-se, podendo precisamente daqui resultar tensões especiais.

4. Alcance da garantia

824. O art. 8º protege a reunião independentemente de saber se ela foi comunicada previamente às autoridades[621]. Modos de conduta protegidos são a organização e a preparação da reunião (envio de convites, publicidade), a escolha do lugar, a hora, o decurso e a orga-

---

618 E 128, 226/255; BGH, *NJW* 2015, 2892/2893; Enders, *JZ* 2011, 577 e s.; Kersten/Meinel, *JZ* 2007, 1127/1131; sobre a admissão temporária ao público, Tribunal Constitucional Federal, *NJW* 2014, 2706/2707.

619 BVerfG, *NJW* 2015, 2485/2485 e s. (= *JK* 3/2016).

620 Gusy, *MKS*, art. 8º, n. m. 60; Kloepfer, *VerfR II*, § 63, n. m. 27.

621 E 69, 315/351; Tribunal Constitucional Federal, *NJW* 2014, 2706/2707 (= *JK* 8/2015).

nização da reunião (por exemplo, emprego de megafones e de alto-falantes)[622]. A liberdade de organização compreende também a decisão sobre a intervenção de oradores e meios de comunicação social. Isto vale também quando o orador de uma comunicação por vídeo não pode ele próprio invocar a liberdade de reunião[623]. Também a instalação de *protest camps* pode estar protegida pela liberdade de reunião, se ela se encontrar numa relação funcional ou simbólica com a finalidade da reunião[624]. Sob o ponto de vista do efeito prévio da liberdade de reunião, que protege por exemplo também a viagem de chegada a uma reunião, aquilo é válido igualmente para acampamentos que servem de alojamento para possibilitar a participação na reunião[625]. A liberdade de escolha do lugar abrange pelo menos todas as áreas públicas em uso comum, e também aquelas em que – embora pelo fim a que se destinam não estejam preparadas para reuniões (como um cemitério) – tem de facto lugar comunicação geral no caso concreto (por exemplo na forma de cerimónia comemorativa)[626]. Além disso, o Tribunal Constitucional Federal estendeu a garantia também àquelas áreas privadas que assumem a função de um espaço público que está aberto à circulação do público em geral[627]. Está também protegida a viagem de chegada e de partida[628], ao e para o lugar de reunião, a orientação e a participação na reunião, independentemente de saber se a participação concorda com o objetivo da reunião ou se tem uma posição crítica em relação a ela. Não está protegido o acesso a uma reunião nem a presença nela, se tanto o primeiro como a segunda

---

622 OVG Berlin-Brandenburg, NVwZ-RR 2009, 370; Gusy, MKS, Art. 8, n. m. 30.

623 OVG Münster, NVwZ 2017, 648/649 e s.

624 OVG Münster, BauR 2017, 533/534 (= JK 6/2017); OVG Hamburg, NVwZ 2017, 1390/1393 e s.; cf. também Hartmann, NVwZ 2018, 200 e s.

625 BVerwGE 160, 169/179 e s. (= JK 9/2018); Jungbluth, NVwZ 2017, 604 e s.; Janz/Peters, NWVBl 2017, 142 e s.; opinião diferente, OVG Münster, NVwZ 2017, 648/649 e s., que, no entanto, não aborda o efeito prévio.

626 Tribunal Constitucional Federal, NJW 2014, 2706/2707 (= JK 8/2015).

627 E, 128, 226/250 e s.; Tribunal Constitucional Federal, NJW 2015, 2485/2486 (= JK 3/2016).

628 Benda, BK, Art. 8, n. m. 35 e s.; Geis, FH, Art. 8, n. m. 35 e s.

ocorrerem com a intenção de impedir a reunião em vez de nela participar[629]. O art. 8º contém também a liberdade de reunião negativa, no sentido de que ninguém pode ser obrigado à participação ou à organização de reuniões[630].

III. Ingerências

825. No art. 8º, n. 1, são referidos dois casos de ingerências: a *obrigatoriedade de comunicação às autoridades competentes e a obrigatoriedade de autorização*. Ingerências claras, juntamente com as suas sanções penais, são também as proibições e dissoluções de reuniões, as imposições de ónus, as exclusões de participantes em concreto, os impedimentos e limitações quando da chegada e da partida[631]. O direito fundamental também pode ser, afinal, afetado por medidas fatuais, que na sua intensidade são iguais a medidas imperativas e que têm um efeito dissuasor, como por exemplo uma comunicação da imprensa a ser entendida como apelo ao boicote[632]. Também em relação à qualidade da ingerência, deve importar o efeito dissuasor: uma vez que também é protegida a liberdade íntima de decisão de participar numa reunião, verificar-se-ia uma ingerência, se o receio do controlo do Estado levasse o cidadão a preferir renunciar ao exercício dos direitos fundamentais[633]. Daí o Tribunal Constitucional Federal ter admitido uma ingerência no caso de "observações e registos excessivos"[634]. Com isto, o essencial não está ainda suficientemente delimitado, porque fica por esclarecer a questão de saber que controlo é "excessivo" e porque também pode haver receio no caso de um controlo "normal". Pelo contrário, devemos admitir

---

629 E 84, 203/209 e s.

630 E, 69, 315/343; opinião diferente, Gusy, *MKS*, Art. 8, n. m. 33; Hoffmann-Riem, *Hdb. GR IV*, § 106, n. m. 81.

631 E 69, 315/349; 87, 399/409; BVerfG, *NVwZ* 2007, 1181.

632 E 140, 225, n. m. 12.

633 E 65, 1/43; no mesmo sentido, Hoffmann-Riem, *Hdb. GR IV*, § 106, n. m. 31; Kloepfer, *VerfR II*, § 63, n. m. 46.

634 E 69, 315/349.

que se verifica uma ingerência, sempre que se trate da observação e da gravação da reunião em si mesma ou dos seus participantes, precisamente nesta qualidade[635].

826. Exemplos:

A observação de um suspeito de delito penal não se transforma em ingerência na liberdade de reunião pelo facto de ele participar numa reunião. O mesmo se passa quando da observação de atividades de determinadas pessoas ou grupos, dirigidas contra a Constituição. Pelo contrário, verifica-se uma ingerência no art. 8º se a observação se aplicar à questão de se a reunião ou a participação nela mesma é em si uma atividade dirigida contra a Constituição ou ilícita por outras razões (Henninger, *DÖV* 1998, 713/715). Também são ingerências as fotografias tiradas pela polícia a reuniões (OVG Lüneburg, *NVwZ-RR* 2016, 98/99 = *JK* 8/2016), bem como o acompanhamento de ambos os lados de uma manifestação por parte de agentes da polícia equipados com a farda de intervenção, com capacete e com cassetete (OVG Bremen, *NVwZ* 1990, 1188/1189) e voos rasantes de aviões de combate por cima de *protest camps*, por causa do seu efeito intimidatório (*BVerwGE* 160, 169/179 f).

IV. Justificação jurídico-constitucional

1. Limites

827. a) A reserva de lei do art. 8º, n. 2 só é válida para as *ingerências específicas das reuniões*. Relativamente às ingerências específicas de opinião nas reuniões, que se encontram protegidas pelo art. 8º em ligação com o art. 5º (cf. n. m. 811), a justificação jurídico-constitucional determina-se nos termos do art. 5º, n. 2[636], com a consequência de a ação contra as reuniões ter de ser neutra do ponto de vista da opinião e não poder ter lugar contra reuniões da direita ou da extrema-direita de

---

635 Bäumler, *JZ* 1986, 469/471; cf. também Depenheuer, *MD*, art. 8º, n. m. 126.

636 Cf. também E 82, 236/258 e s.

modo diferente do que contra reuniões da esquerda e da extrema-esquerda ou reuniões "mainstream"[637-638].

828. O art. 8º, n. 2, contém uma *reserva de lei qualificada*, porque ele se prende com uma situação determinada ("ao ar livre") (cf. n. m. 307)[639]. Dessa reserva faz uso sobretudo a Lei das Reuniões que, no entanto, se aplica em princípio apenas às reuniões públicas, isto é, acessíveis a qualquer pessoa. Outras restrições estão contidas nas leis de polícia e de ordenação, nas leis das zonas interditas a reuniões[640], nas leis dos domingos e feriados[641], nas leis das ruas e caminhos e no direito de circulação rodoviária[642]. Mas o exercício da liberdade de reunião faz parte do uso coletivo da via pública e não fica de modo algum atrás do trânsito rodoviário[643]. Também o direito doméstico cível pode, nos termos do § 903, frase 1, e do § 1004 do Código Civil alemão, representar um limite que, no entanto, para o titular do direito doméstico estatal não justifica ingerências mais amplas do que o direito de reunião[644].

829. b) O art. **17a, n. 1**, contém uma **reserva de lei** (cf. n. m. 709) para os casos de serviço militar e de serviço cívico. O significado especial desta reserva de lei, existente a par do art. 8º, n. 2, reside na possibilidade de regulamentar também reuniões em espaços fechados. A Lei do Serviço Cívico ainda não fez até ao presente qualquer uso des-

---

637 N. T.: "mainstream" é um termo inglês, que se reporta ao pensamento geral, principal ou maioritário da população. O termo reflete o gosto cultural da maioria da população. Trata-se de um termo sobretudo utilizado relativamente às artes em geral (música, literatura etc.). No caso do texto, ele é aplicado às reuniões, certamente no sentido de reuniões que refletem a orientação sociopolítica dominante da opinião pública, como manifestações contra o terrorismo ou contra a poluição.

638 Cf. E 111, 147/154 e s.; BVerfG, NJW 2001, 2069, 2072, 2075, 2076; Dörr, VerwArch 2002, 485; Kloepfer, *VerfR II*, § 63, n. m. 61; Röger, *Versammlungsfreiheit für Neonazis?*, 2004, p. 65 e s.; opinião diferente, E 124, 300/327 e s. (cf. supra n. m. 667 e s.); Hufen, *StR II*, § 30, n. m. 38.

639 Cf. também Stern, *StR IV/1*, p. 1261; opinião diferente, Hufen, *StR II*, § 30, n. m. 22.

640 Cf. Werner, *NVwZ* 2000, 369; Dietrich, *DÖV* 2010, 683.

641 Numa perspetiva crítica, Arndt/Droege, *NVwZ* 2003, 906.

642 V. Mutius, *Jura* 1988, 79/81 e s.

643 Tribunal Constitucional Federal, *NVwZ* 1992, 53 (sobre o art. 5º, n. 1, frase 1, da Lei Fundamental); Dietz, *AöR* 2008, 556.

644 Cf. E 128, 226/262 e s.; numa perspetiva crítica, Enders, *JZ* 2011, 579 e s.

ta autorização. Diferente é a situação no caso de militares. Por exemplo, nos termos do § 15º, n. 3, da Lei Militar, estes não podem participar, em uniforme, em reuniões políticas, isto é, mesmo em reuniões políticas em espaços fechados[645].

830. c) As limitações previstas na Lei das Reuniões para as reuniões em espaços fechados não estão cobertas pela reserva de lei. Estas limitações servem, por um lado, para redefinir na lei ordinária os limites do âmbito de proteção do caráter pacífico e sem armas. Por outro lado, estão justificadas, na medida em que são necessárias para a proteção do **direito constitucional colidente**.

831. Exemplo:

A polícia toma conhecimento de que, possivelmente, uma bomba irá explodir numa reunião pública em espaço fechado. Para não provocar pânico, a polícia dissolve imediatamente a reunião. Esta ação está coberta pelo § 13, n. 1, alínea 2, componente alternativa 2, da Lei das Reuniões ("perigo direto para a vida e para a saúde dos participantes"), que, por seu turno, deve ser considerado como concretização do art. 2º, n. 2, frase 1, que neste sentido colide com o art. 8º, n. 1 (cf. também Gallwas, *JA* 1986, 484/488; Krüger, *DÖV* 1997, 13). Se o caso se passar numa reunião não pública, a cláusula geral do direito policial, que deve ser interpretada em sentido correspondentemente restritivo, serve de fundamento de autorização (v. Coelln, *NVwZ* 2001, 1234).

832. É duvidosa a constitucionalidade da *obrigação de nomeação de um diretor* (§ 7º, n. 1, da Lei das Reuniões). No caso de reuniões de maior dimensão, essa obrigação pode ser justificada com o facto de tais reuniões não se poderem, na realidade, organizar sem um promotor e com o facto de a obrigação de nomeação de um diretor servir deste modo à concretização da própria liberdade de reunião. No entanto, isto não é válido para as concentrações de menor dimensão. Por isso, é inconstitucional a obrigação de nomeação, sem exceção, de um diretor[646].

---

645 Kloepfer, VerfR II, § 63, n. m. 53; opinião diferente, E 57, 29/35 e s.: âmbito de proteção não aplicável.

646 Hoffmann-Riem, Hdb. GR IV, § 106, n. m. 74; opinião diferente, Depenheuer, MD, art. 8º, n. m. 105.

2. Proibição de obrigação de comunicação e proibição de obrigação de autorização

833. A exclusão expressa da comunicação e da autorização prevista no art. 8º, n. 1, representa um limite de limites[647], tal como a proibição de censura (cf. n. m. 649, 710 e s.). Por isso, a Lei das Reuniões não pode transformar a comunicação às autoridades em obrigação, tal como não pode punir o seu incumprimento. Pode simplesmente estatuir uma obrigação de comunicação, cujo cumprimento garante que a polícia tome conhecimento a tempo do projeto de reunião e possa adotar medidas suficientes para a proteção do seu decurso sem atritos e com segurança para o trânsito e, assim, para a proteção da segurança ou ordem pública. No caso de incumprimento da obrigação (de comunicação às autoridades), não há lugar à sanção automática da dissolução. A reunião corre simplesmente o risco de que perigos para a segurança ou ordem pública, que de outra maneira seriam evitáveis, obriguem a polícia à dissolução, por exigência da situação concreta. Foi neste sentido que também o Tribunal Constitucional Federal interpretou a Lei das Reuniões, da Federação, quando declarou inaplicável a dissolução prevista no § 15, n. 3, da Lei das Reuniões como sanção pela falta de comunicação[648]. No caso da manifestação espontânea e da manifestação urgente, o Tribunal Constitucional Federal abdicou[649], em todo o caso, da exigência de uma comunicação (em devido tempo). Deste modo, a Lei Fundamental garante a liberdade de reunião – também licitamente com vista ao princípio do tratamento mais favorável (art. 53º CEDH, n. m. 68) de maneira mais ampla do que a CEDH na interpretação do TEDH, que considera haver uma limitação, absolutamente lícita do disposto no art. 11º da CEDH, nas obrigações de comunicação às autoridades e de autorização cominadas com sanções[650].

834. Esboço de solução do caso 14 (n. m. 805).

---

647 Wege, NVwZ 2005, 900.

648 E 69, 315/350 e s.

649 E 69, 315/350 e s.; 85, 69/74 e s.

650 TEDH, NVwZ-RR 2017, 103/106 (*Kudrevičius u.a./Litauen*).

I. O bloqueio de manifestantes sentados cai no conceito de reunião. É questionável saber se se trata de uma reunião pacífica. Só uma conduta, não apenas de participantes concretos na reunião, que produz efeitos corporais consideráveis e agressivos sobre pessoas e coisas pode conduzir a uma reunião não pacífica. O bloqueio não é nem violento nem insurrecional, mas pacífico. – **II.** Com a imposição da sanção pecuniária, é cometida uma ingerência na liberdade de reunião. É que a proteção deste direito fundamental não termina com a dissolução de uma reunião, mas continua a ter efeitos também num procedimento contraordenacional conexo. – **III.** A condenação apoia-se no § 29, n. 1, al. 2, em ligação com o § 15, n. 2, da Lei das Reuniões, portanto numa lei que preenche constitucionalmente a reserva de lei prevista no art. 8º, n. 2. Mas esta lei também tem de ser aplicada de uma maneira irrepreensível do ponto de vista jurídico-constitucional e ser, simultaneamente, interpretada à luz do significado fundamental do art. 8º, n. 1. Nesta medida, resultam aqui dúvidas do facto de o tribunal de primeira instância ter condenado "P" sem ter controlado a legalidade da ordem de dissolução. Pelo contrário, o tribunal considerou ser suficiente a eficácia desta ordem (sobre esta matéria, cf. § 43 VwVfG) para poder aplicar o § 29º, n. 1, al. 2, e n. 2, da Lei das Reuniões. No entanto, de acordo com a letra do texto e com a sua génese, fica em aberto a questão de saber se é punida apenas a dissolução legal da reunião com sanção pecuniária ou se já é punida a desobediência à ordem eficaz de dissolução, independentemente da sua legalidade. Se quisermos fazer jus à importância do art. 8º, n. 1, devemos fazer uma distinção entre a imposição jurídico-administrativa da ordem de dissolução e a punição posterior do seu incumprimento. A imposição jurídico-administrativa da ordem de dissolução não pode, em virtude da vinculação à situação da decisão, depender da legalidade, se não quisermos postergar para segundo plano a garantia, a prestar pelo Estado, de segurança de outros bens jurídicos. Pelo contrário, a punição da desobediência tem lugar, nos termos do § 29, n. 1, al. 2, e n. 2, da Lei das Reuniões, sempre só após o evento, de modo que é possível um esclarecimento vinculativo da legalidade. Por isso, o § 29, n. 1, al. 2, da Lei das Reuniões deve ser interpretado constitucionalmente, no sentido de apenas se poder impor uma coima no caso do não abandono de uma reunião que já foi legalmente dissolvida. Dado que o tribunal de primeira instância não controlou este aspeto, a sua decisão assenta num desrespeito pelo art. 8º.

835. Bibliografia:

R. Frau, "Versammlungsfreiheit und Privateigentum", *RW* 2016, 625; C. Gröpl/I. Leinebach, "Examensschwerpunkte des Versammlungsrechts", *JA* 2018, 8; W. Höfling/S. Augsberg, "Versammlungsfreiheit, Versammlungsrechtsprechung und Versammlungsgesetzgebung", *ZG* 2006, 151; W. Hoffmann-Riem, "Versammlungsfreiheit", *Hdb. GR IV*, § 106; M. Kloepfer, "Versammlungsfreiheit", *Hdb. StR3 VII*, § 164; S. Kraujuttis, *Versammlungsfreiheit zwischen liberaler Tradition und Funktionalisierung*, 2005; U. Lembke, "Grundfälle zu Art. 8 GG", *JuS* 2005, 984, 1081; C. Trurnit, "Grundfälle zum Versammlungsrecht", *Jura* 2014, 486.

§ 18. LIBERDADE DE ASSOCIAÇÃO EM GERAL E LIBERDADE DE ASSOCIAÇÃO DE TRABALHADORES OU DE EMPREGADORES[651] (ART. 9º)

836. Caso 15. Obrigatoriedade de ser membro da associação de estudantes (segundo o Tribunal Administrativo de Sigmaringen, *DVBl.* 1968, 717).

"E" está matriculado na Universidade de Münster como estudante de direito e paga, quando de cada reinscrição, a quantia de 475,00 euros. Durante o seu curso, vem a saber que uma certa percentagem dessa quantia reverte para o AStA (= *AllgemeinerStudentenausschuss*), como órgão da associação de estudantes. "E" entende que não é membro

---

[651] N. T.: A *Koalitionsfreiheit* de que fala o art. 9º da Lei Fundamental carateriza uma modalidade específica da liberdade de associação, concretamente a liberdade de associação de trabalhadores (individualmente ou em grupo) entre si (a que em Portugal chamamos liberdade sindical – arts. 55º e 56º da CRP) e de patrões (individualmente ou em grupo) entre si (a que chamamos em Portugal liberdade de associação patronal, ainda que não expressamente reconhecida na Constituição portuguesa), com vista à salvaguarda e ao fomento dos seus respetivos interesses.

da associação de estudantes, dado que nunca subscreveu um pedido para ser membro e que, por isso, também não estaria obrigado a pagar aquela quantia. Ser considerado membro sem a sua intervenção não seria compatível com o seu direito fundamental de liberdade de associação em geral, decorrente do art. 9º, n. 1. Terá "E" razão? N. m. **881**.

I. Panorama geral

837. No art. 9º, n. 1, é garantida a liberdade de associação em geral. O art. 9º, n. 3, protege o direito de constituir associações para defesa e promoção das condições de trabalho e das condições económicas (liberdade de associação sindical e patronal), como caso especial da liberdade de associação em geral. O direito fundamental de se constituir em partidos políticos está também garantido pelo art. 9º, n. 1, de modo que estes têm[652] legitimidade para interpor recurso constitucional (cf. n. m. 1297 e s.); de resto, a posição jurídico-constitucional dos partidos políticos determina-se pelo art. 21º; do ponto de vista da lei ordinária, a lei dos partidos políticos é, além disso, *lex specialis* relativamente à lei das associações (cf. também o seu § 2, n. 2). A constituição em comunidades religiosas, nos termos do art. 4º, n. 1, e a constituição em sociedades religiosas como corporações de direito público não está protegida apenas pelo art. 9º, n. 1, mas também pelo art. 140º, em ligação com o art. 137º, n. 5, da Constituição Imperial de Weimar (cf. n. m. 622).

838. A liberdade de associação em geral e a liberdade de associação de trabalhadores ou de empregadores abarcam, ambas, segundo a opinião dominante, por um lado, o *direito à liberdade individual* dos membros da associação e, por outro lado, o *direito à liberdade coletiva* das próprias associações. O art. 9º, n. 3, contém, além disso, segundo jurisprudência constante, uma *garantia de instituto* do sistema dos contratos coletivos de trabalho[653]. Por vezes, procura-se retirar do art. 9º, n. 1, uma correspondente garantia dos institutos jurídicos "associação"

---

652 Streinz, *MKS*, art. 21º, n. m. 32; opinião diferente, Hesse, *VerfR*, n. m. 411; Kunig, *Hdb. StR3* III, § 40 n. m. 90.

653 E 4, 96/104; 44, 322/340.

(*Verein*) e "sociedade" (*Gesellschaft*). Mas como a designação expressa destas associações tem apenas um caráter exemplificativo, esta opinião não é correta. No entanto, o legislador tem de disponibilizar, em geral, formas jurídicas para a formação de agrupamentos[654].

839. O art. 9º, n. 3, não protege apenas contra ingerências por parte do Estado, mas desencadeia *efeitos diretos para terceiros*, mesmo face a afetações por privados. A indicação expressa no art. 9º, n. 3, frase 2, segundo a qual são nulos os acordos que procuram restringir ou impedir a liberdade de associação entre trabalhadores ou entre entidades patronais, e ilegais as medidas a eles dirigidas, reporta-se a todos os acordos de direito privado ou de direito do trabalho, incluindo os contratos coletivos de trabalho. Em especial, também estão a eles vinculadas as próprias associações entre trabalhadores ou empregadores.

II. Âmbitos de proteção

1. Liberdade de associação em geral

a) Conceito

840. O art. 9º, n. 1, fala de associações (*Vereine*) e sociedades (*Gesellschaften*). O **conceito de associação** é descrito no § 2º, *n. 1, da Lei das Associações*, em sentido amplo e abrangendo também o conceito de sociedade, como "associação (*Vereinigung*) em que se constituiu voluntariamente uma pluralidade de pessoas singulares ou de pessoas coletivas, por um tempo alargado, para a prossecução de um fim comum e sujeitando-se a uma formação da vontade de forma organizada". Também o art. 9º, n. 2, equipara o *Verein* (associação), no sentido do § 2, n. 1, da Lei das Associações, à *Vereinigung*.

841. Reconhece-se que esta ampla definição delimita de uma maneira *exata* o objeto de proteção do art. 9º, n. 1. As normas de direito civil relativas às associações e às sociedades não são determinantes para

---

[654] *E* 50, 290/355; numa perspetiva crítica, Ziekow, *Hdb. GR IV*, § 107, n. m. 40, 42, 44; Kemper, *MKS*, art. 9º, n. m. 10 e s.

o objeto de proteção do art. 9º, n. 1; a sua menção constitui apenas uma enumeração exemplificativa, que visa tornar claro que é garantida uma ampla proteção da liberdade. Essa proteção abarca "todo o espetro do associativismo, desde a comissão de moradores sem uma estrutura interna fixa, até à associação de cúpula altamente agregada"[655]. – Em concreto, são constitutivos de uma associação os seguintes elementos:

842. O agrupamento verifica-se *voluntariamente*. Os agrupamentos forçados não gozam da proteção jurídico-fundamental do art. 9º, n. 1 (relativamente à liberdade de associação negativa do particular face a agrupamentos forçados, cf. n. m. 848 e s.). Também os agrupamentos de direito público estão excluídos do âmbito de proteção do art. 9º, n. 1[656]. Estes só podem ser constituídos por ato de autoridade do Estado, portanto com base no direito público reservado ao Estado como direito especial. Os privados não se podem constituir voluntariamente em associações de direito público.

843. O agrupamento serve um *fim comum*. Este fim pode ser determinado de uma maneira absolutamente livre, referir-se a desporto, arte, política, beneficência, convivência, etc. Não é posto em perigo pelo facto de entre os membros haver, a par de um consenso sobre o fim principal, diferentes conceções acerca de fins secundários.

844. O agrupamento reúne duas[657] ou mais pessoas singulares ou coletivas com uma certa *estabilidade temporal e orgânica*. Esta estabelece-se pelo facto de se verificar uma formação da vontade comum, que segue regras escritas ou não escritas[658].

845. Exemplos:

Associações, no sentido do art. 9º, n. 1, são, entre outras, sociedades comerciais e de capitais, consórcios e *holdings*. Não constituem associações a sociedade unipessoal de responsabilidade limitada e a fundação, uma vez que não assentam num agrupamento de pessoas

---

655   Rinken, AK, art. 9º, n. 1, n. m. 46.

656   E 10, 89/102; 38, 281/ 297 e s.

657   Bauer, DR, art. 9, n. m. 39; Höfling, SA, art. 9, n. m. 11, Ziekow, *Hdb.GR IV*, § 107, n. m. 18.

658   Cf. Michael/Morlok, GR, n. m. 294; Ziekow, *Hdb.GR IV*, § 107, n. m. 25.

(cf. *BVerwGE* 106, 177/181). Os cartéis, em que apenas se combinam estratégias de mercado, não são ainda associações; eles apenas o serão com agrupamento orgânico.

b) O art. 9º, n. 1, como direito fundamental individual

846. De acordo com a sua letra, o art. 9º, n. 1, protege a *constituição* de associações e sociedades. Este é o direito do particular de se unir a outros e de fundar associações, e compreende a decisão sobre o momento da constituição, o fim, a forma jurídica, o nome, os estatutos e a sede da associação (a chamada autonomia de associação).

847. Se no art. 9º, n. 1, não se garantisse mais que a possibilidade de constituição livre de associações, haveria o perigo de a proteção da liberdade de associação se esvaziar. Por isso, reconhece-se que o art. 9º, n. 1, também protege a *adesão* a uma associação já existente, a *atividade* na e com a associação e a *permanência* (a chamada liberdade de associação positiva), bem como, de forma correspondente, o direito a *não participar*[659] e a *sair dela* (a chamada liberdade de associação negativa), pelo menos na medida em que se trate de associações de direito privado.

848. Enquanto a liberdade de associação prevista no art. 11º da CEDH também protege a liberdade negativa de não ser obrigado a entrar para uma associação[660], isso é discutível, relativamente ao art. 9º, n. 1, a respeito de associações de adesão obrigatória de direito público, por exemplo ordens dos advogados e ordens dos médicos, câmaras de artífices, câmaras de indústria e câmaras de comércio, e cooperativas de caça. A jurisprudência considera o âmbito de proteção do art. 9º, n. 1, como não aplicável neste domínio e afere a admissibilidade da obrigatoriedade de ser membro exclusivamente pelo art. 2º, n. 1[661]. Simultaneamente, estes tribunais consideram, mesmo assim, que o particular, enquanto membro obrigatório de uma associação de

---

659 E 10, 89/102; 50, 290/354; 123, 186/237.

660 TEDH, n. 23646/09, n. m. 51 (*Geotech Kancev GmbH/Deutschland*).

661 E 10, 89/102; 15, 235/239; 38, 281/297 e s.; E 146, 164, n. m. 78 e s. (= JK 12/2017).

direito público, está protegido contra o facto de esta ultrapassar o seu domínio de funções[662].

849. Esta ideia é *fundamentada*, além da história da origem, com o conceito de associação (*Vereinigung*), que protege apenas associações de direito privado. Dado que o particular não pode fazer deduzir do art. 9º, n. 1, um direito de se constituir com outros numa associação de direito público, também não estaria, ao invés, abrangido pelo art. 9º, n. 1, o direito de não aderir a tais associações[663].

850. Este argumento *a contrario* é errado[664]. Embora seja verdade que aos privados não assiste um direito à liberdade de associação positiva em corporações de direito público, a não adesão não significa por maioria de razão um recurso, impossível para o privado, a formas de conformação de direito público. Pelo contrário, trata-se, neste sentido, da função jurídico-fundamental clássica: a defesa contra um ato de coação do Estado. Do ponto de vista histórico, a liberdade de associação em geral dirige-se precisamente também contra agrupamentos obrigatórios de poder público, como por exemplo as corporações de artesãos[665]. Esta função de proteção também é reconhecida pela doutrina dominante, que obriga o art. 9º, n. 1, mesmo assim, a proteger contra os agrupamentos obrigatórios de direito privado[666]. Mas se o art. 9º, n. 1, protege contra a obrigatoriedade de associação, não pode fazer qualquer diferença se um privado se defende contra a obrigatoriedade de ser membro em associações de direito privado ou em associações de direito público[667]. De acordo com tudo o que ficou dito, a liberdade negativa de associação também protege o particular contra a coação do Estado para se tornar membro de uma associação de direito público e de nela se manter.

---

662 E 78, 320/330 e s.; BVerwGE 112, 69/72; Messerschmidt, *VerwArch* 1990, 55/74 e s.

663 Epping, *GrundR*, n. m. 885; Merten, *Hdb. StR3* VII, § 165, n. m. 62 e s.; Kemper, *MKS*, art. 9º, n. m. 59; Kloepfer, *VerfR II*, § 64, n. m. 19 e s.; Ziekow, *Hdb.GR IV*, § 107, n. m. 33 e s.

664 Bauer, *DR*, art. 9º, n. m. 47; Höfling, *SA*, art. 9º, n. m. 22.

665 Cf. F. Müller, *Korporation und Assoziation*, 1965, p. 231 e s.

666 BVerfG, *NJW* 2001, 2617; *BGHZ* 130, 243.

667 Schöbener, *VerwArch* 2000, 374/402 e s.; Murswiek, *JuS* 1992, 116/118 e s.

c) O art. 9º, n. 1, como direito à liberdade coletiva

851. A par das garantias indicadas para os membros associativos em concreto, o Tribunal Constitucional Federal vê, em jurisprudência constante[668], também as *próprias associações*, a sua formação e existência, como estando protegidas pelo art. 9º, n. 1. O Tribunal invoca o aspeto da efetividade da proteção jurídico-fundamental, que só estará plenamente garantida no caso de inclusão também das próprias associações. Mas a questão de saber em que proporção as associações estão legitimadas jurídico-fundamentalmente está regulada de uma maneira especial e definitiva no art. 19º, n. 3, e a construção dogmática do "direito fundamental duplo" da liberdade de associação individual e coletiva não se articula com o art. 19º, n. 3[669].

852. A liberdade de associação coletiva visa abarcar a *existência* e a *capacidade de funcionamento* das associações. Disso faz parte, para o interior, a "autodeterminação sobre a organização própria, o procedimento da sua formação da vontade e a condução dos seus negócios"[670]. Discutível é saber até onde vai, para o exterior, a liberdade de associação coletiva e se ela protege *toda* a atividade associativa[671]. O Tribunal Constitucional Federal só considera estar protegido um "domínio nuclear da existência e da atividade da associação"[672], no qual inclui o uso do nome[673] e a autoimagem eficiente do ponto de vista publicitário[674]; só no domínio nuclear é que se trata da existência e da capacidade de funcionamento da associação. No entanto, se uma associação intervier nos negócios jurídicos como qualquer pessoa, o Tribunal Constitucional Federal considera que esta intervenção está protegida não pelo art. 9º,

---

668 E 13, 174/175; 80, 244/253; 124, 25/34.

669 Cf. W. Schmidt, in: FS Mallmann, 1978, p. 233; Isensee, *Hdb. StR3 IX*, § 199, n. m. 107 e s.

670 E 50, 290/354.

671 Cf. Kluth, *FH*, art. 9º, n. m. 74 e s.

672 E 80, 244/253.

673 E 30, 227/241.

674 E 84, 372/378.

n. 1, mas pelo direito fundamental específico da intervenção[675]; no fundo, isto corresponde à perspetiva que considera que a atividade da associação apenas está protegida nos termos do art. 19º, n. 3, em ligação com o direito fundamental aplicável à respetiva atividade.

2. Liberdade de associação de trabalhadores ou de empregadores

853. a) A declaração do art. 9º, n. 3, frase 1, em relação ao **conceito de associação de trabalhadores ou de empregadores**, limita-se à descrição do fim da associação, ou seja, à defesa e promoção das condições de trabalho e das condições económicas[676]; de resto, tem de se tratar de uma associação (cf. n. m. 840 e s.). *Condições de trabalho* são condições que se referem às próprias circunstâncias de trabalho, por exemplo salário, horário de trabalho, proteção do trabalho, férias. As *condições económicas* têm, para além disso, um caráter político-económico e político-social, como por exemplo medidas para a redução do desemprego, introdução de novas tecnologias, questões conjunturais. Ambos os objetivos têm de ser perseguidos *em conjunto*, isto é, não apenas de modo alternativo. Por isso, associações puramente económicas, que não tomam em conta as condições de trabalho, como por exemplo cartéis, cooperativas de consumo e associações de consumidores, não gozam da proteção do art. 9º, n. 3.

854. No entanto, de acordo com o entendimento geral, o conceito de associação de trabalhadores ou de empregadores não é definido apenas pela determinação do fim. Pelo contrário, as associações têm de apresentar ainda *outras caraterísticas* para poderem ser consideradas como associação de trabalhadores ou de empregadores. É amplamente reconhecido que uma associação de trabalhadores ou de empregadores pressupõe, em todo o caso, a *liberdade de escolha dos adversários* – exclusividade ou de trabalhadores ou de empregadores como membros[677] –, *indepen-*

---

675 BVerfG, NJW 2000, 1251; NVwZ 2015, 612/612 e s.

676 Sobre o *background* histórico-constitucional da formulação, Poscher, RdA 2017, 235.

677 Numa perspetiva crítica, Kluth, *FH*, art. 9º, n. m. 162.

dência em face do adversário – autonomia económica em face do adversário – e *supraempresariabilidade*[678]. Só quando estes pressupostos estiverem satisfeitos é que uma associação pode alcançar a força para se impor em face do adversário social, de modo a ficar em posição para trabalhar efetiva e duradouramente para atingir as condições de trabalho e as condições económicas referidas no art. 9º, n. 3 e para se afirmar quando da negociação e da assinatura de um acordo coletivo de trabalho; no entanto, neste caso, não são necessariamente exigidas a capacidade para chegar a acordos coletivos de trabalho e a prontidão para a luta laboral[679].

855. Exemplos:

Associações sindicais e patronais são as associações profissionais dos trabalhadores ou dos empregadores (sindicatos ou associações patronais), bem como as suas organizações de cúpula, a Confederação dos Sindicatos Alemães e a Confederação Federal das Associações Patronais Alemãs (cf. § 2º, n. 2, do TVG). As diferentes associações estão em regra organizadas segundo o princípio da associação industrial, isto é, exercem uma atividade apenas num determinado ramo da economia ou da indústria (*IG Metall, IG Chemie* etc); mas também é admissível uma estrutura associativa constituída segundo grupos profissionais, como é o caso do Sindicato Alemão dos Contratados da Função Pública (DAG).

856. b) O art. 9º, n. 3, concede ao trabalhador ou ao empregador em concreto o **direito fundamental individual** de constituir associações de trabalhadores ou de empregadores, isto é, de se constituírem numa associação de trabalhadores entre si ou numa associação de empregadores entre si. Isto aplica-se a todas as pessoas e a todas as profissões, por exemplo também aos funcionários públicos (§ 57 BRRG), aos juízes (§ 46 DRiG), aos militares (§ 6, frase 1 SG). Para além de uma autonomia de associação de trabalhadores ou de empregadores, correspondente à autonomia de associação em geral (cf. n. m. 846), são protegidas pelo art. 9º, n. 3, as mesmas formas de agir, numa perspetiva posi-

---

678 Cf. E 50, 290/368; 58, 233/247; Bauer, *DR*, art. 9º, n. m. 76 e s.; opinião diferente, Kemper, *MKS*, art. 9º, n. m. 102 e s.: apenas independência em face do adversário.

679 E 18, 18/32; 58, 233/249 e s.; BVerfG, NJW 1995, 3377.

tiva e negativa, como no caso da liberdade de associação em geral (cf. n. m. 847). Em virtude da referência ao fim da associação de trabalhadores ou de empregadores, é, além disso, reconhecida, em geral, a proteção da atividade específica conforme à respetiva associação (cf. n. m. 858).

857. c) Tal como no art. 9º, n. 1, surge também aqui, segundo a opinião dominante, a **liberdade coletiva** a par da liberdade individual: a proteção da existência da associação de trabalhadores ou de empregadores e o seu direito de prosseguir, por meio da atividade específica conforme à respetiva associação, os fins referidos no art. 9º, n. 3[680]. Tal como no art. 9º, n. 1, também no art. 9º, n. 3, a admissão de uma liberdade coletiva independente está exposta à objeção constante do art. 19º, n. 3 (cf. n. m. 851); no entanto, com a luta laboral está, ainda assim, referido expressamente no art. 9º n. 3, frase 3, um exercício da liberdade coletiva específico da respetiva associação. Tal como no caso do art. 9º, n. 1, também no caso do art. 9º, n. 3, o Tribunal Constitucional Federal considerou, durante muito tempo, como estando protegida a liberdade de atuação apenas num "domínio nuclear", mas entretanto abandonou esta limitação ao domínio nuclear[681].

858. A liberdade de associação coletiva de trabalhadores ou de empregadores significa sobretudo a negociação e a celebração de *contratos coletivos*, nos quais é regulado autonomamente, em especial, o salário e as demais condições materiais de trabalho, como por exemplo a duração do trabalho e as férias[682]. Da atividade específica da respetiva associação fazem parte, além disso, em especial, a publicidade a favor da associação[683], o aconselhamento e a representação em juízo dos membros[684], a manutenção da disciplina associativa[685], a participação na co-

---

680   E 93, 352/357 e s.

681   E 93, 352/358 e s.

682   E 94, 268/283; 100, 271/282; 103, 293/304; 146, 71, n. m. 131 (= JK 10/2017).

683   E 57, 220/245 e s.; 93, 352/357 e s.

684   E 88, 5/15.

685   E 100, 214/221.

gestão empresarial[686] e as medidas de luta laboral[687]. No entanto, a referência à promoção e à defesa das condições de trabalho e às condições económicas levou a jurisprudência e a doutrina dominante a considerarem como não protegida pelo art. 9º, n. 3, a greve política (não indiretamente dirigida ao parceiro do acordo coletivo), a greve de solidariedade, a greve de simpatia e a greve selvagem (não conduzida por uma associação de trabalhadores)[688].

859. Exemplos:

Os meios de luta laboral da parte dos trabalhadores são a greve, isto é, a suspensão do trabalho, levada a cabo de uma maneira comum e sistemática por uma maioria de trabalhadores (*BAGE* 1, 291/304), o boicote, os bloqueios e as ocupações de empresa. – Os meios de luta laboral da parte dos empregadores são, em especial, o *lock out*, isto é, o impedimento sistemático de laboração da maioria de trabalhadores, sendo que em todo o caso o *lock out* defensivo e suspensivo é considerado como estando protegido do ponto de vista específico da respetiva associação patronal e, assim, jurídico-constitucionalmente (*E* 84, 212/225).

III. Ingerências

1. Ingerências na liberdade de associação em geral

860. Desde o estádio da criação até ao estádio da dissolução, são concebíveis afetações por parte do Estado à liberdade de associação. Mas não constituem ingerências as normas que estabelecem os tipos das associações (OHG, AG, etc.). Como conformações que são (cf. n. m. 147 e s.) , elas não dificultam a constituição de uma associação, mas irão permitir o exercício da liberdade de associação sob determinadas formas jurídicas que, na sua expressão legal ordinária, não são abrangi-

---

686 *E* 50, 290/372.

687 *E* 84, 212/225; 92, 365/393 e s.; 148, 296, n. m. 116 (= *JK* 10/2018).

688 Stern, *StR* IV/1, p. 2059 e s.; em geral, neste sentido também Bertke, *Zur Zulässigkeit von Sympathiestreiks*, 2014, p. 95 e s.

das pelo âmbito de proteção[689]. Pelo contrário, reduções deste acervo de normas podem ser tematizadas como ingerência (n. m. 147 e s.).

861. **Exemplos de ingerências:** Proibição da criação de uma associação (*Verein*); controlo preventivo (BVerfG, *NVwZ*. 2003, 855 e s.), especialmente por meio de um sistema de concessão (cf. v. Münch, *BK*, art. 9º, n. m. 44); fazer depender os estatutos da associação de uma autorização administrativa; impedimento da adesão ou da permanência na associação, por parte do Estado; agravamento da publicidade para angariação de membros; proibição de uma associação.

Exemplos de conformações:
Regras de capital mínimo e obrigações de inscrição no registo das associações e no registo comercial.

2. Ingerências na liberdade de associação de trabalhadores ou de empregadores

862. A liberdade de associação de trabalhadores ou de empregadores está protegida não só contra afetações do Estado, mas o art. 9º, n. 3, frase 2, proíbe expressamente também a *terceiros* a prática de ingerências na liberdade de associação de trabalhadores ou de empregadores; a norma desenvolve, portanto, efeito imediato para terceiros (cf. n. m. 111, 236). O direito não estabelece quaisquer ingerências, na medida em que põe à disposição das atividades reciprocamente contrárias das associações de trabalhadores ou de empregadores o quadro e as formas em que elas podem realizar a ordem autónoma da vida laboral.

863. **Exemplos** de ingerências na liberdade *individual* de associação de trabalhadores ou de empregadores: o impedimento, por parte de um empregador, da adesão ou da permanência num sindicato; daí decorre a inadmissibilidade de um despedimento em virtude da adesão a um sindicato e a nulidade de uma promessa de sair de um sindicato. Exercício de coação para a saída ou para a adesão, por meio de um tratamento discriminatório em virtude da pertença ou não pertença a um sindicato; são, por isso, inadmissíveis cláusulas do contrato coletivo de

---

689 Cf. BVerfG, NJW 2001, 2617; numa perspetiva crítica, Kluth, FH, art. 9º, n. m. 91 e s.

trabalho que obriguem os empregadores a empregar ou a continuar a dar trabalho só a trabalhadores inscritos em sindicatos (as chamadas cláusulas de organização ou de *lock out*) ou, no caso de garantia de prestações, a fazer uma distinção entre trabalhadores inscritos e trabalhadores não inscritos em sindicatos (as chamadas cláusulas de diferenciação; cf. *BAGE* 20, 175/218 e s.; Scholz, *MD*, art. 9º, n. m. 231). A chamada regulação da fidelidade tarifária, segundo a qual um empresário só recebe uma encomenda se remunerar os seus trabalhadores de acordo com as tabelas remuneratórias vigentes, não representa uma coação para a adesão (*E* 116, 202/217 e s.). – Exemplos de ingerências na liberdade *coletiva* de associação de trabalhadores ou de empregadores: preterição de uma convenção coletiva de trabalho de um sindicato minoritário pela convenção coletiva de um sindicato maioritário, com o fim de assegurar a uniformidade salarial numa empresa (*E* 146, 71, n. m. 134 e s. = *JK* 10/2017); a atribuição às corporações de direito público, nos termos do art. 9º, n. 3, com obrigatoriedade de ser membro (as chamadas câmaras de trabalhadores que defendem os interesses dos trabalhadores no aspeto económico, social e cultural; cf. *E* 38, 281/302), das funções que incumbem às associações de trabalhadores ou de empregadores; conciliação coativa do Estado de um conflito laboral (*E* 18, 18/30; *BAGE* 12, 184/190); limitação do *lock out* (*E* 84, 212/223 e s.) e do direito à greve (*E* 148, 296, n. m. 141). Não há uma ingerência na liberdade de associação profissional negativa nas chamadas cláusulas de diferenciação, com as quais os sindicatos negoceiam, em contratos coletivos, pagamentos especiais para os seus membros, enquanto esses pagamentos fornecerem simplesmente um incentivo para a condição de membro do sindicato (TCF, *NZA* 2019, 112 e s.).

IV. Justificação jurídico-constitucional

1. Liberdade de associação em geral

a) Art. 9º, n. 2

864. A liberdade de associação em geral, prevista no art. 9º, n. 1, não se encontra expressamente sob reserva de lei; no entanto, no art. 9º, n. 2, está contida a *proibição de determinadas associações*. A expressão "são proibidas" permite em si presumir que as associações referidas no art. 9º, n. 2, saem já do âmbito de proteção, tal como no caso do art. 8º, n. 1, as reuniões não pacíficas e com armas[690].

865. Ao invés, o art. 9º, n. 2, é considerado, segundo a opinião dominante, como *justificação* jurídico-constitucional *de uma ingerência*[691]. Verifica-se um consenso no sentido de que para a proibição de uma associação são necessárias, por razões de Estado de direito, determinadas regulações procedimentais e de competência, e de que as proibições expressas nestes procedimentos pelos órgãos competentes adquirem efeito constitutivo[692]. Com isso se conjuga a regulação infrajurídico-constitucional do § 3º, n. 1, frase 1, da Lei das Associações, segundo a qual as associações só podem ser tratadas como estando proibidas, se isto for determinado por um ato das autoridades de proibição, no qual se ordene a dissolução da associação. No fundo, o art. 9º, n. 2, é, pois, uma reserva de lei qualificada.

866. Os *fundamentos de proibição* estão enumerados exaustivamente no art. 9º, n. 2, isto é, não é possível uma proibição por outros motivos diferentes:

867. **aa)** São proibidas as associações cujos fins ou cuja atividade violam as **leis penais**. Por leis penais entendem-se apenas as leis penais em geral, isto é, as normas penais que não constituem um direito penal especial dirigido contra a liberdade de associação[693]. Se não fizermos esta limitação às leis penais em geral, o art. 9º, n. 1, fica à disposição do legislador.

868. No entanto, há no Código Penal normas que penalizam atividades, que seriam permitidas noutras situações, apenas pelo facto de serem exercidas em comum por várias pessoas, ou que tomam em

---

690 Questão deixada em aberto *in* E 80, 244/254.

691 E 149, 160, n. m. 100 (= JK 7/2019); Höfling, *SA*, Art. 9, n. m. 40 e s.; Ziekow, *Hdb.GR IV*, § 107, n. m. 57 e s.

692 Kluth, *FH*, art. 9, n. m. 108; v. Münch, *BK*, art. 9º, n. m. 77; Scholz, *MD*, art. 9º, n. m. 132.

693 Löwer, *MüK*, art. 9º, n. m. 48; Stern, *StR IV/1*, p. 1348; opinião diferente, Merten, *Hdb. StR3* VII, § 165, n. m. 77.

conta o exercício coletivo de uma forma penalmente agravante (por exemplo, §§ 121, 129, 129a, 250, n. 1, al. 2, 253, n. 4, 284, n. 2 StGB). Isto não é problemático enquanto a norma de direito penal visar a especial perigosidade desse exercício em comum, independentemente do facto de por trás deste (exercício) estar ou não uma associação. Para os §§ 129 e 129a do StGB é válido o princípio segundo o qual é punida a constituição de associações em ligação com os elementos de previsão desqualificantes do art. 9º, n. 2[694].

869. *bb)* São proibidas as associações que se orientam contra a **ordem constitucional**. Em virtude da afinidade material com o art. 18º, frase 1, e com o art. 21º, n. 2, frase 1, o conceito de "ordem constitucional" constante do art. 9º, n. 2, deve, diferentemente do constante no art. 2º, n. 1, (cf. n. m. 460), ser equiparado ao de "ordem fundamental democrática e livre"[695] e abrange apenas os "princípios elementares da Constituição, nomeadamente a dignidade humana, nos termos do art. 1º, n. 1, da Lei Fundamental, o princípio democrático e o princípio do Estado de direito"[696].

870. cc) São proibidas associações que se orientem contra a ideia de **entendimento entre os povos**, especialmente quando elas propagam a inferioridade de determinadas raças, povos ou nações.

871. O pressuposto de uma proibição de associação, nos termos do art. 9º, n. 2, é sempre o facto de a associação se *"orientar"* contra os referidos bens jurídicos. Tal como consta do art. 18º, frase 1, e do art. 21º, n. 2, é exigível para este fim uma *"atitude combativa e agressiva"*[697]. Portanto, não é suficiente a simples crítica ou recusa dos bens jurídicos enumerados no art. 9º, n. 2. Diferentemente do art. 21º, n. 2, o art. 9º, n. 2, não exige, porém, que parta da associação (*Verein*) um perigo concreto para o sistema político liberal e democrático. O Tribunal Constitu-

---

694 Löwer, *MüK*, art. 9º, n. m. 48.

695 BVerwG, *E* 134, 275/292 e s.; Maurer, *StR*, § 23, n. m. 8; numa perspetiva crítica, Kluth, *FH*, art. 9º, n. m. 105.

696 *E* 149, 160, n. m. 107 (= *JK* 7/2019); para a determinação mais pormenorizada dos princípios, *E* 144, 20, n. m. 528 e s.

697 *E* 5, 85/141.

cional Federal considera que a diferença se funda na letra do texto – "ter a intenção de" *versus* "orientar"[698]. Mas também o mero "estar orientado" para fins hostis à Constituição pressupõe uma atitude combativa e agressiva, que ultrapassa o ter e o manifestar opiniões hostis à Constituição protegidos pelo art. 5º, n. 1[699]. Quando se trate de uma conduta combativo-agressiva de *membros concretos*, importará saber se esta conduta é imputável à associação, por exemplo por a maioria dos membros aprovarem esta conduta ou a consentir sem oposição[700]. A associação não tem de perseguir ela própria diretamente os fins incriminados. Basta que ela apoie outra associação que viole diretamente o art. 9º, n. 2[701].

b) Direito constitucional colidente

872. As colisões surgem, por um lado, no próprio art. 9º, n. 1; especialmente as liberdades de associação individual e coletiva podem entrar em conflito entre si. Por outro lado, há conflitos com o direito constitucional fora do art. 9º, n. 1, se o âmbito de proteção da liberdade de associação for entendido de uma maneira tão ampla que também fique protegida a atividade da associação (cf. n. m. 852).

873. Exemplo:

A associação de reclusos, que exerce uma atividade não só cultural e desportiva, mas também uma atividade pela qual se desenvolvem e ensinam técnicas de fuga, está, com esta atividade, e numa interpretação ampla do âmbito de proteção, protegida, por agora, pelo art. 9º, n. 1. A ingerência existente na proibição desta atividade deve ser posteriormente justificada pelo direito constitucional colidente: pelo art. 103º, n. 2 e 3, e pelo art. 104º, dos quais se pode deduzir o reconhecimento jurídico-constitucional da execução penal. O que é decisivo neste caso é o facto de a limitação da atividade associativa ser necessária

---

698 E 149, 160, n. m. 108 e s. (= JK 7/2019).

699 E 149, 160, n. m. 114 (= JK 7/2019).

700 BVerwGE 80, 299/306 e s.

701 E 149, 160, n. m. 112 (= JK 7/2019).

para a existência e para a capacidade de funcionamento da execução penal (cf. Schneider, *in: FS Klug*, 1983, p. 597).

c) Limite de limites

873a. No caso de existir uma previsão de proibição, nos termos do art. 9º, n. 2, a proibição de associação não se encontra nem no poder discricionário do legislador nem do poder executivo[702]. As associações devem ser proibidas. Mas também à proibição da associação se aplica o princípio da proporcionalidade[703]. Se estiverem à disposição meios mais suaves, como por exemplo a proibição de algumas atividades subordinadas, seria inconstitucional uma proibição da associação.

2. Liberdade de associação de trabalhadores ou de empregadores

874. **a)** É discutível se a autorização de ingerência do **art. 9º, n. 2**, também é aplicável à liberdade de associação de trabalhadores ou de empregadores. Esta questão é, em parte, negada com referência à posição sistemática do n. 2, *depois* da liberdade de associação, mas *antes* da liberdade de associação de trabalhadores ou de empregadores, e na comparação sistemática com o art. 5º, onde reconhecidamente (cf. n. m. 740) os limites regulados no n. 2 só se aplicam ao n. 1, mas não ao n. 3[704]. Mas é aceite pela opinião dominante, visto que a origem histórica e a relação sistemática entre o art. 9º e o art. 21º demonstram que a liberdade de associação de trabalhadores ou de empregadores não pode estar mais amplamente protegida que a liberdade dos partidos políticos.

875. No fundo, a discussão *não tem importância*. Uma associação de trabalhadores ou de empregadores que estabelecesse para si os fins do art. 9º, n. 2, já não seria uma associação de trabalhadores ou de empregadores no sentido do art. 9º, n. 3, frase 1. É que os fins do art. 9º, n. 2, e do art. 9º 3, frase 1, são completamente diferentes; a salvaguarda

---

702 E 149, 160, n. m. 101 (= JK 7/2019).

703 E 149, 160, n. m. 99 (= JK 7/2019).

704 Jarass, *JP*, art. 9º, n. m. 52; W. Schmidt, *NJW* 1965, 424/426.

e a promoção das condições de trabalho e das condições económicas não vão, nem como fim nem na execução ativa, contra as leis penais e não se dirigem nem contra a ordem constitucional, nem contra a ideia de aproximação dos povos. Nesta medida, podemos negar a aplicabilidade da autorização de ingerência do art. 9º, n. 2, à liberdade de associação de trabalhadores ou de empregadores, porque esta aplicabilidade não é útil nem faz falta[705].

876. b) As colisões podem surgir novamente no próprio art. 9º, n. 3, quando a liberdade individual e a liberdade coletiva de associação de trabalhadores ou de empregadores produzirem efeitos opostos ou quando a liberdade de associação de uma associação de trabalhadores ou de empregadores entrar em conflito com a liberdade de outra associação. Por isso, o Tribunal Constitucional Federal e o Tribunal Federal do Trabalho (BAG) consideram que os conflitos entre associações de trabalhadores ou de empregadores e a sua conformação pelo legislador ou pelo direito judicial se regem por isso pelo princípio da proporcionalidade[706].

877. Exemplos:
A liberdade de associação individual de membros de um sindicato de serem eleitos para o conselho de empresa é limitada de modo proporcional pela liberdade de associação coletiva do seu sindicato se este, em virtude da manutenção da sua coesão interna e externa, proibir aos seus membros a candidatura numa lista concorrente (*E* 100, 214/223 e s.). É inadmissível uma luta laboral ruinosa, em cujo decurso se proceda de uma maneira difamatória contra outra associação de trabalhadores, ou se tiver em vista a aniquilação do adversário (BAG, *NJW* 1967, 843/845).

878. Além disso, a proteção de bens jurídicos dotados de categoria constitucional pode, segundo os princípios gerais (n. m. 380), legitimar limitações ao art. 9º, n. 3[707]. Todavia, estes bens jurídicos têm de ser fundamentados a partir da Lei Fundamental; não basta a afirmação

---

705 Em termos idênticos, Höfling, SA, art. 9º, n. m. 136.

706 E 84, 212/228 e s.

707 E 94, 268/284; 100, 271/283; 103, 293/306.

de uma "vinculação ao bem comum" das associações profissionais[708]. As limitações têm, além disso, de tomar em conta o art. 11º da CEDH que, no parecer do TEDH, exclui uma proibição de greve geral no serviço público[709].

879. Exemplos:

O Tribunal Constitucional Federal (*E* 148, 296, n. m. 144) considera encontrar-se no art. 33º, n. 5, a justificação para uma proibição geral de greve para funcionários públicos. Com isso, também não se vê obrigado pela jurisprudência do TEDH sobre o art. 11º da CEDH a limitar a proibição de greve a funções exclusivamente de soberania no sentido do art. 33º, n. 4, (n. m. 161); ainda em termos diferentes, *BVerwGE* 149, 117/130 e s. = *JK* 10/2014, sobre o mesmo assunto, Manssen, *Jura* 2015, 835/839 e s.). Em relação à chamada terceira via, que exclui um direito à greve nas instituições eclesiásticas, o BAG (*NZA* 2013, 448/460) vê a justificação no direito das comunidades religiosas à autodeterminação (art. 137º, n. 3, Constituição Imperial de Weimar, em ligação com o art. 140º). Além disso, são inadmissíveis lutas laborais que ponham em perigo a capacidade de funcionamento dos hospitais, dos bombeiros e de outros serviços públicos vitais (cf. art. 2º, n. 2, frase 1). – O art. 33º, n. 4 e 5, não pode justificar só por si a colocação de funcionários públicos em locais de trabalho alvos de greve, durante uma greve (cf. neste sentido, ainda, *BVerwGE* 69, 208/214 e s.; *BAGE* 49, 303); para isso é necessária a regulação da lei (*E* 88, 103/116). – O Tribunal Constitucional Federal justificou a chamada lei da uniformidade salarial, que resolve a relação de acordos coletivos concorrentes no seio de uma empresa a favor do contrato coletivo do sindicato maioritário, com a capacidade de funcionamento do sistema das convenções coletivas, protegido igualmente pelo art. 9º, n. 3, mas exige medidas de proteção contra a negligência unilateral para com os membros de alguns grupos profissionais ou ramos (de atividade), por parte do respetivo sindicato

---

708 Kemper, *MKS*, Art. 9, n. m. 84; opinião diferente, v. Danwitz, *Hdb*, GR V, § 116, n. m. 11 e s.; Scholz, *Hdb. StR3 VIII*, § 175, n. m. 33 e s.

709 TEDH, NZA 2010, 1423/1424 (*Enerji Yapi-Yol Sen/Türkei*).

maioritário (*E* 145, 71, n. m. 166 e s. = *JK* 10/2017). Além disso, o Tribunal não só justificou as cláusulas de distanciamento salarial[710], que a prazo fazem depender os subsídios destinados a medidas de criação de postos de trabalho do acordo de remunerações abaixo do imposto por convenção coletiva, com a obrigação de Estado social que impende sobre o legislador de combater o desemprego (*E* 100, 271/284), como também justificou a proibição de uma campanha sindical de recolha de assinaturas nos gabinetes de trabalho com o desempenho dos cargos, neutro e objetivo do ponto de vista do Estado de direito (BVerfG, *EuGRZ* 2007, 228/231).

880. **c)** O **limite de limites** para ingerências na liberdade de associação de trabalhadores ou de empregadores é constituído pelo art. 9º, n. 3, frase 3, inserido na Lei Fundamental, no contexto da legislação de estado de emergência. Por mais que os bens constitucionais colidentes possam exigir, em estado de emergência, a restrição do direito de luta laboral, o art. 9º, n. 3, frase 3, proíbe-a.

881. **Esboço de solução do caso 15 (n. m. 836).**

I. Pelo âmbito de proteção da liberdade de associação é abrangida não só a liberdade positiva, mas também a liberdade negativa de não aderir a uma associação ou de sair dela. Questionável é saber se "E" pode invocar a sua liberdade de associação negativa, nos termos do art. 9º, n. 1, contra o ser considerado membro da associação de estudantes. A associação de estudantes é uma corporação da universidade constituída por membros, dotada de capacidade jurídica, em que a qualidade de membro é adquirida com a matrícula na universidade (§ 53º, n. 1, frase 2, nwHG). Por isso, "E", na qualidade de estudante matriculado, tornou-se membro da associação académica, como corporação de direito público, mesmo sem apresentar o respetivo pedido. É discutível saber se a liberdade de associação negativa também protege contra associa-

---

710 N. T.: A cláusula de distanciamento salarial é um conceito do direito de assistência social, segundo o qual se deve manter um distanciamento entre a ajuda de pensão alimentar e os salários mais baixos dos segurados, para que o beneficiário da ajuda veja nisso um incentivo a retomar a atividade profissional. A prestação global da assistência social deve ficar abaixo do montante mensal líquido das categorias inferiores.

ções de adesão obrigatória de direito público. De acordo com a jurisprudência, o art. 9º, n. 1, não é neste aspeto aplicável; no entanto, os melhores argumentos vêm a favor da opinião contrária. – **II.** A adesão obrigatória à associação de estudantes por parte dos estudantes matriculados *constitui uma ingerência* na liberdade de associação negativa de "E". – **III.** A *justificação jurídico-constitucional* para esta ingerência é problemática. Não se verifica uma previsão de proibição, nos termos do art. 9º, n. 2. Quando muito, entra em linha de conta uma justificação pelo direito constitucional colidente: embora se possa deduzir do art. 5º, n. 3, um mínimo de direitos de colaboração dos estudantes nos órgãos de administração autónoma da universidade (cf. *E* 35, 79/125), isso não exige necessariamente a associação obrigatória de direito público por parte dos estudantes. A maior parte das funções da associação de estudantes referidas no § 53, n. 2, frase 2, alíneas 1 a 8 do nwHG, ainda nem sequer fazem parte do âmbito de proteção da liberdade científica (por exemplo, interesses económicos, sociais e culturais dos estudantes, promoção do desporto universitário, cultivo das relações estudantis supralocais e internacionais). Na medida em que as funções concretas da associação de estudantes caem no âmbito de proteção do art. 5º, n. 3 (por exemplo, interesses técnicos específicos dos estudantes), é muito questionável saber se para a sua prossecução é necessária a adesão obrigatória ou se não são suficientes associações de direito privado (cf. Damkowski, *DVBl.* 1978, 229; Pieroth, *Störung, Streik und Aussperrung an der Hochschule*, 1976, p. 192 e s.). – Por isso, há boas razões a favor da ideia de que "E" tem razão. Em sentido oposto, a jurisprudência (BVerfG, *DVBl.* 2000, 1179; *BVerwGE* 59, 231/236 e s.; 109, 97/100 e s.) considera que a adesão obrigatória à associação de estudantes é compatível com o art. 2º, n. 1.

882. Bibliografia:

Relativamente ao art. 9º, n. 1. T. Günther/E.B. Franz, "Grundfälle zu Art. 9 GG", *JuS* 2006, 788, 873; D. Merten, "Vereinsfreiheit", *Hdb. StR3 VII*, § 165; N. Nolte/M. Planker, "Vereinigungsfreiheit und Vereinsbetätigung", *Jura* 1993, 635; M. Planker, "Das Vereinsverbot in der verwaltungsgerichtlichen Rechtsprechung", *NVwZ* 1998, 113; T. Schmidt, *Die Freiheit verfassungswidriger Parteien und Vereinigungen*,

1983. – **Relativamente ao art. 9º, n. 3:** W. Hänsle, *Streik und Daseins-vorsorge*, 2016; W. Höfling/C. Burkiczak, "Die unmittelbare Drittwir-kung gem. Art. 9 Abs. 3 S. 2 GG", *RdA* 2004, 263; M. Kittner, "Die Rechtsprechung des Bundesverfassungsgerichts zu Tarifautonomie und Arbeitskampf", *in: FS Jaeger*, 2011, p. 483; K.-H. Ladeur, "Methodische Überlegungen zur gesetzlichen 'Ausgestaltung' der Koalitionsfreiheit", *AöR* 2006, 643; B. Pieroth, "Koalitionsfreiheit, Tarifautonomie und Mi-tbestimmung", *in: FS 50 Jahre BVerfG*, 2001, v. II, p. 293; R. Poscher, "Die Koalitionsfreiheit als ausgestaltungsbedürftiges und ausgestal-tungsfähiges Grundrecht", *RdA* 2017, 235; R. Scholz, "Koalitions-freiheit", *Hdb. StR3 VIII*, § 175; T. v. Danwitz, "Koalitionsfreiheit", *Hdb. GR V*, § 116; J. Ziekow, "Vereinigungsfreiheit", *Hdb.GR IV*, § 107.

§ 19. SIGILO DA CORRESPONDÊNCIA, DO CORREIO E DAS TELECOMUNICAÇÕES (ART. 10º)

883. Caso 16: Colocação em segurança do conteúdo de um apartado[711] **(segundo o acórdão do Tribunal Administrativo Federal, *in: BVerwGE* 79, 110).**

Por ordem do Ministro da Administração Interna, a associação "Movimento Socialista Popular da Alemanha" (*"Volkssozialistische Bewe-gung Deutschlands"*) (*"M"*) é proibida, nos termos do § 3º, n. 1, da Lei das Associações, e os seus bens são apreendidos e confiscados. "M" possuía um apartado nos correios centrais na localidade da sua sede. O presi-dente do respetivo Governo Regional, designado, nos termos do § 5º, n. 1, da Lei das Associações, para a execução da ordem do Ministro da Administração Interna, emite uma ordem de colocação em segurança, nos termos do § 10º, n. 2, da Lei das Associações, segundo a qual os Correios Alemães, S.A., são obrigados a entregar o conteúdo do aparta-do. Será que esta ordem é compatível com o art. 10º? N. m. **910.**

---

711 N. E.: No Brasil, o termo pode ser mais bem entendido como caixa postal.

I. Panorama geral

884. O art. 10º protege a confidencialidade de certos meios de comunicação. Ele contém uma "garantia especial de esfera privada"[712], cuja necessidade resulta do facto de, em virtude d distância espacial e das possibilidades de acesso por terceiros, a privacidade estar neste caso especialmente ameaçada. O art. 10º encontra-se, assim, numa relação estreita com o 13º, n. 1, que protege a esfera privada espacial, e com o direito de personalidade em geral (art. 2º, n. 1, em ligação com o art. 1º, n. 1), que garante em especial a confidencialidade e integridade dos sistemas informáticos (n. m. 450) e que se aplica quando não se efetua uma ingerência no próprio processo de comunicação protegido apenas pelo art. 10º.

885. A distinção entre sigilo de correspondência, do correio e das telecomunicações assenta na evolução histórica das comunicações. O sigilo de correspondência e o sigilo das telecomunicações protegem a transmissão de conteúdos de comunicação, enquanto o sigilo do correio tinha em vista as ameaças especiais por parte dos Correios Federais Alemães estatais. As privatizações e os desenvolvimentos técnicos não põem em dúvida a necessidade de proteção, mas sim a tripartição tradicional. A par dos correios, ou das empresas de economia privada que sucederam aos Correios Federais Alemães, constituídas nos termos do art. 87f, n. 2, frase 1, e do art. 143b, aparecem outros mediadores de comunicação de economia privada que não estão diretamente vinculados aos direitos fundamentais. Por isso, atualmente são deduzidas do art. 10º normas para o aperfeiçoamento do direito das empresas sucessoras e dos outros mediadores de comunicação, segundo as quais estas entidades estão tão obrigadas aos sigilos previstos no art. 10º, n. 1, como o estavam no passado os correios estatais. A ideia condutora é, neste caso, que o Estado não se pode furtar à sua responsabilidade jurídico-fundamental por via das privatizações. Graças ao desenvolvimento técnico, o direito fundamental vê-se perante um desafio, porque,

---

[712] TCF, NJW 2016, 3508/3510.

devido à digitalização, se diluíram em grande parte as fronteiras entre comunicações postais e comunicações telefónicas; o sigilo de correspondência e o sigilo de telecomunicações fundem-se num "sigilo das telecomunicações"[713]. Mas a digitalização torna possíveis não só novas formas de comunicação, mas abre também novas possibilidades de acesso por parte do Estado e, deste modo, novas situações de ameaça jurídico-fundamental. Sobre o pano de fundo de novos desafios para a segurança pública, elas levaram a um renascimento do direito fundamental mesmo na jurisprudência.

886. O art. 10º, n. 2, frase 1, contém uma reserva de lei ordinária. O art. 10º, n. 2, frase 2, não é uma reserva de lei qualificada, no sentido de sujeitar a pressupostos suplementares a autorização para ingerências no âmbito de proteção através de lei. Pelo contrário, autoriza, em certos casos (de proteção da Constituição e do Estado), a ingerências especialmente amplas nos âmbitos de proteção do art. 10º, n. 1.

II. Âmbitos de proteção

1. Sigilo da correspondência

887. O sigilo da correspondência impede o poder público de tomar conhecimento do conteúdo de uma carta ou de outro objeto expedido, que reconhecivelmente transporte uma *mensagem escrita individual*. É certo que no caso de objetos expedidos fechados não é reconhecível se transportam mensagens escritas individuais, mas como poderão transportá-las e se protegem, precisamente pelo facto de seguirem fechados, contra a suscetibilidade de serem reconhecidas e contra a tomada de conhecimento, também eles caem no âmbito de proteção do sigilo da correspondência[714].

888. Exemplos:

Cartas no sentido do art. 10º, n. 1, são, a par das cartas propriamente ditas, também os telegramas, os postais, os pacotes postais e as

---

713 TCF, *NJW* 2016, 3508/3510.

714 Durner, *MD*, art. 10º, n. m. 68, 95; Hermes, *DR*, art. 10º, n. m. 31 e s.

encomendas postais. Pelo contrário, impressos abertos, remessas de jornais e de livros, remessas de mercadorias e de impressos avençados não servem, reconhecivelmente, para o transporte de mensagens escritas individuais (opinião diferente, Michael/Morlok, *GR*, n. m. 322).

889. Do ponto de vista do seu *alcance*, o sigilo da correspondência aplica-se não só ao conteúdo do objeto expedido, mas também ao seu remetente e destinatário e a todas as circunstâncias de transporte, incluindo a identidade do transportador. Como o sigilo da correspondência existe no interesse dos parceiros da comunicação e não das empresas transportadoras enquanto mediadoras da comunicação, as empresas transportadoras não são protegidas[715].

890. O sigilo da correspondência *obriga* não só os órgãos do poder público que, nos termos do art. 87º-F, n. 2, frase 2, e n. 3, prosseguem funções de autoridade no âmbito dos correios; investidos de funções de tutela, eles não têm sequer especial oportunidade e especial motivo para procederem a ingerências. Este sigilo obriga também, e sobretudo, os órgãos que não têm nada a ver com os correios, sobretudo os órgãos de segurança.

2. Sigilo do correio

891. No âmbito de proteção do sigilo do correio caem todas as *remessas transportadas por via postal*, que vão da carta, passando pela remessa de jornais e amostras de produtos, até ao aviso postal, desde a entrega nos correios até à entrega no destinatário. No caso de remessas transportadas por via postal com mensagens escritas individuais, a proteção assegurada pelo sigilo do correio coincide com a proteção assegurada pelo sigilo da correspondência.

892. O sigilo do correio teve especial *importância* enquanto os Correios Federais Alemães tiveram o monopólio do transporte e foram uma instituição do Estado. Quanto mais concorrência de outras empresas privadas tiverem as empresas de direito privado sucessoras dos

---

715 Neste sentido, sobre o sigilo das telecomunicações, *BVerwGE* 162, 178/187; cf. ainda Gusy, *MKS*, Art. 10, n. m. 26; Hermes, *DR*, Art. 10, n. m. 28; Kloepfer, *VerfR II*, § 65, n. m. 17.

Correios Federais Alemães, tanto mais importância perde o sigilo do correio, a par do sigilo da correspondência.

893. Do ponto de vista dos direitos fundamentais, não está justificado que, por via do desfasamento de sentido entre sigilo do correio e sigilo da correspondência, se perca a proteção que o sigilo do correio oferece também aos objetos enviados que *não* transportam ou não poderão transportar *mensagens escritas individuais*. Esta proteção ou tem de ser atribuída ao sigilo de correspondência ou o sigilo do correio tem, em última análise, de ser entendido, não do ponto de vista orgânico, mas do ponto de vista funcional, e redundar a favor de todos os objetos que sejam transportados por via postal ou por via funcionalmente equivalente por outros mediadores de comunicação, os chamados prestadores de serviços postais[716].

894. Do ponto de vista objetivo, também o sigilo do correio se aplica ao conteúdo e às circunstâncias da comunicação. Tal como no caso do sigilo da correspondência (cf. n. m. 889), também aqui o transportador não é protegido, isto é, em especial a *Deutsche Post AG* não pode invocar o art. 10º[717]. Ao invés, a vinculação aos direitos fundamentais por parte da *Deutsche Post AG* regula-se pelas normas gerais da aplicação a entes privados dos direitos fundamentais, diminuindo, portanto, com a transferência das participações da Federação para os privados[718] (cf. n. m. 235), e é complementada pela vinculação a normas legais destinadas à proteção do sigilo do correio, como os §§ 202 e s. do StGB, § 39 do PostG e o § 88 do TKG.

3. Sigilo das telecomunicações

895. O *objeto* do sigilo das telecomunicações são novamente conteúdos e circunstâncias da comunicação individual, por meio das ondas eletromagnéticas, com ou sem fios; não interessa nem o tipo

---

716 Durner, *MD*, art. 10º, n. m. 76 e s.; Gusy, *MKS*, art. 10º, n. m. 55 e s.

717 De modo diferente, ainda *E* 67, 157/172.

718 *BVerwGE* 113, 208/211; v. Arnauld, *DÖV* 1998, 437.

concreto de transmissão, nem a forma de expressão[719]. Está protegida não apenas a comunicação tradicional por telefone, por telegrama ou por rádio, mas também a comunicação digital[720]; no futuro, ter-se-á de perguntar se está protegida não só a comunicação entre humanos, mas também entre máquinas, na medida em que estas transportam conteúdos comunicativos confidenciais[721]. Está protegida a comunicação da qual o próprio Estado tomou conhecimento ou o fez por intermédio de prestadores privados de serviços na qualidade de pessoal auxiliar, mesmo enquanto se faz uso dela em processos de informação e de processamento de dados[722]. É indiferente saber se o equipamento de telecomunicações é acessível ao público ou se, por exemplo enquanto equipamento telefónico ou informático de uma casa particular ou de uma empresa, apenas está acessível a um grupo limitado de utentes[723]. Também é indiferente saber se o meio de comunicação serve também para a comunicação de massas, a par da comunicação individual; com a crescente integração dos *media*, das redes e dos serviços, é inevitável a combinação de formas de comunicação individuais e de massas, e, para a proteção de um processo comunicativo garantida por intermédio do sigilo das telecomunicações, tem de ser suficiente, uma vez mais (cf. n. m. 893), que o processo de comunicação possa veicular uma mensagem individual[724].

896. Está protegido o processo de comunicação, na medida em que ele escapa ao controle dos parceiros de comunicação, em virtude da utilização de um meio de telecomunicação. O art. 10º pretende proteger precisamente contra a vulnerabilidade da confidencialidade da comunicação, que resulta da utilização de um meio de telecomunicação[725]. Disso fazem também parte os dados que chegam, por meio da

---

719 E 115, 166/182; 120, 274/306 e s.; 129, 208/240 e s.

720 E 120, 274/307; 124, 43/54; Grote, *KritV* 1999, 27/39 e s.

721 Marosi/Skobel, *DÖV* 2018, 837/838 e s.

722 E 125, 260/309 e s.; cf. Britz, *JA* 2011, 81.

723 E 125, 260/309 e s.; cf. Britz, *JA* 2011, 81.

724 Gusy, *MKS*, art. 10º, n. m. 64; Hermes, *DR*, art. 10º, n. m. 40; Schoch, *Jura* 2011, 194/195.

725 E 115, 166/183 e s.; 120, 274/307 e s.; 124, 43/54; posição crítica, Schoch, *Jura* 2011, 194/198.

comunicação, às entidades que disponibilizam um meio de comunicação. Isto diz respeito: a) a conteúdos de comunicação armazenados, tal como eles se encontram, por exemplo, em caixas postais eletrónicas armazenadas junto do operador[726]; b) aos chamados metadados sobre parceiros e tempos de comunicação e a outras circunstâncias da comunicação[727]; c) assim como à atribuição de endereços IP dinâmicos, visto que para a sua investigação é necessário recorrer a dados de comunicação[728]. *Não estão protegidas* informações já ocorridas. Diferentemente da apreensão de uma caixa postal eletrónica junto de um operador da *internet*, a apreensão de um disco duro com informações eletrónicas de um parceiro de comunicação não representa uma ingerência no art. 10º[729]. Também não estão protegidas as informações sobre os pressupostos e as circunstâncias da disponibilização de prestações de serviços de comunicação, desde que não permitam identificar determinados processos de comunicação. Diferentemente da atribuição de números de processo às comunicações, o art. 10º, n. 1, não protege, por isso, contra a atribuição de números de ligação a titulares da ligação (neste aspeto protege o art. 2º, n. 1, em ligação com o art. 1º, n. 1)[730]. Como o art. 10º, n. 1, protege especialmente o processo de comunicação, ele também não se aplica quando a localização de uma pessoa é determinada por meio da localização do seu aparelho de comunicação[731].

897. Tal como o sigilo de correspondência e o sigilo do correio (n. m. 889, 894), também o sigilo das telecomunicações não protege os agentes transmissores da comunicação[732]. Também o sigilo das telecomunicações obriga sobretudo os órgãos de segurança; a obrigação

---

726   E 124, 43/54.

727   E 100, 313/359; BVerwGE 161, 76/82 e s.; opinião crítica, desde que os dados sejam tornados anónimos, Gärditz, GSZ 2018, 79/80.

728   E 130, 151/181.

729   E 124, 43/54.

730   E 130, 151/180 e s.

731   Tribunal Constitucional Federal, NJW 2007, 351/353 e s.; posição crítica, Durner, MD, Art. 10, n. m. 89; Schwabenbauer, AöR 2012, 1/22 e s.

732   BVerwG, E 162, 179/187.

da *Deutsche Telekom A.G.* afere-se, tal como a das outras empresas de direito privado que sucederam aos Correios Federais Alemães, pela aplicação a entes privados dos direitos fundamentais e pelas leis de proteção aplicáveis.

III. Ingerências

898. Não só se verificam ingerências no sigilo da correspondência, do correio e das telecomunicações quando o poder público recolhe o conteúdo, mas também quando recolhe os factos e as circunstâncias da comunicação protegida ou os manda recolher ao respetivo intermediário de comunicação e os armazena, utiliza ou transmite a terceiros[733]. As ingerências são afinal impedimentos e proibições do estabelecimento de confidencialidade da comunicação (codificação)[734].

899. Exemplos:

O Ministério Público apreende pacotes postais na estação de distribuição de correio do transportador privado de embalagens postais. O chefe de serviço manda gravar eletronicamente, sem a anuência dos funcionários, todas as conversas de serviço e conversas privadas feitas a partir dos telefones de serviço (opinião diferente, ainda BVerwG, *NVwZ* 1990, 71/73; VGH Mannheim, *VBlBW* 1991, 347). O estatuto dos telégrafos de 1872 proibia a codificação da comunicação privada. – Não se verifica uma ingerência no art. 10º (mas sim no art. 2º, n. 1, em ligação com o art. 1º, n. 1) quando um telemóvel[735] é apreendido e quando são recolhidos os dados relativos às conversas aí armazenados; neste caso, os processos de comunicação já estão concluídos (*E* 115, 166/181 e s.), cf., além disso, já o n. m. 896.

900. É desde sempre discutível a qualidade de ingerência das chamadas *medidas operacionais,* isto é, da tomada de conhecimento por

---

733   E 100, 313/359, 366 e s.; 107, 299/313 e s.; 110, 33/53.

734   Bizer, *AK,* art. 10º, n. m. 41, 71, 76 e s.; Durner, *MD,* art. 10º, n. m. 52 e s., 91; Gerhards, *(Grund-)Recht auf Verschlüsselung?,* 2010, p. 139; opinião diferente, Gusy, *MKS,* art. 10º, n. m. 66; Hermes, *DR,* art. 10º, n. m. 91, 104.

735   N. E.: No Brasil, o termo pode ser mais bem entendido como telefone celular.

parte dos Correios de conteúdos e dados das comunicações que servem para a transmissão da informação e para evitar anomalias de funcionamento.

901. Exemplos:

Separação de objetos expedidos; abertura de objetos expedidos sem remetente e que não puderam ser entregues ao destinatário, para averiguar quem é o remetente ou o destinatário; instalação de um circuito de interceção para identificar o autor de um telefonema anónimo.

902. Em parte, a jurisprudência e a doutrina consideraram as medidas operacionais no seu conjunto não como ingerências, mas como meras limitações ao âmbito de proteção[736]. Embora a instalação de um circuito de interceção sirva para evitar abusos e perturbações, o Tribunal Constitucional Federal qualificou-a, expressamente, não como uma limitação ao âmbito de proteção operacional e neutra do ponto de vista da ingerência, mas como ingerência[737]. A qualidade de ingerência só pode ser recusada em relação às medidas operacionais que, tal como acontece com a seleção de objetos expedidos, são pura e simplesmente *imprescindíveis* para a transmissão da comunicação e igualmente pressupostas pelos utentes.

903. Também continua a ter importância a questão da substituição dos Correios Federais Alemães, que atuavam com poderes de autoridade, por *intermediários privados da comunicação*. É que o limite que era possível estabelecer, nos correios dotados de poder de autoridade, entre, por um lado, medidas neutras do ponto de vista da ingerência e limitadoras do âmbito de proteção e, por outro lado, ingerências necessitadas de legitimação legal, marca também o limiar em que o Estado é chamado a cumprir as suas obrigações de proteção em face dos mediadores privados de comunicação (cf. n. m. 885). No ponto em que nos correios dotados de poder de autoridade começavam as ingerências, contra as quais os cidadãos se podiam defender no caso de ausência de uma autorização legal, aí começa, nas comunicações privadas, o domí-

---

736   BVerwGE 76, 152/155.
737   E 85, 386/396 e s.; cf. também E 124, 43/58.

nio sensível em que o Estado tem de adotar regulações para a proteção dos sigilos e que também adotou com o § 85º TKG[738].

904. Verificam-se ingerências especialmente no facto de se fazerem *escutas* para fins de proteção do Estado e da Constituição, bem como para o fim de combate à criminalidade grave, e no facto de a matéria escutada ser gravada, armazenada, acusticamente igualizada, analisada, selecionada e comunicada[739]. A *Deutsche Telekom AG* proporciona regularmente os circuitos, pelos quais especialmente os serviços secretos podem seguir as conversas telefónicas; mas também é imaginável que os próprios serviços secretos se introduzam no circuito. Destas ingerências devemos distinguir as chamadas ações de escuta de espionagem, em que não se faz uma ligação direta aos equipamentos de telecomunicações, mas se instalam os chamados "percevejos" (microemissores) ou se usam microfones direcionais. Essas ingerências são apreciadas segundo o art. 13º (cf. n. m. 1013, 1020), quando as conversas são escutadas no domicílio. Devemos sempre ter em linha de conta que as ingerências no sigilo das telecomunicações não afetam apenas um, mas ambos os parceiros da comunicação[740]. Não se verifica uma ingerência no sigilo das telecomunicações, mas sim no direito à nossa própria palavra, como parte do direito de personalidade em geral (cf. n. m. 447), quando um parceiro de comunicação permite a terceiros que oiçam também a conversa telefónica que ele está a ter com o outro parceiro da comunicação; é que o art. 10º protege contra os perigos do meio de comunicação, mas não contra o parceiro de comunicação[741].

IV. Justificação jurídico-constitucional

1. Reserva de lei do art. 10º, n. 2, frase 1

905. O sigilo da correspondência, do correio e das telecomunicações está sob reserva de lei ordinária. Esta reserva é satisfeita por

---

738 E 106, 28/37.

739 E 125, 260/310.

740 Cf. E 85, 386/398 e s.; Gusy, JuS 1986, 89/94 e s.

741 E 106, 28/44 e s.

numerosas normas de direito postal e por outras, que por vezes têm uma previsão muito abrangente e em cuja aplicação ganha importância o princípio da proporcionalidade. Deste princípio, o Tribunal Constitucional Federal deduziu uma reserva de juiz[742] tal como no caso do direito à autodeterminação informacional (cf. n. m. 461) em paralelo com a busca domiciliária (cf. n. m. 1016).

906. Exemplos:

Nos termos do antigo § 12 da Lei dos Equipamentos de Telecomunicações, o juiz e, em caso de perigo iminente, também o Ministério Público, podiam, no âmbito de investigações processual-penais, exigir da parte das empresas de telecomunicações informações sobre as telecomunicações mesmo de meros agentes de informação, eles próprios insuspeitos, sempre que "a informação tinha importância para a investigação". O Tribunal Constitucional Federal exigiu, em termos restritivos, a existência de um ilícito penal de relevante significado, uma suspeita concreta de crime e uma base suficientemente segura dos factos para aceitar que o atingido atue como agente de informação (*E* 107, 299/321 e s.; neste sentido agora também o § 100g StPO). O antigo § 39, n. 1 e 2, da Lei do Comércio Externo, que permitia, para a prevenção de crimes segundo esta lei, o controlo da correspondência e das telecomunicações quando factos justificassem o indício de que tinham sido planeados certos crimes de relevante significado, estava redigido em termos demasiado amplos e violava o princípio da determinação (*E* 110, 33/57 e s.). A chamada *Quellen-TKÜ* em que hão-de ser recolhidos conteúdos de informação através da infiltração dos sistemas informáticos já antes de uma eventual codificação, só em parte é considerada desproporcionada, se os instrumentos técnicos não tiverem sido desenvolvidos já antes da decisão do legislador. O legislador não poderá confiar cegamente em que o poder executivo desenvolva sistemas conformes ao direito (VerfG Sachsen-Anhalt, LKV 2015, 33/36 e s.).

907. São problemáticas as restrições processual-penais do art. 10º para os detidos para investigação. O Tribunal Constitucional Fede-

---

742 E 125, 260/337 e s.; numa perspetiva crítica, Roßnagel, NVwZ 2010, 751/752.

ral e a opinião dominante deduzem do § 119º, n. 3, do Código de Processo Penal alemão, a justificação para a retenção, a abertura e a leitura de toda a *correspondência* entrada e saída *dos detidos para investigação*. Esta norma autoriza a imposição ao detido para investigação das limitações exigidas pelo fim da detenção para investigação ou pela manutenção da ordem no estabelecimento prisional, mas não se ocupa expressamente de limitações do sigilo da correspondência e do correio. Se quisermos entrever aqui um fundamento legal suficientemente determinado[743], o princípio da proporcionalidade exige, em todo o caso, que o controlo do correio do detido para investigação só tenha lugar se existirem indícios concretos de uma perturbação da boa ordem da instituição prisional[744].

2. Alargamento da reserva de lei, nos termos do art. 10º, n. 2, frase 2

908. O art. 10º, n. 2, frase 2, abre a possibilidade, da qual fez uso a Lei da Limitação do Sigilo da Correspondência, do Correio e das Telecomunicações (G 10), de *não serem comunicadas* ao atingido as medidas de controlo e de escuta. Deste modo, a correspondente ingerência ganha uma especial intensidade: o afetado não a pode notar, não a pode evitar e também não a pode impugnar jurisdicionalmente. Mesmo assim, também por via do art. 10º, n. 2, frase 2 (cf. também o art. 19º, n. 4, frase 3), está aberta a possibilidade de o controlo por comissões da Câmara Baixa do Parlamento Federal *substituir a via jurisdicional*. Ambas as possibilidades são válidas quando a ingerência serve para a proteção da ordem fundamental livre e democrática ou da existência ou da segurança da Federação ou de um Estado federado. Mas tem de haver uma comunicação, logo que já não haja um perigo para o fim da medida e para os bens de proteção referidos; uma renúncia à comunicação só se pode justificar quando os dados recolhidos tiverem sido imediatamente

---

743 Badura, *BK*, art. 10º, n. m. 74; opinião diferente, *E* 57, 182/185; Gusy, *MKS*, art. 10º, n. m. 89; Stern, *StR IV/1*, p. 291.

744 *E* 35, 5/9 e s.; 35, 311/315 e s.; 57, 170/177; cf. também BVerfG, NJW 1996, 983.

destruídos por serem considerados irrelevantes[745]. Daí resultam dificuldades probatórias para a proteção jurídica individual, especialmente no caso da vigilância estratégica e sem motivo das telecomunicações nos termos do § 5 G10, mas que são suficientemente compensadas nos termos jurídico-constitucionais, em virtude do controle geral destas medidas pela comissão G10[746].

909. A *constitucionalidade* da frase 2, do art. 10º, n. 2, inserida pela legislação do estado de necessidade de 1968, bem como a constitucionalidade do G 10 foi fortemente controversa: por causa da violação da dignidade humana e do princípio do Estado de direito, isto é, da sua proteção pelo art. 79º, n. 3, a frase 2 não podia ter sido inserida mesmo por via da revisão da Constituição. Também o Tribunal Constitucional Federal, que no acórdão sobre as escutas telefónicas considerou que o art. 10º, n. 2, frase 2, e a lei nele apoiada eram compatíveis com a Lei Fundamental[747], foi fortemente criticado, especialmente por relativizar o art. 79º, n. 3, no sentido de que este não excluiria a hipótese de "modificar de forma sistemático-imanente princípios constitucionais elementares"[748].

910. Esboço de solução do caso 16 (n. m. 883).
I. O âmbito de proteção do sigilo do correio é relevante, visto que o apartado de "M" contém remessas entregues aos correios. Pelo contrário, não é relevante o âmbito de proteção do sigilo da correspondência, que protege a correspondência fora do âmbito dos correios contra o facto de o poder público tomar conhecimento do conteúdo da carta. – **II.** A *ingerência* verifica-se aqui por parte de um órgão do poder público; ela consiste no facto de o presidente do governo regional pretender lançar mão dos objetos sujeitos ao sigilo do correio para tomar conhecimento do seu conteúdo. – **III.** A ingerência é *justificada jurídico--constitucionalmente*, se foi ordenada com base numa lei, nos termos do art. 10º, n. 2, frase 1. Entra em linha de conta apenas o § 10º, n. 2, da Lei das Associações; a decisão de colocação em segurança poderia re-

---

745   E 100, 313/397 e s.; 125, 269/337; 129, 208/251.

746   E 30, 1/23 e s., 30 e s.; 100, 313/361 e s.; BVerwGE 157, 8/15 e s.

747   E 30, 1/26 e s.

748   Cf. opinião divergente *in*: E 30, 1/38 e s.; Hufen, *StR II*, § 17, n. m. 14.

presentar uma ordem especial no sentido da frase 1, componente alternativa 2. 1) Do *ponto de vista jurídico-material*, coloca-se, neste sentido, a questão de saber se o conteúdo do apartado está à guarda de terceiros. A questão é respondida pela regulação especial do § 10º, n. 2, frase 4, da Lei das Associações, em ligação com o § 99 do Código de Processo Penal alemão: a apreensão nos termos do § 10º, n. 2, frase 1, da Lei das Associações abarca também remessas de correio dirigidas a "M" que se encontram à guarda dos Correios Alemães S.A. e, assim, autoriza também, sem necessidade de uma ordem especial, a colocação em segurança do conteúdo da caixa postal de "M". – 2) Na *perspetiva jurídico-formal*, deve aplicar-se, nos termos do § 10º, n. 2, frase 4, da Lei das Associações, também o § 100º do Código de Processo Penal alemão. Segundo o seu n. 1, só o juiz é competente para determinar uma apreensão de objetos no sentido do § 99 StPO e, em caso de perigo iminente, também é competente o Mº Pº. Por isso, a decisão do presidente do governo regional, de colocar em segurança, viola o art. 10º.

911. Bibliografia:

A. Funke/J. Lüdemann, "Grundfälle zu Art. 10 GG", *JuS* 2008, 780; T. Groß, "Die Schutzwirkung des Brief-, Post- und Fernmeldegemeimnisses nach der Privatisierung der Post", *JZ* 1999, 326; R. Hadamek, *Art. 10 GG und die Privatisierung der Deutschen Bundespost*, 2002; H. H. Kaysers, "Die Unterrichtung Betroffener über Beschränkungen des Brief-, Post- und Fernmeldegeheimnisses", *AöR* 2004, 121; B. Schlink, "Das Abhörurteil des Bundesverfassungsgerichts", *Staat* 1973, 85; F. Schoch, "Der verfassungsrechtliche Schutz des Fernmeldegeheimnisses (Art. 10 GG)", *Jura* 2011, 194; T. Schwabenbauer, "Kommunikationsschutz durch Art. 10 GG im digitalen Zeitalter", *AöR* 2012, 1.

§ 20. LIBERDADE DE ENTRADA E DE CIRCULAÇÃO (ART. 11º)

912. Caso 17: Proibição de permanência.

"SA", um sem-abrigo e toxicodependente, detém-se regularmente num parque infantil municipal. A autoridade de polícia e de ordenação competente receia que as crianças que ali brincam se possam magoar com as agulhas das seringas muitas vezes abandonadas por "SA". Por isso, a autoridade policial proíbe "SA" de se deter, pelo período de seis meses, no parque infantil. Será esta medida constitucional? N. m. **930**.

I. Panorama geral

913. Num Estado federal, a liberdade de entrada e circulação é uma garantia fundamental, visto que proporciona o direito de uma pessoa poder fixar residência em qualquer Estado federado, independentemente do Estado federado de que é oriunda. No art. 133º, n. 1, da Constituição da Igreja de S. Paulo dizia-se, por exemplo, que à liberdade de entrada e circulação se junta o direito de todo cidadão alemão de "fixar residência em qualquer lugar do território do *Reich*". Isto é importante, porque o direito ordinário parte normalmente do domicílio, ao garantir, por exemplo, direitos às prestações de apoio social em função da residência legal. O art. 11º é neste aspeto complementado pelo art. 33º, n. 1, (n. m. 565 e s.), que proporciona um direito à igualdade de tratamento, independentemente do Estado federado de que se provém[749]. Garantias correspondentes estão contidas no direito da União Europeia nos arts. 18º e 21º do Tratado de Funcionamento da União Europeia; aí têm uma importância prática, sobretudo para a questão da igualdade de tratamento jurídico-social dos cidadãos da União oriundos de outros Estados-Membros. A garantia da liberdade de entrada e circulação e dos seus limites é, por isso, também um barómetro para a solidariedade intrafederal[750]. – Na Alemanha, a garantia da liberdade de entrada e circulação não tem atualmente senão uma importância secundária, depois de ter deixado de existir a nacionalidade referida ao Estado federado (cf. art. 74º, n. 1, al. 8, da antiga versão). Sobre o pano de fundo das vagas de refugiados, desencadeadas pela Segunda Guerra Mundial na Alemanha dividida, discutiu-se, no entanto, mais uma vez no meio de controvérsias, sobre a inclusão desta garantia na lista dos direitos fundamentais. O Projeto de Constituição de Herrenchiemsee

---

749 Kingreen, *Soziale Rechte und Migration*, 2010, p. 21 e s.

750 TJUE, EU:C:2001:458 – *Grzelzyk*; Wollenschläger, DR, Art. 11, n. m. 12 e s.

tinha prescindido de uma norma correspondente ao art. 111º da Constituição de Weimar, "porque as circunstâncias atuais da [sua] execução causam obstáculos intransponíveis"[751]. No Conselho Parlamentar encontrou-se então uma maioria a favor de uma garantia também jurídico-constitucional de liberdade de entrada e circulação. A reserva de lei pormenorizada, prevista no art. 11º, n. 2, documenta, porém, as dúvidas acerca de uma ilimitada liberdade de entrada e circulação. Mas em 1989, quando primeiro começou um êxodo considerável da Alemanha de leste, as limitações à liberdade de entrada e circulação já não foram discutidas a sério, até porque a queda do Muro (de Berlim) e o fim da ordem para atirar [sobre quem arriscasse ultrapassá-lo] tinham sido uma vitória da liberdade de entrada e circulação.

II. Âmbito de proteção

1. Fixação de residência e de domicílio

914. Liberdade de circulação significa a liberdade de fixar residência e domicílio em qualquer lugar, dentro do território federal[752]. Ela é garantida sem limites apenas aos cidadãos de nacionalidade alemã. Os cidadãos da União (art. 20º do Tratado de Funcionamento da União Europeia) são protegidos, desde que o direito da União o exija (n. m. 177).

915. *Domicílio* é, como esclarece o § 7º, n. 1, do Código Civil alemão, o estabelecimento permanente num dado local[753]. O estabelecimento permanente é o estabelecimento com a vontade de não apenas permanecer temporariamente, mas de fazer daquele local o centro da vida. O art. 11º, n. 1, protege a constituição, a extinção e a transferência de um domicílio e mesmo de vários domicílios. O estabelecimento meramente temporário cai sob o conceito de residência.

---

751 JöR 1 (1951), p. 128.

752 Nestes termos, já a definição do Conselho Parlamentar, JöR 1951, 130; além disso, E 2, 266/273; 80, 137/150; 110, 177/190.

753 N. T.: Nos termos do art. 82º, n. 1, do Código Civil português, o domicílio é reportado ao lugar da residência habitual. No caso de a pessoa residir alternadamente em diversos lugares, "tem-se por domiciliada em qualquer deles".

916. *Residência* significa permanência temporária. Dado que qualquer deslocação é uma sequência de momentos de permanência, coloca-se a questão de saber quando é que a permanência está protegida pelo art. 11º, n. 1, e quando o está pelo art. 2º, n. 2, frase 2, pela liberdade da pessoa humana, que também inclui a liberdade de movimento e de deslocação (cf. n. m. 496). Segundo uns, o art. 2º, n. 2, frase 2, é reduzido à proteção contra privações e limitações de liberdade de direito penal, e a liberdade de deslocação é de resto, quer dizer, na maior parte dos casos, colocada sob a proteção do art. 11º, n. 1[754]. Outros exigem uma determinada duração da residência, protegida pelo art. 11º, n. 1; essa residência deveria ser "mais que passageira"[755] ou incluir mesmo uma pernoita[756]. Ainda outros exigem um certo valor significativo; a residência teria de ser de relevância para a personalidade[757] ou até de corresponder a um "domínio de vida"[758].

917. Também é indispensável uma determinada duração ou significado como caraterística da residência protegida pelo art. 11º, n. 1; a redução jurídico-penal do art. 2º, n. 2, frase 2, com a subordinação da liberdade de deslocação, na maioria dos casos, ao art. 11º, n. 1, não tem qualquer apoio na sua letra, na sua génese e na sua sistematização. Decisivo para a delimitação tem de ser o facto de não ser a residência que se verifica em virtude da deslocação (neste caso, art. 2º, n. 2, frase 2), mas a *deslocação* em atenção à residência (neste caso, art. 11º, n. 1). Este último aspeto pode ser indiciado tanto pela duração da residência, como pelo seu significado[759].

918. Exemplos:

A caminhada a pé na montanha, que inclui também um descanso na pousada de abrigo, ou o passeio pela cidade, que leva também a

---

754   Pernice, *DR*, art. 11º, n. m. 14.

755   Rittstieg, *AK*, art. 11º, n. m. 33.

756   Merten, *Hdb.GR IV*, § 94, n. m. 38.

757   Kunig, *MüK*, art. 11º, n. m. 13.

758   Randelzhofer, *BK*, art. 11º, n. m. 28 e s.; Ziekow, *FH*, art. 11º, n. m. 44 e s.

759   Em termos semelhantes, Durner, *MD*, art. 11, n. m. 82; Kloepfer, *VerfR II*, § 69, n. m. 4.

entrar numa ou noutra casa comercial, estão protegidos pelo art. 2º, n. 2, frase 2; as férias de vários dias na pousada de montanha ou a viagem de um dia à cidade para ajudar como vendedor no estabelecimento comercial estão protegidas pelo art. 11º, n. 1.

2. Deslocação para fins de mudança de local

919. Domicílio e residência são apenas os pontos inicial e final da deslocação correspondente, do ir viver para outro local. A liberdade de circulação garante a liberdade de ir viver para outro local, isto é, da deslocação especialmente em virtude da fixação de domicílio ou de residência. A liberdade de circulação abarca a livre partida para outro local, a possibilidade de percorrer o caminho entre o antigo e o novo local, e o livre vir fixar-se (livre estabelecimento); no entanto, não abarca nem um determinado caminho, nem um determinado meio de deslocação[760].

3. Entrada no país e imigração, saída do país e emigração

920. Segundo a opinião dominante, também a *entrada no país* e a *imigração* para o território federal caem no âmbito de proteção do art. 11º[761], sendo que por entrada no país se entende a vinda para fixação da residência temporária, e por imigração a vinda para a fixação de domicílio.

921. Contra a opinião dominante, argumenta-se com a letra do texto do art. 11º, n. 1, que fala de liberdade de circulação *dentro de* todo o território federal[762]. Mas o que é decisivo é o facto de se encontrar dentro do território federal não o ponto de partida, mas o ponto de chegada da deslocação; livre circulação é a *liberdade de chegar ao destino escolhido*. Além disso, com a garantia de liberdade de deslocação para todos os alemães, o Conselho Parlamentar quis também garantir aos alemães de leste a entrada no território federal[763]. Mas também quis

---

760   Durner, *MD*, art. 11º, n. m. 74.

761   Cf. Randelzhofer, *BK*, art. 11º, n. m. 72.

762   Gusy, *MKS*, art. 11º, n. m. 38.

763   JÖR 1951, 129 e s.

poder proibir-lhes a entrada, nos termos do art. 11º, n. 2; portanto, por força da origem histórica fracassa também a conceção segundo a qual o direito dos cidadãos alemães de entrarem no território federal radicaria diretamente na nacionalidade, que seria anterior à liberdade de circulação e não poderia ser limitada pelo art. 11º, n. 2, como tão-pouco o poderia ser a proibição do art. 16º, n. 2, de extraditar cidadãos alemães para o estrangeiro[764].

922. De acordo com a jurisprudência[765], a *saída do país* e a *emigração* não estão protegidas pelo art. 11º, mas sim pelo art. 2º, n. 1. Na doutrina, as opiniões dividem-se[766]. Apesar disso, por saída do país entende-se o ausentar-se do território federal com o objetivo da fixação de uma residência no estrangeiro, e por emigração entende-se o ausentar-se com o objetivo de fixação de um domicílio.

923. A história e a génese vão contra o estabelecimento de uma relação de inclusão entre saída do país e emigração[767]. Já nas Constituições do século XIX a liberdade de emigração se autonomizou em face da liberdade de circulação, e na República de Weimar ambas encontraram também, uma ao lado da outra, proteção no art. 111º e no art. 112º da Constituição Imperial de Weimar. O Conselho Parlamentar rejeitou expressamente a inclusão da liberdade de emigração nos direitos fundamentais; presumivelmente temiam-se ondas de emigração na Alemanha do pós-guerra.

4. Transporte dos haveres pessoais

924. A liberdade de circulação compreende o transporte de propriedade. Tradicionalmente, entende-se por ir viver para outro local a mudança de lugar com os haveres pessoais, mas não com a propriedade industrial e empresarial[768].

---

764 Neste sentido, porém, Isensee, VVDStRL 32, 1974, 49/62.

765 E 6, 32/35 e s.; 72, 200/245; BVerwG, NJW 1971, 820.

766 Cf. Durner, *MD*, art. 11º, n. m. 100.

767 Cf. Merten, *Hdb.GR IV*, § 94, n. m. 133.

768 Gusy, *MKS*, art. 11º, n. m. 31; opinião diferente, Kloepfer, *VerfR II*, § 69, n. m. 7; Pernice, *DR*, art. 11º, n. m. 16; Ziekow, *FH*, art. 11º, n. m. 55.

5. Liberdade de circulação negativa

925. O art. 11º protege não só a liberdade de efetuar a mudança de lugar, mas também a liberdade de o não fazer (liberdade de circulação negativa). O direito de ir viver para o local escolhido ficaria decisivamente desvalorizado sem o direito de também ficar no local de opção. Por isso, a ordem de expulsão e a respetiva execução coativa de cidadãos alemães devem ser aferidas pelo art. 11º[769]; para a extradição, o art. 16º, n. 2, oferece a proteção de um limite de limites especial. Mas o art. 11º não proporciona um direito geral à terra natal[770]. Isto é importante para reinstalações de populações, causadas pela exploração mineira, que a CEDH considera ingerências (suscetíveis de justificação) nos direitos ao respeito pela vida privada e familiar (art. 8º da CEDH e no direito à liberdade de entrada e circulação, garantido na Ata n. 4, da CEDH[771]. Mas, pelo contrário, segundo o parecer do Tribunal Constitucional Federal, o art. 11º não protege o direito "de fixar residência e permanecer em localidades do território federal, nas quais as normas sobre a ordenação e utilização do solo impedem uma residência permanente" e em que estas "não visam atingir especificamente a liberdade de entrada e circulação de determinadas pessoas ou grupos de pessoas"[772]. O art. 11º, n. 1, transforma-se, assim, num direito fundamental regulado pela norma (n. m. 266 e s.). Não se verifica uma contradição em relação ao TEDH, porque não está exigida uma "paralelização esquemática" das duas ordens jurídico-fundamentais (n. m. 68).

III. Ingerências

926. As ingerências na liberdade de circulação são impedimentos ou afetações à livre deslocação para outro lado. Uma maneira de ver

---

769   Opinião diferente, Kloepfer, *VerfR II*, § 69, n. m. 9.

770   *E* 134, 242, n. m. 263 e s.; (= *JK* 5/2014); posição diferente, Baer, *NVwZ* 1997, 27/30 e s.

771   TEDH, *LKV* 2001, 69/71 e s. (*Günther Noack* e outros/*Deutschland*).

772   *E* 134, 242, n. m. 256 (= *JK* 5/2014).

exige, no caso de liberdade de circulação, uma ingerência direta e não se satisfaz com impedimentos e afetações indiretas[773]. Nessa maneira de ver está correto o facto de também pelo lado das ingerências se aplicar aquilo que acima, no n. m. 919, já foi abarcado a partir do âmbito de proteção: tem de se tratar de uma deslocação especificamente para efeitos de residência ou de domicílio. Mas, neste sentido, também é suficiente uma afetação indireta[774].

927. Exemplos:

Verificam-se ingerências na liberdade de circulação, se esta ficar dependente de condições, autorizações, documentos comprovativos, etc. (*E* 2, 266/274; 8, 95/97 e s.), mas não se ela conduzir a taxas (BVerfG, *NVwZ* 2010, 1022/1025). Uma ingerência é constituída pela chamada obrigatoriedade de residência, que torna o local do domicílio dependente da profissão (Durner, *MD*, art. 11º, n. m. 124; opinião diferente, Manssen, *StR* II, n. m. 601: art. 12º, n. 1, ou art. 33º). Da obrigatoriedade de residência deve ser distinguida a chamada imposição de circunscrição local, que limita as atividades profissionais a determinados locais, por exemplo a obrigatoriedade dos advogados de, no passado, atuarem apenas num determinado tribunal estadual em processos civis (cf. *E* 93, 362/369); enquanto a obrigatoriedade de residência se deve aferir também pelo art. 12º, n. 1 (cf. *E* 65, 116/125; BVerfG, *NJW* 1992, 1093), a imposição de circunscrição local deve aferir-se exclusivamente pelo art. 12º, n. 1 (Breuer, *Hdb. Hdb. StR3 VIII*, § 170, n. m. 94). Constitui uma ingerência a regulação segundo a qual os retornados alemães pós-1980, que fixaram residência permanente num local diferente daquele que lhes fora destinado, não recebem assistência social (*E* 110, 177/191). O mesmo se aplica à interdição de direito de residência do regresso de um cônjuge para se juntar a um cidadão alemão (BverwGE 144, 141/150).

---

773 Kunig, *MüK*, art. 11º, n. m. 19; opinião diferente, Wollenschläger, *DR*, art. 11º, n. m. 43.

774 E 110, 177/191.

IV. Justificação jurídico-constitucional

1. Reserva de lei do art. 11º, n. 2

928. A reserva de lei do n. 2 carateriza-se por diferentes traços distintivos: só se podem praticar ingerências na liberdade de circulação por via de leis que reagem aos casos referidos no n. 2 e que prosseguem os fins referidos no n. 2. Para estes casos e fins é absolutamente necessária uma interpretação estrita. Deste modo, resulta do princípio do Estado social que não se pode admitir uma base existencial insuficiente e encargos especiais daí resultantes para a comunidade em geral apenas no caso de velhice ou de doença[775], mas também no caso da imigração em massa de "retornados pós-1980"[776]. Relativamente à ameaça de perigo para a existência ou para a ordem fundamental livre e democrática da Federação ou de um Estado federado, aplicam-se as limitações de Estado de direito reconhecidas para o conceito de ameaça de perigo do direito policial[777]. A chamada reserva de lei criminal (prevenção de condutas criminais puníveis) coloca maiores exigências que a autorização geral de polícia, porque, se assim não fosse, se esvaziaria a diferenciação da previsão constante do art. 11º, n. 2[778].

2. Outras justificações de ingerência

929. Uma outra reserva de lei está contida no art. 17a, n. 2, para "leis que servem para a defesa inclusivamente da proteção da população civil"[779]. As reservas do art. 117º, n. 2 e do art. 119º estão hoje obsoletas.

930. Esboço de solução do caso 17 (n. m. 912).

A medida cai, na maioria dos Estados federados, sob o poder especial, regulado nas leis de polícia e de ordenação, de proibição de permanência. Duvidoso é saber se a proibição de permanência é compatí-

---

775 Cf. Kunig, *MüK*, art. 11º, n. m. 22.

776 *E* 110, 177/192 e s.

777 Cf. Kingreen/Poscher, *Polizei- und Ordnungsrecht*, 10ª ed. 2018, § 7, n. m. 30 e s.

778 Cf. Kloepfer, *VerfR II*, § 69, n. m. 32; Kunig, *MüK*, art. 11º, n. m. 27.

779 Cf. *BVerwGE* 35, 146/149.

vel com o art. 11º. – **I.** A permanência no parque infantil tem uma duração e para "SA" também o significado de que ele não cai no âmbito de proteção da liberdade da pessoa humana, mas no âmbito da liberdade de circulação. – **II.** A *justificação jurídico-constitucional* levanta um problema de competência e um problema de conteúdo: 1. a proibição de permanência está regulada nas leis de polícia e de ordenação dos Estados federados; pelo contrário, nos termos do art. 73º, n. 3, a Federação tem a *competência legislativa* exclusiva para a liberdade de circulação. Mas como a reserva de lei criminal do art. 11º, n. 2, especifica um aspeto do direito de prevenção do perigo em geral, direito que, na vigência da Lei Fundamental, cai exclusivamente na competência legislativa dos Estados federados (cf. Pieroth, *JP*, art. 70º, n. m. 17 e s.), esse facto indica que a competência legislativa da Federação para a regulação da liberdade de circulação não se baseia no direito de prevenção do perigo em geral (BayVerfGH, *NVwZ* 1991, 664/666; Gusy, *MKS*, art. 11º, n. m. 52; Kunig, *MüK*, art. 11º, n. m. 21). – 2. *Do ponto de vista do conteúdo*, o poder especial da proibição de permanência só perdura se for interpretado em termos conformes à Constituição, no sentido de que ele só autoriza ingerências no art. 11º, n. 1, quando se verifiquem os pressupostos dos traços distintivos do art. 11º, n. 2 (cf. Cf. Kingreen/Poscher, *Polizei- und Ordnungsrecht*, 10ª ed. 2018, § 15, n. m. 21). Como aqui se trata de prevenir condutas criminalmente puníveis, isto é, pelo menos ofensas corporais por negligência, a medida não viola o art. 11º.

931. Bibliografia:

H. W. Alberts, "Freizügigkeit als polizeiliches Problem", *NVwZ* 1997, 45; K. Hailbronner, "Freizügigkeit", *Hdb. StR3 VII*, § 152; D. Merten, "Freizügigkeit", *Hdb. GR IV*, § 94; F. Schoch, "Das Grundrecht der Freizügigkeit", *Jura* 2005, 34; D. Winkler/K. Schadtle, "Ausreisefreiheit quo vadis?", *JZ* 2016, 764.

§ 21. LIBERDADE DE PROFISSÃO (ART. 12º)

932. Caso 18: Admissão como médico contratado após ter completado 55 anos de idade (segundo o acórdão do Tribunal Constitucional Federal *in*: *E* 103, 172).

"M", médico de 56 anos, chefe de serviço numa clínica universitária, que sentia como um fardo pesado a continuação do vínculo laboral, em virtude de tensões de caráter profissional e humano, rescindiu o contrato e requereu a admissão como médico contratado pela companhia de seguro obrigatório de doença; em geral, esta admissão é concedida no máximo até o candidato completar 68 anos de idade. Mas, como o regulamento de admissão de médicos contratados, que assenta num fundamento legal de boa ordem, exclui a admissão de médicos que já tenham completado a idade de 55 anos, a admissão de "M" foi recusada. Será que por esta via "M" foi lesado nas suas garantias resultantes do art. 12º, n. 1? N. m. **1000**.

I. Panorama geral

1. A letra do texto

933. O art. 12º, n. 1, parece indicar três âmbitos de proteção: a *liberdade de escolha da profissão*, da *escolha do local de trabalho* e da *escolha do centro de formação profissional*, e muitas vezes também é assim que o art. 12º é lido. Sendo assim, estes âmbitos de proteção correspondem às fases de um percurso profissional, que começa com a formação, continua com a decisão pela profissão aprendida e realiza-se no trabalho dentro da profissão escolhida. No entanto, o art. 12º, n. 1, frase 2, remonta a uma receção falhada da discussão de Weimar, em que, em virtude do art. 151º, n. 3, da Constituição Imperial de Weimar, que permitia ingerências na liberdade de profissão apenas por meio de leis imperiais, era controversa a possibilidade de regulações do exercício da profissão pelo direito estadual[780]. É nisso que se funda o art. 12º, n. 1, frase 2, ao garantir a possibilidade de regulações do exercício da profissão. A necessidade de limitações da liberdade de escolha da profissão era do perfeito conhecimento do Conselho Parlamentar[781], mas este entendimento não teve acolhimento na letra do texto da norma. O art.

---

780   Bumke, *Der Grundrechtsvorbehalt*, 1998, p. 128 e s.

781   Por exemplo, v. Mangoldt, "5. Sitzung des Grundsatzausschusses des Parlamentarischen Rates v. 29.9.1948", *in:* Deutscher Bundestag (ed.), *Der Parlamentarische Rat 1948–1949*, v. 5/1, 1993, p. 91, 100; sobre a matéria, também Bryde, *NJW* 1984, 2177/2178.

12º, n. 1, contém, portanto, um âmbito de proteção unitário, que abrange tanto a liberdade de escolha de profissão, como a liberdade do seu exercício, como ainda a liberdade de formação. Pelo contrário, o art. 12º, n. 1, frase 2, não é uma norma adicional no âmbito de proteção, mas uma regulação de limites, que, pela sua letra, se orienta apenas no sentido da regulação do exercício da profissão, mas que pressupõe também limitações à liberdade de escolha da profissão[782].

934. A este mesmo resultado chegam também aqueles que veem nas duas normas do n. 1 duas disposições sobre o âmbito de proteção. Eles chamam a atenção para o facto de a *escolha e o exercício da profissão estarem interrelacionados*: com a escolha da profissão inicia-se o exercício da profissão e no exercício da profissão continua a confirmar-se sempre a escolha desta. Depois, já com a escolha da profissão fica garantido também o seu exercício, e com o exercício da profissão fica também a escolha da profissão afetada pela reserva da regulação[783]. Também eles tornaram a reserva de regulação[784] extensiva não só à escolha da profissão, mas também à escolha da instituição de formação[785] e ao local de trabalho. Por conseguinte, o Tribunal Constitucional Federal fala também, em geral, de "reserva de lei"[786]. Assim, o art. 12º, n. 1, é hoje, também de acordo com este ponto de vista, um direito fundamental unitário, que se encontra também de maneira unitária sob reserva de lei.

2. Âmbito unitário de proteção

935. O enunciado apresentado do texto do n. 1 já foi no passado lido de outro modo[787]. *A escolha de profissão e o exercício da profissão estão ligados entre si*: com a escolha da profissão começa o exercício da profissão, e no exercício da profissão confirma-se a cada passo a escolha da

---

782 Cf. já E 7, 377/401.

783 Cf. E 7, 377/401.

784 Opinião crítica, Lücke, *Die Berufsfreiheit*, 1994, S. 26 e s.; Michael/Morlok, *GR*, n. m. 684.

785 E 33, 303/336.

786 ZB E 54, 224/234; 54, 237/246.

787 E 7, 377.

profissão. Então, com a escolha da profissão já está também garantido o exercício da profissão e, com o exercício da profissão, também a escolha da profissão é atingida pela reserva de regulação. A reserva de regulação foi, pois, dilatada[788], e isso quase já não apenas com incidência na escolha da profissão, mas também na escolha do centro de formação profissional[789] e do local de trabalho. Simultaneamente, a reserva de regulação foi entendida como reserva de lei, isto é, como reserva não só da actividade especialmente prudente do legislador, mas de qualquer actividade legislativa (cf. n. m. 235 e s.). Em conformidade com isto, o Tribunal Constitucional Federal fala também de "reserva de lei"[790]. Deste modo, o art. 12º, n. 1, é hoje um direito fundamental unitário, que também se encontra unitariamente sob reserva de lei. No entanto, para proceder a ingerências na sua vertente de escolha, devem ser feitas exigências maiores à justificação jurídico-constitucional do que para proceder a ingerências na sua vertente de exercício.

II. O direito de defesa do art. 12º, n. 1

1. Âmbito de proteção

936. É certo que o direito fundamental unitário do art. 12º, n. 1, tem um âmbito de proteção unitário; no entanto, o seu conteúdo e alcance são descritos adequadamente, por forma que é estabelecida uma ligação aos conceitos de profissão, de centro de formação profissional e de local de trabalho.

937. a) O **conceito de profissão** é entendido num sentido extremamente amplo. Abarca não só os perfis profissionais tradicionalmente estabelecidos, mas também as profissões que surgiram *ex novo* e que foram livremente descobertas[791]. No entanto, aplica-se de forma

---

788 Numa perspetiva crítica, Lücke, *Die Berufsfreiheit*, 1994, p. 26 e s.; Michael/Morlok, *GR*, n. m. 684.

789 *E* 33, 303/336.

790 Por exemplo *in*: *E* 54, 224/234; 54, 237/246.

791 *E* 97, 12/25, 33 e s.; 119, 59/78.

restritiva o princípio segundo o qual *não* podem ser *proibidas* as diferentes atuações que o cidadão transforma em conteúdo da sua profissão[792]. Este critério é, por vezes, criticado[793] ou mesmo substituído pela ideia de que as atuações profissionais não podem ser prejudiciais do ponto de vista social ou comunitário[794], ou não podem ficar proibidas pela própria Constituição[795]. Subjacente a este entendimento está o verdadeiro objetivo de não colocar o conceito de profissão à disposição do legislador, isto é, de não permitir a este que, através de uma proibição, pura e simplesmente exclua uma profissão do âmbito de proteção do art. 12º, n. 1, e a subtraia ao critério do art. 12º, n. 1. Mas a crítica ao critério da proibição desconhece que esse critério se refere a atuações concretas, independentemente do seu exercício com caráter profissional, portanto, à atividade enquanto tal. Profissão é a convergência de muitas atuações, e a questão de saber se esta convergência específica, isto é, profissional, pode ser proibida ou limitada é sempre apreciada pelo art. 12º, n. 1. Pelo contrário, as atuações concretas estão protegidas por outros direitos fundamentais, e a questão de saber se podem ser proibidas deve ser respondida à luz destes outros direitos fundamentais[796].

938. Exemplos:

Carteiristas, traficantes de droga, traficantes de seres humanos ou espiões não têm, como tais, profissões no sentido do art. 12º, n. 1; as suas atuações são pura e simplesmente puníveis criminalmente, independentemente de se são exercidas profissionalmente e a título permanente ou apenas uma única vez e de forma amadora. Diferente é o caso do trabalhador ilegal que, por exemplo com a renovação de uma habitação ou com a reparação de uma viatura automóvel, executa uma atividade permitida e apenas não faz os descontos devidos para o fisco

---

792   Cf. E 7, 377/397; 81, 70/85; 115, 276/300 e s.

793   Breuer, *Hdb. StR3* VIII, § 170, n. m. 69; Kloepfer, *VerfR II*, § 51, n. m. 15.

794   BVerwGE 22, 286/289; Kloepfer, *VerfR II*, § 70, n. m. 30.

795   Stern, *StR IV/1*, p. 1793 e s.

796   No mesmo sentido Rusteberg, *Der grundrechtliche Gewährleistungsgehalt*, 2009, p. 197 e s.; analogamente, Lerche, *in: FS Fikentscher*, 1998, p. 541; numa perspetiva crítica, Suerbaum, *DVBl.* 1999, 1690.

e para segurança social; estamos aqui perante uma profissão no sentido do art. 12º, n. 1, cujo exercício é, no entanto, regulado pelo direito tributário e da segurança social (cf. Scholz, *MD*, art. 12º, n. m. 39 e s.). Também a prostituição é uma profissão, visto que as relações sexuais a título oneroso fundamentam, nos termos do § 1º da Lei da Prostituição, uma pretensão juridicamente eficaz.

939. Por outro lado, para cair no conceito de profissão, uma atividade tem de se apoiar numa *certa duração*[797]. Também este aspeto não deve ser entendido em sentido estrito; o próprio trabalho ocasional ou o trabalho de férias, tal como o trabalho que apenas visa superar transitoriamente um período de tempo e o trabalho à experiência são profissões, mas não é profissão a ocupação que se esgota num único ato gerador de rendimento[798]. De igual modo, deve ser entendido num sentido lato o facto de a atividade exercida ter de servir para a *criação e conservação de uma base de vida*[799]; a atividade secundária cai sob o conceito de profissão, porque ela, ao contrário de um simples *hobby,* contribui ainda assim para a criação e conservação da base de vida[800]; e o artista tem uma profissão, mesmo que a pintura, a produção literária ou a composição musical não o sustente como gostaria[801]. Finalmente, o conceito de profissão é aberto também na medida em que *tanto cobre atividades independentes, como dependentes*[802].

940. A liberdade de profissão, protegida nos termos do art. 12º, n. 1, começa já na decisão de vir a abraçar uma profissão e protege também aquele que gostaria de ficar sem profissão e, por exemplo, viver dos seus bens (*liberdade negativa de profissão*)[803]. A liberdade de profissão protegida nos termos do art. 12º, n. 1, abarca, em especial, a es-

---

797 *E* 32, 1/28 e s.

798 *E* 97, 228/253.

799 *E* 105, 252/265.

800 Cf. *E* 110, 141/157.

801 Scholz, *MD*, art. 12º, n. m. 32.

802 *E* 7, 377/398 e s.; 54, 301/322.

803 Cf. *E* 58, 358/364.

colha de uma determinada profissão e o seu exercício. Compreende a exigência de uma remuneração adequada[804] e, passando pelo alargamento do campo de atividade e pela mudança de profissão, vai até ao pôr termo à profissão, seja pela renúncia a uma determinada atividade, seja pelo retirar-se de toda atividade profissional.

941. Uma sociedade a cujos cidadãos estão garantidas jurídico-fundamentalmente as liberdades de profissão e de propriedade é marcada por esse facto na sua economia. Não que a Lei Fundamental contenha uma determinada Constituição económica ou exija uma determinada política económica; a Lei Fundamental é, como o Tribunal Constitucional Federal reiteradas vezes acentuou, *"neutra do ponto de vista político-económico"* e deixa, em princípio, a política económica à discrição do legislador[805]. Assim, a atual ordem económica não está de modo algum contida no âmbito de proteção do art. 12º, n. 1, ou do art. 12º, n. 1, em ligação com o art. 14º. Contudo, sob a condição de liberdade de profissão estão protegidos determinados aspetos da atual ordem económica. Ao escolherem e exercerem livremente as suas profissões, os particulares entram necessariamente em concorrência entre si, como empresários, comerciantes e industriais, como profissionais liberais, mas também como trabalhadores. A conduta em concorrência faz parte do exercício da profissão e do âmbito de proteção da liberdade de profissão. Mas das condições de funcionamento da concorrência faz parte também o facto de se poder ser subjugado por ela[806]. A ideia de uma isenção de competir é incompatível com a ideia de *liberdade de concorrência*.

942. Exemplos:

A liberdade de profissão de um empresário admitido oficialmente não é afetada pelo facto de o Estado admitir outros empresários que, por via de uma forte concorrência, levam o primeiro ao abandono da empresa e da profissão (*E* 34, 252/256; 55, 261/269; BVerwG, *DVBl.* 1983,

---

804   E 101, 331/346 e s.; 110, 226/251.

805   Cf., por exemplo, E 50, 290/336 e s.

806   E 105, 252/265; 110, 274/288; 116, 135/151 e s.; perspetiva crítica, Burgi, *BK*, art. 12º, n. 1, n. m. 149 e s.

1251; HessStGH, *NVwZ* 1983, 542). A liberdade de profissão também não é afetada se o Estado incentivar a transparência do mercado e, com base em critérios de verdade e critérios reais de mercado, der informações, por exemplo, sobre produtos perigosos (*E* 105, 152/267 e s.; Bäcker, *Wettbewerbsfreiheit als normgeprägtes Grundrecht*, 2007, p. 124 e s.; numa perspetiva crítica, Bethge, *Jura* 2003, 327/332 e s.; Huber, *JZ* 2003, 290/292 e s.). Porém, a liberdade de profissão de um empresário já é afetada se sucumbir na concorrência com um concorrente, pelo facto de o Estado, por meio de subvenções, proporcionar ao concorrente uma vantagem na concorrência (*E* 46, 120/137 e s.; *BVerwGE* 71, 183/191 e s.), eliminar a concorrência por meio de monopólios (BVerwG, *NJW* 1995, 2938), criar aos particulares significativas desvantagens concorrenciais num mercado regulado pelo Estado (cf. BVerfG, *NJW* 2005, 273/274) ou violar normas impositivas de direito público, como por exemplo a favor das atividades económicas dos municípios (cf. Pieroth/Hartmann, *NWVBl.* 2003, 322; numa perspetiva crítica, Stern, *StR IV/1*, p. 1861 e s.)

943. Tratando-se do exercício profissional de *funções do Estado*, devemos fazer uma distinção:

– O exercício de funções do Estado está excluído como conteúdo de uma profissão *independente*. É certo que os privados podem prestar serviços de regulação, de julgamento e de arbitragem, bem como serviços administrativos; mas falta-lhes a força vinculativa, que é própria dos correspondentes atos do Estado.

944. – No serviço do Estado, esse exercício de funções transforma-se em conteúdo de uma profissão *dependente*. Mas neste caso não é aplicável apenas o art. 12º, n. 1, mas também o art. 33º. O art. 33º não substitui totalmente o art. 12º, n. 1[807], mas estatui e permite, como norma especial, regulações especiais para o serviço público. Assim, o art. 33º, n. 2, considerando o poder orgânico do Estado, reduz o âmbito de proteção do art. 12º, n. 1, quanto à escolha da profissão, ao direito de igual acesso aos cargos públicos[808].

---

807 Michael/Morlok, *GR*, n. m. 348; opinião diferente, Wieland, *DR*, art. 12º, n. m. 44.

808 *E* 7, 377/397 e s.; 16, 6/21; 39, 334/369.

945. – Também nos casos das chamadas *profissões vinculadas ao Estado*, nas quais certas funções públicas estão nas mãos de privados, o poder orgânico do Estado ganha importância e as "regulações especiais baseadas no art. 33º... podem relegar para segundo plano o efeito do direito fundamental do art. 12º, n. 1"[809]. Neste caso, quanto mais perto uma profissão estiver do serviço público, tanto mais as regulações especiais se apoiam no art. 33º; ao invés, quanto mais sobressaírem as caraterísticas da profissão liberal, tanto menos oportunas são tais regulações especiais.

946. Exemplo:

a) No caso do notário, verifica-se a maior distância em relação ao serviço público, pela circunstância de ele não ser pago pelos dinheiros públicos, mas exercer uma atividade economicamente autónoma. Neste sentido, o art. 33º tem por isso apenas uma fraca influência sobre o controlo da liberdade profissional, razão por que os notários, por exemplo na organização da sua atividade, têm de ter uma margem organizativa comparável à de outras profissões liberais. O art. 33º, n. 5, produz, pelo contrário, efeitos mais fortes em relação a funções concretas como autenticações notariais e a guarda e a entrega de bens patrimoniais de terceiros. Neste caso são admissíveis também poderes para dar instruções por parte das autoridades da tutela, sendo que o Tribunal Constitucional Federal deixa em aberto a questão de se o notário não pode já, neste aspeto, invocar o art. 12º, n. 1, ou se o art. 33º, n. 5, produz efeitos no quadro do controlo da justificação jurídico-constitucional (*E* 131, 130/140 e s.).

947. b) O art. 12º, n. 1, não fala de uma livre escolha e também não fala de uma livre realização da **formação profissional**, mas apenas da livre escolha do centro de formação. No entanto, o Tribunal Constitucional Federal considera que, desse modo, está garantido, em geral, um *"direito de defesa contra limitações de liberdade no sistema de formação profissional"*[810]. Isto é convincente: aquele que trata da sua formação

---

809   E 73, 280/292; 110, 304/321.

810   E 33, 303/329.

profissional, individualmente, junto de um professor ou de um mestre, em grupos ou em cursos, através de leituras ou de viagens, merece a mesma proteção que aquele que a conclui em centros de formação públicos ou privados. Em ambos os casos são, por conseguinte, livres as decisões no sentido de uma determinada formação complementar, seja ela a primeira ou uma segunda, no sentido da sua realização e do seu *terminus*. Livre é também a decisão contra qualquer formação profissional. Mas a liberdade de formação profissional não significa um direito a formação gratuita, por exemplo ao curso gratuito numa instituição de ensino superior/universidade; o legislador constituinte não quis acabar com a cobrança de propinas[811].

948. Assim, a formação profissional (*Ausbildung*) não é educação/cultura (*Bildung*). O conteúdo da educação/cultura pode vir a ser tudo o que possa ser adquirido inteletualmente e, tal como os conteúdos, também os fins da educação/cultura são abertos. Pelo contrário, a formação profissional visa uma *qualificação profissionalizante*, e este fim determina também o conteúdo. Não só este aspeto não se verifica na educação/cultura em geral, como também não ocorre na educação escolar que não apresenta uma relação profissionalizante.

949. Exemplos:

Dos centros de formação profissional no sentido do art. 12º, n. 1, frase 1, não fazem parte nem as academias eclesiásticas e as instituições desportivas e culturais privadas, nem as escolas básicas e as secundárias (até ao 9º ano), mas sim, segundo a opinião dominante, as escolas do terceiro ciclo (*E* 41, 251/262 e s.; 58, 257/273; numa perspetiva crítica, Kloepfer, *VerfR II*, § 70, n. m. 37), os institutos superiores técnico-artísticos e as escolas de ensino superior/universidades, os serviços públicos de tirocínio (serviços de estágio), os cursos de formação empresarial e transempresarial, os serviços privados de aprendizado, as escolas de línguas, as instituições de formação terapêutica, etc. No caso de escolas de formação para adultos pertencentes às cidades, devemos fazer uma distinção, consoante a sua oferta de formação tem ou não pendor profissionalizante.

---

811 BVerwGE 115, 32/36; Pieroth/Hartmann, *NWVBl.* 2007, 81.

950. **c)** O **local de trabalho** é o lugar em que se exerce uma atividade profissional, quer se trate de atividade dependente na Administração pública, na produção ou na administração de uma empresa, quer se trate de atividade independente em consultório ou oficina próprios, em escritório ou *atelier* próprios. É livre a decisão quanto à escolha, à mudança, à manutenção e à desistência do local de trabalho. Tratando-se de trabalhadores dependentes, o direito fundamental abarca também o acesso ao mercado de trabalho e a escolha do cocontratante[812].

951. **d)** Estão apenas protegidas as **atuações específicas da profissão e da formação profissional** (cf. n. m. 937). A jurisprudência aborda este aspeto a partir da perspetiva da ingerência. Ela não se limita a exigir que uma regulação ou medida do Estado tenha consequências remotas e de qualquer tipo para a atividade profissional; pelo contrário, à regulação ou medida do Estado tem de ser inerente, subjetiva ou objetivamente, um pendor regulador da profissão, isto é, ou a regulação ou medida do Estado tem de visar precisamente a regulação profissional ou, no caso de um objetivo neutro do ponto de vista profissional, tem de ter um efeito direto na atividade profissional ou ter algum peso nos seus efeitos indiretos[813]. Todavia, a jurisprudência é, no seu conjunto, pouco coerente[814].

952. **Exemplos:**

A responsabilidade decorrente de um contrato celebrado no âmbito profissional ou de uma atividade não autorizada, mas que é exercida profissionalmente, não tem, nem subjetiva nem objetivamente, um pendor regulador da profissão (*E* 96, 375/397; BVerfG, *NJW* 2009, 2945). Também a assunção de uma tutela e assistência não é, em princípio, específica da profissão; o acórdão do Tribunal Constitucional Federal *E* 54, 251/270 fala do dever correspondente como sendo uma "obrigação cívica geral sem pendor específico de regulação da profissão". No entanto, se precisamente em virtude da sua qualificação pro-

---

812   E 84, 133/146; 128, 157/176.

813   Cf. E 97, 228/253 e s.; Burgi, BK, art. 12º, n. 1,n. m. 149 e s.

814   Manssen, StR II, n. m. 630 e s.

fissional, e numa dimensão significativa, um advogado for investido em tutelas e assistências que ele só pode exercer no quadro da sua atividade profissional e que deve exercer gratuitamente neste quadro, trata-se para ele de uma atuação específica da profissão, isto é, verifica-se uma ingerência na liberdade de profissão; por isso, é duvidoso que a apreensão, num escritório de advogado, de documentos relacionados com um mandado não deva dizer respeito à profissão (neste sentido, *E* 113, 29/48; 129, 208/266 e s.; BVerfG, *NJW* 2018, 2395). – Um imposto, em cujo lançamento falta ao legislador um objetivo subjetivo regulador da profissão, mas que tem um efeito direto ou ponderoso sobre determinadas profissões, representa uma ingerência na liberdade de profissão (*E* 13, 181/186; 47, 1/21 e s.). As coisas são diferentes no caso do ecoimposto que atinge todos os consumidores, independentemente da sua atividade profissional (*E* 110, 274/288) e de uma taxa para o seguro contra a insolvência, porque ele não se prende ao exercício de uma determinada profissão (BVerfG, *NVwZ* 2012, 1535/1536). – Um pendor regulador da profissão tem-no também a admissão legal de notícias breves na televisão, relacionadas com o serviço noticioso, embora esta admissão afete apenas em parte eventos organizados e aproveitados profissionalmente; é suficiente que os eventos de entretenimento, os eventos desportivos e os eventos culturais atingidos sejam organizados de forma tipicamente profissional (*E* 97, 228/254). As medidas para a vigilância do serviço de telecomunicações não têm um pendor regulador da profissão em face das empresas de telecomunicação, enquanto não lhes forem impostas obrigações concretas de cooperação[815].

2. Ingerências

953. a) Uma **ingerência na liberdade de profissão** pode atingi-la mais no aspeto do seu exercício (o *como* da atividade profissional) ou mais no aspeto da sua escolha (o *se* da atividade profissional). Uma ingerência que atinja a liberdade de profissão no aspeto da sua escolha pode ligar a escolha ou a pressupostos de admissão subjetivos ou a

---

815 BVerwGE 162, 179/185, ver também n. m. 879.

pressupostos objetivos. Devemos fazer uma distinção entre estas ingerências diferentes, porque têm em regra uma *intensidade diferente*, encontrando-se por isso sob exigências de justificação de grau diferente.

954. Os *limites objetivos de admissão* exigem, para a escolha de uma profissão, a satisfação de critérios objetivos, livres da influência daquele que pretende a profissão e independentes da sua qualificação. Destes critérios fazem parte, especialmente, *cláusulas de necessidade*, como as que contém a Lei de Transporte de Pessoas para os transportes de carreira, no § 13º, n. 3, al. 2, e para o transporte de táxi, no § 13, n. 4[816]. Também o acórdão relativo às farmácias, que constitui o ponto de partida do entendimento unitário da liberdade de profissão, tinha por objeto uma cláusula de necessidade que, como pressuposto para o estabelecimento de uma farmácia, exigia que as farmácias existentes não fossem suficientes para o fornecimento de medicamentos à população e que não fossem substancialmente prejudicadas do ponto de vista económico por aquele novo estabelecimento[817].

955. Das limitações objetivas de admissão podem ainda fazer parte *normas tributárias*, que se aplicam a determinadas profissões. Embora tenham influência na liberdade de profissão apenas de uma maneira indireta, podem, no entanto, ter um peso tal que "estrangulem" economicamente uma profissão e excluam de facto a possibilidade de a seguir.

956. Exemplo:
Se a venda de tabaco, charutos e cigarros fosse de tal maneira tributada que mal desse lucros, os artigos de tabacaria seriam, é certo, ainda vendidos e mantidos nos sortidos do comércio, mas a profissão do retalhista[818] independente de artigos de tabacaria estaria de facto liquidada. – O Tribunal Constitucional Federal ainda não reconheceu até ao presente este efeito estrangulador a qualquer norma tributária e só esporadicamente declarou que a tributação estranguladora dificilmente poderia manter-se em face do art. 12º (*E* 8, 222/228; cf. ainda *E* 13, 181/185 e s., assim como *BVerwGE* 153, 116/120); a doutrina continua,

---

816 E 11, 168; BVerwGE 79, 208; cf. também E 126, 112/138.

817 E 7, 377.

818 N. E.: No Brasil, o termo pode ser mais bem entendido como varejista ou comerciante.

até certo ponto, a alargar o círculo das ingerências na liberdade de profissão por via da tributação (cf. Hohmann, *DÖV* 2000, 406).

957. Sempre que um *monopólio da Administração Pública* reserva ao Estado o exercício de uma atividade, o cidadão já não pode fazer dela o conteúdo de uma profissão independente[819]. É certo que os monopólios da Administração Pública conhecem, em regra, exceções que permitem, quando se verifiquem determinados pressupostos, fazer de determinados aspetos da atividade em regime de monopólio o conteúdo de uma profissão, sendo que sob estes pressupostos se verificam pressupostos de admissão, tanto objetivos, como subjetivos. No entanto, a atividade que está em regime de monopólio fica sempre predominantemente fechada ao exercício independente da profissão[820].

958. Exemplos:

O monopólio das casas de jogo estabelecido pelo direito estadual de Baden-Württemberg, embora não tenha autorização para impedir completamente (*E* 102, 197/200 e s.; Brüning, *JZ* 2009, 29/31 e s.) a profissão de empresário de casa de jogo, apenas admite exceções num quadro muitíssimo restrito. A Lei da Lotaria do Estado da Baviera só pode restringir totalmente a organização de apostas desportivas às instituições do Estado, se desse modo se combater com eficácia o vício do jogo (*E* 115, 276/300 e s.; BVerfG, *NVwZ* 2008, 301), a limitação ao combate ao vício do jogo deve ser especialmente observada com cuidado nos casos em que o Estado lucra tributariamente com as ofertas da concorrência (*E* 145, 20, n. m. 122 e s. = *JK* 9/2017). A lei bávara relativa aos serviços de salvamento não pode impor que as prestações de serviço de salvamento possam ser fornecidas prioritariamente pelos organismos de utilidade pública livre e apenas em segundo plano pelas empresas privadas comerciais de serviços de salvamento (BayVerfGH, *NVwZ-RR*-2012, 665/668 e s.).

959. Também o acesso ao *serviço do Estado* e a certas profissões ligadas ao Estado é regulamentado por limites objetivos de admissão. Quando estejam esgotados os lugares disponíveis, sobre cujo número o

---

819 Cf. E 21, 245; 108, 370/389.

820 Cf. Breuer, *Hdb. StR3 VIII*, § 171 Rn 89 e s.

Estado decide por força do seu poder orgânico, o acesso ao serviço do Estado permanece vedado mesmo ao professor ou ao jurista mais qualificado (cf. n. m. 944 e s.).

960. Os *pressupostos subjetivos de admissão* ligam a escolha de uma profissão a qualidades e capacidades pessoais, a conhecimentos e experiências, a cursos concluídos e a serviços prestados, a profissões já exercidas e a obrigações assumidas.

961. Exemplos:

Idades-limite fixadas (para parteiras, *E* 9, 338; para peritos oficialmente nomeados e ajuramentados *BVerwGE* 139, 1/11; para médicos contratados, *E* 103, 172/184; para notários BVerfG, *NJW* 2008, 1212; para pilotos BVerfG, *EuGRZ* 2007, 231/233; perspetiva crítica Hufen, *StR II*, § 35, n. m. 57; sobre a relevância dos limites de idade na perspetiva do direito da União, também n. m. 532). Idoneidade (para empresários de comércio a retalho[821], *BVerwGE* 39, 247/251), dignidade (para advogados *E* 63, 266/287 e s.; BVerfG, *NJW* 1996, 709; para médicos *BVerwGE* 94, 352/357 e s.), capacidade negocial e capacidade processual (para advogados *E* 37, 67), aprovação em exames e experiência profissional adquirida (*E* 13, 97; 19, 330; 34, 71), nenhuma nomeação de advogados para funcionários do Estado (BVerfG, *NJW* 2007, 2317).

962. Através de uma regulação apertada dos pressupostos subjetivos de admissão, o legislador fixa determinados *perfis profissionais*. Se atrás, no n. m. 937, se observou que o conceito de profissão do art. 12º, n. 1, não se liga a perfis fixos de profissão, isto não quer dizer, de modo algum, que fosse proibido ou não pudesse haver perfis fixos de profissão. Significa que o âmbito de proteção do art. 12º, n. 1, não se encontra definido com base em perfis fixos de profissão, e que, pelo contrário, a fixação de um perfil de profissão representa uma ingerência no âmbito de proteção.

963. As *regulações do exercício de profissão* aplicam-se, uma vez mais, às condições, em parte objetivas e em parte subjetivas[822], segun-

---

821 N. E.: No Brasil, o termo pode ser mais bem entendido como varejo.

822 E 86, 28/39.

do as quais, e às modalidades nas quais, se exerce a atividade profissional. Estas normas são simplesmente as restantes ingerências na liberdade de profissão.

964. Exemplos:

Limitações da liberdade contratual referente à profissão, assim como a proibição, sem razões objetivas, da fixação de um prazo de contratos de trabalho (*E* 149, 126, n. m. 46); fixação de horários de funcionamento de estabelecimentos comerciais (*E* 13, 237; 111, 10) e horários de encerramento de restaurantes, p. ex. (*BVerwGE* 20, 321/323); proibição de fumar em restaurantes (*E* 121, 317/345 e s.); limitações de circulação de pesados em períodos de férias (*E* 26, 259); proibição de publicidade a advogados (*E* 76, 196; 82, 18; BVerfG, *NJW* 2008, 839, 1298; Kleine-Cosack, *NJW* 2013, 272), notários (BVerfG, *NJW* 1997, 2510), consultores fiscais (*E* 85, 97; 111, 366), médicos (*E* 71, 162; 85, 248; BVerfG, *NJW* 2011, 2636, 3147; *BVerwGE* 105, 362/366 e s.), farmacêuticos (*E* 94, 372) e industriais de táxis (*BVerwGE* 124, 26); obrigação dos advogados de comparecerem togados em audiência (*E* 28, 21); admissão individual de advogados (*E* 103, 1); reserva aos médicos especialistas em casos de interrupção voluntária da gravidez (*E* 98, 265/305, 308); proibição de medição da tensão ocular e teste ao campo de visão por parte de óticos (BVerfG, *NJW* 2000, 2736); proibição aos farmacêuticos de enviarem vacinas aos médicos (*E* 107, 186); proibição de uma sociedade constituída por advogados-notários e por membros de outras profissões liberais (*E* 98, 49/59), assim como de advogados com médicos e farmacêuticos (*E* 141, 82, n. m. 48 e s.); recurso a bancos para a retenção e pagamento de impostos sobre os rendimentos do capital (*E* 22, 380); limitação da liberdade de fixar a remuneração de direitos de autor por serviços profissionais (*E* 134, 204, n. m. 66); obrigatoriedade de disponibilização do segredo de empresa e do segredo comercial (*E* 115, 205/229 e s.); restrição da atividade remunerada dos militares na reserva (*BVerwGE* 84, 194/198). Regulações do exercício da profissão são também normas fiscais e outras normas tributárias, cujo pendor de regulação de profissão não chega a ser a mesma coisa que o estrangulamento de uma profissão, mas sim uma orientação do seu exercício (*E* 13, 181/187; 99, 202/211; 113, 128/145).

965. Por vezes, é difícil a *delimitação* entre regulações objetivas e subjetivas da escolha de profissão e entre regulações da escolha e do exercício da profissão. Assim, normas de inconciliabilidade ou normas de incompatibilidade, que só mediante pressupostos restritos permitem, por exemplo aos advogados, uma segunda profissão, contêm elementos objetivos e subjetivos[823]. Com a fixação de perfis profissionais são, respetivamente, fixadas como típicas determinadas atividades e excluídas outras como atípicas. Para aqueles que trabalham ou que pretendem trabalhar segundo o perfil fixado de profissão, isto tem um efeito de simples regulação do exercício. Mas tem um efeito de regulação de escolha da profissão para aqueles que pretendem constituir autonomamente uma profissão a partir da combinação de atividades fixadas como típicas com atividades excluídas como atípicas.

966. Exemplo: A Lei de Consultadoria Fiscal reservou no passado a execução comercial da contabilidade corrente dos salários para as profissões de consultadoria fiscal. No entanto, uma assistente comercial ofereceu os seus serviços para a execução burocrática da contabilidade salarial corrente. Ela foi acusada de violação da Lei de Consultadoria Fiscal. No processo de recurso constitucional, o Tribunal Constitucional Federal caraterizou as normas aplicáveis da Lei de Consultadoria Fiscal como sendo de regulação do exercício da atividade, as quais, no entanto, também – no seu entendimento – limitariam a escolha de profissão e, por isso, teriam de satisfazer as exigências de justificação aplicáveis às limitações da escolha de profissão. Em face disso, o Tribunal declarou a sua inconstitucionalidade (*E* 59, 302).

967. A jurisprudência também tem, por vezes, dificuldades com a classificação de normas que exigem ou proíbem o *abandono da profissão*; o Tribunal Constitucional Federal classifica, de uma maneira convincente, como pressupostos subjetivos de admissão a concentração de várias profissões numa profissão única[824], a fixação de uma idade limite (cf. n. m. 961) e a ordem da execução imediata da revogação da

---

823   E 87, 287/317.

824   E 119, 59/79 e s.

aprovação de um médico[825], o Tribunal Administrativo Federal entende como regulação do exercício de profissão uma norma da Lei Militar que impede os militares de carreira de requerer a demissão[826].

968. b) Também nas **ingerências na liberdade de formação profissional** podemos fazer a distinção entre limites objetivos de admissão, pressupostos subjetivos de admissão e outras regulações do sistema de formação profissional. O Tribunal Constitucional Federal considera que se verificam *limites objetivos de admissão* no chamado *numerus clausus* absoluto, que não só regulamenta a escolha de uma determinada universidade e o decorrer do curso universitário, mas veda, a nível federal e a longo prazo, o curso desejado a candidatos, não obstante possuírem o diploma de exame final do ensino secundário e terem adquirido realmente a aptidão para aceder ao ensino superior[827]. Também se verificam limites objetivos de admissão quando esteja vedado a longo prazo o acesso a serviços de estágio do Estado, que monopolizam, por exemplo para juristas e professores, determinados setores de formação profissional. Os *pressupostos subjetivos de admissão* regulam o acesso e também a saída de centros de formação, em conformidade com as qualificações pessoais; por isso, constitui uma ingerência a exclusão da escola[828], mas não a não passagem de ano[829]. Estes pressupostos aplicam-se tanto aos centros de formação do Estado como aos privados, cujos resultados finais são reconhecidos pelo Estado. Por fim, também se verifica ingerência no sistema de formação profissional por via das *regulações relativas à formação* sobre o tempo de trabalho, a proteção contra o despedimento e a organização das empresas.

969. c) Verificam-se ingerências na livre escolha do local de trabalho, quando o Estado impede o particular da obtenção de um local de trabalho disponível, quando o obriga a aceitar um determinado

---

825 BVerfG, *DVBl*. 1991, 482/483; cf. também *BVerwGE* 105, 214/217.

826 *BVerwGE* 65, 203/207.

827 *E* 33, 303/337 e s.; cf. também 147, 253/306 (= *JK* 8/2018); sobre a matéria, Braun, *DVBl* 2018, 831; Brehm/Brehm-Kaiser, *NVwZ* 2018, 543; Klafki, *JZ* 2018, 541.

828 *E* 58, 257/273 e s.

829 BVerwG, *DVBl*. 1998, 969.

local de trabalho ou exige a desistência de um local de trabalho[830]. Nesta medida, podemos mais uma vez fazer a distinção entre pressupostos objetivos e subjetivos de obtenção de um local de trabalho.

970. Exemplos:
Constituem ingerência na livre escolha do local de trabalho os acordos que obrigam um funcionário público à devolução dos custos efetuados com a formação, no caso de se retirar antecipadamente do serviço público (E 39, 128/141 e s.; BVerwGE 30, 65/69; 40, 237/239). Os acordos são limites subjetivos de admissão, enquanto tornarem o retirar-se do serviço público, como pressuposto da escolha de um novo local de trabalho, dependente de uma prestação em dinheiro sustentável e razoável adequada à vantagem da formação; no caso de prestações exorbitantes em dinheiro, elas seriam limites objetivos de admissão.

971. Dado que o mundo do trabalho está organizado sobretudo na base da economia privada, também a escolha livre do local de trabalho está condicionada e limitada sobretudo pelo direito privado. Aqui as decisões do empregador estão vinculadas apenas no sentido e sob os pressupostos do efeito indireto para terceiros (cf. n. m. 114, 240), contendo o direito do trabalho numerosas "brechas" nos direitos fundamentais.

972. Exemplos:
Acordos sobre a devolução de custos de formação encontram-se, tal como no serviço público, também na economia privada e são tanto aqui, como acolá, submetidos aos mesmos critérios (BAG, *NJW* 1977, 973). – Também as proibições de concorrência podem equivaler, consoante o seu peso e efeito, a limites objetivos de admissão e exigir da jurisprudência e da legislação um tratamento que corresponde à proteção contra limites objetivos de admissão do Estado (*E* 84, 133/151; 96, 152/163).

3. Justificação jurídico-constitucional

973. a) Reserva de lei. O art. 12º, n. 1, frase 2, contém uma **reserva de lei ordinária** (cf. n. m. 276, 314, 935). O art. 33º, que no

---

830   E 92, 140/151; 97, 169/175.

caso de profissões ligadas ao Estado pode justificar regulações especiais, não torna dispensável a base legal[831]. Não são leis as disposições administrativas[832]; delas fazem parte também as diretivas do direito das ordens profissionais, nas quais estão consignadas as conceções dos respetivos membros sobre um exercício da profissão segundo a ética profissional. Elas não podem sequer ser tomadas como critério de interpretação das cláusulas gerais sobre as obrigações profissionais dos membros da associação (cf., por exemplo, § 43 BRAO) e com isso não podem ganhar uma importância equivalente à lei[833].

974. Também quanto ao art. 12º, n. 1, se tem de tomar em conta a *doutrina da essencialidade* (cf. n. m. 315 e s.). Ela exige que o legislador fixe previamente os critérios e procedimentos de seleção aos serviços do Estado que distribuem e conferem as posições na concorrência profissional[834]. Esta doutrina tem um significado especial quando da atribuição de poder regulamentar autónomo a associações profissionais de direito público e exige que o próprio legislador tenha de adotar as chamadas regulações de escolha da profissão constitutivas de *status* e que apenas possa delegar a regulação do exercício da profissão nas associações profissionais[835]. Mas tratando-se de obrigações do exercício da profissão que se repercutam de forma intensa nos direitos de terceiros, também elas têm de ser reguladas pelo legislador[836].

975. **b) A doutrina dos níveis**, desenvolvida no acórdão das farmácias[837], faz a distinção dos níveis de regulação do *exercício da profissão*, dos *pressupostos subjetivos de admissão* e dos *limites objetivos de admissão* como sendo três níveis de intensidade crescente de ingerência. O aumento da intensidade da ingerência implica um decréscimo da liberda-

---

831   E 80, 257/265; BVerwGE 75, 109/116.

832   E 80, 257/265; BVerfG, NVwZ 2007, 804.

833   E 76, 171/184 e s.; 82, 18/26 e s.; sobre esta matéria, Pietzcker, NJW 1988, 513.

834   E 73, 280/294 e s.; VGH Mannheim, VBlBW 1999, 389.

835   E 33, 125/160; 94, 372/390.

836   E 101, 312/323.

837   E 7, 377.

de de conformação por parte do legislador. Este está subordinado a exigências de justificação tanto maiores quanto mais intensamente ele cometer ingerências ou permitir que outros as cometam. Nas exigências de justificação ganha importância o *princípio da proporcionalidade* (*proibição do excesso*): a "'teoria dos níveis' é o resultado da aplicação estrita do princípio da proporcionalidade às ingerências na liberdade de profissão impostas pelo bem comum"[838].

976. **aa)** A doutrina dos níveis ou o princípio da proporcionalidade exigem, pois, em primeiro lugar, que a ingerência na liberdade de profissão prossiga um **fim legítimo** e seja **apta** para a consecução do fim.

977. **Exemplos:**

Se os médicos ou os advogados, no seu receio em face da intensificação da concorrência, pudessem persuadir o legislador a erguer barreiras contra o avolumar-se da chamada invasão de médicos e de juristas nas suas profissões liberais, estas barreiras limitadoras da escolha e do exercício da profissão prosseguiriam um fim ilegítimo com o impedimento de concorrência (cf. Tettinger, *NJW* 1987, 293; cf. n. m. 883 e s.). – Um advogado que exerce simultaneamente a profissão de arquiteto e usa ambas as designações profissionais nas relações de trabalho, tornando-se assim mais atrativo que os seus concorrentes, não pode ver proibido o uso de ambas as designações profissionais nos termos do direito das respetivas associações profissionais; a proteção em face dos concorrentes não é um fim legítimo (*E* 82, 18/28). – A proibição de uso de várias designações de médico especialista não é apta para assegurar a elevada qualidade dos cuidados médicos à população (*E* 106, 181/194 e s.).

978. A teoria dos níveis ou o princípio da proporcionalidade exigem ainda que a ingerência seja necessária para atingir o fim e esteja numa relação adequada com a importância desse fim (proporcionalidade em sentido estrito). Na determinação da necessidade e da adequação, a teoria e o princípio referidos fazem uso da distinção entre os três níveis de ingerência:

---

838 E 13, 97/104.

979. bb) O facto de a ingerência ter de ser **necessária** para atingir o fim significa que nenhuma outra ingerência que afete menos o cidadão pode ser igualmente adequada para atingir o fim. Ora, saber se uma ingerência afeta mais ou menos o cidadão, se é mais ou menos intensa, aprecia-se especialmente pelos níveis de ingerência atrás referidos: em princípio, vale a ideia de que os limites objetivos de admissão são os mais intensos, que depois vêm os pressupostos subjetivos de admissão e que as simples regulações do exercício da profissão são as que menos lesam. Uma ingerência praticada num nível superior só é proporcional se o seu fim não puder ser alcançado tão plenamente através de uma ingerência de nível inferior. Também pode haver ingerências mais e menos intensas a um e mesmo nível. Esta é a primeira parte da doutrina dos níveis.

980. Exemplo:

O objeto do acórdão sobre as farmácias foi uma lei bávara das farmácias que tinha feito depender a abertura de novas farmácias de um limite objetivo de admissão, isto é, de uma correspondente necessidade do público. O fim da limitação de estabelecimento foi a manutenção da saúde pública; o legislador receou que a concorrência livre de muitas farmácias conduzisse a um desrespeito pelas obrigações legais, à venda leviana de medicamentos, à publicidade enganosa de medicamentos e ao vício pernicioso de ingestão de comprimidos. O Tribunal Constitucional Federal levantou a questão de saber se o fim legislativo não se poderia alcançar também através de regulações do exercício da profissão, através de controlos estatais da produção dos medicamentos, bem como através de limitações à publicidade e à venda livres. O Tribunal respondeu afirmativamente a essa questão e declarou inconstitucional a lei bávara das farmácias.

981. No entanto, a evolução ulterior da jurisprudência do Tribunal Constitucional Federal mostrou que os *níveis se podem interpenetrar*; tal como já se observou no n. m. 965 e s., não só a classificação de uma ingerência num ou noutro nível se pode tornar difícil, como uma ingerência a um nível inferior pode ser mais intensa que uma ingerência a um nível superior.

982. Exemplos:
Uma regulação do exercício da profissão que, para determinados setores do comércio, reduzisse sensivelmente os horários de funcionamento dos estabelecimentos comerciais e os sortidos das mercadorias ou que impusesse maiores e mais onerosas exigências de higiene de embalagem e de armazenamento poderia atingir de uma maneira mais sensível o comércio no setor em questão, do que pressupostos subjetivos de admissão fáceis de satisfazer. – O Tribunal Constitucional Federal tomou como sendo uma regulação do exercício da profissão a regulação do acesso à atividade de médico contratado (*E* 11, 30/42 e s.; 103, 172/184) e a proibição de subcontratação de mão de obra em empresas de construção civil (*E* 77, 84/106), mas por causa dos seus efeitos aproximou-a de uma ingerência na liberdade de escolha da profissão.

983. Em casos desta natureza, o controlo da necessidade não pode simplesmente questionar se haverá uma ingerência ao mesmo nível ou ao nível inferior que atinja igualmente o fim. Pelo contrário, o controlo tem de determinar a intensidade da ingerência e das suas eventuais alternativas, a partir das circunstâncias materiais e das circunstâncias do caso concreto. Tal como no caso do art. 14º (cf. n. m. 1069 e s.), temos de também aqui tomar em consideração a relação pessoal ou social[839]. Embora a doutrina dos níveis abra a *porta* à pergunta quanto à necessidade de uma ingerência e também permita voltar sempre a encontrar resposta, não é, por vezes, suficiente, e a questão quanto à necessidade da ingerência tem de se separar dela.

984. cc) Para o Tribunal Constitucional Federal e para a doutrina dominante, proporcionalidade significa ainda **proporcionalidade em sentido estrito**, isto é, que o fim a que serve a ingerência tem de ser tanto mais ponderoso quanto mais intensa for a ingerência. Por outras palavras, temos de proceder a uma *ponderação dos bens*. Esta é a segunda parte da doutrina dos níveis:
– os limites objetivos de admissão só são justificados se forem necessários para a "prevenção de graves perigos comprováveis ou altamente prováveis para um bem coletivo de extraordinária importância";

---

839 Bryde, NJW 1984, 2177/2181 e s.

– os pressupostos subjetivos de admissão só são justificados se o exercício da profissão, sem a verificação dos pressupostos, "fosse impossível ou inadequado" e também se acarretasse perigos ou danos para o público em geral;

– as regulações do exercício da profissão são justificadas se forem exigidas por "pontos de vista de oportunidade", sendo que se pode tratar umas vezes mais do público em geral, a quem os perigos ou os danos ameaçam, e outras vezes mais da classe profissional, que deve ser assegurada e apoiada.

985. Estas fórmulas, cunhadas pela primeira vez no acórdão das farmácias, e desde então regularmente repetidas, são fórmulas vagas e com elas não se pode operar facilmente. Também as determinações dos valores dos diferentes bens e fins coletivos, a que procedeu o Tribunal Constitucional Federal, revelam uma considerável *arbitrariedade*.

986. Exemplos:

O Tribunal Constitucional Federal reconheceu como sendo extraordinariamente importantes bens e fins coletivos tão heterogéneos como, por exemplo, os cuidados de saúde e da vida à população (E 103, 172/184; 126, 112/140), a estabilidade financeira dos seguros obrigatórios de saúde (BVerfG, *DVBl.* 2002, 400), o bom funcionamento da justiça (E 93, 213/236), a proteção contra consultores jurídicos inaptos (E 75, 246/267), a capacidade de funcionamento dos transportes públicos (E 11, 168/184 e s.), a produtividade dos caminhos de ferro alemães (DB) (E 40, 196/218) e a rápida organização de uma Administração eficiente nos novos Estados federados (E 84, 133/151 e s.)

987. No entanto, aquela arbitrariedade foi *inócua* na jurisprudência do Tribunal Constitucional Federal, porque o controlo da necessidade esteve sempre totalmente no primeiro plano. Só quando uma ingerência for realmente necessária para atingir o fim prosseguido é que se coloca ainda a questão de saber se o fim é também suficientemente ponderoso. No entanto, mais recentemente o Tribunal fez deslocar, sem motivos, o ponto central da fundamentação da necessidade para a proporcionalidade em sentido estrito[840]. Nos casos melhores, por debaixo da adequação ou da suportabilidade insuficientes ocultou-se uma ausência de necessidade; nos casos piores, o Tribunal Constitucional Federal evitou fazer frente à ausência de necessidade. Se, por outro lado, foi necessária uma ingerência, o Tribunal Constitucional nunca a considerou inconstitucional por falta de valor do fim, mas admitiu sempre o valor suficiente.

988. Por trás disto, pode ter estado tacitamente o seguinte entendimento: quando um fim ou o bem comum só podem na realidade ser alcançados pelo preço elevado de uma ingerência intensa nos direitos fundamentais, então mostra-se em regra precisamente aí o seu elevado valor. Com razão, o controlo da proporcionalidade em sentido estrito tem o significado de um *controlo de conformidade* (cf. n. m. 345).

989. Exemplos em que o Tribunal Constitucional Federal considerou como justificada a ingerência na liberdade de profissão:

– quanto a limites objetivos de admissão: estabelecimento de números máximos de licenças de veículos automóveis nos transportes de mercadorias de longo curso (*E* 40, 196/218); inclusão do serviço privado de salvamento na instituição encarregada do serviço público de salvamento (*E* 126, 112/139 e s.) monopólio de colocação de mão de obra do Instituto Federal do Trabalho (*E* 21, 245/250); limitações para os advogados no acesso a segundas profissões (*E* 87, 287/321); exclusão de pessoas coletivas do cargo de gestor de insolvência (*E* 141, 121, n. m. 36 e s. = *JK* 6/2016).

– quanto a pressupostos subjetivos de admissão: limites de idade para médicos contratados (cf. n. m. 961); certificado de aptidão para o ofício (*E* 13, 97/113 e s.; porém, cf. BVerfG, *EuGRZ* 2005, 740); normas de admissão para advogados e assessores jurídicos (*E* 41, 378/389 e s.; BVerfG, *NJW* 2009, 3710); exames, segundo o processo de escolha múltipla, para médicos (*E* 80, 1/23 e s.);

---

840   Cf. E 97, 228/259 e s.; 104, 357/368 e s.; 110, 226/264 e s.; 115, 276/308 e s.; 119, 59/86 e s.; 121, 317/355 e s.

– quanto a regulações do exercício da profissão: regulação do horário de funcionamento dos estabelecimentos comerciais (*E* 111, 10/32 e s.), proibição de fabrico de pão durante a noite (*E* 87, 363/382 e s.); limitação de plantio de vinha em terrenos impróprios (*E* 21, 150/160); imposto de diversão sobre máquinas de jogo (*E* 14, 76/100 e s.; 31, 8/26 e s.); tributação especial do transporte de longo curso das fábricas (*E* 16, 147/162 e s.); regulação de fidelidade ao contrato coletivo (*E* 116, 202/221 e s.); ordem de retorno dos automóveis de aluguer (*E* 81, 70/84 e s.); introdução do princípio do comprador no direito de corretagem (*E* 142, 268, n. m. 62 e s. = *JK* 11/2016).

Pelo contrário, o Tribunal Constitucional Federal admitiu, nos seguintes casos, uma violação ao art. 12º, n. 1: interdição absoluta de acesso para as empresas de casas de jogo em titularidade privada (*E* 102, 197/217 e s.); admissão individual de advogados aos tribunais superiores dos Estados federados (*E* 103, 1/13 e s.), em oposição à admissão ao Supremo Tribunal Federal (BGH) (*E* 106, 216/219 e s.); proibição ilimitada dos honorários dos advogados em função dos resultados (*E* 117, 28/41 e s.); controlo da necessidade na nomeação pública de peritos (*E* 86, 28/41 e s.); exclusão das farmácias de participarem no comércio de porta aberta aos domingos (*E* 104, 357/368 e s.); exclusão de uma indemnização por não concorrência no caso de proibições de concorrência de representantes comerciais (*E* 81, 242/260 e s.); obrigatoriedade dos empregadores à remuneração por inteiro durante umas férias especiais para fins de assistência a jovens (*E* 85, 226/234 e s.); proibição aos médicos de colaborarem em reportagens de imprensa sobre a atividade profissional (*E* 85, 248/261 e s.).

990. O modo referido de controlo ou de justificação aplica-se não só no caso de ingerências no âmbito parcial da liberdade de profissão, mas também no caso de ingerências nos domínios parciais da *liberdade de formação profissional e da liberdade de escolha do local de trabalho*. Podemos, respetivamente, fazer uma distinção segundo limites objetivos de admissão e outras ingerências, proceder a um correspondente escalonamento das intensidades de ingerência e tomá-lo por base do controlo da proporcionalidade.

991. Indicação técnica de solução:

Na questão quanto à verificação de uma ingerência, recomenda-se que se controle e se decida, simultaneamente, em que nível se situa a ingerência. O princípio da proporcionalidade exige que se identifique o fim legítimo, que se controlo depois a aptidão e a necessidade da ingerência para esse fim e se pergunte simultaneamente se uma ingerência a um nível inferior também seria de igual modo apta e só depois e de forma definitiva, caso ainda subsista uma parte do problema, se averigue a proporcionalidade em sentido restrito, isto é, se determine o valor e o grau hierárquico do fim e se pondere, uma contra o outro, a ingerência e o fim.

III. Direitos de proteção e de participação do art. 12º, n. 1

992. Na medida em que os direitos à livre escolha da profissão, do local de trabalho e do centro de formação profissional, isto é, os direitos ao acesso a profissões, aos lugares de trabalho e aos centros de formação do Estado estão dirigidos contra o Estado, transformam-se necessariamente em direitos de participação sob as condições da *escassez*. Se houver mais interessados do que bens, cada interessado só pode receber uma parte desse bem escasso. Dado que as profissões, os lugares de trabalho e os centros de formação do Estado, enquanto bens que são, não são divisíveis, só podem ser distribuídos por todos os interessados de modo igual, isto é, segundo critérios iguais. Os direitos de participação são *direitos de igualdade*. O art. 33º, n. 2, também declara esta ideia em relação ao acesso ao serviço público. Para o acesso a um curso universitário ou de uma instituição de ensino superior, o Tribunal Constitucional Federal também desenvolveu esta ideia a partir da lógica do problema.

993. Exemplos:

Os limites de vagas para cursos superiores têm de ser definidos por orientação pela capacidade de funcionamento da universidade e mediante esgotamento de todos os meios materiais e pessoais, tendo as capacidades limitadas de lugares na universidade de ser distribuídas de tal modo que cada interessado tenha igual oportunidade de vir a estudar, inclusive na universidade da sua preferência (*E* 33, 303/338; 85, 36/54;

147, 253, n. m. 103 e s. = *JK* 8/2018). A igualdade de oportunidades exige a aplicação igual de critérios legítimos de escolha; o Tribunal Constitucional Federal aceita uma seleção de acordo com o aproveitamento escolar (notas do 12º ano e resultados dos testes), com o sorteio, com o tempo de espera e com aspetos relacionados com desvantagens sociais (*E* 43, 291/317 e s.) e formula, por sua vez, critérios para a conjugação destes critérios (*E* 59, 1/21 e s.; 147, 253, n. m. 119 e s. = *JK* 8/2018). Igualdade de oportunidades não significa, porém, isenção de custos (*BVerwGE* 134,1/8 e s.; Pieroth/Hartmann, *NWVBl.* 2007, 81).

994. É, em geral, negado um alargamento dos direitos à livre escolha da profissão, do local de trabalho e do centro de formação no sentido de direitos ao trabalho ou à formação[841]; esse alargamento também não seria realizável sem uma ampla orientação profissional e da formação, por sua vez ameaçadora da liberdade. Também a jurisprudência se mostrou sempre reservada neste aspeto. Não reconheceu direitos à criação de capacidades docentes, de lugares no ensino superior e de liberdade de escolha de materiais didáticos[842], nem considerou o legislador impedido de reduzir capacidades docentes e lugares de ensino superior anteriormente criados[843].

995. Como *direito de proteção*, o Tribunal Constitucional Federal desenvolveu o art. 12º, n. 1, especialmente no caso de procedimentos de exames que, tal como acontece com os exames de Estado para juristas, abrem ou impedem o acesso a profissões. A jurisprudência exige que o exame seja feito sem adiamento desnecessário, que o exame e a atribuição de nota sejam transparentes, que o examinador conceda ao examinando uma margem de resposta e que o que é sustentável não seja avaliado como estando errado, que o examinando possa apresentar eficazmente objeções contra a nota atribuída[844] e que uma avaliação da

---

841   Papier, *Hdb. GR II*, § 30, n. m. 18 e s.; Stern, *StR IV/1*, p. 1915 e s.

842   Cf. *BVerwGE* 102, 142/146 e s.

843   Cf. OVG Berlin, *NVwZ* 1996, 1239.

844   *E* 84, 34/45 e s.; BVerfG, *EuGRZ* 1999, 359; BVerwGE 98, 324/330 e s.; cf. também n. m. 1137 e s.

prestação se faça fundamentadamente[845]. É certo que não é precisa uma proteção da nota, isto é, uma avaliação de aproveitamento que tome em consideração a capacidade de trabalho individual, mas se essa proteção for proporcionada, o art. 3º, n. 3, frase 2, também não proíbe que ela seja anotada no diploma de curso[846]. Para se evitarem perguntas e avaliações erradas, o sistema de escolha múltipla carece de um esforço considerável do ponto de vista procedimental[847]. Exigências comparáveis aplicam-se a outras decisões estatais de seleção acerca da admissão a uma atividade profissional[848]. – Como direito de proteção, o art. 12º, n. 1, exige também uma certa proteção mínima do local de trabalho contra a perda através de decisão privada, proteção que está garantida pela lei de proteção contra os despedimentos e por cláusulas gerais de direito civil[849].

IV. Isenção de obrigatoriedade de trabalho e de trabalho obrigatório (art. 12º, n. 2 e 3)

1. Âmbito de proteção

996. A isenção de obrigatoriedade de prestação de determinados trabalhos em concreto (obrigatoriedade de trabalho) ou de empregar toda a força de trabalho de determinada maneira (trabalho obrigatório) faz antes parte, do ponto de vista sistemático, do *art. 2º, n. 1*, e não do art. 12º, n. 1. É que não se trata da obrigatoriedade de escolher ou de não escolher determinadas profissões e lugares de trabalho, de exercer ou não exercer determinadas atividades profissionais. É certo que durante o tempo em que uma pessoa está sujeita a uma obrigatoriedade de trabalho ou a um trabalho obrigatório não pode ocupar-se da sua

---

845 BVerwGE 99, 185/189 e s.

846 BVerwGE 152, 330/335 e s.

847 E 84, 59; BVerfG, NVwZ 1995, 469.

848 Cf. E 82, 209/227; 116, 1/16 e s.; BVerfG, NVwZ 2011, 113/114.

849 E 97, 169/175 e s.; 128, 157/176 e s.; cf. também Otto, JZ 1998, 852.

profissão, mas durante esse tempo essa pessoa está também impedida de todas as outras atividades, e fora desse tempo a pessoa está livre para todas as atividades profissionais e não profissionais[850]. Além disso, ambas as garantias, ao contrário do que sucede com a liberdade profissional, são direitos humanos. As normas do art. 12º, n. 2 e 3, protegem, por conseguinte, como limites de limites, a *liberdade de atuação em geral* contra ingerências determinadas[851].

2. Ingerências e justificação jurídico-constitucional

997. A jurisprudência e a doutrina são extremamente *reservadas* na qualificação de uma obrigação como *obrigatoriedade de trabalho* (art. 12º, n. 2). Exigem que a prestação de trabalho a que se é obrigado requeira um certo esforço e seja normalmente produzida a título de atividade paga; por vezes, exigem também que essa prestação seja "efetuada através de uma prestação pessoal de trabalho"[852]. Também da origem histórica resulta que só devam ser admitidos "no essencial, como obrigações tradicionais, os serviços prestados obrigatoriamente à comunidade, manualmente ou com emprego de animais de tiro (*'Hand-und Spanndienste'*), a obrigatoriedade de trabalhos de auxílio à reparação de diques e obrigatoriedade de prestar serviço de bombeiro"[853]. Deste modo, o art. 12º, n. 2, revela-se pouco importante. Mesmo assim, estas obrigações no sentido da reserva de lei (cf. n. m. 312 e s., e 460) têm de ter uma base legal[854].

998. Exemplos:

Não devemos considerar que estamos perante uma obrigatoriedade de trabalho na escolaridade obrigatória, na participação obrigatória do domicílio às autoridades, na obrigação de atividade honorífica (VGH München *E* 7, 77/80), na obrigação de atividade como recensea-

---

850 Cf. também Stern, *StR IV/1*, p. 1017.

851 Pelo contrário, a favor de um direito fundamental próprio, *Kloepfer, VerfR II*, § 70, n. m. 3, 107.

852 *BVerwGE* 22, 26/29.

853 *E* 22, 380/383; 92, 91/109.

854 Gusy, *JuS* 1989, 710/713.

dor da população (VGH München, *NJW* 1987, 2538; opinião diferente, Günther, *DVBl*. 1988, 429), na obrigação dos moradores à beira da rua de limpar os passeios (*BVerwGE* 22, 26; VGH Kassel, *DVBl*. 1979, 83) e na obrigatoriedade de colaboração dos empregadores na cobrança do Imposto sobre o Rendimento do Trabalho e da Taxa para a Segurança Social (*E* 22, 380).

999. Também o art. 12º, n. 3, teve pouca importância até agora. A introdução de *trabalho obrigatório* em campos de trabalho, campos de reeducação e em campos de concentração não tem, aliás, interesse para o Estado de liberdade. No Estado de liberdade só tem tradição a imposição de trabalho obrigatório, no caso da privação de liberdade ordenada pelos tribunais (cf. § 41º, n. 1, do StVollzG); foi precisamente este trabalho obrigatório que foi excluído expressamente pela proibição de trabalho obrigatório, simultaneamente colocado sob o primado do apoio à ressocialização e transformado de um trabalho apenas baseado na coação, num trabalho compensado pelo adequado reconhecimento[855]. Com base na origem histórica, o Tribunal Constitucional Federal também não considerou como estando abrangida pela proibição do trabalho obrigatório e da obrigatoriedade de efetuar trabalho a ordem de prestar trabalho como medida de educação, prevista no § 10º, n. 1, frase 3, alínea 4, do JGG[856], nem a imposição de uma garantia de prestar serviços de utilidade coletiva, permitida no § 56b, n. 2, alínea 3, do StGB[857]. Pelo contrário, de acordo com uma conceção por vezes sustentada, estará abrangida por aquela proibição a introdução de um serviço geral para jovens cidadãos[858].

1000. Esboço de solução para o caso 18 (n. m. 932).

I. Não há pura e simplesmente a *profissão* de médico, mas, por um lado, a profissão do médico como profissional independente e, por outro lado, como profissional dependente. Enquanto médico chefe de

---

855 E 98, 169/199 e s.; BVerfG, NJW 2002, 2023.

856 E 74, 102/122; sobre esta matéria, cf. Gusy, JuS 1989, 710.

857 E 83, 119/125 e s.

858 Cf. Köhler, ZRP 1995, 140.

serviço numa clínica universitária, "M" exercia a profissão de médico dependente, e como médico contratado pretende, pelo contrário, exercer a profissão de médico independente. – **II.** 1). A recusa da admissão requerida como médico contratado seria uma *ingerência* na liberdade de escolha da profissão, se essa recusa proibisse a "M" o exercício da profissão de médico independente. A profissão de médico independente abrange, todavia, não só a atividade como médico contratado, mas também a de médico que trata os pacientes que têm um seguro privado. Esta última atividade também pode ser exercida por "M" sem admissão como médico contratado; o exercício da profissão de médico independente não lhe é, por isso, proibido, mas apenas limitado. Não se verifica uma ingerência na liberdade de escolha da profissão, mas uma ingerência na liberdade de exercício da profissão. – 2). Em face, se não da impossibilidade, pelo menos da dificuldade de se afirmar economicamente como médico que apenas trata pacientes que têm seguro privado, esta regulação do exercício da profissão aproxima-se, porém, muito de uma regulação da escolha de profissão. O que é regulado não é um pressuposto objetivo, mas um *pressuposto subjetivo de admissão* ao exercício da profissão como médico contratado do médico que exercia a profissão como independente, porque a idade é um atributo pessoal. A intensidade da ingerência na liberdade de exercício da profissão de "M" assemelha-se, pois, à intensidade de uma ingerência na sua liberdade de escolha de profissão, ao nível de uma limitação subjetiva de admissão. – **III.** O regulamento de admissão pode, como lei material, *justificar jurídico-constitucionalmente* a ingerência, embora esteja salvaguardado o limite de limites do princípio da proporcionalidade. **1).** A ingerência serve o *fim legítimo* de limitar os custos do seguro obrigatório de doença que, de acordo com a experiência, aumentam com o número dos médicos admitidos com contrato. – **2).** Nesse sentido, uma proibição de admissão antes para médicos com mais idade do que para médicos mais jovens é *apropriada*, porque dos médicos que sejam admitidos como médicos contratados após terem completado 55 anos de idade e que têm de terminar já a sua atividade ao completarem 68 anos se pode esperar muito pouco quanto a uma colaboração consciente, em matéria de custos, no âmbito do seguro obrigatório de doença. – **3).** A proibição de admissão também é *necessária*, porque não estão à vista regulações de profissão mais suaves, mas igualmente eficientes, para o grupo dos médicos que já atingiram 56 anos de idade. – **4)**. Uma regulação do exercício da profissão, com efeito idêntico ao da regulação da escolha da profissão que limite subjetivamente a admissão, carece, como esta, de justificação por via de um fim de *peso suficientemente importante*. A segurança da estabilidade financeira e, com ela, da capacidade de funcionamento do seguro obrigatório de doença é um interesse de bem comum de importância extraordinária. "M" não foi lesado no art. 12º, n. 1, pela recusa de admissão como médico contratado.

1001. **Bibliografia:**

R. Breuer, "Freiheit des Berufs", *Hdb. StR3 VIII*, § 170; B.-O. Bryde, "Artikel 12 Grundgesetz – Freiheit des Berufs und Grundrecht der Arbeit", *NJW* 1984, 2177; O. Depenheuer, "Freiheit des Berufs und Grundfreiheiten der Arbeit", *in: FS 50 Jahre BVerfG*, 2001, vol. II, p. 241; F. Hufen, "Berufsfreiheit – Erinnerung an ein Grundrecht", *NJW* 1994, 2913; A.-B. Kaiser, "Das Apotheken-Urteil des BVerfG nach 50 Jahren", *Jura* 2008, 844; S. Langer, "Strukturfragen der Berufsfreiheit", *JuS* 1993, 203; R.A. Lorz, "Die Erhöhung der verfassungsrechtlichen Kontrolldichte gegenüber berufsrechtlichen Einschränkungen der Berufsfreiheit", *NJW* 2002, 169; T. Mann/E.-M. Worthmann, "Berufsfreiheit (Art. 12 GG) – Strukturen und Problemkonstellationen", *JuS* 2013, 385; J. Pietzcker, "Artikel 12 Grundgesetz – Freiheit des Berufs und Grundrecht der Arbeit", *NVwZ* 1984, 550; R. Pitschas, *Berufsfreiheit und Berufslenkung*, 1983; H. P. Schneider, "Berufsfreiheit", *Hdb. GR V*, § 113; R. Waltermann, "Freiheit der Arbeitsplatzwahl (Art. 12 Abs. 1 GG) – Grundrecht der Arbeitnehmer", *DVBl.* 1989, 699.

§ 22. INVIOLABILIDADE DO DOMICÍLIO (ART. 13º)

1002. **Caso 19: A autorização de entrada para fiscalização de uma obrigação fiscal.**

A Lei Sobre a Constituição de um Fundo Central para a Promoção das Vendas de Produtos Agrícolas e de Géneros Alimentícios

(*Absatzfondsgesetz*) estabelece para as empresas agrícolas uma obrigação fiscal para a promoção das vendas e da transformação de produtos agrícolas. O § 11º, n. 1, obriga os contribuintes a comunicarem imediatamente à autoridade competente, e a pedido, as informações que são necessárias para a execução das funções atribuídas por lei. O § 11º, n. 2, autoriza as pessoas encarregadas pelas autoridades competentes da recolha de informações, a entrarem em terrenos e em espaços comerciais do obrigado a prestar informações, a procederem aí a inspeções e a consultarem os documentos comerciais do obrigado a prestar informações. Será o § 11º, n. 2, do *Absatzfondsgesetz* compatível com o art. 13º? N. m. 1027.

I. Panorama geral

1003. O âmbito de proteção deste direito fundamental é esboçado no n. 1, apenas com o conceito de domicílio. Os números 2 a 5 e 7 contêm autorizações de ingerência, sendo que os n. 2, 4 e 5 são casos especiais do n. 7, e o n. 3 vai para além do n. 7. O n. 6 é uma determinação de direito orgânico. O art. 13º é um direito de defesa contra o poder público. Este preceito não confere, pois, ao arrendatário um direito de defesa contra o locador e também não contém um direito de prestação contra o poder público ao fornecimento de uma habitação, tal como o conhecem algumas Constituições dos Estados federados (cf. art. 106º, n. 1, da *bay Verf*; art. 28º, n. 1, da *berl Verf*; art. 14º, n. 1, da *brem Verf*).

II. Âmbito de proteção

1004. De acordo com a sua evolução histórica[859], o direito fundamental da inviolabilidade do domicílio encontra-se em correlação com o livre desenvolvimento da personalidade. O direito fundamental da inviolabilidade do domicílio visa conceder ao particular um "espaço vital elementar"[860] e, nele, o direito de "ser deixado em sossego"[861].

---

859   Sobre o assunto, cf. Berkemann, *AK*, art. 13º, n. m. 1 e s.; Herdegen, *BK*, art. 13º, n. m. 4 e s.

860   E 42, 212/219; 51, 97/110.

861   E 27, 1/6; 103, 142/150.

Domicílio significa, nesta perspetiva, "esfera espacial privada"[862]. Ao proteger expressamente contra a intrusão técnica, o art. 13º deixa claro que, para estas ingerências no direito geral de personalidade, é *lex specialis* relativamente ao art. 2º, n. 1, em ligação com o art. 1º, n. 1[863].

1005. Questionável é saber onde devem ser traçadas as *fronteiras* do âmbito de proteção. Uma possibilidade consistiria em partir de conceções infrajurídico-constitucionais. Deste modo, no *direito penal* e a par do domicílio em sentido restrito e dos espaços comerciais, está também protegida a propriedade cercada, no sentido de uma parte da superfície terrestre rodeada por uma vedação (§ 123º, n. 1, StGB). No entanto, o campo rodeado por uma cerca não tem nada a ver com a esfera privada do agricultor. Como ponto de partida *de direito civil*, não entra evidentemente em consideração a propriedade, porque nesse caso todos os arrendatários ficariam sem a proteção jurídico-fundamental do art. 13º, mas sim a posse direta (§§ 854 e s. Código Civil alemão)[864] e, por vezes, até o exercício direto da posse por via de mandato (§ 855 Código Civil alemão).

1006. Normas jurídicas infraconstitucionais podem oferecer um primeiro ponto de referência, mas não podem definir exaustivamente o âmbito de proteção. Isto tem, como sempre, de se verificar a partir do *fim de proteção* do direito fundamental e do *contexto geral da Constituição*. Nesta conformidade, o que é decisivo para a esfera espacial privada é, por um lado, a vontade do particular, reconhecível para o exterior, de simples acessibilidade privada a espaços e a lugares e, por outro lado, o reconhecimento social desta determinação individual da esfera espacial privada[865].

1007. Exemplos:

Domicílio no sentido jurídico-constitucional são, por isso, sem hesitação, e a par das divisões da habitação em sentido estrito: a cave[866],

---

862   E 65, 1/40.

863   E 109, 279/325.

864   Neste sentido, Gentz, p. 46 e s.

865   Berkemann, AK, art. 13º, n. m. 32 e s.

866   N. E.: No Brasil, o termo pode ser mais bem entendido como porão ou depósito.

a garagem, o pátio interior, o jardim da frente (BGH, *NJW* 1997, 2189), o carro de campismo, a tenda, o iate, etc. Também é concedida a proteção do art. 13º ao arrendatário despedido, que, apesar de já vencido o prazo de despedimento, ainda ocupa a habitação (*E* 89, 1/12; *Ziekow/ Guckelberger, FH*, art. 13º, n. m. 44). Além disso, podem cair sob o art. 13º a barraca de tábuas, na qual mora, durante o inverno, na mata municipal, o não domiciliado e, verificando-se determinados pressupostos, a habitação clandestinamente tomada por ocupantes (Kunig, *MüK*, art. 13º, n. m. 14; opinião diferente, Papier, *MD*, art. 13º, n. m. 12). – Em relação ao "espaço virtual" aberto pela *internet*, discute-se uma aplicação analógica do art. 13º (cf. Rux, *JZ* 2007, 285/293).

1008. Controverso é saber se os *espaços empresariais e os espaços comerciais* fazem parte do âmbito de proteção da inviolabilidade do domicílio. A relação do art. 13º com a privacidade poderia ser, em primeiro lugar, um argumento a favor de excluir estes espaços e de limitar o domicílio à proteção do particular sozinho e no seio da sua família. Mas um argumento contra é o significado, expresso nos artigos 12º e 14º, que têm o trabalho, a profissão e o ofício para a autorrealização humana. O Tribunal Constitucional Federal incluiu, por isso, com razão, os espaços industriais e comerciais no âmbito de proteção do art. 13º[867].

1009. Mas, simultaneamente, temos de fazer uma *distinção*. Os espaços empresariais e comerciais podem:

– estar integrados no domicílio propriamente dito e ficar, por isso, subtraídos ao acesso público, tal como a própria habitação (por exemplo, escritório na sala de estar, atelier no sótão, oficina na cave);

– estar separados da habitação e, contudo, subtraídos ao acesso público indiscriminado (por exemplo, consultório médico, piso de escritórios, fábrica, cozinha de restaurante); e

– estar completamente acessíveis ao público, precisamente destinados ao acesso indiscriminado (por exemplo, galeria comercial, grandes armazéns retalhistas, centros de tempos livres).

Os espaços empresariais e comerciais integrados no domicílio caem, sem que haja problemas, sob o art. 13º. Pelo contrário, os espa-

---

867 E 32, 54/68 e s.; 76, 83/88; 96, 44/51.

ços destinados ao acesso público indiscriminado não merecem a proteção do art. 13º durante o tempo em que estão acessíveis ao público[868]. Só quando estão fechados é que, juntamente com os espaços empresariais e comerciais do segundo grupo, caem no âmbito de proteção do art. 13º. No caso de espaços comerciais protegidos pelo art. 13º, a proteção compete, por princípio, ao empresário. Empregados em concreto só podem invocar o art. 13º, desde que lhes estejam atribuídos espaços como lugares onde se podem recolher e em que se manifesta privacidade[869].

III. Ingerências

1010. A conduta de violação consiste numa intrusão corporal ou numa intrusão não corporal, através de meios auxiliares técnicos, no domicílio e na permanência nele por parte do poder público. Essa violação é continuada por meio do armazenamento e da utilização das informações obtidas, bem como pela sua transmissão a outros serviços; a utilização para outro fim das informações obtidas constitui, pelo contrário, uma ingerência autónoma[870]. Os n. 2 a 7 fazem, neste caso, uma distinção, consoante as situações de perigo típicas da inviolabilidade do domicílio.

1. Buscas domiciliárias

1011. Por *busca domiciliária* (art. 13º, n. 2) o Tribunal Constitucional Federal entende "a procura de pessoas ou objetos, deliberada e orientada a um fim, por parte de órgãos do Estado, ou para a averiguação de uma situação de facto, a fim de detetar alguma coisa que o titular do domicílio não quer espontaneamente mostrar ou entregar"[871]. Sob este conceito cairia também a vistoria a uma cozinha de

---

868 Cf. BVerfG, NJW 2003, 2669; Kloepfer, *VerfR II*, § 66, n. m. 6; opinião diferente, BVerwGE 121, 345/348.

869 Tribunal Constitucional Federal, NJW 2018, 2395 e s.

870 E 109, 279/327, 374 e s.

871 E 76, 83/89.

hotel por parte de um funcionário da inspeção industrial que, através da procura de sujidade, bolor e baratas, pretende averiguar se as condições de higiene são suficientes ou, o que o hoteleiro naturalmente não quer mostrar, se elas são insuficientes. O facto de tais vistorias e fiscalizações não serem buscas domiciliárias é, no entanto, desde sempre, incontestável. Por isso, a definição do Tribunal Constitucional Federal tem de ser precisada: o que deve ser detetado não pode ser simplesmente o estado do domicílio e a garantia do seu uso conforme à sua função. Busca domiciliária é a procura, por parte de órgãos do Estado, de pessoas ou coisas, que se encontrem num domicílio ou que até estejam nele escondidas para serem subtraídas aos olhares ou ao acesso; a busca domiciliária é caraterizada por ações que visam pôr a descoberto o que se encontra escondido[872].

1012. Exemplos:

Sob o art. 13º, n. 2, caem não só as buscas de direito processual-penal, mas também as buscas administrativas, por exemplo do executor judicial, nos termos do § 758 ZPO (*E* 51, 97; 76, 83; sobre esta matéria, cf. Behr, *NJW* 1992, 2125) e do § 33º, n. 2, do FGG (BVerfG, *NJW* 2000, 943 e s.), das autoridades financeiras, nos termos do Código Tributário (*E* 57, 346), das autoridades policiais, nos termos das leis de polícia (*BVerwGE* 28, 285). Já não faz parte da busca a apreensão ou a colocação em segurança dos objetos encontrados (*E* 113, 29/45).

2. Escutas secretas

1013. O emprego de meios técnicos, de que tratam os n. 3 a 5, é comummente designado como escuta secreta. O n. 3 trata da grande escuta secreta para fins de perseguição penal, que se serve apenas de meios técnicos para o controlo acústico, isto é, de um microfone direcional ou de um microfone instalado (percevejo). O n. 4 trata da grande escuta para fins de prevenção de perigos, a qual se serve tanto de meios acústicos como de meios óticos e de outros meios técnicos, isto é, da câmara de vídeo e da câmara de infravermelhos, do emissor radiogo-

---

872 Cf. OVG Hamburg, *DVBl.* 1997, 665/666.

niométrico e do detetor de movimentos. A pequena escuta secreta, prevista no n. 5, visa, de uma maneira diferente da grande escuta, não a intrusão no domicílio, mas a proteção de pessoas mobilizadas, por exemplo, do agente de ligação infiltrado na cena como *dealer*.

3. Outras ingerências

1014. As outras *ingerências e limitações* (art. 13º, n. 7) abarcam a entrada, a inspeção e a permanência para outros fins que não o da busca domiciliária. Dado que a intrusão não corporal, através de meios técnicos, é expressamente regulada nos n. 2 a 5, também esta regulação é exaustiva. Um emprego de meios técnicos acústicos e óticos que não cai nos números 2 a 5, também não cai, portanto, nas demais ingerências e limitações.

1015. Questionável é saber se o art. 13º também protege contra *ingerências na substância*, com as quais a esfera privada espacial é subtraída, totalmente ou em parte, à disposição ou utilização próprias; nesse caso, também a evacuação em virtude de perigo de incêndios, de perigo de desmoronamento e de perigo de epidemia, a apreensão e a demolição constituiriam uma ingerência na liberdade de domicílio[873]. Mas com isto menospreza-se o aspeto específico da liberdade de domicílio e amplia-se demasiado o seu âmbito de aplicação[874]. As ingerências na substância devem aferir-se pelo art. 14º; o instituto da expropriação é *lex specialis* para a privação do espaço de habitação[875]. Por isso, a ordem de demolição não afeta o art. 13º. No entanto, o art. 13º protege contra medidas de gestão de espaços habitacionais (cf. o n. 7 "eliminação da necessidade de espaço"), na medida em que a privacidade é afetada por ocupações forçadas[876].

---

873   Neste sentido, cf. Berkemann, AK, art. 13º, n. m. 64; cf. também E 89, 1/12.

874   Cf. Gentz, p. 96 e s.

875   Opinião diferente e divergente, E 49, 228/238.

876   Kloepfer, VerfR II, § 66, n. m. 17; deixadas em aberto pelo acórdão do Tribunal Constitucional Federal *in*: E 8, 95/98.

IV. Justificação jurídico-constitucional

1. Buscas domiciliárias

1016. As buscas domiciliárias são admissíveis jurídico-constitucionalmente quando se verifiquem os pressupostos do art. 13º, n. 2. A busca é um caso especial das ingerências e limitações de que trata o art. 13º, n. 7[877]. As buscas domiciliárias só podem, em princípio, ser ordenadas na *forma* prescrita por lei, isto é, pelo *juiz*. Entre a ordem de busca domiciliária judicial e a não judicial há uma relação de regra e exceção[878]. Os tribunais são, por isso, obrigados a garantir organicamente que os juízes estejam acessíveis[879]. Em caso de perigo iminente, também estão excecionalmente autorizados outros órgãos previstos por lei (Ministério Público e polícia) para ordenar a realização de buscas domiciliárias. Perigo iminente quer dizer um perigo concreto e não já a mera possibilidade de uma perda de meios de prova[880] e apenas se verifica "se a prévia obtenção da ordem judicial puser em perigo o sucesso da busca domiciliária"[881]. O conceito de "perigo iminente" está subordinado a controlo judicial ilimitado; as autoridades de perseguição penal têm de documentar para o tribunal e fundamentar perante o tribunal a razão por que ordenaram uma busca domiciliária[882].

1017. Se a lei que autoriza a busca também não previr uma ordem judicial para os casos de ausência de perigo iminente, então a indispensabilidade dessa ordem judicial resulta diretamente do n. 2; portanto, a regulação legal é *complementada* pela norma de procedimento contida no texto constitucional[883].

1018. O art. 13º n. 2, não estabelece as razões *materiais* pelas quais o juiz pode ordenar a busca. Estas razões resultam das leis ordiná-

---

877 Cf. BVerwGE 28, 285/286 e s.; 47, 31/35 e s.

878 E 139, 245, n. m. 70 e s.

879 E 139, 245, n. m. 70 e s.; BVerfG, NJW 2019, 1428/1430 e s.

880 E 103, 142/155.

881 E 51, 97/111.

882 E 103, 142/160; sobre esta matéria, cf. Lepsius, *Jura* 2002, 259.

883 E 51, 97/114 e s.

rias, que têm de fixar os pressupostos da busca domiciliária. No entanto, em virtude da considerável ingerência na esfera de vida pessoal, é conveniente, do ponto de vista jurídico-constitucional, um cuidadoso controle da proporcionalidade.

1019. A busca processual-penal tem de estar numa adequada relação com a gravidade do ilícito penal e com a solidez da suspeita de crime (TCF, *NJW* 2015, 1585/1586). A busca pressupõe uma suspeita de um ilícito, baseada em factos concretos e não apenas em vagas presunções (TCF, *NJW* 2014, 1650). Além disso, ela tem de prometer produzir meios de prova adequados, ser indispensável para a averiguação e para a perseguição do ilícito penal, assim como tem de se encontrar numa relação adequada com a gravidade do ilícito e com a solidez da suspeita de crime. Ao mesmo tempo, também se tem de tomar em conta os direitos fundamentais de terceiros, por exemplo dos mandantes, no caso de busca de um escritório de advogados (E 113, 29/46 e s.; Tribunal Constitucional Federal, *NJW* 2009, 2518). A ordem judicial de busca domiciliária serve para tornar controlável a execução da medida. Ela tem de ficar suficientemente bem definida, isto é, tem de indicar o espaço temporal dos factos, assim como definir o quadro, o limite e o objetivo da busca (cf. *E* 42, 212/220; 103, 142/151 e s.; 115, 166/197; *NJW* 2017, 2016/2017), e perde, o mais tardar após o decurso de meio ano, a sua força justificativa de ingerência no direito fundamental (*E* 96, 44/52 e s.). Sobre a proibição de aproveitamento de prova, cf. n. m. 1024 e s.

2. Escutas secretas

1020. O n. 3 permite que a grande escuta possa ter lugar, por lei, para fins de *perseguição penal* e quando se verifiquem determinados pressupostos materiais e formais: factos determinados têm de fundar a suspeita de que alguém cometeu um determinado ilícito especialmente grave; a investigação dos factos por outra via tem de ser desproporcionadamente dificultada ou oferecer poucas possibilidades de êxito; tem de ser emitida uma ordem judicial. Além disso, o Tribunal Constitucional Federal deduziu do art. 1º, n. 1, e do princípio da proporcionalidade outros pressupostos para a justificação da grande escuta: esta tem de deixar de se efetuar ou em todo o caso tem de ser interrompida se, através dela, forem recolhidas informações provenientes do âmbito nuclear da organização da vida privada; as gravações sobre esta matéria têm de ser apagadas e não se pode fazer um aproveitamento delas[884].

1021. A grande escuta (n. 4) e a pequena escuta (n. 5) para fins de *combate a perigos* encontram-se sob pressupostos justificativos mais rigorosos do que antes da revisão do art. 13º, no ano de 1998; só são permitidas para o combate a perigos e já não para a prevenção de perigos. Por via da revisão e do complemento do art. 13º, o antigo n. 3 e atual n. 7, apesar de se manter igual a letra do seu texto, ganhou uma outra posição sistemática e, deste modo, também uma outra importância; as "ingerências e limitações... para a prevenção de perigos iminentes para a segurança e ordem públicas" de que trata o antigo n. 3 e atual n. 7, já não incluem as escutas, desde que estas se encontram especialmente reguladas nos n. 3 e 4. As leis de polícia que permitem escutas para o combate preventivo de crimes são, por isso, incompatíveis com o novo art. 13º[885]. Os pressupostos justificativos das escutas para o combate a perigos são também mais rigorosos do que antes da revisão do art. 13º, na medida em que contêm uma reserva de juiz e exigem uma ordem judicial ou, no caso de perigo iminente, uma decisão judicial *a posteriori*.

3. Outras ingerências

1022. São jurídico-constitucionalmente permitidas outras ingerências, quando se verifiquem os pressupostos do art. 13º, n. 7. Da comparação da letra do texto (n. 2: "nas leis", n. 7: "com base numa lei") resulta que as ingerências e limitações, nos termos do n. 7, podem ser amplamente reguladas em regulamentos jurídicos e em regulamentos autónomos como buscas domiciliárias, nos termos do n. 2. É certo que para as autorizações de ingerência do primeiro segmento da frase não se exige expressamente uma base legal, ao contrário das autoriza-

---

884 E 109, 279/315 e s.; BVerfG, *NJW* 2007, 2753; numa perspetiva crítica, Lepsius, *Jura* 2005, 433, 586.

885 Kingreen/Poscher, *Polizei- und Ordnungsrecht*, 10ª ed., 2018, § 13, n. m. 132.

ções do segundo segmento da frase, mas esta exigência é uma evidência no Estado de direito. Apenas as exigências de determinação das bases legais são menores no primeiro segmento da frase que no segundo segmento[886]. De resto, também aqui o legislador adotou uma série de regulações legais que têm de ser tomadas em conta pelo poder executivo. Uma lei no sentido do segundo segmento da frase é a autorização geral; mas, numa interpretação conforme à Constituição, essa autorização deve ser reforçada no sentido de que é pressuposto da autorização para a intervenção policial a verificação de um perigo iminente[887].

1023. Exemplos:

Um perigo para a coletividade refere-se a um número indeterminado de pessoas e coisas e aproxima-se, no seu significado, de um perigo para a vida. Podemos pensar em inundações, catástrofes provocadas por avalanches, terramotos, etc. Uma ingerência para a defesa contra um perigo para a vida de pessoas concretas é, por exemplo, o acolhimento (temporário) de um acidentado numa habitação. Perigo iminente significa, em face dos casos-tipo enumerados no n. 7, que os bens jurídicos de especial relevância têm de estar em perigo (cf. *BVerwGE* 47, 31/40; Papier, *MD*, art. 13º, n. m. 129 e s., pretende também basear-se na proximidade temporal e na probabilidade da ocorrência de danos).

1024. São controversas a qualidade de ingerência e a justificação jurídico-constitucional dos *poderes de entrada e de vistoria* das autoridades da ordem[888]. O Tribunal Constitucional Federal[889] pretende excluir os espaços comerciais e empresariais das exigências do n. 7, tendo em vista a sua menor necessidade de proteção, e colocar os poderes de entrada e de vistoria como as ingerências no art. 2º, n. 1, apenas sob o princípio da proporcionalidade:

– uma disposição legal especial tem de autorizar a entrada nos, e a vistoria dos, referidos espaços;

---

886   Jarass, *JP*, art. 13º, n. m. 35; opinião diferente, Papier, *MD*, art. 13º, n. m. 121.

887   BVerwGE 47, 31/40.

888   Cf. Herdegen, *BK*, art. 13º, n. m. 71 e s.

889   E 32, 54/75 e s.; 97, 228/266; BVerfG, NJW 2008, 2426 e s.

– a entrada e a vistoria destes espaços têm de servir um fim permitido e têm de ser necessárias para atingir este fim;

– a lei tem de permitir que se reconheça claramente o fim da entrada, o objeto e o alcance da vistoria;

– a entrada e a vistoria dos espaços só são admissíveis nas horas em que os espaços estão normalmente à disposição para a utilização comercial ou empresarial.

O Tribunal Constitucional Federal estabeleceu a exigência adicional de um dever de informação dos funcionários que procedem à entrada e à vistoria em face do titular do domicílio[890].

1025. Esta jurisprudência é *inconsequente*: é que, se os espaços comerciais e empresariais caem sob o âmbito de proteção, também as ingerências apenas são admissíveis jurídico-constitucionalmente nos termos do n. 2 e 7[891]. Por isso, também os referidos poderes de entrada e de vistoria têm de satisfazer as exigências dos n. 2 e 7[892].

4. Outras justificações de ingerência

1026. O art. 17a, n. 2, ainda contém uma reserva de lei para as "leis que servem para a defesa, inclusive da proteção da população civil".

1027. Esboço de solução do caso 19 (n. m. 1002).

I. O âmbito de proteção do art. 13º, n. 1, só em parte é relevante: os imóveis rústicos não são habitação. É certo que os espaços comerciais caem, em princípio, no âmbito de proteção, mas isto não é válido para os espaços comerciais amplamente acessíveis ao público, nas horas em que estão acessíveis ao público. – **II.** Verifica-se uma *ingerência* em qualquer intrusão no domicílio por parte do poder do Estado. Neste conceito de ingerência também cai o poder de entrada por parte de uma autoridade administrativa. A jurisprudência do Tribunal Constitucional Federal, que não vê o poder para entrar num espaço comercial como

---

890   *BVerwGE* 78, 251/255 e s.; sobre esta matéria, cf. Kunig, *DVBl.* 1988, 578.

891   Numa perspetiva crítica, cf. também Hermes, *JZ* 2005, 461; Lübbe-Wolff, *DVBl.* 1993, 762.

892   Voßkuhle, *DVBl.* 1994, 611/616 e s.; Ennuschat, *AöR* 2002, 252/287 e s.; Schoch, *Jura* 2010, 22/30.

ingerência no sentido do art. 13º, n. 7, deve ser recusada por ser inconsequente. – **III.** A *justificação jurídico-constitucional* orienta-se não pelo art. 13º, n. 2, visto que o poder de entrada não constitui uma busca domiciliária, mas pelo art. 13º, n. 7.

O fim do poder de entrada consiste em garantir uma execução conforme à ordem da Lei Sobre a Promoção das Vendas (*Absatzfondsgesetz*). Esta execução está ameaçada pelo facto de a obrigação tributária não ser cumprida ou não o ser completamente. Isto constitui uma violação jurídica e, assim, verifica-se um perigo para a segurança pública; mas não é um perigo iminente que se possa colocar no mesmo plano dos casos-tipo enumerados no art. 13º, n. 7. Uma ingerência no âmbito de proteção da inviolabilidade do domicílio não está justificada pelo § 11º, n. 2, da Lei Sobre a Promoção das Vendas. Na medida em que os espaços comerciais amplamente acessíveis ao público não estejam abrangidos por esta determinação, a ingerência é inconstitucional. – **IV.** Entra em consideração uma *interpretação conforme à Constituição* do § 11º, n. 2, da Lei Sobre a Promoção das Vendas. Esta norma tem um âmbito de aplicação constitucional (imóveis rústicos e espaços comerciais, na medida em que são amplamente acessíveis ao público) e um âmbito de aplicação inconstitucional (espaços comerciais, na medida em que não são ou só controladamente são acessíveis ao público). Uma manutenção da sua vigência mediante limitação ao âmbito de aplicação constitucional não determina de uma maneira fundamentalmente nova o conteúdo normativo do preceito. Por isso, o conceito de "espaços comerciais" pode e tem de ser interpretado de uma maneira conforme à Constituição, como "espaços comerciais amplamente acessíveis ao público".

1028. Bibliografia:

F. Braun, "Der so genannte 'Lauschangriff' im präventivpolizeilichen Bereich", *NVwZ* 2000, 375; J. Ennuschat, "Behördliche Nachschau in Geschäftsräume und die Unverletzlichkeit der Wohnung gem. Art. 13 GG", *AöR* 2002, 252; M. Gentz, *Die Unverletzlichkeit der Wohnung*, 1968; C. Gusy, "Lauschangriff und Grundgesetz", *JuS* 2004, 457; O. Lepsius, "Die Unverletzlichkeit der Wohnung bei Gefahr im Verzug", *Jura* 2002, 259; J. Ruthig, "Die Unverletzlichkeit der Wohnung (Art. 13 GG nF) ", *JuS* 1998, 506; F. Schoch, "Die Unverletzlichkeit der Wohnung nach Art. 13 GG", *Jura* 2010, 22; A. Voßkuhle, "Behördliche Betretungs- und Nachschaurechte", *DVBl.* 1994, 611; H. Wißmann, "Grundfälle zu Art. 13 GG", *JuS* 2007, 324, 426.

§ 23. GARANTIA DE PROPRIEDADE
(ARTS. 14º E 15º)

1029. Caso 20: A sebe de buxo[893] como monumento natural

A entrada para a casa de campo apalaçada de "E" está ladeada de uma sebe de buxo de invulgar altura e rara beleza. Os antepassados de "E" plantaram-na não só por razões estéticas, mas também por razões económicas: o buxo, que cresce lentamente, tem uma madeira extraordinariamente dura que foi, desde sempre, indispensável para o fabrico de alguns produtos e correspondentemente cara. Entretanto o preço da madeira de buxo continuou a subir consideravelmente. "E", que se encontra em dificuldades financeiras e está, além disso, farto da sebe de buxo, pretende mandar abater a madeira e vendê-la. A autoridade competente para a proteção da natureza e da paisagem toma conhecimento desta intenção e declara a sebe de buxo como monumento natural. À declaração está ligada a proibição do abate (cf., por exemplo, §§ 22, 34, n. 3 nw LG). Aquela entidade recusa o pagamento de uma indemnização. *Quid iuris*, em face do art. 14º? N. m. **1095.**

I. Panorama geral

1030. O art. 14º protege a propriedade e, juntamente com o direito sucessório, protege ao mesmo tempo a sua transmissão. Este direito visa "assegurar ao titular do direito fundamental um espaço de liberdade no âmbito jurídico-patrimonial e possibilitar-lhe, por essa via, uma organização autorresponsável da sua vida"[894]. A garantia de propriedade encontra-se, deste modo, em estreita relação com a liberdade

---

893 N. E.: No Brasil, o termo pode ser mais bem entendido como cerca de buxo.

894 E 102, 1/15.

pessoal[895], mas também estabelece poder social e direitos de exclusividade, que são um elemento essencial da desigualdade social que amplia o direito sucessório pelo futuro[896]. Por isso, a Lei Fundamental também destaca a obrigação social da propriedade, que não só autoriza, mas também obriga (art. 14º, n. 2, frase 1) e que deve servir não só para o titular do direito fundamental mas ao mesmo tempo para o bem estar geral (art. 14º, n. 2, frase 2). Com as condições do art. 15º, é até permitida uma socialização. Uma outra diferença importante em relação aos outros direitos de liberdade consiste em que o art. 14º, n. 3, só permite a expropriação, portanto a privação da propriedade, em troca de uma indemnização adequada, porque os fundamentos jurídico-patrimoniais da liberdade são suscetíveis de compensação financeira, diferentemente do que sucede com a própria liberdade. Sendo assim, este artigo contém não apenas uma *garantia de existência* para o bem de proteção jurídico-fundamental, mas também uma *garantia de valor*, que indemniza [o proprietário] pela perda da propriedade.

1031. O art. 14º, n. 1, é um desafio para a determinação do âmbito de proteção da garantia de propriedade, porque no n. 1 ele protege a propriedade em termos jurídico-constitucionais, mas no n. 2 estipula que o seu conteúdo é determinado pelas leis (ordinárias!). Este direito fundamental destaca-se por um *cunho normativo* especialmente *intenso*. Enquanto por exemplo o casamento se pode, ainda assim, descrever como instituição social sem se recorrer a normas (cf. n. m. 760 e s.), a propriedade determina-se exclusivamente pela imputação normativa de bens e direitos a pessoas. Mas porque garante, simultaneamente, em termos jurídico-constitucionais e porque esta garantia pode estar não só à livre disposição do legislador que conforma o conteúdo, o art. 14º, n. 1, é entendido também como *garantia institucional* da propriedade, que garante a propriedade como instituto de utilidade privada (n. m. 1091 e s.).

1032. A interação entre a garantia jurídico-constitucional de propriedade prevista no art. 14º, n. 1, frase 1, e a necessidade de con-

---

895 E 24, 367/389.

896 Opinião diferente, E 138, 136/252.

formação, por parte da legislação ordinária, nos termos do art. 14º, n. 2, frase 2, carateriza também o controle da *ingerência*. É que a determinação do conteúdo não pode ser ao mesmo tempo ingerência na propriedade. Com isto, traz-se à colação a delimitação entre conteúdo e limites da propriedade ou, em termos mais gerais, entre a sua simples forma e a ingerência necessitada de justificação (n. m. 266 e s.).

1033. O art. 14º refere duas formas de ingerência com diferentes exigências de justificação jurídico-fundamental: as expropriações, portanto a privação da propriedade, são lícitas nas condições previstas no art. 14º, n. 3, frases 1 a 3. Todas as ingerências que não sejam expropriações são determinações de conteúdo e de limites, no sentido do art. 14º, n. 1, frase 2, que têm de ser proporcionais, mas em regra têm de ser suportadas sem indemnização.

1034. Em virtude da obrigatoriedade de indemnização das expropriações (art. 14º, n. 3, n. 2 e 3), o direito fundamental de propriedade está conjugado com o direito das prestações de indemnização do Estado (direito de responsabilidade do Estado). O art. 14º, n. 3, frases 2 e 3, não constituem, porém, eles próprios, fundamentos de pretensão a indemnizações, mas dizem apenas que é inconstitucional uma expropriação sem indemnização. As pretensões a indemnização decorrem, antes, do direito positivado ordinário e, subsidiariamente, dos institutos jurídicos da ingerência expropriativa ou a ela equiparada, reconhecidos pelo direito consuetudinário. Por isso, também nas provas escritas de exame devem sempre distinguir-se duas constelações: ou se pergunta se uma medida do Estado viola a garantia de propriedade – e disso se trata neste capítulo – ou se tem de examinar se subsistem pretensões a indemnização, em virtude de ofensas à propriedade; esta questão é objeto dos manuais sobre o direito de responsabilidade do Estado.

1035. O direito da União Europeia protege a garantia de propriedade no art. 17º da CDF, o qual associa também a garantia de liberdade à obrigação social da propriedade. O direito da União acentua, além disso, o art. 345 do Tratado de Funcionamento da União Europeia, a competência dos Estados-Membros para decidir sobre a inclusão da propriedade na titularidade privada ou pública[897]. Na CEDH (art. 1/1º ZP), a obrigação social da propriedade é realçada de maneira menos clara, o que – apesar da concessão de prerrogativas nacionais para a determinação da justa compensação pelo TEDH – já levou a apreciações divergentes sobre a proporcionalidade das limitações à propriedade[898]. Em relação à propriedade de investidores estrangeiros, aplicam-se, além disso, muitas vezes, *convenções sobre a proteção dos investimentos*. Estas convenções preveem uma proteção contra expropriações, assim como contra medidas com efeito equiparado à expropriação e exigem um tratamento leal e justo do investidor. De maneira diferente do que se verifica no direito nacional e nas garantias de direitos humanos, a proteção é garantida normalmente por via de pagamentos de indemnização ("tolera, mas cobra") sobre os quais decidem os tribunais arbitrais internacionais. Por falta de uma instância jurisdicional uniformizadora e em virtude das diferentes bases jurídicas internacionais convencionais, as exigências de uma obrigação de indemnização não são interpretadas de maneira uniforme[899].

II. Âmbito de proteção

1. Conceito de propriedade

1036. Propriedade são "todos os direitos de valor patrimonial [...]. atribuídos pela ordem jurídica ao titular, de tal maneira que ele pode exercer os poderes associados a esses direitos de acordo com a sua decisão autorresponsável para seu proveito privado"[900]. Nesta definição exprime-se a dependência jurídica da propriedade, pressuposta no art. 14º, n. 1, frase 2. O ponto de referência paradigmático é a propriedade real do *direito civil* que, nos §§ 903 e s. do Código Civil alemão, garante a

---

897 Kingreen, *in*: Calliess/Ruffert, *EUV/AEUV*, 5ª ed. 2016, art. 345º TFUE, n. m. 10.

898 Por um lado, BVerfG, NVwZ 2007, 808; por outro lado, TEDH, NJW 2012, 3629 (*Herrmann/ Deutschland*); sobre a matéria, Michl, *JZ* 2013, 504.

899 Ludwigs, NVwZ 2016, 1/5 e s.; Krajewski/Ceyssens, AVR 2007, 180; Thiel, DÖV 2017, 237 e s.

900 E 83, 201/208 e s.; 97, 350/371.

propriedade e os poderes do proprietário. O conceito jurídico-constitucional de propriedade vai, no entanto, para além daquilo que o direito ordinário designa como propriedade. Aqui reside a verdadeira essência da garantia de propriedade prevista no art. 14º, n. 1, frase 1, anteposta à determinação do conteúdo nos termos do art. 14º, n. 1, frase 2. É certo que a propriedade jurídico-constitucional nos termos do art. 14º, n. 1, frase 2, é marcada pela propriedade real do direito civil, mas não é definida concludentemente nos termos do art. 14º, n. 1, frase 1. Há assim uma propriedade independente da propriedade real do direito civil[901], que abrange todas as posições jurídicas de valor patrimonial, que têm funcionalmente a mesma importância que a propriedade real para o desenvolvimento da personalidade e para a garantia de subsistência.

1037. Exemplos:

Pelo art. 14º, n. 1, frase 1, estão, por isso, também protegidos créditos de direito privado, o direito de preferência (*E* 83, 201/209 e s.), ações (*E* 100, 289/301 e s.; 105, 17/30) e até mesmo o direito de utilização de um "domínio" da *internet* (TCF NJW 2005, 589/589), embora na perspetiva do direito civil não se trate em cada caso de propriedade. Também o direito de posse do arrendatário do espaço que habita é incluído pelo Tribunal Constitucional Federal (*E* 89, 1/6; Dederer, *BK*, art., n. m. 99 e s.) no conceito jurídico-constitucional de propriedade, embora o direito civil faça uma distinção entre posse (§§ 854 e s. do Código Civil alemão) e propriedade (§§ 903 e s. do Código Civil alemão). Para o art. 14º, n. 1, frase 1, da Lei Fundamental é decisivo, no parecer do Tribunal Constitucional Federal, que "um direito de valor patrimonial fique atribuído ao titular de maneira tão exclusiva como a propriedade real [fica atribuída] para utilização privada e para utilização do próprio". A propriedade real jurídico-privada é, assim, o ponto de referência argumentativo do conceito de propriedade do direito constitucional, mas não é o seu limite. O Tribunal Constitucional Federal continua a desenvolver o conceito jurídico-constitucional de propriedade por via da função da propriedade real do direito privado: o

---

901 Hufen, StR II, § 38, n. m. 8.

arrendatário está tão dependente do espaço habitacional "para a satisfação de necessidades vitais elementares e para a garantia de liberdade e desenvolvimento da sua personalidade" como o está o proprietário; por isso, considera ainda o Tribunal Constitucional Federal, o direito de posse "representa uma posição jurídica de direito privado, que se deve atribuir tanto ao arrendatário como à propriedade real".

1038. O alargamento funcionalmente fundamentado da propriedade jurídico-constitucional em comparação com a propriedade de direito privado ("como propriedade real") possibilita também a proteção de *posições jurídicas de direito público*. O Tribunal Constitucional Federal inclui esse alargamento no conceito de propriedade "quando se trata de posições jurídicas de valor patrimonial que, à maneira de um direito de exclusividade, são imputadas ao titular do direito como sendo de utilização privada, que assentam em prestações próprias não irrelevantes" do titular do direito e que servem para garantir a sua subsistência[902]. Por isso, na opinião do Tribunal Constitucional Federal, estão protegidas, através de prestações contributivas próprias, expetativas fundadas de direito da segurança social, porque a subsistência económica é menos assegurada pelos bens materiais privados do que, pelo contrário, pelo rendimento do trabalho e pela pensão de reforma que se liga a ele e que é suportada solidariamente[903]. É certo que isto parece em princípio evidente, em particular no caso de expetativas de direito de seguro de pensões, mas só se pode sustentar com deduções. É que, ao contrário da propriedade real, o titular do direito de expetativa não pode dispor livremente da expetativa, não pode, portanto, exercer os seus direitos "segundo uma decisão autorresponsável para seu proveito privado"[904], mas só quando se concretizar um determinado risco (idade, invalidez). Se ele morrer antes de o risco se tornar realidade, não irá, por isso, legar a expetativa – no caso de propriedade privada de direito civil, isso seria inconcebível em relação ao direito sucessório igualmente protegido pelo

---

902   E 97, 271/284.

903   E 100, 1/32.

904   E 123, 186/258.

art. 14º, n. 1, frase 1[905]. Quando muito, os direitos à pensão do parceiro, conexos às expetativas, poderiam, neste aspeto, entender-se como equivalente parcial funcional. No caso das posições de direito público, o Tribunal Constitucional Federal exige, além disso, que os direitos têm de depender principalmente da prestação própria. Por isso, os direitos a prestação de direito social e financiados pelos impostos (subsídio de desemprego II, assistência social) não estão protegidos[906], como o não estão as autorizações de direito público[907]. Também aqui há uma diferença em relação à propriedade de direito privado, em que não se exige que tenha de ser adquirida a expensas próprias[908].

1039. O art. 14º, n. 1, garante, com a propriedade, partes integrantes concretizáveis do património. O *património* enquanto tal, isto é, o conjunto de todos os valores patrimoniais atribuídos a uma pessoa, não está protegido[909]. Este aspeto é importante para efeitos de obrigações fiscais que não incidem sobre um valor patrimonial concreto, mas têm de ser satisfeitas a partir do património no seu todo. Por isso, o art. 14º, n. 1, frase 1, não protege em absoluto contra o ónus das contribuições. A 2ª Secção do Tribunal Constitucional Federal entendeu isto esporadicamente de maneira diferente em relação ao imposto sobre os rendimentos, por este se referir a valores patrimoniais obtidos por acréscimo[910]. Mas também o imposto sobre os rendimentos é, no seu conjunto, pago a partir do património. Mesmo assim, a proteção só traria alguma coisa ao contribuinte, se se pudesse deduzir do art. 14º, n. 1, frase 1, um limite percentual da carga fiscal[911], tal como a 2ª Secção do Tribunal Constitucional Federal uma vez admitiu com o "princípio

---

905 Depenheuer, *Hdb. GR V*, § 111, n. m. 69; Kingreen, *Jura* 2016, 390/393.

906 Cf. E 53, 227/291 e s.; 116, 96/121 e s.; 128, 90/101.

907 Tribunal Constitucional Federal, *NVwZ* 2009, 1426/1428; *E* 143, 246, n. m. 232 (= *JK* 5/2017); Wieland, *DR*, art. 14º, n. m. 77; opinião diferente, Axer, *EH*, art. 14º, n. m. 62.

908 Posição crítica, por isso, Dederer, *BK*, art. 14º, n. m. 115; Wieland, *DR*, art. 14º, n. m. 75.

909 E 4, 7/17; 96, 375/397; 123, 186/258 e s.

910 E 115, 97/110 e s.; posição concordante, F. Kirchhof, *Hdb. GR III*, § 59, n. m. 48 e s.; posição crítica, Wernsmann, *NJW* 2006, 1169

911 Volkmann, *StR II*, § 17, n. m. 19.

tributário da meação dos rendimentos"[912], mas que depois voltou, com razão, a rejeitar[913].

1040. A discussão sobre a proteção da *empresa equipada e em funcionamento* tem o mesmo *background* problemático. Neste caso, trata--se da questão de saber se para além dos vários bens patrimoniais do empresário também a própria empresa é protegida. Diferentemente do BGH e do BverwG[914], o Tribunal Constitucional Federal[915] é tendencialmente cético, e isso pela mesma razão que no caso da questão da proteção patrimonial em geral: com as suas componentes de valor material e imaterial, a empresa não representa um objeto patrimonial individualizável. As circunstâncias materiais (relações comerciais, clientela fixa) e as condições envolventes favoráveis (por exemplo a localização estrategicamente boa de um restaurante junto de uma estrada nacional com muito movimento) são, é certo, importantes para a avaliação do acervo dos objetos patrimoniais de uma empresa. Mas como oportunidades futuras de ganhar a vida, o art. 14º, n. 1, frase 1, não as protege, independentemente destes objetos patrimoniais concretos que constituem a empresa. Pelo contrário, a proteção atua neste aspeto através da liberdade de profissão, que protege o trabalho e não o bem adquirido (art. 12º, n. 1), ver n. m. 1042.

1041. O médico contratado e o herdeiro de um consultório médico, cuja ocupação posterior é recusada pela associação dos médicos da Caixa, tem de ser indemnizado, nos termos do § 103, n. 3a, frase 13, do SGBV, com o valor comercial do consultório médico (que inclui, nomeadamente, a clientela de doentes). Mas isto não resulta do art. 14º, n. 1, mas do art. 12º, n. 1. A perda de clientela de doentes não atinge o acervo da propriedade, mas o emprego futuro, que só é protegido pelo art. 12º, n. 1. Mas o direito a indemnizar que resulta do art. 12º, n. 1, pode, depois, como direito jurídico-público que depende pre-

---

912 Cf. E 93, 121/138; opinião crítica divergente, 147 e s.

913 E 115, 97/114.

914 *BGHZ* 111, 349/356; BVerwGE 81, 49/54,

915 E 51, 193/221 e s.

dominantemente da prestação do próprio (n. m. 1038), ser objeto da garantia de propriedade, assim como cair sob o direito sucessório.

2. Alcance da proteção da propriedade

1042. **a)** Está protegido o *acervo* existente da propriedade. Dele fazem parte não apenas oportunidades, esperanças, expetativas e perspetivas de transação, de aquisição e de lucro[916]. Aplica-se a regra prática: o art. 14º protege o que foi adquirido, o resultado de uma atividade; o adquirido e a própria atividade são, pelo contrário, protegidos pelo art. 12º[917]. Embora a propriedade seja "a confiança consolidada", as posições de valor patrimonial só estão protegidas na medida em que o proprietário puder confiar na sua existência por força do direito. A confiança na não atuação do Estado, juridicamente possível e lícita, não está aqui protegida, tal como o não está no caso de outros direitos fundamentais[918].

1043. **Exemplos:**

Não está abrangida pela proteção da propriedade a expetativa de que um terreno agrícola se torne terreno para construção (*BGHZ* 62, 96) ou que posições de propriedade que foram retiradas por um poder do Estado não vinculado à Lei Fundamental voltem a ser concedidas ou indemnizadas (*E* 102, 254/297). O proprietário empresarial não é protegido na sua confiança de que não irá ser revogada uma concessão ou uma licença revogável (*BVerwGE* 62, 224) ou de que não irá ser introduzida uma obrigatoriedade, de resto lícita, de ligação à rede e de utilização (*BVerwGE* 62, 224; *BGHZ* 40, 355; 54, 293; mas cf. também *BGHZ* 77, 179). Também as afetações provocadas por obras na rua têm de ser suportadas pela empresa situada junto à estrada, como por qualquer morador à beira da estrada, a menos que as obras fossem adiadas ilegalmente ou as afetações fossem de uma gravidade totalmente extraordinária e inesperada (*BGHZ* 57, 359/361 e s.).

---

916 E 78, 205/211; 105, 252/277; 128, 90/101.

917 E 88, 366/377; 121, 317/345; 126, 112/135 e s.; opinião diferente, Kloepfer, *VerfR II*, § 72, n. 61.

918 Cf. Bryde, *MüK*, art. 14º, n. m. 20.

1044. b) Diferentemente do que se verifica na propriedade de bens móveis, no caso da propriedade imobiliária também está protegida a sua utilização. O diferente tratamento jurídico-constitucional entre a propriedade de bens móveis e a propriedade imobiliária tem talvez duas razões: por um lado, em quase todo o exercício da liberdade são utilizados bens móveis; toda a limitação da liberdade seria então também sempre uma ingerência na propriedade. Por outro lado, estão tradicionalmente conformados, apenas para terrenos, direitos de utilização como direitos reais autónomos como por exemplo a servidão predial.

1045. Exemplos:

A leitura do jornal que se comprou é um exercício não da liberdade de propriedade, mas da liberdade de nos informarmos livremente, a partir de fontes de acesso geral (art. 5º, n. 1, frase 1). Também a condução automóvel não é protegida pelo art. 14º, mas pela liberdade geral de ação do art. 2º, n. 1; as limitações de velocidade (Jarass, *JP*, art. 14, n. m. 4), assim como as proibições locais de circulação de veículos automóveis com maus valores de emissão de gases poluentes devem-se aferir apenas pelo art. 2º, n. 1 (*BVerwGE* 161, 201/212 e s.); mas seria diferente no caso de limitações de utilização respeitantes ao acervo jurídico-patrimonial, em especial uma proibição ampla de utilização. – Pelo contrário, o art. 14º, n. 1, frase 1, protege também sempre a utilização de um terreno e com isso também a dos edifícios nele construídos. Por isso, segundo E 143, 246, n. m. 233 e s. (= *JK* 5/2017), também as quantidades residuais de energia elétrica atribuídas na lei sobre o abandono da energia atómica participam, por via do art. 14º, n. 1, frase 1, da utilização protegida das instalações técnicas nucleares, embora elas próprias não sejam propriedade. O art. 14º, n. 1, frase 1, protege também a urbanização de um terreno. Isto é controverso, não pelo fundamento, mas apenas com respeito às proporções. É que quem contar para o conteúdo da propriedade, no sentido do art. 14º, n. 1, frase 2, não só a legislação fundamental relativa à construção, mas também as limitações resultantes do BauGB e dos regulamento estaduais de construções, chega à conclusão de que a legislação jurídico-constitucional sobre a construção só existe em razão destas limitações (Lege, *Jura* 2011,

507/510 e Volkmann, *StR II*, § 17, n. m. 16). Se, pelo contrário, se reconhecer uma propriedade para além da determinação legal do conteúdo, a liberdade de construção mantém-se em primeiro lugar sem limites (Hufen, *StR II*, § 38 n. m. 9). A importância prática desta discussão é reduzida em virtude da difícil delimitabilidade entre a determinação do conteúdo e a dos limites (n. m. 1051 e s.).

1046. c) O art. 14º tem, além disso, uma *dimensão processual e de proteção judicial*: também está protegido o direito do proprietário de defender efetivamente os seus interesses de proprietário no procedimento administrativo e no processo judicial e de os poder prosseguir e impor perante outros sujeitos de direito privado.

1047. Exemplos:

Na sua expressão procedimental, o art. 14º, n. 1, frase 1, obriga um município a tomar em consideração o estado de saúde da proprietária, por ocasião do agendamento de um leilão judicial (*E* 46, 325/335 e s.). Diretamente do art. 14º, n. 1, frase 1 (e não do art. 19º, n. 4), o Tribunal Constitucional Federal deduz também um direito à proteção jurídica: em princípio, um proprietário pode e tem de se defender perante os tribunais administrativos contra uma expropriação (n. m. 1056). As medidas que preparam a expropriação não são ainda, pelo contrário, uma expropriação e, por isso, também ainda não podem ser impugnadas por via de recurso. Mas se uma expropriação assentar em decisões preliminares administrativas e vinculativas, também estas têm de ser controláveis judicialmente pelo critério do art. 14º, n. 3. Caso contrário, os proprietários atingidos teriam de suportar ingerências no seu direito fundamental em virtude de decisões (preliminares) administrativas, contra as quais já não se podem mais tarde defender nos tribunais (*E* 134, 242, n. m. 221 = *JK* 5/2014).

3. Direito sucessório

1048. O direito do *de cuius* de transmitir o seu património àquele a quem o desejaria transmitir (liberdade de testar) cai, a bem dizer como ato de disposição da propriedade que constitui o património, sob a proteção da propriedade, tal como o direito do herdeiro ao património ou à propriedade adquiridos por herança. O direito sucessório deve a sua menção especial apenas à *tradição*: já a Constituição Imperial de Weimar o tinha mencionado a par da propriedade, inclusive num artigo próprio (art. 154º, a par do art. 151º). Tal como a propriedade, também o direito sucessório é *definido* pelas normas de conteúdo e de limitação do direito ordinário[919]. Por outro lado, as normas de conteúdo e de limitação *interferem* tanto na propriedade como no direito sucessório[920]; no entanto, as possibilidades de o legislador limitar o direito sucessório são mais amplas do que na propriedade, porque se referem a uma transferência de património[921]. De resto, a exposição que se segue aplica-se também ao direito sucessório.

III. Ingerências

1049. O art. 14º refere dois tipos de ingerência: a expropriação nos termos do art. 14º, n. 3, e as habituais determinações de limites, no sentido do art. 14º, n. 1, frase 2.

1050. Indicação técnica de controle: Podemos perguntar, já no controle da ingerência, se a medida prejudicial é uma determinação de limites ou se é uma expropriação. Do ponto de vista sistemático, a delimitação só interessa, porém, quando da justificação jurídico-constitucional, porque às expropriações aplicam-se outras exigências de justificação diferentes das que se aplicam às determinações de limites.

1051. No controle da ingerência, podemos suscitar a questão da delimitação entre determinações de conteúdo e determinações de limites. As determinações de conteúdo caraterizam a propriedade de maneira normativa, não sendo, por isso, ingerências, mas conformações do âmbito de proteção (n. m. 147 e s., 266 e s.); as determinações de limites, pelo contrário, são ingerências na propriedade constituída pela determinação de conteúdo[922]. Mas podemos delimitar ambas pelo

---

919 Cf. E 99, 341/352.

920 E 93, 165/174.

921 E 112, 332/348.

922 Wendt, SA, art. 14º, n. m. 55 e s.

menos segundo o seu efeito temporal: uma medida que define para o futuro o acervo e fruição da propriedade constitui uma ingerência na propriedade constituída no passado[923]. Mas daí não resultam consequências dogmáticas na jurisprudência do Tribunal Constitucional Federal[924], porque fica afetada, em simultâneo, a propriedade passada e a futura. Por isso, essas propriedades têm também de ser sujeitas, de maneira uniforme, a um controle de justificação; a diferente afetação do proprietário atual e de um proprietário futuro pode ter importância pelo menos para a proteção da expetativa (n. m. 152).

1052. Exemplos:

A introdução de novas restrições legais à liberdade de construir representa determinações de limites para o atual proprietário de um terreno; para o futuro proprietário, elas determinam o conteúdo do seu direito de construir. – As regulações legais que têm um efeito negativo sobre o montante da pensão são determinações de limites para os pensionistas, mas são determinações de conteúdo para as pessoas que ainda não são membros do seguro de pensões. Em contrapartida, as pessoas ativas que já adquiriram expetativas por via da sua atividade remunerada, sem receberem já prestações de pensão, encontram-se algures numa situação intermédia. O grau de proteção da expetativa, fundado no direito vigente até agora, é diferente, embora seja difícil uma delimitação consoante a diferente afetação temporal a nível da ingerência. Daí que o Tribunal Constitucional Federal (*E* 128, 138/147 e s.) aceite uma ingerência de maneira uniforme.

IV. Justificação jurídico-constitucional

1. Delimitações

1053. a) As normas de conteúdo e de limitação no sentido do art. 14º, n. 1, frase 2, e as expropriações (art. 14º, n. 3) têm de ser deli-

---

923 Stern, *StR IV/1*, p. 2234 e s.; fundamentalmente nos mesmos termos, mas diferenciando entre proprietários entre proprietários até agora e adquirentes posteriores, Sachs, *VerfR II*, Cap. 26, n. m. 25 e s.; posição crítica, Jasper, *DÖV* 2014, 872/878.

924 E 58, 300/336: "apenas uma questão de técnica legislativa"; Jasper, *DÖV* 2014, 872/873.

mitadas entre si, porque as exigências de justificação são diferentes. A delimitação está ligada ao direito de indemnização do direito de responsabilidade do Estado, porque só o art. 14º, n. 3, frase 2, mas não o art. 14º, n. 1, frase 2, exige uma indemnização. De modo diferente do que em relação à questão da constitucionalidade das ingerências na propriedade, são os tribunais cíveis que, nos termos do art. 14º, n. 3, frase 4, são competentes para os direitos à indemnização e que marcaram a dogmática sobre a propriedade até ao acórdão *Nassauskiesung* do Tribunal Constitucional Federal[925].

1054. O Supremo Tribunal Federal tinha, em primeiro lugar, delimitado, por um lado, as expropriações e, por outro, as normas de conteúdo e de limites, de acordo com a intensidade da afetação. Foram consideradas expropriações aquelas ingerências que ultrapassam a vinculação social da propriedade e que, por isso, já não podem ser suportadas sem indemnização. Determinante para esta conversão da norma de conteúdo e de limites em uma expropriação foi a *teoria do sacrifício especial*. De acordo com esta teoria, expropriação era um "ónus que atinge os indivíduos ou os grupos afetados de maneira especial e desigual em comparação com outros, e os obriga a um sacrifício especial a favor do público em geral e que não é exigido aos restantes"[926]. É certo que o sacrifício especial foi indiciado pela ilegalidade da ingerência na propriedade, mas essa ilegalidade acabou por não interessar, visto que a indemnização por expropriação nos termos do art. 14º, n. 3, foi afinal desencadeada por ingerências em si legais, mas que atingiram o proprietário de maneira desmedida. Em relação a ingerências ilegais, recorreu-se ao instituto da chamada **ingerência de efeito equivalente** à expropriação. Quando o Estado é obrigado a indemnizar por sacrifício especial legal, então isso tem de valer, por maioria de razão, para as medidas ilegais. Por isso, também a indemnização por ingerência de efeito equivalente à expropriação foi determinantemente fundada no art. 14º, n. 3. Expropriação no sentido do art. 14º, n. 3, foi afinal também a **ingerência expropriativa**, que abrangeu os efeitos acessórios

---

925 E 58, 300.
926 BGHZ 6, 270/280.

intoleráveis – a maior parte das vezes atípicos e imprevistos – de uma ingerência em si legal[927]. O Supremo Tribunal Federal subsumiu, pois, sob o art. 14º, n. 3, todas as ingerências qualificáveis como sacrifício especial, independentemente da sua legalidade e da sua finalidade, e submeteu-as, como expropriação, a uma obrigação de indemnização. O art. 14º, n. 3 (e de modo nenhum as leis específicas aplicáveis), tornou-se numa base de pretensão de aplicação constitucional direta para todas estas pretensões de indemnização.

1055. O problema da fórmula do sacrifício especial do Supremo Tribunal Federal consistiu em que o ponto de conversão em expropriação era difícil de determinar no caso concreto[928]. Isto foi também delicado para o legislador que, nos termos do art. 14º, n. 3, tem de prever regulações de indemnização para as expropriações, mas não para as determinações de conteúdo e dos limites (art. 14º, n. 1, frase 2). Por isso, ele valeu-se das chamadas cláusulas salvatórias de indemnização: "se em virtude desta lei, as medidas representarem uma expropriação, deve ser paga uma adequada indemnização em numerário". Já esta formulação revela que não foi o legislador, mas os tribunais cíveis que decidiram da existência de direitos a indemnização. O problema foi ainda agravado pelo facto de os atingidos terem podido no fundo decidir livremente se impugnavam junto dos tribunais administrativos a legalidade da ingerência na propriedade (a chamada proteção jurisdicional primária) ou se interpunham recurso junto dos tribunais cíveis para obtenção de indemnização em virtude da afetação desproporcionada da sua propriedade (proteção jurisdicional secundária), o que se tornou regra (o chamado "tolera, mas cobra").

1056. Por essa razão, o Tribunal Constitucional Federal alterou fundamentalmente os critérios para a delimitação entre o art. 14º, n. 3 e o art. 14º, n. 1, frase 2, no seu acórdão *Nassauskiesung*. O que esteve por detrás da decisão foram, na sua perspetiva, duas transgressões de competência por parte do Supremo Tribunal Federal[929]:

---

927 BGHZ 99, 24/27.

928 Cf. BGHZ 99, 24/27.

929 E 58, 300/318 e s.; cf. já E 52, 1/27 e s.

– Só o legislador decide do conteúdo e limites da propriedade e, deste modo, também dos direitos a indemnização. Por isso, há uma incompatibilidade quando os tribunais cíveis fundam tais direitos diretamente no art. 14º, n. 3[930], e quando, no quadro da delimitação de determinações de conteúdo e de limites a aceitar sem indemnização, recorrem à teoria do sacrifício especial de contornos fracamente definidos. Daí resulta que as expropriações para as quais não estão previstas nenhumas regulações legais de indemnização, são já por esta razão inconstitucionais e já não podem tornar-se constitucionais pelo facto de se atribuírem direitos de indemnização compensatórios diretamente fundados no art. 14º, n. 3. Por isso, os tribunais cíveis só são competentes para se pronunciarem sobre o "montante da indemnização" (art. 14º, n. 3, frase 4), mas não sobre a existência de uma previsão de indemnização. Para este fim, o conceito de expropriação tem de ser definido de maneira mais formal e, desse modo, mais previsível, para que o legislador possa na realidade avaliar em que casos tem de prever normas de indemnização. O Tribunal Constitucional Federal resolve a questão por meio de um modelo de separação que define claramente os limites e que exclui estritamente as transições da determinação do conteúdo e dos direitos para a expropriação e vice-versa (n. m. 1058 e s.).

– Só o Tribunal Constitucional Federal tem o monopólio de rejeição de leis formais do parlamento. Um tribunal cível que considere uma tal lei inconstitucional (por exemplo em virtude da falta de uma regulação de indemnização) tem de submeter a sua posição à apreciação do Tribunal Constitucional Federal, nos termos do art. 100º, n. 1, e não pode, reportando-se à inconstitucionalidade, conceder uma indemnização diretamente nos termos do art. 14º, n. 3. Isto defende ao mesmo tempo a autoridade orçamental do legislador parlamentar. Por esta razão, o atingido já não pode ter qualquer direito de escolha entre uma impugnação na proteção jurisdicional primária dos tribunais administrativos e a reivindicação de uma indemnização na proteção jurisdicional secundária dos tribunais cíveis; o atingido tem de impugnar uma ingerência ilegal, não a podendo, portanto, deixar ganhar força de validade e depois interpor recurso para obter indemnização (não há "tolera, mas cobra")[931].

1057. b) A conceção do Tribunal Constitucional Federal estipula que, por um lado, a expropriação e, por outro lado, as determinações de conteúdo e de limites têm de ser rigorosamente separadas do ponto de vista concetual; entre ambas não há quaisquer transições no sentido de que uma determinação de conteúdo e de limites de ingerência particularmente interna se converta numa expropriação. A delimitação tem, neste caso, de ocorrer a partir do conceito de expropriação. É que o Tribunal Constitucional Federal só formalizou concetualmente a expropriação para criar segurança jurídica na questão da indemnização. Todas as medidas que não são expropriação obedecem, por isso, ao art. 14º, n. 1, frase 2, da Lei Fundamental como determinações de conteúdo e de limites não definidos mais em pormenor:

1058. aa) Expropriação é a privação individual, total ou parcial, de posições concretas e subjetivas de propriedade por meio de um ato jurídico a isso dirigido de acordo com o fim proposto (lei ou medida da Administração) para o cumprimento de determinadas funções públicas[932]. Por conseguinte, a expropriação distingue-se das normas de conteúdo e de limites graças a quatro caraterísticas: ela é *concreta* em vez de abstrata, afeta *individualmente* em vez de o fazer de forma geral; não deixa a propriedade ao proprietário, mas *priva-o* dela e visa funções públicas através da obtenção do objeto. Deste modo, é decisivo saber se a atribuição da propriedade nos termos do direito privado se alterou por meio da medida de direito público, e não, pelo contrário, com que intensidade ela opera ou se causa um sacrifício especial. As normas de conteúdo e de limites podem, por isso, onerar de maneira mais intensa no caso concreto do que uma expropriação; mas isto pode ser suportado, porque também há normas de conteúdo e de limites que só são proporcionais se estiverem associadas a uma regulação indemnizatória

---

931 Cf. Maurer/Waldhoff, *Allg. VwR*, § 27, n. m. 31.

932 Cf. E 102, 1/15 e s.; 104, 1/9; Bryde, *MüK*, art. 14º, n. m. 55.

(sobre estas normas de conteúdo e de limites de compensação obrigatória, ver n. m. 1084).

1059. Em primeiro lugar, pressupõe-se uma privação da propriedade. Numa expropriação não se deixa, pois, ao proprietário a sua propriedade como no caso das normas de conteúdo e de limites. Numa privação parcial, a delimitação é difícil. É que do direito pleno é extraída apenas uma parte, ficando o resto intocado. Neste sentido, é decisivo saber se a parte destacada é suficientemente autónoma, o que se pode afirmar, por exemplo, no caso do confisco de uma parte de terreno ou da sua oneração com uma servidão (exemplo: direito de passagem). Ao invés, a proibição de determinadas utilizações do objeto de propriedade não é, em regra, juridicamente separável da propriedade, não sendo, por isso, expropriação.

1060. **Exemplos:**

Embora possam onerar o atingido de maneira mais intensa do que a ablação parcial de uma pequena parte de um terreno, nem as limitações de utilização impostas pelo direito ambiental ou pelo direito da proteção da natureza (n. m. 1095), nem as regulações sobre a responsabilidade de situação de direito de ordenação e de polícia (*E* 102, 1/15 e s.), nem a exclusão do direito de rescisão no caso do arrendamento de pequenos quintais (*E* 52, 1/27 e s.) representam expropriações.

1061. O pressuposto da ablação adequada ao *fim* proposto exprime a ideia de que expropriações só são aquelas medidas que deliberadamente têm em vista a privação total ou parcial de posições de direito de propriedade. Por isso, não caem sob o art. 14º, n. 3, aquelas ingerências fatuais do Estado atrás referidas que atingem a propriedade ou por acaso ou por lapso. Para os prejuízos daí resultantes continuam a ser importantes os institutos da ingerência expropriativa ou da ingerência de efeito equivalente à expropriação (n. m. 1086 e s.).

1062. Além do mais, uma expropriação pressupõe uma privação *individual,* isto é, ela tem de se referir a um objeto concreto de propriedade, ao contrário da definição geral e abstrata do conteúdo e dos limites da propriedade por meio de normas de conteúdo e de limites. O pressuposto da privação individual distingue também a expropriação da socialização nos termos do art. 15º. A socialização tem efeitos abstratos e gerais, sendo, portanto, uma expropriação estrutural, mas que só é lícita em relação aos bens imobiliários, às riquezas naturais e aos meios de produção (n. m. 1093 e s.).

1063. Exemplos:

A obrigação legal de entregar às bibliotecas um exemplar obrigatório de cada obra impressa é uma determinação de conteúdo e de limites, mas não uma expropriação. Embora esta obrigação só possa ser cumprida mediante a entrega de um determinado livro, o autor tem a liberdade de decidir que exemplar entrega. Portanto, a lei não restringe a posição jurídica concreta, mas estabelece a obrigatoriedade abstrata e que atinge todos os editores de entregar um exemplar à sua livre escolha (*E* 58, 137/144 e s.).

1064. Por fim, a expropriação é uma medida de *obtenção de bens*[933]. O objeto expropriado é necessário para o cumprimento de funções públicas. O exemplo histórico é a expropriação por exemplo para a construção de caminhos de ferro na era da industrialização. As medidas que não visam a obtenção de bens, mas a proteção da comunidade contra perigos que provêm da propriedade são normas de conteúdo e de limites. É caraterístico das normas de conteúdo e de limites o facto de o interesse do bem público prosseguido estar relacionado com a utilização da respetiva posição de propriedade por parte do proprietário.

1065. Exemplos:

A fixação de um prazo para os períodos de funcionamento das centrais nucleares (*E* 143, 246, n. m. 14 e s. = *JK* 5/2017) e a destruição de objetos perigosos (por exemplo o abate de um animal infetado, Ossenbühl/Cornils, *Staatshaftungsrecht*, 6ª ed., 2013, p. 239 e s.) representam, por isso, normas de conteúdo e de limites, porque o Estado não precisa, para fins públicos, dos objetos sujeitos à propriedade. Também não é expropriação o emparcelamento de terrenos de construção; embora retire propriedade, isso não é para fins públicos, mas para conciliar interesses privados (*E* 104, 1/10). Outro tanto é válido para a obrigação de contribuição das explorações agrícolas como pressuposto da funda-

---

[933] E 143, 246, n. m. 242 e s. (= JK 5/2017); Osterloh, *Liber Amicorum Landau*, 2016, p. 127 e s.

mentação de um direito a pensão (*E* 149, 86, n. m. 77). Também o confisco jurídico-penal não é expropriação, porque visa impedir a utilização prejudicial ao bem comum, mas não visa proporcionar o cumprimento de uma função pública (*E* 110, 1/24 e s.).

1066. **bb)** Todas as ingerências na propriedade que não são expropriação caem sob o art. 14º, n. 1, frase 2, como normas de conteúdo e de limites. São todas as normas legais que fixam direitos e obrigações do proprietário ou que autorizam às respetivas fixações por parte do poder executivo. A norma de conteúdo e de limites é, por isso, evidentemente não só a própria norma, mas também a sua execução através da Administração.

1067. Mas há também medidas e atos materiais da Administração que afetam a propriedade, mas que não representam uma execução da lei. Assim como as limitações normativas da propriedade, os atos materiais que oneram a propriedade podem ser legais ou ilegais: a escada dos bombeiros cai no terreno do vizinho durante a operação de extinção do incêndio; os polícias param a viatura de intervenção no estacionamento coberto do vizinho durante o intervalo para o almoço. Com base na dogmática binária de ingerência do Tribunal Constitucional Federal, os dois casos podem cair sob o art. 14º, n. 1, frase 2: a ordem jurídica é também norma de conteúdo e de limites, na medida em que não impede estas ingerências.

2. Expropriação

1068. O critério para a justificação jurídico-constitucional das expropriações é o art. 14º, n. 3, frases 1 a 3, que contém uma reserva de lei qualificada (n. m. 307), isto é, exige não apenas uma base legal para a ingerência, mas faz exigências adicionais, qualificadas de autorização legal de ingerência.

1069. **a)** Nos termos do art. 14º, n. 3, frase 2, uma expropriação tem de ter lugar ou por **lei** (expropriação legal) ou com base na lei (expropriação administrativa). Neste sentido, resulta da teoria da essencialidade (cf. n. m. 315) que "só ao legislador democrático-parlamentar está reservado determinar as funções de bem comum legitimadoras de uma expropriação"[934] e que só ele "tem de estabelecer para que projetos, sob que pressupostos e para que fins deve ser admissível uma expropriação"[935].

1070. O art. 14º, n. 3, frase 2, também estende a reserva de parlamento expressamente à regulação da indemnização. Esta chamada **cláusula de ligação** (*Junktimklausel*)[936] tem uma função de aviso[937]. Em virtude da sua obrigação de regulação legal, o legislador de expropriação toma consciência das consequências financeiras da expropriação para o orçamento do Estado. Ele tem, por isso, de ser capaz de prever quando há uma expropriação e quando não. A cláusula de ligação encontra-se, por conseguinte, numa relação concecional com o conceito de ingerência formal: é que a cláusula só pode ser aplicada com sentido, quando ao emitir-se a lei expropriativa estiver seguramente estabelecido que ela contém expropriações ou que as autoriza. Uma lei de expropriação que não contenha uma regulação de indemnização é inconstitucional[938]; os tribunais para os quais que se recorre nos termos do art. 14º, n. 3, frase 4, não podem suprir por analogia a falta de uma norma de indemnização, nem deduzi-la diretamente do art. 14º, mas têm de submeter ao Tribunal Federal Constitucional a lei inconstitucional de expropriação, conforme consta do art. 100º, n. 1 (n. m. 1056)[939].

1071. A "cláusula de ligação" *não se aplica às leis anteriores à Constituição*[940] e permite que o legislador remeta para uma lei geral de expropriação para efeitos de execução do procedimento da expropria-

---

934 E 56, 249/261.

935 E 74, 264/285.

936 N. T.: A "clausula de ligação" (*Junktimklausel*) diz que uma regulação só se aplica em ligação com uma outra regulação. Assim, por exemplo, só é permitida a expropriação de um terreno pelo Estado se esta for feita por lei ou com base numa lei que regule o tipo e o montante da indemnização que deve ser atribuída ao expropriado (art. 14º da Lei Fundamental).

937 E 46, 268/287.

938 E 24, 367/418.

939 E 58, 300/323.

940 E 4, 229/237; 46, 268/288.

ção e para a regulação da indemnização por expropriação[941]. O Tribunal Constitucional Federal deixou em suspenso a questão de saber se também são compatíveis com a "cláusula de ligação" as chamadas cláusulas salvatórias de indemnização, que preveem uma indemnização para o caso, deixado em aberto, de a lei ter um efeito expropriativo[942]. O fim da "cláusula de ligação" só é atingido quando a lei não se contenta com cláusulas salvatórias, mas regula as previsões normativas mediante cuja verificação se farão sentir os efeitos jurídicos da indemnização[943].

1072.   b) Nos termos do art. 14º, n. 3, frase 1, o fim legítimo de uma expropriação é apenas o **bem comum**. A apreciação sobre como têm de ser os fins de bem comum é deixada pela disposição em grande parte ao critério do legislador, que pode prosseguir em princípio todos os fins públicos que a Lei Fundamental não lhe proíba (n. m. 331)[944]. Não estão cobertas pelo bem comum as expropriações realizadas apenas por razões particulares[945] ou apenas para a promoção de interesses privados[946].

1073.   Exemplos:

Uma expropriação não serve só para a promoção de interesses privados quando aumente o potencial privado de obtenção de lucro e de inovação e sirva desse modo para a manutenção ou para a melhoria da estrutura económica ou para o combate ao desemprego; neste caso, o Tribunal Constitucional Federal exige do legislador que qualifique, expressa e diferenciadamente, como fins expropriativos, os correspondentes aspetos político-estruturais de bem comum (*E* 74, 264/287 e s., cf. já E 66, 248/257); além disso, tem de ficar assegurado, por meio de disposições legais, que o bem comum é duradouramente fomentado pelo privado para cujo proveito a expropriação se

---

941   E 56, 249/263 e s.; cf. Bryde, *MüK*, art. 14, n. m. 91.

942   *E* 58, 300/346.

943   *BVerwGE* 84, 361/365; cf. Detterbeck, *DÖV* 1994, 273; Pietzcker, *JuS* 1991, 369; opinião diferente, *BGHZ* 99, 24/28; 105, 15/16 e s.

944   Tribunal Constitucional Federal, *NVwZ* 2017, 949/950; Ogorek, *DÖV* 2018, 465/468 e s.

945   *E* 38, 175/180; Tribunal Constitucional Federal, *NJW* 1999, 1176.

946   Opinião divergente, *E* 56, 266/284 e s.

efetua (*E* 134, 242, n. m. 179 = JK 5/2014; Tribunal Constitucional Federal, *NVwZ* 2017, 399/401).

1074. **c)** A expropriação tem de ser **apta** e **necessária** para a promoção do bem comum. A este respeito deve-se fazer a distinção entre aptidão e necessidade do projeto para a promoção do bem comum e aptidão e necessidade da expropriação para o projeto. Enquanto para este último não se verificam quaisquer particularidades, a necessidade do projeto não pode ser exigida no sentido estrito, visto que o bem comum pode normalmente ser promovido por um grande número de projetos diferentes, sem que se possa indicar um como imperioso – a maior parte das vezes não se poderá mostrar que o bem comum possa ser promovido apenas por uma estrada ou por uma linha de comboio justamente neste lugar. Mas o Tribunal Constitucional Federal exige, para além da aptidão do projeto, que ele seja, de maneira razoável, necessário no sentido de que dá um "contributo substancial para alcançar o fim de bem comum"[947].

1075. **Exemplo:**
A expropriação não é necessária quando for suportável a aquisição por compra livre, quando o projeto também puder ser concretizado num terreno público ou quando, em vez da privação completa, também seja suficiente a privação parcial, por exemplo uma oneração material. Uma vez que a expropriação administrativa oferece mais possibilidades de proteção jurídica do que a expropriação legal, ela constitui o meio mais suave; por isso, só é admissível a expropriação legal se uma expropriação administrativa "estiver ligada a desvantagens consideráveis para o bem comum, que só se poderiam impedir através de uma regulação legal" (*E* 95, 1/22). Quando o fim da expropriação não se verificar *a posteriori*, o antigo proprietário tem direito a retomar a propriedade (*E* 38, 175/179 e s.; BVerwG, *NVwZ* 1987, 49).

1076. **d)** Finalmente, a determinação da indemnização por expropriação tem de ter lugar, nos termos do art. 14º, n. 3, frase 3, mediante **ponderação justa** dos interesses da comunidade e das partes. Este comando de ponderação orienta-se, uma vez mais, pela legislação

---

947 E 134, 242, n. m. 184 = JK 5/2014.

e pela Administração; em todo o caso, a lei tem de estabelecer uma moldura indemnizatória que satisfaça o comando de justa ponderação, e a Administração pública tem de preencher essa moldura de maneira conforme ao comando de ponderação. Por outro lado, o comando de ponderação dirige-se também aos tribunais ordinários, aos quais compete, nos termos do art. 14º, n. 3, frase 4, decidir em caso de conflito. O comando de ponderação não permite uma indemnização meramente formal, mas também não exige, por outro lado, a indemnização pelo valor comercial total[948]. Entre uma e outra, a indemnização deve orientar-se pela questão de saber até que ponto a propriedade expropriada se deve ao trabalho e esforço próprios e até que ponto se deve a medidas do Estado ou a simples acasos[949].

1077. A *violação* da vinculação ao bem comum conduz, tal como a violação da 'cláusula de ligação', à inconstitucionalidade da expropriação e a que o expropriado não possa receber nenhuma indemnização, mas se tenha de defender, ele próprio, contra a expropriação. O mesmo tem de se aplicar, de uma maneira consequente, à violação do comando de ponderação por parte da lei que executa a expropriação legal ou que autoriza a expropriação administrativa, enquanto a violação por parte da Administração em caso de conflito pode ser corrigida pelos tribunais ordinários mediante atribuição de uma indemnização mais elevada.

3. Normas de conteúdo e de limites

1078. a) As normas de conteúdo e de limites têm lugar "por meio das **leis**". Embora no art. 14º, ao contrário do que acontece no caso dos outros direitos fundamentais, não se fale de limitações com base na lei, também aqui se aplica a ideia de que o legislador não só pode determinar por si próprio o conteúdo e os limites, mas também pode conceder poderes à Administração para esse efeito. Também aqui o direito consuetudinário não é suficiente[950].

---

948   E 24, 367/421; 46, 268/285; BGHZ 67, 190/192.

949   Cf. Papier, *MD*, art. 14º, n. m. 714 e s.

950   Cf. Jarass, *JP*, comentário ao art. 1º, n. m. 42; Wieland, *DR*, art. 14º, n. m. 90; opinião diferente Papier/Shirvani, *MD*, art. 14º, n. m. 418.

1079. **b)** As normas de conteúdo e de limitação têm, além disso, de satisfazer o **princípio da proporcionalidade**. Este princípio apresenta uma estrutura especial em virtude da chamada vinculação social da propriedade, nos termos do art. 14º, n. 2. O legislador não só já não pode restringir aqui a liberdade como proporcional, como também já não pode negligenciar a vinculação social como proporcional e está obrigado a "harmonizar equitativamente os interesses das partes e a garantir-lhes uma relação de equilíbrio"[951]. O Tribunal Constitucional Federal limita a margem de conformação do legislador[952] sob os aspetos e quanto às situações que se seguem. Trata-se de manifestações especiais do princípio da proporcionalidade.

1080. **c)** O legislador é obrigado a tomar em consideração a **especificidade do bem ou do direito de valor patrimonial**. Sob este ponto de vista, justificam-se as normas de conteúdo e de limitação que são necessárias no interesse da vinculação social.

1081. **Exemplos:**

"O facto de os bens imobiliários não serem multiplicáveis nem dispensáveis não permite deixar completamente a sua utilização à mercê das decisões e à discrição do particular; pelo contrário, uma ordem jurídica e social justa obriga a fazer respeitar em muito maior grau os interesses do público em geral no caso do terreno do que no caso de outros bens patrimoniais" (*E* 21, 73/82 e s.; 52, 1/32 e s.). – Com a doutrina da vinculação situacional da propriedade para a avaliação da admissibilidade de proibições sem indemnização de determinadas utilizações da propriedade, o Supremo Tribunal Federal tornou produtivo um ponto de vista semelhante e suscitou a questão de saber se o proprietário razoável e inteligente equacionaria afinal espontaneamente a utilização proibida tendo presente a situação natural (*BGHZ* 23, 30/35; 80, 111/116; 90, 4/15).

1082. **d)** O legislador é obrigado a considerar a *importância para o proprietário do bem ou do direito de valor patrimonial*. Sob este ponto de vista, pode tornar-se importante tanto a função pessoal como a função

---

951   E 101, 239/259; 112, 93/109.
952   E 8, 71/80; 53, 257/293.

social da propriedade e podemos questionar a aptidão e a necessidade das normas de conteúdo e de limitação, tanto numa como na outra direção.

1083. Exemplos:

"Desde que se trate da função da propriedade como elemento da garantia da liberdade pessoal do particular, a propriedade goza de uma proteção especialmente marcada" (*E* 101, 54/75). Daqui conclui o Tribunal Constitucional Federal que o legislador tem uma margem de conformação mais limitada no caso de proibição de alienação da propriedade, que é uma parte integrante elementar da liberdade de propriedade, bem como no caso de ingerências naqueles bens e direitos de valor patrimonial que foram adquiridos através do trabalho e do mérito próprios (cf. v. Brünneck, *JZ* 1991, 992/994). – "Pelo contrário, a liberdade de conformação do legislador é tanto maior quanto mais forte for a relação social do objeto de propriedade" (*E* 101, 54/76). Isto é válido, nomeadamente, para a propriedade dos meios de produção, que confere poder sobre terceiros (Jarass, *JP*, art. 14º, n. m. 42). A cogestão dos trabalhadores de acordo com a Lei Sobre a Cogestão, de 1976, cai neste "âmbito, que a Lei Fundamental abre no art. 14º, n. 1, frase 2, à conformação pelo legislador" (*E* 50, 290/347). Também são legítimas as limitações de propriedade que asseguram o acesso de todos à natureza; por isso, pôde ser levantado o encerramento das pistas de esqui para possibilitar o acesso às pistas preparadas a quem faz um passeio pelas montanhas (BayVerfGH, BayVBl. 2016, 671/673 ff = JK 12/2016). – O legislador também está obrigado ao tratamento diferenciado da propriedade real e da propriedade inteletual e do direito de disposição e do direito administrativo do autor (*E* 79, 29/41). – A responsabilidade de situação de direito policial e de direito ordenacional pode ser insuportável, se o perigo de cuja prevenção se trata resultar de fenómenos naturais, de fenómenos imputáveis ao público em geral ou a terceiros e se a sua eliminação consumisse a parte essencial da fortuna do contribuinte (*E* 102, 1/20 e s.; cf. Lepsius, *JZ* 2001, 22).

1084. cc) O legislador tem obrigação de compensar a ingerência, eventualmente por *indemnização financeira*[953]. Com estas normas de

---

953 Cf. Bryde, *MüK*, art. 14º, n. m. 65; numa perspetiva crítica, Ossenbühl, *in: FS Friauf*, 1996, p. 391.

conteúdo e de limites, chamadas normas de obrigação compensatória, a garantia de existência converte-se em garantia de valor: embora a propriedade não seja retirada, diferentemente do que sucede com a expropriação, ela é tão intensamente afetada que tem de ser compensada no seu valor. Por um lado, o Tribunal Constitucional Federal traça a fronteira de intensidade no ponto em que se comete uma ingerência no produto do trabalho e do mérito próprios e, por outro lado, no ponto em que o princípio da igualdade é violado. É evidente a proximidade ao limiar de sacrifício especial e do limiar de intensidade no caso de ingerência expropriativa e de efeito equiparado, e muitos factos, há muito considerados como ingerências expropriativas, são entretanto entendidos também como normas de conteúdo sujeitas a compensação[954]. No entanto, o Tribunal Constitucional Federal sublinha que conseguir a aptidão da ingerência por meio de uma cláusula de indemnização financeira tem de permanecer a *"ultima ratio"* em face da redução da intensidade da ingerência através de outras medidas, desde que a estas não se associe qualquer dispêndio desproporcional. As cláusulas salvatórias de indemnização, que não especificam a primazia das medidas de compensação que mantêm as existências não satisfazem as exigências jurídico-constitucionais[955]. Neste caso, manifesta-se a primazia da garantia da existência (imobiliária) em relação à garantia de valor.

1085. Exemplos:

Uma Lei de Imprensa determinou que os editores de cada obra impressa sem distinção eram obrigados a entregar a uma biblioteca um exemplar comprovativo gratuito (n. m. 1063). Por conseguinte, a obrigação da entrega gratuita aplicou-se também às obras impressas caras, produzidas com grandes dispêndios e em edição reduzida. Por este facto, o Tribunal Constitucional Federal considerou que era afetado, de modo especialmente intenso, precisamente o editor que "pela sua iniciativa privada e disponibilidade para o risco... permite tornar acessível ao público produções exclusivas dos pontos de vista artístico, científico

---

954   Cf. Bryde, *MüK*, art. 14º, n. m. 98.

955   E 100, 226/243 e s.; Tribunal Constitucional Federal, NVwZ 2012, 429/431.

e literário" e declarou o preceito parcialmente contrário à Constituição (*E* 58, 137/150). Além disso, o Tribunal Constitucional Federal considerou que esta regulação constituía uma violação ao "princípio da igualdade, a considerar no quadro do art. 14º, n. 1, frase 2, da Lei Fundamental", porque a obrigação indiferenciada e gratuita daquela entrega levaria a uma "oneração de intensidade substancialmente diversa" (*ibid.*). Poder-se-ia perguntar se já não estamos aqui perante uma expropriação; o Tribunal Constitucional Federal nega-o, visto que a norma aplicável estabelece, "de uma maneira geral e abstrata, uma obrigação de prestação em género, sob a forma de entrega" e a "propriedade da obra impressa já está onerada quando da sua génese com a obrigação de entrega de um exemplar" (*E* 58, 137/144). – Como prestações de compensação para o estabelecimento da proporcionalidade entram em linha de conta as normas de indemnização das leis de proteção da natureza e dos monumentos, quando não seja possível a conservação da natureza ou do monumento (*E* 100, 226/244 e s.; BVerwG, LKV 2016, 514/515). O Tribunal Constitucional Federal (E 143, 246, n. m. 371, 376 = JK 5/2017) também concedeu um direito de compensação aos operadores das centrais nucleares, atendendo às decisões erráticas sobre o abandono da energia nuclear nos anos de 2010 e 2011: no entendimento do Tribunal Constitucional Federal, o art. 14º, n. 1, protege "sob determinados pressupostos, a confiança legítima na estabilidade da situação jurídica como base de investimentos na propriedade e na sua aproveitabilidade". Depois de só em 2010 se ter tomado a decisão a favor da prorrogação dos períodos de funcionamento, os operadores das centrais nucleares puderam "sentir-se estimulados a fazer investimentos nas suas instalações e não tiveram de contar com que o legislador voltasse a desistir da decisão doutrinária de política energética ainda dentro do mesmo período legislativo". A estes investimentos frustrados teria de ser concedida uma indemnização.

1086. Do ponto de vista do direito de responsabilidade do Estado e no caso de o legislador não ter previsto uma obrigação de compensação, podem também resultar direitos a indemnização, se o particular não conseguir defender-se a tempo contra a afetação da propriedade. Este é o caso nas *ingerências expropriativas*, portanto naqueles *atos materiais* que, como efeito acessório e não intencional da atuação administrativa *legal*, não foram previsíveis para o legislador e que por isso também não foram reguláveis, e nas **ingerências de efeito equivalente** à expropriação que foram imediatamente executadas como medidas *ilegais*. A pretensão jurídico-administrativa de eliminação dos efeitos, aduzida para estes casos pelo Tribunal Constitucional Federal, orienta-se apenas no sentido da reposição do *status quo ante*, que pode ser completamente impossível, e que em todo o caso não oferece qualquer indemnização para os prejuízos entretanto sofridos. Neste caso pelo menos, a ingerência expropriativa e a ingerência de efeito equiparado têm de manter a sua importância[956]. Uma pretensão à indemnização pressupõe que a ingerência tem caráter imediato, exige um sacrifício especial e é de suficiente intensidade. "Caráter imediato" significa que a afetação da propriedade ou é uma consequência direta de uma causa imposta com poderes de autoridade ou uma atualização típica de uma situação de perigo criada com esses poderes de autoridade, ou é um resultado que se deve atribuir valorativamente a uma relação de responsabilidade de autoridade[957]. "Sacrifício especial" quer dizer que é ultrapassado, a expensas dos proprietários concretos, o limite geral de sacrifício traçado pelas normas de conteúdo e de limitação. "Suficiente intensidade" significa que a propriedade, embora não seja retirada é, no entanto, limitada de uma maneira grave, intolerável e insuportável.

1087. São ingerências expropriativas a provocação de um incêndio florestal, com origem em exercícios de tiro do Exército Federal (*BGHZ* 37, 44), a destruição de uma sementeira pelas aves atraídas por um aterro sanitário municipal (BGH, *NJW* 1980, 770) e os danos provocados a uma viatura automóvel em virtude de medidas de investigação da polícia criminal (BGH, *NVwZ-RR* 2011, 556). – Ingerências de efeito equivalente à expropriação são a demolição, sem fundamento legal, de uma casa (*BGHZ* 13, 88) e o atraso das obras em virtude de

---

956   Cf. Ossenbühl/Cornils, *Staatshaftungsrecht*, 6ª ed. 2013, p. 223 e s., 270.

957   Cf. *BGHZ* 92, 34/41 e s.

desejos injustificados de alteração por parte das autoridades responsáveis pelo licenciamento (*BGHZ* 76, 35).

1088. Ambos os institutos indemnizatórios são considerados manifestações da ideia de sacrifício[958], adjunta ao art. 14º, n. 3, positivada no passado nos §§ 74 e 75 da Einl. AL, desenvolvido pelo direito judicial e hoje reconhecida pelo direito consuetudinário. Desde que o legislador não consiga prever encargos para a propriedade e não seja possível para o proprietário uma proteção de direito primário contra atos materiais diretamente agravantes, não se aplicam as objeções invocadas contra a jurisprudência anterior do BGH (ver n. m. 1056). A continuação da validez dos institutos da ingerência expropriativa e da ingerência de efeito equivalente à expropriação reconhecidos pelo direito consuetudinário é, todavia, sentida como pouco clara e insatisfatória no seu conjunto. A reforma efetuada pela lei de 1981 sobre a responsabilidade do Estado foi, no entanto, incompatível com as normas de competência da Lei Fundamental e fracassou[959]. Desde 1994, a Federação tem, nos termos do art. 74º, n. 1, al. 25, a competência legislativa concorrente para a responsabilidade do Estado, mas da qual ainda não fez uso.

1089. dd) O legislador é obrigado a reduzir o impacto da ingerência, eventualmente com a criação de **cláusulas de rigor** (*Härteklauseln*)[960] e do estabelecimento de **normas de transição**[961]. A este respeito, deve-se chamar a atenção não só para a proporcionalidade em sentido restrito, a suportabilidade pelo proprietário, mas também para a proteção da expetativa de Estado de direito, proteção que, "relativamente aos bens de valor patrimonial, recebeu no direito fundamental de propriedade uma expressão própria e uma ordenação jurídico-

---

958 BGHZ 91, 20/27 e s.; 102, 350/357; cf. Bryde, *MüK*, art. 14º, n. m. 98 e s.; Hendler, *DVBl*. 1983, 873/881; Ossenbühl, *NJW* 1983, 1.

959 E 61, 149.

960 N. T.: As *Härteklauseln* são típicas do direito da família (§ 1568º do Código Civil alemão) e permitem, por exemplo, evitar o divórcio entre cônjuges quando daí possam resultar danos irreparáveis para menores.

961 Bryde, *MüK*, art. 14º, n. m. 62; Classen, *StR II*, § 12, n. m. 72.

-constitucional"[962]. O Tribunal Constitucional Federal considera que as normas de transição são necessárias, especialmente no caso de reordenação de toda uma área jurídica[963], bem como "quando já se tenha feito uso de um poder de utilização possível segundo um direito anterior e quando este poder tenha sido retirado"[964].

1090. Exemplos:

Por intermédio de uma revisão à Lei da Energia Nuclear é prosseguido o fim de pôr termo, de uma maneira ordenada e segura, à utilização da energia nuclear para a produção industrial de eletricidade. Já não devem ser concedidas novas licenças de exploração. Relativamente às instalações nucleares existentes e que se encontram em laboração, são estabelecidos prazos remanescentes de funcionamento. Deste modo são, por um lado, redefinidos para o futuro o conteúdo e os limites da propriedade de instalações de energia nuclear e, por outro lado, é mantida a confiança na existência da propriedade adquirida (*E* 143, 246, n. m. 335 e s. = *JK* 5/2017; Koch, *NJW* 2000, 1529; diferentemente, no sentido da expropriação, Schmidt-Preuß, *NJW* 2000, 1524). – É insuportável uma regulação jurídica de proteção dos monumentos que exclua a demolição de um monumento arquitetónico protegido, mesmo quando para ele já não exista qualquer possibilidade razoável de utilização, e que não preveja quaisquer normas de exceção e de compensação (*E* 100, 226/243).

V. A garantia de instituto como limite de limites

1091. Como limite de limites, a garantia de instituto do art. 14º, n. 1, frase 1, impõe *limites extremos* às normas de conteúdo e de limitação, aliás justificadas jurídico-constitucionalmente, tal como à expropriação. Também nenhuma definição de propriedade pode deixar de as tomar em consideração. A sua importância na jurisprudência do Tribunal Constitu-

---

962   *E* 76, 220/244; 95, 64/82; 143, 246, n. m. 372 (= JK 5/2017).

963   *E* 70, 191/201 e s.; 83, 201/211 e s.

964   *E* 58, 300/338; Tribunal Constitucional Federal, NJW 1998, 367; numa perspetiva crítica, Kube, Jura 1999, 465.

cional Federal é reduzida, porque a rede das restantes exigências de justificação jurídico-constitucional é suficientemente apertada.

1092. A garantia de instituto assegura um "núcleo fundamental de normas" que constituem um instituto jurídico que merece o nome de propriedade[965]. Para merecer o *nome de propriedade*, o instituto jurídico tem de garantir a "utilidade privada", isto é, a imputação a um ente jurídico, que é simultaneamente beneficiário da utilização, e de garantir o seu poder dispositivo de princípio sobre o objeto da propriedade[966]. Nesta medida, o art. 14º, n. 1, frase 1, deve conter uma "decisão de valor fundamental da Constituição a favor da propriedade privada"[967]. Mas só está vedado o facto de "serem retirados da ordem jurídica privada aquelas matérias que são parte integrante elementar da atividade jurídico-constitucionalmente protegida no domínio do direito patrimonial"[968]. Na vigência de uma Lei Fundamental neutra do ponto de vista político-económico, o art. 14º também não pode impor ao legislador mais vinculações absolutas.

VI. Socialização

1093. A socialização prevista no art. 15º constitui uma *ingerência* na propriedade, que se distingue tanto das normas de conteúdo e de limitação, como da expropriação: de modo diferente do que sucede com as normas de conteúdo e de limitação, a socialização não deixa ficar a propriedade nas mãos do proprietário, mas retira-lha; de modo diferente da expropriação, a socialização não é concreta e individual, mas abstrata e geral. É uma expropriação estrutural.

1094. O art. 15º só permite a socialização no caso de *bens imobiliários, de riquezas naturais e de meios de produção*. Com "meios de produção" pretende-se dizer empresas em geral. O art. 15º compreende deste modo tanto empresas que produzem bens, como aquelas que prestam

---

965 E 24, 367/389.

966 E 91, 294/308.

967 E 21, 150/155.

968 E 24, 367/389.

serviços, como os bancos e seguradoras[969]. No caso de outros bens e direitos de valor patrimonial, não é admissível a expropriação estrutural da socialização, mas apenas uma expropriação concreta e individual. A regulação da indemnização é a que consta do art. 14º, n. 3, frases 3 e 4. Esta norma visa ter um feito de "travão da socialização"[970] e não de exclusão da socialização. Também daqui resulta que o comando de ponderação previsto no art. 14º, n. 3, frase 3, não pode exigir qualquer indemnização segundo o valor comercial. A questão de saber se se socializa é uma decisão da competência do legislador. Neste âmbito, o legislador não está vinculado ao princípio da proporcionalidade[971]; o legislador está liberto da obrigação, prevista no art. 14º, de tomar em consideração, no respeito pela proporcionalidade, os interesses do proprietário, porque o art. 15º está autonomizado em face do art. 14º, no sentido de ser uma determinação constitucional própria. Só este entendimento corresponde também à origem do preceito: o Partido Social-Democrata aprovou a Lei Fundamental muito especialmente porque ela lhe abria, no art. 15º, a possibilidade de, no caso de correspondente maioria no Parlamento, proceder a uma reforma importante da ordem económica[972].

1095. Esboço de solução do caso 20 (n. m. 1029).

I. A sebe de buxo está na propriedade de direito privado de "E" (§ 94º Código Civil alemão) e, nesta medida, cai sob o *conceito de propriedade* previsto no art. 14º, n. 1, frase 1. Porém, pergunta-se se a ordem de abate e a venda da sebe de buxo estão, como fruição, abrangidas pelo âmbito de proteção da propriedade. Se considerarmos a propriedade de monumentos naturais como estando determinada pela proibição de eliminação e de alteração nos termos da Lei de Proteção da Natureza e da Paisagem, a fruição em questão poderia cair fora do âmbito de

---

969 Jarass, J/P, art. 15º, n. m. 2; Peters, *DÖV* 2012, 64/66; opinião diferente, Durner, *MD*, art. 15º, n. m. 39; Gröpl, *StudK*, art. 15º, n. m. 11; Manssen, *StR II*, n. m. 742.

970 Bryde, *MüK*, art. 15º, n. m. 22.

971 Bryde, *MüK*, art. 15º, n. m. 10; Rittstieg, *AK*, arts. 14º e 15º, n. m. 250; opinião diferente, Schliesky, *BK*, art. 15º, n. m. 55; Sieckmann, *FH*, art. 15º, n. m. 28 e s.; noutro sentido, Durner, *MD*, art. 15º, n. m. 85.

972 Cf. Bryde, *MüK*, art. 15º, n. m. 1.

proteção do art. 14º, n. 1, frase 1. No entanto, as proibições de eliminação e de alteração introduzidas pelas leis da proteção da natureza e da paisagem são de data recente e já encontraram aqui uma base anterior. Portanto, a propriedade da sebe de buxo não é, de modo algum, apenas determinada pelas leis referidas. – **II.** A qualificação, ligada à proibição do abate, da sebe de buxo como monumento natural por parte da autoridade competente constitui uma *ingerência*. – **III.** Esta limitação pode ser justificada jurídico-constitucionalmente. 1. Para isso, interessa primeiro saber se se trata de uma expropriação ou de uma norma de conteúdo e de limites. Uma razão contra uma expropriação é, neste caso, o facto de "E" dever manter tanto o terreno, cuja parte integrante essencial é constituída pela cerca de buxo, como também pode e até tem de manter a própria cerca; sendo assim, está excluída uma privação total. Também está excluída uma privação parcial, uma vez que a propriedade deve, em si, ficar totalmente na posse de "E" e ser apenas reduzida a sua livre vontade e os seus poderes de proprietário (cf. também BGH, *DVBl.* 1957, 861). 2. Por conseguinte, no caso da proibição de mandar abater e de vender a sebe, trata-se de uma norma de *conteúdo* e de *limitação* da propriedade. **2. Proporcionalidade da norma de conteúdo e de limites.** Em relação às proibições de eliminação e de alteração das *leis* de proteção da natureza e da paisagem, podemos sustentar que, no fundo, elas são impostas em virtude da particularidade do bem de valor patrimonial: uma época sensível às ameaças à natureza reconheceu que não se pode passar sem as belezas naturais, que são escassas e que se multiplicam com dificuldade. As belezas naturais não podem ser completamente abandonadas à vontade arbitrária e ao bel-prazer do particular. Embora se possa exigir uma prudência especial no caso de uma proibição de alienação, uma vez que a alienação é uma parte integrante elementar da liberdade de propriedade, estes objetos de propriedade, como beleza natural que são e em que muitos têm prazer, encontram-se numa relação social e têm uma função social. Dado que as leis de proteção da natureza e da paisagem também preveem uma compensação para as ingerências através de indemnização financeira, elas estão, no seu conjunto, justificadas jurídico-constitucionalmente. 3. Também a *execução* das leis aplicáveis não permite reconhecer qualquer vício jurídico. Não há qualquer razão para permitir a ingerência aqui apenas no caso de indemnização financeira, porque a sebe, embora não tenha sido plantada por motivos económicos, não alcançou o seu valor por força do trabalho e do mérito (opinião diferente, Lege, *Jura* 2011, 826/839). Manter a sebe também não onera "E" de uma maneira economicamente insuportável.

1096. Bibliografia:

Relativamente ao art. 14º, em geral: O. Depenheuer, "Eigentum", *Hdb. GR V*, § 111; R. Hendler, "Zur Inhalts- und Schrankenbestimmung des Eigentums", *in: FS Maurer*, 2000, p. 127; H. D. Jarass, "Inhalts- und Schrankenbestimmung oder Enteignung?", *NJW* 2000, 2841; C. Jasper, "Von Inhalten, Schranken und wichtigen Weichenstellungen: Die Eigentumsgarantie des Art. 14 GG in der allgemeinen Grundrechte-Eingriffs-Dogmatik", *DÖV* 2014, 872; H. Jochum/W. Durner, "Grundfälle zu Art. 14 GG", *JuS* 2005, 220, 320, 412; T. Kingreen, "Die Eigentumsgarantie (Art. 14 GG)", *Jura* 2016, 390; J. Lege, "Das Eigentumsgrundrecht aus Art. 14 GG", *Jura* 2011, 507, 826; L. Osterloh, "Nassauskiesung und kein Ende?", *in*: Bouffier/Horn/Poseck/Radtke/Safferling (ed.), *Grundgesetz und Europa. Liber Amicorum für Herbert Landau zum Ausscheiden aus dem Bundesverfassungsgericht*, 2016, 117; H.-J. Papier, "Der Stand des verfassungsrechtlichen Eigentumsschutzes", *in*: Depenheuer (ed.), *Eigentum*, 2005, p. 93; F. Shirvani, "Eigentumsschutz und Grundrechtskollision", *DÖV* 2014, 173. – Em especial relativamente à expropriação, à ingerência expropriativa e à ingerência de efeito equivalente à expropriação: A. v. Arnauld, "Enteignender und enteignungsgleicher Eingriff heute", *VerwArch* 2002, 394; M. Baldus/B. Grzeszick/S. Wienhues, *Staatshaftungsrecht*, 4ª ed. 2013; C. Külpmann, *Enteignende Eingriffe*, 2000; F. Ossenbühl/M. Cornils, *Staatshaftungsrecht*, 6ª ed. 2013; J. Rozek, *Die Unterscheidung von Eigentumsbindung und Enteignung*, 1998.

Anexo: esquema organizacional

1097. O seguinte esquema organizacional é determinante quando se questiona a constitucionalidade de uma ingerência na propriedade. Em comparação, o art. 14º não representa uma base de pretensão para direitos a indemnização; estes direitos resultam apenas das leis de indemnização do direito ordinário. A garantia de propriedade pode ser controlada fundamentalmente de acordo com os esquemas gerais recomendados para os direitos de liberdade (n. m. 401 e s.). Contudo, o direito fundamental contém exigências especiais dirigidas à justificação de ingerências, que se relacionam com o facto de este direito – de maneira diferente dos outros direitos de liberdade – operar não só como garantia imobiliária, mas conter também uma garantia de valor (n. m. 1030).

1098. Esquema organizacional V: propriedade, art. 14º

I. Âmbito de proteção

II. Ingerências

III. Justificação jurídico-constitucional

Delimitação: o critério de controle depende de se a ingerência representa uma expropriação ou uma norma de conteúdo e de limitação:

Expropriação: privação individual completa ou parcial de posições patrimoniais subjetivas e concretas, por meio de um ato jurídico-funcionalmente a ela dirigido para satisfazer determinadas funções públicas.

Norma de conteúdo e de limitação: todas as medidas que reduzem a propriedade e que não são expropriação.

Exigências de justificação:

1. Expropriação

a) Autorização de ingerência: art. 14º, n. 3, frase 2

Não só os pressupostos da ingerência (reserva de parlamento em geral), mas também a indemnização (cláusula de ligação) têm de ser regulados por lei.

b) Constitucionalidade da lei de ingerência

aa) Constitucionalidade formal

bb) Constitucionalidade material

(1) Princípio da proporcionalidade:

Fim legítimo: o bem comum (art. 14º, n. 3, frase 1):

– Aptidão.

– Necessidade.

– Adequação: ponderação justa, art. 14º n. 3, frase 3.

(2) Salvaguarda da garantia de instituto
c) Constitucionalidade de um ato concreto (= expropriação administrativa)
2. Normas de conteúdo e de limites
a) Autorização de ingerência: art. 14º, n. 1, frase 2
b) Constitucionalidade da lei de ingerência
    aa) Constitucionalidade formal
    bb) Constitucionalidade material

(1) Princípio da proporcionalidade com exigências especiais no quadro da adequação: conciliação de interesses entre os interesses do proprietário (art. 14º, n. 1) e os interesses gerais (art. 14º, n. 2), sendo de considerar:

– Peculiaridade do direito de valor patrimonial.

– Importância da posição de valor patrimonial (preponderância da função pessoal ou da função social da propriedade?).

Normas de transição / cláusulas de rigor.

– Se necessário, indemnização financeira (a chamada norma de conteúdo e de limites de compensação obrigatória) no caso de afetações intensas (= ingerência no produto do esforço / trabalho próprio ou imposição de um sacrifício especial violador da igualdade, para o caso de não ter sido concedida indemnização).

(2) Garantia de instituto
c) Constitucionalidade de um ato concreto

§ 24. PROTEÇÃO CONTRA A RETIRADA DA NACIONALIDADE E CONTRA A EXTRADIÇÃO E DIREITO DE ASILO (ARTS. 16º E 16º-A)

1099.   **Caso 21: A muçulmana bósnia**

"B" é uma cidadã bósnia de credo islâmico. Em novembro de 1991, passou pela França em viagem para o território federal alemão. No decurso do ano de 1992, a guerra civil na antiga Jugoslávia alastrou também à Bósnia-Herzegovina. Os sérvios bósnios conseguiram colocar sob o seu domínio mais de metade do território. Nas regiões por eles dominadas erigiram campos de prisioneiros, em que se verificaram maus-tratos sistemáticos, torturas, violações e execuções extrajudiciais, sobretudo de muçulmanos presos. O sistema administrativo e económico da Bósnia-Herzegovina ruiu completamente. Nesta situação, "B" apresentou um pedido de asilo. Terá ela direito a asilo político? N. m. **1141**.

I. Panorama geral

1100. Os artigos 16º e 16a contêm três garantias:

– a proteção de cidadãos alemães contra a retirada da nacionalidade,

– a proteção de cidadãos alemães contra a extradição e

– o direito de toda pessoa humana a asilo político.

A relação material destas três garantias consiste no facto de lhes ser comum a ligação a um vínculo jurídico-territorial ou jurídico-estatutário entre a República Federal da Alemanha e um particular. Este pode, por um lado, como cidadão alemão ou como cidadão de nacionalidade alemã e, por outro lado, como estrangeiro perseguido politicamente, fazer valer os seus direitos, nomeadamente à conservação do estatuto jurídico-pessoal (art. 16º, n. 1) e à entrada e permanência no território alemão (art. 16º, n. 2, e art. 16a). No entanto, a proteção contra a retirada da nacionalidade e o direito a asilo político são direitos fundamentais, e a proteção contra a extradição é um limite de limites de dogmática jurídico-fundamental em relação ao art. 11º (cf. n. m. **925**).

1101. A diferença dos conceitos de cidadão alemão e de cidadão de nacionalidade alemã relativamente ao conceito de estrangeiro assinala relações jurídicas de natureza diversa. Os conceitos em causa assentam em dois princípios contrários da moderna nacionalidade: da soberania pessoal e da soberania territorial. O conteúdo do primeiro princípio consiste na imputação de pessoas a um Estado, que lhes oferece proteção e deles exige obediência, e ambas as coisas mesmo quando abandonem o território do Estado. A soberania territorial significa o exercício da autoridade, em princípio em termos únicos, isto é, com exclusão de outros Estados, numa parte da superfície terrestre, sobre todas as pessoas e coisas que ali se encontrem. Ambos os princípios são expressão da soberania do Estado. Cidadão com a nacionalidade de um Estado é aquele que está submetido à autoridade pessoal deste. Estranho ou estrangeiro, pelo contrário, é aquele que, embora submetido à autoridade territorial de um Estado onde reside, não está sujeito à soberania pessoal deste, nem está ligado a qualquer Estado (o chamado apátrida) ou a um outro Estado, o chamado Estado de origem, através de um tal vínculo pessoal.

1102. As garantias do art. 16º e do art. 16a estão historicamente ligadas entre si. A proibição de privação da nacionalidade do art. 16º, n. 1, frase 1, constitui uma reação à prática de retirada da nacionalidade motivada predominantemente por razões rácicas da Alemanha nacional-socialista. Também o direito de asilo da Lei Fundamental remontou originariamente às experiências no e com o Terceiro *Reich*, porque naquela altura os alemães perseguidos por razões rácicas ou políticas só conseguiam encontrar proteção no estrangeiro, e quando o conseguiam era apenas com consideráveis dificuldades, e porque com a criação de um direito de asilo sem reservas se tinha em vista prestar auxílio a pessoas que se encontrassem em idêntica situação política noutros Estados. Só a proibição de extradição, tal como ela está hoje regulada no art. 16º, n. 2, foi caraterizada, já nos finais do século XIX, como parte integrante essencial do direito de cidadania do *Reich* e como fazendo parte verdadeiramente da Constituição Imperial[973]. Mas a partir de 1871 este direito só teve suporte na lei ordinária e só em 1919 foi acolhido na Constituição (art. 112º, n. 3, da Constituição Imperial de Weimar).

1102a. O direito de asilo encontra-se hoje sobreposto pelo direito da União. A Diretiva de qualificação (Diretiva 2011/95 EU) fixa, nos arts. 9º, e 10º, as razões de fuga apreciáveis em termos do direito da União e que a Convenção de Genebra para os Refugiados concretiza para a UE. A diretiva contém, é certo, no art. 3º, um princípio de prevalência, segundo o qual deve ser lícita uma proteção mais ampla por parte dos Estados-Membros, mas apenas na medida em que isso seja

---

973 Cf. Laband, *Das Staatsrecht des Deutschen Reiches*, 5ª ed., 1911, 1. v., p. 155.

compatível com os fins de regulação da diretiva. Mas, segundo o parecer do TJUE, isso contradiz os fins de regulação, se os Estados-Membros concederem um estatuto de refugiado a pessoas que estão excluídas dessa concessão nos termos do art. 12º da diretiva (outra proteção, crimes de guerra, ilícitos penais gerais, violações dos direitos humanos). A estas pessoas só poderá ser atribuída uma proteção de outra espécie[974]. Mas como o art. 16a não aponta para qualquer proteção de outra espécie[975], pode-se-lhe atribuir quando muito uma importância marginal. Para além do art. 12º da diretiva, aquele artigo não pode proporcionar qualquer proteção por razões do direito da União e de resto, tal como o direito da União, orienta-se, no seu conteúdo, pela Convenção de Genebra para os Refugiados (n. m. 1116)[976].

II. Proteção contra a retirada da nacionalidade (art. 16º, n. 1)

1. Âmbito de proteção

1103. O art. 16º, n. 1, frase 1, protege contra a retirada da nacionalidade alemã; o art. 16º, n. 1, frase 2, refere os pressupostos sob os quais as previsões de facto fixadas na lei podem prever a perda da nacionalidade alemã. Daí resulta que só são autorizados cidadãos com nacionalidade alemã (cf. n. m. 169), e não alemães que tenham perdido a nacionalidade alemã[977].

2. Ingerências

1104. O art. 16º, n. 1, reconhece a retirada da nacionalidade, nos termos da frase 1, e a perda da nacionalidade, nos termos da frase 2. Por outro lado, a frase 2 reconhece a perda da nacionalidade por vontade do atingido e a perda da nacionalidade contra a vontade do

---

974 TJUE, EU:C:2010:661, n. m. 115 e s. – *Deutschland/B.*

975 BVerwGE 139, 272/294 e s.

976 Aprofundadamente, Gärditz, *MD*, art. 16a, n. m. 130 e s., n. m. 153 e s.

977 BVerwGE 8, 340/343; Wittreck, *DR*, art. 16º, n. m. 42; opinião diferente, Becker, *MKS*, art. 16º, n. m. 57.

atingido. A necessitar de clarificação está a relação entre a retirada da nacionalidade, nos termos da frase 1, e a perda contra a vontade do atingido, nos termos da frase 2. É que, com o conceito de retirada da nacionalidade tanto se prendem as consequências da perda, como a caraterística da falta de voluntariedade; mas, em virtude das diferentes consequências jurídicas, a retirada da nacionalidade, nos termos da frase 1, e a sua perda contra a vontade do atingido, nos termos da frase 2, têm de especificar diferentes previsões de facto. O legislador constituinte[978] teve em vista, na realidade, três grupos de previsões de facto:

– a perda de nacionalidade por vontade do atingido, hoje especialmente através de demissão, renúncia e declaração (cf. § 17, als. 1, 3 e 6 do StAG),

– as tradicionais previsões de facto da perda de nacionalidade contra a vontade do atingido, especialmente no caso de aquisição de uma nacionalidade estrangeira, originariamente através de contração do casamento (cf. § 17, al. 6 RuStAG aF) e atualmente a pedido ou por adoção (§ 17, als. 2 e 4 StAG),

– a retirada arbitrária da nacionalidade, especialmente a expatriação e a privação (judicial) da nacionalidade por razões políticas.

1105. A letra do art. 16º, n. 1, não põe em evidência, de maneira suficiente, esta tripla distinção, o que levou a um grande número de propostas de delimitação[979]. Para distinguir com maior clareza, do ponto de vista da previsão das situações de facto, entre a perda contra a vontade do atingido, nos termos da frase 2, e a retirada, nos termos da frase 1, junta-se à perda a influenciabilidade tolerável como caraterística acrescida[980]. Deste modo, especialmente a retirada (que historicamente está por detrás do direito fundamental) ocorrida com base na origem ou na convição política é uma retirada inconstitucional. A origem étnica não é influenciável e a alteração da convição política não é tolerável.

---

978 Cf. JöR 1951, 159 e s.

979 Schmalenbach, *Hdb. GR* V, § 122, n. m. 26 e s.

980 *E* 116, 24/44 e s.; 135, 48, n. m. 29 e s.; (= JK 6/2014).

1106. É discutível saber se a *revogação de uma atribuição viciada de nacionalidade* constitui uma retirada no sentido definido e se, por isso, é ilícita. É certo que o argumento a favor consiste em que a atribuição de nacionalidade meramente anulável, mas não nula, é vinculativa nos termos do § 43º do VwVfG, justificando, portanto, uma posição jurídica que não pode senão ser retirada[981]. Mas a revogação não pode, em todo o caso, ser considerada como desnaturalização arbitrária, "se o ato administrativo [tiver sido praticado] com dolo, coação ou suborno ou através de declarações deliberadamente incorretas ou incompletas, as quais foram essenciais para o seu desfecho" (§ 35, al. 1, StAG), uma vez que ela não afeta a função da nacionalidade como fundamento confiável de pertença com os mesmos direitos. Em tais casos, a revogação é lícita[982]. Se a nacionalidade alemã de um filho for anulada com efeitos retroativos, em virtude de uma impugnação de paternidade bem-sucedida, esse facto não representa uma retirada ilícita da nacionalidade[983]. Em virtude do caráter biológico do motivo da perda, ele não pode ser sujeito a mau uso para revogações arbitrárias contra as quais protege a previsão de facto da retirada (da nacionalidade)[984].

3. Justificação jurídico-constitucional

1107. O art. 16º, n. 1, frase 1, proíbe sem reservas a retirada da nacionalidade. Por isso, ela é sempre inconstitucional.

1108. A autoridade competente conseguiu, nos termos do § 1600, n. 1, al. 5), do Código Civil alemão, versão antiga, impugnar a paternidade reconhecida por um cidadão alemão, quando por meio do reconhecimento foram criados os pressupostos legais para a residência autorizada de um interessado (§ 1600 Abs. 3 Código Civil alemão). Por

---

981 Lübbe-Wolff, *Jura* 1996, 57/62.

982 E 116, 24/36 e s.; cf. também Kämmerer, *BK*, art. 16º, n. m. 87 e s.; Zimmermann/Tams, *FH*, art. 16º, n. m. 48 e s.; opinião crítica, Wittreck, *DR*, art. 16º, n. m. 54.

983 E 116, 24/44 e s.

984 Tribunal Constitucional Federal, *NJW* 2007, 425/427; *BVerwGE* 162, 17/28. Sobre a inconstitucionalidade da revogação em virtude de um motivo de perda introduzido posteriormente, *E* 135, 48, n. m. 38 e s.

via da impugnação a criança perdeu a nacionalidade alemã. Verificou-se uma retirada inconstitucional da nacionalidade, nos termos do art. 16º, n. 1, frase 1, porque a criança não pôde influenciar a retirada da nacionalidade e também não lhe puderam ser imputadas possibilidades de influenciação por terceiros (*E* 135, 48, n. m. 29 e s. = *JK* 6/2014).

1109. A perda de nacionalidade encontra-se, pelo contrário, sob uma reserva de lei. No caso de a perda da nacionalidade se verificar contra a vontade do atingido, a reserva de lei é qualificada pelo facto de a perda (da nacionalidade) não poder conduzir ao estado de apátrida do atingido.

1110. Exemplos:
A perda da nacionalidade no âmbito dos §§ 17, n. 1, e 18º do StAG (demissão) é lícita, porque ocorre por vontade do próprio. A perda no âmbito dos §§ 17º, al. 2, e 25º do StAG (aquisição de uma nacionalidade estrangeira) é lícita, porque, embora ocorra contra a vontade do atingido, não conduz ao estado de apátrida; é que a perda da nacionalidade só se verifica com a aquisição juridicamente eficaz da nacionalidade estrangeira (Tribunal Constitucional Federal, *NVwW* 2007, 441).

III. Proibição de extradição (art. 16º, n. 2)

1. Âmbito de proteção

1111. O art. 16º, n. 2, protege o cidadão "de ser afastado, contra a sua vontade, da ordem jurídica que lhe é familiar"[985]. De modo diferente do que se verifica no art. 16º, n. 1 (cf. n. m. 1103), têm direito a isso todos os cidadãos alemães (cf. n. m. 167 e s.). Os cidadãos da União só têm esse direito, no caso de o direito da União o exigir (n. m. 177).

2. Ingerência

1112. *Extradição* quer dizer afastamento – se necessário mediante coação – de um cidadão alemão do domínio de soberania da República Federal da Alemanha, em conjugação com a transferência para o domínio de um poder, a pedido deste último. Um poder desta

---

985   E 113, 273/293.

natureza é também um tribunal internacional, como resulta do art. 16º, n. 2, frase 2. Sob a extradição cai também a chamada *extradição em trânsito*, quando um alemão é extraditado de um Estado para outro, tendo de atravessar a República Federal da Alemanha; não é permitida a transmissão ao Estado de destino, nem o repatriamento para o Estado que entrega[986].

1113. Da extradição deve ser distinguida a *expulsão* de um cidadão alemão. Por expulsão entende-se a ordem dirigida a um alemão, sem a solicitação de um outro Estado, de abandonar a República Federal, independentemente do lugar para onde vá. Mas o art. 11º (cf. n. m. 925) protege contra a expulsão e a sua execução, a chamada *deportação*.

1114. É difícil apreciar o caso da chamada *extradição*. Por reextradição entende-se a extradição de um alemão para o estrangeiro depois de este ter sido previamente transferido, apenas provisoriamente, do estrangeiro para a República Federal da Alemanha, com base numa promessa de repatriamento. O Tribunal Constitucional Federal[987] não considerou verificar-se aqui uma proibição de extradição, porque a reextradição apenas restabelece o estado que já existia antes da transferência provisória para o território federal, não se tendo, pois, no fim de contas, agravado a situação do atingido. No entanto, esta consideração não tem consistência em face do comando estrito do art. 16º, n. 2, segundo o qual um alemão nunca pode ser entregue contra a sua vontade a um outro poder[988]. Nesses termos, é já proibido efetuar uma promessa de reextradição, não podendo ela ser satisfeita, no caso de ter tido lugar efetivamente (mesmo que desse modo a República Federal da Alemanha se tenha colocado em situação de responsabilidade, eventualmente de acordo com os princípios de direito internacional).

---

986   E 10, 136/139.

987   E 29, 183/193 e s.

988   Cf. Kämmerer, *BK*, art. 16º, n. m. 87; Wittreck, *DR*, art. 16, n. m. 66; opinião diferente, Zimmermann/Tams, *FH*, art. 16º, n. m. 89.

3. Justificação jurídico-constitucional

1115. A proibição de extradição está sob a *reserva de lei qualificada* prevista no art. 16º, n. 2, frase 2. A lei só pode admitir extradições para um Estado-membro da União Europeia ou para um tribunal internacional, por exemplo o Tribunal Penal Internacional (TPI), e só quando nesse Estado estejam garantidos para o extraditado os princípios do Estado de direito, como a independência dos tribunais, o direito de ser ouvido, o procedimento justo (*due process*) e presunção de inocência. De acordo com o Tribunal Constitucional Federal[989], também não se pode verificar uma extradição mesmo no caso de haver uma ligação interna importante do ilícito reprovado.

IV. Direito de asilo (art. 16a)

1. Âmbito de proteção

1116. O conceito de perseguido político constante do art. 16ª, n. 1, é definido partindo da Convenção de Genebra Sobre os Refugiados de 28.6.1951[990]. Perseguido por razões políticas é aquele que "em virtude da sua raça, religião, nacionalidade, pertença a um grupo social ou que, por causa das suas convicções políticas, está exposto a medidas de perseguição com perigo para a sua vida ou integridade física ou a limitações da sua liberdade pessoal, ou que receia fundamentadamente tais medidas de perseguição"[991]. Mas também é perseguido político quem, "em virtude de caraterísticas pessoais imutáveis, é diferente do que deve ser, no entender daquele que o persegue"[992]; por isso, o art. 16a, n. 1, protege também aquele que é perseguido por causa da sua orientação sexual. Para garantir este conteúdo material, o art. 16º, n. 1, também tem importância *jurídico-procedimental*. Daqui resulta, por exemplo quando são apresentados pedidos de extradição, que os serviços com-

---

989 E 113, 273/302 e s., 331, 342 e s.; sobre a necessidade de ponderação no caso concreto também no caso conexão internacional significativa, Tribunal Constitucional Federal, *NJW* 2016, 1714/1715; *NStZ-RR* 2017, 55/56 e s.

990 *BGBl.* 1953 II, 559; cf. também E 94, 115/134 e s.

991 BVerwGE 67, 184/186; numa perspetiva crítica, Selk, *NVwZ* 1990, 1133/1135.

992 BVerwGE 79, 143/146.

petentes tenham de controlar autonomamente os pressupostos constantes do art. 16a, n. 1, da Lei Fundamental, se ainda não tiver sido pronunciada a decisão no processo de asilo[993].

1117. **a) Perseguição** significa a afetação de bens jurídicos de modo a colocar o afetado numa situação sem saída[994]. A perseguição pode afetar todos os domínios de vida, mesmo o domínio religioso, o cultural e o económico[995]. Quando as afetações não violem ou ponham deliberadamente em perigo a vida, a integridade física ou a liberdade pessoal, e também na medida em que afetem outros bens jurídicos, elas só constituem perseguição no sentido do art. 16a, n. 1, no caso de atingirem uma intensidade violadora da dignidade humana[996]. No caso de "desvantagens que alguém tenha de sofrer no seu Estado de origem em virtude de circunstâncias gerais, como a fome, catástrofes naturais, mas também no caso de efeitos gerais de distúrbios, revoluções e guerras", não se verifica perseguição[997].

1118. **Exemplos:**

A afetação da atividade profissional só constitui perseguição quando já não estiver garantido o mínimo existencial (*BVerwGE* 88, 367/374); afetações à liberdade religiosa só constituem perseguição quando o "mínimo existencial religioso", isto é, o exercício da religião na esfera doméstico-privada, já não estiver assegurado (*E* 76, 143/158 e s.; 81, 58/66; *BVerwGE* 120, 17/20 e s.).

1119. O receio de ser perseguido pressupõe o *perigo de perseguição*. Este verifica-se quando o candidato a asilo é ameaçado com elevada probabilidade de perseguição política, de modo que a permanência no seu país de origem não é para si suportável[998]. Para os anteriormente perseguidos, relativamente aos quais já antes de abandonarem o seu país de origem se verificou uma perseguição ou ela constituiu uma

---

993 Tribunal Constitucional Federal, NVwZ 2015, 1204/1204 e s.

994 E 74, 51/64.

995 Jarass, JP, art. 16a, n. m. 7.

996 E 54, 341/357; 76, 143/158; BVerwGE 80, 321/324.

997 E 80, 315/335.

998 E 76, 143/167; BVerwGE 89, 162/169.

ameaça direta, o critério da probabilidade desceu na escala de exigência; no caso de regresso, tem de estar excluído, com suficiente probabilidade, um ressurgir da perseguição original ou uma perseguição da mesma natureza[999]. No caso daquele que se coloca a si próprio sob a proteção do seu país de origem, devemos partir de que ali (já) não se verifica para ele qualquer ameaça de perseguição[1000].

1120. O afetado (já) não se encontra numa situação sem saída quando tem uma alternativa de fuga. Verifica-se uma chamada *alternativa de fuga no interior do país*, quando o afetado não se encontra sem proteção em qualquer parte do seu país de origem, mas se pode refugiar em partes do país onde não há perseguição. O Tribunal Constitucional Federal fala, neste contexto, de um "Estado de várias faces", que prossegue fins políticos diversos em diferentes partes do país e permite diferentes ordens culturais e jurídicas[1001]. Por consequência, já não é perseguido aquele a quem pode ser exigido o regresso ao país de origem[1002] ou apenas a determinadas zonas do seu país de origem em virtude de alterações da situação política local entretanto ocorridas[1003]; isto deve aplicar-se mesmo quando ali já não exista uma ordem pacífica do Estado[1004]. Mas não se verifica uma alternativa suportável de fuga, quando o atingido ali tiver a sua existência ameaçada, porque o espera, a longo prazo, uma vida à margem do mínimo existencial económico[1005].

1121. Também no caso de uma chamada *alternativa de fuga para o estrangeiro*, a situação do atingido (já) não é uma situação sem saída. Uma tal situação verifica-se quando o atingido encontrou num outro Estado acolhimento e proteção contra a perseguição. A segurança

---

999 E 54, 341/356 e s.; BVerwGE 104, 97/99 e s.

1000 Cf. BVerwGE 89, 231/233 e s.

1001 E 80, 315/342 e s.; cf. também E 81, 58/65 e s.

1002 BVerwGE, 124, 276/281 e s.

1003 BVerwGE 85, 139/146; 112, 345/347 e s.

1004 BVerwGE 108, 84/90.

1005 E 80, 315/344; 81, 58/65 e s.; BVerwGE 105, 211 e s.; 131, 186/190.

objetiva[1006] contra a perseguição está especialmente garantida quando a fuga terminou no Estado terceiro[1007]. De forma análoga ao que se passa na alternativa de fuga no interior do país, o atingido também tem de estar seguro no Estado terceiro contra uma ameaça existencial provocada pela falta de abrigo, pela falta de meios, por doença e fome[1008].

1122. **b)** A perseguição tem de ser **atual** ou tem de ser receada como atual. Este não é o caso quando alguém abandona o seu Estado natal apenas vários anos após ter sofrido a perseguição, mas depois de esta já não se verificar[1009], ou abandona um Estado terceiro dominado por aquele[1010] ou quando pode voltar a regressar ao seu Estado de origem onde entretanto deixou de haver perseguição[1011]. Porém, a perseguição ou o receio dela também pode ter a sua origem nas chamadas *razões posteriores à fuga*, isto é, em atuações, processos ou eventos que ocorreram após o abandono do Estado de origem, como por exemplo num golpe de Estado ou numa revolução no Estado de origem, na adesão a uma organização de exilados ou na apresentação de um pedido de asilo por parte do candidato ao exílio.

1123. Aí a jurisprudência faz uma restrição: em princípio, o direito de exílio exige a relação causal entre perseguição e fuga. Em consequência, o simples abandono ilegal do Estado de origem não pode só por si justificar um direito a asilo[1012]. A perseguição ou o receio de perseguição que começaram após a fuga podem no entanto justificar o direito de asilo, quando forem desencadeados pelas chamadas *previsões de facto objetivas das razões posteriores à fuga*, isto é, por "processos ou eventos no país de origem" ou por outras circunstâncias não provoca-

---

1006   BVerwGE 77, 150/152.

1007   BVerwGE 79, 347/351; 84, 115/121; cf. também o § 27º, n. 3, AsylVfG.

1008   BVerwGE 78, 332/345 e s.; 88, 226/232.

1009   BVerwGE 87, 52/53 e s.

1010   BVerwGE 89, 171/175 e s.

1011   E 54, 341/360.

1012   BVerwGE 81, 41/46.

das pelo próprio atingido[1013]. As chamadas previsões de facto *subjetivas* ou autoprovocadas posteriores à fuga são, pelo contrário e em princípio, de somenos importância; algo de diferente aplica-se só quando "elas se apresentarem como expressão e continuação de uma convicção firme existente e reconhecidamente exercida já durante a permanência no Estado de origem"[1014], ou quando forem a consequência de uma situação de perigo, pelo menos de perigo latente, no Estado de origem e que leva à atuação posterior à fuga[1015] ou quando se verifique ameaça de perseguição com violação da dignidade humana[1016]. No entanto, no caso de razões subjetivas insignificantes posteriores à fuga, entra em conta a proteção contra a ordem de expulsão nos termos do § 60º, n. 1, do *AufenthG*[1017].

1124. **c)** A perseguição tem de ser uma perseguição **pessoal**. O facto de alguém pertencer a um grupo que está exposto a medidas de perseguição, justifica uma perseguição política pessoal, quando todos os membros do grupo partilham da mesma caraterística relevante para o exílio, se encontram numa situação comparável em termos de local e tempo e quando cada um, face a um número suficiente de ações de perseguição (a chamada intensidade de perseguição) ou de um programa de perseguição do Estado, tiver de recear ser, ele próprio, a qualquer momento, vítima das medidas de perseguição[1018]. Os laços familiares com um perseguido não justificam, enquanto tais, uma perseguição pessoal[1019]. No entanto, no caso de cônjuges e de filhos de menor idade, mas não no caso de outros parentes, reconhece-se que eles podem ser de certo modo politicamente perseguidos em substituição; daqui resulta

---

1013   E 74, 51/64 e s.; BVerwGE 88, 92/94 e s.

1014   E 74, 51/64 e s.; BVerwGE 77, 258/261; posição crítica, cf. Wittreck, *DR*, art. 16a, n. m. 80; cf. também o § 28 AsylVfG.

1015   *BVerwGE* 81, 170/172 e s.; *DVBl.* 1992, 1543.

1016   *BVerwGE* 90, 127/132 e s.

1017   E 74, 51/66 e s.; Hailbronner, *Ausländerrecht*, actualização: Junho de 2005, § 28 AsylVfG, n. m. 26.

1018   E 83, 216/231; BVerwGE 125, 243/249.

1019   *BVerwGE* 65, 244/245.

uma presunção ilidível de perseguição política pessoal[1020]. Por isso, o § 26º do AsylVfG concede a posição jurídica de titulares do direito a asilo aos cônjuges e aos filhos menores daqueles que têm direito a asilo, quando se verifiquem determinados pressupostos.

1125. Exemplo:

Uma pequena minoria, como os jasídicos na Turquia, é perseguida com tal dureza, persistência e intolerância que cada membro desta minoria se vê constantemente exposto ao perigo de vida e de integridade física ou de liberdade pessoal (*E* 83, 216/232; *BVerwGE* 88, 367/371 e s.).

1126. d) A perseguição tem de ser uma perseguição **política**, embora a garantia de asilo se possa verificar ela própria não por razões de ordem política, mas humanitárias[1021]. A perseguição política deve ser determinada objetivamente; ela está relacionada com "discussões em torno da configuração e da peculiaridade da ordem, em geral, do convívio entre pessoas e grupos de pessoas" e parte de um "ente de poder superior, em regra soberano"[1022].

1127. d) Difícil é, em especial, a inclusão da perseguição *jurídico-penal* na perseguição política. Relativamente ao chamado direito penal político (por exemplo, alta traição e sabotagem), aplica-se a ideia de que uma perseguição, por parte do Estado, de atos que são praticados por convicção política é, em princípio, perseguição política, mesmo quando o Estado repele apenas ataques violentos à integridade do seu território ou da sua ordem interna. Segundo a jurisprudência, a perseguição não é perseguição política quando um Estado combate o terrorismo político e, nesse âmbito, se limita às verdadeiras ações, aos autores e aos promotores e a uma intensidade de certo modo normal desse combate[1023]. Também uma perseguição levada a cabo em virtude de factos que não integram o direito penal político pode ser uma perseguição política; o importante é saber se só se reprime o conteúdo criminal

---

1020 BVerwGE 75, 304/312 e s.; 79, 244/246.

1021 E 54, 341/357.

1022 E 80, 315/333 e s.; BVerfG, NVwZ 2000, 1165/1166.

1023 E 80, 315/339 e s.; 81, 142/149 e s.; BVerwGE 111, 334/339.

de certo modo normal do ato ou se a sanção se liga a propriedades relevantes do ponto de vista do asilo, especialmente às convicções políticas do autor e se as tem em vista[1024] ou se é mais pesada do que a sanção imposta no Estado que persegue, no caso de delitos não políticos semelhantes (o chamado *politmalus*)[1025].

1128. Dado que o art. 16a, n. 1, exige uma perseguição política, ele não oferece, sem mais, proteção contra a *tortura* e proteção contra a *pena de morte* que não estejam em relação com a perseguição política. Mas a tortura constitui perseguição política quando é usada em virtude de uma das caraterísticas atrás referidas no n. m. 1116 ou é aplicada de forma mais agravada com vista a estas caraterísticas[1026]. Além disso, em virtude da vinculação dos órgãos do Estado alemão ao art. 1º, n. 1, não é de considerar uma deportação do requerente de asilo para um Estado onde o espera a ameaça de tortura[1027]. Também no caso de ameaça de pena de morte é, por via de regra, inadmissível uma ordem de expulsão por força do art. 2º, n. 2, frase 1 e do art. 102º (sobre o estado atual das opiniões, n. m. 481).

1129. e) A perseguição política é, em princípio, perseguição **do Estado**[1028], isto é, é exercida por funcionários do Estado; contudo, apenas as práticas de excesso isoladas, por parte de tais pessoas, não constituem perseguição política do Estado[1029]. Além disso, a perseguição política pode também consistir em atuações de perseguição por terceiros, que devem ser imputadas ao Estado (a chamada perseguição indireta do Estado). As atuações de perseguição de terceiros devem ser atribuídas ao Estado quando este incita particulares ou grupos a medidas de perseguição ou apoia tais atuações ou as aceita passivamente, recusando assim a necessária proteção ao atingido, porque não está

1024 Cf. BVerwGE 80, 136/140; Wittreck, DR, Art. 16a, n. m. 65; Davy, AK, art. 16a, n. m. 27.

1025 E 80, 315/338; 81, 142/150.

1026 E 81, 142/151; BVerwG, DVBl. 1993, 325/326.

1027 BVerwGE 67, 184/194; Frowein/Kühner, ZaöRV 1983, 537/560 e s.; cf. também § 60, n. 2 AufenthG.

1028 E 54, 341/356 e s.; 80, 315/334; BVerwGE 95, 42/44 e s.

1029 E 80, 315/352; BVerfG, DVBl. 2003, 1261 e s.

disposto, ou não está em condições para assegurar a necessária proteção no caso concreto[1030].

1130. No entanto, as atuações de perseguição de terceiros já não podem ser atribuídas ao Estado nos casos em que a garantia de proteção *ultrapassa as suas forças*[1031]. É que as bases da imputação de perseguições por terceiros são o monopólio do poder do Estado, no sentido de um poder de autoridade suprema, e o correspondente monopólio de proteção que justifica uma posição de garante que o Estado tem de assumir a favor e contra qualquer pessoa mediante o emprego das suas forças de segurança e de ordem para a proteção contra abusos (de motivação política)[1032]. Esta posição de garante e a razão da imputação não se aplicam quando o Estado não está em condições de evitar tais abusos, em princípio e com caráter permanente, e não só no caso concreto e com caráter temporário[1033], por ter perdido, por exemplo em virtude de uma guerra civil, a lei de atuação a favor de outras forças e por, nesta medida, já não conseguir impor as suas conceções estaduais de segurança e de ordem. Mas então entra em linha de conta uma perseguição política direta movida pelo grupo ou fação da guerra civil que desalojou o Estado da sua posição suprema e que estabeleceu, pelo menos num território nuclear, um sistema de governo de certa estabilidade (a chamada perseguição quase estatal)[1034]. Esta mudança do sujeito de imputação não pressupõe que o concorrente ao poder supremo do Estado tenha sido reconhecido pelo direito internacional público, nem que a guerra civil tenha acabado[1035].

1131. Também pode haver perseguição política numa guerra civil em que a fação ou fações da guerra civil não tenha ou não tenham estabelecido *uma estrutura de domínio* de certa estabilidade. É certo que

---

1030 E 54, 341/358; 80, 315/336; BVerwGE 67, 317/319.

1031 E 80, 315/336.

1032 Rothkegel, *UC*, art. 16a, n. m. 72 e s.

1033 BVerwGE 70, 232/236 e s.; 72, 269/271 e s.

1034 BVerwGE 101, 328/333; 104, 254/258.

1035 BVerfG, *NVwZ* 2000, 1165; BVerwGE 114, 16/21 e s.

o direito de asilo não tem por função proteger contra as consequências do infortúnio em geral que resultam da guerra, da guerra civil ou de outros tumultos[1036]. Mas daí não se segue que as condições de guerra civil excluam completamente o surgimento de um direito a asilo. Pelo contrário, verifica-se a possibilidade de uma perseguição política, quando as medidas contra o opositor da guerra civil não atingem, por igual, todos os afetados, mas atingem pessoas em concreto e determinados grupos, de acordo com critérios relevantes para efeitos de asilo[1037]. Este é o caso especialmente quando numa guerra civil as forças do Estado visam a eliminação física de determinadas pessoas que estão do lado da oposição ou que a ela podem ser atribuídas e que apresentam determinadas caraterísticas relevantes para efeitos de asilo, embora estas pessoas já não queiram ou não possam exercer qualquer resistência e não estejam ou já não estejam envolvidas nos acontecimentos militares; e, por fim, quando as ações das forças do Estado se transformam na eliminação física deliberada ou na destruição da identidade étnica, cultural ou religiosa de toda aquela parte da população sublevada (o chamado contraterror)[1038]. Estes critérios para as forças do Estado em guerra civil aplicam-se também ao opositor da guerra civil, sob o ponto de vista da perseguição quase estatal.

1132. O art. 16a, n. 2, frase 1, tem o efeito de **limitação de âmbito de proteção**: aquele que, vindo de um Estado-membro das Comunidades Europeias, atualmente União Europeia, entrar no território federal alemão não pode invocar, por força da Constituição, o art. 16a, n. 1[1039]. Pelo contrário, no caso do art. 16a, n. 2, frase 2, trata-se de uma reserva de lei; aqui o legislador é autorizado a determinar outros Estados, nos quais se verifiquem os pressupostos fixados na frase 1[1040]. Os Estados-Membros e os outros Estados são reunidos sob o con-

---

1036   E 80, 315/335.
1037   BVerwGE 72, 269/277.
1038   E 80, 315/340; 81, 142/152; BVerwG, NVwZ 1993, 191 e s.
1039   E 94, 49/85.
1040   E 94, 49/89.

ceito dos chamados Estados terceiros seguros. Como todos os Estados que confinam com a Alemanha fazem parte dos Estados terceiros seguros[1041], está excluído, em princípio, um reconhecimento nos termos do art. 16a no caso de uma entrada no território alemão por via terrestre. No entanto, uma transferência de um requerente de asilo para um Estado terceiro seguro pode, no caso concreto, ficar excecionalmente excluída, se existirem evidências de défices *de jure* ou *de facto* do sistema de asilo no Estado terceiro[1042]. No caso de nenhum Estado terceiro seguro se encontrar disponível para o acolhimento, porque a via de entrada na Alemanha não se pode comprovar, aplica-se, no entanto, aos refugiados políticos a proteção contra a ordem de expulsão nos termos do § 60º, n. 1, AufenthG.

2. Ingerências

1133. Afiguram-se como ingerências todas as medidas que recusam e que põem termo à permanência relativamente aos perseguidos políticos protegidos pelo direito de asilo. Por isso, tal como na rejeição de um requerente de asilo na fronteira[1043] e na recusa de um visto eventualmente necessário para a entrada no território federal concedido por uma representação alemã no estrangeiro, verifica-se também uma ingerência na proibição de transportar para a República Federal da Alemanha, por via aérea, candidatos a asilo sem visto[1044]. A opinião por vezes manifestada pelo Tribunal Federal Constitucional[1045] de que os estrangeiros só teriam legitimidade, por força do art. 16a, n. 1, quando tivessem chegado ao território da República Federal da Alemanha, contradiz o art. 1º, n. 3 (cf. n. m. 244 e s.). Não constitui ingerência no direito fundamental de asilo a não concessão de prestações de auxílio,

---

1041   Cf. § 26a AsylVfG, em ligação com o Anexo I.

1042   É assim pelo menos no quadro da ponderação de bens no processo da previdência cautelar, Tribunal Constitucional Federal, NVwZ 2009, 1281; 2010, 318.

1043   BVerfG, NVwZ 1992, 973; BVerwGE 105, 28/32.

1044   Becker, MKS, art. 16a, n. m. 125; Kloepfer, VerfR II, § 73, n. m. 115; Wittreck, DR, art. 16a, n. m. 92; cf., porém, BVerwG, NVwZ 2000, 448.

1045   BVerwGE 69, 323/325 e s.

alojamento e sustento[1046], pois o art. 16a, n. 1, contém um direito de *status negativus* e não de *status positivus*[1047]. Aquela não concessão pode, no entanto, constituir uma violação de direitos humanos internacionais ou de demais posições da lei ordinária[1048].

3. Justificação jurídico-constitucional

1134. **a)** O art. 16a, n. 2, frase 2, e n. 3, frase 1, contêm **reservas de lei** qualificadas. O art. 16a, n. 2, frase 2, proíbe a invocação do art. 16a às pessoas que entrem no território alemão, provenientes de um chamado Estado terceiro seguro não pertencente às Comunidades Europeias, atualmente União Europeia, isto é, de um Estado para o qual uma lei, que carece de consentimento do Conselho Federal (câmara alta alemã), declare que nele está salvaguardada a aplicação da Convenção de Genebra Sobre os Refugiados (cf. n. m. 1116) e da Convenção Europeia sobre os Direitos Humanos. O art. 16a, n. 3, frase 1, contém, à primeira vista, a mesma estatuição normativa, quando determina a presunção de ausência de perseguição política no caso dos chamados Estados de origem segura assim determinados por lei. No entanto, esta presunção pode ser ilidida nos termos do n. 3, frase 2, por uma apresentação de factos sobre perseguição política individual[1049]. O verdadeiro significado do n. 3 reside nos efeitos jurídicos processuais do n. 4.

1135. **b)** O art. 16a, n. 2, frase 3, e n. 4 contêm **limitações de proteção jurídico-jurisdicional** no caso de concessão de asilo e são, por isso, regulações especiais relativamente ao art. 19º, n. 4, frase 1. No caso de entrada no território federal com proveniência de um chamado *Estado terceiro seguro*, a proteção jurídica provisória contra medidas que põem fim à permanência, incluindo as de impedimento de entrada[1050],

---

1046 BVerwGE 71, 139/141.

1047 Cf. Rottmann, *Staat* 1984, 337/346 e s.; Zimmermann/Tams, *FH*, art. 16º, n. m. 41 e s.; Gärditz, *MD*, art. 16a, n. m. 185; posição diferente, Wittreck, *DR*, art. 16a, n. m. 122 e s.

1048 Cf. BVerwGE 111, 200.

1049 E 94, 115/145 e s.

1050 E 94, 49/101.

é suprimida pelo art. 16a, n. 2, frase 3. De acordo com a letra do texto, com o sentido e sistematização da norma, isto aplica-se também quando o particular não se apoia no direito fundamental de asilo, mas faz valer a ameaça de violação da dignidade humana[1051].

1136. Também no caso da entrada no território alemão com proveniência num chamado *país de origem seguro* e em outros casos de manifesta falta de fundamentação de um pedido de asilo se trata tanto de medidas que põem fim à permanência como de medidas que impedem a entrada[1052]. As exigências de obtenção de proteção jurídica provisória não são, é certo, agravadas pelo art. 16º, n. 4, na medida em que, como até agora, o importante é saber se o Departamento Federal para as Migrações e Refugiados recusou o pedido de asilo com razão como sendo manifestamente infundado. Mas um agravamento reside no facto de o tribunal administrativo já não levantar questões quanto à justeza do critério do caráter manifesto, mas apenas quanto a saber se subsistem dúvidas sérias quanto a essa justeza[1053]. A reserva de lei também autoriza de resto a restringir o âmbito do controlo dos tribunais administrativos e a declarar como não sendo suscetível de ser tomada em consideração a apresentação extemporânea. Mas não resulta daí uma limitação da proteção jurídica de urgência do Tribunal Constitucional[1054]. O que é contrário à Constituição é a execução de uma decisão urgente antes da notificação da sua fundamentação[1055].

1137. c) A reserva dos tratados de direito internacional público, nos termos do art. 16a, n. 5, visa possibilitar determinadas vinculações de direito internacional público da República Federal da Alemanha relativamente às normas de competência para o controlo de pedidos de asilo, inclusive o reconhecimento recíproco de decisões

---

1051 Neste sentido também E 94, 49, onde não se aborda a referência dos recursos constitucionais à dignidade humana.

1052 E 94, 166/192; fazendo uma distinção, Randelzhofer, *MD*, art. 16a, n. 4, n. m. 149 e s.

1053 E 94, 166/190.

1054 Opinião divergente E 94, 223/233; Rozek, *DVBl.* 1997, 517/526; opinião diferente, E 94, 166/218 e s.; Tomuschat, *EuGRZ* 1996, 381/385.

1055 Zimmermann/Tams, *FH*, art. 16a, n. m. 227 e s.

de asilo, mesmo quando isto não devesse ser admissível segundo as limitações dos âmbitos de proteção e as justificações de ingerência até agora apresentadas. Essa reserva não se aplica à harmonização do direito de asilo, no quadro jurídico da União, nos termos do art. 78º do Tratado Reformador da União Europeia (Tratado de Lisboa)[1056]. Uma vez que tais vinculações de direito internacional público só se tornam eficazes no interior do Estado alemão por força de uma lei de consentimento, nos termos do art. 59º, n. 2, trata-se de uma reserva de lei qualificada[1057].

1138. **d)** Para além disso, o direito fundamental só se pode perder nos casos previstos no **art. 18º**; o impedimento de entrada no país, segundo o § 18º, n. 2, al. 3, do AsylVfG, não coberto pelo art. 16a, n. 2 a 5, que acaba por ser uma perda de direitos, embora não esteja como tal conformado, assim como a expulsão e a deportação de pessoas com direito a asilo, nos termos dos §§ 56º, n. 1, e 60º, n. 8, do AufenthG, são por isso inconstitucionais[1058]. Não é admissível iludir esta constatação do texto constitucional por via da aceitação do direito constitucional colidente. Assim, a jurisprudência invoca, para a justificação, o interesse de segurança do Estado e da comunidade e o art. 26º, n. 1[1059]. Na doutrina até por vezes se infere deste interesse de segurança um "limite de capacidade"[1060]. Mas os direitos fundamentais não estão sujeitos a uma gestão de acordo com as capacidades existentes.

1139. **e)** Foi controverso saber se o art. 16a é **constitucional** na sua totalidade[1061], mas esta questão foi respondida afirmativamente pelo Tribunal Constitucional Federal[1062]. Por um lado, o art. 16a é problemático, porque a proteção da dignidade humana proíbe a deporta-

---

1056 Wittreck, *DR*, art. 16a, n. m. 118; Zimmermann/Tams, *FH*, art. 16a, n. m. 237.

1057 Becker, *MKS*, art. 16a, n. m. 230.

1058 Renner, *ZAR* 2003, 52/55 e s.; opinião diferente, Zimmermann/Tams, *FH*, art. 16a, n. m. 130 e s.

1059 BVerfG, *DVBl.* 2001, 66; BVerwGE 139, 272/293.

1060 Randelzhofer, *Hdb. StR3* VII, § 153, n. m. 62.

1061 Cf., por um lado, Brenner, *Staat* 1993, 493; Schoch, *DVBl.* 1993, 1161; e, por outro, Pieroth/Schlink, in: *FS Mahrenholz*, 1994, p. 669; e também Voßkuhle, *DÖV* 1994, 53.

1062 E 94, 49.

ção de um candidato a asilo para um Estado em que corre o risco de tortura (cf. n. m. 1128) ou a deportação para um outro Estado que o ameaça com tortura (a chamada deportação em cadeia) e porque nem em todos os Estados-membros da União Europeia, nem em outros Estados terceiros, no sentido do art. 16a, n. 2, frase 1, são de excluir pura e simplesmente deportações em cadeia. A este propósito, o Tribunal Constitucional Federal fala do "conceito de comprovação normativa"; e considera que o legislador constituinte se orientou e pôde orientar-se pelo facto de nos Estados em questão estarem excluídas, por força da lei, as deportações em cadeia. Mas nos casos em que nos Estados em questão a salvaguarda da aplicação da Convenção sobre os Refugiados e da Convenção sobre os Direitos Humanos esteja excecionalmente em risco, por circunstâncias que no conceito de comprovação normativa não podiam ter sido tomadas em conta, a República Federal da Alemanha fica obrigada à concessão de proteção[1063].

1140. Por outro lado, é problemática a observância do *art. 20º, n. 2 e 3*, pelo art. 16a. É certo que a garantia de proteção jurídica do art. 19º, n. 4, não está livre de uma restrição operada pelas leis de revisão da Constituição[1064], mas a separação de poderes e a vinculação do poder executivo à lei e ao direito exigem um grau fundamental de proteção jurídica efetiva que, embora depois do acórdão do Tribunal Constitucional Federal sobre as escutas telefónicas não tenha de ser necessariamente proteção jurídica pelos tribunais, tem de ser algum tipo de "controlo independente"[1065]. O problema quanto ao art. 16a, n. 2, frase 3, é que é proibido um controlo respetivo pelos tribunais alemães ou por outras instâncias independentes; o Tribunal Constitucional Federal considera uma vez mais ser suficiente a comprovação normativa relativamente à salvaguarda da aplicação da Convenção Sobre os Refugiados e da Convenção dos Direitos do Homem nos Estados em

---

1063 E 94, 49/99 e s.

1064 E 30, 1/25; 94, 49/103.

1065 Cf. E 30, 1/27 e s.; Schlink, *Staat* 1973, 85/98 e s.

questão[1066]. Mas se se confirmarem os receios do atingido e se, por exemplo, o Estado terceiro não se revelar seguro deportando-o para o Estado que persegue, a perseguição política é irreparável. A revisão da Constituição tornou o direito de asilo num "direito fundamental de segunda classe"[1067].

1141. Esboço de solução do caso 21 (n. m. 1099):

I. O âmbito de proteção do art. 16a, n. 1, pressupõe que "B" é perseguida política. "B" receia, justificadamente, perigos para a sua vida ou integridade física em virtude da sua religião e da sua pertença a um povo. Ela não tem qualquer alternativa de fuga dentro do país porque, em face da situação catastrófica de subsistência na Bósnia-Herzegovina, a ameaça uma vida à margem do mínimo existencial, e não tem uma alternativa de fuga no estrangeiro, porque não encontrou em nenhum outro Estado acolhimento e proteção contra a perseguição. O perigo de perseguição é atual, porque as circunstâncias na Bósnia-Herzegovina se alteraram e porque, em consequência, se verifica uma previsão de facto objetiva relevante de pós-fuga. "B" corre o risco de perseguição na sua pessoa. Isto resulta da situação dos muçulmanos na Bósnia-Herzegovina no seu conjunto (a chamada perseguição individual por pertença a um grupo). Em virtude do território, do tempo e da "reiterabilidade", ela encontra-se numa situação comparável à dos muçulmanos presos nos campos de prisioneiros sérvios bósnios. Em face do grande número de intensas violações dos direitos humanos nas pessoas de membros do grupo populacional muçulmano, verifica-se para "B" não apenas a possibilidade teórica, mas a possibilidade real de se tornar ela própria vítima dos piores maus-tratos. "B" receia também a perseguição política. É certo que a perseguição aos muçulmanos não parte ativamente do Estado bósnio (a chamada perseguição direta do Estado), nem este está em condições de, em tempo previsível, garantir aos seus cidadãos proteção contra os abusos. Por isso, não se aplica também uma chamada perseguição indireta do Estado. Mas verifica-se uma chamada perseguição quase estatal por parte dos serviços bósnios que detêm de facto o

---

1066   E 94, 49/104.

1067   Tomuschat, *EuGRZ* 1996, 381/386.

poder do Estado na Bósnia-Herzegovina; é que estes conseguiram estabelecer no território do Estado da Bósnia-Herzegovina uma ordem de autoridade independente, que lhes permite exercer um poder de autoridade semelhante ao do Estado. O facto de terem sido praticados atos de perseguição no quadro de uma guerra civil é uma questão aqui inócua, pois as circunstâncias de guerra civil não excluem em todo o caso o surgimento de um desejo de asilo, quando aqueles atos das forças quase estatais se transformam na eliminação física deliberada ou destruição da identidade étnica ou religiosa de um determinado grupo da população. Isto pode-se admitir em face das chamadas limpezas étnicas na Bósnia-Herzegovina. – **II.** Recusar a "B" a pretensão de asilo seria uma ingerência não justificável jurídico-constitucionalmente. Em especial, não se aplica o art. 16a, n. 2; é que esta regulação é válida apenas para os casos em que o atingido entrou no território alemão depois de 30.6.1993 (BVerfG, *NVwZ-Beilage* 2/1993, 12).

1142. Bibliografia:

Em geral: A. Meßmann/T. Kornblum, "Grundfälle zu Art. 16, 16a GG", *JuS* 2009, 688, 810. – Em relação a II. e a III.: R. Grawert, "Staatsvolk und Staatsangehörigkeit", *Hdb. StR3 II*, § 16; U. Häde, "Die Auslieferung – Rechtsinstitut zwischen Völkerrecht und Grundrechten", *Staat* 1997, 1; K. Hailbronner/H.-G. Maaßen/J. Hecker/M. Kau, *Staatsangehörigkeitsrecht*, 6ª ed. 2017; A. Leupold, "Einführung in das Staatsangehörigkeitsrecht", *JuS* 2006, 126; K. Lubenow, "Verfassungsrechtliche Schranken der Auslieferung in der Rechtsprechung des BverfG", *in: FS Graßhof*, 1998, p. 325; G. Lübbe-Wolff, "Entziehung und Verlust der deutschen Staatsangehörigkeit – Art. 16 I GG", *Jura* 1996, 57; K. Schmalenbach, "Verbot der Auslieferung und des Entzugs der Staatsangehörigkeit", *Hdb. GR V*, § 122; F.E. Schnapp/M. Neupert, "Grundfragen des Staatsangehörigkeitsrechts", *Jura* 2004, 167; A. Uhle, "Auslieferung und Grundgesetz", *NJW* 2001, 1889; A. Zimmermann, "Die Auslieferung Deutscher an Staaten der Europäischen Union und internationale Strafgerichtshöfe", *JZ* 2001, 233. – Em relação a IV.: S. Fontana, "Verfassungsrechtliche Fragen der aktuellen Asyl- und Flüchtlingspolitik im unions- und völkerrechtlichen Kontext", *NVwZ* 2016, 735; A. Funke, "Das Flüchtlingsrecht zwischen Menschenrecht,

Hilfspflicht und Verantwortung", *JZ* 2017, 533; K. Hailbronner, "Asylrecht", *Hdb. GR V,* § 123; M. Hong, *Asylgrundrecht und Refoulementverbot,* 2008; G. Lübbe-Wolff, "Das Asylgrundrecht nach den Entscheidungen des BVerfG vom 14. Mai 1996", *DVBl.* 1996, 825; F. Moll, *Das Asylgrundrecht bei staatlicher und frauenspezifischer Verfolgung,* 2007; A. Randelzhofer, "Asylrecht", *Hdb. StR3 VII,* § 153.

§ 25. DIREITO DE PETIÇÃO (ART. 17º)

1143. Caso 22: O candidato a professor, que viu o seu pedido recusado (segundo o acórdão do Tribunal Constitucional Federal, *in*: *E* 2, 225).

"CP" dirigiu-se, por carta, ao Ministro da Cultura do Estado federado "E". Nela afirmava que considerava ser ilegal a recusa do seu pedido de colocação no serviço escolar por parte do departamento competente do Ministério da Cultura e que ponderava apresentar um recurso. Afirmava ainda, no entanto, que antes disso pretendia dar ao Ministro a oportunidade de ele próprio fazer respeitar o direito. Na sequência desta carta, recebeu a seguinte resposta de um funcionário do ministério: "O senhor Ministro tomou conhecimento do seu pedido de...", mas não se considera obrigado a tomar uma decisão quanto às suas reclamações". Será que esta resposta viola o art. 17º? N. m. **1154.**

I. Panorama geral

1144. O direito de petição é um direito fundamental antigo. Com ele é garantido ao particular, individualmente considerado ou "em conjunto com outros" (a chamada petição coletiva), um recurso informal. O art. 17º não é apenas um direito de defesa; contém um direito a uma decisão material sobre a petição e, nesta medida, constitui um direito de participação (cf. n. m. 155). O direito de petição tem uma grande importância prática; assim, no ano de 2015 deram entrada no Parlamento Federal cerca de 13.000 petições[1068]. Os poderes da Comissão de

---

1068 Cf. *BT-Drucks.* 17/2100, p. 7.

Petição do Parlamento Federal alemão estão especialmente regulados numa lei emitida com base no art. 45c.

II. Âmbito de proteção

1. Conceito de petição

1145. As petições, no sentido do art. 17º, são definidas como "pedidos e recursos". Os pedidos dirigem-se a uma conduta futura e os recursos, contra uma conduta passada. Só a petição escrita está protegida pelos direitos fundamentais (de modo diferente, por exemplo, o art. 16º da Constituição do Estado de Hessen), sendo que, pelo menos no caso em que os serviços competentes preveem um procedimento eletrónico de entrega, isto satisfaz o requisito jurídico-constitucional da forma escrita, o qual serve, em primeiro lugar, para a compreensibilidade administrativa e para a clareza da petição[1069]. A letra e a sistematização do art. 17º conduzem às seguintes delimitações: simples manifestações de opinião são protegidas exclusivamente pelo art. 5º, n. 1, frase 1, segmento 1; em relação a pedidos de acesso a fontes de informação do Estado, quando elas sejam de acesso geral, o art. 5º, n. 1, frase 1, segmento 2, é especial; as impugnações formais e os recursos de sentenças caem sob o art. 19º, n. 4. Finalmente, do sentido e do fim do art. 17º pode deduzir-se que os pedidos anónimos não são petições[1070].

1146. Exemplos:

Petições não são apenas os três tipos tradicionalmente distintos de recursos informais, a saber: reclamação (pedido dirigido ao órgão que agiu, para controlar e eventualmente corrigir a medida objeto de reclamação), recurso hierárquico (pedido correspondente dirigido ao órgão hierarquicamente superior) e recurso administrativo em matéria disciplinar (recurso dirigido a um superior hierárquico sobre a conduta de um funcionário). Petições são todos os pedidos e recursos administrativos relativos ao exercício do poder público.

1069 Guckelberger, NVwZ 2017, 1462 e s.

1070 Brenner, *MKS*, art. 17º, n. m. 31; Jarass, *JP*, art. 17º, n. m. 4; Kloepfer, *VerfR II*, § 76, n. m. 19; opinião diferente, Krings, *FH*, art. 17º, n. m. 41; Stern, *StR IV/2*, p. 305.

2. Destinatários da petição

1147. A petição tem de ser dirigida ao serviço competente ou à assembleia de representantes do povo. Incluem-se na noção de *assembleia de representantes do povo* não apenas o Parlamento Federal alemão e os Parlamentos estaduais (*Landtage* ou *Bürgerschaften*)[1071], mas também os conselhos municipais (cf. art. 28º, n. 1, frase 2)[1072]. Segundo a opinião geral, a *competência* do referido serviço não é entendida de uma maneira estritamente jurídico-orgânica: assim, a relação hierárquica não tem de ser mantida[1073]. No caso de petições dirigidas a um serviço materialmente não competente, o art. 17º exige o seu reenvio, ou pelo menos uma comunicação, ao serviço competente[1074].

3. Pressupostos materiais de admissibilidade

1148. De acordo com a jurisprudência do Tribunal Constitucional Federal, uma petição não deverá ser admissível quando com ela "se exigir alguma coisa proibida por lei" ou no caso de ela "ter um conteúdo ofensivo, provocador ou chantagista"[1075]. Com isto, mistura-se a apreciação jurídica da conduta do peticionário com a apreciação jurídica da conduta que ele exige do serviço a que se dirige[1076]: por um lado, uma *conduta juridicamente proibida* não é aceitável pelo facto de se fazer passar por petição. Por isso, uma petição que viole as leis penais não está protegida pelo art. 17º. A interpretação das leis penais tem, de facto, de tomar em consideração a importância jurídico-objetiva do art. 17º.

1149. Exemplo:

Declarações ofensivas podem ser justificadas pela prossecução de interesses legítimos (§ 193º do StGB). Como as petições não estão limitadas à defesa de interesses individuais, mas também podem prosseguir

---

1071 N. T.: A designação de *Bürgerschaften* aplica-se aos casos de Bremen e Hamburgo.

1072 OVG Münster, *DVBl*. 1978, 895; OLG Düsseldorf, *NVwZ* 1983, 502; opinião diferente, OVG Lüneburg, *OVGE* 23, 403/407.

1073 *E* 2, 225/229.

1074 BVerwG, *DÖV* 1976, 315; opinião diferente, Krings, *FH*, art. 17º, n. m. 57.

1075 *E* 2, 225/229.

1076 Cf. Stein, AK, art. 17º, n. m. 23.

um fim geral, também a realização de interesses da comunidade tem de ser justificada, nos termos do § 193º do StGB (cf. também OLG Düsseldorf, *NJW* 1972, 650).

1150. Por outro lado, não são ilegítimas as petições que *exijam* alguma coisa *juridicamente proibida*. Um conteúdo pleno de sentido da petição pode ser precisamente o sugerir uma alteração da lei. A favor da admissibilidade de tais petições está também a consideração de que os recursos jurisdicionais, que estão submetidos a pressupostos de admissibilidade muito mais rigorosos, não são ilegítimos apenas por se dirigirem a alguma coisa juridicamente proibida[1077].

4. Garantias

1151. O art. 17º é, de maneira semelhante ao art. 19º, n. 4, (n. m. 1158) um direito fundamental regulado pela norma, pelo menos em parte (n. m. 147 e s.). O âmbito da sua garantia pode-se, por isso, determinar não apenas atendendo a uma conduta natural do titular do direito fundamental, mas abrange também a garantia de um procedimento e de uma decisão.

1151a. O art. 17º protege a preparação sem impedimentos e a apresentação de uma petição como sendo uma liberdade natural, para o que também se deve contar a publicidade a favor do apoio da sua petição por parte de terceiros. No âmbito das leis gerais, o peticionário pode empregar todos os meios para aumentar a eficácia da sua posição[1078]. Além disso, ele não pode ser impedido de entregar a petição junto dos serviços competentes. Se a este direito correspondesse apenas a obrigação de receber a petição, o direito de petição ficaria a ser apenas um instrumento ineficaz. Este direito só se torna num recurso no verdadeiro sentido, quando tiver de ocorrer também um cuidado exame de conteúdo do pedido do particular. Por isso, reconhece-se que o art. 17º concede um direito a uma *apreciação* e a uma *decisão* sobre a petição. Da decisão tem de resultar, "pelo menos, a tomada de conhecimento do conteúdo da petição e o tipo da sua resolução"; pelo contrário, não será

[1077] Klein, MD, art. 17º, n. m. 55; Kloepfer, *VerfR II*, § 76, n. m. 30.

[1078] BVerwGE 158, 208.

necessária uma "fundamentação especial"[1079]. Inversamente, na doutrina aceita-se predominantemente um direito a uma fundamentação ainda que sucinta[1080].

1151b. O direito de petição não proporciona um direito a uma determinada decisão sobre a petição quanto ao conteúdo. Com exceção das exigências mínimas de procedimento, os serviços competentes são em princípio livres no tratamento da petição. Mas se os serviços competentes, como o Parlamento Federal, publicarem na sua página da internet petições selecionadas, suscita-se, na perspetiva do Tribunal Constitucional Federal, a difícil questão de saber se o art. 17º também proporciona direitos quanto à prática de publicação, que pode ser importante para o sucesso de uma petição[1081]. Com razão, seremos obrigados a ver uma ampliação do direito de petição na introdução da petição pública, que o Parlamento Federal regulou apenas numa diretiva que se baseia na sua autonomia de regimento interno[1082]. Esta ampliação do direito de petição também tem um efeito para o exterior, visto que oferece ao Parlamento Federal uma influência sobre a perceção pública e deste modo também sobre o sucesso da petição. Por isso, a preservação da reserva de lei foi exigida, com razão, para o procedimento[1083]. De modo diferente do que o Tribunal Constitucional Federal admite, esta ampliação do direito de petição por parte do Parlamento Federal também proporciona ao peticionário, em virtude da sua potencial influência no sucesso da petição por este apresentada, um direito a uma decisão, conforme ao direito fundamental, sobre a publicação, que exclui, por exemplo, uma prática decisória discriminatória ou violadora da neutralidade do Estado[1084].

1079 Cf. *E* 2, 225/230; BVerfG, *NJW* 1992, 3033; BVerwG, *BayVBl.* 1991, 152; opinião diferente, OVG Bremen, *JZ* 1990, 965/966 e s.; em sentido concordante, Stern, *StR IV/2*, p. 315.

1080 Cf. Klein, *MD*, art. 17º, n. m. 90 e s.; Kloepfer, *VerfR II*, § 76, n. m. 16; Stettner, *BK*, art. 17º, n. m. 92 e s.

1081 Tribunal Constitucional Federal, *BeckRS* 2014, 48682, n. m. 11.

1082 Krüper, *DÖV* 2017, 800/802 e s.

1083 Guckelberger, *NVwZ* 2017, 1462 e s.; Krüper, *DÖV* 2017, 800/807 e s.; deixado em aberto *in* BVerwGE 158, 208/214 e s.

1084 Krüper, *DÖV* 2017, 800/802 e s.

III. Ingerências e justificação jurídico-constitucional

1152. Toda e qualquer não satisfação das exigências apresentadas constitui uma ingerência. O art. 17º não contém uma reserva de lei; só para as petições coletivas daqueles que prestam serviço militar e serviço cívico substitutivo é que o art. 17a, n. 1, prevê uma possibilidade de restrição (cf. n. m. 709), da qual até agora se fez uso, por via do § 1º, n. 4, da WBO, apenas para os recursos, mas não para pedidos. O Tribunal Constitucional Federal só reconheceu uma justificação de ingerência pela via do direito constitucional colidente.

1153. Exemplo:

A chamada lei de proibição de comunicação entre reclusos e terceiros introduziu no ano de 1977 os §§ 31-38 do EGGVG. De acordo com estes, qualquer ligação de reclusos entre si e com o mundo exterior pode ser interrompida, por um espaço de tempo limitado, quando se verifiquem pressupostos rigorosamente determinados. A ingerência que se verifica, entre outros, no art. 17º, foi justificada no ac. *E* 49, 24/64 e s. com o "interesse dos supremos valores coletivos", isto é, com a proteção da vida em face dos autores de violência terrorista.

1154. Esboço de solução do caso 22 (n. m. 1143):

I. O âmbito de proteção do art. 17º é atingido se, com a carta de "CP", se tratar de uma petição legítima, sobre a qual não recaiu uma decisão material. 1. O pedido de que o Ministro se digne interessar-se pelo caso e corrigir a decisão existente do seu serviço cai diretamente no conceito de petição. "CP" também se tem de dirigir ao serviço competente. Como um ministro é responsável pela legalidade da atuação administrativa do seu serviço, também este pressuposto pode ser considerado como estando preenchido. Segundo a jurisprudência do Tribunal Constitucional Federal, uma petição não é aceitável se "tiver um conteúdo ofensivo, provocatório ou chantagista" (*E* 2, 225/229). Dito de um modo mais geral, a petição não pode violar as leis penais – por seu turno conformes à Constituição. Como a ameaça de "CP" de eventualmente recorrer aos tribunais não deve ser considerada como meio de pressão inaceitável, o pedido não é, de modo algum, inaceitável. – 2. Daqui resulta para "CP" não só um direito à receção da carta, mas, para além disso, à sua apreciação e a uma decisão por parte do serviço a que se dirigiu. Segundo a jurisprudência, embora a decisão não tenha de conter uma fundamentação, tem de permitir ao peticionário reconhecer que o destinatário tomou conhecimento do pedido e que motivos estiveram na origem da resolução. Ao invés, na doutrina exige-se predominantemente uma fundamentação, ainda que breve. No caso em apreço, infere-se da decisão dirigida a "CP" que o Ministro se ocupou do pedido, mas que não tomará qualquer decisão. Com isto deu-se satisfação às exigências da jurisprudência, mas não às exigências mais amplas da doutrina. – **II.** De acordo com a jurisprudência, não se verifica qualquer *ingerência* no art. 17º. Segundo a conceção divergente da doutrina, seria de admitir uma tal ingerência; dado que para o caso em apreço não se perspetiva uma justificação jurídico-constitucional, verificar-se-ia também uma violação do art. 17º.

1155. Bibliografia:

H. Bauer, "Das Petitionsrecht: Eine Petitesse?", *in*: *FS Stern*, 2012, p. 1211; A. Guckelberger, "Neue Erscheinungen des Petitionsrechts – E-Petitionen und öffentliche Petitionen", *DÖV* 2008, 85; W. Hoffmann/ Riem, "Zum Gewährleistungsgehalt der Petitionsfreiheit", *in*: *FS Selmer*, 2004, p. 93; M. Hornig, *Die Petitionsfreiheit als Element der Staatskommunikation*, 2001; J. Krüper, "Normsetzung im Kraftfeld des Art. 17 GG", *DÖV* 2017, 800; C. Langenfeld, "Das Petitionsrecht", *Hdb. StR3* III, § 39; U.F.H. Rühl, "Der Umfang der Begründungspflicht von Petitionsbescheiden", *DVBl.* 1993, 14.

§ 26. GARANTIA DE PROTEÇÃO JURÍDICA (ART. 19º, N. 4)

1156. **Caso 23: Processo de recurso na execução de pena (de acordo com o acórdão do Tribunal Constitucional Federal** *in*: *E* **40, 237).**

"A" está a cumprir uma pena de privação da liberdade num estabelecimento prisional. Em virtude de ter cometido uma infração ao regulamento interno da respetiva instituição, o diretor do estabelecimento impôs-lhe residência fixa (na cela). Duas semanas mais tarde, "A" apresenta recurso contra esta decisão, o qual é recusado pelo Presidente do Serviço de Execução de Penas. O seu pedido de decisão judicial, nos termos do § 23º do EGGVG, foi recusado pelo Supremo Tribunal Estadual por falta de legitimidade, em virtude de inobservância do prazo de recurso. O tribunal apoiou-se tanto no § 24º, n. 2, do EGGVG, segundo o qual o pedido de decisão judicial só pode ser apresentado após um processo prévio de recurso, como num regulamento interno da Administração, no qual está regulado o processo de recurso para o Presidente do Serviço de Execução de Penas e no qual está prescrito o prazo de uma semana para a interposição deste recurso. Será que a decisão do Supremo Tribunal estadual viola o art. 19º, n. 4? N. m. **1178.**

I. Panorama geral

1157. O art. 19º, n. 4, é um direito fundamental formal ou *direito fundamental de procedimento*: pressupõe os direitos fundamentais materiais e os direitos da lei ordinária e garante que a sua aplicação jurídica ao processo jurisdicional adquira eficácia material. A sua importância jurídico-formal corresponde à importância jurídico-material do art. 2º, n. 1: tal como o art. 2º, n. 1, garante materialmente, sem lacunas, a proteção da liberdade, o art. 19º, n. 4, garante a completa proteção jurídica pelos tribunais. O art. 19º, n. 4, encontra-se numa relação com o Estado de direito e é designado como o seu remate, como pedra de fecho da sua abóbada[1085]. A abertura da via de recurso nos conflitos de direito civil, que não faz parte do conteúdo do art. 19º, n. 4, resulta do direito geral de garantia de justiça, que o Tribunal Constitucional Federal inferiu do princípio do Estado de direito[1086].

1158. O art. 19º, n. 4, é um direito fundamental com âmbito de proteção *marcado pelas normas*. Para que se possa recorrer aos tribunais e obter proteção jurídica, têm de ser criados tribunais, têm de ser estabelecidas competências e instituídos processos; o art. 19º, n. 4, pres-

---

1085 Cf. Dürig, *Gesammelte Schriften 1952-1983*, 1984, p. 137 e s.
1086 E 93, 99/107; 97, 169/185; 197, 395/401; 108, 341/347; 117, 71/122; BVerfGE 153, 282.

supõe leis sobre a organização judiciária e leis de processo e é por isso designado como garantia institucional da jurisprudência[1087]. Ao mesmo tempo, o art. 19º, n. 4, como norma jurídico-constitucional, não pode, no entanto, deixar ao critério do direito ordinário a questão de quão generosamente ou não abre as vias de recurso judicial e permite a proteção jurisdicional (n. m. 147 e s.). Uma certa independência relativamente ao direito ordinário reside no facto de o art. 19º, n. 4, frase 2, estabelecer a competência dos tribunais ordinários no caso de ausência de outra competência, isto é, quando o legislador não tenha estabelecido uma competência para um litígio de direito público num tribunal setorial. Além disso, o Tribunal Constitucional Federal exige "proteção jurisdicional efetiva" e dessa forma fornece ao legislador um critério para a abertura das vias de recuso judicial e para tornar possível a proteção jurisdicional.

II. Âmbito de proteção

1. Poder público

1159. Na Lei Fundamental, o conceito de poder público ou de poder do Estado designa, normalmente, o poder legislativo, o poder executivo e o poder judicial (cf. art. 1º, n. 1 e 3, art. 20º, n. 2, art. 93º, n. 1, al. 4a). Algo de diferente está previsto no art. 19º, n. 4:

1160. – Segundo a jurisprudência do Tribunal Constitucional Federal[1088], *não* está aqui abrangida a *jurisprudência*. O art. 19º, n. 4, visa garantir a proteção *por intermédio de* e não *contra* o juiz. Isto é também o resultado da relação sistemática com o princípio da segurança jurídica, como elemento do princípio do Estado de direito: as decisões judiciais têm de transitar em julgado, por razões de segurança jurídica. Isto malograr-se-ia se contra aquelas decisões fosse possível recorrer constan-

---

1087 Ibler, *FH*, art. 19º, IV, n. m. 19 e s.; numa perspetiva crítica, Schenke, *BK*, art. 19º, n. 4, n. m. 39 e s.

1088 E 49, 329/340 e s.; 107, 395/404 e s.

temente aos tribunais[1089]. Se, no entanto, o direito processual ordinário abrir uma outra instância, o art. 19º, n. 4, garante também neste aspeto um controle jurisdicional efetivo[1090]. Caso um juiz viole o direito de se ser ouvido, nos termos do art. 103º, n. 1, o Tribunal Constitucional Federal infere, além disso, do direito de garantia de justiça, resultante do princípio do Estado de direito em geral, uma proteção jurídica, pelo menos uma única vez, por parte dos tribunais setoriais[1091].

1161. Com "poder público" no sentido do art. 19º, n. 4, também *não* se visa referir o *poder legislativo*, pelo menos não o poder legislativo formal[1092]. Embora isto não seja indubitável, é justificável com argumentos convincentes e sistemáticos: a fiscalização jurisdicional das leis, isto é, o controle das normas, está expressamente regulada na Lei Fundamental em vários pontos, no art. 93º, n. 1, al. 2), no art. 93º, n. 1, al. 4a) e no art. 100º, n. 1. O traço caraterístico destas disposições é que em regra (com exceção do art. 93º, n. 1, al. 4a) não está no poder do particular pôr em marcha o controle das normas, quando se trate de leis formais, e que, além disso, não está no poder dos tribunais ordinários referidos no art. 19º, n. 4, nem dos tribunais setoriais executar esse controle. Este facto não pode ser dissimulado pelo art. 19º, n. 4, e, por isso, a legislação (parlamentar) em vista do art. 19º, n. 4, tem de ser excluída do conceito de poder público[1093].

1162. Mas o poder executivo, que segundo este entendimento fica a restar, está *amplamente* subordinado ao controlo jurisdicional. Da mesma maneira abrangente que o poder executivo está vinculado aos direitos fundamentais pelo art. 1º, n. 3 (cf. n. m. 229 e s.), ele é controla-

---

1089 No mesmo sentido, Jarass, *JP*, art. 19º, n. m. 45; Ramsauer, AK, art. 19º, n. 4, n. m. 55 e s.; Schenke, *BK*, art. 19º, n. 4, n. m. 371 e s.; opinião diferente, Huber, *MKS*, art. 19º, n. m. 435 e s.; Ibler, *FH*, art. 19º, IV, n. m. 91 e s.; Uhle, *Hdb. GR* V, § 129, n. m. 14.

1090 Tribunal Constitucional Federal, *NJW* 2013, 3291/3293 (= *JK* 9/2014).

1091 E 107, 395/407, 411; sobre este assunto, cf. Voßkuhle, *NJW* 2003, 2193; Dörr, *Jura* 2004, 334.

1092 E 24, 33/49 e s.; 24, 367/401.

1093 Assim, Hesse, *VerfR*, n. m. 337; Jarass, *JP*, art. 19º n. m. 43 e s.; opinião diferente, Ibler, *FH*, art. 19º, n. 4, n. m. 82 e s.; Schenke, *BK*, art. 19º, n. 4, n. m. 338 e s.; Schmidt-Aßmann, *MD*, art. 19º, n. 4, n. m. 93 e s.; Uhle, *Hdb. GR* V, § 129, n. m. 14.

do, por via do art. 19º, n. 4, quanto à observância dos direitos fundamentais. Este controlo abarca também o "pretor"[1094] (*Rechtspfleger*)[1095] e o Ministério Público[1096] que, embora atuem na proximidade da jurisprudência, não fazem parte dela. Através do procedimento de controlo eleitoral, nos termos do art. 41º, a proteção jurídica dos tribunais encontra-se especialmente regulada apenas na medida em que for solicitada a declaração de nulidade da eleição para o Parlamento Federal; está aberta a via judicial contra as medidas de autoridade no procedimento eleitoral[1097]. Da época anterior à vigência da Lei Fundamental vêm tentativas de restringir a proteção jurídica, sobretudo na chamada relação especial de poder e nos chamados atos de autoridade não controláveis pelos tribunais (atos de governo e atos de clemência); em face do art. 19º, n. 4, essas tentativas não persistem[1098]. No entanto, o Tribunal Constitucional Federal considera, em jurisprudência uniforme, que as decisões de clemência não são controláveis jurisdicionalmente[1099]. Por fim, a criação jurídica pelo executivo através de regulamentos jurídicos e de regulamentos autónomos faz parte do poder público, no sentido do art. 19º, n. 4; nos casos em que o direito dos Estados federados não prevê um controlo das normas nos termos do § 47º da VwGO, tem de se verificar uma proteção jurídica dos tribunais administrativos pela via do recurso de verificação[1100].

1162a. O poder público de que fala o art. 19º, n. 4, quer dizer somente o poder de autoridade dos titulares de autoridade alemães[1101].

1094 N. T.: No *Novo Dicionário da Língua Portuguesa*, de Aurélio Buarque de H. Ferreira, define-se pretor como o "magistrado de alçada inferior à de juiz de direito" (p. 1136, 3ª coluna) [Dicionário editado pela Editora Nova Fronteira, Rio de Janeiro]. Em Portugal, o termo alemão *Rechtspfleger* deve ser traduzido por "oficial de justiça", que é um funcionário judicial com função administrativa e auxiliar dos juízes.

1095 E 101, 397/407.

1096 E 103, 142/156.

1097 Pieroth, *JP*, art. 41º, n. m. 4.

1098 Cf. Kloepfer, *VerfR II*, § 74, n. m. 8; Schenke, *BK*, art. 19º, n. 4, n. m. 306 e s., 316.

1099 E 25, 352/358; BVerfG, NJW 2001, 3771; porém, de modo diferente relativamente à revogação de um acto de clemência, cf. E 30, 108/111.

1100 E 115, 81/92 e s.

1101 E 149, 346, n. m. 43; diferente ainda, BVerfGK 8, 325/328.

Os atos dos titulares de autoridade supranacionais, que na Alemanha exercem poder público em virtude de uma transferência de direitos de soberania nos termos do art. 24º, n. 1, não caem sob a garantia de proteção jurídica. Do ponto de vista do direito ordinário, uma proteção jurídica está, pelo contrário, normalmente excluída por via de cláusulas de imunidade dos tratados que lhe servem de base e que são transpostas para o direito alemão por força do art. 59º, n. 2, frase 1. Mas o Tribunal Constitucional Federal considera que graças ao art. 19º, n. 4, está garantido também um direito subjetivo à salvaguarda de uma proteção jurídica efetiva no caso de transferência de direitos de soberania. Esse direito é violado, se a nível supranacional se revelarem vícios estruturais na garantia de uma proteção jurídica eficaz. A titular de direitos fundamentais atingida pode então opor-se à lei de transferência. Esta garantia de conformação (n. m. 147), que vai para além da garantia de proteção jurídica contra o poder de soberania alemão, é justificada pelo Tribunal Constitucional Federal com a decisão de valor objetivo, garantida no art. 19º, n. 4, a favor de uma proteção jurídica eficaz[1102], que – como também noutros casos (n. m. 114) – é aduzida para fundar direitos subjetivos.

2. Violação da lei

1163. Por direitos não se podem, de modo algum, entender apenas os direitos fundamentais referidos no mesmo capítulo[1103], mas *todos os direitos subjetivos*, tanto de direito público como de direito privado. O art. 19º, n. 4, pressupõe-nos, mas não os cria. Desde que eles não tenham consequências sobre o resultado da decisão, isso permite ao legislador prever também a pouca importância dos erros na aplicação do direito[1104], como isso muitas vezes está previsto no caso de erros

---

1102 E 149, 346, n. m. 36 e s.; analogicamente sobre o art.º 6º, n. 1, da CEDH, NJW 1999, 1173/1175 (*Waite e Kennedy/Deutschland*); NVwZ-RR 2016, 644/646 (*Klausecker/Deutschland*); aprofundando sobre relações internacionais, Gärditz, *EuGRZ* 2018, 530 e s.

1103 Neste sentido, Pestalozza, NVwZ 1999, 140.

1104 Tribunal Constitucional Federal, NVwZ 2018, 573/575.

procedimentais no interesse da economia – por exemplo § 46 VwfG – ou no caso de erros de ponderação no direito de planeamento, no interesse da manutenção do plano – por exemplo § 214, n. 3, do BauGB. Portanto, interessa saber se e em que medida um direito subjetivo está fundado no direito especial[1105].

1164. Exemplos:

Os direitos fundamentais da Lei Fundamental, os direitos fundamentais da Convenção Europeia dos Direitos do Homem aplicáveis como direito ordinário, os direitos à licença de construção, à licença de venda ambulante, ao incentivo à formação, à assistência social, o direito jurídico-público de reparação de danos causados por atos ilícitos da Administração, os direitos jurídico-privados de propriedade, de crédito, de ser sócio, os direitos dos títulos de crédito, etc.

1165. Por violação jurídica devemos entender a *ingerência ilegal*. Esta ingerência não tem de se verificar na realidade para que esteja aberta a via judicial; a averiguação da sua real verificação, ou não, é precisamente a função atribuída aos tribunais pelo art. 19º, n. 4. A violação da lei tem apenas de ser *invocada*, isto é, tem de ser em todo o caso apresentada como concludente e plausível.

1166. Exemplo:

Nos termos do § 42º, n. 2, da VwGO, o recurso de impugnação e o recurso de condenação à prática do ato devido interposto junto de um tribunal administrativo só são legítimos quando o recorrente invocar ter sido lesado nos seus direitos pelo ato administrativo ou pela sua recusa ou omissão. Aqui exige-se precisamente o que também o art. 19º, n. 4, pressupõe. Por conseguinte, no § 42º, n. 2, da VwGO, não se encontra uma ingerência no art. 19º, n. 4.

1167. Problemas estruturais de proteção jurídica suscitam medidas secretas de vigilância. Em virtude da sua natureza secreta, os potenciais atingidos dificilmente podem alguma vez comprovar que foram afetados. No recurso contra as normas constitucionais, que não cai sob o art. 19º, n. 4, o Tribunal Constitucional Federal permitiu, por isso,

---

1105 E 15, 275/281; 83, 184/194 e s.

que para a legitimidade para interpor recurso fosse suficiente que "com alguma probabilidade" se possa partir da afetação do recorrente[1106]. Em contrapartida, o Tribunal Administrativo Federal recusou a legitimidade de recurso contra vigilâncias estratégicas das telecomunicações, quando o recorrente não possa apresentar a prova de ter sido afetado. Como o apagamento de dados de vigilância por parte da autoridade também serviu o interesse dos atingidos, o Tribunal também não viu qualquer razão para uma inversão do ónus da prova[1107]. Pelo menos na medida em que o Tribunal apoia esta apreciação no facto de se ter podido tratar, quando muito, de uma ingerência de pouca importância e de, além disso, se ter verificado um controle das medidas por parte da comissão parlamentar de controle, ela menospreza a garantia jurídico--constitucional da proteção jurídica, que não conhece nem um limite de menor importância, nem – para além do art. 10º, n. 2, frase 2 – pode ser substituída por procedimentos parlamentares[1108].

1168. Com o pressuposto de que o titular de direitos fundamentais tem de ter sido lesado nos seus direitos, fica claro que uma *ação popular* – recurso de qualquer cidadão, que impugna uma qualquer violação jurídica – e uma *ação coletiva* – ação de um grupo, que invoca a violação de direitos dos seus membros ou que também, de acordo com os objetivos do grupo, invoca a violação de outras normas jurídicas – não estão protegidos pelo art. 19º. n. 4[1109]. No entanto, estes recursos também não estão proibidos pela garantia da via judicial. O legislador é livre de os estabelecer em geral ou apenas para determinados domínios.

1169. Exemplos:

O art. 53º, n. 1, frase 1, da Lei do Tribunal Constitucional da Baviera reza assim: "A inconstitucionalidade de uma lei do Estado federado da Baviera pode ser invocada por qualquer pessoa, por meio de recurso junto do Tribunal Constitucional" (ação popular). – Pelo § 2 do

---

1106 E 122, 68/81 e s.; 125, 260/305; 133, 277, n. m. 81.

1107 BVerwGE 149, 359/369.

1108 Gärditz, JZ 2014, 998/1000 e s.

1109 Cf. BVerfG, NVwZ 2001, 1149; Michael, *Verwaltung* 2004, 35.

UmwRG e pelo § 61º da Lei Federal da Proteção da Natureza foi concedido às associações reconhecidas pela Federação e pelos Estados federados um direito próprio de recurso em matéria de proteção da natureza (recurso jurídico-material coletivo; cf. Calliess, *NJW* 2003, 97 e s.; Schlacke, Überindividueller Rechtsschutz, 2008). Por outro lado, o direito de recurso das associações de proteção da natureza reconhecidas por força do § 2 do UmwRG e do § 64º do BnatSchG está limitado à participação no procedimento administrativo (recurso coletivo de direito procedimental; cf. *BVerwGE* 87, 62/69 e s.).

3. Abertura da via de recurso jurisdicional

1170. Com a abertura da via de recurso jurisdicional está garantido o *acesso* ao tribunal, o *procedimento* junto do tribunal e a *decisão* pelo tribunal com a inclusão de uma execução das suas decisões[1110]. Com isto, têm-se em vista tribunais do Estado que, na sua posição orgânica e composição pessoal, satisfazem as exigências dos arts. 92º e 97º[1111]. A Lei Fundamental conhece diversas jurisdições (arts. 95º e 96º) e fundamenta algumas competências da jurisdição ordinária (art. 14º, n. 3, frase 4, art. 34º, frase 3, e, ancilarmente, art. 19º, n. 4, frase 2). De resto, a Lei Fundamental deixa ao critério do legislador e *apenas ao legislador* a conformação da organização e do procedimento judiciários; dado que o juiz apenas está subordinado à lei, a via judicial também só pode ser aberta e fechada pelo legislador e de modo algum pela Administração. No entanto, ambiguidades que surjam na delimitação das vias de recurso não podem ser resolvidas nas costas daquele que procura proteção judicial[1112]. O legislador é livre de instituir uma hierarquia das instâncias em vários escalões ou apenas um procedimento jurisdicional de um só escalão; o art. 19º, n. 4, não exige uma via judicial em segunda ou terceira instância (mas cf. n. m. 1160)[1113].

1110   Tribunal Constitucional Federal, *BayVBl*. 2000, 47.

1111   E 11, 232/233; 49, 329/340.

1112   Tribunal Constitucional Federal, *NJW* 2017, 545/546 e s. (= JK 8/2017), ver também n. m. 489.

1113   E 4, 74/94 e s.; 104, 220/231 e s.; 107, 395/401 e s.; BVerwGE 120, 87/93.

1171. Não é suficiente que haja, em geral, proteção jurídica; mas a proteção jurídica tem de ser **efetiva**, isto é, não pode "funcionar em vazio"[1114]. Neste aspeto, a garantia de proteção jurídica e os respetivos direitos fundamentais agem em comum como direitos procedimentais (cf. n. m. 126) e justificam exigências qualitativas da proteção jurídica:

1171a. A proteção jurídica tem de ser de facto **acessível**. Por isso, a proteção prevista no art. 19º, n. 4, tem de começar já antes do processo judicial. A Administração é obrigada a informar o atingido no caso de ingerências não percetíveis, como a operação de escuta (policial)[1115], sendo as exceções só permitidas, desde que a informação simplesmente aprofundasse a ingerência no direito fundamental ou o atingido tenha sido apanhado apenas casualmente pela medida e seja de admitir que, em virtude da reduzida importância da ingerência, não há qualquer interesse na informação[1116]. Além disso, a Administração é obrigada a inteirar juridicamente o leigo em direito[1117] e, no caso de provas de acesso à profissão, justificar alicerçadamente a avaliação do resultado (cf. n. m. 995). – Também tem de ser proporcionado o acesso ao tribunal àquele que procura proteção judicial, quando ele não o puder suportar de outra maneira, por meio de ajuda para as custas processuais[1118]. Ele não pode deparar-se com impedimentos jurídico-processuais inadequados[1119], não lhe podendo ser, entre outras coisas, impostos exagerados ónus de fundamentar[1120]. O cidadão também tem de poder inteirar-se com confiança sobre como a jurisprudência vê os seus direitos e as suas perspetivas de proteção

---

1114 Tribunal Constitucional Federal, NJW 2010, 2864.

1115 E 109, 279/363 e s.

1116 E 100, 313/397 e s.; 125, 269/337; 129, 208/251; sobre as particularidades no controle das telecomunicações, n. m. 908.

1117 Cf. opinião divergente E 53, 30/74 e s.

1118 E 122, 39/49; NJW 2018, 449/450 e s.

1119 E 60, 253/266 e s.

1120 Tribunal Constitucional Federal, NVwZ 2001, 552/552 e s.

jurídica e tem direito ao acesso a decisões tomadas, do qual resulta uma obrigação de publicar decisões importantes[1121].

1171b. Como proteção jurídica significa o controle de decisões de outros, ela tem de ser **extensiva** nó seu conteúdo. Por isso, os tribunais têm de controlar integralmente os atos jurídicos impugnados, tanto de facto, como de direito. Apesar disso, não estão vinculados a constatações de facto ou de direito de outros poderes (mas ver n. m. 1173)[1122]. Para o controle integral de facto e de direito, os tribunais também têm de tomar conhecimento dos atos relevantes da Administração[1123]. O art. 19º, n. 4, garante proteção jurídica efetiva em princípio no processo principal e não apenas na proteção jurídica urgente, que normalmente não proporciona um tratamento extensivo de facto e de direito[1124]. Por consequência, o controle de uma decisão judicial ou do Ministério Público não pode ser recusada apenas ou porque já foi executada ou porque foi resolvida[1125].

1172. Por fim, a proteção jurídica tem de chegar **em tempo útil**. Tem, por isso, de estar garantida a proteção jurídica provisória, sempre que sem ela surjam desvantagens intoleráveis e não evitáveis de outra maneira[1126]. A Administração tem de se abster de medidas que, sem razão suficiente, criam factos consumados[1127]. Em processos administrativos por níveis, a proteção jurídica tem, por isso, de começar eventualmente já antes da decisão definitiva, quando já a um primeiro nível se produzem determinações de facto, ou seja, mesmo quando não se combina com elas nenhuma predeterminação da posterior ingerência jurídico-fundamental[1128]. – Os tribunais, mesmo o próprio Tribunal

---

1121 Cf. BVerwGE 104, 105/109.

1122 E 15, 275/282; 84, 59/77; 129, 1/20; NJW 2018, 37/38 e s.

1123 E 101, 106/125 e s.

1124 E 143, 216, n. m. 25 e s.

1125 E 96, 27/40; 104, 220/233 e s.; 110, 77/86 e s.; NVwZ-RR 2015, 881/881 e s.; NJW 2017, 1939/1940 e s.

1126 E 65, 1/70 e s.; BVerfG, NVwZ 2004, 95.

1127 E 37, 150/153; 69, 200/227 e s.; 146, 294, n. m. 33 e s. (= JK 2/2018).

1128 E 134, 242, n. m. 219 e s.; = JK 5/2014; NVwZ 2017, 149/150; Beier, DÖV 2015, 309/311 e s., n. m. 1047.

Constitucional Federal[1129], são, além disso, obrigados a decidir dentro de um prazo adequado[1130]. No caso de uma inadequada duração do processo, os §§ 198 e s. do GVG e os §§ 97a e s. do BVerfGG preveem um procedimento indemnizatório autónomo que, no caso de processos concluídos, permite a anulação da necessidade de proteção jurídica para um recurso constitucional[1131].

1173. A garantia de proteção jurídica ou o controle jurisdicional tem o seu *limite* no ponto em que a atuação do poder público *não está regulada*. Os tribunais controlam a legalidade e não a oportunidade da atuação do Estado. As margens de decisão da Administração são controladas pelos tribunais apenas quanto à observância dos limites. A propósito, temos de distinguir três tipos de margens:

1173a. (1) Na medida em que o legislador autoriza a Administração a efetuar ingerências jurídico-fundamentais constitucionais, ele também pode colocar o exercício desta autorização no *poder discricionário* da Administração. Desde que a Administração exerça sem erros o poder discricionário, isto é, de acordo com o fim legal e conforme ao direito de igualdade, os direitos fundamentais são preservados pelo poder discricionário da Administração em vez de uma obrigação de ingerência. O poder discricionário é controlado judicialmente apenas quanto ao seu limite (cf. § 114 VwGO).

1173b. (2) As *margens de apreciação* da Administração são de outra espécie. Elas referem-se à apreciação dos factos em que são baseadas as decisões. Estas têm de ser integralmente controladas fundamentalmente pelos tribunais[1132]. Só se verificam exceções nos casos em que isso ou é impossível aos tribunais[1133] ou em que o legislador, perante factos especialmente difíceis de apreciar, providenciou, por meio da conformação do processo administrativo, para que já no processo admi-

---

1129   TEDH, n. 33379/96, n. m. 36 e s. (*Klein/Deutschland*).

1130   E 93, 1/13; Tribunal Constitucional Federal, NVwZ 2011, 486/492.

1131   Tribunal Constitucional Federal, JZ 2013, 145/146, ver n. m. 1324.

1132   E 129, 1/20.

1133   E 149, 407, n. m. 17.

nistrativo se efetue uma apreciação dos factos que seja equivalente ou superior à do tribunal. Em parte, vê-se nisto uma concludente "autorização normativa" da Administração. Contudo, o conceito não pode ser mal entendido no sentido de o legislador ser livre para conceder margens de apreciação. Para o caso de os factos não estarem cientificamente esclarecidos, o legislador tem, pelo contrário, de tomar, ele próprio, na dúvida, a decisão[1134]. Desde que a Administração disponha de uma especial *expertise* situativa e técnica, as margens de apreciação não se legitimam por meio de autorizações, mas por meio dos limites funcionais do processo judicial quando da averiguação dos factos[1135]. Quando existirem margens de apreciação, os tribunais controlam simplesmente a observância dos procedimentos, assim como a plausibilidade dos métodos, presunções e resultados[1136].

1173c. (3) Em virtude das indeterminações linguísticas, sistemáticas e metódicas, também o direito pode ser indeterminado em relação a casos concretos de aplicação. Nestes casos, o direito tem de ser dogmaticamente aperfeiçoado por meio da modelação da ordem jurídica pelos tribunais, sem que o resultado desta modelação esteja sempre univocamente prefixado pelos métodos jurídicos. Daí resultam *margens de modelação* da ordem jurídica. A decisão em última instância sobre modelações da ordem jurídica está atribuída aos tribunais[1137]. Em virtude da sua expertise dogmática específica e da sua posição institucional, que garante a sua independência e, por via da sua ordem hierárquica, também uma uniformidade da modelação da ordem jurídica, os tribunais estão especialmente qualificados sob pontos de vista funcionais. Desenvolvimentos do direito da Administração estão também sujeitos ao completo controle jurisdicional nos pontos em que há margens de interpretação[1138].

1134   E 149, 407, n. m. 24.

1135   Cf. E 129, 407, n. m. 29 e s.

1136   E 149, 407, n. m. 29 e s.

1137   E 129, 1/21, 23; pelo menos equívoco, ainda E 88, 40/61.

1138   Poscher, *in: FS Wahl*, 2011, 527.

1174. Exemplo:

As decisões de exames têm de ser tomadas a partir da situação de exame, não se podem repetir, de facto, em posteriores processos contenciosos administrativos, e também é juridicamente imposto um limite à sua repetibilidade, pelo facto de a igualdade de oportunidades exigir a prova e a avaliação de um candidato no quadro comparativo da prova e da avaliação de todos os candidatos. Uma vez que a situação de exame se pode reconstruir processualmente apenas de maneira limitada, desde há muito tempo que é reconhecida uma margem de apreciação no âmbito do direito dos exames. O controlo jurisdicional limita-se a saber se os factos foram corretamente apurados, se não há vícios de procedimento ou outros vícios de direito e se foram observados critérios de avaliação universalmente válidos. Quando são defensáveis diferenças de opinião de caráter técnico, o Tribunal Constitucional Federal concedeu ao examinador uma margem de apreciação, bem como ao examinando uma margem de resposta (*E* 84, 34/54 e s.; *BVerwGE* 104, 203/206; cf. Müller--Franken, *VerwArch* 2001, 507). A interpretação de conceitos jurídicos do direito de exame por parte do examinador está, pelo contrário, sujeita ao controle ilimitado quando eles apresentarem imprecisões.

III. Ingerências

1175. Só podem constituir ingerências aquelas medidas do Estado que *não são elementos da conformação da via judicial* (n. m. 147 e s.). Em virtude do âmbito de proteção do art. 19º, n. 4, marcado pelas normas, a conformação é indispensável e não há uma proteção jurisdicional de certo modo natural, na qual se tenha cometido uma ingerência através de normas de direito processual sobre a capacidade de ser parte em juízo e a capacidade processual, a obrigatoriedade de ser representado por advogado, os prazos de interposição de recurso e os prazos de caducidade, a vinculação a decisões de outros tribunais, a força de lei, etc. Apenas constituem ingerências a exclusão do acesso aos tribunais, bem como os inadequados entraves legais ao acesso aos tribunais ou ao processo junto destes, entraves não exigidos pelas condições de funcionamento da administração da justiça e da segurança jurídica e que são insuportáveis para aquele que procura proteção jurídica. Além disso, verificam-se ingerências quando a Administração ou a própria jurisprudência dificultam ou impedem o acesso à via judicial violando a conformação legal desta via.

1176. Um problema frequentemente discutido é constituído pelas *normas de preclusão* materiais e de direito de procedimento administrativo[1139]. O Tribunal Constitucional Federal viu nessas normas formas acabadas de direito subjetivo material, que não é criado, mas pressuposto, pelo art. 19º, n. 4. Contudo, as normas de preclusão deviam – segundo o Tribunal – ser aferidas pelo direito fundamental previsto no art. 19º, n. 4, dado que dele resultam também "efeitos prévios sobre a conformação do procedimento administrativo que precede os procedimentos jurisdicionais de proteção jurídica"[1140].

IV. Justificação jurídico-constitucional

1177. O art. 19º, n. 4, não contém uma reserva de lei. Por isso, as ingerências só poderão encontrar a sua justificação jurídico-constitucional no direito constitucional colidente. O Tribunal Constitucional Federal separa-se desta doutrina jurídico-fundamental geral (n. m. 369 e s.), quando permite que para a justificação de ingerências no art. 19º, n. 4, bastam simplesmente razões "de suficiente peso"[1141]. Ao contrário da conformação, só é, todavia, ingerência a regulação da via judicial, que não é precisamente imposta pelas condições de funcionamento da administração da justiça e da segurança jurídica. Por isso, dos bens constitucionais colidentes da administração da justiça e da segurança jurídica também não pode resultar qualquer justificação para as ingerências; não são visíveis outras justificações provenientes de outros bens constitucionais. Por conseguinte, qualquer ingerência constitui uma violação que não se pode justificar jurídico-constitucionalmente.

1178. **Esboço de solução do caso 23 (n. m. 1156).**

1139   Cf. Schenke, *BK*, art. 19º, n. 4, n. m. 758 e s.

1140   E 61, 82/110.

1141   E 101, 106/124 e s.; 143, 216, n. m. 52.

I. É aplicável o âmbito de proteção do art. 19º, n. 4: "A" pretende recorrer a um tribunal contra uma medida da Administração, concretamente a imposição de residência fixa (na cela), e pode invocar que se verificou uma violação de um direito subjetivo, isto é, o direito fundamental da liberdade da pessoa humana. A abertura da via judicial significa um controlo pleno *a posteriori* da medida administrativa, numa perspetiva jurídica e material, pelo tribunal. – **II.** Isto não se verifica: o Supremo Tribunal Estadual recusou, como sendo ilegítimo, o pedido de decisão jurisdicional em virtude de inobservância do prazo. Neste sentido, o tribunal apoia-se na regulação do procedimento de impugnação, previsto no regulamento interno da Administração. Sob este aspeto, verifica-se uma ingerência quando o recurso aos tribunais não se limita a ser apenas *conformado*. Não constitui uma conformação do art. 19º, n. 4, um entrave inadequado e insuportável ao acesso aos tribunais ou ao procedimento pela lei ou por uma decisão jurisdicional. Um prazo de impugnação de apenas uma semana pode ser adequado e suportável na execução penal (*E* 40, 237/258). Questionável é, no entanto, o facto de o Tribunal Constitucional Federal também partir de uma conformação legal suficiente da via judicial: a decisão fundamental foi tomada pelo legislador no § 24º, n. 2, do EGGVG, no sentido de que o regulamento interno da Administração é, comparativamente, apenas uma "regulação subordinada" (*E* 40, 237/251). Mas a questão dos prazos é uma questão importante, de resto inteiramente regulada por lei. Ora, o Tribunal Constitucional Federal também não encontrou, em larga medida, apoio (opinião divergente, *in*: *E* 40, 260; Schenke, *DÖV* 1977, 27; Schwabe, *JuS* 1977, 661).

1179. Bibliografia:

C. Bickenbach, "Grundfälle zu Art. 19 IV GG", *JuS* 2007, 813, 910; R. Herzog, "Verfassung und Verwaltungsgerichte – Zurück zu mehr Kontrolldichte?", *NJW* 1992, 2601; H.-J. Papier, "Rechtsschutzgarantie gegen die öffentliche Gewalt", *Hdb. StR (3) VIII*, § 177; B. Remmert, "Die Rechtsschutzgarantie des Art. 19 IV 1 GG", *Jura* 2014, 906; W.-R. Schenke, "Die Rechtsschutzgarantie des Art. 19 IV GG im Spiegel der Rechtsprechung des Bundesverfassungsgerichts", *in*: Wolter/Riedel/Taupitz (ed.), *Einwirkungen der Grundrechte auf das Zivilrecht, Öffentli-*

che Recht und Strafrecht, 1999, p. 153; E. Schmidt-Aßmann, "Art. 19 IV als Teil des Rechtsstaatsprinzips", *NVwZ* 1983, 1; A. Uhle, "Rechtsstaatliche Prozessgrundrechte und -grundsätze", *Hdb. GR V*, § 129.

§ 27. DIREITO DE OPOR RESISTÊNCIA (ART. 20º, N. 4)

1180. Caso 24: A construção de umas instalações reforçadas.

Desde há semanas que a Polícia Federal protege, com grande aparato, um terreno nas proximidades de Berlim, no qual estão a surgir umas extensas instalações reforçadas. O público em geral não está informado do que está a acontecer no terreno. Numa altura em que se irá reunir o Parlamento Federal recém-eleito e que sofre de uma fragmentação de partidos políticos e de magras maiorias e que promete um período de legislatura e de governo cheio de crises, vários cidadãos ficam com a impressão de que aumentam e se multiplicam as movimentações das unidades da Polícia Federal. Estes cidadãos reúnem-se num grupo, estando uns convencidos de que as unidades da Polícia Federal se concentram naquele terreno para retirar o poder ao Parlamento e ao Governo federais; os outros acreditam que se prepara e que se protege a construção de uma fábrica de produtos químicos de um novo e grande estilo, de um tipo especialmente perigoso. Para darem um sinal de oposição de resistência, colocam, de noite, tapetes de pregos em duas estradas de acesso ao terreno. Por causa disso, ficam imobilizadas duas camionetas da Polícia Federal; numa das estradas de acesso regista-se um acidente de maiores proporções, com consideráveis danos materiais e pessoais. Perante o tribunal, aqueles cidadãos invocam o art. 20º, n. 4. Terão razão? N. m. **1185**.

1181. O direito de opor resistência foi introduzido na Lei Fundamental em ligação com a legislação do estado de necessidade. Por detrás disso, estava uma dupla intenção: por um lado, a proteção da ordem constitucional deveria transformar-se numa função do Estado, não apenas por via das leis do estado de necessidade, mas com o direito de opor resistência tornar-se também em *direito dos cidadãos*. Por outro lado, devia-se garantir que a situação de necessidade ou de exceção, como hora do Executivo, da redução dos poderes constitucionais e da limitação da liberdade, não fosse *mal utilizada pelo poder executivo* para abolir a ordem constitucional.

1182. Tem de se duvidar de que aquela boa intenção tenha produzido um bom resultado. O art. 20º, n. 4, pretende regular juridicamente uma situação em que as *regulações jurídicas não funcionam*: o outro remédio de que fala o art. 20º, n. 4, é o remédio que está nas vias juridicamente reguladas da ordem constitucional e jurídica, e é precisamente a sua impossibilidade que constitui o pressuposto do direito de opor resistência. Quando se verifique o pressuposto do direito de opor resistência, o cidadão já não pode encontrar, na ordem jurídica e constitucional, que já não funciona, o reconhecimento jurídico do seu direito de opor resistência; quando, ao invés, o cidadão poderia encontrar na ordem jurídica e constitucional, ainda a funcionar, o reconhecimento jurídico do seu direito de opor resistência, aí falta o pressuposto deste direito[1142]. Dito de outro modo e em termos informais: se o golpe de Estado não tiver sucesso, são mesmo assim exaltados aqueles que opuseram resistência; se for bem-sucedido, aqueles que opuseram resistência já não podem invocar a antiga ordem estadual em face da nova. O art. 20º, n. 4, pretende regular juridicamente o que no fundo não pode ser juridicamente regulado, mas que apenas pode ser deixado à consciência do particular; ele tem, por outras palavras, apenas uma função simbólica[1143].

1183. O art. 20º, n. 4, pretende garantir que condutas de oposição de resistência, com as quais o cidadão infringe imposições e proibições jurídicas por causa da defesa da ordem constitucional, sejam, todavia, consideradas *legais* – da mesma maneira que também o Estado, em situação de estado de necessidade, que é regulado pela Lei Fundamental e pelo direito ordinário, é suspenso pelo direito aplicável noutra

---

1142   Cf. E 123, 267/333.

1143   Kloepfer, *VerfR II*, § 77, n. m. 28 e s.

situação, por causa da defesa da ordem constitucional. Poderíamos considerar que haveria uma ingerência no âmbito de proteção do art. 20º, n. 4, pelo facto de as condutas de oposição de resistência do cidadão serem ainda assim tratadas como ilegais pelo poder público. Para isto não haveria uma justificação jurídico-constitucional.

1184. O direito de opor resistência não faz parte dos elementos do art. 20º, que, segundo o art. 79º, n. 3, também já não podem ser alterados ou anulados por via de uma *revisão constitucional*. O art. 79º, n. 3, refere-se ao art. 20º apenas com os seus três primeiros números, que apresentava originalmente. Se não fosse assim, o legislador constituinte poderia deslocar os limites da revisão constitucional que lhe estão prefixados no art. 79º, n. 3, precisamente de uma maneira que não pode ser alterada[1144].

1185. Esboço de solução do caso 24 (n. m. 1180):

Temos de fazer uma distinção entre uma justificação possível daqueles que querem insurgir-se contra a construção de fábricas de produtos químicos e de centrais nucleares e a daqueles que pretendem insurgir-se contra um golpe de Estado da Polícia Federal. – **I.** As ações contra a construção de centrais nucleares, contra o estacionamento de mísseis, contra o armazenamento de armas químicas ou de armas biológicas, etc. caem de antemão fora do âmbito de proteção do art. 20º, n. 4: a construção de centrais nucleares, o estacionamento de mísseis ou o armazenamento de armas químicas ou de armas biológicas podem muito bem constituir ingerência nos direitos fundamentais ou até violá-los, mas não têm nada em comum com a abolição da ordem constitucional. Também a questão de saber se está justificada a desobediência civil nas formas de oposição pacífica ou de reduzido grau de violência, especialmente barricadas contra determinadas ações de política energética e de política militar, não é uma questão do art. 20º, n. 4, mas de interpretação da situação de estado de necessidade (§ 240º StGB), do seu conceito de violência e do seu critério de condenabilidade (cf. n. m. 818). Esta questão suscita-se sobretudo quando hoje se discute a oposição de re-

---

1144   Cf. Hesse, *VerfR*, n. m. 761; Pieroth, *JP*, art. 79º, n. m. 18.

sistência e a lealdade dos cidadãos. – **II.** Uma retirada do poder ao Parlamento Federal e ao Governo Federal dirigir-se-ia, pelo contrário e em absoluto, contra a ordem constitucional, no sentido do art. 20º, n. 4, e também não só a afetaria, mas eliminá-la-ia. É que com essa retirada do poder, o poder do Estado já não emanaria do povo. Poderá ser duvidoso se com a concentração de unidades da Polícia Federal prontas para um golpe de Estado se atingiu a transição do estádio da preparação para o estádio da tentativa. Além disso, pode-se pôr em dúvida se o dar o sinal de oposição de resistência, que não promete qualquer sucesso de oposição de resistência, está justificado como conduta de oposição de resistência. Mas em todo o caso, enquanto as unidades da Polícia Federal prontas para um golpe de Estado ainda se estão a concentrar, ainda é possível um outro remédio. Assim, a atuação dos cidadãos nem sequer estaria justificada pelo art. 20º, n. 4, mesmo que a sua apreciação da situação fosse exata (quanto à questão da invocação errónea do art. 20º, n. 4, cf. Herzog, *MD*, art. 20º, cap. IX, n. m. 44).

1186. **Bibliografia:**

R. Dreier, "Widerstandsrecht im Rechtsstaat?", in: *FS Scupin*, 1983, p. 573; C. Enders, "Bürgerrecht auf Ungehorsam?", *Staat* 1986, 351; J. Isensee, *Das legalisierte Widerstandsrecht*, 1969; H.H. Klein, "Ziviler Ungehorsam im demokratischen Rechtsstaat", in: *FS Gesellschaft für Rechtspolitik*, 1984, p. 177; U.K. Preuß, *Politische Verantwortung und Bürgerloyalität*, 1984; S. Schmahl, "Rechtsstaat und Widerstandsrecht", *JöR* 2007, 99.

§ 28. TOMADA EM CONSIDERAÇÃO DOS PRINCÍPIOS TRADICIONAIS DO FUNCIONALISMO PÚBLICO DE CARREIRA (ART. 33º, N. 5)

1187. **Caso 25: Assistência aos funcionários públicos (segundo o acórdão do Tribunal Constitucional Federal** *in*: *E* **58, 68).**

"P" é Segundo Chefe de polícia na reforma e recebe a pensão de assistência pela tabela de salários A8. O seu seguro privado de doença reembolsa-o em 30% das despesas no caso de tratamento ambulatório.

Pelas normas jurídicas infraconstitucionais, é-lhe garantida uma assistência de outros 65%. "P" entende que, nos termos do art. 33º, n. 5, lhe cabe o direito de assistência no montante de 70%, para não ficar numa situação pior em comparação com o seu tempo de serviço ativo. Terá ele razão? N. m. 1193.

I. Panorama geral

1188. De acordo com a letra do texto, o art. 33º, n. 5, não contém um direito fundamental ou um direito equiparado a um direito fundamental, mas um mandato de regulação dirigido ao legislador e uma garantia institucional. No entanto, o Tribunal Constitucional Federal, seguido pela doutrina dominante, sustenta, na sua jurisprudência[1145], que o art. 33º, n. 5, também contém um direito subjetivo do funcionário público, que pode ser imposto através de um recurso constitucional. Como o funcionário público em concreto não tem a possibilidade de luta laboral e de criação da tabela salarial garantida aos trabalhadores pelo art. 9º, n. 3, necessitaria, para a constituição da sua relação jurídica, do direito subjetivo decorrente do art. 33º, n. 5.

II. Âmbito de proteção

1189. O conceito de *funcionalismo público de carreira* especifica o âmbito de proteção. Mas a sua garantia está *enfraquecida* de modo caraterístico: primeiro, não se trata de toda a norma jurídica em concreto do direito tradicional da função pública, mas apenas dos "princípios"; segundo, estes princípios não devem ser observados, mas apenas "tomados em consideração", o que foi assim formulado com prudência pelo Conselho Parlamentar[1146] e que abre ao legislador uma "ampla margem de discricionariedade política"[1147]; terceiro, estes princípios podem ser expressamente "aperfeiçoados"; e quarto, resulta da caraterística do art. 33º, n. 5, enquanto "norma de transformação" – este artigo aceita direi-

---

1145   E 8, 1/17; 107, 218/236 e s.; 117, 330/344; 130, 263/294 e s.

1146   Cf. JöR 1951, 322 e s.

1147   E 76, 256/295.

to antigo, tornando-o direito vigente –, que só são vinculativos aqueles princípios tradicionais que no demais sejam compatíveis com a Lei Fundamental[1148].

1190. O Tribunal Constitucional Federal *define* os princípios tradicionais do funcionalismo público de carreira como "aquele acervo nuclear de princípios estruturais ... que, em geral ou de uma maneira absolutamente predominante e durante um espaço de tempo mais longo e criador de tradição, pelo menos sob a vigência da Constituição Imperial de Weimar, foram reconhecidos e conservados como vinculativos"[1149]. O Tribunal Constitucional Federal referiu como os *casos mais importantes*: "obrigação de fidelidade e de obediência em face da entidade empregadora e obrigação de exercício imparcial do cargo; preparação técnica; atividade profissional a título principal; emprego vitalício; direito ao salário, a pensão de reforma, a pensão de sobrevivência e a pensão de órfão"[1150]. Os princípios tradicionais do funcionalismo público de carreira contêm, pois, exigências jurídico-objetivas ao direito do funcionalismo público, bem como direitos e obrigações dos diferentes funcionários públicos. Como direito equiparado aos direitos fundamentais, o art. 33º, n. 5, estabelece *direitos do funcionário público*. Mas porque dos princípios tradicionais do funcionalismo público de carreira também fazem parte *obrigações*, o art. art. 33º, n. 5, também pode legitimar ingerências em outros direitos fundamentais do funcionário público.

1191. Exemplos:

(1) Direitos dos funcionários públicos. Do art. 33º, n. 5, resulta um direito a um sustento compatível com o cargo, isto é, direito a salário e previdência social (jurisprudência constante; *E* 71, 39/60) que garantam um "mínimo de conforto de vida" (*E* 99, 300/315) mas que não têm de incluir a garantia de subsídio de residência (*E* 117, 330/348 e s.). Em relação à compatibilidade com o cargo, o princípio do desempenho é considerado como correlativo da escolha dos melhores nos

---

1148 E 3, 58/137; cf. também art. 123º, n. 1.

1149 E 8, 332/343; 107, 218/237; 117, 330/348 e s.

1150 E 9, 268/286; sobre o princípio do tempo de vida, E 149, 1, n. m. 35.

termos do art. 33º, n. 2; isto inclui também o princípio da carreira, segundo o qual, para a admissão e para a progressão profissional do funcionário público, há carreiras com determinadas exigências tipificadas. Por isso, o funcionário tem de desempenhar aquelas atividades que correspondem ao seu estatuto, definido pela pertença a uma determinada carreira ou grupo de carreiras (TCF, *NVwZ* 2017, 871/873). Também incompatível com o princípio do desempenho e com o princípio da carreira é o facto de se aplicar um prazo de espera para aumentos de remuneração depois de uma promoção (*E* 145, 1, n. m. 18 e s.). Segundo o seu nível, os sustento só é inconstitucional se for "manifestamente insuficiente" (*E* 139, 64, n. m. 96; 140, 240, n. m. 75). Neste aspeto, o Tribunal Constitucional Federal atribui uma importância indicial a cinco parâmetros: diferença clara entre a evolução do ordenado e a evolução na tabela convencional do serviço público, o índice salarial nominal, o índice dos preços no consumidor, a comparação de remuneração intrassistema (imperativo de manter um distanciamento como princípio autónomo do funcionalismo público de carreira: *E* 145, 304, n. m. 74 e s.) e comparação transversal com a remuneração da Federação e de outros Estados federados. Se a maior parte destes parâmetros estiver cumprida, há uma presunção de um sustento insuficiente e inconstitucional. Esta presunção pode ser desmentida ou ainda mais confirmada pela tomada em consideração de outros critérios relevantes para o sustento, no âmbito de uma ponderação global (*E* 139, 64, n. m. 116 e s.; 140, 240, n. m. 75 e s.). Como "segundo pilar" do princípio do sustento a par do controle material da evidência com base nos critérios mencionados, o Tribunal Constitucional Federal exige a observância das exigências procedimentais, entre as quais se conta especialmente uma fundamentação pormenorizada da fixação legal das remunerações (*E* 149, 382, n. m. 20 e s.). A prestação de assistência social tem de se orientar pelo cargo ultimamente exercido (E 117, 372/381 e s.). Além disso, o art. 33º, n. 5, garante um direito a um título oficial correspondente ao cargo (E 38, 1/12) e um direito a assistência social pelo qual a entidade empregadora é obrigada "a proteger o funcionário público contra acusações ilegítimas e a apoiá-lo de acordo com a sua aptidão e desempenho, bem como a tomar em conta nas suas decisões, de maneira apropriada, os interesses reconhecidos do funcionário" (*E* 43, 154/165); sobre a obrigação de fidelidade, cf. n. m. 510. – Pelo contrário, não há direito à proteção de direitos adquiridos (*E* 3, 58/137); não há direito ao cargo, no sentido de um direito a "um exercício inalterado e integral das funções oficialmente confiadas" (*E* 43, 242/282); não há direito ao emprego para além do limite de idade fixado por lei (*E* 71, 255/270); e não há direito "à conservação do nível de direito atingido relativamente a um ordenado alguma vez alcançado" (*E* 44, 249/263). **(2) Obrigações do funcionário público.** O art. 33º, n. 5, legitima uma proibição de greve para os funcionários relacionada com o seu estatuto e, deste modo, ingerências no art. 9º, n. 3, (n. m. 879), sendo o dever de fidelidade determinante para a aptidão no sentido do art. 33º, n. 2 (n. m. 569).

III. Ingerências e justificação jurídico-constitucional

1192. Só se verifica uma ingerência quando já não são tomados em consideração os princípios, isto é, quando os princípios estruturais não são apenas desenvolvidos oportunamente, mas são lançados borda fora. Para esta ingerência também não há, depois, uma justificação jurídico-constitucional. Mas em relação ao princípio do sustento e a respeito da proibição de novo endividamento prevista no art. 109º, n. 3, frase 1, o Tribunal Constitucional Federal reconheceu a possibilidade de uma justificação pelo direito constitucional colidente, desde que a restrição seja parte de um plano global para a limitação do endividamento, plano que não onere de maneira especial os funcionários públicos[1151].

1193.   Esboço de solução do caso 25 (n. m. 1187).

Pergunta-se se o direito a assistência por parte de "P" cai sob os princípios tradicionais do funcionalismo público de carreira. A garantia de assistência constitui um caso de aplicação da obrigação, típica do direito da função pública, da entidade empregadora para com o funcionário público de prestar assistência nos casos de doença, nascimento ou morte no seio da sua família. O direito a assistência é, ele próprio, um

---

1151   E 139, 64, n. m. 125 e s.; 145, 304, n. m. 68.

princípio tradicional do funcionalismo público de carreira (*E* 43, 154/165), mas apenas na mesma proporção em que já existia em 1949 (cf. *E* 58, 68/76 e s.). No entanto, nessa altura ainda não havia um sistema de apoio como atualmente; este só surgiu mais tarde e, portanto, não é tradicional. Todavia, o direito a um sustento compatível com o cargo, que é um princípio tradicional do funcionalismo público de carreira, exige uma prestação de assistência social calculada de modo a que o funcionário público consiga pagar um seguro de doença adequado (*E* 83, 89/101 e s.). Por isso, poderia ser exigido quando muito um ajustamento da pensão, mas não um aumento do subsídio, nos termos do art. 33º, n. 5.

1194. Bibliografia:

W. Höfling/C. Burkiczak, "Die Garantie der hergebrachten Grundsätze des Berufsbeamtentums unter Fortentwicklungsvorbehalt", *DÖV* 2007, 321; H. Lecheler, "Der öffentliche Dienst", *Hdb. StR3* V, § 110; F. Rottmann, *Der Beamte als Staatsbürger*, 1981; B. Schlink, "Zwischen Identifikation und Distanz. Zur Stellung des Beamten im Staat und zur Gestaltung des Beamtenrechts durch das Staatsrecht", *Staat* 1976, 335.

§ 29. DIREITO ELEITORAL (ART. 38º)

1195. Caso 26: A eleição de assembleias de bairro (de acordo com o ac. do Tribunal Constitucional Federal *in*: *E* 47, 253).

Por via de uma alteração do código municipal, são impostas assembleias de bairro nas cidades não integradas numa região distrital, às quais são confiados poderes de decisão autónoma na área da administração. Os membros das assembleias de bairro são eleitos em simultâneo com os membros do conselho. Os assentos nas assembleias de bairro são distribuídos, com base em listas apresentadas pelos partidos e por grupos de cidadãos eleitores, após a eleição do conselho, pelos partidos e grupos de cidadãos eleitores, tendo em consideração os votos válidos obtidos no respetivo bairro, de acordo com o método da maioria mais alta de Hondt. Os membros das assembleias de bairro são, depois, designados pelo "presidente eleitoral", o qual deve respeitar a ordem dos candidatos constante das listas. No caso de substituição de membros cessantes das assembleias de bairro, é o órgão competente do partido ou do grupo de cidadãos eleitores que determina a ordem da atribuição dos assentos. A norma da lei eleitoral municipal, segundo a qual as candidaturas têm de ter lugar através de eleições secretas em assembleias de membros e de representantes, não é aplicável à apresentação das listas para as assembleias de bairro. Será que esta regulação viola o art. 38º? N. m. *1217*.

I. Panorama geral

1196. O art. 38º, n. 1, frase 1, garante o direito de sufrágio ativo e passivo às eleições para o Parlamento Federal Alemão e faz determinadas exigências a estas eleições através dos chamados princípios de direito eleitoral da universalidade, do caráter direto, da liberdade, da igualdade e do sigilo. Esta garantia está numa relação estreita com o princípio democrático (art. 20º, n. 1 e 2). O art. 38º, n. 1, frase 2, regula, simultaneamente com a posição jurídica dos deputados do Parlamento Federal, a sua legitimação orgânica e não é um direito equiparado aos direitos fundamentais. No art. 38º, n. 2, encontra-se a fixação do início da legitimidade eleitoral; do ponto de vista sistemático, esta é uma norma de exceção em face da universalidade do sufrágio (cf. n. m. 555 e s.). Nos termos do art. 38º, n. 3, os pormenores são regulados por uma lei federal. Desta forma se remete, em primeiro lugar, para a Lei Eleitoral Federal; só aí está regulado o sistema eleitoral vigente ("eleição proporcional por cabeça"). O art. 38º, n. 3, não constitui uma reserva de lei; não autoriza ingerências nos direitos previstos no art. 38º, n. 1, mas apenas autoriza a aplicabilidade dos princípios eleitorais de acordo com as exigências de forma e de procedimento.

II. O direito ao sufrágio direto, livre e secreto

1197. Os princípios de sufrágio da universalidade e da igualdade já foram tratados como exigências especiais de justificação de tratamentos desiguais, em conjugação com o princípio da igualdade (cf. n.

m. 555 e s.). Neste ponto, iremos abordar os princípios do caráter direto, livre e secreto do sufrágio eleitoral.

1. Âmbito de proteção

1198. a) O art. 38º, n. 1, frase 1, aplica-se tanto ao **direito eleitoral ativo** (direito a eleger) como ao **direito eleitoral passivo** (direito a ser eleito, elegibilidade). O âmbito de proteção abarca todo o processo eleitoral, desde a apresentação dos candidatos até à atribuição dos lugares de deputado[1152].

1199. Este direito equiparado aos direitos fundamentais diz respeito diretamente apenas à *eleição para o Parlamento Alemão*. Mas os mesmos princípios de direito eleitoral são também aplicáveis, nos termos do art. 28º, n. 1, frase 2, às eleições nos Estados federados, nas regiões distritais e nos municípios. Segundo a opinião geral, aplicam-se também, como direito constitucional não escrito, a todas as eleições para as assembleias populares e a todas as eleições de caráter político, como por exemplo os referendos, que se encontram previstos nalgumas Constituições de Estados federados[1153]. Destas eleições devem ser distinguidas as eleições no seio de instituições de administração autónoma, na medida em que está em primeiro plano a função material específica, em vez da legitimação democrática geral do exercício do poder público.

1200. Exemplos:

A posição-chave que cabe aos docentes nas universidades, de acordo com "a qualificação, a função, a responsabilidade e a atingibilidade", tem de ser devidamente considerada pelo direito de sufrágio para os órgãos das instituições de ensino superior através de uma ponderação especial dos votos dos docentes universitários (*E* 39, 247/254 e s.). – Para efeitos de participação dos juízes em questões gerais, sociais e pessoais, as leis estatutárias dos juízes da Federação e dos Estados federados preveem, como órgãos representativos, a constituição de con-

---

1152 Cf. Pieroth, *JP*, art. 38º, n. m. 5 e s.; Stern, *StR* I, p. 304 e s.

1153 E 13, 54/91 e s.; 47, 253/276; 60, 162/167; BVerwGE 118, 345/347 e s.; numa perspetiva restritiva, Hartmann, *Volksgesetzgebung und Grundrechte*, 2005, 140 e s.

selhos de juízes e de conselhos presidenciais. A função material específica de uma administração eficiente da justiça por uma magistratura independente e imparcial permite desvios relativamente aos princípios de direito eleitoral previstos no art. 38º, n. 1, frase 1, por exemplo no sentido de que a proposta de eleição para a presidência do conselho presidencial tenha de ter pelo menos um presidente de tribunal (*E* 41, 1/12 e s.). – Pelo contrário, os princípios de direito eleitoral da universalidade e da igualdade aplicam-se no âmbito da segurança social (*E* 30, 227/246), da representação pessoal (*E* 60, 162/169 e s.) e das "associações de trabalhadores" (*E* 71, 81/94 e s.).

1201. **b)** O **caráter direto do sufrágio** exige que cada voto seja atribuído a candidatos eleitorais determinados ou determináveis, sem que depois do sufrágio uma instância intermédia possa escolher discricionariamente os deputados. "Os eleitores também só têm a palavra decisiva quando tenham a última palavra; só neste caso elegem diretamente"[1154]. Isto também está garantido no caso de uma votação por listas (cf. § 1º, n. 2, do BWahlG), pois "o princípio da eleição direta não impede que a eleição de um candidato seja tornada dependente da eleição simultânea de outros candidatos"[1155]. O caráter direto da eleição exige ainda que o eleitor possa reconhecer que pessoas se candidatam a um mandato[1156] e que consequências pode ter a sua própria votação no sucesso ou insucesso dos candidatos à eleição[1157].

1202. **c)** A **liberdade de sufrágio** significa, em primeiro lugar, "que o ato de votação permanece isenta de coação e de pressão ilícita"[1158]. Por força da isenção de coação e de pressão ilícita, também está garantido o **sigilo de sufrágio**; a liberdade e o sigilo do sufrágio estão ligados entre si. Uma proteção eficaz do sufrágio não se pode limitar à votação, mas também tem de abranger a fase preparatória da for-

---

1154 E 7, 63/68.

1155 E 7, 63/69.

1156 E 47, 253/280 e s.; 95, 335/350; 97, 317/326.

1157 BVerfGE, 121, 266/307.

1158 E 44, 125/139; 103, 111/133.

mação de vontade e excluir sanções *a posteriori*. A liberdade e o sigilo do sufrágio aplicam-se, por conseguinte, antes, durante e depois da votação. Do ponto de vista do conteúdo, a liberdade de sufrágio significa a livre decisão sobre o "se" e o "como" da votação, bem como a suficiente possibilidade de escolha entre vários candidatos ou listas. O sigilo do sufrágio significa, pelo seu conteúdo, que ninguém pode saber de outrem, sem a sua vontade, como é que ele votou, vota ou votará.

1203. Aos princípios da liberdade e do sigilo do sufrágio é predominantemente reconhecido um *efeito direto para terceiros*: estes princípios aplicar-se-ão não só em face do poder público, mas também em face de organizações não estatais e a pessoas em concreto[1159]. Isto pode ser entendido, sob o ponto de vista da obrigação de proteção, como emanação de uma função jurídico-objetiva constante do art. 38º, n. 1, frase 1.

1204. Exemplos:

O despedimento de um trabalhador, determinado por um empregador privado por causa de uma dada votação, ou uma preferência correspondente atribuída a outro trabalhador são nulos, nos termos dos §§ 134º, 138º do Código Civil alemão (cf. Trute, *MüK*, art. 38º, n. m. 43). – Por outro lado, mesmo a propaganda eleitoral maciça de órgãos não estatais, desde que tenha lugar com meios geralmente permitidos, está protegida pelo art. 5º, n. 1 e 2. Isto também é válido para os apelos da igreja à votação num determinado partido (cartas pastorais; cf. *BVerwGE* 18, 14; OVG Münster, *JZ* 1962, 767). – Os §§ 108º (coação sobre eleitores) e 108a (engano ao eleitor) e 108b (suborno ao eleitor) do StGB protegem jurídico-penalmente a liberdade de sufrágio face a qualquer pessoa. Quando não se verifica uma coação sobre o eleitor, não é violada a liberdade de sufrágio por parte de privados (*E* 66, 369/380).

1205. O Tribunal Constitucional Federal também inclui na liberdade de voto – para além do que se disse até agora – "um direito, em princípio livre, de proposta eleitoral para todos os que têm direito de sufrágio"[1160], bem como "uma livre apresentação de candidatura com a

---

1159 Müller, *MKS*, art. 38º, n. m. 140; Stern, *StR IV/2*, p. 229; Trute, *MüK*, art. 38º, n. m. 42.

1160 E 41, 399/417.

participação dos membros dos partidos e dos grupos de cidadãos eleitores"[1161]. Desta forma, o Tribunal une a liberdade de voto à *igualdade de oportunidades* dos candidatos resultante da igualdade de sufrágio passiva (cf. n. m. 556). **1206.** A jurisprudência deduziu do art. 38º, em ligação com o princípio democrático, outras exigências para as eleições: o *caráter público do processo eleitoral* – abstraindo do aspeto secreto da votação[1162] – ao qual se liga também uma considerável barreira para a introdução de eleições *on line*[1163] e o preceito segundo o qual não pode haver mais de *três meses* entre a eleição e a reunião das representações populares recém-eleitas[1164]. Também nisso se pode apoiar o recurso constitucional.

1207. d) A propósito do processo de unificação europeia, o Tribunal Constitucional Federal conseguiu obter do art. 38º, n. 1, frase 1, um outro aspeto. Uma vez que o art. 38º, n. 1, frase 1, estabelece um **"direito à autodeterminação democrática"**, à participação livre e igual no poder do Estado exercido na Alemanha, bem como à observância do preceito democrático, inclusive o respeito pelo poder constituinte do povo[1165], ele protege os eleitores inscritos contra o facto de a legitimação democrática do poder do Estado, assim como a influenciação do seu exercício ser esvaziada, ao serem transferidas funções e competências para o plano europeu de uma maneira que viola o princípio democrático[1166]. Este "direito à democracia" deve ser ativado quando estiverem afetados aqueles princípios que o art. 79º, n. 3, retira ao legislador de revisão constitucional e também no caso de violações de competência de órgão da União Europeia que não afetem necessariamente estes princí-

---

1161   E 47, 253/282.

1162   E 121, 266/291; 123, 39/68.

1163   Sobre a introdução de sufrágios online e votações, Luch/Schulz/Tischer, *BayVBl.* 2015, 253 e s.

1164   VerfGH NRW, *NWVBl.* 2009, 98.

1165   E 123, 267/340; BVerfG, ac. de 7. 9. 2011, n. m. 97 e s.; de modo semelhante já E 89, 155/171 e s.; numa perspetiva crítica, Tomuschat, *EuGRZ* 1993, 491; Trute, *MüK*, art. 38º, n. m. 17 e s.

1166   E 134, 366, n. m. 51 e s. (= JK 7/2014); E 135, 317, n. m. 125 (= JK 7/2014).

pios fundamentais[1167]. O Tribunal Constitucional Federal sublinha em particular que também uma restrição supranacional da margem de política orçamental do Parlamento federal que torne jurídica ou praticamente impossível a representação parlamentar da vontade popular, pode violar o direito de sufrágio[1168]. O Parlamento Federal não pode, por isso, concordar com um automatismo de garantia ou de prestação acordado a nível intergovernamental ou supranacional, não vinculado a normas estritas e não limitado nos seus efeitos [...] que – uma vez posto em marcha – fica subtraído ao seu controle e influência[1169]. Deste modo, o Tribunal Constitucional Federal coloca a soberania popular proporcionada pelo art. 38º, n. 1, da Lei Fundamental, acima da soberania do Parlamento de decidir ele próprio sobre aquilo de que se ocupa[1170].

2. Ingerências

1208. **a)** Verifica-se um **sufrágio indireto** se uma decisão de vontade alheia, que não a do próprio candidato, se *interpuser* entre o ato eleitoral e o resultado da eleição.

1209. Exemplos:

Na eleição por listas (cf. § 1º, n. 2, do BWahlG), a lista não pode ser completada (*E* 3, 45/51) ou alterada (*E* 47, 253/279 e s.) *a posteriori*, a menos que isso se verifique por livre decisão da vontade do próprio eleito, por exemplo por não aceitação, desistência ulterior (*E* 3, 45/50) ou por uma saída voluntária do partido (*E* 7, 63/72). Pelo contrário, e na medida em que o § 48º, n. 1, frase 2, do BWahlG, também exclui da sucessão um candidato, que no fundo sobe na lista estadual de um partido, quando tenha sido excluído do partido, verifica-se uma ingerência no caráter direto do sufrágio (Erichsen, *Jura* 1983, 635/640; opinião diferente, Maurer, *StR*, § 13, n. m. 11).

1167 *E* 134, 366, n. m. 53 (= JK 7/2014); *E* 135, 317, n. m. 125 (= JK 7/2014).

1168 *E* 129, 124/169 e s.

1169 *E* 135, 317, n. m. 164 (= JK 7/2014).

1170 Posição crítica, por exemplo, Jestaedt, *Der Staat* 2009, 489/503 e s.; Schönberger, *JZ* 2010, 1160 e s.

1210. b) No caso de uma conduta *violadora da competência* pode verificar-se uma **eleição não livre** em virtude de pressão ilícita exercida sobre a decisão de voto do cidadão por parte de um titular de poder público.

1211. Exemplos:

O Estado não pode atribuir a um partido receitas fiscais para financiamento da campanha eleitoral, a não ser no quadro do financiamento estatal regulado por lei. A competência do Governo para a informação através de relações públicas não pode ser ultrapassada pela propaganda eleitoral (cf. *E* 44, 125/147 e s.; 63, 230/243 e s.).

1212. Além disso, a inadmissibilidade da pressão determina-se conforme se verifique uma influência substancial sobre o eleitor. Isto é controverso relativamente ao *"se"* do sufrágio e, assim, quanto à questão da admissibilidade jurídico-constitucional de um dever eleitoral. Por vezes, faz-se uma distinção entre a liberdade de decisão eleitoral e uma liberdade de participação eleitoral, que não está protegida pelo art. 38º, n. 1, frase 1[1171]. Mas também no absentismo pode residir uma manifestação da vontade política do eleitorado. Por isso, a introdução de uma obrigatoriedade de voto tem de ser qualificada como ingerência na liberdade eleitoral[1172]. Em relação ao *"como"* do sufrágio, a influência substancial significa o preferir um partido ou um candidato face a outros. Também a suficiente *possibilidade de escolha* entre vários candidatos ou listas pode ser afetada por medidas do Estado.

1213. Exemplos:

Um presidente de câmara manda imprimir uma recomendação eleitoral a favor de um partido numa "publicação oficial" por si editada (BVerwG, *DVBl.* 1993, 207) ou apela oficialmente à reeleição de um governador de distrito (*BVerwGE* 104, 323/327). – Na sala de voto estão pendurados cartazes de alguns partidos. Mesmo que fossem pendurados cartazes por todos os partidos, não se poderia evitar na prática um

---

1171 Merten, *in: FS Broermann*, 1982, p. 301/308 e s.; cf. também Volkmann, *FH*, art. 20º, n. m. 30.

1172 Butzer, *EH*, art. 38º, n. m. 50; Grzeszick, *Jura* 2014, 1110/1115; Morlok, *DR*, art. 38º n. m. 83; Stern, *StR* IV/2, p. 201 e s.

lugar preferencial de um cartaz. Por isso, o § 32, n. 1, do BWahlG, determina que nos edifícios em que esteja instalada uma sala de voto é proibida qualquer influência sobre os eleitores por meio da palavra, de som, de escritos ou de imagens.

1214. Verifica-se uma **eleição não sigilosa** no caso de haver uma obrigação de revelar a maneira como alguém vai votar, vota ou votou. Mas também uma regulação do Estado que permita que o próprio ato eleitoral não seja praticado em sigilo afeta o sigilo da eleição.

1215. Exemplos:

Um tribunal emite uma ordem de apresentação de prova, no sentido de se averiguar a decisão de voto de uma pessoa (*BVerwGE* 49, 75/76; cf. também *BGHSt* 29, 380/385 e s.). – A votação por correspondência (cf. § 36º do BWahlG) não suscita reservas, desde que sejam adotadas todas as providências aptas e necessárias para a garantia do sigilo eleitoral (*E* 21, 200/204 e s.; 59, 119/127 e s.); em especial, também do ponto de vista técnico, seriam mais exigentes aquelas medidas que se teriam de tomar para uma votação online (Luch/Schulz/Tischer, *BayVBl.* 2015, 253/254 e s.). – Não constituem afetação do sigilo eleitoral as listas de assinaturas para fins de proposta eleitoral (cf. §§ 20º, n. 2 e 3, e 27º, n. 1, do BWahlG), visto que uma assinatura desta natureza não permite obrigatoriamente concluir sobre a decisão eleitoral. Por outro lado, estas assinaturas são consideradas pela jurisprudência como quebra do princípio do sufrágio secreto e justificadas com o facto de serem absolutamente necessárias para a realização regular do sufrágio (*E* 12, 135/137).

3. Justificação jurídico-constitucional

1216. O art. 38º, n. 3, não autoriza ingerências (cf. n. m. 1196). Foram apresentadas certas quebras da universalidade e da igualdade (cf. n. m. 559 e s.). O Tribunal Constitucional Federal concedeu ao legislador uma margem de discricionariedade na decisão sobre se deverão ser aceites possíveis riscos na concretização de um princípio de direito eleitoral para melhor implementação de um outro princípio de direito eleitoral; é que nem todo princípio de direito eleitoral se poderia concretizar "na sua plena pureza"[1173]. Não se vislumbram outras justificações jurídico-constitucionais de ingerências.

1217. Esboço de solução do caso 26 (n. m. 1195).

O art. 38º, n. 1, frase 2, não entra aqui manifestamente em linha de conta como critério, uma vez que se trata da eleição de representantes populares e não do exercício de um mandato de deputado. Além disso, o art. 38º, n. 1, frase 2, diz respeito apenas aos deputados do Parlamento Federal. É certo que isto é válido também para os princípios de direito eleitoral constantes do art. 38º, n. 1, frase 1, mas estes princípios vigoram, reconhecidamente, para além disso (art. 28º, n. 1, frase 2; direito constitucional não escrito para todas as eleições para as assembleias populares e para votações de caráter político). No caso presente, trata-se da eleição para uma assembleia municipal, para a qual são válidos os princípios de direito eleitoral. – **I.** *Caráter direto* da eleição. Este princípio proíbe que depois do ato eleitoral se interponha entre o eleitor e o candidato à eleição uma instância que escolha discricionariamente o representante. É precisamente o que acontece quando, na substituição de membros desistentes da assembleia de bairro, um órgão do partido ou do grupo de cidadãos eleitores determina a ordem de atribuição de lugares. Isto não é compatível com o caráter direto da eleição (*E* 47, 253/280). – **II.** *Liberdade* da eleição. – 1. É certo que a eleição por listas é, enquanto tal, constitucional, mas as medidas estatais não podem afetar a possibilidade de escolha entre várias listas. A votação única prescrita para os representantes e para as listas do conselho e das assembleias de bairro conduz a uma injustificável "restrição da liberdade de decisão do eleitor": "se o eleitor se decidiu pela escolha de um candidato ao conselho, já não pode decidir livremente a que lista vinculativa de candidatos à assembleia de bairro pretende dar o seu voto" (*E* 47, 253/283 e s.). – 2. Segundo a jurisprudência do Tribunal Constitucional Federal, também a apresentação livre de candidatos é um princípio da liberdade de voto: "o legislador não pode dar-se por

---

1173 *E* 59, 119/124; BVerwG, *DVBl*. 1986, 240: universalidade contra sigilo no voto por correspondência; numa perspetiva crítica, Meyer, *Hdb. StR3* III, § 46, n. m. 31.

satisfeito com o admitir que se realize, por via de regra também sem necessidade de prova, uma candidatura que satisfaça os princípios democráticos, com base nos estatutos partidários e na prática seguida" (*E* 47, 253/283; opinião diferente, OVG Münster, *OVGE* 22, 66/70 e s.). Segundo essa jurisprudência, a exclusão da aplicabilidade da correspondente norma da Lei Eleitoral municipal viola a liberdade de voto.

1218. Bibliografia:

H. H. Arnim, "Wahlgesetze: Entscheidungen der Parlaments in eigener Sache", *JZ* 2009, 813; C. Burkiczak, "Die verfassungsrechtlichen Grundlagen der Wahl des Deutschen Bundestags", *JuS* 2009, 805; B. J. Hartmann, "Eigeninteresse und Gemeinwohl bei Wahlen und Abstimmungen", *AöR* 2009, 1; B. Grzeszick, "Verfassungsrechtliche Grundsätze des Wahlrechts", *Jura* 2014, 1110; H. Meyer, "Wahlgrundsätze, Wahlverfahren, Wahlprüfung", *Hdb. StR3 III*, § 46; A. Voßkuhle/ A. K. Kaufhold, "Die Wahlrechtsgrundsätze", *JuS* 2013, 1078; W. Schreiber, *Bundeswahlgesetz. Kommentar*, 10ª ed., 2017; M. Wild, *Die Gleichheit der Wahl*, 2003.

§ 30. DIREITO AO JUIZ LEGAL (ART. 101º, N. 1, FRASE 2)

1219. Caso 27: O juiz do Luxemburgo (segundo *E* 147, 364).
Contra S, há uma ordem de detenção europeia, que tem por base uma ordem de detenção nacional de um tribunal da Roménia por motivo de suspeita de perpetração de delitos contra o património e de falsificação de documentos em três casos. Ele cumpriu primeiro uma pena privativa da liberdade em virtude de ilícitos cometidos na Alemanha, mas encontra-se, entretanto, em prisão enquanto se resolve a extradição.

O Tribunal Superior de Hamburgo declarou como ilícita a extradição de S para a Roménia, porque os Estados-Membros estariam obrigados à execução de uma ordem de detenção europeia. Uma exceção a esta regra só se verificaria, segundo a jurisprudência do TJUE, no caso de vícios sistemáticos na execução da pena e no caso de um "verdadeiro perigo" de tratamento desumano ou de tratamento humilhante. Mas este último não se verificaria. As autoridades romenas teriam nomeadamente assegurado que estaria à disposição de S um espaço pessoal mínimo, incluindo os móveis, de 3 metros quadrados no caso de execução em regime fechado e de 2 metros quadrados em regime meio aberto ou aberto. Com vista à capacidade de funcionamento da jurisdição penal dentro da União Europeia, seria de considerar que ficariam por expiar os ilícitos cometidos na Roménia, se a República Federal da Alemanha recusasse a extradição. Desde 2014 que teriam melhorado radicalmente as condições de detenção na Roménia, ainda que a taxa de sobrelotação continue a ser criticamente elevada e as dimensões da cela individual assegurada pelas autoridades romenas – considerando apenas o número de metros quadrados no caso de uma execução pelo menos num dos regimes de execução abertos – pareçam ficar aquém das normas dos Tribunal Europeu dos Direitos Humanos (TEDH, n. m. 66) resultantes do art. 3º da CEDH. S interpõe recurso constitucional e impugna uma violação do art. 101º, n. 1, frase 2, porque o Tribunal Superior de Hamburgo estaria obrigado a submeter o caso à apreciação do TJUE. Será que é fundado o recurso constitucional? N. m. **1236.**

I. Panorama geral

1220. O art. 101º, n. 1, frase 2, é um direito subjetivo e, nos termos do art. 93º, n. 1, al. 4a, é um direito equiparado aos direitos fundamentais. O referido preceito garante ao particular que só o juiz determinado por lei e não um juiz determinado de outro modo lhe pode aplicar o direito. Por conseguinte, o art. 101º, n. 1, frase 2, coloca a determinação do juiz competente sob reserva de lei. Tal como a propósito do art. 19º, n. 4, trata-se, simultaneamente, de um âmbito de proteção fortemente marcado pelas normas: são necessárias leis que conformem a competência jurisdicional. O art. 101º, n. 1, frase 1, proíbe tribunais de exceção, isto é, tribunais que não têm ou um fundamento legal ou, embora tendo um fundamento legal, não têm uma determinação geral e abstrata da sua competência[1174]. O art. 101º, n. 2, contém uma reserva de lei para os tribunais competentes para matérias especiais, por exemplo, tribunais honoríficos e tribunais profissionais[1175]. Esta reserva de lei, a par da reserva de lei do art. 101º, n. 1, frase 2, seria supérflua se, para a constituição de tribunais competentes em matérias especiais, não exigisse uma lei formal. No seu todo, este artigo é uma parte integrante importante do princípio de Estado de direito consagrado na Lei Fundamental.

II. Âmbito de proteção

1. Competência legal do juiz

1221. O entendimento tradicional e incontestável da garantia é o seguinte: a competência de um juiz para um caso concreto tem de estar previamente estabelecida de uma maneira geral e abstrata; este caso concreto tem de chegar, "às cegas", com base em caraterísticas gerais, ao juiz que decide[1176].

1222. *Juiz* no sentido do art. 101º, n. 1, frase 2, é todo juiz estatal, desde a mais baixa instância até ao Tribunal Constitucional Federal[1177], bem como os juízes do Tribunal da União Europeia, que, diferentemente do Tribunal Penal Internacional[1178], está funcionalmente entrosado com a jurisdição alemã[1179]. Dos juízes estatais fazem também parte os juízes honoríficos e os juízes em função paralela (por exemplo, jurados). Também é indiferente o estatuto como juiz por um período de tempo determinado ou como juiz vitalício. Mas sob o conceito de juiz no sentido da Lei Fundamental não caem os tribunais privados e os seus juízes, como por exemplo tribunais arbitrais, nos termos dos

---

1174 E 3, 213/223.
1175 E 26, 186/193; 71, 162/178.
1176 E 95, 322/329.
1177 Cf. Höfling/Roth, DÖV 1997, 67.
1178 BVerfG, NJW 2011, 2569 e s.
1179 E 73, 339/366 e s.; 82, 159/192; 129, 78/105 e s.

§§ 1025º e s. da ZPO, e os tribunais arbitrais dos partidos, nos termos do § 14º do PartG.

1223. A *competência* do juiz no caso concreto resulta da conjugação do direito constitucional judicial com as diferentes leis processuais: primeiro, é uma questão de jurisdição (p. ex. tribunais ordinários ou tribunais administrativos, etc.); segundo, é uma questão dos diferentes tribunais da mesma jurisdição (p. ex. tribunal de comarca ou tribunal estadual – competência em razão da matéria e da hierarquia – ou tribunal de comarca "A" ou "B" – competência em razão do território); terceiro, é uma questão dos diferentes "tribunais coletivos" ou "tribunais singulares" do mesmo tribunal (por exemplo, a Iª ou IIª "câmara" ou "senado"); quarto, é uma questão dos diferentes juízes do mesmo "tribunal coletivo" (p. ex. juiz "A", "B" ou "C" da Iª 'câmara').

1224. De acordo com a *teoria da essencialidade* (cf. n. m. 315 e s.), as regulações essenciais, que aqui são as "regras de competência fundamentais"[1180] têm de estar contidas numa lei do parlamento (cf. n. m. 312 e s.). Mas, de resto, a determinação do juiz competente também pode ser regulada num regulamento jurídico ou num regulamento autónomo[1181]; os planos de distribuição de tarefas dos tribunais são regulamentos autónomos[1182], que definem de antemão a competência dos vários "tribunais coletivos" de acordo com caraterísticas abstratas[1183].

2. Independência e imparcialidade do juiz

1225. De acordo com a jurisprudência constante do Tribunal Constitucional Federal, o art. 101º, n. 1, frase 2, é considerado não só como consagrando o direito ao juiz legalmente competente, mas, além disso, como consagrando o direito a um juiz e, por conseguinte, a tribunais que satisfazem em todos os aspetos as exigências da Lei Funda-

---

1180 E 19, 52/60; 95, 322/328.

1181 Cf. E 17, 294/298 e s.; 27, 18/34 e s.

1182 Cf. Degenhart, *SA*, art. 101º, n. m. 7; Pieroth, *JP*, art. 101º, n. m. 21.

1183 Tribunal Constitucional Federal, *NJW* 2018, 1155/1156; BVerwG, *NVwZ* 2019, 82/84 e s.

mental[1184]. As exigências essenciais que a Lei Fundamental faz ao juiz são a sua independência, nos termos do art. 97º, e a sua imparcialidade ("neutralidade e distanciamento do juiz em relação às partes no processo")[1185], nos termos do art. 92º e em face do princípio do Estado de direito. Na prática, estas normas, que não são jurídico-fundamentais, são assim tornadas suscetíveis de recurso constitucional.

1226. Exemplo:

Num procedimento sobre a emissão de um título sucessório perante o tribunal de comarca como tribunal competente em matéria sucessória, o executor testamentário recusou o juiz em virtude de reserva de suspeição. Este facto foi rejeitado pelo tribunal da comarca e, depois de recurso, pelo Supremo Tribunal estadual, mediante a invocação de uma norma da Lei sobre as Questões de Jurisdição Voluntária (FGG), segundo a qual estava excluída a recusa de um juiz no procedimento da jurisdição voluntária. O recurso constitucional interposto desta decisão foi bem-sucedido porque, segundo as exigências de Estado de direito constantes da Lei Fundamental, também faz parte de um juiz a sua imparcialidade: "por isso, no sistema da determinação normativa prévia do juiz legal têm de ser tomadas precauções, para que no caso concreto um juiz que não ofereça garantia de imparcialidade possa ser excluído ou recusado no exercício do seu cargo" (*E* 21, 139/146).

III. Ingerências

1227. A ingerência é aqui caraterizada como "privação" do juiz legal: isto significa um impedimento ou afetação do julgamento e da decisão de uma questão pelo juiz legal. Isto levanta problemas especiais consoante o ramo do poder público.

1. Privação pelo poder legislativo

1228. Nem toda norma de competência do legislador satisfaz as exigências do art. 101º, n. 1, frase 2. Isto é o que demonstra, desde

---

1184 Cf. E 60, 175/214; 82, 286/298.

1185 E 21, 139/146.

logo, o art. 101º, n. 1, frase 1: também são inadmissíveis os tribunais de exceção legalmente instituídos. O que é decisivo é a fixação prévia, geral e abstrata, de uma única competência. Não é suficiente – e consequentemente constituem violações, pelo legislador, do art. 101º, n. 1, frase 2 – a regulação de várias competências numa matéria e a atribuição legal de uma discricionariedade a órgãos não jurisdicionais na determinação da competência.

1229. Exemplo:

Nos termos dos §§ 7º a 11º e 13º, n. 1, do Código de Processo Penal alemão, o Ministério Público pode escolher, entre vários tribunais territorialmente competentes, em que tribunal pretende interpor recurso (fundamentação da competência judiciária com base no local do crime, com base no domicílio ou na residência, no local da detenção e como competência judicial de conexão geral). De acordo com o que se disse, isto é inconstitucional (Roth, p. 126; Classen, *MKS*, art. 101º, n. m. 37 e s.; Kunig, *MüK*, art. 101º, n. m. 28). Também a jurisprudência do Tribunal Constitucional Federal é aqui demasiado condescendente ao exigir simplesmente a determinação "o mais possível inequívoca" do juiz competente por parte do legislador (cf. *E* 6, 45/50 e s.; 63, 77/79; 95, 322/329 e s.).

2. Privação pelo poder executivo

1230. Aqui encontram-se, é certo, as raízes históricas do direito ao juiz legal[1186], mas não os problemas atuais: o facto de o poder executivo exercer poderes jurisdicionais ("justiça de gabinete"), não tem de ser objeto de receio nos nossos dias. O facto de os juízes serem nomeados pelo poder executivo radica na estrutura de separação de poderes da Lei Fundamental e não deve ser vista como privação[1187]. No entanto, constituiria uma privação a nomeação de um juiz *"ad hoc* e *ad personam"*[1188]. Também a organização dos planos de distribuição de tarefas dos tribunais

---

1186   Cf. Kern, *Der gesetzliche Richter*, 1927.

1187   Cf. Kunig, *MüK*, art. 101º, n. m. 29; Pieroth, *JP*, art. 101º, n. m. 14.

1188   E 82, 159/194.

segundo o GVG está suficientemente assegurada contra as influências exercidas pelo poder executivo. Neste contexto, o único exemplo a referir de uma ingerência no art. 101º, n. 1, frase 2, por parte do poder executivo e extraído da jurisprudência do Tribunal Constitucional Federal disse respeito ao exercício da jurisdição penal pelas repartições de finanças que, por seu turno, se baseava numa lei[1189].

3. Privação pelo poder judicial

1231. a) O juiz competente no caso concreto já poderia ser privado pelos próprios tribunais quando na **jurisprudência** se aplicam erroneamente normas de direito procedimental, como por exemplo sobre a constituição do coletivo de juízes, de maiorias de votação, de obrigações de apresentação a outros tribunais, etc. Mas se qualquer transgressão de tais normas jurídico-processuais violasse o art. 101º, n. 1, frase 2, caberia ao Tribunal Constitucional Federal a função de instância de super-revisão (revisão da revisão) e relegaria indevidamente para segundo plano a competência dos tribunais ordinários e dos tribunais setoriais. Por isso se impõe uma diferenciação. A jurisprudência permanente do Tribunal Constitucional Federal procede a essa diferenciação no sentido de se fazer a distinção entre um *error in procedendo* e uma aplicação de normas procedimentais "arbitrariamente incorreta"[1190]; mas é sempre inconstitucional a participação de um juiz excluído por exemplo em virtude de suspeição[1191], assim como a decisão que ignora basicamente a importância e o alcance do art. 101º, n. 1, frase 2[1192]. Em interpretações que excedem os limites da interpretação conforme à Constituição, encontra-se ao mesmo tempo uma violação ao art. 101º, n. 1, frase 2[1193], em virtude da violação com ela

---

1189   E 22, 49/73 e s.

1190   Cf. E 75, 223/234; 87, 282/284 e s.; Schulze-Fielitz, DR, art. 101º, n. m. 59; numa perspetiva crítica sobre a fórmula de arbitrariedade, cf. Classen, MKS, art. 101º, n. m. 29 e s.

1191   E 30, 165/167; 63, 77/79 e s.

1192   E 82, 286/299; cf. n. m. 1314 e s.

1193   E 138, 64, n. m. 65 e s.

associada da obrigação de pedir a apreciação ao tribunal, nos termos do art. 101º, n. 1, frase 1.

1232. Exemplo:

Segundo as disposições aplicáveis da ZPO, um tribunal cível admite a sua competência para decidir sobre uma ação. No quadro de um recurso constitucional contra esta decisão, o Tribunal Constitucional Federal é de opinião que o tribunal cível não seria competente (*error in procedendo*). Mas, ao mesmo tempo, sustenta que não seria de imputar qualquer arbitrariedade a esse tribunal cível. Neste caso não se verifica uma privação do juiz legal.

1233. b) As medidas **orgânico-jurisdicionais** das direções dos tribunais e dos presidentes dos tribunais coletivos, especialmente os planos de distribuição de tarefas e os planos de cooperação a organizar por estes, têm de regular por escrito e integralmente, de antemão – isto é, antes do início do ano judicial e até que termine – a distribuição de competências segundo critérios objetivos – isto é, independentemente da pessoa e do caso concreto; não são lícitas decisões discricionárias[1194]. Excecionalmente, entra em consideração uma alteração posterior, se de outro modo tiver sido violado (BVerfG, *NJW* 2009, 1734) o preceito de aceleração jurídico-constitucional (cf. n. m. 116). Já a possibilidade de manipulação fundamenta uma violação do art. 101º, n. 1, frase 2[1195].

1234. Exemplo:

No caso de tribunais coletivos, que têm de decidir em coletivos de três membros, por exemplo câmaras e senados cíveis, constitui uma violação do art. 101º, n. 1, frase 2, se o coletivo de julgamento tiver mais de cinco membros ordinários; é que neste caso é possível que se possa julgar e decidir em dois grupos de sessão diferentes entre si do ponto de vista pessoal, o que encerra em si a possibilidade de manipulação (*E* 17, 294/301). Pelo contrário, temos de admitir como sendo inevitável uma composição acrescida de um ou dois juízes em virtude dos casos de renúncia, doença, impedimento, férias e substituição de

---

1194 Roth, p. 193.

1195 Cf. E 95, 322/327.

juízes; mas também neste caso tem de estar determinado de antemão, segundo caraterísticas gerais e abstratas, qual o juiz que colabora em que caso (*E* 95, 322/331 e s.).

IV. Justificação jurídico-constitucional

1235. O art. 101º, n. 1, frase 2, não está sob reserva de lei. As ingerências referidas são inconstitucionais.

1236. Esboço de solução do caso 27 (n. m. 1219):

I. Âmbito de proteção. I. O Tribunal de Justiça das Comunidades Europeias é juiz legal nos termos do art. 101º, n. 1, frase 2, na medida em que, por via das leis de consentimento para os tratados da União, foram transferidas para ele funções jurisdicionais ali previstas. Delas faz parte, em especial, a competência daquele tribunal para decisões a título prejudicial, nos termos do art. 234º do Tratado Reformador da UE (TRUE – Tratado de Lisboa). Segundo o seu n. 3, os tribunais de última instância dos Estados-membros estão obrigados a submeter ao Tribunal de Justiça questões de validade e de interpretação de normas de direito comunitário que são relevantes para o processo inicial.

II. Verifica-se ingerência no art. 101, n. 1, frase 2, se: 1º houver uma obrigação de submeter, nos termos do art. 267º, n. 3, do Tratado de Funcionamento da União Europeia e, 2º, se o tribunal setorial tiver contestado esta obrigação de maneira manifestamente insustentável:

1. O Tribunal Superior de Hamburgo estava obrigado a submeter.

a) É aplicável o **direito da União** porque, nos termos do art. 51º da CDF, os Estados-Membros estão vinculados aos direitos fundamentais da União quando da aplicação do direito da União e, por isso, na decisão sobre uma extradição no quadro do mandado de detenção europeu (n. m. 77 e s.).

b) O Tribunal Superior de Hamburgo é um tribunal também obrigado a submeter, no sentido do art. 267º, n. 3, do Tratado de Funcionamento da União Europeia, porque as suas decisões no processo de extradição já não podem ser impugnadas por via de recurso do direito nacional.

c) a questão da compatibilidade da extradição de S com os direitos da União, nomeadamente com a proibição de tratamento desumano, garantida no art. 4º da CDF, é pertinente, porque S não poderá ser extraditado se isso violar o direito fundamental.

2. Mas só se verifica uma ingerência no direito ao juiz legal, nos termos do art. 101º, n. 1, frase 2, se a regra de competência do art. 267º, n. 3, do Tratado de Funcionamento da União Europeia, for tratada de maneira manifestamente insustentável. O Tribunal Constitucional Federal concretiza o limite de arbitrariedade nos seguintes termos: a não interposição de um procedimento de submissão, nos termos do art. 267º do Tratado de Funcionamento da União Europeia, viola o art. 101º, n. 1, frase 2, quando "um tribunal de última instância materialmente competente não toma de modo algum em consideração uma submissão [ao TJUE], apesar da pertinência para a decisão – que na sua opinião se verifica – da questão de direito da União, embora ele próprio tenha dúvidas a respeito da correta resposta à questão (menosprezo absoluto pela obrigação de submeter). O mesmo se aplica nos casos em que o tribunal de última instância materialmente competente se afasta deliberadamente, na sua decisão, da jurisprudência do TJUE sobre questões pertinentes para a decisão e mesmo assim não submete ou não faz novamente (afastamento deliberado, sem disponibilidade para submeter). Se para uma questão pertinente do direito da União não houver ainda jurisprudência aplicável do TJUE ou se uma jurisprudência existente ainda não deu resposta exaustiva à questão pertinente para a decisão ou se uma evolução da jurisprudência do TJUE não parecer senão uma possibilidade distante, o art. 101º, n. 1, frase 2, só é violado se o tribunal de última instância materialmente competente tiver ultrapassado de maneira injustificável a margem de apreciação que necessariamente lhe cabe em tais casos (incompletude da jurisprudência)" (*E* 126, 286/316 e s.; os critérios de controle de ambas as Secções do Tribunal são idênticos: Tribunal Constitucional Federal, *NJW* 2014, 2489/2491). A jurisprudência também não fica completa pelo facto de outros tribunais sem obrigação de submissão terem tomado posição sobre a questão jurídica; todo tribunal de última instância tem de controlar autonomamente a sua obrigação de submeter (TCF, *NJW* 2018, 606/608 = *JK* 8/2018).

Aqui trata-se do caso de uma jurisprudência lacunar no TJUE, porque até agora ele não esclareceu concludentemente a questão aqui pertinente de saber que exigências mínimas de condições de detenção se devem concretamente deduzir do art. 4º da CDF e também de saber de acordo com que critérios se devem avaliar, em termos de direito da União, as condições de detenção. Embora se possa partir de que o TEDH veja nas condições de detenção que ameaçam S uma violação do art. 3º da CEDH, este *standard* mínimo vale também, nos termos do art. 52º, n. 3, frase 1, da CDF, para a aplicação dos direitos da União (n. m. 49). Mas ainda não se percebe em que escala o TJUE irá aplicar a jurisprudência do TEDH à interpretação do art. 4º da CDF. O Tribunal Superior de Hamburgo não se ocupou desta série de circunstâncias, mas justifica a extradição com a necessidade de uma efetiva execução.

III. Na falta de um bem constitucional colidente, fica fora de questão uma **justificação jurídico-constitucional**.

Resultado: O Tribunal Superior de Hamburgo violou o art. 101º, n. 1, frase 2, da Lei Fundamental, por não ter cumprido a obrigação de submeter junto do TJUE.

1237. Bibliografia:

G. Britz, "Das Grundrecht auf den gesetzlichen Richter in der Rspr des BverfG", *JA* 2001, 573; C. Degenhart, "Gerichtsorganisation", *Hdb. StR3 V*, § 114; H.-D. Horn, "Ausnahmegerichte – Anspruch auf gesetzlichen Richter", *Hdb. GR V*, § 132; M. Pechstein, "Der gesetzliche Richter", *Jura* 1998, 197; C. Sowada, *Der gesetzliche Richter im Strafverfahren*, 2002; T. Roth, *Das Grundrecht auf den gesetzlichen Richter*, 2000; D. Wolff, "Willkür und Offensichtlichkeit", *AöR* 2016, 40.

§ 31. DIREITO À AUDIÇÃO JURÍDICA (ART. 103º, N. 1)

1238. Caso 28: A apreensão de objetos furtados

O Ministério Público lança suspeitas de receptação sobre o comerciante de artigos elétricos "C"; o Ministério Público tem indícios de que ele armazena os objetos furtados na cave das suas instalações comerciais. A seu pedido, o juiz competente ordena a apreensão de todos os objetos ali armazenados, sem antes dar a "C" a oportunidade de se pronunciar. Será que esta ordem viola o art. 103º, n. 1? N. m. **1247.**

I. Panorama geral

1239. O art. 103º, n. 1, contém um direito equiparado aos direitos fundamentais, o qual pode ser invocado em recurso constitucional, nos termos do art. 93º, n. 1, al. 4a. O direito à audição jurídica perante o tribunal é uma manifestação do princípio do Estado de direito[1196] e serve "também ao respeito pela dignidade da pessoa humana que, numa situação tão grave como é geralmente um processo, tem de ter a possibilidade de se afirmar com argumentos de facto e de direito"[1197]. Tal como o art. 19º, n. 4, que lhe é afim, o art. 103º, n. 1, é fortemente marcado pela norma.

II. Âmbito de proteção

1. Audição jurídica

1240. Audição jurídica significa que uma pessoa se pode manifestar sobre os factos, em princípio antes da emissão de uma decisão, nas perspetivas material e jurídica. Quando isto não seja possível no caso de medidas provisórias e urgentes, porque de outro modo falharia a proteção jurídica e a justiça como tal, a audição jurídica tem de ser feita *a posteriori*, no mais curto espaço de tempo[1198]. A audição jurídica pressupõe que o atingido seja completamente informado sobre a matéria do procedimento e que possa reconhecer o que interessa ao tribunal para a sua decisão. Por outro lado, o simples poder manifestar-se não é suficiente: o tribunal também tem de tomar conhecimento do que foi exposto e tem de ter isso em consideração.

1241. Daqui resultam *três estádios* ou graus de concretização da audição jurídica[1199]:

– como *direito à informação*, o art. 103º, n. 1, obriga o tribunal a proporcionar efetivamente aos envolvidos no processo o conhecimento

---

1196 E 107, 395/409.

1197 E 55, 1/6.

1198 E 18, 399/404; 65, 227/233.

1199 Cf. Höfling/Burkiczak, *FH*, art. 103º, n. m. 41 e s.; Rüping, *BK*, art. 103º, n. 1, n. m. 49 e s.; Remmert, *MD*, art. 103, n. 1, n. m. 62 e s.

de todas as declarações da parte contrária[1200], dos factos e provas apresentados *ex oficio*[1201], inclusivamente as opiniões de peritos judiciais[1202], e das opiniões jurídicas que ele próprio pretende tomar por base da sua decisão e com a qual os envolvidos não têm de contar[1203],

– como *direito à manifestação de opinião*, o art. 103º, n. 1, exige a suficiente possibilidade de, no mínimo, se poder manifestar a opinião por escrito sobre as questões de facto e de direito[1204],

– como *direito à tomada em consideração*, o art. 103º, n. 1, exige presença, capacidade e disponibilidade de assimilação de todos os juízes que colaboram na decisão, bem como, em princípio, uma fundamentação das decisões judiciais que acolha favoravelmente as exposições essenciais das partes[1205].

1242. É controverso saber se o art. 103º, n. 1, garante o chamamento de um *advogado*. Um argumento a favor é que, em face da complexidade do direito, existe o perigo de, sem assistência jurídica, os cidadãos em concreto não poderem fazer prevalecer o seu direito na audição. Por isso, a possibilidade de recorrer ao auxílio de um advogado faz parte do direito decorrente do art. 103º, n. 1[1206]. O Tribunal Constitucional Federal deduz do princípio do Estado de direito apenas o direito a poder ser-se defendido por um advogado no processo penal[1207], mas de resto recusou uma garantia resultante do art. 103º, n. 1[1208]. O problema consiste em saber até que ponto se pode imputar ao envolvido a inobservância do prazo quando esta seja da responsabilidade do seu advogado e, desse modo, até que ponto o seu direito à audição jurídica pode ser coartado. A jurisprudência conside-

---

1200 E 55, 95/99; BVerfG, NJW, 2006, 2248.

1201 E 15, 214/218; 101, 106/129.

1202 BVerfG, NJW 1998, 2273.

1203 E 84, 188/190; 98, 218/263.

1204 E 86, 133/144 e s.; 101, 106/129.

1205 Cf. E 63, 80/85 e s.; 115, 166/180.

1206 Neste sentido também Nolte/Aust, MKS, art. 103º, n. m. 66.

1207 E 110, 226/254.

1208 E 9, 124/132; 39, 156/168.

ra amplamente lícita uma imputação, com referência aos interesses da segurança jurídica[1209].

1243. A peculiaridade da tomada de decisão jurídica e sob forma judicial *limita* o alcance do art. 103º, n. 1, de acordo com a letra do texto. Daqui resulta, nomeadamente, que o particular não tem direito a ser ouvido sobre questões juridicamente irrelevantes. A audição jurídica também não é violada pela limitação do controlo de questões jurídicas no procedimento de revisão, nem pelas normas de exclusão (-preclusão), segundo as quais a apresentação culposa e fora de prazo já não tem de ser considerada pelo tribunal[1210]. Pelo contrário, a aplicação de uma norma de preclusão manifestamente viciada ou abusiva funda uma violação do art. 103º, n. 1[1211].

2. Perante o tribunal

1244. O direito a audição jurídica está garantido face a qualquer tribunal do Estado (cf. art. 92º). O art. 103º, n. 1, aplica-se a todas as jurisdições, em todas as instâncias e a todos os procedimentos jurisdicionais. Pelo contrário, não se aplica ao procedimento administrativo ou ao procedimento perante o pretor de justiça; mas aqui deduz-se do princípio do Estado de direito, do direito de personalidade em geral ou mesmo da dignidade da pessoa humana um direito a ser ouvido como regra geral[1212]. O traço "perante o tribunal" marca, de resto, a delimitação material entre o art. 19º, n. 4, e o art. 103º, n. 1: o primeiro diz respeito ao acesso ao tribunal; o segundo refere-se ao decurso adequado do procedimento[1213].

1209   Cf. E 60, 253/266; BVerwG, NJW 1988, 577 e s.

1210   E 60, 305/310; 75, 183/190 e s.

1211   E 75, 302/316 e s.; 81, 97/105 e s.

1212   E 101, 397/404 e s.; cf. Martensen, *DÖV* 1995, 538; Schmidt-Aßmann, *MD*, art. 103º, n. I, n. m. 62 e s.

1213   E 107, 395/409; 119, 292/296; Nolte/Aust, *MKS*, art. 103º, n. m. 87.

III. Ingerências

1245. Em princípio, toda não satisfação das exigências apresentadas constitui uma ingerência. Mas a função e a organização do sistema de proteção jurídica conduzem a que *não* se aceite a *existência de uma ingerência* nos seguintes casos:

– quando a ausência de audição jurídica é *negligenciável* para a decisão jurisdicional ou quando a decisão jurisdicional *não assenta* na falta de audição jurídica; é o que se verifica quando se pode excluir a ideia de que a garantia de audição jurídica teria conduzido a uma outra decisão mais favorável para o atingido[1214];

– quando uma audição jurídica que inicialmente não foi realizada na mesma instância ou na instância de recurso[1215] – mas não num novo procedimento jurisdicional[1216] – é realizada *a posteriori* (o Tribunal Constitucional Federal fala, neste caso, em *sanação*).

IV. Justificação jurídico-constitucional

1246. O art. 103º, n. 1, não contém uma reserva de lei. Por isso, eventuais ingerências poderiam encontrar a sua justificação apenas no direito constitucional colidente, que é visto, por exemplo, na segurança jurídica e na capacidade de funcionamento da justiça. No entanto, a caraterística do art. 103º, n. 1, de ser marcado pela norma conduz a que já se levem em conta estes pontos de vista na determinação do âmbito de proteção e da ingerência (cf. n. m. 1177). Por isso, qualquer ingerência representa uma violação deste direito equiparado aos direitos fundamentais[1217].

1247. Esboço de solução do caso 28 (n. m. 1238).

O art. 103º, n. 1, impõe "que se tomem como base de uma decisão judicial apenas aqueles factos e resultados de prova relativamente

---

1214   Jurisprudência constante; E 89, 381/392 e s.

1215   Cf. E 5, 9/10; 73, 322/326.

1216   Cf. E 42, 172/175.

1217   Höfling/Burkiczak, *FH*, art. 103º, n. m. 25.

aos quais foi dada oportunidade às partes para se pronunciarem" (E 18, 399/404). Esta imposição tem, em princípio, de ser satisfeita através de audição prévia. Da realização da justiça conforme à Constituição fazem parte também medidas de garantia cautelar de prova, como neste caso a apreensão (cf. art. 13º, n. 2, e 104º, n. 3). Mas da sua particularidade faz parte precisamente o facto de elas serem adotadas sem audição prévia; caso contrário, falhariam o seu fim, dado que o atingido teria oportunidade de destruir as provas que deveriam ser asseguradas. Em tais casos, o art. 103º, n. 1, exige que a audição jurídica seja garantida imediatamente após a realização da medida de segurança cautelar (E 18, 399/404). "C" não foi lesado no seu direito a audição jurídica.

1248. Bibliografia:

F.-L. Knemeyer, "Rechtliches Gehör im Gerichtsverfahren", *Hdb. StR3 VIII*, § 178; J. Mauder, *Der Anspruch auf rechtliches Gehör*, 1986; M. R. Otto, "Grundfälle zu den Justizgrundrechten: Art. 103 I GG", *JuS* 2012, 412; E. Schmidt-Aßmann, "Verfahrensfehler als Verletzungen des Art. 103, Nr. 1 GG", *DÖV* 1987, 1029; W. Waldner, *Der Anspruch auf rechtliches Gehör*, 2ª ed., 2000.

§ 32. NULLA POENA SINE LEGE (ART. 103º, N. 2)

1249. Caso 29: O arquiteto pouco respeitador dos seus deveres éticos (segundo o acórdão do Tribunal Constitucional Federal *in*: *E 45, 346*)**.**

Numa Lei Estadual dos Arquitetos estava estipulado que as violações por parte dos arquitetos dos seus deveres profissionais fossem punidas no âmbito de um procedimento junto do respetivo conselho de jurisdição. As obrigações profissionais estavam estabelecidas num regulamento profissional adotado pela Ordem dos Arquitetos, com base numa correspondente autorização constante da Lei Estadual dos Arquitetos; dessas obrigações fazia parte, entre outras coisas, o imperativo de manter uma conduta eticamente correta. Com base nestas disposições, o arquiteto "A" foi condenado a uma sanção pecuniária por ter depreciado gravemente os colegas, a fim de receber ele próprio encomendas de trabalho. Será que neste caso se verificou uma violação do art. 103º, n. 2? N. m. **1265**.

I. Panorama geral

1250. O direito a determinadas leis penais sem efeito retroativo ("nullum crimen, nulla poena sine lege") tem uma longa tradição[1218]. O § 1º do StGB, que tem a mesma formulação, ganha força constitucional por via do art. 103º, n. 2. O direito constante do art. 103º, n. 2, equiparado aos direitos fundamentais, encontra-se numa estreita relação material com o princípio democrático e o de Estado de direito. Uma vez que o art. 103º, n. 2, estabelece limites ao Estado no caso de aplicação de penas e que as penas constituem, porém, por seu lado, ingerências nos direitos fundamentais, por exemplo no caso de penas de privação da liberdade as penas constituem ingerência no art. 2º, n. 2, trata-se, em relação ao art. 103º, n. 2, e do ponto de vista sistemático, de um limite de limites[1219]. Mas, como norma-padrão autónoma no recurso constitucional, o art. 103º, n. 2, é tradicionalmente controlado em três etapas, com um âmbito de proteção próprio[1220].

II. Âmbito de proteção

1. Conceito de punibilidade

1251. A punibilidade, no sentido do art. 103º, n. 2, reporta-se às medidas do Estado que representam uma reação autoritária de reprovação a uma conduta culposa e ilegal e que, por causa desta conduta, impõem uma punição que serve para a reparação da culpa[1221]. Por isso, a par do direito penal criminal, cai também sob o art. 103º, n. 2, o

---

1218 Cf. Schreiber, *Gesetz und Richter*, 1976.

1219 Ver atrás n. m. 359.

1220 Cf. E 109, 133/168.

1221 E 109, 133/167; 110, 1/13; 117, 71/110.

direito contraordenacional[1222], bem como o direito disciplinar e o "direito de classe profissional"[1223].

1252. Da punibilidade faz parte o tipo penal e a cominação de pena[1224]. As normas fundamentais jurídico-penais de correção e de segurança (§§ 61º e s. do StGB) e a detenção preventiva têm em vista, exclusivamente, fins preventivos, ao contrário das penas do Código Penal, e não servem à reparação da culpa. Por isso, o Tribunal Constitucional Federal não os considerou como estando abrangidos pelo art. 103º, n. 2[1225]. Embora o TEDH também faça a distinção entre a pena que cai sob o art. 7º da CEDH e a sua execução, não abrangida por ele, classifica como pena a detenção preventiva (§§ 66º, n. 1, do StGB) e, ao contrário do Tribunal Constitucional Federal, subordina-a à absoluta proibição de efeito retroativo[1226]. Com a norma geral de proteção da expetativa (art. 20º, n. 3, da Lei Fundamental, ver n. m. 367), que se "aproxima de uma absoluta proteção da expetativa"[1227], o Tribunal Constitucional Federal considera poder garantir, no fundo, uma proteção comparável[1228].

1253. Ao contrário das regras materiais sobre a punibilidade, os regulamentos formais da *perseguição penal* já não caem, todavia, sob o conceito de punibilidade no sentido do art. 103º, n. 2. Esta norma não diz, pois, nada sobre o "quanto tempo" da punibilidade[1229].

1254. Exemplos:

Quando nos anos de 1960 se verificou que as investigações dos crimes do nacional-socialismo ainda iriam exigir mais tempo, estabeleceu-se por lei, no ano de 1965, primeiro, a suspensão da caducidade

---

1222 E 87, 399/411; Wolff, *Hdb. GR V*, § 134, n. m. 31.

1223 E 60, 215/233 e s.; 116, 69/82 e s.; Schulze-Fielitz, *DR*, art. 103º, II, n. m. 19; opinião diferente, Wolff, *Hdb. GR V*, § 134, n. m. 32.

1224 E 86, 288/311; 105, 135/153.

1225 E 109, 133/167 e s.; 128, 326/392 e s.; Wolff, *Hdb. GR V*, § 134, n. m. 33.

1226 TEDH, *NJW* 2010, 2495/2497 e s. (*M./Deutschland*).

1227 E 133, 40, n. m. 42.

1228 E 128, 326/392 e s.

1229 E 81, 132/135; 112, 304/315.

entre 1945 e 1949; depois, no ano de 1969 dilatou-se para 30 anos o prazo de caducidade até aí vigente de 20 anos pelo crime de assassínio; e no ano de 1979 este prazo foi totalmente abolido. De acordo com a opinião do Tribunal Constitucional Federal, contestada em parte na doutrina, isto não violou o art. 103º, n. 2, porque a punibilidade por motivo de assassínio estava determinada por lei antes de a ação ter sido praticada e porque a regulação da prescrição em vigor no momento da prática do ato não faz parte da punibilidade: o juízo de desvalor que carateriza a punibilidade resulta do tipo criminal e da cominação de punição, e não das regulações formais da perseguição penal (*E* 25, 269/284 e s.; sobre a correspondente controvérsia em torno da dilatação dos prazos de prescrição dos crimes cometidos pelo Partido Socialista Unificado da República Democrática Alemã (SED), cf. BVerfG, *NJW* 2004, 214; Pieroth/Kingreen, *NJ* 1993, 385). – Questionável é a aplicabilidade do art. 103º, n. 2, no caso de regulações de direito penal cujo caráter material ou formal é discutível, como por exemplo no caso de crime dependente de queixa (cf. Pieroth, *JuS* 1977, 394).

2. Princípio da atuação

1255. Um direito penal de Estado de direito parte de *atos,* isto é, de atuações, e não de opiniões.

3. Princípio da legalidade

1256. Um direito penal de Estado de direito pressupõe leis. O art. 103º, n. 2, determina a reserva de lei para o direito penal. A punibilidade já tem de resultar da lei do Parlamento[1230]. Não obstante, a norma penal legal de concretização pode remeter para atos da Administração, como por exemplo um regulamento jurídico[1231] ou um regulamento autónomo[1232], e – também dinamicamente – para diretivas da

---

1230 E 75, 329/342; 95, 96/131; 126, 170/194.

1231 E 14, 174/185; 78, 374/382.

1232 E 32, 346/362.

União Europeia[1233]. Por um lado, as diretivas para as quais se remete, só podem, porém, especificar o tipo penal[1234], e, por outro lado, a escolha dos tipos penais especificadores não pode, por sua vez, ficar novamente entregue ao regulamentador[1235]. Também uma remissão para atos da Administração não deve ser pura e simplesmente ilícita[1236].

4. Princípio da determinação

1257. Um direito penal de Estado de direito exige leis *determinadas*. O particular deve poder saber de antemão o que é jurídico-penalmente proibido e com que pena isso é sancionado, para que esteja em posição de orientar a sua conduta em conformidade. Como regulação especial, o art. 103º, n. 2, tem um maior alcance que o princípio geral da determinação do Estado de direito (cf. n. m. 365 e s.), mas não exclui que na previsão e na cominação de punição se apliquem conceitos jurídicos indeterminados que carecem de interpretação por parte do juiz. A disposição penal tem, porém, de ser tanto mais precisa quanto mais grave for a pena cominada[1237]; as molduras penais têm de ser acompanhadas de regras de medição da pena[1238]. As rigorosas exigências de determinação são problemáticas sobretudo no caso daqueles tipos penais que são supridos por outras determinações legais ou por atos jurídico-administrativos (os chamados tipos penais em branco)[1239].

1258. Exemplos:

O § 15, n. 2, letra a), do FernmG, segundo o qual a instalação, a alteração ou a exploração de equipamentos de telecomunicações sujeitos a licenciamento eram cominadas com pena, desde que violassem as condições que as autoridades dos Correios associavam ao licenciamen-

---

1233   E 143, 38, n. m. 42 (= JK 6/2017).

1234   E 22, 21/25; 75, 329/342.

1235   E 143, 38, n. m. 47 (= JK 6/2017).

1236   Sobre o chamado carácter acessório da Administração, cf. Degenhart, SA, art. 103º, n. m. 67.

1237   E 75, 329/342 e s.; 126, 170/196 e s.

1238   E 105, 135/156 e s.

1239   E 143, 38, n. m. 44 e s. (= JK 6/2017); Wolff, *Hdb. GR V*, § 134, n. m. 63 e s.

to, violava o art. 103º, n. 2 (*E* 78, 374/383 e s.): a punibilidade não estava suficientemente determinada na lei, mas resultava apenas das decisões discricionárias do poder executivo. Outro tanto é válido para os tipos penais que contêm remissões dinâmicas para direitos secundários europeus (*E* 143, 38, n. m. 38 e s.). – Pelo contrário, a previsão de abuso de confiança constante do § 266, n. 1, do StGD é ainda suficientemente determinada, apesar das suas formulações extensas e pouco precisas, porque pode ser interpretada de maneira restritiva e especificadora (*E* 126,170/200 e s.; *NJW* 2013, 365/366 e s.).

1259. Para a jurisprudência, da exigência da determinação da lei resulta a proibição de recorrer ao *direito consuetudinário* e à *analogia* em desfavor do criminoso[1240]. Incumbe ao legislador e não ao juiz integrar lacunas de punibilidade[1241]. Segundo a opinião dominante, faz-se uma distinção entre a analogia ilícita e a interpretação extensiva lícita. Neste caso, a letra da norma estabelece os limites máximos da interpretação[1242].

1260. Exemplos:

O chamado conceito sublimado de violência, desenvolvido pela jurisprudência relativamente ao § 240º do StGB (coação), que não exige no criminoso uma utilização da força física, nem na vítima um efeito da força física, mas se satisfaz com a coação psicológica, é entretanto considerado pelo Tribunal Constitucional Federal como violação da proibição de recurso à analogia (*E* 92, 1/14 e s.; 104, 92/101 e s.; sobre o assunto, cf. Amelung, *NJW* 1995, 2584; Jeand'Heur, *NJ* 1995, 465; para uma opinião diferente, cf. ainda *E* 73, 206/239 e s.). – Verifica-se uma ingerência na proibição de recurso à analogia, se admitirmos que o conceito de "pessoa humana" previsto no § 131º do StGB abarca "antropoides" (*E* 87, 209/225), que o lema atualmente inventado "honra e glória à SS armada" é parecido a ponto de se confundir com o lema "sangue e honra" da então mocidade hitleriana (BVerfG, *NJW*, 2006, 3050) ou que um automóvel é uma arma no sentido do § 113, al. 2,

---

1240   *E* 71, 108/ 114 e s.; 92, 1/12.

1241   *E* 92, 1/13; 126, 170/197.

1242   *E* 71, 108/115; 87, 209/224.

frase 2, n. 1, do StGB (BVerfG, *NJW* 2008, 3627 e s.). Uma violação da proibição de recurso à analogia é agora também descoberta pela 2ª Secção Criminal do Supremo Tribunal Federal na determinação da escolha jurídico-penal (BGH, *NStZ* 2014, 392 e s.; sobre a matéria, Freund/Rostalski, *JZ* 2015, 164).

5. Proibição de efeito retroativo

1261. Um direito penal de Estado de direito abrange uma proibição de aplicação da pena *com efeito retroativo*. Portanto, o art. 103º, n. 2, proíbe que se puna alguém com base numa lei que no momento do ilícito ainda não estava em vigor, ou que se puna alguém de maneira mais severa do que estava determinado por lei no momento do ato punido.

1262. Exemplos:

A lei contra os assaltos na via pública com o auxílio de armadilhas para viaturas, datada de 22.6.1938 (*RGBl.*, 651), entrou "em vigor, com efeito a partir de 1º de janeiro de 1936" (para a abolição da proibição de efeito retroativo na época nacional-socialista, cf. E. Schmidt, *Einführung in die Geschichte der deutschen Strafrechtspflege*, 3ª ed., 1965, p. 435 e s.). – Um tribunal pode violar a proibição de efeito retroativo pelo facto de, apesar de tudo, aplicar uma lei – que não prevê ela própria um efeito retroativo – a ilícitos que foram praticados antes da entrada em vigor da lei e que nessa altura não eram sequer puníveis ou eram punidos de uma maneira mais suave.

III. Ingerências

1263. Uma não satisfação das exigências formuladas representa uma ingerência no art. 103º, n. 2. Tal ingerência tanto pode verificar-se por ação do poder legislativo, como por ação do poder judicial[1243]. Alterações da jurisprudência ainda não foram até agora declaradas inconstitucionais devido a uma ingerência na proibição do efeito retroativo. No entanto, o Tribunal Constitucional Federal ponderou mandar aplicar a proibição de efeito retroativo quando uma previsão da expeta-

---

1243 E 105, 135/153.

tiva tenha sido fundamentada por uma linha jurisprudencial contínua[1244] e quando a alteração se refira ao juízo de desvalor jurídico-penal e não simplesmente a decisões factuais alteradas[1245].

IV. Justificação jurídico-constitucional

1264. O 103º, n. 2, está garantido sem reservas e "não é acessível a uma ponderação"[1246]; as ingerências no âmbito de proteção do art. 103º, n. 2, conduzem sempre à sua violação. Uma carência penal política que vá contra o art. 103º, n. 2, só se pode impor por via de uma revisão da Constituição[1247]. O Tribunal Constitucional Federal procurou justificar a condenação jurídico-penal dos guardas do muro (de Berlim) do exército da RDA por uma outra via: no conflito entre a proibição de efeito retroativo, prevista no artigo 103º, n. 2, e o imperativo de Estado de direito de uma justiça material, a estrita proteção da confiança pelo art. 103º, n. 2, teria de passar para segundo plano "em toda esta situação muito especial", em que estava excluída a punibilidade por assassínio por razões justificativas que se deveriam considerar como "injustiça extrema do Estado"[1248]. Mas a Constituição não conhece quaisquer exceções não escritas para situações especiais.

1265. **Esboço de solução do caso 29 (n. m. 1249).**

I. Uma sanção de tribunal profissional diz respeito à punibilidade no sentido do art. 103º, n. 2. Trata-se aqui de um ilícito que foi punido segundo normas previamente existentes. Assim, não se verificam violações ao princípio da atuação e à proibição do efeito retroativo e só são problemáticos o princípio da legalidade e o princípio da determinação: 1. A Lei Estadual dos Arquitetos continha como previsão apenas a "vio-

---

1244 BVerfGK 18, 430/434 e s.

1245 Tribunal Constitucional Federal, NJW 1990, 3140 e s. – redução do limite de álcool no sangue para a absoluta incapacidade de condução.

1246 E 109, 133/172; Höfling/Burkiczak, FH, art. 103º, n. m. 132.

1247 Pieroth, VVDStRL 51, 1992, p. 91/104; Schlink, NJ 1994, 433/437.

1248 E 95, 96/133; no mesmo sentido, cf. Alexy, Der Beschluss des BVerfG zu den Tötungen an der innerdeutschen Grenze vom 24. Oktober 1996, 1997, p. 25 e s.; numa perspetiva crítica, cf. Nolte/Aust, MKS, art. 103º, n. m. 124 e s.; Schwill, KritV 2002, 79.

lação das obrigações profissionais"; só o estatuto profissional concretizava as obrigações profissionais. Por isso, já é questionável saber se não houve uma violação da *reserva de Parlamento*. Isto é negado pelo Tribunal Constitucional Federal no seu acórdão *in*: *E* 45, 346/353, com o argumento de que o perfil profissional do arquiteto está fixado na lei e de que deste perfil e das funções profissionais que daí se podem retirar também resultam as funções profissionais do arquiteto. – 2. O *princípio da determinação* não é ainda violado por conceitos jurídicos indeterminados. Uma vez que as obrigações profissionais em concreto não podem ser completamente enumeradas, também é suficiente uma descrição geral (cf. *E* 66, 337/355 e s.; 94, 372/394). Mas no caso em apreço nem sequer isso se verificava, de modo que o art. 103º, n. 2, foi violado (neste sentido, cf. também Kunig, *MüK*, art. 103º, n. m. 34). O acórdão do Tribunal Constitucional *in*: *E* 45, 346/352 decidiu de outro modo, com a fundamentação de que pela norma contida na Lei Estadual dos Arquitetos é "pressuposto e punido" um código de obrigações correspondente, pelo facto de essa norma falar em "obrigações profissionais". – **II.** A violação pela norma do art. 103º, n. 2, conduz à sua inconstitucionalidade e nulidade. "A" não podia ser condenado à sanção pecuniária, independentemente da questão de saber se se comportou de acordo com os seus deveres profissionais.

1266. Bibliografia:

R. Herzberg, "Wann ist die Strafbarkeit 'gesetzlich bestimmt' (Art. 103 Abs. 2 GG?", *in: Symposium Schünemann*, 2005, p. 31; V. Krey, *Keine Strafe ohne Gesetz*, 1983; L. Kuhlen, "Zum Verhältnis von Bestimmtheitsgrundsatz und Analogieverbot", *in: FS Otto*, 2007, p. 89; B. Pieroth, "Der rückwirkende Wegfall des Strafantragserfordernisses", *JuS* 1977, 394; H.-A. Wolff, "Nullum crimen, nulla poena sine lege", *Hdb. GR V*, § 134.

§ 33. *NE BIS IN IDEM* (ART. 103º, N. 3)

1267. Caso. 30. Alargamento das razões de reabertura de um processo.

Do seio do Parlamento alemão é proposta uma lei de revisão do Código de Processo Penal. Essa lei visa completar o § 362º do StPO, no sentido de ser permitida a reabertura de um processo em desfavor do arguido, mesmo quando se aduzirem meios de prova que foram alterados ou suprimidos pelo arguido. Será este complemento compatível com o art. 103º, n. 3? n. m. **1283**.

I. Panorama geral

1268. O art. 103º, n. 3, como direito equivalente aos direitos fundamentais, contém a proibição de dupla condenação pelo mesmo crime ("ne bis in idem"). O princípio é antigo, mas foi sucessivas vezes contestado e infringido, desde a Inquisição até ao nacional-socialismo. A experiência feita com as *infrações nacional-socialistas* levou ao seu acolhimento na Lei Fundamental.

1269. Este princípio garante a eficácia jurídica da condenação penal e concretiza a *segurança jurídica*. A justiça material é aqui preterida pela segurança jurídica. É certo que o Estado de direito exige ambas, mas tanto uma como outra se encontram numa relação de tensão, que por vezes só pode ser resolvida num ou noutro sentido. O art. 103º, n. 3, protege a liberdade individual por via da resolução no sentido da segurança jurídica: o particular é protegido contra a obrigação de se ter de justificar uma vez mais depois de uma decisão jurídico-penal transitada em julgado.

1270. O art. 103º, n. 3, é *marcado pela norma*, na medida em que pressupõe leis penais e o instituto do trânsito em julgado. O legislador constituinte quis acolher na Lei Fundamental o princípio "ne bis in idem" tal como ele foi desenvolvido e reconhecido no direito processual penal[1249]. Mas isto não quer dizer que todas as limitações tradicionais deste princípio fossem constitucionais: o acolhimento na Lei Fundamental diz respeito apenas ao conteúdo nuclear da *maxima* "ne bis in idem"[1250]. Na zona periférica têm de se controlar as limitações tradicio-

---

1249 Cf. Pohlreich, *BK*, art. 103º, n. 3, n. m. 23 e s..

1250 E 56, 22/34 e s.

nais quanto à questão de saber se são inadmissíveis no interesse da justiça material. – Tal como o art. 103º, n. 2, o art. 103º, n. 3, é, do ponto de vista sistemático, um limite de limites, que é tradicionalmente controlado em três fases (cf. n. m. 1250).

II. Âmbito de proteção

1. O mesmo crime

1271. O conceito de "o mesmo crime" refere-se ao "facto histórico para o qual remetem a acusação e a decisão de abertura, e no âmbito do qual o arguido terá, como autor ou participante, praticado um crime"[1251]. Esta questão é determinada pela jurisprudência consoante se possa ou não, num modo natural de ver as coisas, reconhecer um *facto de vida único*. Este chamado conceito processual de facto não coincide com o chamado conceito material de facto[1252]. "A mesma conduta", no sentido do § 52º, n. 1, do StGB, pode constituir dois factos no sentido do art. 103º, n. 3, porque as normas prosseguem fins distintos: ali, trata-se da formação do veredito de culpa e de punição; aqui, trata--se dos limites do efeito de caso julgado material[1253].

1272. Exemplo:

Alguém foi condenado, nos termos do § 129º do StGB, a uma pena de privação da liberdade, por uma sentença transitada em julgado, em virtude da participação numa associação criminosa. Mais tarde, constata-se que ele, como membro da associação criminosa, cometeu outros crimes que ainda não foram considerados e que, em face do § 129º do StGB, são ainda mais graves. Por causa destes crimes, o seu autor pode ser punido sem que seja violado o art. 103º, n. 3, porque lhes estão subjacentes vários factos históricos (*E* 56, 22/28 e s.). – Pelo contrário, verifica-se o mesmo facto se o alistamento para o serviço cívico substitutivo não for reiteradamente acatado em virtude de uma

---

1251 E 23, 191/202; 56, 22/28.

1252 Cf. Roxin, *Strafverfahrensrecht*, 25ª ed., 1998, § 20, n. m. 8 e s.

1253 E 56, 22/28 e s.; BVerfG, NJW 2004, 279.

decisão de consciência tomada em termos definitivos (*E* 23, 191/203; 78, 391/396).

1273. Após a condenação transitada em julgado, as *novas circunstâncias* que venham a ocorrer não podem levar a que "o mesmo facto punível" seja aceite.

1274. Exemplo:

Alguém causou uma lesão noutra pessoa num acidente de viação e foi condenado a uma sanção pecuniária, nos termos do § 230º do StGB, por sentença transitada em julgado, em virtude de lesão corporal negligente. Mais tarde a vítima do acidente morre devido às consequências das lesões contraídas. Já a abertura de um novo processo penal e, por maioria de razão, a condenação por morte negligente violam o art. 103º, n. 3 (cf. *E* 56, 22/31; 65, 377/381).

2. As leis penais gerais

1275. O atributo "com base em leis penais gerais" visa, como atesta a origem histórica[1254], limitar o âmbito de aplicação do art. 103º, n. 3, ao *direito penal criminal* alemão[1255]. Como do direito penal, no sentido do art. 74º, n. 1, al. 1, também faz parte o direito das contraordenações[1256], as razões sistemáticas são argumentos a favor da inclusão também das normas do direito contraordenacional nas leis penais gerais (cf. também n. m. 1251)[1257]. Por consequência, a continuação, depois da absolvição jurídico-penal transitada em julgado, de um processo jurídico--administrativo para decidir da multa a aplicar viola, na opinião do TJUE, a garantia de direito da União prevista no art. 50º da Carta de DF[1258]. Pelo contrário, em relação ao regime jurídico-disciplinar e ao regime jurídico--penal das profissões, o princípio "ne bis in idem" só pode ser deduzido do imperativo de Estado de direito e do princípio da proporcionalidade.

1254   JöR 1951, 744.

1255   *E* 12, 62/66; 75, 1/15 e s.; BVerfG, NJW 2012, 1202/1203.

1256   *E* 31, 142/144.

1257   Opinião diferente, Kloepfer, *VerfR II*, § 75, n. m. 105.

1258   TJUE, ECLI:EU:C:2018:192, n. m. 37 e s. – *Di Puma* (= JK 11/2018).

1276. O art. 103º, n. 3, também não se aplica na relação entre o direito criminal-penal, por um lado, e os regimes jurídico-disciplinar e jurídico-penal das profissões, por outro lado[1259]. Uma punição repetida é justificada em virtude de motivo jurídico diferente e da diferente determinação do seu fim[1260]. No entanto, do *princípio da proporcionalidade* resultam limites para a coexistência do regime criminal-penal, por um lado, e dos regimes jurídico-disciplinar e jurídico-penal das profissões, por outro lado: na medida em que estes não têm, no caso concreto, uma função autónoma em face do regime jurídico criminal-penal, a sua aplicação constitui uma ingerência não necessária no direito fundamental. Pela mesma razão devemos tomar em consideração a sanção anterior na respetiva sanção subsequente.

1277. Exemplo:

Um soldado é punido disciplinarmente, pelo seu comandante de batalhão, com uma pena de privação da liberdade (detenção), em virtude de desobediência, e é punido jurídico-penalmente com uma pena de privação da liberdade pelo tribunal de jurados. Na pena posterior de privação da liberdade tem de ser tida em conta a pena anterior (cf. *E* 21, 378/388; 27, 180/192 e s.).

1278. A proibição de dupla punição não se aplica, além disso, à relação entre penas criminais, por um lado, e medidas de ordenação, medidas compulsórias e sanções administrativas, por outro lado, quando e desde que elas não tenham uma função sancionatória jurídico-penal. Mas tal função sancionatória têm-na as multas, em virtude de infrações aos regulamentos administrativos (n. m. 1275).

1279. Exemplo:

A retirada da autorização de conduzir é, nos termos do § 69º do StGB, lícita como medida do tribunal criminal e, nos termos do § 4º do StVG, lícita como medida da autoridade administrativa. Não é violado o art. 103º, n. 3, se a autoridade administrativa, depois de expirado o prazo de interdição determinado com a retirada da licença de condu-

---

1259 E 66, 337/356 e s.

1260 E 32, 40/48.

ção por parte do tribunal penal, recusar, por seu turno, a emissão de uma nova licença de condução em virtude da falta de aptidão que se possa verificar nesse momento (*E* 20, 365/372). É que a recusa por parte da autoridade administrativa não é uma sanção jurídico-penal, mas uma medida para a prevenção do perigo.

3. Caráter único da perseguição penal

1280. A letra do texto proíbe expressamente apenas a aplicação repetida da pena em virtude do mesmo ilícito. Mas, de acordo com a evolução histórica, o princípio "ne bis in idem" protege também o trânsito em julgado da absolvição: após a decisão condenatória, bem como após a decisão absolutória, está excluída a abertura de um outro procedimento penal. No caso de outras decisões processual-penais, interessa saber se elas, com o trânsito em julgado de uma sentença, abarcam completamente um facto e decidem em termos definitivos[1261].

1281. Exemplos:

As suspensões de procedimentos pelo Ministério Público e pelo Tribunal não têm qualquer efeito de caso julgado ou têm um efeito de caso julgado limitado; a rejeição do recurso de revisão por resolução tem, em princípio, efeito de caso julgado pleno. Uma ordem de punição, contra a qual não se interpôs recurso em tempo útil, é equivalente, nos termos do § 410º, n. 3, do Código de Processo Penal alemão, a uma sentença transitada em julgado. No entanto, a jurisprudência constante dos tribunais penais apenas admitiu um trânsito em julgado de efeito limitado da ordem de punição e permitiu uma nova perseguição, em virtude do caráter sumário do procedimento da ordem de punição, no caso de posteriormente surgir na ordem de punição um ponto de vista jurídico que não foi apreciado, ponto de vista que fundamenta uma punibilidade mais elevada. O Tribunal Constitucional Federal, no seu acórdão *in: E* 65, 377/382 e s., embora não tenha rejeitado esta jurisprudência, restringiu-a consideravelmente no seu alcance com uma

---

1261 Cf. Pohlreich, *BK*, art. 103º, n. 3, n. m. 42 e s.; opinião diferente, Höfling/Burkiczak, *FH*, art. 103º, n. m. 171.

argumentação apoiada no art. 3º, n. 1; nesta conformidade, o efeito de caso julgado da ordem de punição opõe-se a uma nova perseguição no caso de só depois da resolução definitiva do procedimento da ordem de punição ter surgido uma circunstância que fundamente a punição do autor em virtude de um delito mais grave. A reabertura do processo foi entretanto regulada no § 373a do Código de Processo Penal alemão para as ordens de punição e é lícita no caso de novas circunstâncias justificarem a condenação por um crime.

III. Ingerências e justificação jurídico-constitucional

1282. O processo penal repetido em virtude do mesmo ilícito e a *reabertura de um processo em desfavor do arguido* (§ 362º do Código de Processo Penal alemão) podem ser entendidos como ingerência na proteção de condenações e absolvições transitadas em julgado. Para a justificação jurídico-constitucional desta ingerência só se pode depois remeter para a colisão entre segurança jurídica e justiça material e invocar que, no caso de verificação das razões justificativas de reabertura previstas no § 362º do Código de Processo Penal alemão, a manutenção do efeito de caso julgado afetaria de forma insuportável a justiça material[1262]. Ao invés, a *reabertura a favor do arguido* não constitui uma ingerência no âmbito de proteção do art. 103º, n. 3.

1283. Esboço de solução do caso 30 (n. m. 1267):

I. A Lei de Revisão visa tornar possível que as reaberturas dos processos em desfavor do arguido possam ter lugar em maior escala do que até agora. O alcance de aplicação do princípio "ne bis in idem" seria dessa forma *restringido*. – **II.** A questão consiste em saber se esta restrição ainda pode ser entendida como parte do *limite imanente,* através do qual a jurisprudência e a doutrina dominantes consideram limitado o âmbito de proteção do art. 103º, n. 3. Essa limitação não faz parte da "situação vigente do direito processual e da sua interpretação por parte da jurisprudência dominante quando da entrada em vigor da Lei Fun-

---

1262 Kloepfer, *VerfR II*, § 75, n. m. 111 e s.; numa perspetiva crítica, cf. Nolte/Aust, *MKS*, art. 103º, n. m. 222 e s.

damental", situação pela qual o Tribunal Constitucional Federal orienta o limite imanente (*E* 3, 248/252). No entanto, na doutrina, a fixação na então situação do direito processual é predominantemente recusada (opinião diferente, Grünwald, *Beiheft ZStW* 1974, 94/103), e é considerada lícita uma ampliação do § 362º do Código de Processo Penal alemão sob pressupostos umas vezes mais, outras vezes menos rígidos, ou com o argumento de que têm de ser evitadas consequências pura e simplesmente insuportáveis do ponto de vista material (Schulze-Fielitz, *DR*, art. 103º, III, n. m. 32) ou porque a confiança do arguido não é digna de proteção quando ele próprio deu razão para a sua perseguição outra vez (Pohlreich, *BK*, art. 103º, n. 3, n. m. 64 e s.).

1284. Bibliografia:

O. Fliedner, "Die verfassungsrechtlichen Grenzen mehrfacher staatlicher Bestrafungen auf Grund desselben Verhaltens", *AöR* 1974, 242; G. Grünwald, "Die materielle Rechtskraft im Strafverfahren der Bundesrepublik Deutschland", Separata *ZStW* 1974, 94; G. Nolte, "Ne bis in idem", *Hdb. GR V*, § 135; D. Schroeder, "Die Justizgrundrechte des GG"; *JA* 2010., 167; H. Thomas, *Das Recht auf Einmaligkeit der Strafverfolgung*, 2002.

TERCEIRA PARTE
RECURSO CONSTITUCIONAL

§ 34. GENERALIDADES SOBRE O RECURSO CONSTITUCIONAL

1285. Na Lei Fundamental, o art. 93º, n. 1, al. 4a, trata do recurso constitucional. Este preceito fundamenta a competência do Tribunal Constitucional Federal e estabelece os pressupostos essenciais da admissibilidade do recurso. Especificidades relativas ao procedimento e à legitimidade encontram-se regulados nos §§ 90º a 95º do Estatuto do Tribunal Constitucional Federal.

1286. A Lei Fundamental instituiu uma *sólida jurisdição constitucional*. Desse modo pode ser imposto, em geral, o primado da Constituição[1]. Com o recurso constitucional, a Lei Fundamental abriu aos cidadãos a possibilidade de fazer prevalecer especialmente o primado dos direitos fundamentais. Isto é novo na história constitucional alemã; os diferendos constitucionais previstos no art. 19º da Constituição Imperial de Weimar ainda não abarcavam as vias de recurso do cidadão contra o Estado. O recurso constitucional é a única via pela qual o particular pode desencadear um procedimento junto do Tribunal Constitucional Federal. O recurso constitucional complementa a proteção jurídico-individual garantida pelo art. 19º, n. 4 (cf. n. m. 1157 e s.)

1287. O recurso constitucional é, do ponto de vista quantitativo, *a competência mais importante* do Tribunal Constitucional Federal. Perfaz cerca de 96% de todos os processos pendentes. Atualmente são interpostos, por ano, cerca de 6.000 recursos constitucionais. A percentagem de sucesso situa-se em aproximadamente 2%.

---

1 Cf. Kingreen, *Hdb. StR3 XII*, § 263, n. m.. 11 e s. ; Wahl, *Staat* 1981, 485.

1288. O número muito elevado de recursos constitucionais levou à introdução do *procedimento de admissão liminar*, nos termos do § 93a e s. do BverfGG, o qual tem em vista descongestionar o tribunal. Serve o mesmo objetivo o discutível[2] controlo prévio por parte dos conselhos presidenciais[3], nos termos do Estatuto do Tribunal Constitucional Federal. O procedimento de aceitação liminar decorre do seguinte modo: uma das câmaras designadas pelas duas secções controla se existe uma obrigação de aceitação pelo facto de o recurso constitucional ter um significado jurídico-constitucional fundamental ou por ser indicado para imposição dos direitos fundamentais (§ 93a, n. 2). A câmara pode recusar a aceitação por resolução unânime, a qual, nos termos do § 93d, n. 1, frase 3, não tem de ser fundamentada. A câmara pode também aceitar o recurso constitucional, no caso de este estar manifestamente fundamentado (§ 93b, frase 1, em ligação com o § 93c, n. 1, frase 1). Se a câmara não recusou a aceitação nem aceitou o recurso constitucional, é à secção que compete decidir sobre a aceitação. Este aceita o recurso constitucional se pelo menos três juízes derem o seu consentimento (§ 93d, n. 3, frase 2). Pode, portanto, suceder que um recurso constitucional não tenha sucesso, apesar da sua fundamentação, por não ter passado no procedimento de aceitação. Isto verifica-se, por exemplo, em casos de bagatela[4]. Duvidoso é o facto de a jurisprudência do Tribunal Constitucional Federal aceitar um caso de bagatela até ao limite da afetação existencial[5].

1289. Indicação técnica de solução:

Nos exercícios práticos não se deve, por via de regra, abordar o procedimento de aceitação, uma vez que não se trata nem de uma questão de admissibilidade, nem de uma questão de fundamentação. Pelo contrário, do controlo pericial da admissibilidade e da fundamen-

---

2   Cf. Schlink, *NJW* 1984, 89.

3   N. T.: Os conselhos presidenciais são órgãos representativos dos juízes.

4   Cf. Hömig, in: *FS Jaeger*, 2011, p. 767/778; Schlaich/Korioth, *BVerfG*, n. m. 258 e s.

5   E 90, 22/25; BVerfG, *EuGRZ* 2000, 242/246; numa perspetiva crítica, Hartmann, in: Pieroth/Silberkuhl, § 90, n. m. 266.

tação depende o modo como o recurso constitucional será previsivelmente tratado no procedimento de aceitação. Mas também não faz, de modo algum, parte dos exercícios práticos a apresentação, no final, de um prognóstico sobre o tratamento do recurso constitucional por parte das câmaras.

Bibliografia. Cf. a bibliografia constante do § 36.

§ 35. ADMISSIBILIDADE DO RECURSO CONSTITUCIONAL

1290. Indicação técnica de solução:

Os pressupostos de admissibilidade que se seguem são todos importantes do ponto de vista jurídico: a não verificação de qualquer deles torna o recurso constitucional inadmissível. Mas nos exercícios práticos, pelo contrário, têm uma importância diferenciada. Só os pressupostos I. 1, II, III e IV têm de ser sempre controlados; os pressupostos I. 2, V e VI só carecem de controlo se os factos oferecerem um motivo para tal, por exemplo se contiverem a indicação de que o recorrente é uma pessoa coletiva estrangeira ou que não tem mais de 16 anos de idade, se contiverem a indicação de que o recurso constitucional foi interposto por *e-mail*, de que o ato do poder público que é impugnado no recurso constitucional já foi praticado há mais de um mês, etc.

I. Recorrente

1. Capacidade para interpor recurso

1291. Nos termos do § 90º, n. 1, do Estatuto do Tribunal Constitucional Federal, "qualquer pessoa" pode interpor recurso constitucional. Uma vez que o recurso constitucional contém a alegação de violação de direitos fundamentais ou de direitos equiparados, a capacidade para interpor recurso pressupõe apenas que o recorrente possa ter sido lesado, em geral, em direitos fundamentais ou em direitos equiparados. A capacidade para interpor recurso segue a legitimação ou a capacidade jurídico-fundamental (cf. n. m. 167 e s., 204 e s.). No entanto, os casos de incapacidade jurídico-fundamental parcial (estrangeiros relativamente aos direitos fundamentais dos alemães; grupos de pessoas e organizações relativamente aos direitos fundamentais que, pela sua natureza, não lhes são aplicáveis) só se tornam, por via de regra, relevantes[6] quanto à questão da legitimidade de interposição de recurso (cf. n. m. 1301).

2. Capacidade processual

1292. O Estatuto do Tribunal Constitucional Federal não regula a capacidade processual, mas trata apenas do direito e do dever das partes de recorrerem a mandatários processuais (§ 22º do Estatuto do Tribunal Constitucional Federal). Noutros procedimentos jurisdicionais, "capacidade processual" significa a capacidade de adotar condutas processuais, por si próprio ou por intermédio de mandatários por si designados. Por via de regra, no caso de menores e incapazes, só o representante legal ou, verificando-se um conflito de interesses entre o representante e o representado, só um tutor suplementar[7-8] ou um tutor procedimental[9-10] podem adotar condutas processuais ou determinar o mandatário. Se o recorrente menor de idade puder ser considerado responsável e se for considerado, sobretudo pela ordem jurídica, como "maduro" para agir autorresponsavelmente no âmbito de liberdade protegido pelo direito fundamental, pode, ele próprio, adotar condutas processuais ou determinar o mandatário. O mesmo é válido para doentes mentais ou portadores de deficiência psíquica, que não podem eles próprios cuidar dos seus assuntos nos procedimentos nos quais se decide sobre a orientação a conceder-lhes (cf. § 275º do FamFG).

---

6   Cf. Pestalozza, p. 171, 178.

7   N. T.: Pelo termo *Ergänzungspflegschaft* devemos entender a transferência judicial de um domínio parcial da assistência paternal, no interesse de um menor, para outra pessoa (cf. § 1909 Código Civil alemão). Esta outra pessoa é, assim, o "tutor suplementar".

8   E 72, 122/135.

9   N. T.: O *Verfahrenspfleger* tem por função representar os interesses do menor no procedimento que corre num tribunal tutelar ou num tribunal de família. Neste âmbito, ele pode, por exemplo, formular pedidos, interpor recursos e participar nas audições.

10   E 99, 145/157.

1293. Exemplo:

O menor de 15 anos de idade que invoca o art. 4º, n. 1 e 2, tem capacidade processual em vista do § 5º do RelKErzG (*E* 1, 87/89), independentemente da colaboração de um representante legal.

II. Objeto do recurso

1294. Objeto de recurso constitucional pode ser *qualquer* ato do poder público, portanto atos do poder executivo, do poder judicial (cf. §§ 94º, n. 3, 95º, n. 2, do Estatuto do Tribunal Constitucional Federal) e do poder legislativo (cf. §§ 93º, n. 3, 94º, n. 4, 95º, n. 3, do Estatuto do Tribunal Constitucional Federal). O âmbito dos possíveis objetos de recurso corresponde, pois, ao vínculo jurídico-fundamental, nos termos do art. 1º, n. 3 (cf. n. m. 229 e s.). O conceito de poder público, no sentido do art. 19º, n. 4, é mais restrito com a sua limitação ao poder executivo (cf. n. m. 1159 e s.).

1295. Os atos do poder público abarcam não só ações, mas também *omissões* (cf. §§ 92º e 95º, n. 1, frase 1, do Estatuto do Tribunal Constitucional Federal: "ação ou omissão")[11]. Por isso, a função de proteção jurídico-fundamental (cf. n. m. 133 e s.) pode ser imposta pelo Tribunal Constitucional[12]. Além disso, estes atos não precisam necessariamente de se orientarem no sentido da produção de um efeito jurídico; são suficientes os atos orientados para a produção de um efeito *material*, como a impugnação da presidência de uma ordem de advogados[13].

1296. No caso de *vários* atos do poder público sobre a mesma matéria – por exemplo ato administrativo, decisão de oposição, sentença do tribunal administrativo, acórdão do Supremo Tribunal Administrativo Estadual/Tribunal Administrativo, acórdão do Tribunal Administrativo Federal – o Tribunal Constitucional Federal deixa ao recorrente a escolha de se, com o recurso constitucional, pretende impugnar apenas a decisão judicial de última instância ou, adicionalmente, as decisões das

---

11 Stern, StR III/1, p. 1283 e s.

12 E 77, 170/215; 79, 174/201 e s.; BVerfG, NVwZ 2010, 702/704; cf. Möstl, DÖV 1998, 1029.

13 E 18, 203/213.

instâncias inferiores, ou seja, o ato subjacente do poder executivo[14]. Em cada caso apenas se verifica *um* recurso constitucional[15].

III. Legitimidade para interpor recurso

1297. Nos termos do § 90º, n. 1, do Estatuto do Tribunal Constitucional Federal, o recurso constitucional só é admissível se o recorrente afirmar que é lesado num dos seus direitos fundamentais ou num dos seus direitos equiparados aos direitos fundamentais (cf. n. m. 371 e s.). Daí resultam os seguintes pressupostos concretos da admissibilidade, que são condensados sob o conceito de 'legitimidade para interpor recurso'.

1. Possibilidade de uma violação de direito fundamental

1298. Por um lado, para que se possa alegar uma violação de direito fundamental não é suficiente a sensação subjetiva de ter sido lesado no direito fundamental; por outro lado, não é objeto do controlo da admissibilidade, mas apenas do controlo da fundamentação saber se na realidade existe uma violação. Por isso, a afirmação a que se refere o § 90º, n. 1, do Estatuto do Tribunal Constitucional Federal, bem como o § 42º, n. 2, da VwGO, exige uma exposição da qual resulte a *possibilidade* de existir uma violação de direito fundamental ou uma violação da lei; por outras palavras, a violação não pode de antemão estar excluída[16].

1299. A possibilidade de uma violação de direito fundamental pode fracassar em *todas as fases* do controlo jurídico-fundamental material, portanto porque de antemão o âmbito de proteção pessoal ou material não está afetado, porque está excluída a possibilidade de se verificar uma ingerência ou ainda porque é manifesta a justificação jurídico-constitucional.

1300. Indicação técnica de solução:

Nos exercícios práticos pode constituir um problema saber que pontos de vista devem ser controlados no caso da admissibilidade e

---

14 Cf., por exemplo, E 19, 377/389; 54, 53/64 e s.

15 Opinião diferente, Stelkens, *DVBl.* 2004, 403.

16 Cf. E 6, 445/447; 52, 303/327; 125, 39/73; Hartmann, JuS 2003, 897.

quais é que o hão-de ser no caso da fundamentação. Como modo de agir tradicional, propõe-se que só uma recusa manifesta e, por isso, fácil e rápida de fundamentar, do âmbito de proteção de um direito fundamental ou a recusa de uma ingerência no âmbito de proteção de um direito fundamental conduz à inadmissibilidade do recurso constitucional. Se a recusa do âmbito de proteção ou da ingerência carecer de uma fundamentação minuciosa, esta discussão deveria ter lugar no quadro da fundamentação. A aceitação de uma ingerência no âmbito de proteção leva quase sempre à aceitação da legitimidade de recurso. Nos exercícios práticos raras vezes sucede que a justificação jurídico-constitucional seja manifesta.

1301. Exemplos:

Não tem legitimidade de recurso o estrangeiro que apenas invoca a violação de um direito fundamental próprio dos cidadãos alemães (cf. n. m. 168 e s.; opinião diferente, Felix/Jonas, *JA* 1994, 343); não tem legitimidade de recurso o recorrente que afirma ter havido uma violação jurídico-fundamental por não se ter podido reunir armado; não tem legitimidade de recurso o deputado do Parlamento Federal que invoca uma violação da sua posição no Parlamento (e não como cidadão) (cf. *E* 64, 301/312 e s.); e não tem legitimidade de recurso o condenado que, ao invocar uma violação do art. 103º, n. 1, não apresenta os factos ou os argumentos que poderiam ter influenciado a decisão no seu resultado (cf. n. m. 1245, bem como *E* 58, 1/25 e s.). – Também o significado dos direitos fundamentais no direito civil (cf. n. m. 111 e s.) é uma questão de legitimidade de recurso; se neste sentido pudéssemos recusar aos direitos fundamentais todo o efeito para terceiros, isto é, não só o efeito direto, mas também o efeito indireto, estariam à partida excluídas as violações jurídico-fundamentais por decisões jurisdicionais de direito civil (Augsberg/Viellechner, *JuS* 2008, 406/407).

1302. A legitimidade de recurso ou a queixa é recusada quando do uma conduta do poder público *não tem um conteúdo de regulação* e quando *não produz qualquer efeito externo* (a chamada relevância jurídica). Aqui fica excluída, à partida, a possibilidade de uma ingerência jurídico-fundamental e, por isso, também a possibilidade de uma violação jurídico-fundamental.

1303. Exemplos:

As manifestações de opinião relativas à situação jurídica (*E* 37, 57/61) e as comunicações sobre o estado das coisas (*E* 33, 18/21 e s.) não têm conteúdo de regulação. Não produzem quaisquer efeitos externos os regulamentos internos da Administração (*E* 41, 88/105), os requerimentos internos da autoridade administrativa (*E* 20, 162/172), as leis ainda não publicadas (em relação às leis que ainda não entraram em vigor, cf. *E* 86, 390/396; 108, 370/385; 117, 126/141), os meros projetos de decisão do tribunal e as decisões ainda não assinadas por todos os juízes (BVerfG, *NJW* 1985, 788).

1304. De resto, a possibilidade de uma *ingerência* pode ser discutível sob vários aspetos: será que se verifica afinal uma ingerência? Atingirá ela precisamente o recorrente ou outras pessoas? Atingirá ela o recorrente justamente agora ou já pertencerá ao passado ou ainda estará para acontecer? Será a medida que primeiro se apresenta como uma ingerência ou uma outra medida que afeta o recorrente? Estas questões são controladas pelo Tribunal Constitucional Federal de acordo com a fórmula quanto a se o recorrente é prejudicado ou atingido "em si mesmo, atualmente e diretamente"[17]. É certo que o Tribunal Constitucional Federal desenvolveu a fórmula para o recurso constitucional contra leis, mas objetivamente ela é aplicável a todos os atos do poder público[18]. No entanto, a desvantagem para si próprio, atual e direta não é, em regra, problemática no caso de atos individuais, como um ato administrativo e uma decisão judicial. São, pelo contrário, problemáticas se o recurso se dirigir, não contra o conteúdo do ato individual, mas simplesmente contra a sua fundamentação. Por isso, o Tribunal Constitucional Federal só reconheceu uma legitimidade para interpor recurso em raros casos excecionais, em que, por exemplo, os fundamentos da sentença incriminam autonomamente o recorrente através de uma acusação de culpa[19]. Por falta de vinculação a preceden-

---

17 Jurisprudência constante desde o acórdão *in*: *E* 1, 97/101 e s.

18 Neste sentido, cf. também Pestalozza, p. 181 e s.; Schlaich/Korioth, *BVerfG*, n. m. 231.

19 *E* 74, 358/374; 82, 106/116 e s.

tes, uma desvantagem atual e direta é em regra excluída pelo desenvolvimento do direito nos fundamentos da sentença, mesmo naquelas áreas do direito que, como o direito à luta laboral, estão em grande parte marcadas pelo direito jurisdicional[20]. Seguindo a jurisprudência, estes pressupostos são apresentados, no que se segue, como aspetos autónomos da legitimidade de recurso.

1305. Indicação técnica de solução:
A legitimidade de recurso deve ser sempre controlada nos exercícios práticos. Mas os seus diferentes elementos – possibilidade de uma violação jurídico-fundamental, desvantagem para si próprio, atual e direta – também só se devem controlar atendendo aos diferentes pontos do esboço de solução, nas suas diferentes fases, quando eles, respetivamente, suscitam problemas especiais. O controlo da admissibilidade de um recurso constitucional contra, por exemplo, um ato administrativo, pode simplesmente questionar, num ponto do esboço de solução da legitimidade de recurso, se não está à partida excluída a violação do recorrente nos seus próprios direitos fundamentais.

2. Desvantagem para si próprio

1306. O recorrente tem de ter sido atingido nos *seus próprios direitos fundamentais*. Enquanto outros códigos processuais permitem que alguém faça valer, em seu próprio nome, direitos alheios, no caso do recurso constitucional não é possível um recurso em nome próprio para defesa de direitos alheios, estando, deste modo, excluída também uma chamada ação popular[21]. Pelo contrário, é admissível um recurso legal em nome próprio e para defesa de direito alheio em que se fazem valer, em nome de terceiro, direitos fundamentais, se estes forem privados da sua eficácia sem esse recurso.

1307. Exemplos:
As pessoas que não moram num asilo não podem realizar os direitos dos necessitados de assistência que vivem no asilo (TCF, *NVwZ* 2016, 841/842) e uma sociedade de exploração não pode defender os

---

20 E 140, 42, n. m. 70.

21 Cf. E 79, 1/14.

direitos de autor dos seus membros, que para ela os transferiram em regime fiduciário, a menos que estes direitos possam ser invocados exclusivamente pela sociedade de exploração (*E* 77, 263/269; cf. Cornils, *AöR* 2000, 45). – Pelo contrário, há situações em que direitos fundamentais, mesmo os direitos de efeito posterior e de efeito prévio de falecidos ou de nascituros (cf. n. m. 179 e s.), só são eficazes se puderem ser invocados pelos pais, pelos filhos ou por pessoas semelhantemente próximas; cf., em relação à invocação pelos pais de direitos fundamentais dos filhos, *E* 74, 244/251, e, em relação à invocação pelo filho dos direitos fundamentais do pai sequestrado, *E* 46, 160.

1308. O recorrente não é atingido, ele próprio, apenas quando é o *destinatário* do ato do poder público. Mas quando o ato é dirigido a terceiros tem de existir, para que se verifique uma desvantagem para si próprio, uma relação suficientemente estreita entre a posição jurídico--fundamental do recorrente e o ato; não deverá ser suficiente um simples incómodo "indireto" ou "económico".

1309. Exemplos:

Destinatários da Lei do Horário de Funcionamento dos Estabelecimentos Comerciais são apenas os proprietários dos locais de venda; mas também os consumidores são eles próprios atingidos (*E* 13, 230/232 e s.), bem como as comunidades religiosas (*E* 125, 39/75). Por via de uma norma tributária que favoreça um entre dois concorrentes, o outro pode ser atingido ele próprio na sua liberdade de profissão (*E* 18, 1/12 e s.; 43, 58/68 e s.). A condenação, pelo tribunal criminal, de um menor onera, simultaneamente, os pais legitimados pelo art. 6º, n. 2, frase 1 (*E* 107, 104/115 e s.).

1310. A chamada autoafetação pressupõe que o direito fundamental tenha sido atingido como direito subjetivo do recorrente. Na medida em que o Tribunal Constitucional Federal recorre à função jurídico-objetiva dos direitos fundamentais para fundamentar a aplicação de direitos fundamentais no direito privado ou, além do direito de defesa, outras funções jurídico-fundamentais, ele aceita também, no controle da admissibilidade, a legitimidade de recurso (cf. n. m. 115)[22]. A função jurídico-objetiva dos direitos fundamentais não está em contradição com o seu caráter jurídico-subjetivo, mas serve para o Tribunal Constitucional Federal justificar novas áreas de aplicação e novas funções dos direitos fundamentais.

1311. Exemplo:

No caso de transferência de direitos de soberania, a função jurídico-objetiva do art. 19º, n. 4, exige que também haja uma proteção jurídica eficaz no plano supranacional. Faltas sistemáticas desta proteção podem ser invocadas, como direito subjetivo, pelo titular de direitos fundamentais contra o contrato de transferência (*E* 149, 346, n. m. 33 e s.).

3. Desvantagem atual

1312. O recorrente tem de *já ter sido* atingido ou de *ainda estar a ser* atingido. A desvantagem atual não se verifica, por um lado, se o recorrente "pudesse ser atingido alguma vez no futuro ('virtualmente') pela norma legal impugnada"[23]. Não é suficiente que os recorrentes consigam desafiar a Administração já neste momento a proceder a uma verificação sobre a situação jurídica que apenas se atualiza no futuro[24]. Mas é suficiente "se uma lei obrigar já no presente os destinatários da norma a decisões que mais tarde já não são corrigíveis ou se já no momento atual a lei levar ao aparecimento de disposições que eles já não possam recuperar após a execução legal *a posteriori*"[25]. Pode-se até apresentar um requerimento de disposição provisória excecionalmente já antes da promulgação (art. 82º, n. 1, frase 1), se o conteúdo da lei estiver estabelecido, se a promulgação estiver iminente e se as disposições contestadas entrarem em vigor tão imediatamente após a promulgação que já não seja possível uma proteção efetiva dos direitos fundamentais entre a promulgação e a entrada em vigor da lei[26].

---

22 Cf. E 7, 198/206 e s.; 35, 202/218 e s.

23 E 60, 360/371.

24 E 72, 1/5 e s.

25 E 65, 1/37; 75, 78/95.

26 BVerfG, NJW 2012, 1941/1942.

1313. O atributo da atualidade estabelece, por outro lado, a delimitação face a afetações passadas[27]. No entanto, a desvantagem atual não está ausente em todas as afetações passadas; o Tribunal Constitucional Federal aceita a legitimidade de recurso, no caso de continuarem a emanar efeitos lesivos de uma medida passada ou mesmo anulada[28] ou no caso de ser necessário tratar de uma repetição[29], ou, em geral, com a consideração de ainda tornar possível uma clarificação pelo Tribunal Constitucional no caso de um processo que se arrasta há anos num tribunal setorial[30]. – O Tribunal Constitucional Federal é bastante generoso na admissão de uma afetação atual; em virtude da função não só subjetiva, mas também objetiva do recurso constitucional, o tribunal decide mesmo sobre os recursos constitucionais de falecidos após interposição do recurso constitucional[31], no caso de importância geral e após deliberação oral.

1314. Exemplos:

A Lei dos Engenheiros, que proíbe aos recém-licenciados de determinados cursos de formação o uso do título de "engenheiro", já afeta atualmente os que se encontram na formação (*E* 26, 246/251). – Pelo contrário, um ato administrativo que foi anulado precisamente por ser contrário aos direitos fundamentais já não atinge atualmente o recorrente (*E* 11, 336/338).

4. Desvantagem direta

1315. Não se verifica a desvantagem direta quando não é o próprio ato impugnado, mas um mero ato de execução, necessário ou habitual na *praxis* administrativa, que constitui uma ingerência nos direitos fundamentais do recorrente[32]. Nos atos de execução não se in-

---

27   Pestalozza, p. 184 e s.

28   *E* 99, 129/138.

29   *E* 103, 44/58 e s.; 116, 69/79.

30   *E* 148, 167, n. m. 26 e s. (= JK 10/2018).

31   *E* 124, 300/318 e s.

32   *E* 53, 366/389; 70, 35/50 e s.; 140, 42, n. m. 60 e s.

cluem as sanções dos direitos penal ou contraordenacional, uma vez que não se pode exigir ao atingido a espera por estas[33]. Nas normas jurídicas falta o caráter direto da desvantagem, no caso de elas propenderem para a execução pelas autoridades administrativas e pelos tribunais e no caso de a própria execução poder ser impugnada perante os tribunais[34]. Uma vez que esta impugnação também é imposta sob o ponto de vista da necessidade de proteção jurídica, o ponto de vista do caráter direto torna-se, na jurisprudência do Tribunal Constitucional Federal, frequentemente menos importante em face da necessidade de proteção jurídica.

1316. Exemplos:

Produz efeito direto a alteração efetuada por lei dos títulos oficiais (*E* 38, 1/8), a proibição por lei do exercício futuro de uma determinada profissão sem autorização (*E* 1, 264/270), a restrição legal do direito dos médicos hospitalares de passarem faturas privadas (*E* 52, 303/327) e um plano de urbanização que suprima a edificabilidade de um terreno (*E* 70, 35/52 e s.) ou fixe o traçado de uma estrada pública (*E* 79, 174/187 e s.) e uma lei de aprovação, nos termos do art. 59º, n. 2, frase 1, da Lei Fundamental, sobre um tratado de direito internacional público, que autorize a outros Estados contratantes sem qualquer outra participação de organismos alemães direitos de acesso direto a dados nacionais (TCF, *NJOZ* 2007, 599/600). – Por outro lado, não se verifica, em regra, uma "atingibilidade direta" no caso de leis contratuais, nos termos do art. 59º, n. 2, frase 1, no caso daquelas leis tributárias que são executadas por decisão de pagamento de taxa ou de pagamento de contribuição (embora as leis tributárias também possam ter um efeito direto), no caso de autorizações legais para a emissão de regulamentos jurídicos ou de regulamentos autónomos (*E* 53, 366/388 e s.; 53, 37/52 e s.; cf., porém, *E* 93, 85/93) e no caso da colaboração de órgãos alemães na formação do direito comunitário secundário (BVerfG, *NJW* 1990, 974).

---

33 E 81, 70/82 e s.

34 E 67, 157/170; 100, 313/354; 109, 279/306 e s.

IV. Necessidade de proteção jurídica

1317. O instituto jurídico-processual da necessidade de proteção jurídica experimentou dois desenvolvimentos no procedimento de recurso constitucional: a necessidade de esgotamento das vias de recurso e o princípio da subsidiariedade. Para além disso, é dispensável falar ainda de uma necessidade geral de proteção jurídica[35]; os problemas por vezes aí compreendidos podem ser tratados, sem grandes dificuldades, como problemas de esgotamento das vias de recurso ou da subsidiariedade.

1. Esgotamento das vias de recurso

1318. O § 90º, n. 2, frase 1, do Estatuto do Tribunal Constitucional Federal, que se apoia no art. 94º, n. 2, frase 2, exige que se esgote a via de recurso quando uma via for concedida. Não é isto que se verifica no caso de leis formais, de modo que a exigência de esgotamento das vias de recurso não tem, nesta medida, em princípio, qualquer relevância.

1319. a) Via de recurso é a via que conduz o particular perante os tribunais nacionais alemães, com a pretensão de controlar e sanar a violação jurídico-fundamental invocada. Esta via inicia-se, eventualmente, junto da Administração, isto é, quando o procedimento administrativo antecede o procedimento judicial. A via de recurso termina com a decisão contra a qual já não se pode recorrer para mais nenhum tribunal setorial (mas podendo-se possivelmente recorrer ainda para um Tribunal Constitucional estadual ou para o Tribunal Europeu dos Direitos do Homem).

1320. Exemplos:

Incluem-se na via de recurso os controlos normativos, nos termos do § 47º da VwGO, os procedimentos de proteção jurídica provisória, por exemplo nos termos do §§ 80º, n. 5, e 123º da VwGO, bem como aqueles meios de impugnação que não têm efeito devolutivo, isto é, que não conduzem a um controlo por parte de uma instância supe-

---

35 De modo diferente, E 148, 267, n. m. 28 (= JK 10/2018), em que um problema da atualidade da desvantagem é tratado como questão da necessidade de proteção jurídica.

rior, mas pela mesma instância, por exemplo a impugnação de uma ordem de punição, nos termos dos §§ 409 e s. do Código de Processo Penal alemão, a impugnação de uma condenação à revelia, nos termos do § 338º da ZPO, e procedimentos de revisão, nos termos do § 80º, n. 7, da VwGO. Da via de recurso fazem parte ainda o pedido de reposição da situação anterior (*E* 42, 252/257; BVerfG, *EuGRZ* 2005, 632), o pedido de reabertura do procedimento (*E* 11, 61/63; BVerfG, *NJW* 1992, 1030 e s.) e a impugnação da audiência, por exemplo nos termos do § 321a do Código de Processo Civil, do § 356a do Código de Processo Penal e do § 152a da Lei do Contencioso Administrativo.

1321. **b) Esgotamento** da via de recurso significa que o recorrente tem de ter feito uso de todas as possibilidades processuais para a eliminação da violação que foi invocada dos direitos fundamentais. Em concreto, isto significa:

1322. – O recorrente não pode ter negligenciado as possibilidades processuais, por exemplo pelo facto de não ter interposto recurso legítimo ou de o ter retirado[36], de não ter suscitado uma objeção legítima[37] ou de não ter apresentado pedidos de prova[38].

1323. – Quando o procedimento de proteção jurídica provisória tenha sido concluído, mas ainda não o tenha sido o procedimento da causa principal, a via de recurso pode já estar esgotada, isto é, a via de recurso do procedimento urgente. Quando o recorrente impugna a recusa precisamente da proteção jurídica provisória, esgotou a via de recurso com a recusa em última instância da proteção jurídica provisória e pode interpor recurso constitucional[39]. O caso é diferente quando a violação jurídico-fundamental ainda puder ser sanada no procedimento da causa principal[40].

---

36 E 1, 12/13.
37 E 83, 216/228 e s.; 84, 203/208; 110, 1/12.
38 BVerfG, NJW 2005, 3769 e s.; Zuck, NVwZ 2006, 1119.
39 E 80, 40/45.
40 E 77, 381/400 e s.; 104, 65/70 e s.

2. Subsidiariedade

1324. Com o princípio da subsidiariedade, o Tribunal Constitucional Federal vai para além da exigência de esgotamento da via de recurso. Porque este tribunal deve ser descongestionado e porque se deve deparar com um caso preparado dos pontos de vista material e jurídico[41], devem também esgotar-se todas as possibilidades de receber indiretamente proteção jurídica dos tribunais ou proteção jurídica extrajudicial[42]. A inadmissibilidade do recurso constitucional pode, nesta conformidade, também verificar-se quando

– não se verificar diretamente uma via de recurso interposta contra a violação jurídico-fundamental que foi afirmada, mas sim indiretamente, pelo facto de o recorrente poder esperar ou desencadear a execução de uma lei violadora dos direitos fundamentais e contra isso apelar para os tribunais[43] ou pelo facto de poder requerer uma regulação de exceção nos casos em que uma regulação violadora dos direitos fundamentais admita uma exceção[44];

– outros órgãos, enquanto tribunais, garantirem proteção jurídico-fundamental, por exemplo, a Comissão do G 10 no controlo das limitações ao sigilo de correspondência, ao sigilo postal e ao sigilo das telecomunicações, nos termos do art. 10º, n. 2, frase 2[45], ou o Parlamento Federal no controlo do processo eleitoral, nos termos do art. 41º, n. 1; neste caso, o recurso exclui, nos termos do art. 41º, n. 2, o recurso constitucional[46].

3. Interrupções do prazo de esgotamento da via de recurso e quebra da subsidiariedade

1325. Uma chamada *decisão preparatória* pode ser tomada, nos termos do § 90º, n. 2, frase 2, do Estatuto do Tribunal Constitucional

---

41 E 79, 1/20; 88, 384/400.

42 E 112, 50/60; numa perspetiva crítica, Hartmann, *in*: Pieroth/Silberkuhl, § 90, n. m. 236 e s.

43 E 97, 157/166; BVerfG, NVwZ 2005, 79.

44 E 78, 58/69; BVerfG, *DVBl.* 2000, 622.

45 BVerfG, NVwZ 1994, 367.

46 E 74, 96/101.

Federal, se o recurso constitucional for de importância geral ou quando para o recorrente surgir uma desvantagem grave ou inevitável, no caso de ele ser primeiro remetido para a via de recurso. O sentido de uma decisão preparatória desta natureza consiste em poupar ao recorrente a via de recurso que está prevista. Isto pressupõe que a via de recurso ainda está de facto aberta ou que já se esgotou.

1326. Exemplos:

Saber se a continuação de vigência da vinculação ao preço de arrendamento nos novos Estados federados e na parte oriental de Berlim é compatível com o art. 14º é uma questão que tem consequências de grande alcance para os senhorios e inquilinos e é, por isso, de importância geral (*E* 91, 294/306). – Um partido político vê recusada a atribuição de tempos de antena para a difusão de propaganda eleitoral pouco antes de uma eleição. Neste caso está aberta a via de recurso administrativo e, neste âmbito, a possibilidade de proteção jurisdicional provisória. Mas mesmo esta proteção vem possivelmente tarde demais, de modo que para o partido surgiria o prejuízo grave e inevitável de não poder ocupar tempos de antena antes da eleição (*E* 7, 99/105; 14, 121/130 e s.) em circunstâncias iguais às dos outros partidos (cf. § 5º PartG). – Se no caso de remissão para a via de recurso na causa principal se verificar a ameaça de uma desvantagem grave e inevitável, mas se estiver aberta a via judicial no procedimento de proteção jurídica provisória, então esta também deve ser usada (*E* 86, 382/388 e s.).

1327. Por outro lado, o Tribunal Constitucional Federal admite interrupções do prazo de esgotamento da via de recurso e da subsidiariedade, quando o esgotamento da via de recurso ou o esforço de obtenção de outro remédio for insuportável para o recorrente. Mas o tribunal faz "exigências rigorosas" em matéria de insuportabilidade[47].

1328. Exemplos:

O esgotamento da via de recurso é insuportável quando à pretensão do recorrente se opuser uma jurisprudência consolidada das ins-

---

47 E 79, 1/24.

tâncias superiores (*E* 84, 59/72), quando o tribunal tenha informado mal o recorrente no sentido de que não estaria aberta qualquer via de recurso (*E* 19, 253/256 e s.) ou quando um meio de impugnação só é considerado admissível esporadicamente (*E* 85, 80/86). Suportável é, pelo contrário, o uso de uma via de recurso cuja admissibilidade é controversa (*E* 70, 180/185; Hartmann, *JuS* 2007, 657). – O Tribunal Constitucional Federal admitiu ao recurso constitucional, repetidas vezes, candidatos mal sucedidos aos estudos universitários, que haviam invocado a falta de utilização de capacidades existentes (vagas) apenas no procedimento da proteção jurídica provisória, com o argumento de que "se não fosse assim, ficariam por preencher, por períodos mais dilatados, capacidades existentes em proporções consideráveis" e que isto seria objetivamente insustentável e, por isso, também insuportável do ponto de vista subjetivo (*E* 51, 130/143).

V. Impedimento de recurso do efeito de caso julgado material

1329. As decisões do Tribunal Constitucional Federal, como as de outros tribunais, resultam em efeito de caso julgado material. Este princípio jurídico-processual geral subjaz também à regulação do § 41º do Estatuto do Tribunal Constitucional Federal. O *efeito de caso julgado material* significa que não se pode voltar a decidir sobre a mesma pretensão do mesmo recorrente, nas mesmas situações jurídica e de facto. O efeito de caso julgado material reporta-se apenas ao sentido e não aos fundamentos da decisão, que no entanto podem ser invocados para a interpretação do conteúdo; o efeito de caso julgado material é válido tanto para as decisões das câmaras como para as decisões das secções[48].

1330. Exemplo:

Um recurso constitucional contra uma sentença não é aceite, para efeitos de decisão, por uma câmara do Tribunal Constitucional Federal, por não ter suficientes perspetivas de sucesso. É inadmissível o novo recurso constitucional de "A" contra a mesma sentença, com o

---

48 Cf. Rixen, NVwZ 2000, 1364.

pedido "de que a secção competente se digne decidir sobre a matéria", em virtude do impedimento de recurso do efeito de caso julgado.

VI. Conformidade do recurso

1. Forma

1331. Nos termos do § 23º, n. 1, frase 1, do Estatuto do Tribunal Constitucional Federal, o recurso constitucional deve ser apresentado por escrito. Para tal, é suficiente um telegrama[49] ou um telefax[50], mas não um e-mail[51]. O recurso constitucional também deve ser fundamentado (§ 23º, n. 1, frase 2, do Estatuto do Tribunal Constitucional Federal). Nos termos do § 92º do Estatuto do Tribunal Constitucional Federal, deve indicar-se na fundamentação o direito que terá sido violado e a ação ou omissão do órgão ou da autoridade administrativa pela qual o recorrente se considera lesado, embora esse direito não tenha de ser indicado com o artigo, com o número do artigo e com o número de frase, da Lei Fundamental, mas através do seu conteúdo[52], devendo a ação ou omissão ser indicadas mediante a apresentação ou comunicação do conteúdo essencial[53].

2. Prazo

1332. Nos termos do § 93º, n. 1, frase 1, do Estatuto do Tribunal Constitucional Federal, o recurso constitucional deve ser interposto *no prazo de um mês*. O caso-regra desta fixação de prazo diz respeito a decisões judiciais de última instância, uma vez que se deve primeiro esgotar a via de recurso. No caso de atos de autoridade contra os quais não está aberta uma via de recurso – estes casos são, em

---

49 E 32, 365/368.

50 BVerfG, NJW 2007, 2838.

51 BVerfG, BeckRS 2010, 51299; Klein/Sennekamp, NJW 2007, 954; posição diferente, Hartmann, NJW 2006, 1390.

52 E 59, 98/101; 147, 364.

53 E 93, 266/288.

primeiro lugar, leis formais –, o recurso constitucional deve ser interposto *no prazo de um ano*, nos termos do § 93º, n. 3, do Estatuto do Tribunal Constitucional Federal. No caso de leis, o prazo começa a contar com a sua entrada em vigor; mas no caso de leis com efeito retroativo, de acordo com o sentido da evolução do texto legal, o prazo só começa a contar com a publicação[54]; no caso de republicação inalterada de normas da lei, o prazo só começa a contar quando estas adquirem um novo efeito oneroso por alteração de outras normas legais[55]. Os recursos constitucionais contra uma omissão do legislador só não estão sujeitos ao prazo previsto no § 93º, n. 3, do BVerfGG, se o legislador tiver ficado completamente inativo; se, pelo contrário, ele tiver, na opinião do recorrente, adotado uma regulação apenas insuficiente, o recurso constitucional opõe-se a esta regulação insuficiente, para o qual é válido o prazo previsto pelo § 93º, n. 3, do BVerfGG[56]. No caso de desrespeito desculpável do prazo de um mês, é possível, nos termos do § 93º, n. 2, do Estatuto do Tribunal Constitucional Federal, a reposição do estado anterior; neste caso, exige-se de um advogado uma atenção redobrada[57].

3. Revogação

1333. Os recursos constitucionais interpostos podem ser revogados *a posteriori*. No entanto, a revogação pode ser ineficaz, de modo que, mesmo assim, se decide sobre o recurso. O Tribunal Constitucional Federal admite esta solução, em virtude da função objetiva do recurso constitucional, quando o recurso for de importância geral e quando, por esta razão, tiver sido deliberado oralmente sobre o recurso[58].

Bibliografia. Cf. a bibliografia indicada no § 36.

---

54 E 1, 415/416 e s.

55 BVerfG, *DVBl.* 2002, 548.

56 BVerfG, *NVwZ* 2018, 1635.

57 BVerfG, *NJW* 2001, 3534 e s.

58 E 98, 218/242 e s.; cf. Menzel, *JuS* 1999, 339.

§ 36. FUNDAMENTAÇÃO DO RECURSO CONSTITUCIONAL

I. Critério

1334. Nos termos do art. 93º, n. 1, al. 4a, o recurso constitucional está fundamentado quando foi violado um direito fundamental ou um direito equiparado. O critério são, por conseguinte, os *direitos fundamentais e os direitos equiparados aos direitos fundamentais*, tratados na Segunda Parte deste manual.

1335. Indicação técnica de solução:

No parecer sobre a fundamentação do recurso constitucional, o controlo de uma violação jurídico-fundamental segue, na sua organização, a estrutura apresentada na Primeira Parte, que também subjaz à exposição da Segunda Parte (cf. também os esquemas n. m. 400 e s., 597 e 1097 e s.).

1336. A violação de direitos fundamentais pode, no entanto, também resultar de *outro direito constitucional* da Federação. Isto foi desenvolvido, pela primeira vez, pelo Tribunal Constitucional Federal na sua jurisprudência relativa ao art. 2º, n. 1. Segundo o tribunal, uma ingerência na liberdade geral de ação só está coberta pela ordem constitucional se estiver, globalmente, de acordo com a Constituição e, portanto, se também não violar princípios constitucionais ou normas jurídico-constitucionais de competência e de procedimento. O mesmo se aplica também no caso de todos os outros direitos fundamentais. Na medida em que a admissibilidade jurídico-constitucional de uma ingerência se regula por uma *reserva de lei*, a lei tem de estar globalmente de acordo com a Constituição, dos pontos de vista formal e material.

1337. Exemplos:

Uma violação do art. 12º, n. 1, pode consistir no facto de se ter desrespeitado o princípio de Estado de direito (*E* 9, 83/87 e s.), a ordenação de competência (*E* 13, 181/190) ou o art. 72º, n. 2 (*E* 13, 237/239).

1338. O mesmo é válido quando a admissibilidade jurídico-constitucional de uma ingerência no âmbito de proteção de um direito fundamental ou de um direito equiparado se puder justificar apenas pelo *direito constitucional colidente*. Também não se pode violar o direito constitucional colidente, o qual pode consistir não só num direito fundamental ou num direito equiparado, mas, por exemplo, no imperativo de Estado de direito e no imperativo de Estado social. A solução para a colisão que o legislador encontra tem, por sua vez, de levar em conta as normas de competência e as normas de procedimento da Lei Fundamental.

1339. Uma vez considerado legítimo um recurso constitucional, o Tribunal Constitucional Federal exige, para além do que se disse até agora, um *amplo poder de controlo*. Este poder de controlo estende-se, para além do direito fundamental invocado como tendo sido violado, a outros direitos fundamentais, incluindo a direitos fundamentais de terceiros[59] e ainda ao demais direito constitucional, embora o recurso constitucional não tivesse sido legítimo pela invocação apenas destes outros direitos fundamentais e deste outro direito constitucional[60]. O poder de controlo também não compreende apenas os pontos de vista ponderados pelo legislador para a justificação da ingerência, mas também outros pontos de vista que provavelmente justificam a ingerência[61]. Isto leva a um alargamento do recurso constitucional de meio de proteção jurídica subjetiva para meio de proteção jurídica objetiva, é certo que por iniciativa subjetiva, e corresponde ao entendimento de dupla função do recurso constitucional por parte do Tribunal Constitucional Federal: "O recurso constitucional não é apenas um meio de impugnação para garantia e imposição de posições jurídicas individuais jurídico-fundamentalmente garantidas, mas, do mesmo modo, um 'meio específico de proteção jurídica do direito constitucional objetivo'"[62].

---

59 E 42, 312/325 e s.; cf. também E 70, 138/162; numa perspetiva crítica, cf. Kube, *DVBl*. 2005, 721.

60 Cf. Müller-Franken, *DÖV* 1999, 590.

61 Cremer, *NVwZ* 2004, 668; numa perspetiva crítica, cf. Wernsmann, *NVwZ* 2000, 1360; Möllers, *NJW* 2005, 1973/1977.

62 E 45, 63/74; em termos idênticos, E 124, 235/242; 126, 1/17; sobre a dupla função e sobre o amplo poder de controlo, cf., em sentido concordante, Görisch/Hartmann, *NVwZ* 2007, 1010; Schlaich/Korioth, *BVerfG*, n. m. 272 e s.; numa perspetiva crítica sobre a dupla função, cf. Schlink, *NJW* 1984, 89/92 e s.; Wagner, *NJW* 1998, 2638, posição crítica sobre o amplo poder de controlo, cf. Rinken, *AK*, art. 93º, n. m. 63 e s.

II. Limitação do âmbito de controlo à violação de direito constitucional específico

1. O problema

1340. Se, portanto, a violação de qualquer direito constitucional representa uma violação de direito fundamental e se constitui fundamento do recurso constitucional, isto deveria aplicar-se verdadeiramente também ao *primado da lei*, garantido no art. 20º, n. 3, segundo o qual a atuação da Administração e dos tribunais não pode violar as leis. Portanto, as violações da lei deveriam ser qualificadas como violações de direitos fundamentais.

1341. Exemplos:

A condenação a uma pena de privação da liberdade constitui uma ingerência na liberdade da pessoa humana, que só pode ser justificada por lei formal (art. 2º, n. 2, frase 2, e art. 104º, n. 1); se a condenação assentar numa falsa interpretação e aplicação do Código Penal, verifica-se uma violação do primado da lei e, no fundo, deveria ser admitida uma violação de direito fundamental. Uma sentença dos tribunais civis que, por aplicação errada do Código Civil, condena alguém à entrega de bens ou declara o divórcio de alguém, viola, respetivamente, o seu direito fundamental à propriedade ou ao casamento. Uma proibição ilícita de reunião ou as decisões judiciais que a confirmam e, por fim, a decisão do Supremo Tribunal Administrativo ou do Tribunal Administrativo Federal que esgota a via de recurso, violam correspondentemente a liberdade de reunião.

1342. Como resultado disto, os recursos constitucionais poderiam trazer violações da legislação ordinária perante o Tribunal Constitucional Federal. Deste modo, este tribunal transformar-se-ia em "instância de revisão da revisão" sobre todos os outros tribunais e ficaria obrigado a controlar toda a interpretação e aplicação do direito ordinário. Mas é precisamente isso que *não pode constituir a função do Tribunal Constitucional Federal*, que tem por fim, nos termos do art. 93º, n. 1, al. 4a, controlar violações dos direitos fundamentais e dos direitos equiparados. Ficaria reduzida a nada a função dos outros Supremos Tribunais

Federais de serem a última instância para as áreas jurídicas da sua competência, sob reserva de controlo jurídico-constitucional especial. De resto, o Tribunal Constitucional Federal ficaria também, na realidade, totalmente sobrecarregado.

2. A solução

1343. O Tribunal Constitucional Federal tem de *limitar* o seu controlo das decisões judiciais. O próprio tribunal e a doutrina desenvolveram para o efeito diferentes fórmulas e conceitos.

1344. No início da jurisprudência do Tribunal Constitucional Federal está a chamada "fórmula de Heck", que introduz o *conceito de direito constitucional específico*. Segundo esta fórmula, a organização do procedimento, a verificação e a apreciação dos factos, bem como a interpretação e aplicação do direito ordinário, é matéria exclusiva dos outros tribunais e está retirada do controlo pelo Tribunal Constitucional Federal. "Só no caso de uma violação de 'direito constitucional específico' por parte dos tribunais é que o Tribunal Constitucional Federal pode intervir no âmbito dos recursos constitucionais"[63]. Aos outros tribunais devem ser deixadas as suas funções clássicas; o Tribunal Constitucional Federal não pretende substituir o seu trabalho, mas complementá-lo.

1345. Ora, o problema reside precisamente em que a fronteira entre o direito ordinário, de que se devem encarregar os outros tribunais, e o direito constitucional, de que o Tribunal Constitucional Federal é o guardião, não está previamente estabelecida. Portanto, tentou-se entender o que é específico no conceito de direito constitucional específico, de modo que a fronteira não previamente estabelecida sempre possa ainda ser traçada com alguma segurança. Nenhuma das correspondentes tentativas consegue ser plenamente convincente; o problema do âmbito do controlo e da sua limitação é de tal modo que não se pode conseguir atingir uma solução sem reparos. As formas e conceitos desenvolvidos também são, afinal, empregados lado a

---

63   E 18, 85/92.

lado; o que um não abarca, pode revelar-se necessitado de controlo sob um outro. Por último, temos que o Tribunal Constitucional Federal *controla o que pretende controlar* e não controla o que não pretende controlar.

1346. **a)** De acordo com a chamada **fórmula de Schumann**, uma violação do direito constitucional específico determina-se pelo facto de "a sentença judicial que foi impugnada adquirir um efeito jurídico que o legislador ordinário não poderia emitir como norma"[64]. O lado convincente disto reside em que as fronteiras do direito constitucional material que são impostas ao legislador também não podem ser ultrapassadas pelo juiz. Mas deste modo, a fórmula de Schumann abarca apenas um aspeto, sem dúvida importante, do direito constitucional vinculativo para o juiz. É que o juiz está, por força da Constituição, mais limitado do que o legislador; o juiz tem acima de si não só a Constituição, mas também a lei, nos termos do art. 20º, n. 3. O juiz não está autorizado a tudo o que o legislador estaria.

1347. **Exemplos:**

Um funcionário público é condenado pelo tribunal disciplinar por, nos seus tempos livres, ter feito publicidade a favor de uma seita (cf. *BVerwGE* 30, 29). Dado que uma lei que proibisse a publicidade a favor de seitas por parte de funcionários públicos nos seus tempos livres violaria o art. 4º, n. 1 e 2, verifica-se uma violação jurídico-fundamental específica. – Uma lei que proibisse aos funcionários em serviço a ostentação de símbolos religiosos seria compatível com o art. 4º, n. 1 e 2; mas um funcionário público só pode ser condenado pelo tribunal disciplinar em virtude de ostentação de símbolos se a lei também tiver sido na realidade emitida (*E* 108, 282/309 e s.).

1348. **b)** É precisamente esta vinculação do juiz à lei que uma outra determinação daquilo que é específico no conceito de "direito constitucional específico" procura levar em conta, através do facto de se apoiar na fronteira entre a criação de direito e o desenvolvimento de direito de forma lícita pelo tribunal, por um lado, e o

---

64 Schumann, p. 207; no mesmo sentido, cf. Korioth, *in: FS 50 Jahre BVerfG*, 2001, v. I, p. 55/81.

desenvolvimento ilícito de direito pelo tribunal[65]. Mas não há uma fronteira clara, universalmente reconhecida na jurisprudência e na doutrina, entre o lícito e o ilícito aperfeiçoamento do direito por via judicial. A jurisprudência aplicável do Tribunal Constitucional Federal é, no fundo, pouco consistente e permite reconhecer uma perceção menos para o método do que, pelo contrário, para a especificidade do respetivo problema.

1349. Exemplos:

Relativamente à jurisprudência dos tribunais cíveis, que no caso de danos morais atribuiu uma indemnização em dinheiro em clara contradição com o sentido do texto do antigo § 253º do Código Civil alemão, atestou-se que ela teria sido "criada por uma via no mínimo discutível do ponto de vista jurídico-civil, mas que, em qualquer caso, não contrariaria manifestamente as regras de interpretação de direito civil" (*E* 34, 269/291). – Noutra oportunidade, o Tribunal Constitucional Federal acentuou que "o possível sentido da lei" marca "... a fronteira extrema da interpretação jurisdicional lícita" (*E* 71, 108/115); neste caso, tratou-se da interpretação de normas penais e de normas de imposição de coimas. – Ainda noutra ocasião, o Tribunal Constitucional Federal considerou que a vinculação do juiz à lei é violada pelo facto de a sua decisão não se poder "fundamentar em nenhum dos métodos de interpretação reconhecidos" (*E* 113, 88/104) ou de entrar "em flagrante contradição com as normas aplicadas" (*E* 128, 193/209). – Quanto ao alargamento da retificação dos autos pelos tribunais penais, o Tribunal Constitucional Federal não conseguiu chegar a acordo (*E* 122, 248/257 e s.; cf. Möllers, *JZ* 2009, 668). Este tribunal estabelece agora fronteiras mais apertadas em relação ao art. 100º, n. 1, da Lei Fundamental, quando um tribunal setorial "aceita de maneira insustentável a possibilidade de uma interpretação conforme à Constituição" (*E* 138, 64, n. m. 76) e depois quando os ónus jurídico-fundamentais de uma parte, ligados ao

---

65   Sobre o desenvolvimento criador de direito como função jurídico-constitucionalmente prevista da jurisprudência, ver *E* 34, 269/287 e s.; 138, 377, n. m. 39.

desenvolvimento do direito, excedem os interesses da outra parte, protegidos pelos direitos fundamentais (*E* 138, 377, n. m. 42 e s.; posição crítica, Neuner, *JZ* 2016, 435/437 e s.).

1350. c) A fórmula mais consistente para a determinação do que é específico no conceito de "direito constitucional específico" orienta o controlo do Tribunal Constitucional Federal para a questão de saber "se na interpretação e aplicação do direito ordinário foi menosprezada, na sua base, a influência dos direitos fundamentais"[66]. Verifica-se um **menosprezo de base da influência dos direitos fundamentais** ou, em geral, do direito constitucional, quando a norma constitucional aplicável tiver sido

– ignorada ou

– aplicada de uma maneira basicamente errada

e quando a decisão judicial assentar nestas atitudes.

1351. A *aplicação basicamente errada* pode revelar-se no facto de terem sido basicamente considerados de forma errada:

– o alcance de um âmbito de proteção jurídico-fundamental,

– os pressupostos da verificação de uma ingerência,

– as exigências de justificação, especialmente a proporcionalidade de uma ingerência ou

– o fim de proteção de uma obrigação jurídico-fundamental de proteção[67].

1352. Saber se uma decisão judicial permite reconhecer uma tal aplicação ou consideração errada depende decisivamente do *cuidado do controlo*. Também aqui falta uma linha clara e de reconhecimento geral na jurisprudência e na doutrina. O Tribunal Constitucional Federal apoia-se programaticamente na "intensidade da afetação jurídico--fundamental"; quanto mais incisivamente uma decisão judicial reduzir uma liberdade jurídico-fundamental e o seu exercício, "tanto mais minucioso tem de ser o controlo jurídico-constitucional"[68]. Saber se

---

66 E 89, 276/285.

67 E 85, 248/258; 89, 276/286; 95, 96/128.

68 E 61, 1/6; 75, 302/314.

uma afetação jurídico-fundamental é mais ou menos intensa, é, todavia, uma questão novamente em aberto para apreciações diferentes e opostas. Ainda assim, verifica-se que o Tribunal Constitucional exerce um controlo especialmente minucioso no caso de decisões penais[69] e no caso de ingerências nos direitos fundamentais da comunicação; no âmbito de proteção destes direitos fundamentais, o Tribunal Constitucional atribui grande peso às ingerências, e além disso também se entrechocam aqui exercícios de liberdade de uma maneira especialmente conflituosa e manifestamente visível.

1353. Exemplos:

No controlo de decisões jurisdicionais penais ingerentes na liberdade de opinião, o Tribunal Constitucional Federal declara-se expressamente, "também no caso concreto", partidário do controlo da "verificação e apreciação dos factos, bem como da interpretação e aplicação do direito ordinário" (*E* 43, 130/136; 82, 43/50 e s.); o Tribunal Constitucional Federal pronuncia-se de uma maneira quase tão ampla em relação ao controlo das decisões jurisdicionais civis que constituem ingerência na liberdade de opinião (*E* 82, 272/280 e s., 85, 1/13; 86, 1/10) e na liberdade artística (*E* 119, 1/22). – Mas também a separação de um filho relativamente aos pais contra a vontade destes exige, por ser "a ingerência mais forte que se pode imaginar no poder paternal", que também não deixem de ser considerados vícios concretos de interpretação (*E* 60, 79/91).

1354. d) Por vezes, uma decisão judicial afeta de uma maneira tão drástica o profissionalismo – que se pode exigir em igual medida de todo juiz – que o Tribunal Constitucional Federal confirma a existência de **arbitrariedade**: arbitrariedade na organização do procedimento, na verificação e apreciação dos factos e na interpretação e aplicação do direito ordinário. Também esta arbitrariedade fundamenta, segundo o Tribunal Constitucional Federal, uma violação do direito constitucional específico[70].

---

69 E 126, 170/199 e s.

70 Numa perspetiva crítica, cf. v. Lindeiner, *Willkür im Rechtsstaat?*, 2002; N. Weiß, *Objektive Willkür*, 2000.

1355. Exemplos:

Uma violação do art. 101º, n. 1, frase 2, isto é, uma privação do juiz legal, pressupõe a "aplicação arbitrária" das normas procedimentais aplicáveis (cf. n. m. 1227 e s.). – Se a alegação de uma parte no processo "já não for percetível", for "pura e simplesmente insustentável" ou for apreciada de uma maneira "manifestamente ilegal", ou ainda se a situação jurídica for menosprezada "de uma maneira crassa", isso constitui uma violação específica do art. 3º, n. 1 (*E* 57, 39/42; BVerfG, *EuGRZ* 1999, 494; *NJW* 2001, 1125). – Uma sentença penal que assente numa "interpretação pura e simplesmente insustentável e, por isso, objetivamente arbitrária da norma penal aplicada" fundamenta uma violação específica do art. 103º, n. 2 (*E* 64, 389/396 e s.).

1356. Indicação técnica de solução:

A questão de uma violação jurídico-constitucional específica diz respeito ao alcance do controlo jurídico-constitucional e é, na maior parte das vezes, controlada pelo Tribunal Constitucional Federal no início da fundamentação do recurso constitucional. Se uma violação jurídico-constitucional específica não se verificar manifestamente, isto já é tomado em conta no controlo da admissibilidade; não se verifica então a possibilidade de uma violação jurídico-fundamental (cf. n. m. 1298 e s.). De resto, recomenda-se que nos exercícios práticos se parta de uma "presunção de completo controlo jurídico-fundamental" (Alleweldt, p. 169 e s.), se tome por base um entendimento generoso do alcance do controlo do Tribunal Constitucional Federal e sobretudo que se contornem os problemas jurídico-fundamentais abordados ou apontados no caso, não recorrendo ao argumento de que não se poderia tratar de uma violação do direito constitucional específico, mas, quando muito, de uma violação do direito ordinário. Só quando a configuração do caso ou a apresentação do problema oferecer um ponto de referência correspondente é que a questão da restrição do alcance do controlo à violação jurídico-

-fundamental específica deve ser pormenorizadamente discutida, de forma adequada e seguindo os quatro critérios referidos.

1357. Bibliografia:

E. Benda/E. Klein/O. Klein, *Verfassungsprozessrecht*, 3ª ed. 2011; C. Gusy, "Die Verfassungsbeschwerde", *in: FS 50 Jahre BVerfG*, 2001, v. I, p. 641; P. Häberle, "Die Verfassungsbeschwerde im System der bundesdeutschen Verfassungsgerichtsbarkeit", *JöR* 1997, 89; C. Hillgruber/C. Goos, *Verfassungsprozessrecht*, 4ª ed. 2015; S. Kempny, "Mittelbare Rechtssatzverfassungsbeschwerde und unmittelbare Grundrechtsverletzung", *Der Staat* 2014, 577; W. Löwer, "Zuständigkeit und Verfahren des Bundesverfassungsgerichts", *Hdb. StR3 III*, § 70; G. Lübbe-Wolff, "Substantiierung und Subsidiarität der Verfassungsbeschwerde", *EuGRZ* 2004, 669; C. Pestalozza, *Verfassungsprozessrecht. Die Verfassungsgerichtsbarkeit des Bundes und der Länder*, 3ª ed. 1991; B. Pieroth/P. Silberkuhl (ed.), *Die Verfassungsbeschwerde*, 2008; G. Robbers, *Verfassungsprozessuale Probleme in der öffentlich-rechtlichen Arbeit*, 2ª ed. 2005; M. Sachs, *Verfassungsprozessrecht*, 4ª ed. 2016; A. Scherzberg/M. Mayer, "Die Zulässigkeit der Verfassungsbeschwerde", *Jura* 2004, 373, 513; *idem*, "Die Begründetheit der Verfassungsbeschwerde bei der Rüge von Freiheitsverletzungen", *Jura* 2004, 663; T.M. Spranger, "Die Verfassungsbeschwerde im Korsett des Prozessrechts", *AöR* 2002, 27; R. Zuck, *Das Recht der Verfassungsbeschwerde*, 5ª ed. 2017. – **Comentários à Lei Orgânica do Tribunal Constitucional Federal:** C. Burkiczak/F.-W. Dollinger/F. Schorkopf, 2015; H. Lechner/R. Zuck, 8ª ed. 2019; C. Lenz/R. Hansel, 2ª ed. 2015; T. Maunz/B. Schmidt-Bleibtreu/F. Klein/H. Bethge (folhas soltas), atualização: fevereiro de 2019; C. Walter/B. Grünewald, *BeckOK BVerfGG*, 7ª ed. 2019. – **Sobre a violação de direito constitucional específico:** R. Alexy/P. Kunig/W. Heun/G. Hermes, "Verfassungsrecht und einfaches Recht – Verfassungsgerichtsbarkeit und Fachgerichtsbarkeit", *VVDStRL* 61, 2002, p. 7, 34, 80, 119; R. Alleweldt, *Bundesverfassungsgericht und Fachgerichtsbarkeit*, 2006; M. Düwel, *Kontrollbefugnisse des Bundesverfassungsgerichts bei Verfassungsbeschwerden gegen gerichtliche Entscheidungen*, 2000; H.-J. Papier, "Verhältnis des

Bundesverfassungsgerichts zu den Fachgerichtsbarkeiten", *DVBl.* 2009, 473; B. Pieroth/T. Aubel, "Die Rechtsprechung des Bundesverfassungsgerichts zu den Grenzen richterlicher Entscheidungsfindung", *JZ* 2003, 504; H. Roth (ed.), Simpósio "50 Jahre Schumannsche Formel", 2014; E. Schumann, *Verfassungs- und Menschenrechtsbeschwerde gegen richterliche Entscheidungen,* 1963.

ÍNDICE REMISSIVO[1]

Casamento e da família (art. 6º): § 15
Casamento e da família: § 15. I. Panorama geral
Casamento e da família: § 15. II. Direitos de defesa
Casamento e da família: § 15. III. Proibições de discriminação
Correspondência e telecomunicações: § 19. I. Panorama geral
Correspondência e telecomunicações: § 19. II. Âmbitos de proteção
Correspondência e telecomunicações: § 19. III. Ingerências
Correspondência e telecomunicações: § 19. IV. Justificação jurídico-constitucional
Correspondência e telecomunicações (art. 10º): § 19. Sigilo
Dignidade da pessoa humana (art. 1º, n. 1): § 7. Proteção
Dignidade da pessoa humana: § 7. I. Panorama geral
Dignidade da pessoa humana: § 7. II. Âmbito de proteção
Dignidade da pessoa humana: § 7. III. Ingerências
Dignidade da pessoa humana: § 7. IV. Justificação jurídico-constitucional
Direito à audição jurídica: § 31. I. Panorama geral
Direito à audição jurídica: § 31. II. Âmbito de proteção
Direito à audição jurídica: § 31. III. Ingerências
Direito à audição jurídica: § 31. IV. Justificação jurídico-constitucional
Direito à audição jurídica (art. 103º, n. 1): § 31
Direito à vida e à inviolabilidade do corpo humano: § 9
Direito à vida e à inviolabilidade do corpo humano: § 9. I. Panorama geral
Direito à vida e à inviolabilidade do corpo humano: § 9. II. Direitos de defesa do
  art. 2º, n. 2, frase 1
Direito à vida e à inviolabilidade do corpo humano: § 9. III. Dever de proteção e
  direito à proteção do art. 2º, n. 2, frase 1
Direito ao juiz legal: § 30. I. Panorama geral
Direito ao juiz legal: § 30. II. Âmbito de proteção
Direito ao juiz legal: § 30. III. Ingerências
Direito ao juiz legal: § 30. IV. Justificação jurídico-constitucional
Direito ao juiz legal (art. 101º, n. 1, frase 2): § 30
Direito de petição: § 25. I. Panorama geral

---

[1] Este índice remissivo foi elaborado por António Francisco de Sousa, sendo de sua inteira
responsabilidade, considerando a desadequação, na versão portuguesa, do texto original.

Direito de petição: § 25. II. Âmbito de proteção
Direito de petição: § 25. III. Ingerências e justificação jurídico-constitucional
Direito de petição (art. 17°): § 25
Direito de resistência (art. 20°, n. 4): § 27
Direito eleitoral: § 29. I. Panorama geral
Direito eleitoral: § 29. II. O direito ao sufrágio direto, livre e secreto
Direito eleitoral (art. 38°): § 29
Direitos escolares (art. 7°, ns. 2 a 5): § 16
Direitos escolares: § 16. I. Panorama geral
Direitos escolares: § 16. II. Direitos fundamentais escolares
Direitos escolares: § 16. III. Liberdade de escola privada
Direitos fundamentais – Garantias e limitações: § 6
Direitos fundamentais e interpretação: § 1. II
Direitos fundamentais e suas funções: § 4
Direitos fundamentais: § 2. História e desenvolvimento
Direitos fundamentais: § 2. II. Direitos fundamentais na América do Norte e na França
Direitos fundamentais: § 2. III. Os direitos fundamentais no constitucionalismo alemão do século XIX
Direitos fundamentais: § 2. IV. Os direitos fundamentais na Constituição Imperial de Weimar
Direitos fundamentais: § 2. V. Evolução dos direitos fundamentais após 1949
Direitos fundamentais: § 2. VI. Regulações supraestatais dos direitos fundamentais
Direitos fundamentais: § 6. I. Âmbito de proteção e garantia
Direitos fundamentais: § 6. II. Ingerência, limite e conceitos afins
Direitos fundamentais: § 6. III. Âmbito de proteção e ingerência
Direitos fundamentais: § 6. IV. A justificação jurídico-constitucional das ingerências
Direitos fundamentais: § 6. V. Colisões e concursos
Domicílio: § 22. I. Panorama geral
Domicílio: § 22. II. Âmbito de proteção
Domicílio: § 22. III. Ingerências
Domicílio: § 22. IV. Justificação jurídico-constitucional
Domicílio (art. 13°): § 22. Inviolabilidade
Funcionalismo público: § 28. I. Panorama geral
Funcionalismo público: § 28. II. Âmbito de proteção
Funcionalismo público: § 28. III. Ingerências e justificação jurídico-constitucional
Funcionalismo público: § 28. princípios tradicionais (art. 33°, n. 5)
Igualdade: § 11. I. Panorama geral
Igualdade: § 11. II. Tratamento desigual
Igualdade: § 11. III. Justificação jurídico-constitucional
Igualdade: § 11. IV. Consequências de uma violação da igualdade
Igualdade: § 11. Princípio
Legitimação jurídico-fundamental: § 5. I
Liberdade artística e científica: § 14
Liberdade artística e científica: § 14. I. Panorama geral
Liberdade artística e científica: § 14. II. Âmbitos de proteção

Liberdade artística e científica: § 14. III. Ingerências
Liberdade artística e científica: § 14. IV. Justificação jurídico-constitucional
Liberdade artística e liberdade científica (art. 5º, n. 3): § 14
Liberdade de associação (art. 9º): § 18. Em geral
Liberdade de associação: § 18. I. Panorama geral
Liberdade de associação: § 18. II. Âmbitos de proteção
Liberdade de associação: § 18. III. Ingerências
Liberdade de associação: § 18. IV. Justificação jurídico-constitucional
Liberdade de entrada e de circulação (art. 11º): § 20
Liberdade de entrada e de circulação: § 20. I. Panorama geral
Liberdade de entrada e de circulação: § 20. II. Âmbito de proteção
Liberdade de entrada e de circulação: § 20. III. Ingerências
Liberdade de entrada e de circulação: § 20. IV. Justificação jurídico-constitucional
Liberdade de opinião, de informação, de imprensa, de radiodifusão e liberdade
    cinematográfica (art. 5º, ns. 1 e 2): § 13
Liberdade de profissão: § 21. I. Panorama geral
Liberdade de profissão: § 21. II. Direito de defesa
Liberdade de profissão: § 21. III. Direitos de proteção e de participação
Liberdade de profissão: § 21. IV. Isenção de obrigatoriedade de trabalho e de
    trabalho obrigatório (art. 12º, ns. 2 e 3)
Liberdade de profissão (art. 12º): § 21
Liberdade de religião, de ideologia e de consciência: § 12.
Liberdade de religião, de ideologia e de consciência: § 12. I. Panorama geral
Liberdade de religião, de ideologia e de consciência: § 12. II. Âmbitos de proteção
Liberdade de religião, de ideologia e de consciência: § 12. III. Ingerências
Liberdade de religião, de ideologia e de consciência: § 12. IV. Justificação jurídico-
    -constitucional
Liberdade de reunião (art. 8º): § 17
Liberdade de reunião: § 17. I. Panorama geral
Liberdade de reunião: § 17. II. Âmbito de proteção
Liberdade de reunião: § 17. III. Ingerências
Liberdade de reunião: § 17. IV. Justificação jurídico-constitucional
Livre desenvolvimento da personalidade: § 8. I. Panorama geral
Livre desenvolvimento da personalidade: § 8. II. Âmbitos de proteção
Livre desenvolvimento da personalidade: § 8. III. Ingerências
Livre desenvolvimento da personalidade: § 8. IV. Justificação jurídico-
    -constitucional
Livre desenvolvimento da personalidade (art. 2º, n. 1): § 8
Ne bis in idem (art. 103º, n. 3): § 33
Ne bis in idem: § 33: I. Panorama geral
Ne bis in idem: § 33: II. Âmbito de proteção
Ne bis in idem: § 33: III. Ingerências e justificação jurídico-constitucional
Níveis de proteção dos direitos fundamentais: § 3
Níveis de proteção dos direitos fundamentais: § 3. I. Direito Internacional Público
    Universal de base consuetudinária
Níveis de proteção dos direitos fundamentais: § 3. II. Tratados universais de direitos
    humanos

Níveis de proteção dos direitos fundamentais: § 3. III. Garantias regionais dos direitos humanos: a Convenção Europeia dos Direitos Humanos (CEDH)

Níveis de proteção dos direitos fundamentais: § 3. IV. Garantias supranacionais

Níveis de proteção dos direitos fundamentais: § 3. V. Direitos fundamentais das Constituições dos Estados federados

Nulla poena sine lege: § 32. I. Panorama geral

Nulla poena sine lege: § 32. II. Âmbito de proteção

Nulla poena sine lege (art. 103°, n. 2): § 32

Pessoa humana: § 10. I. Panorama geral

Pessoa humana: § 10. II. Âmbito de proteção

Pessoa humana: § 10. III. Ingerências

Pessoa humana: § 10. IV. Justificação jurídico-constitucional

Pessoa humana: § 10. Liberdade da pessoa humana

Propriedade (arts. 14° e 15°): § 23. Garantia

Propriedade: § 23. I. Panorama geral

Propriedade: § 23. II. Âmbito de proteção

Propriedade: § 23. III. Ingerências

Propriedade: § 23. IV. Justificação jurídico-constitucional

Propriedade: § 23. V. Limite de limites

Propriedade: § 23. VI. Socialização

Proteção jurídica: § 26. Garantia

Proteção jurídica: § 26. I. Panorama geral

Proteção jurídica: § 26. II. Âmbito de proteção

Proteção jurídica: § 26. III. Ingerências

Proteção jurídica: § 26. IV. Justificação jurídico-constitucional

Recurso constitucional: § 34. Generalidades

Recurso constitucional: § 35. Admissibilidade

Recurso constitucional: § 35. I. Recorrente

Recurso constitucional: § 35. II. Objeto do recurso

Recurso constitucional: § 35. III. Legitimidade para interpor recurso

Recurso constitucional: § 35. IV. Necessidade de proteção jurídica

Recurso constitucional: § 35. V. Impedimento de recurso do efeito de caso julgado material

Recurso constitucional: § 36. Fundamentação ... – I. Critério

Recurso constitucional: § 36. Fundamentação .... – II. Limitação do âmbito de controle

Retirada da nacionalidade, extradição e direito de asilo: § 24. I. Panorama geral

Retirada da nacionalidade, extradição e direito de asilo: § 24. II. Proteção contra a retirada da nacionalidade (art. 16°, n. 1)

Retirada da nacionalidade, extradição e direito de asilo: § 24. III. Proibição de extradição (art. 16°, n. 2)

Retirada da nacionalidade, extradição e direito de asilo: § 24. IV. Direito de asilo (art. 16a)

Retirada da nacionalidade, extradição e direito de asilo: § 24. Proteção (arts. 16° e 16a)

Vinculação aos direitos fundamentais: § 5. II.